시대에듀

머리말

최근 4차 산업혁명 시대의 도래로 산업뿐만 아니라 경제 · 사회 · 문화 등 모든 영역에 인공지능 제품과 서비스가 보편화되고 있습니다. 머지않은 미래의 인공지능 서비스에 대한 예견은 많은 미래학자들이 언급한 "영화 속 이야기들이 현실화가 될 것이다"라는 문장에 그 정답이 있을 것입니다. 현시점에서는 대부분의 인공지능 서비스들이 지도 학습과 비지도 학습 방법을 이용하여 분류, 예측, 군집화, 패턴 발견, 그리고 의사결정을 지원하는 알고리즘을 개발하는 데 초점이 맞추어져 있습니다. 특히 이러한 인공지능 알고리즘들을 효과적으로 개발하기 위해서는 빅데이터 분석 직무 능력을 사전에 반드시 갖춰야 합니다.

한국소프트웨어산업협회에서는, 빅데이터분석가 혹은 데이터분석가(Data Scientist)를 "데이터 이해 및 처리 기술에 대한 기본지식을 바탕으로 데이터 분석 기획, 데이터 분석, 데이터 시각화 업무를 수행하고 이를 통해 프로세스 혁신 및 마케팅 전략 결정 등의 과학적 의사결정을 지원하는 자"로 정의하고 있습니다.

또한, 한국산업인력공단에서는 빅데이터분석기사의 직무를 "대용량의 데이터 집합으로부터 유용한 정보를 찾고 결과를 예측하기 위해 목적에 따라 분석기술과 방법론을 기반으로 정형 · 비정형 대용량 데이터를 구축, 탐색, 분석하고 시각화를 수행하는 업무를 수행한다"라고 보다 자세하게 정의하고 있습니다. 아울러 한국산업인력공단에서는 한국데이터산업진흥원에 위탁하여 2021년부터 빅데이터분석기사 자격 종목을 개설하여 미래 사회가 요구하는 데이터 사이언티스트를 양성하기 위하여 노력하고 있습니다.

본서는 이러한 시대적 조류에 맞추어 빅데이터분석기사 자격을 취득하기 위한 실기시험용(파이썬)으로 개발되었으며, 본서의 주요 특징을 요약하면 다음과 같습니다.

- 한국데이터산업진흥원에서 새롭게 제시한 출제유형을 반영하여 구성하였습니다.
- 2021~2024년 실시된 총 8회분의 기출복원문제를 완벽하게 복원, 수록하였습니다.
- 국가직무능력표준(NCS ; National Competency Standards)에서 정의한 학습모듈의 내용을 충실히 반영하였습니다.
- 빅데이터 분석 관련 민간 자격증의 기출문제를 분석하여 반드시 알아야 하는 내용을 수록하였습니다.
- 부족한 부분을 확인하고 실전 경험을 쌓을 수 있도록 유형별 단원종합문제와 합격모의고사 2회분을 수록하였습니다.
- 색인을 수록하여 찾고자 하는 키워드를 빠르게 찾아 효율적으로 학습할 수 있습니다.
- 한국산업인력공단과 한국데이터산업진흥원에서 출제기준으로 제시하고 있는 빅데이터분석기사 과목의 데이터 분석 모형을 포함하고 있습니다.
- 구글에서 제공하는 웹브라우저 기반의 파이썬 실행환경(코랩, Colab)을 이용하여 파이썬 기본문법, 데이터 전처리, 기술통계, 데이터 분석 모형, 추론통계의 내용을 설명하고 있습니다.
- 저자가 운영하는 카페(cafe.naver.com/profdream)에서 도서 문의, 소스 코드 및 학습자료, 기타 안내사항을 확인할 수 있습니다.

PREFACE

많은 시간 동안 NCS 학습모듈, 관련 문헌들, 기존 기출문제 등을 참고하여 작성하였으나, 어딘가에는 분명히 오류가 있을 것으로 사료됩니다. 관련 오류나 참고할 내용이 있으면 언제든 저자(hsjang@ptu.ac.kr)에게 문의해 주세요. 향후 새로운 개정판을 기획하는 데 많은 도움이 될 것입니다. 실제로 이전에 출간한 도서를 읽으면서 주신 독자들의 의견이 도서 개정에 많은 도움이 되었으며, 이 자리를 빌려 많은 격려를 주신 독자분들에게 감사의 말씀을 드립니다.

본 도서에 NCS 학습모듈과 관련 민간 자격증의 기출문제를 많이 인용하였음을 밝힙니다. 이와 관련하여 사전에 모든 저자들의 동의를 받아서 인용하여야 함에도 불구하고, 촉박한 일정 탓에 그렇지 못하였음에 대하여 이 자리를 빌려 죄송한 마음을 전합니다.

"빅데이터분석기사를 준비하는 수험생들에게 조금이나마 도움이 될 수 있을까?"라는 마음으로 이 일을 시작한 뒤로 벌써 많은 시간이 흘렀습니다. 이 일을 위해 저의 곁에서 늘 힘이 되어 준 소중한 가족들에게 죄송함과 감사의 마음을 전합니다. 아울러 적절한 시기에 본서의 작성과 출간을 허락하시고 물심양면으로 많은 도움을 주신 시대에듀에도 깊은 감사를 드립니다.

본 도서를 이용하여 빅데이터분석기사 시험을 준비하는 모든 수험생 여러분들에게 좋은 결과가 있기를 바랍니다.

2025년 2월 龍耳洞에서
저자 **장희선** 올림

시험과 관련된 도서 문의, 소스 코드 및 학습자료, 기타 안내사항은 저자가 운영하는 아래 카페에 가입한 후 확인하실 수 있습니다.
장희선 교수 강의드림 카페 cafe.naver.com/profdream

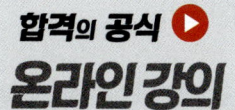

보다 깊이 있는 학습을 원하는 수험생들을 위한
시대에듀의 동영상 강의가 준비되어 있습니다.

www.sdedu.co.kr ➔ 회원가입(로그인) ➔ 강의 살펴보기

2025 시대에듀 빅데이터분석기사 실기(파이썬) 한권으로 끝내기

시험안내

○ 빅데이터분석기사란?
빅데이터 이해를 기반으로 빅데이터 분석 기획, 빅데이터 수집 · 저장 · 처리, 빅데이터 분석 및 시각화를 수행하는 실무자

○ 주요 업무

Duty(책무) 능력단위	Task(작업) 능력단위요소		
A. 분석 기획	A1 분석과제 정의하기	A2 데이터 이해하기	A3 분석 계획하기
B. (빅데이터 처리) 수집 및 전처리	B1 빅데이터 수집 및 추출, 생성하기	B2 빅데이터 정제하기	–
C. (빅데이터 처리) 탐색 및 초기분석	C1 빅데이터 탐색하기	C2 빅데이터 저장 또는 적재하기	–
D. (빅데이터 분석) 빅데이터 모형 설계	D1 연관성 및 군집 분석하기	D2 확률모형 검토하기	D3 모형 및 필요자료 선정하기
E. (빅데이터 분석) 빅데이터 모형 적합	E1 자료 전처리하기	E2 분석 알고리즘 구축하기	E3 적합 결과 도출하기
F. (빅데이터 분석) 빅데이터 모형 평가	F1 자료 타당성 검토하기	F2 모형 타당성 검토하기	F3 적합 타당성 검토하기
G. 결과 활용	G1 분석 결과 해석하기	G2 분석 결과 표현하기	G3 분석 결과 적용 및 검증하기

※ 출처 : 빅데이터분석기사 국가기술자격 종목 개발 연구(한국산업인력공단)

○ 전 망
❶ 빅데이터 분석에 대한 관심이 꾸준하게 증가
❷ 정보화, 세계화, 모바일 서비스 등의 확대로 빅데이터 분석가의 활용 영역 증가
❸ 경제, 사회, 공공 등의 부문에서 활용 사례 증가
❹ 기업, 금융, 의료, 지역, 환경 등의 다양한 영역들 사이에서 융합 가속화로 빅데이터 분석 업무 중시
❺ 인공지능 서비스의 보편화로 빅데이터 분석의 중요도 상승

빅데이터 분석 관련 국가직무능력표준(NCS)

소분류	세분류	능력단위	
정보기술 전략·계획	빅데이터 분석	• 빅데이터 분석 결과 시각화 • 탐색적 데이터 분석 • 빅데이터 분석 모델링 • 빅데이터 분석 플로우 구성	• 분석 데이터 전처리 • 분석 데이터 피처(Feature) 엔지니어링 • 빅데이터 분석 결과 평가 • 데이터 분석 기초 기술 활용
	빅데이터 기획	• 빅데이터 서비스 기획 • 빅데이터 분석 기획 • 빅데이터 성과 관리 기획 • 빅데이터 운영 기획	• 빅데이터 환경 분석 • 빅데이터 기술 플랫폼 기획 • 빅데이터 활용 기획
정보기술 개발	빅데이터 플랫폼 구축	• 빅데이터 플랫폼 요구사항 분석 • 빅데이터 수집 시스템 개발 • 빅데이터 처리 시스템 개발 • 빅데이터 품질 관리 시스템 개발	• 빅데이터 플랫폼 아키텍처 설계 • 빅데이터 저장 시스템 개발 • 빅데이터 분석 시스템 개발 • 빅데이터 플랫폼 테스트
정보기술 운영	빅데이터 운영·관리	• 빅데이터 플랫폼 운영 정책 수립 • 빅데이터 서비스 운영 관리 • 빅데이터 솔루션 운영 관리 • 빅데이터 품질 관리 • 빅데이터 모델 운영	• 빅데이터 서비스 운영 계획 • 빅데이터 솔루션 운영 계획 • 빅데이터 플랫폼 모니터링 • 빅데이터 플로우 관리 • 빅데이터 처리 운영

직무유형

❶ 데이터 엔지니어(Data Engineer) : 데이터를 원활하게 공급, 저장, 처리, 분석, 시각화
❷ 데이터 과학자(Data Scientist) : 통계, 데이터 모델링, 분석 및 알고리즘 연구·개발
❸ 비즈니스 분석가(Business Analyst) : 데이터 중심의 의사결정 지원

진출분야

❶ 대기업, 국·공영 기업 연구소, 각종 단체 등
❷ 기타 민간 중소기업 창업, 광고회사 마케팅, 기획회사 등
❸ 정부기관 민간 통계 컨설팅 기관, 리서치 기관 등
❹ 의회, 정당, 연구 기관, 언론, 금융 기관, 기타 컨설팅 기관 등

시험안내

2025 시대에듀 빅데이터분석기사 실기(파이썬) 한권으로 끝내기

시행처 및 접수처

구 분	내 용
시행처	한국데이터산업진흥원(kdata.or.kr)
접수처	데이터자격검정센터(www.dataq.or.kr)

검정기준

대용량의 데이터 집합으로부터 유용한 정보를 찾고 결과를 예측하기 위해 목적에 따라 분석기술과 방법론을 기반으로 정형/비정형 대용량 데이터를 구축, 탐색, 분석하고 시각화하는 업무를 수행할 수 있는 능력 보유의 유·무

시험과목

구 분	시험과목	주요 항목
실기시험	빅데이터 분석 실무	데이터 수집 작업
		데이터 전처리 작업
		데이터 모형 구축 작업
		데이터 모형 평가 작업

검정방법 및 합격기준

유 형		문항수(개)	문항당 배점(점)	총점(점)	시험시간	합격기준
작업형	제1유형	3	10	30	180분 (3시간)	총점 100점 중 60점 이상이면 합격
	제2유형	1	40	40		
	제3유형	2	15	30		
합 계		6	총점 100점			

※ 필기시험 면제기간은 필기합격자 발표일로부터 2년

INFORMATION

시험일정(2025년 기준)

구 분	필기시험 원서접수	필기시험	필기시험 합격예정자 발표	실기시험 원서접수	실기시험	최종합격자 발표
제10회	03.04.~03.10.	04.05.	04.25.	05.19.~05.23.	06.21.	07.11.
제11회	08.04.~08.08.	09.06.	09.26.	10.27.~10.31.	11.29.	12.19.

※ 자격 검정일정은 변경될 수 있으니, 반드시 홈페이지(www.dataq.or.kr)를 확인하시기 바랍니다.

합격률

구 분	응시자	합격자	합격률
제2회	2,124명	1,272명	59.9%
제3회	2,560명	1,551명	60.6%
제4회	2,943명	1,580명	53.7%
제5회	3,321명	1,684명	50.7%
제6회	3,945명	2,092명	53.0%
제7회	4,369명	2,083명	47.7%
제8회	4,692명	2,888명	61.6%
제9회	4,051명	1,961명	48.4%

응시자격

❶ 대학 졸업자 등 또는 졸업 예정자(전공 무관)
❷ 3년제 전문대학 졸업자 등으로서 졸업 후 1년 이상 직장경력이 있는 사람(전공, 직무분야 무관)
❸ 2년제 전문대학 졸업자 등으로서 졸업 후 2년 이상 직장경력이 있는 사람(전공, 직무분야 무관)
❹ 기사 등급 이상의 자격을 취득한 사람(종목 무관)
❺ 기사 수준 기술훈련과정 이수자 또는 그 이수예정자(종목 무관)
❻ 산업기사 등급 이상의 자격을 취득한 후 1년 이상 직장경력이 있는 사람(종목, 직무분야 무관)
❼ 산업기사 수준 기술훈련과정 이수자로서 이수 후 2년 이상 직장경력이 있는 사람(종목, 직무분야 무관)
❽ 기능사 등급 이상의 자격을 취득한 후 3년 이상 직장경력이 있는 사람(종목, 직무분야 무관)
❾ 4년 이상 직장경력이 있는 사람(직무분야 무관)

출제경향분석

2025 시대에듀 빅데이터분석기사 실기(파이썬) 한권으로 끝내기

❖ 2023년부터 실기시험 출제유형이 변경된 관계로 작업형 출제경향분석만을 수록합니다.

2022년

작업형	2022년 제4회 기출복원문제	자사도서	2022년 제5회 기출복원문제	자사도서
제1유형	women 데이터 • 사분위값, 절댓값 구하기 • 정숫값 출력(소수점 이하 버림)	Ⅱ과목 1장	지역별 종량제 봉투 가격 데이터 • 범주형 조건 • 평균 봉투 가격 출력	Ⅱ과목 1장
제1유형	유튜브 영상 데이터 • 비율 계산 • 조건에 맞는 항목의 개수 구하기	Ⅱ과목 1장	체질량지수 데이터 • BMI 계산 • (정상-과체중) 차이 구하기	Ⅱ과목 1장
제1유형	Netflix 콘텐츠 데이터 • 연도, 월 데이터 추출 • 조건에 맞는 항목의 개수 구하기	Ⅱ과목 1장	초중고 학생 수 현황 데이터 • 순전입 학생 수 계산 • 학생 수 출력	Ⅱ과목 1장
제2유형	보험 데이터 • 앙상블 분석(랜덤 포레스트) • F1-Score(F1-Measure) 평가 • Macro F1-Score 구하기	• Ⅲ과목 8장 • Ⅴ과목 1장	중고차 가격 데이터 • 회귀분석, 의사결정나무 • 랜덤 포레스트 • RMSE로 성능 비교하기	• Ⅲ과목 2, 4, 8장 • Ⅴ과목 2장

2023년

작업형	2023년 제6회 기출복원문제	자사도서	2023년 제7회 기출복원문제	자사도서
제1유형	소방안전 데이터 • 도착시간과 신고시간 차이 구하기 • 조건에 맞는 보고서 출력	Ⅱ과목 1장	보건의료인 시험정보 • 데이터 전처리(표준화) • 조건을 만족하는 행의 개수	Ⅱ과목 1장
제1유형	초등학교 학생 및 선생님 수 데이터 • 1인당 학생 수 계산 • 조건에 맞는 자치구 출력	Ⅱ과목 1장	보건의료인 시험정보 • 유형별 상관계수 • 상관계수 절댓값의 최댓값	Ⅱ과목 1장
제1유형	5대 범죄 데이터 • 연도별 월평균 범죄 수 계산 • 조건에 맞는 연도, 월평균 출력	Ⅱ과목 1장	보건의료인 시험정보 • 이상치 지정 • 조건을 만족하는 행의 개수	Ⅱ과목 1장
제2유형	석면피해진단 데이터 • 랜덤 포레스트 • F1-Score 구하기	• Ⅲ과목 8장 • Ⅴ과목 1장	연봉 데이터 • 회귀분석, 랜덤 포레스트 • 의사결정나무, 교차검증 • RMSE로 성능 비교하기	• Ⅲ과목 2, 8장 • Ⅴ과목 2장

제3유형	부곡병원 데이터 • 비율 차이 분석 • 검정통계량, 유의확률 출력	Ⅳ과목 2장	초등학생 건강검진 데이터 • 상관계수 구하기 • 최대 상관계수 값 출력	• Ⅲ과목 1장 • Ⅳ과목 2장
	airquality 데이터 • 다중선형 회귀 모형 구축 • 회귀계수 출력 • 유의확률, 신뢰구간 출력	Ⅳ과목 2장	초등학생 건강검진 데이터 • 다중선형 회귀분석 • 결정계수, 오즈비 구하기 • 오분류율, p-value 출력 • 로지스틱 회귀분석	• Ⅲ과목 2, 3장 • Ⅳ과목 2장 • Ⅴ과목 1장

2024년

작업형	2024년 제8회 기출복원문제	자사도서	2024년 제9회 기출복원문제	자사도서
제1유형	세계 음주 데이터 • 대륙별 맥주 소비량 • 최대 맥주 소비량	Ⅱ과목 1장	은행대출 데이터 • 성별 은행대출 금액 정렬 • 은행별 대출 금액의 차이	Ⅱ과목 1장
	관광 입국 데이터 • 입국자 수 비율 • 입국자 수 비율 정렬	Ⅱ과목 1장	범죄 데이터 • 검거율 계산 • 연도, 유형별 검거건수의 합	Ⅱ과목 1장
	대기오염 데이터 • 최대-최소 변환 • 표준편차	Ⅱ과목 1장	사원 관리 데이터 • 결측값 대체 • 근속연수, 교육만족도 합계	Ⅱ과목 1장
제2유형	서울 지하철 이용 고객 데이터 • 랜덤 포레스트 • 평균 절대오차(MAE)	Ⅲ과목 4, 8장	백화점 고객 데이터 • 랜덤 포레스트, XGBoost • Macro F1-Score 구하기	• Ⅲ과목 4장 • Ⅳ과목 1장
제3유형	대기측정 데이터 • 로지스틱 회귀분석 • 오즈비	Ⅲ과목 3장	대기측정 데이터 • 다중선형 회귀분석 • 예측 결과에 대한 RMSE	Ⅲ과목 2장
	지능지수 데이터 • 다중선형 회귀분석 • 종속변수 예측	Ⅲ과목 2장	고객 데이터 • 로지스틱 회귀분석 • 오즈비	Ⅲ과목 3장

2025 시대에듀 빅데이터분석기사 실기(파이썬) 한권으로 끝내기

응시 가이드

❖ 본 내용은 한국데이터산업진흥원의 공지(2024.11. 기준)를 정리한 것이므로, 응시 전에 홈페이지(www.dataq.or.kr)를 반드시 확인하시기 바랍니다.

채점기준

구 분	작업형 제1유형	작업형 제2유형	작업형 제3유형	합 계
문항수/배점	3문항/문항당 10점	1문항/40점	2문항/문항당 15점 (소문항 배점 합산)	6문항
총 점	30점	40점	30점	100점

응시환경 및 답안 제출 안내

구 분	유의사항
제공언어	R, Python • 문항별로 R 또는 Python 중 언어 선택 가능(단, 한 문항에서 복수 언어 사용 불가능)
제공환경	클라우드 기반 코딩 플랫폼 • CBT(Computer Based Test) • 크롬(Chrome) 브라우저 사용
답안 제출 방법	• **작업형 제1유형** : 코딩 화면에서 문제를 풀이한 후 별도의 답안 제출 화면으로 이동하여 답안 입력 · 제출 • **작업형 제2유형** : 평가용 데이터를 이용한 예측 결과를 csv 파일로 제출 • **작업형 제3유형** : 코딩 화면에서 문제를 풀이한 후 별도의 답안 제출 화면으로 이동하여 각 문항별 소문항의 순서대로 답안 입력 · 제출
제약사항	• 코드 라인별 실행 불가능 • 그래프 기능, 단축키, 자동완성 기능 미제공 • 코드 실행 제한시간 1분, 시간 초과 시 강제 실행 취소 • 사전에 제공된 패키지만 이용 가능, 시험 중 추가 설치 불가능(단, help 등 함수 이용 가능)

※ 실기시험 응시환경 체험은 구름(goor.me/EvH8T)에서 가능합니다.

유의사항

❶ 주기적으로 저장하면서 문제 풀기를 권장
❷ 코드는 여러 번 제출이 가능하나, 마지막으로 제출된 코드만 채점
❸ 제1유형, 제3유형은 [제출] 버튼이 없고 별도의 답안 제출 화면으로 이동하여 제출
❹ 코드 실행 제한시간 1분, 시간 초과 시 강제 실행 취소
❺ 계산기 등 전자 · 통신기기, 기타 프로그램(메모장, 계산기 등) 사용 불가
❻ 허가되지 않은 사이트(구글, 네이버 등) 접속 불가

작업 유형별 유의사항

작업형 제1유형

❶ 작업형 제1유형은 아래와 같이 사전에 제공되는 데이터를 처리한 결괏값을 print( ) 함수 등을 이용하여 출력하는 문제이다.

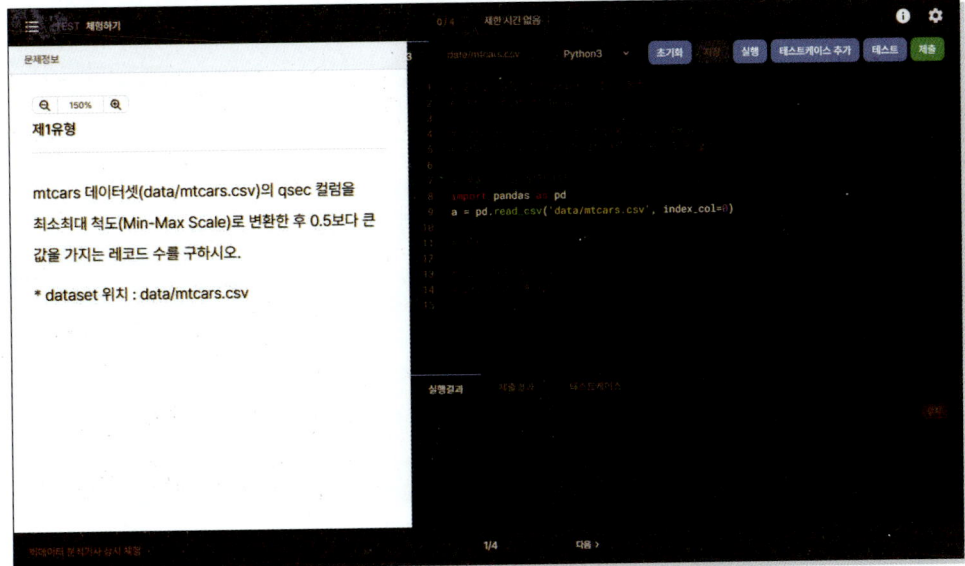

❷ 답안 제출 시 문제에 지시된 제출 형식을 반드시 준수하여야 한다. 예를 들어 "답안은 정수(integer)로 출력", "답안 출력 시 사용 데이터, 불필요한 문자, null 등 정수 답안 외 내용 모두 제거" 등의 지시문이 있는 경우 이를 반드시 준수하여야 하며, 그렇게 하지 않으면 감점을 받게 된다.

❸ 문항별로 정답 여부에 따라 10점 또는 0점을 부여하며, 작성 코드에 대한 부분 점수는 부여하지 않는다.

❹ 제출 형식을 위반하거나 답안을 복수로 제출하는 경우 0점으로 처리한다.

예 반올림하여 소수점 둘째 자리까지 작성(결괏값 : 0.117 / 정답 : 0.12)

제출 답안	0.12	0.120	0.117	0.12, 0.117	0.11	0.1
기 준	정 답	제출 형식 위반		복수 답안 제출	오 답	
획득 점수	10점	0점		0점	0점	

응시 가이드

2025 시대에듀 빅데이터분석기사 실기(파이썬) 한권으로 끝내기

작업형 제2유형

❶ 제2유형은 아래와 같이 학습용 데이터를 이용하여 적절한 데이터 분석 모형을 구축하고, 평가용 데이터를 이용한 예측 결과를 csv 파일로 제출하는 문제이다.

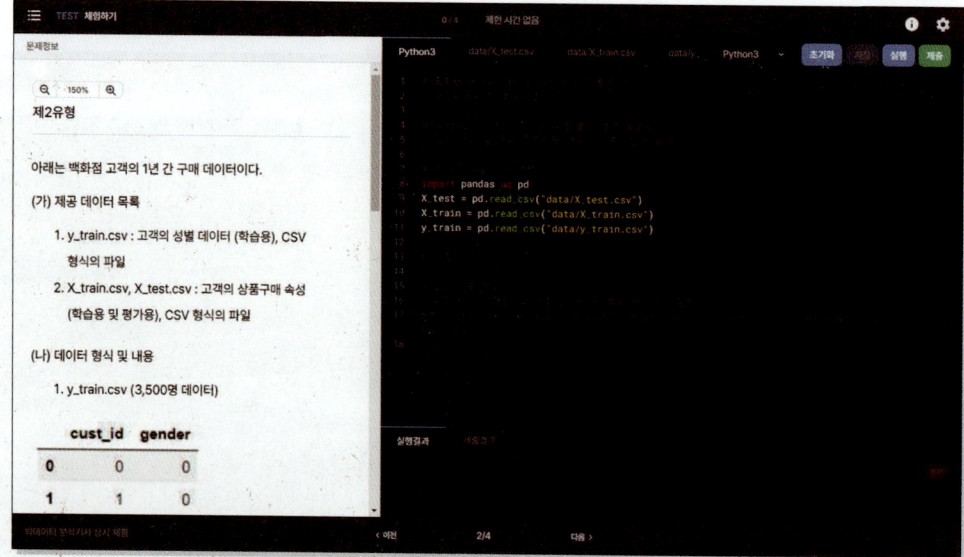

❷ 답안 제출 시 문제에 지시된 제출 형식과 아래 사항을 반드시 준수하여야 한다.
- ▶ 예측 결과는 지시된 칼럼명을 사용하여 생성
- ▶ 자동 생성되는 index 칼럼 제거
- ▶ 답안 파일에는 예측 결과 칼럼 1개만 생성
- ▶ 답안 파일은 지시된 파일명을 사용하여 생성
- ▶ 답안 파일 별도 디렉터리 지정 금지

❸ 평가지표에 따라 구간별 점수를 부여하며, 작성 코드에 대한 부분 점수는 부여하지 않는다.

❹ 예측값의 정확도가 평가지표 최저 구간 미만이거나 평가용 데이터 개수와 예측 결과 데이터 개수의 불일치로 평가지표의 산출이 불가능한 경우 0점으로 처리한다.

❺ 평가지표에 따른 구간 점수를 획득하여도 제출 형식을 위반하면, 해당 문항의 득점 점수에서 감점하며, 감점 유형이 중복되면 누적하여 감점된다.

예) 파일명 : result.csv/칼럼명 : pred

파일명	000000.csv	result.csv	result.csv	result.csv	000000.csv
제출 칼럼명	pred	predict	pred+다른 칼럼	predict+다른 칼럼	predict+다른 칼럼
기준	지시 파일명 미사용	지시 칼럼명 미사용	제출 칼럼 1개 초과	지시 칼럼명 미사용/ 제출 칼럼 1개 초과	지시 파일명 미사용/ 지시 칼럼명 미사용/ 제출 칼럼 1개 초과
획득 점수	37점	37점	37점	34점	31점

작업형 제3유형

❶ 제3유형은 다중 회귀, 로지스틱 회귀분석, t-검정 등을 이용한 추론통계 문제이다.

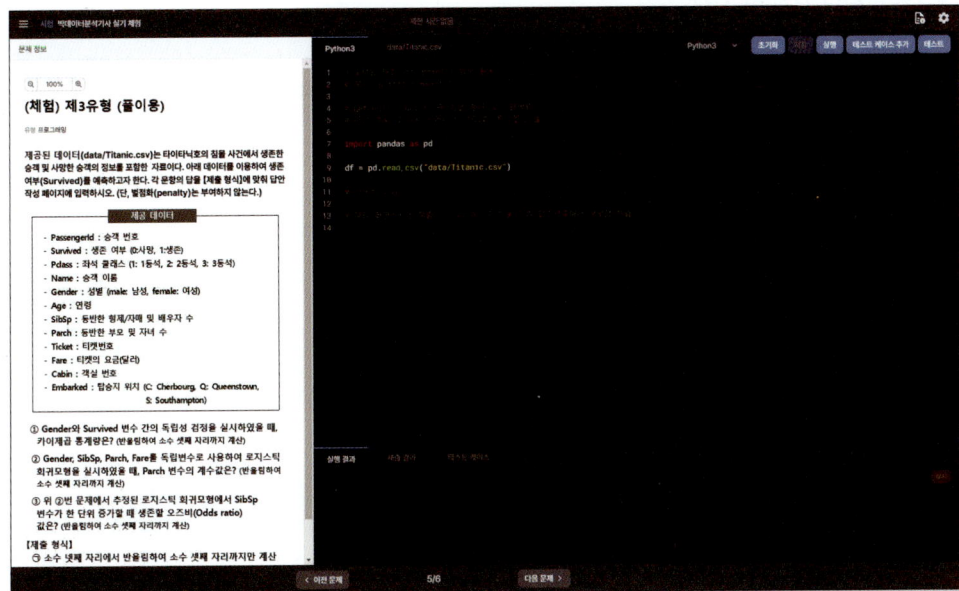

❷ 문항의 소문항별로 정답 여부에 따라 배점 기준의 만점 또는 0점을 부여하며, 작성 코드에 대한 부분 점수는 부여하지 않는다.

❸ 소문항별로 제출 형식을 위반하였거나 답안을 복수로 제출하는 경우는 0점으로 처리한다. 제3유형에서는 제출 답안이 지시문을 위반하는 경우 "입력 형식이 올바르지 않습니다"라는 안내 표시가 있어 이를 확인할 수 있다.

예 반올림하여 소수점 둘째 자리까지 작성(결괏값 : 0.117/정답 : 0.12)

제출 답안	0.12	0.120	0.117	0.12, 0.117	0.11	0.1
기준	정 답	제출 형식 위반		복수 답안 제출	오 답	
획득 점수	10점	0점		0점	0점	

이 책의 목차

❖ 시험과 관련된 도서 문의, 소스 코드 및 학습자료, 기타 안내사항은 저자가 운영하는 카페(cafe.naver.com/profdream)에 가입한 후 확인하실 수 있습니다.

제1과목 | 파이썬(Python)과 데이터 분석

제1장 파이썬 설치 및 실행 · 3
제2장 파이썬 기본 문법 · 11

제2과목 | 데이터 수집 및 분석

제1장 데이터 수집과 전처리 · 79
제2장 기술통계 분석 · 110

제3과목 | 데이터 모형 구축

제1장 상관관계 분석 · 131
제2장 회귀분석 · 140
제3장 로지스틱 회귀분석 · 152
제4장 의사결정나무 · 166
제5장 인공신경망 · 177
제6장 서포트벡터머신 · 192
제7장 베이지안 기법 · 197
제8장 앙상블 분석 · 202
제9장 군집 및 k-NN 분류 분석 · 218
제10장 연관성 분석 · 235

제4과목 | 추론통계

제1장 추론통계의 이해 · 247
제2장 가설 검정 · 250

CONTENTS

제5과목 | 데이터 모형 평가

제1장 분류 분석 모형 평가 · **265**
제2장 예측 분석 모형 평가 · **290**

유형별 단원종합문제

작업형 제1유형 · **307**
작업형 제2유형 · **325**
작업형 제3유형 · **346**

기출복원문제

제2회 기출복원문제 · **365**
제3회 기출복원문제 · **382**
제4회 기출복원문제 · **395**
제5회 기출복원문제 · **406**
제6회 기출복원문제 · **419**
제7회 기출복원문제 · **438**
제8회 기출복원문제 · **456**
제9회 기출복원문제 · **473**

합격모의고사

제1회 합격모의고사 · **489**
제2회 합격모의고사 · **502**

예제 데이터 다운로드 방법

1

시대에듀 홈페이지(www.sdedu.co.kr/book/)에 접속 후 화면 상단에 있는 「프로그램」을 누릅니다.

2

검색창에 「2025 빅데이터분석기사 실기」를 검색합니다.

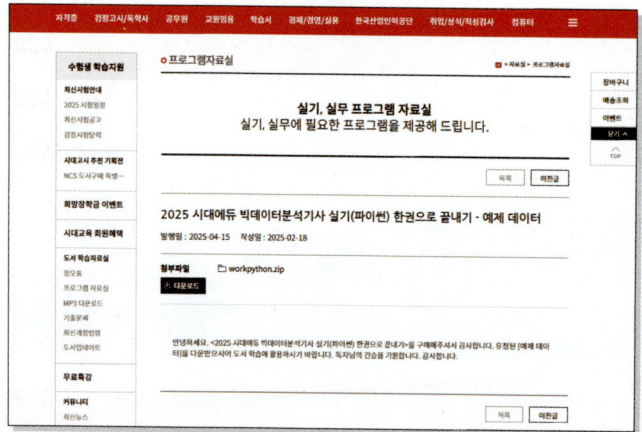

3

첨부파일을 다운로드합니다.

제1과목

파이썬(Python)과 데이터 분석

제1장 파이썬 설치 및 실행
제2장 파이썬 기본 문법

합격의 공식 시대에듀

교육은 우리 자신의 무지를 점차 발견해 가는 과정이다.

- 윌 듀란트 -

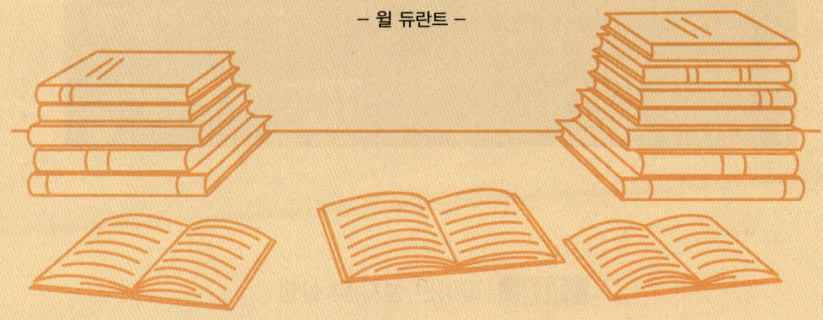

끝까지 책임진다! 시대에듀!

빅데이터분석기사 시험과 관련된 도서 문의, 소스 코드 및 학습자료, 기타 안내사항은 저자가 운영하는 아래의
카페 가입 후 확인하실 수 있습니다.
장희선 교수 강의드림 카페(cafe.naver.com/profdream)

제1장 파이썬 설치 및 실행

1 파이썬 프로그래밍 환경

① 파이썬 프로그래밍은 크게 스탠드얼론(Standalone)과 클라우드(Cloud) 방식으로 구분된다.
② Standalone 방식은 개인 컴퓨터에 소프트웨어 및 필요한 라이브러리 등을 설치하고 프로그래밍 환경을 구축하여 사용한다. Cloud 방식과 달리 작업한 파일들은 개인 컴퓨터(하드디스크)에 저장된다. 파이썬은 다음 사이트(https://www.python.org/)에서 무료로 최신 버전을 다운로드할 수 있다.
③ Cloud 방식은 프로그램이 개인 컴퓨터가 아닌 인터넷으로 연결된 원격 서버에서 실행되며, 파일이 서버에 저장된다. 대표적으로 아마존의 SageMaker, 마이크로소프트의 Azure, 구글의 Colab 서버를 이용한 프로그래밍 환경을 예시로 들 수 있으며, 로그인을 하여 서버에 접속하면 거의 모든 프로그래밍 환경이 구축되어 있어 쉽게 프로그래밍할 수 있다. 웹 기반으로 작동되어 인터넷만 연결되어 있으면 어느 곳에 있든지 파일에 접근해 작업이 가능하고, 파일 공유가 가능하여 다른 프로그래머들과의 협업이 가능하다.
④ 데이터 분석을 효율적으로 하기 위해 많은 라이브러리(또는 패키지)를 설치해야 한다. 이를 위해 아나콘다(https://www.anaconda.com/)와 함께 다양한 개발 환경(Jupyter, Spyder, PyCharm, Visual Studio Code 등)들이 지원되고 있다.
⑤ 본 도서에서는 빅데이터분석기사의 실습 환경(https://dataq.goorm.io)과 유사한, 클라우드 기반의 구글 코랩을 이용한 실습 과정(클라우드 기반의 주피터 노트북 개발 환경)을 설명한다. 구글 코랩에서는 빅데이터분석기사 시험에서 다루는 라이브러리(또는 패키지)를 대부분 지원하고 있다.

2 코랩(Colab) 사용 방법

① Colab은 구글이 파이썬 개발을 위해 제공하는 클라우드 기반 통합 개발 환경(IDE ; Integrated Development Environment)이다. CPU와 함께, 제한적으로 GPU 및 TPU 자원을 무료로 사용할 수 있다.

② 구글 계정으로 로그인한 후 다음 사이트(https://colab.research.google.com)에 접속한다.

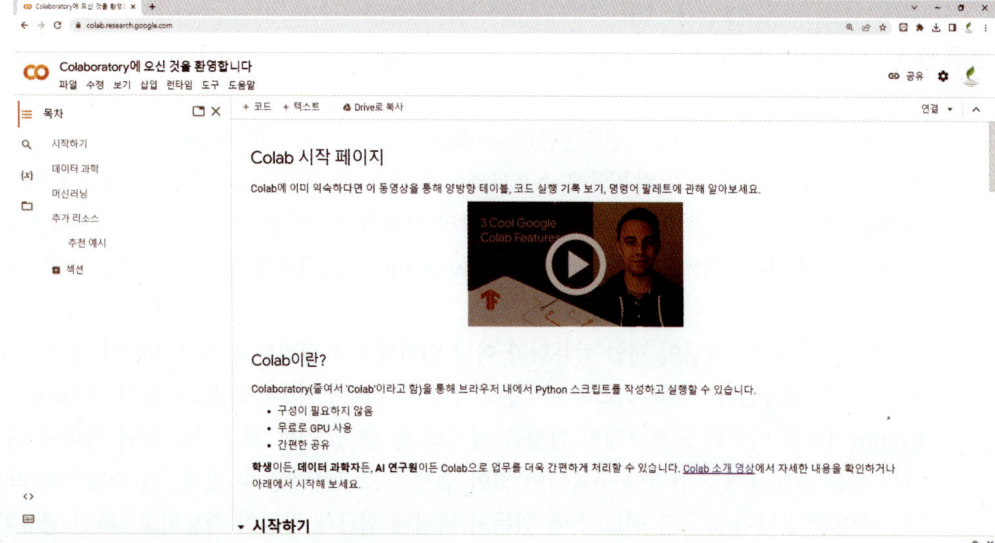

③ [파일]-[새 노트]를 선택하여 편집이 가능한 노트북을 생성한다.

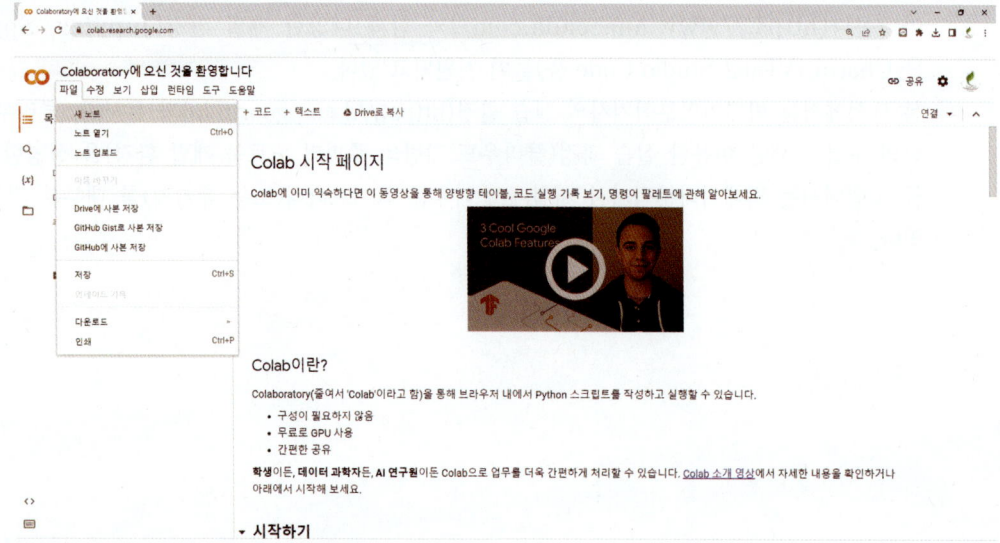

④ 파일 이름은 "Untitled0.ipynb"와 같이 ".ipynb" 확장자(파일명은 수정 가능, interactive python notebook)를 가지며 파이썬 노트북을 의미한다. 각각의 노트북은 최소 단위의 기능을 단계적으로 편집하고, 수행하여 결과를 확인할 수 있는 여러 셀(Cell, 코랩 실행 최소 단위)로 구성되며, 셀은 추가 또는 삭제가 가능하다.

⑤ 셀은 [＋코드]와 [＋텍스트] 메뉴를 이용하여 작성하며, 텍스트 셀은 코드처럼 실행되는 것이 아니라 코드 설명, 주석 및 설명문 등을 작성한다.

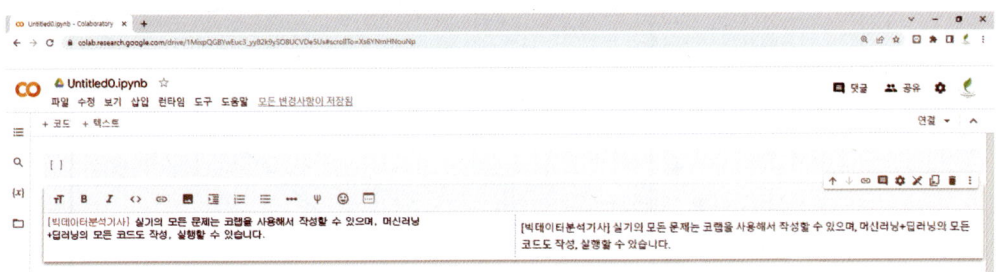

⑥ 파일명을 "ch1_hello.ipynb"로 변경하고 셀에 아래와 같이 코딩 후([＋코드] 메뉴 선택), 실행 버튼(▶)을 누르면 그 결과가 코딩 셀 아래에 출력된다.

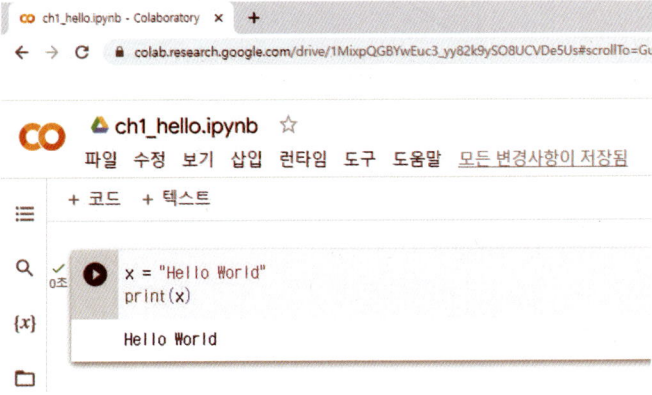

⑦ 라이브러리(또는 패키지) 내에 있는 모듈(또는 함수)을 사용하기 위하여 "import 패키지이름 as 객체이름 (import matplotlib.pyplot as plt)" 지정 후, 객체이름(plt)을 이용하여 모듈 기능을 사용한다.

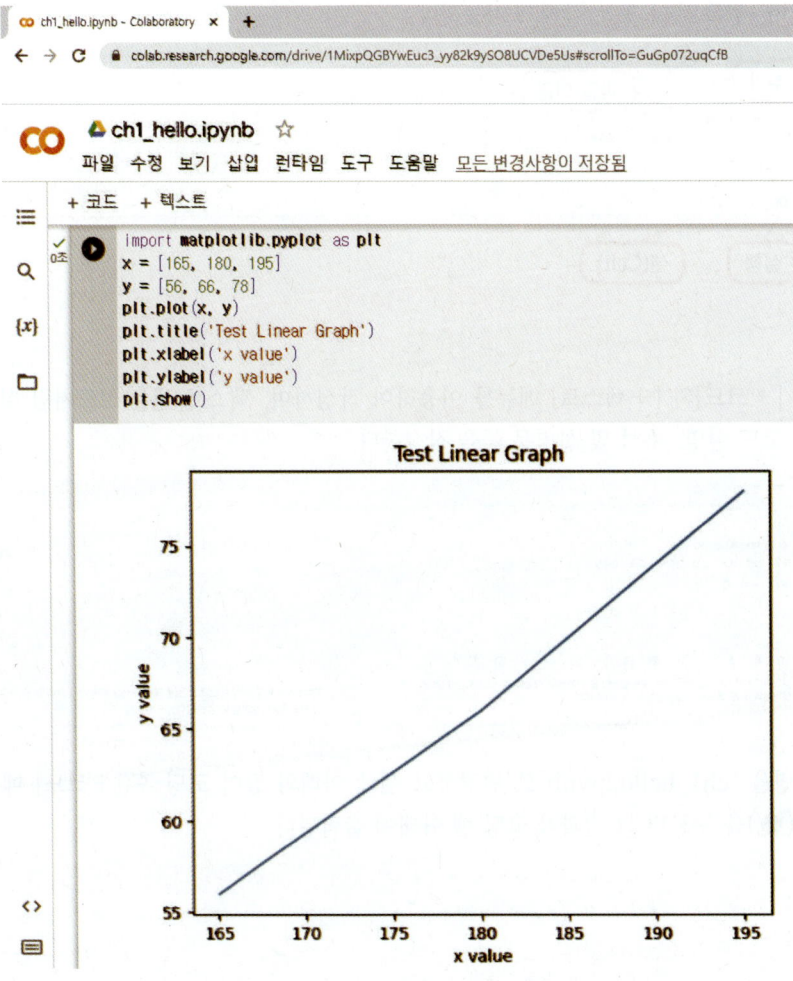

⑧ 작업 파일은 구글 계정 드라이브 내 "Colab Notebooks" 폴더에 자동으로 저장되며, 해당 파일을 선택하고 더블클릭하여 작업 파일을 불러온다.

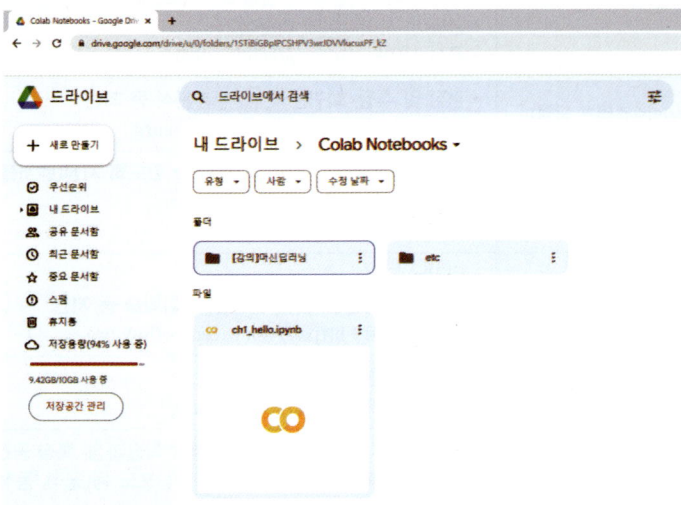

3 주요 라이브러리

① 프로그램을 작성하기 위해 사전에 미리 만들어진 프로그램의 집합을 라이브러리(또는 패키지, "유용한 기능이 구현된 파일을 묶어서 유통시키는 기본 단위")라고 하며, 특정 기능과 관련된 여러 모듈(Module)을 묶은 것을 파이썬 표준 라이브러리(PSL ; Python Standard Library)라고 한다.
② 모듈(Module)은 특정 기능을 ".py" 파일 단위로 작성한 것으로 데이터, 함수, 클래스 등이 포함된 파일이다. 자주 사용되는 "print()"와 같은 함수는 내장 함수(Built in Function)를 활용하고, 외부의 라이브러리 내에 포함된 모듈을 사용하기 위해 임포트(import) 작업을 수행한다.
③ 파이썬 라이브러리는 PyPi(https://pypi.org/)에서 확인할 수 있으며, 주로 사용하는 라이브러리를 정리하면 다음과 같다.

라이브러리	주요 특징
pandas(판다스)	• Panel Data • Excel의 sheet처럼 (숫자, 문자)의 표 형태 데이터프레임 처리 • 대표적인 데이터 핸들링 도구 • 행과 열의 정형 데이터(2차원 데이터) 처리 • 편리한 데이터 처리 및 분석, 다양한 시각화 출력 • 공식 사이트 : https://pandas.pydata.org
numpy(넘파이)	• Numerical Python(고성능 과학 계산, 다차원 배열 처리) • 1차원(벡터), 2차원(행렬), n차원 배열 지원 • 선형대수(역행렬, 행렬 분해 등) 연산 제공 • 훈련집합, 신경망 가중치 및 특징 등의 데이터 표현 및 계산 • 대부분의 머신러닝 패키지 포함 • 공식 사이트 : https://numpy.org

패키지	설명
scikit-learn(사이킷런)	• 머신러닝 학습용 패키지 • 분류, 회귀, 군집화, 차원축소 등의 다양한 모형(알고리즘) 지원 • SVM, 의사결정나무, 랜덤 포레스트, k-NN, 신경망 등 제공 • 넘파이, 사이파이에 의존적 • 공식 사이트 : https://scikit-learn.org
statsmodels(스태츠 모델)	• 검정 및 추정, 회귀분석, 시계열 분석 등 지원 • 공식 사이트 : https://statsmodels.org
keras(케라스)	• 텐서플로 패키지를 쉽게 사용할 수 있도록 지원(텐서플로에 통합) • 신경망 모형 지원 • 공식 사이트 : https://keras.io
tensorflow(텐서플로)	• 딥러닝 지원 • 컨볼루션 신경망, 순환 신경망, 강화학습 등 지원 • 공식 사이트 : https://www.tensorflow.org
pytorch(파이토치)	• 딥러닝 지원(텐서플로와 경쟁) • 공식 사이트 : https://pytorch.org
matplotlib(맷플롯립)	• 데이터 시각화 기본 패키지(신경망 학습과정, 특징 공간 시각화 등) • 선그래프, 막대 그래프, 파이차트, 산포도 등(정적, 동적 그래프 작성) • Matlab 그래프 기능과 유사 • seaborn, bokeh와 함께 대표적인 시각화 패키지 • 공식 사이트 : https://matplotlib.org
seaborn(시본)	• matplotlib에서 지원하지 않는 시각화 라이브러리 지원 • 통계용 차트, 컬러맵, 고급 통계 작성 • 공식 사이트 : https://seaborn.pydata.org
scipy(사이파이)	• 넘파이 기반 수학, 과학 계산 전문 패키지 • 고급 수학 함수, 수치적 미적분, 미분 방정식 등 • 최적화, 신호 처리 등 과학기술계산 기능 제공 • 공식 사이트 : https://scipy.org
sympy(심파이)	• 인수 분해, 미분, 적분 등 심볼릭 연산 지원 • 공식 사이트 : https://sympy.org
geopandas(지오판다스)	• 지리정보 데이터(GIS ; Geographic Information System) 처리 • 기하학적 연산, 시각화 지원 • 공식 사이트 : https://geopandas.org
soynlp(소이 NLP)	• 한국어 텍스트 분석 • Cohesion(Character n-gram) 기반 토큰화 기능 제공 • 공식 사이트 : https://github.com/lovit/soynlp

④ 파이썬은 C++, 자바와 함께 객체지향 언어에 속하며, 객체지향 언어는 서로 관련이 있는 변수와 함수를 하나로 묶어서 다룰 수 있는 클래스(Class) 기능을 제공한다. 클래스는 빅데이터분석 및 인공지능 관련 프로그래밍에 매우 유용하게 사용된다. 일반적으로 코드는 다음과 같이 세 단계 절차로 작성된다.

- (import) 모듈에서 클래스를 불러온다.
- (객체명 작성) 클래스의 객체(인스턴스 변수)를 만든다.
- (기능 수행) 객체의 함수를 호출해 원하는 기능을 수행한다.

⑤ 예를 들어, matplotlib 패키지의 pyplot 모듈 내 기능[scatter(), xlabel(), ylabel(), show()]을 사용하기 위해 아래 코드를 작성한다. 패키지를 임포트(import)할 때 "as 키워드"로 패키지 이름을 줄여서 사용[다른 이름도 사용 가능(변수명 작성 규칙 준수)]하며, matplotlib 패키지의 경우 관용적으로 plt 키워드를 많이 사용한다.

단 계	코 드
(import) 모듈에서 클래스를 불러온다.	import matplotlib.pyplot as plt
(객체명 작성) 클래스의 객체(인스턴스 변수)를 만든다.	
(기능 수행) 객체의 함수를 호출해 원하는 기능을 수행한다.	plt.scatter(), plt.xlabel(), plt.ylabel(), plt.show()

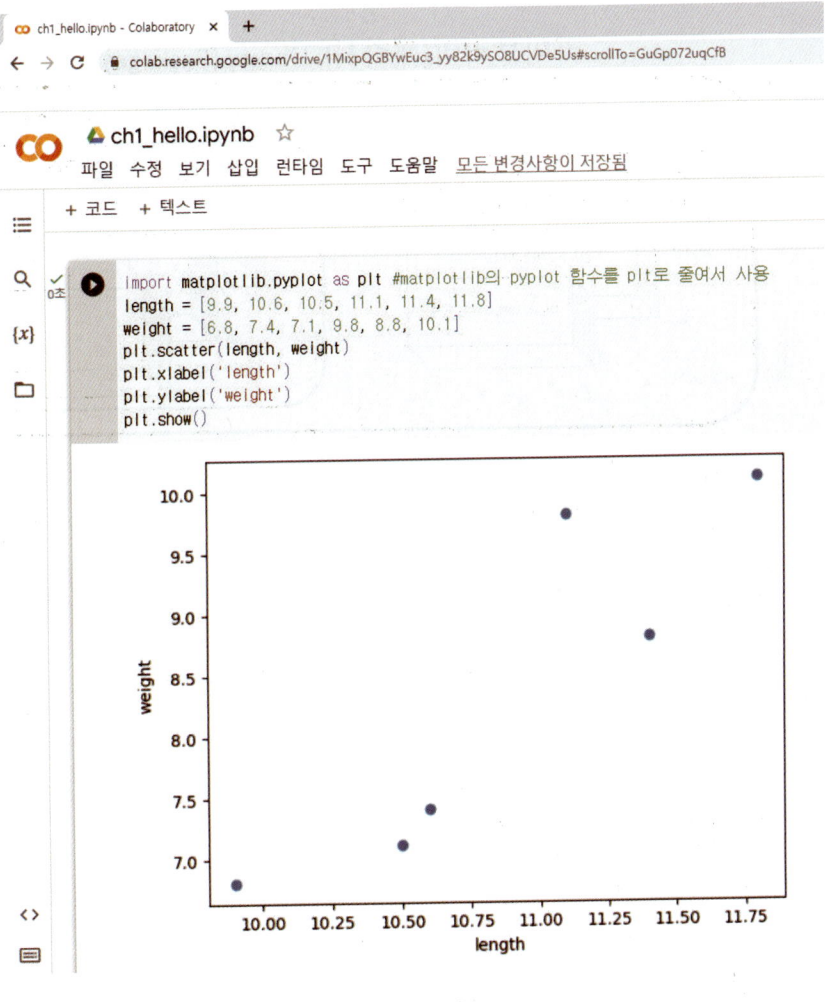

⑥ "import 모듈명" 또는 "from 모듈명 import 변수(함수, 클래스)" 모두 필요한 모듈을 불러오기 위해 사용이 가능하며, 그 차이는 다음과 같다.
  ㉠ import 모듈명
    • 모듈 내의 함수 사용 시 모듈명.함수명()[또는 객체명.함수명()]을 사용한다.
  ㉡ from 모듈명 import 변수(함수, 클래스)
    • 모듈 내의 함수 사용 시 함수명()으로 바로 사용할 수 있다.
    • 패키지나 모듈 전체를 임포트(import)하지 않고 특정 클래스만 임포트(import)할 때 사용한다.
    • 클래스 이름이 긴 경우에 상대적으로 편리하게 필요한 기능을 불러올 수 있다.

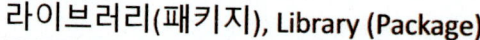
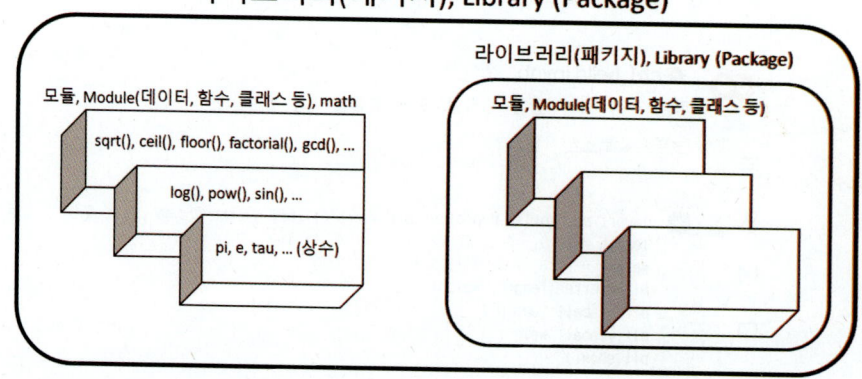

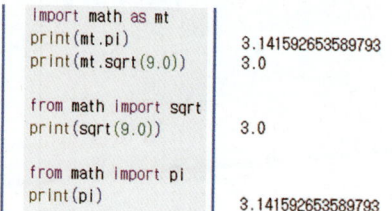

⑦ 그 외, 아래와 같이 다양한 방법으로 모듈 내 기능을 사용한다.

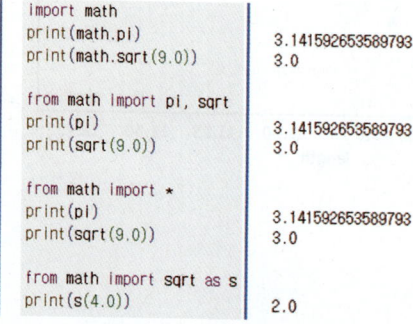

제2장 파이썬 기본 문법

1 파이썬 기초

(1) 데이터 유형 및 변수 할당

① 변수에 할당되는 값인 데이터 유형(Data Type)은 숫자형, 문자형, 논리형, 복소수형, 날짜형 및 특수형으로 분류된다.

〈데이터 유형〉

데이터 유형	세부 유형	사용 예
숫자형(numeric)	정수(integer, long)	x=10
	실수(float)	y=10.5
문자형(string)	문자 또는 문자열	a='홍길동'
논리형(logical)	참(True), 거짓(False)	z=True
복소수형(complex number)	복소수	t=2+3j
날짜형(date)	날짜 형식의 문자열	nowtime=dt.datetime.now() (datetime 패키지)
특수형	Null	정해지지 않은 값
	NA(NaN)	obj='NA' num=np.nan (numpy 패키지)
	inf	Infinite의 약자로 양의 무한대
	-inf	-Infinite의 약자로 음의 무한대

② 데이터 유형들은 아래와 같이 임포트되어 사용되는 라이브러리에 따라 다르다. 예를 들어 pandas에서는 범주형(category) 자료를 정의하여 사용하고 있지만, python 프로그래밍과 numpy 모듈에서는 정의되지 않는다.

⟨Import 모듈별 데이터 유형⟩

데이터 유형	판다스	넘파이	파이썬	사용 데이터
문자열	object	string, unicode	str	텍스트
정 수	int64	int, int8, int16, int32, int64 uint8, uint16, uint32, uint64	int	정 수
실 수	float64	float, float16, float32, float64	float	실수(유리수, 무리수)
불리언	bool	bool	bool	참/거짓(True/False)
날 짜	datetime64	datetime64	−	날짜, 시간
시 차 (시간간격, ns)	timedelta	−	−	시간 사이 차이(간격)
범 주	category	−	−	범주, 항목, 명목, 순위

③ 데이터 유형의 사용 예는 다음과 같다.

```
x, y, a, z, t = 10, 10.5, "홍길동", True, 2+3j
print(x)                            10
print(y)                            10.5
print(a)                            홍길동
print(z)                            True
print(t)                            (2+3j)

import datetime as dt
nowtime = dt.datetime.now()
print(nowtime)                      2023-07-21 06:21:26.572176

import numpy as np
obj, num = 'NA', np.nan
print(obj)                          NA
print(num)                          nan

P, Q = float('inf'), -float('inf')
print(P)                            inf
print(Q)                            -inf
```

④ 변수의 데이터 유형을 확인하기 위하여 type()을 이용하고, 해당 변수가 숫자형, 문자형, 논리형인지를 확인하기 위하여 isinstance() 함수를 사용한다.

```
x, y, a, z, t = 10, 10.5, "홍길동", True, 2+3j
import datetime as dt
nowtime = dt.datetime.now()
import numpy as np
obj, num = 'NA', np.nan
P, Q = float('inf'), -float('inf')
print(type(x))                      <class 'int'>
print(type(y))                      <class 'float'>
print(type(a))                      <class 'str'>
print(type(z))                      <class 'bool'>
print(type(t))                      <class 'complex'>
print(type(nowtime))                <class 'datetime.datetime'>
print(type(obj))                    <class 'str'>
print(type(num))                    <class 'float'>
print(type(P))                      <class 'float'>
print(type(Q))                      <class 'float'>

print(isinstance(x, int))           True
print(isinstance(y, float))         True
print(isinstance(z, bool))          True
```

(2) 연산자

① 복잡한 데이터 분석을 수행하기 위해 프로그래밍 기법에서와 동일하게 변수를 이용한다.
② 변수(Variable)란 데이터값을 일시적으로 보관하기 위해 사용되는 메모리 내의 한 장소의 이름으로서 일반적으로 문자로 시작된다.
③ 변수는 a~z, A~Z, 숫자 0~9, ".", "_" 등의 조합으로 구성하며, 변수의 첫 글자는 항상 문자로 시작해야 한다.
④ 변수는 한글도 가능하나 가능한 한 영문자로 시작하여 사용하는 것이 바람직하다.
⑤ 변수 이름은 파이썬의 키워드(if, else, elif, def, for, while, True, False 등)들을 사용할 수 없다.
⑥ 변수에 값을 배정하는 것을 할당(assign)이라 하고, 파이썬에서의 할당은 "=" 기호를 사용한다.
⑦ 값이 할당된 변수들은 다음과 같이 산술 연산이 가능하며, 변수명을 입력하면 변수의 값이 출력된다.

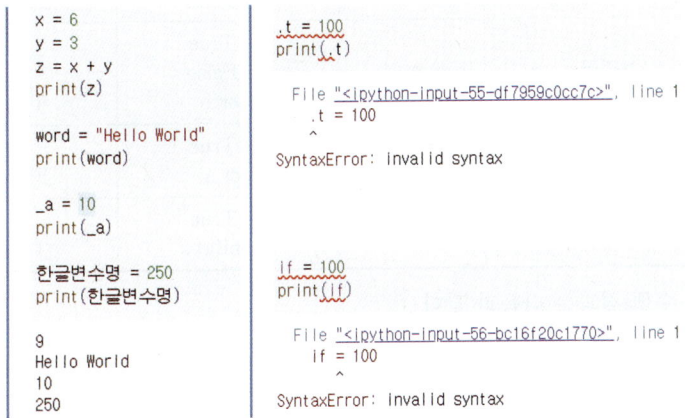

⑧ 연산자는 값을 할당하는 할당(대입) 연산자, 사칙연산 등을 위한 산술 연산자, 값들의 크기를 비교하기 위한 비교 연산자, 참과 거짓에 대한 논리적 판단을 위한 논리 연산자로 분류된다.

〈파이썬 연산자〉

구 분	유 형	기 호	사용 예	결괏값
할당 연산자	할당(대입)	=	x=6 x	6
산술 연산자	더하기	+	3+4	7
	빼 기	−	11−5	6
	곱하기	*	4*2	8
	나누기	/	10/5	2
	거듭제곱	**	3**2	9
	나머지	%	13%3	1
	몫	//	13//3	4

비교 연산자	작 다	<	x=6 x<11	True
	작거나 같다(이하)	<=	x=6 x<=11	True
	크 다	>	x=6 x>11	False
	크거나 같다(이상)	>=	x=6 x>=11	False
	같 다	==	x=6 x==11	False
	같지 않다	!=	x=6 x!=11	True
논리 연산자	논리합	and	a=True b=False a and b	False
	논리곱	or	a=True b=False a or b	True
	논리 부정	not	a=True not a	False
	진위(참, 거짓) 판별	bool()	a=True bool(a)	True

⑨ 연산자들에 대한 명령어 수행 결과는 다음과 같다.

```
x = 6
print(x)            6
print(3+4)          7
print(11-5)         6
print(4*2)          8
print(10/5)         2.0
print(3**2)         9
print(13%3)         1
print(13//3)        4
print(x < 11)       True
print(x <= 11)      True
print (x > 11)      False
print(x >= 11)      False
print(x == 11)      False
print(x != 11)      True
a = True
b = False
print(a and b)      False
print(a or b)       True
print(not a)        False
print(bool(a))      True
```

(3) 수치계산 및 함수

① 파이썬 기본 기능으로 산술 연산자나 함수를 이용하여 주어진 자료들에 대한 수치계산을 수행한다.
② 함수나 변수에 사용되는 문자는 대소문자가 구분되어 서로 다른 값으로 인식되므로 사용 시 유의해야 한다.
③ 기본 연산, 수학 함수, 파일 입출력 관련 함수들의 수행 방법과 결괏값을 요약하면 다음과 같다.

〈수치계산 및 함수 사용 예〉

연산 및 함수	기능	사용 예	결괏값
기본 연산	연산자 활용	5 + 4**2	21
	숫자 표현	list(range(8))	[0, 1, 2, 3, 4, 5, 6, 7]
	절댓값	abs(−7)	7
	리스트값 저장	x=[1, 2, 3]	[1, 2, 3]
수학 함수	지수 함수	math.exp(2)	7.389056(math)
	자연로그 (밑이 e인 로그)	math.log(7.38905609893065)	2(math)
	상용로그	math.log10(1000)	3(math)
	최댓값	max(range(1,10))	10
	최솟값	min(range(1,10))	1
	표본값 생성	numpy.random.rand(5)	5개의 표본값 생성 (numpy)
	평균	numpy.mean(range(11))	5.0(numpy)
	표준정규분포 난수값 생성	numpy.random.randn(6)	$N(0,1)$의 난수값 생성 (6개 난수)(numpy)
	평균값 계산	numpy.mean(numpy.random.randn(6))	
	중앙값	numpy.median(range(12))	5.5(numpy)
	표준편차	numpy.std(range(11))	3.162278(numpy)
	제곱근	math.sqrt(9)	3.0(math)
	합계	sum(range(1,11))	55
	분산	numpy.var(range(11))	10.0(numpy)
데이터 및 파일 입출력	데이터 및 데이터세트 출력	x=tuple(range(10)) print(x) pandas.read_csv("mtcars.csv") print(df.head())	튜플형 자료 출력 mtcars 데이터세트 자료 5행 출력 (pandas)
	CSV 형식의 데이터 파일 읽기	pandas.read_csv("sale.csv", header=0)	sale.csv 파일 읽기 첫 행은 항목명으로 인식
	파일 저장	df.to_csv("dfnew.csv")	데이터프레임 df 파일을 dfnew.csv로 저장

④ 수치 계산 및 주요 함수의 수행 결과는 다음과 같다.

```
print(5 + 4**2)                             21
print(list(range(8)))                       [0, 1, 2, 3, 4, 5, 6, 7]
print(abs(-7))                              7
x = [1, 2, 3]
print(x)                                    [1, 2, 3]

import math
print(math.exp(2))                          7.38905609893065
print(math.log(7.38905609893065))           2.0
print(math.log10(1000))                     3.0
print(math.sqrt(9))                         3.0

print(max(range(1,10)))                     9
print(min(range(1,10)))                     1
print(sum(range(1,11)))                     55

import numpy
print(numpy.random.rand(5))                 [0.09079973 0.70969092 0.47863368 0.78136769 0.18428248]
print(numpy.random.randint(1, 45, size=6))  [17 16  1 38 11 37]
print(numpy.random.randn(6))                [ 1.28947252 -1.61679288  0.73103717 -0.72771207  0.30298433  0.74270202]
print(numpy.mean(numpy.random.randn(6)))    0.2576797947251159
print(numpy.mean(range(11)))                5.0
print(numpy.median(range(12)))              5.5
print(numpy.std(range(11)))                 3.1622776601683795
print(numpy.var(range(11)))                 10.0
```

⑤ 튜플형 자료의 경우 tuple() 함수로 지정하며, 캐글(kaggle) 사이트(https://www.kaggle.com) 등에서 제공하는 데이터세트를 읽기 위하여 pandas 모듈을 이용한다. header=0은 첫 번째 행은 변수 이름[파일의 첫 번째 행을 컬럼의 이름으로 지정, 생략 가능(기본 옵션)]을 나타내고, index_col=0은 행을 식별하기 위해 새로운 열을 추가하지 않는다는 옵션이다. 그리고 pd.set_option('display.max.colwidth', 15)[또는 pd.set_option('display.max_colwidth', 15)]은 각각의 열의 출력값을 지정(최대 15글자)하는 옵션이다.

```
x = tuple(range(10))
print(x)

import pandas as pd
pd.set_option('display.max.colwidth', 15)
df = pd.read_csv('https://raw.githubusercontent.com/Datamanim/dataq/main/mtcars.csv', header=0, index_col=0)
print(df.head())

(0, 1, 2, 3, 4, 5, 6, 7, 8, 9)
                mpg  cyl  disp   hp  drat     wt   qsec  vs  am  gear  carb
Mazda RX4      21.0    6  160.0  110  3.90  2.620  16.46   0   1     4     4
Mazda RX4 Wag  21.0    6  160.0  110  3.90  2.875  17.02   0   1     4     4
Datsun 710     22.8    4  108.0   93  3.85  2.320  18.61   1   1     4     1
Hornet 4 Drive 21.4    6  258.0  110  3.08  3.215  19.44   1   0     3     1
Hornet Sport...18.7    8  360.0  175  3.15  3.440  17.02   0   0     3     2
```

2 파일 불러오기 및 저장

(1) 구글 드라이브 파일 불러오기

① 구글 드라이브(경로명 : /content/drive/MyDrive/Colab Notebooks/sale.csv)에 저장되어 있는 csv 파일(sale.csv)을 불러오기 위하여 아래 과정을 수행한다.

② 코랩 메뉴 왼쪽에 있는 [파일] 메뉴를 선택한다.

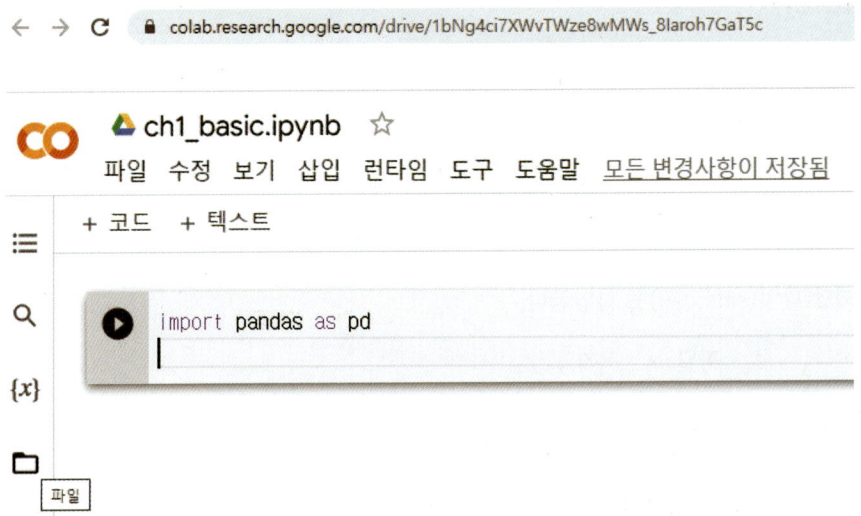

③ 드라이브 마운트(Drive Mount) 메뉴를 선택한다.

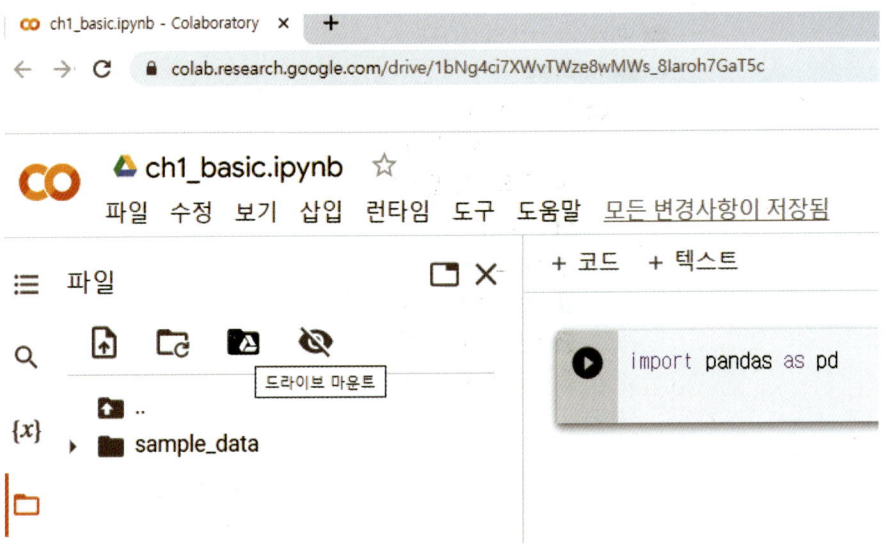

④ [Google Drive에 연결]을 선택한다.

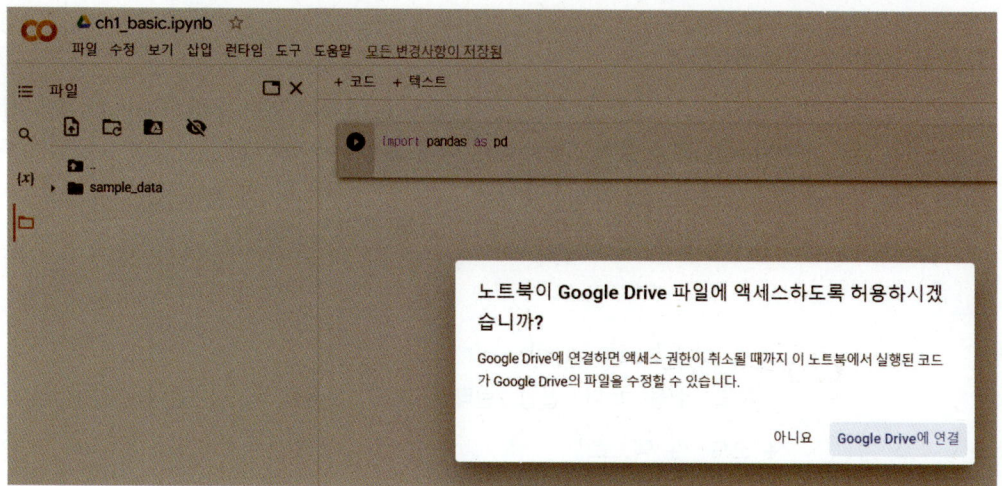

⑤ 해당 파일(sale.csv)을 확인한다.

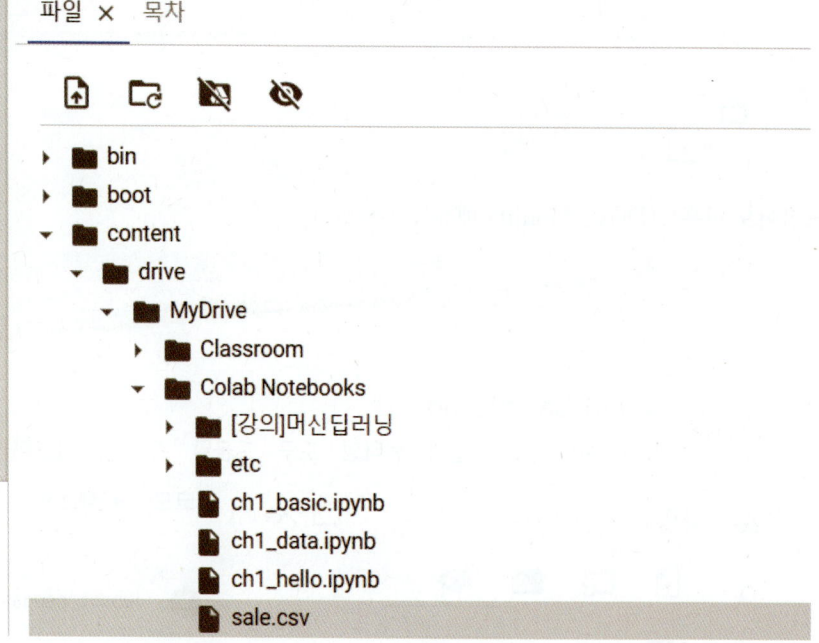

⑥ 코랩 셀에 아래와 같이 코드를 입력하고 print(df.head()) 명령어로 첫 5행을 출력한다.

(2) 컴퓨터 파일 불러오기

① 개인 컴퓨터("C:/workr/sale.csv")에 저장되어 있는 파일을 읽어오기 위하여 다음 과정을 수행한다.
  ㉠ google.colab 라이브러리 모듈(files)을 이용하여 files.upload() 함수를 호출한다. 또는 "from google.colab.files as fe", "mydata=fe.upload()"로 작성하여도 된다. [파일 선택] 메뉴를 선택한다.

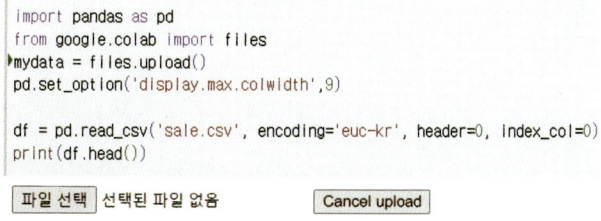

ⓒ 컴퓨터에 저장되어 있는 파일(sale.csv)을 선택한다.

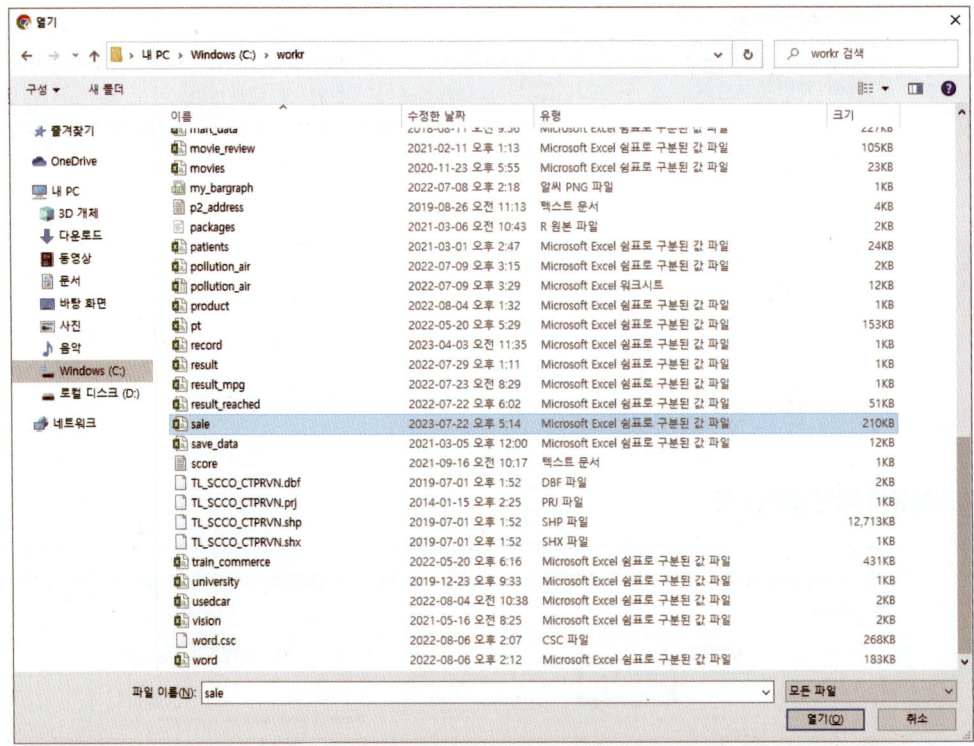

ⓒ 동일하게 pd.read_csv() 명령어를 이용하여 파일을 불러온다. 이 경우에는 구글 드라이브에 파일이 저장되지 않는다.

```
import pandas as pd
from google.colab import files
mydata = files.upload()
pd.set_option('display.max.colwidth',9)

df = pd.read_csv('sale.csv', encoding='euc-kr', header=0, index_col=0)
print(df.head())
```

파일 선택 sale.csv
• **sale.csv**(text/csv) - 214478 bytes, last modified: 2023. 7. 22. - 100% done
Saving sale.csv to sale (3).csv

```
            총구매액     최대구매액     환불금액   주구매상품 주구매지점  내점일수  내점당구매건수  주말방문비율  ₩
cust_id
0          68282840   11264000   68600...   기타    강남점    19  3.894737  0.527027
1           2136000    2136000   300000.0   스포츠   잠실점     2  1.500000  0.000000
2           3197000    1639000       NaN   남성 캐주얼 관악점     2  2.000000  0.000000
3          16077620    4935000       NaN    기타    광주점    18  2.444444  0.318182
4          29050000   24000000       NaN    보석    본 점     2  1.500000  0.000000

         구매주기
cust_id
0          17
1           1
2           1
3          16
4          85
```

② 수행 결과를 개인 컴퓨터에 저장하기 위하여 먼저 구글 드라이브에 결과 파일을 저장한다. 저장 과정을 요약하면 다음과 같다.

㉠ sale.csv 파일을 이용하여 주구매지점별 고객의 수를 구하는 함수[df['주구매지점'].value_counts()]를 이용하여 수행 결과를 df1 데이터프레임으로 저장하고 df1.to_csv(경로명) 명령어로 수행 결과를 드라이브에 저장(dfnew.csv)한다.

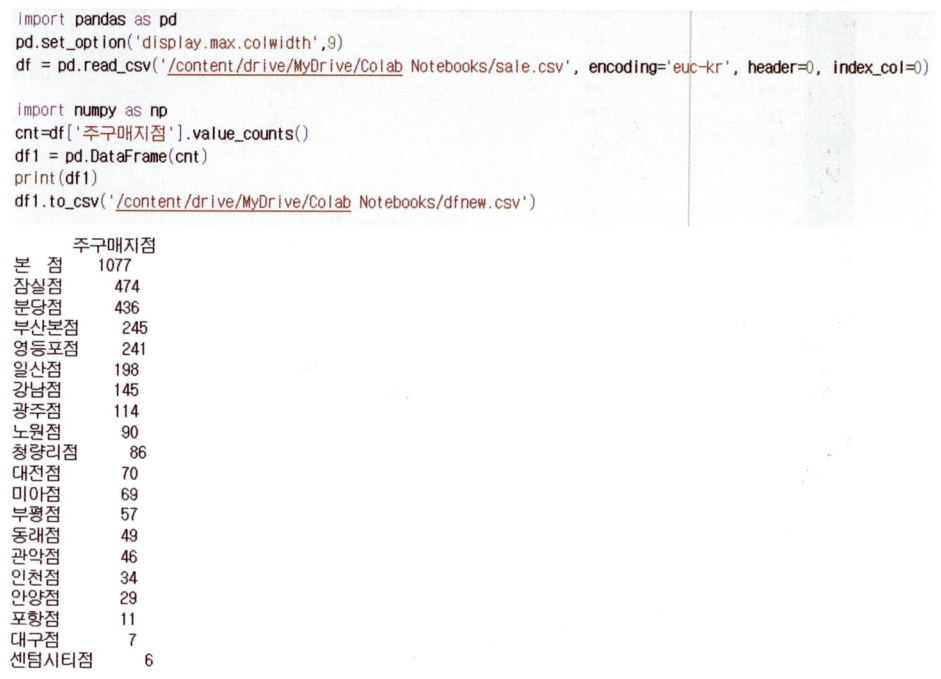

㉡ 내 드라이브(경로명 : /content/drive/MyDrive/Colab Notebooks/dfnew.csv)에 수행 결과가 저장(dfnew.csv)된다.

ⓒ 결과 파일(dfnew.csv)을 아래와 같이 직접 확인하거나 컴퓨터에 저장([오른쪽 마우스 클릭]-[다운로드] 메뉴 선택)한다.

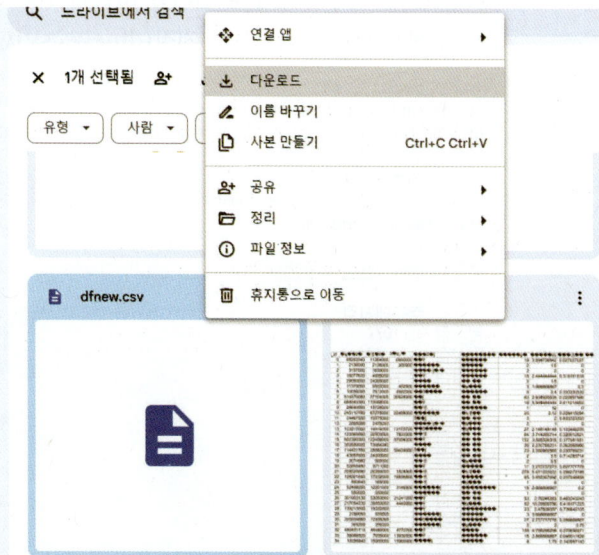

③ 변수를 이용하여 자료를 저장할 때 리스트(List), 튜플(Tuple), 딕셔너리(Dictionary), 세트(Set)의 컬렉션(Collection) 자료형을 사용하며, 변수 값을 출력하기 위해 print() 명령어를 이용한다. 그리고 csv 형식의 데이터(파일)를 읽기 위해 pandas(pd) 모듈의 pd.read_csv() 명령어를 이용한다. 해당 파일(sale.csv)은 구글 드라이브 내(/content/drive/MyDrive/Colab Notebooks/sale.csv) 또는 개인 컴퓨터에 저장되어 있어야 하며, 데이터분석 과정을 거쳐 새롭게 생성된 데이터프레임 파일은 데이터프레임객체.to_csv(드라이브내경로명/파일명) 명령어를 이용하여 드라이브에 저장한다.

```
a = [1, 2, 3, 4] #list (리스트)
b = (10, 20, 30, 40) #tuple (튜플)
c = {'유관순':95, '이순신':85, '안중근':90} #dictionary (딕셔너리)
d = {'서울', '부산', '울산', '제주'} #set(세트)
e ={'광주', '제주', '강릉'} #set

print(a)
print(a[1])

print (b)
print(b[1])

print(c['안중근'])
print(d)
print(d & e)

[1, 2, 3, 4]
2
(10, 20, 30, 40)
20
90
{'울산', '서울', '제주', '부산'}
{'제주'}
```

```
import pandas as pd
import google.colab.files as fe
import numpy as np

mydata = fe.upload()
pd.set_option('display.max_colwidth', 8)

df = pd.read_csv('sale.csv', encoding='euc-kr', header=0, index_col=0)
print(df.head(10))

cnt = df['주구매지점'].value_counts()
rst = pd.DataFrame(cnt)

rst.to_csv('/content/drive/MyDrive/Colab Notebooks/newrst.csv')
```

```
파일 선택  sale.csv
• sale.csv(text/csv) - 214478 bytes, last modified: 2023. 7. 22. - 100% done
Saving sale.csv to sale (18).csv
           총구매액    최대구매액   환불금액   주구매상품  주구매지점  내점일수  내점당구매건수  주말방문비율  구매주기
cust_id
0          6828...  1126...  6860...  기타      강남점    19    3.89...  0.52...  17
1          2136000  2136000  3000...  스포츠    잠실점     2    1.50...  0.00...   1
2          3197000  1639000  NaN      남성 캐주얼 관악점     2    2.00...  0.00...   1
3          1607...  4935000  NaN      기타      광주점    18    2.44...  0.31...  16
4          2905...  2400...  NaN      보석      본 점    2    1.50...  0.00...  85
5          1137...  9552000  4620...  디자이너   일산점     3    1.66...  0.20...  42
6          1005...  7612000  4582...  시티웨어   강남점     5    2.40...  0.33...  42
7          5145...  2710...  2952...  명품      본 점   63    2.63...  0.22...   5
8          6882...  1730...  NaN      기타      본 점   18    5.94...  0.41...  15
9          2664...  1372...  NaN      농산물    대전점     1   12.0...  0.00...   0
```

(3) 데이터 시각화

① matplotlib.plot(plt) 모듈을 이용한 주요 시각화 함수들의 사용 방법과 출력 결과는 다음과 같다. 여기서 figsize=(가로, 세로) 길이(inch)이며, sklearn.datasets의 iris는 붓꽃의 세 가지 품종(setosa, versicolor, virginica)에 대한 (sepal length, sepal width, petal length, petal width)=(꽃받침 길이, 꽃받침 너비, 꽃잎 길이, 꽃잎 너비) 데이터이다.

〈주요 시각화 함수〉

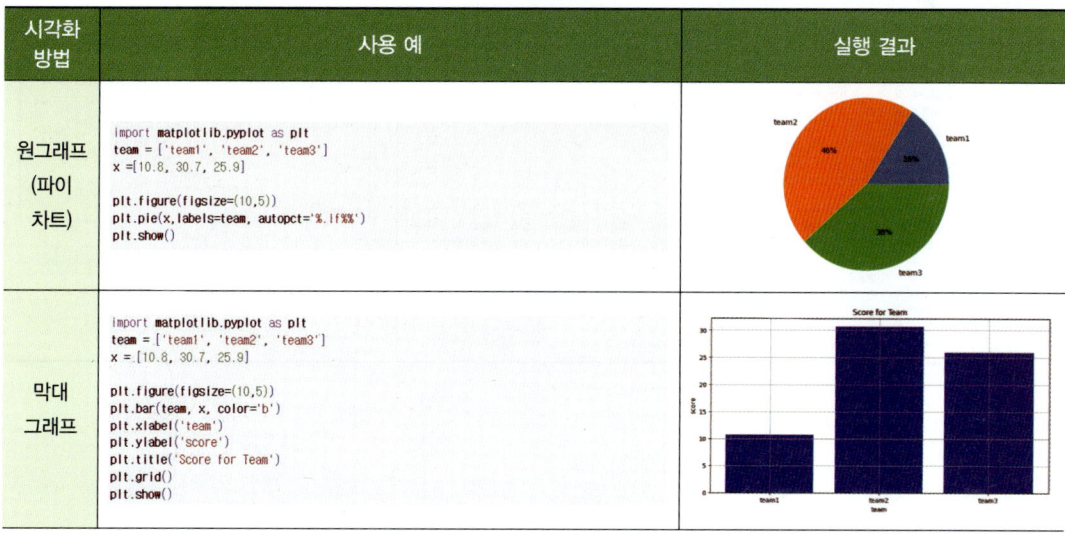

시각화 방법	사용 예	실행 결과

원그래프 (파이 차트)	`import matplotlib.pyplot as plt`
	`team = ['team1', 'team2', 'team3']`
	`x =[10.8, 30.7, 25.9]`
	
	`plt.figure(figsize=(10,5))`
	`plt.pie(x,labels=team, autopct='%.1f%%')`
	`plt.show()`	

막대 그래프	`import matplotlib.pyplot as plt`
	`team = ['team1', 'team2', 'team3']`
	`x =[10.8, 30.7, 25.9]`
	
	`plt.figure(figsize=(10,5))`
	`plt.bar(team, x, color='b')`
	`plt.xlabel('team')`
	`plt.ylabel('score')`
	`plt.title('Score for Team')`
	`plt.grid()`
	`plt.show()`	

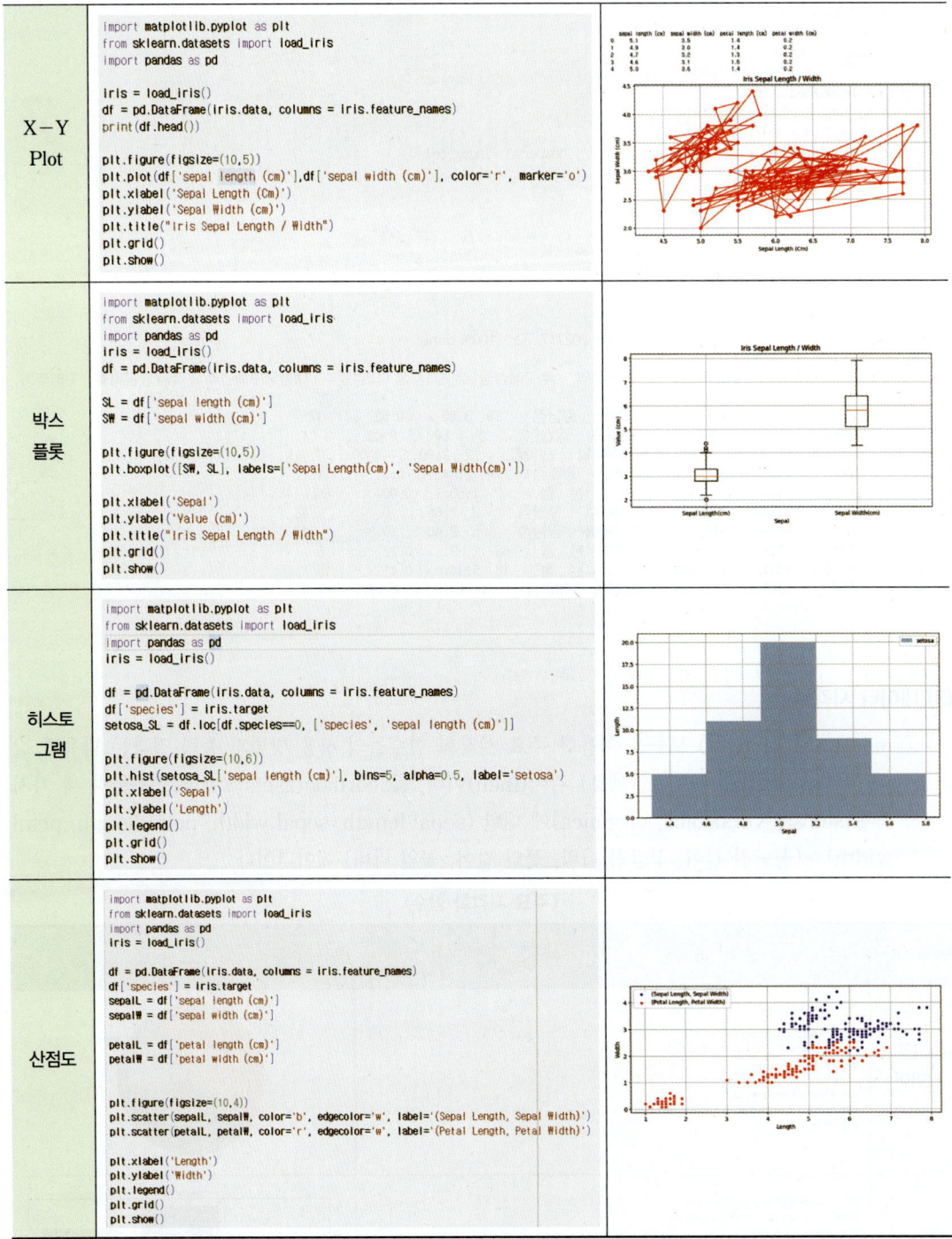

3 데이터 구조

(1) 데이터 형식

① 파이썬에서 사용되는 데이터는 리스트(List), 튜플(Tuple), 딕셔너리(Dictionary), 세트(Set) 이다.

② 리스트(List)는 대괄호[ ] 안에 서로 다른 자료형의 값(요소, element)를 콤마(,)로 구분하여 저장하며, 첫 번째 요소는 0으로 시작한다. 그리고 마지막 요소는 [-1]의 역 인덱스를 사용하여 접근할 수 있고 x[시작:끝]의 슬라이싱(Slicing) 기법을 이용하여 해당 요소의 값에 접근한다.

③ 튜플(Tuple)은 소괄호() 안에 절대 변경되지 않고 유지되는 요소를 저장하는 경우 사용된다. 인덱싱 및 슬라이싱 방법은 리스트와 동일하다.

④ 딕셔너리(Dictionary)는 {key:value}로 상호 연관된 값을 저장하기 위해 사용된다. key와 value는 1:1의 대응 관계를 가지며, 요소 접근 시 딕셔너리명 ['key']를 이용한다.

⑤ 세트(Set)는 집합과 관련된 처리용으로 사용된다. 따라서 중복을 허용하지 않는 자료형 저장 시 이용되고 저장된 자료에 대한 순서가 없기 때문에 인덱싱 및 슬라이싱 기법을 적용할 수 없다.

〈데이터 구조〉

구 분	사용 예시 및 주요 특징
리스트 (List)	```x = [10, '홍길동', 15, '유관순'] print(x) print(x[1]) print(x[0]+x[2]) print(x[1]+x[3]) print(x[-1]) print(x[-4]) print(x[1:3]) print(x[-4:-1])``` [10, '홍길동', 15, '유관순'] 홍길동 25 홍길동유관순 유관순 10 ['홍길동', 15] [10, '홍길동', 15] • 하나의 변수 이용 • 다양한 형태의 데이터 유형 • 대괄호[ ] 안에 서로 다른 자료형의 값(요소, element)을 콤마(,)로 구분 • 첫 번째 요소 위치는 0에서 시작 • 뒤에서 접근 시 역 인덱스로 표현 • 리스트의 마지막 요소는 [-1]로 반환 • 인덱싱(Indexing) : x[요소번호] • 슬라이싱(Slicing) : x[요소시작번호:요소마지막번호]

| 튜플<br>(Tuple) | ```
x = ('Jan', 'Feb', 'Mar', 'Apr', 'May', 'Jun', 'Jul', 'Aug', 'Sep', 'Oct', 'Nov', 'Dec', 10, 11)
print(x)
print(x[1])

print(x[0]+x[2])
print(x[12]+x[13])

print(x[-1])
print(x[-12])

print(x[1:3])
print(x[-12:-10])
```<br><br>('Jan', 'Feb', 'Mar', 'Apr', 'May', 'Jun', 'Jul', 'Aug', 'Sep', 'Oct', 'Nov', 'Dec', 10, 11)<br>Feb<br>JanMar<br>21<br>11<br>Mar<br>('Feb', 'Mar')<br>('Mar', 'Apr') | |
| | • 한 번 저장된 값은 수정할 수 없음(읽기 전용 데이터)
• 요소가 절대 변경되지 않고 유지되는 경우
• 소괄호() 안에 서로 다른 자료 유형을 콤마(,)로 구분
• 인덱싱 및 슬라이싱 방법은 리스트와 동일 | |
| 딕셔너리<br>(Dictionary) | ```
x = {'짜장면':8000, '짬뽕': 9000, '탕수육':12000}
print(x)
print(x['짬뽕'])

print(x['짜장면']+x['짬뽕'])
```<br><br>{'짜장면': 8000, '짬뽕': 9000, '탕수육': 12000}<br>9000<br>17000 | |
| | • 연관된 값을 묶어서 저장
• 중괄호{} 안에 key:value 형태로 저장
• {} 안에 키:값 형식의 항목을 콤마(,)로 구분해 저장
• key와 value는 1:1 대응 관계
• key를 통해 value 값을 찾음
• 요소 접근 시 딕셔너리명['key'] 입력 | |
| 세트<br>(Set) | ```
x = {'짜장면', '짬뽕', '탕수육'}
y = {'짬뽕', '탕수육','우동'}

print( x & y)  #교집합
print(x | y)   #합집합
print(x - y)   #차집합
```<br><br>{'탕수육', '짬뽕'}<br>{'우동', '짬뽕', '탕수육', '짜장면'}<br>{'짜장면'} | |
| | • 집합 관련 처리
• 중복을 허용하지 않는 자료형
• {} 안에 서로 다른 자료형의 값을 콤마(,)로 구분해 저장
• 순서가 없기 때문에 인덱싱 및 슬라이싱 불가 | |
```

(2) 데이터구조 사용 비교

① 파이썬에서 기본적으로 제공되는 자료구조는 위와 같이 리스트, 튜플, 딕셔너리, 집합(세트)이다. 그 외 파이썬을 편하게 사용하기 위해 numpy 패키지의 array(배열) 구조와 pandas 패키지의 Series(시리즈), DataFrame(데이터프레임) 구조를 많이 사용한다.

② 예를 들어 3명의 학생(홍길동, 유관순, 이순신)에 대한 영어와 수학 성적의 데이터 구조를 저장하고 확인하는 과정을 나타내면 다음과 같다.

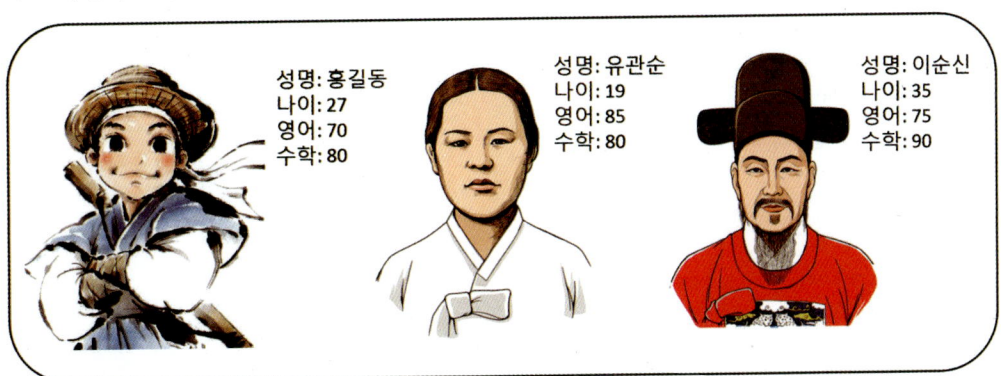

구 분	사용 예
리스트 (List)	```hong = ['홍길동', 27, 70, 80] ryu = ['유관순', 19, 85, 80] lee = ['이순신', 35, 75, 90] score = [hong, ryu, lee] print(score) [['홍길동', 27, 70, 80], ['유관순', 19, 85, 80], ['이순신', 35, 75, 90]]```
튜플 (Tuple)	```hong = ('홍길동', 27, 70, 80) ryu = ('유관순', 19, 85, 80) lee = ('이순신', 35, 75, 90) score = (hong, ryu, lee) print(score) print(score[0][1]+score[1][1]) (('홍길동', 27, 70, 80), ('유관순', 19, 85, 80), ('이순신', 35, 75, 90)) 46```
딕셔너리 (Dictionary)	```student1 = {'성명': '홍길동', '나이': 27, '영어': 70, '수학': 80} student2 = {'성명': '유관순', '나이': 19, '영어': 85, '수학': 80} student3 = {'성명': '이순신', '나이': 35, '영어': 75, '수학': 90} score = student1, student2, student3 print(score) print(type(score)) print(score[0]['수학']) print(score[0]['수학']+score[2]['수학']) ({'성명': '홍길동', '나이': 27, '영어': 70, '수학': 80}, {'성명': '유관순', '나이': 19, '영어': 85, '수학': 80}, {'성명': '이순신', '나이': 35, '영어': 75, '수학': 90}) <class 'tuple'> 80 170```
세트 (Set)	```class1 = {'홍길동', '유관순', '안중근'} class2 = {'이순신', '강감찬', '이성계', '유관순'} print(class1 & class2) print(class1 | class2) print(class1 - class2) {'유관순'} {'강감찬', '홍길동', '안중근', '유관순', '이순신', '이성계'} {'홍길동', '안중근'}```

(3) 데이터구조 사용 예

① **리스트(List)** : 하나의 변수를 이용하여 여러 개의 자료를 효율적으로 저장하고 처리할 수 있으며, 리스트 변수 뒤에 마침표(.)를 붙인 다음 append(), insert(), remove() 등의 함수 이름을 사용하여 리스트 데이터 구조를 제어한다.

```python
import pandas as pd
hong = ['홍길동', 27, 70, 80]

hong.append(95)  #리스트 마지막 위치에 요소 추가
print(hong)                                            ['홍길동', 27, 70, 80, 95]

hong.insert(2, 80)  #해당 위치에 요소 삽입
print(hong)                                            ['홍길동', 27, 80, 70, 80, 95]

hong.remove('홍길동')  #해당 요소 삭제
print(hong)                                            [27, 80, 70, 80, 95]

hong.sort()  #오름차순 정렬
print(hong)                                            [27, 70, 80, 80, 95]

hong.reverse()  #거꾸로 뒤집기
print(hong)                                            [95, 80, 80, 70, 27]

print(hong.pop())  #제일 뒤의 항목을 빼내고 빼낸 항목은 삭제    27
print(hong)                                            [95, 80, 80, 70]

print(hong.count(80))  #해당 요소의 개수                  2
print(hong.index(80))  #리스트에 해당 값이 있으면 위치값 반환   1
print(len(hong))  #총 요소 개수 반환                      4
```

② **튜플(Tuple)** : 수정할 수 없는 데이터를 저장(읽기 전용)할 때 Tuple을 이용한다. 따라서 리스트 데이터 구조에서의 추가, 삽입, 정렬, 삭제 등의 함수를 사용할 수 없으나, 리스트에서의 인덱싱 및 슬라이싱 기능은 동일하게 사용할 수 있다.

```python
hong = ('홍길동', 27, 70, 80, 80)

print(hong.count(80))  #해당 요소의 개수                   2
print(hong.index(70))  #튜플에 해당 값이 있으면 위치값 반환    2
print(len(hong))  #총 요소 개수 반환                       5

print(hong[1:5])                                        (27, 70, 80, 80)
print(hong[-4:-1])                                      (27, 70, 80)

print(hong[1]+hong[4])                                  107
```

③ 딕셔너리(Dictionary) : 서로 연관된 값을 저장하기 위해 딕셔너리 자료 구조를 사용하며, key:value 형태로 저장한다. key를 통해 value 값을 확인하고, items(), keys(), get(), pop() 등의 함수를 사용한다.

```python
hong = {'성명': '유관순', '나이': 19, '영어': 85, '수학': 80}
print(hong.items()) #모든 키와 값 변환
print(hong.keys()) #키 반환

print(hong.values) #값 반환

print(hong.get('나이')) #항목 접근하기
hong.pop('나이') #항목 꺼내고 삭제하기
print(hong)

del(hong['수학']) #항목 삭제
print(hong)
```

```
dict_items([('성명', '유관순'), ('나이', 19), ('영어', 85), ('수학', 80)])
dict_keys(['성명', '나이', '영어', '수학'])
<built-in method values of dict object at 0x7d0b3a8073c0>
19
{'성명': '유관순', '영어': 85, '수학': 80}
{'성명': '유관순', '영어': 85}
```

```python
hong = {'성명': '유관순', '나이': 19, '영어': 85, '수학': 80}
print(hong['영어']+hong['수학'])

hong['과학'] = 88
print(hong)

lee = {'성명': '이성계', '나이': 29, '영어': 75, '수학': 88, '과학': 99}

student = hong, lee
print(student)

print(student[0]['나이'])
print(student[0]['과학']+student[1]['과학'])
```

```
165
{'성명': '유관순', '나이': 19, '영어': 85, '수학': 80, '과학': 88}
({'성명': '유관순', '나이': 19, '영어': 85, '수학': 80, '과학': 88}, {'성명': '이성계', '나이': 29, '영어': 75, '수학': 88, '과학': 99})
19
187
```

④ 세트(Set) : Set는 집합에 관련된 데이터 구조를 쉽게 처리하기 위해 사용되며, 동일한 세트에는 중복되지 않은 데이터를 저장한다. 저장된 자료는 순서의 의미가 없어 인덱싱 및 슬라이싱 기능을 사용할 수 없다. 새로운 데이터를 추가[add(), update()], 삭제[remove()]할 수 있으며, 교집합[intersection(), &], 합집합(union, |), 차집합(difference, −)의 제어 함수를 제공한다.

```python
rclass = {'홍길동', '유관순', '안중근'}
pythonclass = {'이순신', '강감찬', '이성계', '유관순'}

rclass.add('이성계') #데이터 한 개 추가
pythonclass.update(['김구', '홍범도']) #데이터 여러 개 추가

print(rclass)
print(pythonclass)

pythonclass.remove('홍범도')
print(pythonclass)

print(rclass.intersection(pythonclass)) #교집합 (rclass & pythonclass)
print(rclass.union(pythonclass)) #합집합 (rclass | pythonclass)
print(rclass.difference(pythonclass)) #차집합 (rclass - pythonclass)
```

```
{'유관순', '안중근', '이성계', '홍길동'}
{'유관순', '김구', '이순신', '홍범도', '강감찬', '이성계'}

{'유관순', '김구', '이순신', '강감찬', '이성계'}

{'유관순', '이성계'}
{'유관순', '안중근', '김구', '이순신', '홍길동', '강감찬', '이성계'}
{'안중근', '홍길동'}
```

⑤ 넘파이(numpy) 모듈에서는 별도로 배열(array) 데이터 타입을 사용한다. 아래와 같이 np.repeat() 함수를 이용하여 반복된 숫자 또는 문자열을 저장한다. 여기서 기본값은 axis=None이며, axis=0인 경우 각각의 배열 원소를 반복·저장하고, axis=1인 경우 각 배열의 내부 요소값을 반복·저장한다.

```python
import numpy as np
x = np.repeat(10,7)              #숫자 10을 7번 반복하여 배열(array)로 저장
print(x); print(type(x))         #배열 출력, 데이터타입(배열):ndarray
print('------------')
a = np.array([[1,2], [3,4]])     #2차원 배열(2x2) 저장
print(a); print(a[1][0])         #2차원 배열 및 요소값 출력
print('************/axis=default')
b = np.repeat(a,3)               #각각의 요소 반복 저장
print(b)                         #배열(b) 출력
print('++++++++++++/axis=None')
c = np.repeat(a,3, axis=None)    #axis=None으로 반복 저장(각 요소를 바로 뒤에 추가)
print(c)                         #배열 b와 동일한 값 출력
print('@@@@@@@@@@@@/axis=0')
d = np.repeat(a, 3,axis=0)       #axis=0 지정 (각각의 배열원소 반복)
print(d)                         #배열(d) 출력
print('$$$$$$$$$$$$$/axis=1')
e = np.repeat(a, 3, axis=1)      #axis=1 지정(각 배열의 내부 요소 반복)
print(e)                         #배열(e) 출력
```

```
[10 10 10 10 10 10 10]
<class 'numpy.ndarray'>
------------
[[1 2]
 [3 4]]
3
************/axis=default
[1 1 1 2 2 2 3 3 3 4 4 4]
++++++++++++/axis=None
[1 1 1 2 2 2 3 3 3 4 4 4]
@@@@@@@@@@@@/axis=0
[[1 2]
 [1 2]
 [1 2]
 [3 4]
 [3 4]
 [3 4]]
$$$$$$$$$$$$$/axis=1
[[1 1 1 2 2 2]
 [3 3 3 4 4 4]]
```

⑥ 넘파이(numpy)에서 제공하는 tile() 함수를 이용하여 (반복값, 반복횟수)를 지정하여 반복·저장하기도 한다.

```python
import numpy as np
a = np.array([[1,2], [3,4]])        #2차원 배열(2x2) 저장
print(a)                             #2차원 배열 출력
print('************/반복=3')
b = np.tile(a,3)                     #각각의 요소 반복 저장
print(b)                             #배열(b) 출력
print('++++++++++++/반복=(2,3)')
c = np.tile(a,(2,3))                 #반복 저장(각 2행씩 3번)
print(c)                             #배열 b와 동일한 값 출력
print('@@@@@@@@@@@@/반복=(2,3,4)')
d = np.tile(a, (2,3,4))              #반복 저장(각 요소를 4번 반복)
print(d)                             #배열(d) 출력
```

```
[[1 2]
 [3 4]]
************/반복=3
[[1 2 1 2 1 2]
 [3 4 3 4 3 4]]
++++++++++++/반복=(2,3)
[[1 2 1 2 1 2]
 [3 4 3 4 3 4]
 [1 2 1 2 1 2]
 [3 4 3 4 3 4]]
@@@@@@@@@@@@/반복=(2,3,4)
[[[1 2 1 2 1 2 1 2]
  [3 4 3 4 3 4 3 4]
  [1 2 1 2 1 2 1 2]
  [3 4 3 4 3 4 3 4]
  [1 2 1 2 1 2 1 2]
  [3 4 3 4 3 4 3 4]]

 [[1 2 1 2 1 2 1 2]
  [3 4 3 4 3 4 3 4]
  [1 2 1 2 1 2 1 2]
  [3 4 3 4 3 4 3 4]
  [1 2 1 2 1 2 1 2]
  [3 4 3 4 3 4 3 4]]]
```

4 판다스 라이브러리 활용

(1) 시리즈 및 데이터프레임의 정의

① 판다스(pandas, panel data)는 여러 형태의 데이터들을 분석, 요약하는 데 유용하다. 판다스의 Series(시리즈)는 1차원 데이터를 다루며, DataFrame(데이터프레임)은 (행, 열)로 구성된 2차원 데이터를 다룬다.

② Series 및 DataFrame은 인덱스(Index)를 가지며, 판다스의 인덱스는 List(리스트)에서 사용하는 순서를 표기하는 숫자 인덱스와 Dictionary(딕셔너리)에서 사용하는 키 인덱스(Key Index)를 모두 포함한다.

③ 판다스 라이브러리를 사용하기 위해 먼저, "import pandas as pd"로 임포트(import)한다.

④ Dictionary 자료를 하나의 Series 데이터 유형으로 저장[sr=pd.Series()]할 수 있으며, 변수의 속성[info()]을 확인하고 인덱싱(sr[0])이 가능하다.

```
import pandas as pd

hong = {'성명':'홍길동', '나이': 27, '영어': 70, '수학': 80}
ryu  = {'성명':'유관순', '나이': 19, '영어': 85, '수학': 80}
lee  = {'성명':'이순신', '나이': 35, '영어': 75, '수학': 90}

sr = pd.Series([hong, ryu, lee])
print(sr)
sr.info() #변수 속성
sr.describe() #기술통계량 확인 (수치 데이터)
print(sr[0])
```

```
0    {'성명': '홍길동', '나이': 27, '영어': 70, '수학': 80}
1    {'성명': '유관순', '나이': 19, '영어': 85, '수학': 80}
2    {'성명': '이순신', '나이': 35, '영어': 75, '수학': 90}
dtype: object
<class 'pandas.core.series.Series'>
RangeIndex: 3 entries, 0 to 2
Series name: None
Non-Null Count  Dtype
--------------  -----
3 non-null      object
dtypes: object(1)
memory usage: 152.0+ bytes
{'성명': '홍길동', '나이': 27, '영어': 70, '수학': 80}
```

⑤ pd.DataFrame([ ]) 명령어를 이용하여 데이터프레임을 구성할 수 있으며, 숫자 데이터에 대한 기술통계량을 확인하기 위해 df.describe()를 이용한다. 그리고 데이터프레임 구조에서 특정 열을 선택하기 위해 df.['열이름'] 또는 "df.열이름"을 지정한다.

```
import pandas as pd

hong = {'성명':'홍길동', '나이': 27, '영어': 70, '수학': 80}
ryu  = {'성명':'유관순', '나이': 19, '영어': 85, '수학': 80}
lee  = {'성명':'이순신', '나이': 35, '영어': 75, '수학': 90}

df = pd.DataFrame([hong, ryu, lee])
print(df)
print(df.info()) #변수 속성
print(df.describe()) #기술 통계량 확인 (수치 데이터)
print(df.head(1)) #첫 번째 행 출력
print(df['성명']) #또는 print(df.성명), '성명' 열 출력
```

```
   성명  나이  영어  수학
0  홍길동  27  70  80
1  유관순  19  85  80
2  이순신  35  75  90
<class 'pandas.core.frame.DataFrame'>
RangeIndex: 3 entries, 0 to 2
Data columns (total 4 columns):
 #   Column  Non-Null Count  Dtype
---  ------  --------------  -----
 0   성명      3 non-null      object
 1   나이      3 non-null      int64
 2   영어      3 non-null      int64
 3   수학      3 non-null      int64
dtypes: int64(3), object(1)
memory usage: 224.0+ bytes
None
            나이         영어         수학
count   3.0    3.000000    3.000000
mean   27.0   76.666667   83.333333
std     8.0    7.637626    5.773503
min    19.0   70.000000   80.000000
25%    23.0   72.500000   80.000000
50%    27.0   75.000000   80.000000
75%    31.0   80.000000   85.000000
max    35.0   85.000000   90.000000
    성명  나이  영어  수학
0  홍길동  27  70  80
0   홍길동
1   유관순
2   이순신
Name: 성명, dtype: object
```

⑥ 구글 드라이브에 저장된 sale.csv 파일은 고객별로 (cust_id, 총구매액, 최대구매액, 환불금액, 주구매상품, 주구매지점, 내점일수, 내점당구매건수, 주말방문비율, 구매주기)의 열로 구성된 자료이다. 데이터프레임의 구조를 확인하기 위해 판다스에서는 다양한 함수와 속성을 제공한다. df.shape 속성으로 데이터의 (행의 크기, 열의 크기)=(3500, 9)를 확인하며, df.index 속성으로 데이터프레임의 인덱스 구조를 확인한다.

⑦ df.describe() 함수을 이용하여 숫자 데이터에 대한 [변량, 평균, 표준편차, 최솟값, 1사분위수(하위 25%), 2사분위수(중앙값), 3사분위수(하위 75%), 최댓값]=(count, mean, std, min, 25%, 50%, 75%, max)의 기술통계량 값을 확인한다.

```
import pandas as pd
df = pd.read_csv('/content/drive/MyDrive/Colab Notebooks/sale.csv', encoding='euc-kr', header=0, index_col=0)

pd.options.display.max_colwidth = 8 #한 컬럼의 최대 너비
pd.options.display.max_columns = None #최대 컬럼의 개수

print(df.info()) #변수 속성
print(df.head()) #앞부분 행 확인(기본값 n=5)
print(df.tail()) #뒷부분 행 확인 (기본값 n=5)
print(df.describe(include='object')) #기술 통계량 (object 데이터 포함)
print(df.shape) #데이터 행, 열의 크기
print(df.index) #데이터프레임의 인덱스
```

```
<class 'pandas.core.frame.DataFrame'>
Int64Index: 3500 entries, 0 to 3499
Data columns (total 9 columns):
 #   Column      Non-Null Count  Dtype
---  ------      --------------  -----
 0   총구매액        3500 non-null   int64
 1   최대구매액       3500 non-null   int64
 2   환불금액        1205 non-null   float64
 3   주구매상품       3500 non-null   object
 4   주구매지점       3500 non-null   object
 5   내점일수        3500 non-null   int64
 6   내점당구매건수     3500 non-null   float64
 7   주말방문비율      3500 non-null   float64
 8   구매주기        3500 non-null   int64
dtypes: float64(3), int64(4), object(2)
memory usage: 273.4+ KB
None
             총구매액    최대구매액    환불금액  주구매상품 주구매지점 내점일수 내점당구매건수 주말방문비율 구매주기
cust_id
0           6828...  1126...  6860...  기타   강남점  19  3.89...  0.52...  17
1           2136000  2136000  3000...  스포츠  잠실점   2  1.50...  0.00...   1
2           3197000  1639000    NaN   남성 캐주얼 관악점  2  2.00...  0.00...   1
3           1607...  4935000    NaN    기타  광주점  18  2.44...  0.31...  16
4           2905...  2400...    NaN    보석   본 점   2  1.50...  0.00...  85
             총구매액    최대구매액    환불금액  주구매상품 주구매지점 내점일수 내점당구매건수 주말방문비율 구매주기
cust_id
3495        3175200  3042900    NaN    골프   본 점   1  2.00...  1.00...   0
3496        2962...  7200000  6049... 시티웨어 부산본점  8  1.62...  0.46...  40
3497         75000    75000     NaN   주방용품 창원점   1  1.00...  0.00...   0
3498        1875000  1000000    NaN    화장품  본 점   2  1.00...  0.00...  39
3499        2631...  3463...  5973...   기타   본 점  38  2.42...  0.46...   8
        주구매상품 주구매지점
count    3500   3500
unique     42     24
top        기타   본 점
freq      595   1077
(3500, 9)
Int64Index([   0,    1,    2,    3,    4,    5,    6,    7,    8,    9,
            ...
             3490, 3491, 3492, 3493, 3494, 3495, 3496, 3497, 3498, 3499],
           dtype='int64', name='cust_id', length=3500)
```

⑧ 열의 이름은 df.columns, 열에 대한 데이터 유형을 확인하기 위해 df.dtypes 속성을 이용한다. df.dtypes 속성을 이용하여 데이터프레임에 저장된 각각의 컬럼에 대한 데이터 유형을 확인한다. 판다스에서 다루는 주요 데이터 유형은 int64(정수), float64(실수), bool(부울형), datetime64(날짜), object(문자열 또는 복합형, 파이썬에서의 문자열에 해당), category(범주형)이다.

```
import pandas as pd
df = pd.read_csv('/content/drive/MyDrive/Colab Notebooks/sale.csv', encoding='euc-kr', header=0, index_col=0)

pd.options.display.max_colwidth = 8 #한 컬럼의 최대 너비
pd.options.display.max_columns = None #최대 컬럼의 개수

print(df.columns) #컬럼명
print(df.dtypes) #자료형
print(df.head(df.sort_values(['총구매액','환불금액'], ascending=True, inplace=True))) #ascending=True(오름차순), inplace=True(기존 데이터프레임에 반영)
print(df['주구매지점'].value_counts()) #데이터 빈도수 구하기
print(df['주구매상품'].unique()) #컬럼의 고유값
```

```
Index(['총구매액', '최대구매액', '환불금액', '주구매상품', '주구매지점', '내점일수', '내점당구매건수', '주말방문비율',
       '구매주기'],
      dtype='object')
총구매액          int64
최대구매액         int64
환불금액        float64
주구매상품       object
주구매지점       object
내점일수          int64
내점당구매건수     float64
주말방문비율      float64
구매주기          int64
dtype: object
              총구매액    최대구매액    환불금액 주구매상품 주구매지점  내점일수  내점당구매건수  주말방문비율  구매주기
cust_id
3174       -5242...  1361...  9722...   기타    본 점    18    4.44...   0.33...    16
3488       -1890...  8230...  5296...  디자이너  부산본점   31    1.06...   0.24...    11
1659      -2992000 -2992000  2992...  디자이너   본 점     1    1.00...   0.00...     0
2696             0   170000  7007...  차/커피  일산점     2    9.00...   0.00...     4
1886             0  1416000  1534...  시티웨어 영등포점    2    3.00...   0.50...     0
...            ...      ...     ...   ...   ...   ...      ...      ...   ...
1551        1518...  9158...  1684...  디자이너   본 점   102   3.20...   0.16...     3
633         1536...  1085...  1759...  디자이너  잠실점    77    2.68...   0.17...     4
2049        1624...  2290...  3505...  농산물   강남점    91   4.39...   0.33...     3
1626        1715...  7066...  1142...  가공식품   본 점   162   2.42...   0.37...     2
2513        2323...  1378...  2994...  명 품    본 점   203   3.28...   0.29...     1

[3500 rows x 9 columns]
본 점     1077
잠실점      474
분당점      436
부산본점     245
영등포점     241
일산점      198
강남점      145
광주점      114
```

⑨ 데이터를 크기 순으로 정렬하기 위해 df.sort_values(['열이름1'(첫 번째 기준), '열이름2'(두 번째 기준), ascending=True, inplace=True] 함수를 적용한다. 데이터 빈도수는 df['열이름'].value_counts()로 구하고 컬럼의 고유값들은 df['주구매상품'].unique()로 확인한다. inplace=False이면(기본값), 명령어를 실행한 후 메소드가 적용된 데이터프레임을 기존 데이터프레임으로 대체하겠다는 의미이며, inplace=True이면, 명령어를 실행한 후 메소드가 적용된 데이터프레임으로 반환한다. 만약 삭제 메소드를 실행했다면 반환값은 컬럼이 삭제된 데이터프레임이 된다. 즉, True 옵션일 때는 메모리를 copy하여 삭제하지 않고 원본 데이터프레임의 메모리에 그대로 적용이 되고, False이면 결괏값은 삭제 메소드가 적용되지 않은 데이터프레임으로 반환된다.

(2) 데이터프레임 인덱싱 및 슬라이싱

① 데이터프레임의 (행, 열) 데이터 선택

㉠ 데이터프레임 구조의 데이터세트(sale.csv)로부터 특정 컬럼(열)을 선택하기 위하여 df['열이름'] 또는 "df.열이름"을 이용한다. 예를 들어 '주구매지점' 열을 선택하기 위하여 df['주구매지점'] 또는 "df.주구매지점"을 입력한다. 여러 열을 선택하기 위해서 df[['열이름1', '열이름2']]로 열이름을 나열한다.

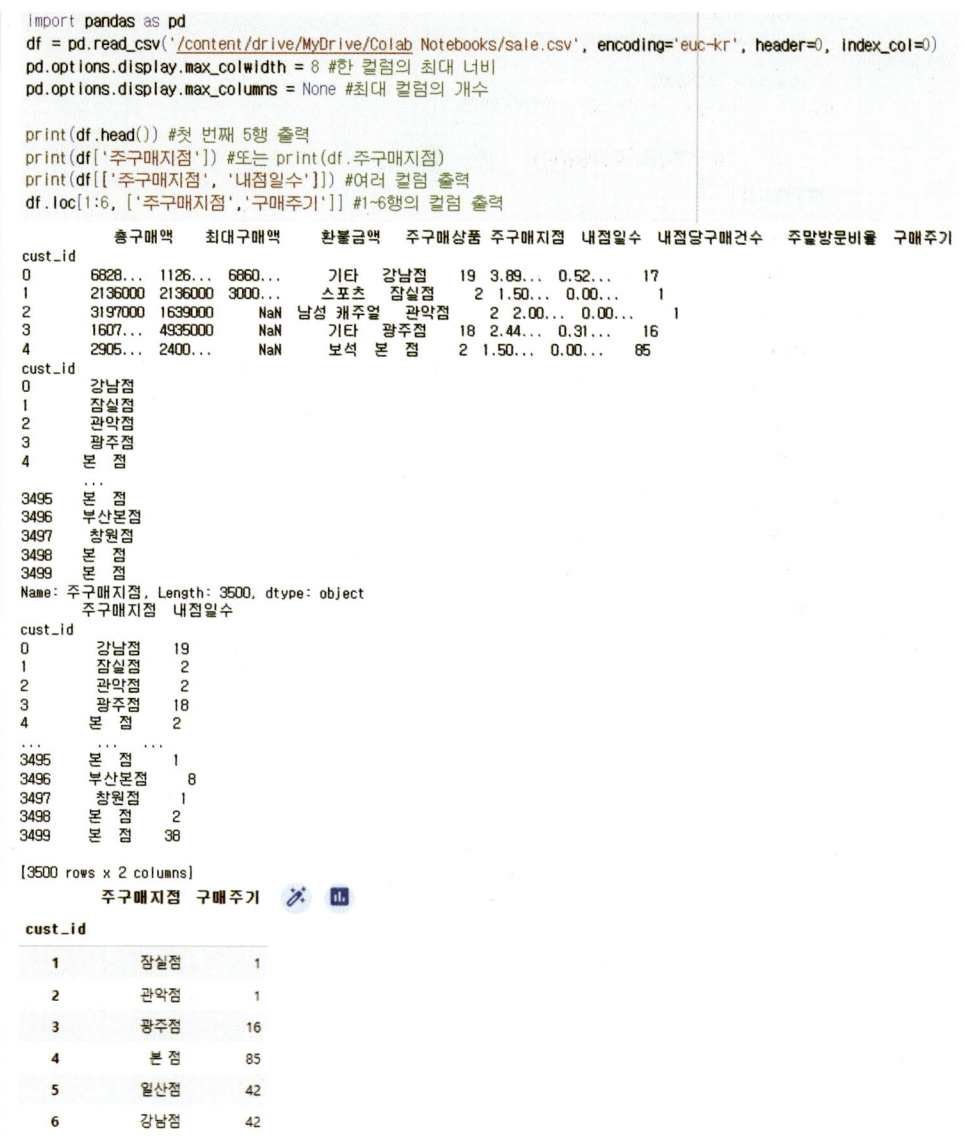

ⓛ 해당 열에 대하여 특정 행만을 선택하기 위하여 df.loc[ ](dataframe location)을 이용하며, df.loc[행시작:행끝, ['열이름1', '열이름2']]의 형식으로 사용한다. 모든 행을 출력하기 위해서는 df.loc[:, ['열이름1', '열이름2']]를 입력한다.

ⓒ 다음과 같이 '주구매지점'을 인덱스로 지정 후, 해당 지점(영등포점)에 해당하는 ['주구매상품', '주말방문비율']을 별도로 선택하여 출력한다.

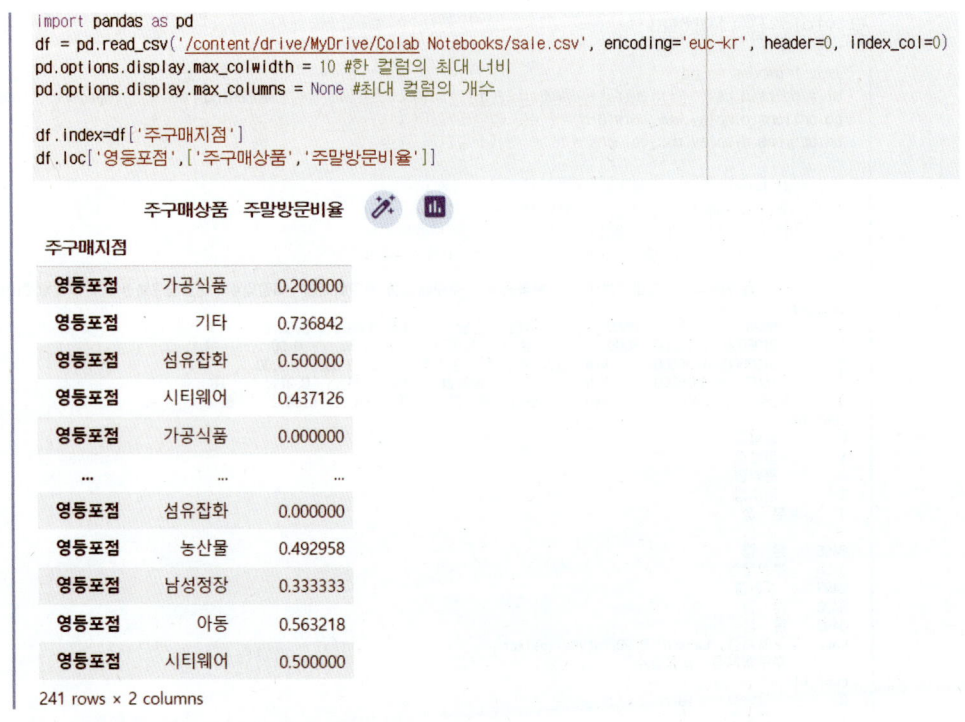

ⓔ df.loc[ ]를 이용하여 조건을 만족하는 행을 선택하거나 조건식을 입력[조건식이 여러 개 있는 경우 ()로 구분]하여 해당 조건을 충족(총구매액이 15억 원 이상, 또는 총구매액이 15억 원 이상이면서 환불금액이 1.5억 원 이상인 해당 열의 값)하는 행만을 선택한다.

```python
import pandas as pd
df = pd.read_csv('/content/drive/MyDrive/Colab Notebooks/sale.csv', encoding='euc-kr', header=0, index_col=0)
pd.options.display.max_colwidth = 15 #한 컬럼의 최대 너비
pd.options.display.max_columns = None #최대 컬럼의 개수

print(df.loc[df['총구매액'] >= 1500000000]) #총구매액이 15억원 이상인 모든 열 출력
print(df.loc[df['총구매액'] >= 1500000000, ['총구매액', '환불금액', '주구매상품']])
      #총구매액이 15억원 이상인 (총구매액,환불금액,주구매상품) 확인

df.loc[(df['총구매액']>=1500000000) & (df['환불금액']>=150000000), ['총구매액', '환불금액', '주구매상품']]
      #(총구매액이 15억원 이상)이면서 (환불금액이 1.5억 이상)인 (총구매액,환불금액,주구매상품) 확인
```

```
             총구매액      최대구매액       환불금액  주구매상품 주구매지점   내점일수  내점당구매건수
cust_id
633      1536227450  108560000  17595000.0  디자이너   잠실점    77   2.688312
1551     1518143670   91586000 168485100.0  디자이너   본 점   102   3.205882
1626     1715219490  706629000  11423000.0  가공식품   본 점   162   2.425926
2049     1624088220  229080000 350514400.0   농산물   강남점    91   4.395604
2513     2323180070  137856000 299456050.0    명품   본 점   203   3.285714
2694     1513972740  236210000  64032000.0  디자이너   본 점    77   2.181818

         주말방문비율  구매주기
cust_id
633      0.178744    4
1551     0.168196    3
1626     0.371501    2
2049     0.330000    3
2513     0.299850    1
2694     0.178571    4
             총구매액       환불금액  주구매상품
cust_id
633      1536227450   17595000.0  디자이너
1551     1518143670  168485100.0  디자이너
1626     1715219490   11423000.0  가공식품
2049     1624088220  350514400.0   농산물
2513     2323180070  299456050.0    명품
2694     1513972740   64032000.0  디자이너
```

	총구매액	환불금액	주구매상품
cust_id			
1551	1518143670	168485100.0	디자이너
2049	1624088220	350514400.0	농산물
2513	2323180070	299456050.0	명품

② 조건식 이용

㉠ 조건식을 하나의 객체로 지정하여 사용할 수 있으며, 해당 조건을 만족하는 열을 선택하거나 최댓값(max)을 가지는 조건을 찾을 수 있다. 그리고 해당 조건을 만족하는 데이터를 새로운 데이터프레임으로 저장하고 새로운 열을 추가하여 데이터프레임에 추가할 수 있다.

```python
import pandas as pd
df = pd.read_csv('/content/drive/MyDrive/Colab Notebooks/sale.csv', encoding='euc-kr', header=0, index_col=0)

pd.options.display.max_colwidth = 15 #한 컬럼의 최대 너비
pd.options.display.max_columns = None #최대 컬럼의 개수

cond1 = df['내점일수'] >= 200 #내점일수가 200일 이상인 조건
print(df[cond1]) #내점일수가 200일 이상인 모든 열
print(df[cond1][['내점일수','주말방문비율']]) #내점일수가 200일 이상인 (내점일수, 주말방문비율)

cond2 = df['내점일수']==df['내점일수'].max() #내점일수의 최대값을 가지는 행
print(df[cond2]) #내점일수가 최대값인 행
print(df[cond2][['내점일수', '주구매지점']]) #내점일수가 최대값인 (내점일수, 주구매지점)

cond3 = df['총구매액']-df['환불금액'] >=1500000000 #(총구매액-환불금액)의 차이가 15억원 이상인 조건
print(df[cond3]) #총구매액과 환불금액의 차이가 15억원 이상
print(df[cond3][['총구매액','환불금액','주구매지점']])
    #총구매액과 환불금액의 차이가 15억원 이상인 (총구매액, 환불금액, 주구매지점)

dfnew = df[cond3][['총구매액','환불금액','주구매지점']]
    #조건을 만족하는 데이터를 새로운 데이터프레임으로 저장
print(dfnew)
pd.options.display.float_format = '{:.1f}'.format #소수점 이하 첫째자리까지 계산
dfnew['구매액과환불금액차이'] = dfnew.총구매액 - dfnew.환불금액 #(총구매액-환불금액)을 새로운 열로 추가
print(dfnew)
```

```
             총구매액        최대구매액       환불금액 주구매상품 주구매지점 내점일수 내점당구매건수 주말방문비율  ₩
cust_id
21        208520880      20260000    1524900.0   농산물   부산본점   278      5.5    0.3
1541      319592410       7650000    2105500.0  가공식품     본 점   285      6.5    0.3
2513     2323180070     137856000  299456050.0    명품     본 점   203      3.3    0.3
2989      408176060      17641000   11688000.0   농산물   청량리점   211      6.3    0.2

         구매주기
cust_id
21          1
1541        1
2513        1
2989        1
         내점일수  주말방문비율
cust_id
21        278     0.3
1541      285     0.3
2513      203     0.3
2989      211     0.2
             총구매액        최대구매액       환불금액 주구매상품 주구매지점 내점일수 내점당구매건수 주말방문비율 구매주기
cust_id
1541      319592410       7650000    2105500.0  가공식품     본 점   285      6.5    0.3    1
         내점일수 주구매지점
cust_id
1541      285    본 점
             총구매액        최대구매액       환불금액 주구매상품 주구매지점 내점일수 내점당구매건수 주말방문비율  ₩
cust_id
633      1536227450     108560000   17595000.0  디자이너   잠실점    77      2.7    0.2
1626     1715219490       7066290   11423000.0  가공식품     본 점   162      2.4    0.4
2513     2323180070     137856000  299456050.0    명품     본 점   203      3.3    0.3

         구매주기
cust_id
633         4
1626        2
2513        1
             총구매액        환불금액 주구매지점
cust_id
633      1536227450   17595000.0   잠실점
1626     1715219490   11423000.0     본 점
2513     2323180070  299456050.0     본 점
             총구매액        환불금액 주구매지점
cust_id
633      1536227450   17595000.0   잠실점
1626     1715219490   11423000.0     본 점
2513     2323180070  299456050.0     본 점
             총구매액        환불금액 주구매지점   구매액과환불금액차이
cust_id
633      1536227450   17595000.0   잠실점   1518632450.0
1626     1715219490   11423000.0     본 점   1703796490.0
2513     2323180070  299456050.0     본 점   2023724020.0
```

ⓒ df.iloc[ ](integer location)는 데이터가 있는 숫자(인덱스)로 데이터 위치에 접근한다. loc[ ] 와는 다르게 이 경우 조건식을 사용할 수 없다.

```python
import pandas as pd
df = pd.read_csv('/content/drive/MyDrive/Colab Notebooks/sale.csv', encoding='euc-kr', header=0, index_col=0)
pd.options.display.max_colwidth = 15 #한 컬럼의 최대 너비
pd.options.display.max_columns = None #최대 컬럼의 개수

print(df.iloc[0]) #첫 번째 행
print(df.iloc[2]) #세 번째 행
print(df.iloc[-1]) #마지막 행

print(df.iloc[:,0]) #첫 번째 열
print(df.iloc[:,1]) #두 번째 열
print(df.iloc[:,-1]) #마지막 열
```

```
총구매액           68282840
최대구매액          11264000
환불금액           6860000.0
주구매상품              기타
주구매지점             강남점
내점일수               19
내점당구매건수         3.894737
주말방문비율          0.527027
구매주기               17
Name: 0, dtype: object
총구매액            3197000
최대구매액           1639000
환불금액               NaN
주구매상품           남성 캐주얼
주구매지점             관악점
내점일수                2
내점당구매건수            2.0
주말방문비율             0.0
구매주기                1
Name: 2, dtype: object
총구매액          263101550
최대구매액          34632000
환불금액           5973000.0
주구매상품              기타
주구매지점             본 점
내점일수               38
내점당구매건수         2.421053
주말방문비율          0.467391
구매주기                8
Name: 3499, dtype: object
```

```
cust_id
0       68282840
1        2136000
2        3197000
3       16077620
4       29050000
          ...
3495     3175200
3496    29628600
3497       75000
3498     1875000
3499   263101550
Name: 총구매액, Length: 3500, dtype: int64
cust_id
0       11264000
1        2136000
2        1639000
3        4935000
4       24000000
          ...
3495     3042900
3496     7200000
3497       75000
3498     1000000
3499    34632000
Name: 최대구매액, Length: 3500, dtype: int64
cust_id
0        17
1         1
2         1
3        16
4        85
        ..
3495      0
3496     40
3497      0
3498     39
3499      8
Name: 구매주기, Length: 3500, dtype: int64
```

ⓒ df.iloc[ ]의 경우 [행번호, 열번호]를 이용하여 인덱싱 및 슬라이싱 기능을 사용한다.

```
import pandas as pd
df = pd.read_csv('/content/drive/MyDrive/Colab Notebooks/sale.csv', encoding='euc-kr', header=0, index_col=0)
pd.options.display.max_colwidth = 15 #한 컬럼의 최대 너비
pd.options.display.max_columns = None #최대 컬럼의 개수

print(df.iloc[0:4]) #첫 4개 행
print(df.iloc[:, 0:3]) #첫 3개 열
print(df.iloc[[0,2],[1,4]]) #(첫번째, 세 번째) 행, (두번째, 다섯번째) 열
print(df.iloc[0:4, 5:7]) #첫 4개 행과 (5, 6, 7)번째 열
```

```
          총구매액    최대구매액    환불금액   주구매상품  주구매지점  내점일수  내점당구매건수
cust_id
0        68282840  11264000  6860000.0    기타     강남점    19   3.894737
1         2136000   2136000   300000.0   스포츠     잠실점     2   1.500000
2         3197000   1639000       NaN  남성 캐주얼   관악점     2   2.000000
3        16077620   4935000       NaN    기타     광주점    18   2.444444

         주말방문비율   구매주기
cust_id
0        0.527027    17
1        0.000000     1
2        0.000000     1
3        0.318182    16

          총구매액    최대구매액    환불금액
cust_id
0        68282840  11264000  6860000.0
1         2136000   2136000   300000.0
2         3197000   1639000       NaN
3        16077620   4935000       NaN
4        29050000  24000000       NaN
...           ...       ...        ...
3495      3175200   3042900       NaN
3496     29628600   7200000  6049600.0
3497        75000     75000       NaN
3498      1875000   1000000       NaN
3499    263101550  34632000  5973000.0

[3500 rows x 3 columns]
         최대구매액   주구매지점
cust_id
0        11264000   강남점
2         1639000   관악점

         내점일수   내점당구매건수
cust_id
0          19   3.894737
1           2   1.500000
2           2   2.000000
3          18   2.444444
```

ⓒ 데이터프레임에서 불필요한 열을 삭제하기 위하여 df.drop() 함수를 이용한다. 데이터프레임의 행과 열을 동시에 삭제하기 위하여 axis=1 옵션을 지정하며, inplace=False 옵션으로 원본 데이터를 변경하지 않는다.

```
import pandas as pd
df = pd.read_csv('/content/drive/MyDrive/Colab Notebooks/sale.csv', encoding='euc-kr', header=0, index_col=0)
pd.options.display.max_colwidth = 8 #한 컬럼의 최대 너비
pd.options.display.max_columns = None #최대 컬럼의 개수

print(df.head())
dfnew = df.drop(['주말방문비율', '구매주기'], axis=1, inplace=False) #열 삭제, axis=1(column삭제), inplace=False(원본이 변경되지 않음)
print(dfnew.head())

print(df.columns) #df 컬럼
print(dfnew.columns) #dfnew 컬럼
```

```
         총구매액   최대구매액   환불금액  주구매상품 주구매지점  내점일수  내점당구매건수  주말방문비율  구매주기
cust_id
0        6828... 1126...  6860...   기타   강남점    19   3.89...  0.52...   17
1        2136000 2136000  3000...  스포츠   잠실점     2   1.50...  0.00...    1
2        3197000 1639000     NaN  남성 캐주얼 관악점    2   2.00...  0.00...    1
3        1607... 4935000     NaN   기타   광주점    18   2.44...  0.31...   16
4        2905... 2400...     NaN   보석   본 점    2   1.50...  0.00...   85
         총구매액   최대구매액   환불금액  주구매상품 주구매지점  내점일수  내점당구매건수
cust_id
0        6828... 1126...  6860...   기타   강남점    19   3.89...
1        2136000 2136000  3000...  스포츠   잠실점     2   1.50...
2        3197000 1639000     NaN  남성 캐주얼 관악점    2   2.00...
3        1607... 4935000     NaN   기타   광주점    18   2.44...
4        2905... 2400...     NaN   보석   본 점    2   1.50...
Index(['총구매액', '최대구매액', '환불금액', '주구매상품', '주구매지점', '내점일수', '내점당구매건수', '주말방문비율',
       '구매주기'],
      dtype='object')
Index(['총구매액', '최대구매액', '환불금액', '주구매상품', '주구매지점', '내점일수', '내점당구매건수'], dtype='object')
```

ⓓ 열 이름을 변경하기 위하여 df.rename() 함수를 이용한다. 모든 열의 이름을 변경하고자 하는 경우 df.columns=['열이름1', '열이름2', '열이름3', …]으로 재설정한다.

```
import pandas as pd
df = pd.read_csv('/content/drive/MyDrive/Colab Notebooks/sale.csv', encoding='euc-kr', header=0, index_col=0)
pd.options.display.max_colwidth = 8 #한 컬럼의 최대 너비
pd.options.display.max_columns = None #최대 컬럼의 개수

print(df.head())
df.rename(columns={'내점일수':'방문일수'}, inplace=True)
print(df.head())
```

```
         총구매액   최대구매액   환불금액  주구매상품 주구매지점  내점일수  내점당구매건수  주말방문비율  구매주기
cust_id
0        6828... 1126...  6860...   기타   강남점    19   3.89...  0.52...   17
1        2136000 2136000  3000...  스포츠   잠실점     2   1.50...  0.00...    1
2        3197000 1639000     NaN  남성 캐주얼 관악점    2   2.00...  0.00...    1
3        1607... 4935000     NaN   기타   광주점    18   2.44...  0.31...   16
4        2905... 2400...     NaN   보석   본 점    2   1.50...  0.00...   85
         총구매액   최대구매액   환불금액  주구매상품 주구매지점  방문일수  내점당구매건수  주말방문비율  구매주기
cust_id
0        6828... 1126...  6860...   기타   강남점    19   3.89...  0.52...   17
1        2136000 2136000  3000...  스포츠   잠실점     2   1.50...  0.00...    1
2        3197000 1639000     NaN  남성 캐주얼 관악점    2   2.00...  0.00...    1
3        1607... 4935000     NaN   기타   광주점    18   2.44...  0.31...   16
4        2905... 2400...     NaN   보석   본 점    2   1.50...  0.00...   85
```

(3) 날짜 형식의 데이터 처리

① air_pollution_data.csv 자료는 측정일에 따른 측정장소 및 각종 측정값들을 저장한 데이터세트이다. 2022년 6월 이산화탄소의 평균값을 구하기 위하여 먼저, object 자료형인 dataTime을 날짜 형식으로 저장(측정일자)하고, datetime 모듈(dt)을 이용하여 (연도, 월, 일)로 구분하여 저장한다. 날짜 형식으로 변환하기 위하여 pandas의 to_datetime(), apply(), str()의 함수를 이용한다.

```python
import pandas as pd
import datetime as dt
import numpy as np
df = pd.read_csv('/content/drive/MyDrive/Colab Notebooks/air_pollution_data.csv', encoding='euc-kr', header=0, index_col=0)
pd.options.display.max_colwidth = 30 #한 컬럼의 최대 너비
pd.options.display.max_columns = None #최대 컬럼의 개수
print(df.head())
print(df.dtypes)

df['측정일자'] = df['dataTime'].apply(lambda x: pd.to_datetime(str(x), format='%Y-%m-%d'))
    #object 자료형(문자열) -> datetime64(날짜형)으로 변환
print(df.dtypes)
df['연도'] = df['측정일자'].dt.year #연도 추출
df['월'] = df['측정일자'].dt.month #월 추출
df['일'] = df['측정일자'].dt.day #일 추출
print(df.head())

cond = (df['연도']==2022) & (df['월']==6) #연도=2022년, 월=6월인 경우
print(df[cond])
print(np.mean(df[cond].coValue)) #연도=2022년, 월=6월인 경우의 coValue의 평균
```

```
      dataTime stationName  so2Value  coValue  o3Value  no2Value  pm10Value
1   2022-08-03         중구     0.003      0.2    0.035     0.017       30.0
2   2022-07-01       한강대로    0.004      0.5    0.015     0.036       48.0
3   2022-06-03        종로구     0.002      0.4    0.042     0.014       28.0
4   2022-06-13       청계천로    0.004      0.5    0.034     0.024       36.0
5   2022-06-22         종로     0.003      0.2    0.027     0.016       29.0
dataTime        object
stationName     object
so2Value       float64
coValue        float64
o3Value        float64
no2Value       float64
pm10Value      float64
dtype: object
dataTime             object
stationName          object
so2Value            float64
coValue             float64
o3Value             float64
no2Value            float64
pm10Value           float64
측정일자        datetime64[ns]
dtype: object
```

```
        dataTime stationName  so2Value  coValue  o3Value  no2Value  pm10Value  #
1       2022-08-03       중구       0.003      0.2     0.035    0.017      30.0
2       2022-07-01    한강대로      0.004      0.5     0.015    0.036      48.0
3       2022-06-03      종로구      0.002      0.4     0.042    0.014      28.0
4       2022-06-13    청계천로      0.004      0.5     0.034    0.024      36.0
5       2022-06-22       종로      0.003      0.2     0.027    0.016      29.0
       측정일자    연도   월   일
1  2022-08-03   2022    8    3
2  2022-07-01   2022    7    1
3  2022-06-03   2022    6    3
4  2022-06-13   2022    6   13
5  2022-06-22   2022    6   22
        dataTime stationName  so2Value  coValue  o3Value  no2Value  pm10Value  #
3       2022-06-03      종로구      0.002      0.4     0.042    0.014      28.0
4       2022-06-13    청계천로      0.004      0.5     0.034    0.024      36.0
5       2022-06-22       종로      0.003      0.2     0.027    0.016      29.0
       측정일자    연도   월   일
3  2022-06-03   2022    6    3
4  2022-06-13   2022    6   13
5  2022-06-22   2022    6   22
0.3666666666666667
```

② 날짜와 시간을 다루기 위해 datetime 라이브러리를 사용한다. datetime 라이브러리에는 날짜와 시간을 함께 저장하는 datetime 클래스, 날짜만 저장하는 date 클래스, 시간만 저장하는 time 클래스 등이 있다. 여러 속성과 메소드를 이용하여 날짜와 시간 데이터를 다룰 수 있다.

```python
import datetime as dt
x = dt.datetime.now() #현재 시각
print(x)
print(x.year) #연도
print(x.month) #월
print(x.day) #일
print(x.hour) #시
print(x.minute) #분
print(x.second) #초
print(x.microsecond) #마이크로초(microseconds, 백만분의 1초)
print(x.weekday()) #요일 반환 (월:0, 화:1, 수:2, 목:3, 금:4, 토:5, 일:6)
print(x.strftime) #문자열 반환
print(x.strftime('%A %d, %B %Y')) #문자열 변환 형식 지정(일월연도)
print(x.strftime('%H시 %M분 %S초')) #문자열 변환 형식 지정 (시분초)
print(dt.datetime.strptime('2023-07-26 14:45', '%Y-%m-%d %H:%M'))
print(x.date()) #날짜 정보만 가지는 클래스 객체
print(x.time()) #시간 정보만 가지는 클래스 객체
2023-07-26 05:49:18.605276
2023
7
26
5
49
18
605276
2
<built-in method strftime of datetime.datetime object at 0x7973ede2f8d0>
Wednesday 26, July 2023
05시 49분 18초
2023-07-26 14:45:00
2023-07-26
05:49:18.605276
```

(4) 표준 입출력

① 자료를 출력하기 위해 print() 함수를 이용하며, 입력은 input()을 이용한다. 데이터 유형 변환을 별도로 하지 않은 경우 입력된 값은 모두 문자열로 저장한다. 따라서 숫자형인 경우 int()(정수형), float()(실수형)로 데이터 유형을 변환하여야 한다.

```
inst = input('소속입력: ')
print(inst)

x = int(input('파이썬 점수: '))
y = int(input('R 점수: '))
print((x+y)/2)

m = float(input('키 입력(m)'))
k = float(input('몸무게 입력(kg)'))
bmi = k / (m*m)
print(bmi)
```

```
소속입력: 평택대학교
평택대학교

파이썬 점수: 90
R 점수: 85
87.5

키 입력(m)1.7
몸무게 입력(kg)73
25.25951557093426
```

② 출력 시 줄바꿈을 하지 않고자 한다면, end=' ' 옵션을 지정한다. 자료형을 지정하여 출력하는 경우 %형식지정자를 사용할 수 있다. 문자열인 경우 %s, 정수형 데이터의 경우 %d, 실수형의 경우 %f로 지정한다.

```
print('파이썬(Python)')
print('알(R)')

print('파이썬(Python)', end='')
print('알(R)')

inst = input('소속기관은 어디인가요": ')
print('당신의 소속기관은', inst, '입니다.')

print('입력한 소속기관은 %s' %inst, '입니다')

x = int(input('파이썬 점수: '))
y = int(input('R 점수: '))
print('%d + %d = %d' %(x, y, x+y))

m = float(input('키 입력(m)'))
k = float(input('몸무게 입력(kg)'))
bmi = k / (m*m)
print('%f / (%f x %f) = %f' % (k, m, m, bmi))
```

```
파이썬(Python)
알(R)

파이썬(Python)알(R)

소속기관은 어디인가요": 평택대학교
당신의 소속기관은 평택대학교 입니다.

입력한 소속기관은 평택대학교 입니다

파이썬 점수: 90
R 점수: 85
90 + 85 = 175

키 입력(m)1.7
몸무게 입력(kg)73
73.000000 / (1.700000 x 1.700000) = 25.259516
```

③ format() 함수와 f-string format 방법을 이용하여 다양한 형식으로 출력한다.

```
x = int(input('파이썬 점수: '))
y = int(input('R 점수: '))
print('{0} + {1} = {2}'.format(x, y, x+y)) #format 함수 이용

print('{1} {1} {1} 아자아자 {0}'.format('화이팅', '대한민국')) #반복하여 출력

f1 = '파이썬 점수 : {python}, R 점수 : {r} '.format(python=x, r=y)
print(f1)

f2 = '소수점 아래 2자리 : {0:0.2f}, 아래 5자리: {1:0.5f}'.format(x, y)
print(f2)

print(f'{x} + {y} = {x+y}') #f-string 포맷팅
```
```
파이썬 점수: 90
R 점수: 85
90 + 85 = 175
대한민국 대한민국 대한민국 아자아자 화이팅
파이썬 점수 : 90, R 점수 : 85
소수점 아래 2자리 : 90.00, 아래 5자리: 85.00000
90 + 85 = 175
```

(5) 데이터 가공 및 그룹핑

① 데이프레임 내 결측치(Missing Value)가 있는지를 확인하기 위해 isnull() 또는 isna() 함수를 이용하고 각 컬럼별로 결측 데이터 개수를 isnull().sum()으로 확인한다. 환불금액 열에 2,295개의 결측치가 있다.

```
import pandas as pd
df = pd.read_csv('/content/drive/MyDrive/Colab Notebooks/sale.csv', encoding='euc-kr', header=0, index_col=0)
pd.options.display.max_colwidth = 8 #한 컬럼의 최대 너비
pd.options.display.max_columns = None #최대 컬럼의 개수
print(df.head())
print(df.isnull()) #결측 데이터 확인(또는 df.isna())
print(df.isnull().sum) #결측 데이터 합계 확인(또는 df.isna().sum())
```

```
          총구매액   최대구매액   환불금액  주구매상품 주구매지점  내점일수  내점당구매건수  주말방문비율  구매주기
cust_id
0         .6828... 1126...  6860...  기타    강남점    19    3.89...  0.52...  17
1         2136000  2136000  3000...  스포츠  잠실점    2     1.50...  0.00...  1
2         3197000  1639000  NaN      남성 캐주얼 관악점  2     2.00...  0.00...  1
3         1607...  4935000  NaN      기타    광주점    18    2.44...  0.31...  16
4         2905...  2400...  NaN      보석    본 점   2     1.50...  0.00...  85
          총구매액   최대구매액   환불금액  주구매상품 주구매지점  내점일수  내점당구매건수  주말방문비율  구매주기
cust_id
0         False  False   False False False False False False False
1         False  False   False False False False False False False
2         False  False   True  False False False False False False
3         False  False   True  False False False False False False
4         False  False   True  False False False False False False
...       ...    ...     ...   ...   ...   ...   ...   ...   ...
3495      False  False   True  False False False False False False
3496      False  False   False False False False False False False
3497      False  False   True  False False False False False False
3498      False  False   True  False False False False False False
3499      False  False   False False False False False False False

[3500 rows x 9 columns]
총구매액         0
최대구매액        0
환불금액         2295
주구매상품        0
주구매지점        0
내점일수         0
내점당구매건수      0
주말방문비율       0
구매주기         0
```

② 결측 데이터를 제외한 새로운 데이터프레임을 구성하기 위해 notnull() 함수를 이용한다. '환불금액'의 결측치가 있는 경우 3,500개의 행에서 결측치 제거 후 1,205개의 행으로 줄어들었다.

```
import pandas as pd
df = pd.read_csv('/content/drive/MyDrive/Colab Notebooks/sale.csv', encoding='euc-kr', header=0, index_col=0)
dfnew = df[df['환불금액'].notnull()]
print(dfnew.head())
print(dfnew.isnull().sum())
print(dfnew.shape)
print(len(df), len(dfnew))
```

```
             총구매액       최대구매액    환불금액   주구매상품  주구매지점  내점일수  내점당구매건수  ₩
cust_id
0        68282840    11264000  6860000.0   기타     강남점      19   3.894737
1         2136000     2136000   300000.0   스포츠    잠실점       2   1.500000
5        11379000     9552000   462000.0   디자이너   일산점       3   1.666667
6        10056000     7612000  4582000.0   시티웨어   강남점       5   2.400000
7       514570080    27104000 29524000.0   명품     본 점      63   2.634921

         주말방문비율    구매주기
cust_id
0        0.527027    17
1        0.000000     1
5        0.200000    42
6        0.333333    42
7        0.222892     5
총구매액         0
최대구매액        0
환불금액         0
주구매상품        0
주구매지점        0
내점일수         0
내점당구매건수      0
주말방문비율       0
구매주기         0
dtype: int64
(1205, 9)
3500 1205
```

③ 결측 데이터를 가진 행이나 열을 삭제하기 위하여 dropna() 함수를 이용한다. axis=0이면 누락된 값이 포함된 행을, axis=1이면 열을 삭제한다. 아래 수행 결과에서 axis=0으로 지정 후, '환불금액'이 누락된 행들이 삭제되어 dfnew에 저장된다.

```
import numpy as np    #넘파이 라이브러리
import pandas as pd   #판다스 라이브러리

a = np.array([1, 27, 19, 35, 34, 22, 55])   #배열1
b = np.array([2, 70, 85, 75, 45 ,89, 57])   #배열2
c = np.array([3, 80, 80, 90, 80, 87, 88])   #배열3
df1 = pd.DataFrame([a,b,c]) #배열->데이터프레임 변환
df2 = pd.DataFrame([a,b,c], columns=['id', 'math', 'eng', 'python', 'R', 'kor', 'bio']) #열이름 지정
df2 = df2.set_index(keys='id')    #인덱스 열 지정

print('---데이터프레임->넘파이 배열 변환---')
numpy1 = df2.values; print(numpy1)      #데이터프레임->넘파이배열 변환
numpy2 = df2.to_numpy(); print(numpy2)  #데이터프레임->넘파이배열 변환
print(type(numpy2))   #넘파이 배열 확인
print(numpy2[0])      #첫번째 행
print(numpy2[1])      #두번째 행
print(numpy2[2])      #세번째 행
print(numpy2[2,4])    #배열값 출력
print(numpy2[1][4])   #배열값 출력
```

```
---데이터프레임->넘파이 배열 변환---
[[27 19 35 34 22 55]
 [70 85 75 45 89 57]
 [80 80 90 80 87 88]]
[[27 19 35 34 22 55]
 [70 85 75 45 89 57]
 [80 80 90 80 87 88]]
<class 'numpy.ndarray'>
[27 19 35 34 22 55]
[70 85 75 45 89 57]
[80 80 90 80 87 88]
87
89
```

④ 결측치를 데이터 평균, 최소 및 최댓값 등으로 대체하기 위하여 fillna() 함수를 이용한다. 불러온 데이터 파일을 복사하기 위하여 copy() 함수를 적용한다.

```python
import pandas as pd
df = pd.read_csv('/content/drive/MyDrive/Colab Notebooks/sale.csv', encoding='euc-kr', header=0, index_col=0)

avg = df['환불금액'].mean() #환불금액의 평균
print(avg)

df1 = df.copy() #데이터프레임 복사
df1['환불금액'] = df['환불금액'].fillna(avg) #평균값으로 대체
df1.isnull().sum()
print(df1['환불금액'].mean())

min = df['환불금액'].min() #환불금액의 최소값
df2 = df.copy() #데이터프레임 복사
df2['환불금액'] = df['환불금액'].fillna(min) #최소값으로 대체
print(df2['환불금액'].mean())

max = df['환불금액'].max() #환불금액의 최댓값
df3 = df.copy() #데이터프레임 복사
df3['환불금액'] = df['환불금액'].fillna(max) #최대값으로 대체
print(df3['환불금액'].mean())
```

```
24078215.991701245
24078215.99170124
8293457.791428572
377950681.5057143
```

⑤ 데이터를 특정한 값에 기반해서 요약하는 기능으로 groupby() 함수를 이용한다. 통계량은 mean()(평균), sum()(합계), var()(분산), std()(표준편차), max()(최댓값), min()(최솟값), mode()(최빈값) 등을 이용한다.

```python
import pandas as pd
df = pd.read_csv('/content/drive/MyDrive/Colab Notebooks/sale.csv', encoding='euc-kr', header=0, index_col=0)
pd.options.display.max_colwidth = 20 #한 컬럼의 최대 너비
pd.options.display.max_columns = None #최대 컬럼의 개수

df1 = df.groupby('주구매상품').mean() #주구매상품별로 그룹화
data1 = pd.DataFrame(df1['내점일수']) #주구매상품별 내점일수의 평균 구하기
print(data1.head())

dfnew = df.groupby('주구매지점').sum() #주구매지점별로 그룹화
data2 = pd.DataFrame(dfnew['총구매액']) #주구매지점별로 총구매액의 합계 구하기
print(data2.head())
```

```
             내점일수
주구매상품
가공식품     21.749084
가구        2.500000
건강식품      5.680851
골프       15.853659
구두        4.518519
             총구매액
주구매지점
강남점    10151146180
관악점     4242305350
광주점    17531487810
노원점     6960693550
대구점      701926580
```

5 넘파이 라이브러리 활용

(1) 배열 정의 및 연산

① 넘파이 배열은 값을 직접 입력할 수도 있으나, 파이썬의 리스트(List) 구조를 이용한다. 배열의 크기는 a.shape 또는 len(a)로 확인하며, 배열에 0값[np.zeros()] 또는 다른 값[np.full(), 또는 np.linspace()]을 저장할 수 있다. 그리고 reshape() 메소드를 이용하여 (행, 열)의 크기를 지정할 수 있으며, -1은 남은 차원의 행 또는 열의 값을 지정하는 값으로 이용된다.

```python
import numpy as np      #넘파이 라이브러리
list1 = [27, 19, 35, 34, 22, 55]    #리스트1
list2 = [70, 85, 75, 45 ,89, 57]    #리스트2
list3 = [80, 80, 90, 80, 87, 88]    #리스트3
a = np.array(list1)    #리스트구조 이용 넘파이 배열 저장
print(a)
print(type(a))
print(a.shape)
print(len(a))

b = np.array([list1, list2])  #두개의 리스트 배열 저장
print(b)
print(b.shape)
print(len(b))
print(b[1,2])

c = np.zeros((3,3))    #(행,열)=(3,3)인 배열에 0 저장
print(c)
print(type(c))

d = np.ones((3,3)); print(d)        #(행,열)=(3,3)인 배열에 1 저장
e = np.full((3,3), 10); print(e)    #(행,열)=(3,3)인 배열에 10 저장
f = np.eye(3); print(f)             #(행,열)=(3,3)인 배열 대각선=1, 나머지=0
g = np.array(range(0,10, 2)); print(g)      #0부터 8까지 2씩 증가 배열 저장
h = [[27, 19, 35], [70, 85, 75, 45]]; print(h)   #배열 직접 입력
k = np.array(range(20)).reshape((5,4)); print(k)  #0~19까지 5행 4열 배열 저장
m = np.array(range(21)).reshape(-1,7); print(m)   #0~20까지 열 7개, 행은 남은 차원(3행)으로 저장
n = np.array(range(21)).reshape(7,-1); print(n)   #0~20까지 행 7개, 열은 남은 차원(3열)으로 저장
p = np.arange(5); print(p)          #0~4까지 값 저장
q = np.linspace(0,10,num=6); print(q)   #0~10까지 선형값, 개수(6) 지정
```

```
[27 19 35 34 22 55]
<class 'numpy.ndarray'>
(6,)
6
[[27 19 35 34 22 55]
 [70 85 75 45 89 57]]
(2, 6)
2
75
[[0. 0. 0.]
 [0. 0. 0.]
 [0. 0. 0.]]
<class 'numpy.ndarray'>
[[1. 1. 1.]
 [1. 1. 1.]
 [1. 1. 1.]]
[[10 10 10]
 [10 10 10]
 [10 10 10]]
[[1. 0. 0.]
 [0. 1. 0.]
 [0. 0. 1.]]
[0 2 4 6 8]
[[27, 19, 35], [70, 85, 75, 45]]
[[ 0  1  2  3]
 [ 4  5  6  7]
 [ 8  9 10 11]
 [12 13 14 15]
 [16 17 18 19]]
[[ 0  1  2  3  4  5  6]
 [ 7  8  9 10 11 12 13]
 [14 15 16 17 18 19 20]]
[[ 0  1  2]
 [ 3  4  5]
 [ 6  7  8]
 [ 9 10 11]
 [12 13 14]
 [15 16 17]
 [18 19 20]]
[0 1 2 3 4]
[ 0.  2.  4.  6.  8. 10.]
```

② 사칙연산 기호를 이용하여 배열끼리의 연산이 가능하다. 배열에 저장된 값들의 오름차순 및 내림차순 정렬을 위하여 np.sort() 메소드를 이용한다. 행축 기준은 axis=0, 열축 기준은 axis=1 옵션을 이용하며, 오름차순 정렬된 값에 대하여 [::-1] 인덱싱 기법으로 내림차순 결과를 얻는다.

```python
import numpy as np          #넘파이 라이브러리
a = np.array([80, 82, 90, 89])                  #배열1
b = np.array([[27, 19, 78], [99, 22, 35]])      #배열2
c = np.array([[70, 85, 75], [45, 89, 67]])      #배열3

hap = b+c; print(hap);  #배열 요소간 합계
sort1 = np.sort(a); print(sort1)          #오름차순 정렬
sort2 = np.sort(a)[::-1]; print(sort2)    #내림차순 정렬

sort3 = np.sort(b, axis=0); print(sort3)         #행축 기준 오름차순(from top to bottom)
sort4 = np.sort(b, axis=0)[::-1]; print(sort4)   #위 결과의 역순
sort5 = np.sort(b, axis=1); print(sort5)         #열축 기준 오름차순(from left to right)
sort6 = np.sort(b, axis=1)[::-1]; print(sort6)   #위 결과의 역순
```

```
[[ 97 104 153]
 [144 111 102]]
[80 82 89 90]
[90 89 82 80]
[[27 19 35]
 [99 22 78]]
[[99 22 78]
 [27 19 35]]
[[19 27 78]
 [22 35 99]]
[[22 35 99]
 [19 27 78]]
```

③ 넘파이 배열을 서로 병합하기 위하여 np.concatenate(), np.stack(), np.append() 메소드를 이용한다. 그리고 np.split()와 옵션(axis, 행축 및 열축 지정)을 이용하여 배열을 분리할 수 있다.

```python
import numpy as np        #넘파이 라이브러리
a = np.array([80, 82, 90, 89])              #배열1
b = np.array([[27, 19, 78], [99, 22, 35]])  #배열2
c = np.array([[70, 85, 75], [45, 89, 67]])  #배열3

print('----concatenate----')
con1 = np.concatenate((a, [75, 66, 88])); print(con1)   #1차원 배열 결합
con2 = np.concatenate((b, c)); print(con2)              #2차원 배열 결합
con3 = np.concatenate((b, c), axis=0); print(con3)      #2차원 배열 결합(axis=0: 기본값(세로,행))
con4 = np.concatenate((b, c), axis=1); print(con4)      #2차원 배열 결합(axis=1: 가로,열/배열내 결합)

print('****stack****')
stack1 = np.stack((b, c), axis=0); print(stack1)        #2차원 배열 결합(axis=0: 기본값(세로,행))
stack2 = np.stack((b, c), axis=1); print(stack2)        #2차원 배열 결합(axis=1: 가로,열/배열내 분리)

print('####append####')
appd1 = np.append(b, c); print(appd1)                   #배열 결합(행)
appd2 = np.append(b, c, axis=0); print(appd2)           #concatenate((b,c))와 동일
appd3 = np.append(b, c, axis=1); print(appd3)           #concatenste((b,c), axis=1)과 동일

print('^^^split^^^')
spt1 = np.split(appd3, 2, axis=0); print(spt1)          #배열 분리(행)
spt2 = np.split(appd3, 2, axis=1); print(spt2)          #배열 분리(열)
arr1 = spt2[0]; print(arr1)    #분리된 배열 저장
arr2 = spt2[1]; print(arr2)    #분리된 배열 저장
```

```
----concatenate----
[80 82 90 89 75 66 88]
[[27 19 78]
 [99 22 35]
 [70 85 75]
 [45 89 67]]
[[27 19 78]
 [99 22 35]
 [70 85 75]
 [45 89 67]]
[[27 19 78 70 85 75]
 [99 22 35 45 89 67]]
****stack****
[[[27 19 78]
  [99 22 35]]

 [[70 85 75]
  [45 89 67]]]
[[[27 19 78]
  [70 85 75]]

 [[99 22 35]
  [45 89 67]]]
####append####
[27 19 78 99 22 35 70 85 75 45 89 67]
[[27 19 78]
 [99 22 35]
 [70 85 75]
 [45 89 67]]
[[27 19 78 70 85 75]
 [99 22 35 45 89 67]]
^^^split^^^
[array([[27, 19, 78, 70, 85, 75]]), array([[99, 22, 35, 45, 89, 67]])]
[array([[27, 19, 78],
       [99, 22, 35]]), array([[70, 85, 75],
       [45, 89, 67]])]
[[27 19 78]
 [99 22 35]]
[[70 85 75]
 [45 89 67]]
```

④ np.arange() 메소드를 이용하여 임의의 값이 저장된 배열의 분리 방법의 사용 예는 다음과 같다. np.split(배열, [indices or section], axis 옵션)에서 [indices or section] 옵션을 지정하여 분리되는 인덱스 값을 구체적으로 정의한다.

```
import numpy as np      #넘파이 라이브러리
a = np.arange(18).reshape(6,3); print(a)   #0~17까지 (6행, 3열) 배열
split1 = np.split(a, 2, axis=0); print(split1)   #2개의 배열로 분리(행 기준)
split2 = np.split(a, 3, axis=1); print(split2)   #3개의 배열로 분리(열 기준)
b = np.arange(10); print(b)    #0~9까지 배열
split3 = np.split(b, [2,5], axis=0); print(split3)   #(index=1까지), (index=4까지), (나머지)
split4 = np.split(b, [3,6,9], axis=0); print(split4)
 #(index=2까지), (index=5까지), (index=8까지), (나머지)
```

```
[[ 0  1  2]
 [ 3  4  5]
 [ 6  7  8]
 [ 9 10 11]
 [12 13 14]
 [15 16 17]]
[array([[0, 1, 2],
       [3, 4, 5],
       [6, 7, 8]]), array([[ 9, 10, 11],
       [12, 13, 14],
       [15, 16, 17]])]
[array([[ 0],
       [ 3],
       [ 6],
       [ 9],
       [12],
       [15]]), array([[ 1],
       [ 4],
       [ 7],
       [10],
       [13],
       [16]]), array([[ 2],
       [ 5],
       [ 8],
       [11],
       [14],
       [17]])]
[0 1 2 3 4 5 6 7 8 9]
[array([0, 1]), array([2, 3, 4]), array([5, 6, 7, 8, 9])]
[array([0, 1, 2]), array([3, 4, 5]), array([6, 7, 8]), array([9])]
```

(2) 데이터프레임 변환

① 넘파이 배열은 판다스 모듈의 pd.DataFrame() 메소드를 이용하여 데이터프레임으로 변환한다. 이 경우 열이름은 columns=[ ]으로 정의하고 인덱스 열은 set_index(keys='열이름')으로 지정한다.

```
import numpy as np      #넘파이 라이브러리
import pandas as pd     #판다스 라이브러리

a = np.array([1, 27, 19, 35, 34, 22, 55])  #배열1
b = np.array([2, 70, 85, 75, 45 ,89, 57])  #배열2
c = np.array([3, 80, 80, 90, 80, 87, 88])  #배열3

print('---넘파이 배열->데이터프레임 변환---')
df1 = pd.DataFrame([a,b,c]); print(df1)   #배열->데이터프레임 변환
df2 = pd.DataFrame([a,b,c], columns=['id', 'math', 'eng', 'python', 'R', 'kor', 'bio'])  #열이름 지정
df2 = df2.set_index(keys='id')    #인덱스 열 지정
print(df2)

---넘파이 배열->데이터프레임 변환---
   0   1   2   3   4   5   6
0  1  27  19  35  34  22  55
1  2  70  85  75  45  89  57
2  3  80  80  90  80  87  88
    math  eng  python   R  kor  bio
id
1     27   19      35  34   22   55
2     70   85      75  45   89   57
3     80   80      90  80   87   88
```

② 반대로 데이터프레임을 넘파이 배열로 변환하기 위하여 데이터프레임의 df2.values 속성을 이용하거나 df2.to_numpy() 메소드를 이용한다. 변환된 넘파이 배열은 배열[행번호, 열번호] 또는 배열[행번호][열번호]로 참조한다.

```
import numpy as np      #넘파이 라이브러리
import pandas as pd     #판다스 라이브러리

a = np.array([1, 27, 19, 35, 34, 22, 55])  #배열1
b = np.array([2, 70, 85, 75, 45 ,89, 57])  #배열2
c = np.array([3, 80, 80, 90, 80, 87, 88])  #배열3
df1 = pd.DataFrame([a,b,c])  #배열->데이터프레임 변환
df2 = pd.DataFrame([a,b,c], columns=['id', 'math', 'eng', 'python', 'R', 'kor', 'bio'])  #열이름 지정
df2 = df2.set_index(keys='id')    #인덱스 열 지정

print('---데이터프레임->넘파이 배열 변환---')
numpy1 = df2.values; print(numpy1)       #데이터프레임->넘파이배열 변환
numpy2 = df2.to_numpy(); print(numpy2)   #데이터프레임->넘파이배열 변환
print(type(numpy2))    #넘파이 배열 확인
print(numpy2[0])       #첫번째 행
print(numpy2[1])       #두번째 행
print(numpy2[2])       #세번째 행
print(numpy2[2,4])     #배열값 출력
print(numpy2[1][4])    #배열값 출력

---데이터프레임->넘파이 배열 변환---
[[27 19 35 34 22 55]
 [70 85 75 45 89 57]
 [80 80 90 80 87 88]]
[[27 19 35 34 22 55]
 [70 85 75 45 89 57]
 [80 80 90 80 87 88]]
<class 'numpy.ndarray'>
[27 19 35 34 22 55]
[70 85 75 45 89 57]
[80 80 90 80 87 88]
87
89
```

6 데이터세트

(1) 데이터세트의 정의

① 데이터세트(Data Set, 데이터셋, 데이터집합)란 자료 집합 또는 자료의 모임이다.
② 데이터세트는 하나의 데이터베이스 테이블의 내용이나 하나의 통계적 자료 행렬과 일치하며 여기에서 테이블의 모든 열(Column, 컬럼)은 특정 변수를 대표하고 각 행(Row)은 데이터세트의 주어진 멤버(Member)와 일치한다.
③ 데이터세트는 변수 개개의 값들을 나열하는데, 예를 들어 데이터세트의 각 멤버에 대한 물체의 높이와 무게를 들 수 있다. 여기서 각각의 값은 자료(Data)라고 부른다.
④ 데이터세트는 하나 이상의 멤버에 대한 데이터로 구성되며, 행의 수와 일치한다.
⑤ 데이터세트라는 용어는 특정한 실험이나 이벤트에 상응하는 밀접히 관계된 테이블 모임 내의 데이터를 가리키기도 한다.
⑥ 데이터 분석(특히 학습용)을 위해 데이터가 반드시 필요하며, 이를 위해 파이썬에서는 필요한 데이터프레임을 직접 작성하거나 데이터가 저장된 라이브러리 모듈을 이용한다. 그리고 kaggle(캐글) 사이트에서 제공하는 데이터를 이용한다.
⑦ 데이터 분석을 위해 필요한 iris, mtcars 등의 데이터세트를 읽어오는 방법을 요약하면 다음과 같다.

(2) iris 데이터세트

① iris 데이터는 Ronald Fisher에 의해 작성된 것으로 붓꽃의 생육 데이터(150개 데이터=품종별 50개×3개 품종)이다. 꽃잎의 길이(Petal.Length)와 너비(Petal.Width) 그리고 꽃받침의 길이(Sepal.Length)와 너비(Sepal.Width)에 따라 붓꽃의 3가지 품종(setosa, versicolor, virginica)을 구분한다.

[setosa]　　　　　[versicolor]　　　　　[virginica]

- 독립변수(cm)
  꽃받침의 길이(Sepal.Length)
  　　　 너비(Sepal.Width)
  꽃잎의 길이(Petal.Length)
  　　　 너비(Petal.Width)
- 종속변수(붓꽃의 품종, Species)
  setosa(1), versicolor(2), virginica(3)

② 사이킷런(scikit-learn, sklearn.datasets.load_iris)에 저장되어 있는 iris 데이터는 load_iris()로 불러오며, 다음과 같은 주요 속성을 가진다.

- DESCR : 데이터세트의 정보
- data : feature data(각 배열에 4개의 속성으로 구성)
- feature_names : feature data의 열(컬럼) 이름
- target : label data(수치형)
- target_names : label data 이름(문자형)

```python
from sklearn.datasets import load_iris
import pandas as pd
import numpy as np

iris = load_iris() #사이킷런(sklearn에 저장되어 있는 iris 데이터 읽기)
#print(iris['DESCR']) #데이터셋의 정보
print(type(iris)) #데이터 타입
print(iris.keys()) #키(key) 확인
print(iris['feature_names']) #feature data의 열(컬럼) 이름
#print(iris['data'])
    #'data' key 출력(matrix), feature data (sepal length, sepal width, petal length, petal width)

print(iris['target_names']) #label data 이름, 문자형
print(iris['data'].shape) #'data' key 크기
print(iris['target']) #'target'(예측변수) 값(vector), 수치형
print(iris['target'].shape) #'target' 크기

irisdata = pd.DataFrame(data=np.c_[iris['data'], iris['target']], columns=iris['feature_names']+['target'])
irisdata['target'] = irisdata['target'].map({0: "setosa", 1:"versicolor", 2: "virginica"})
print(irisdata.dtypes)
display(irisdata.head()) #irisdata 첫 5행 출력
```

```
<class 'sklearn.utils._bunch.Bunch'>
dict_keys(['data', 'target', 'frame', 'target_names', 'DESCR', 'feature_names', 'filename', 'data_module'])
['sepal length (cm)', 'sepal width (cm)', 'petal length (cm)', 'petal width (cm)']
['setosa' 'versicolor' 'virginica']
(150, 4)
[0 0 0 0 0 0 0 0 0 0 0 0 0 0 0 0 0 0 0 0 0 0 0 0 0 0 0 0 0 0 0 0 0 0 0 0 0
 0 0 0 0 0 0 0 0 0 0 0 0 0 1 1 1 1 1 1 1 1 1 1 1 1 1 1 1 1 1 1 1 1 1 1 1 1
 1 1 1 1 1 1 1 1 1 1 1 1 1 1 1 1 1 1 1 1 1 1 1 1 1 1 2 2 2 2 2 2 2 2 2 2 2
 2 2 2 2 2 2 2 2 2 2 2 2 2 2 2 2 2 2 2 2 2 2 2 2 2 2 2 2 2 2 2 2 2 2 2 2 2
 2 2]
(150,)
sepal length (cm)    float64
sepal width (cm)     float64
petal length (cm)    float64
petal width (cm)     float64
target               object
dtype: object
```

	sepal length (cm)	sepal width (cm)	petal length (cm)	petal width (cm)	target
0	5.1	3.5	1.4	0.2	setosa
1	4.9	3.0	1.4	0.2	setosa
2	4.7	3.2	1.3	0.2	setosa
3	4.6	3.1	1.5	0.2	setosa
4	5.0	3.6	1.4	0.2	setosa

③ 번치(Bunch, 다발, 송이, 묶음)는 키(Key)를 속성으로 노출하는 컨테이너 객체(Container Object)로서, (key, bunch['value_key']) 또는 (속성, bunch.value.key)로 액세스할 수 있도록 한 딕셔너리의 확장 구조이다. 딕셔너리(Dictionary)의 경우 dict['key']를 통해서만 데이터를 불러올 수 있지만, 번치(Bunch) 타입은 dict.key 방법을 이용하여 데이터를 불러올 수 있다.

(3) 코랩에서 kaggle 데이터세트(titanic) 불러오기

① kaggle에서 제공(공유)하는 데이터를 불러오기 위해 먼저, kaggle 사이트(https://www.kaggle.com/)에 로그인하고 계정의 [Settings]을 선택한다.

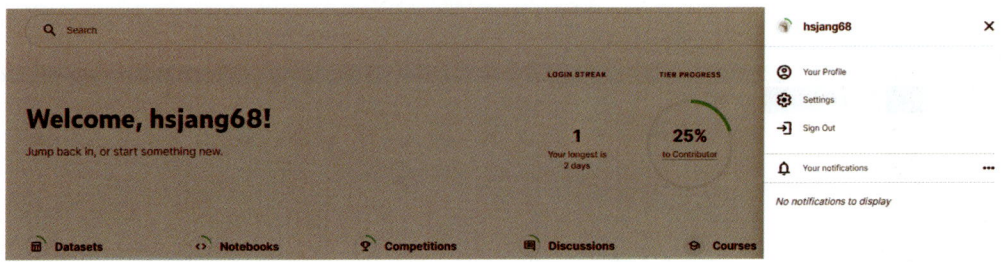

② [Settings]-[API]-[Create New Token]을 선택한다. 만약, 이전에 Token을 지정한 적이 있는 경우 [Expire Token] 선택 후, 생성한다.

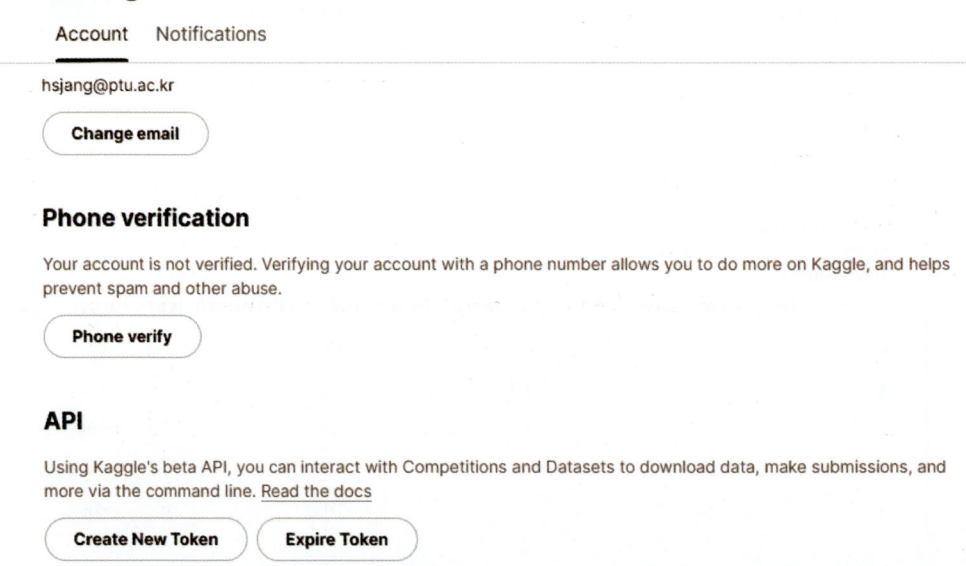

③ kaggle.json 파일을 다운로드하여 저장한다. kaggle.json 파일은 {"username" : "kaggle 계정", "key" : "코드"}로 저장된다.

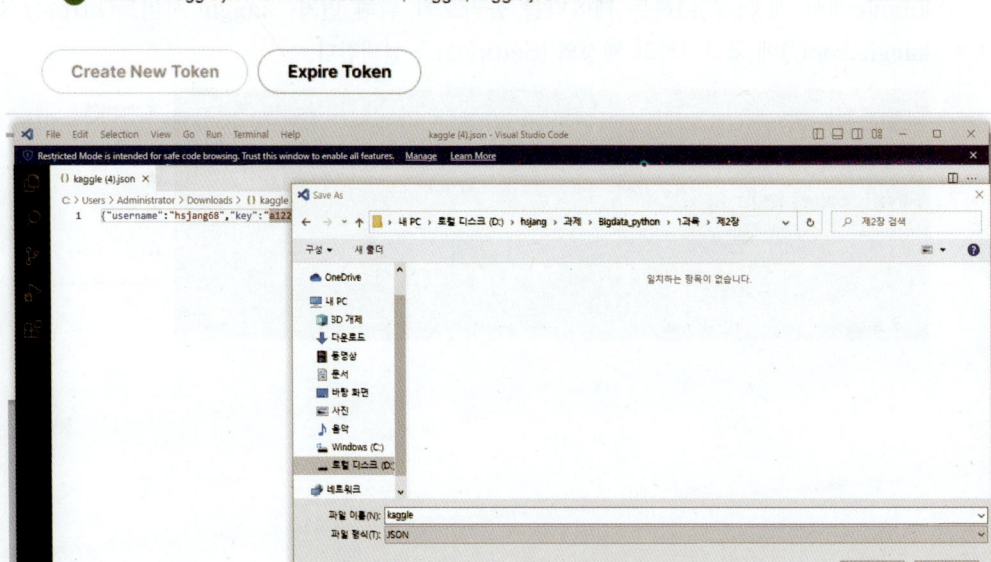

④ 코랩에서 아래 코드를 작성하고, kaggle.json 파일을 선택하여 수행한다.

```
import pandas as pd
!pip install -q kaggle
    #kaggle api 설치 (!이하 리눅스 명령어) / python package index(pip) / 파이썬으로 작성된 패키지 소프트웨어 설치관리
from google.colab import files
files.upload() #kaggle.json 파일 선택
!mkdir ~/.kaggle #디렉토리 생성
!cp kaggle.json ~/.kaggle #kaggle.json 파일 저장
!chmod 600 ~/.kaggle/kaggle.json #파일 접근 권한 지정(rwx(110))
!kaggle datasets list #데이터세트 확인
!ls -lha kaggle.json #데이터세트 리스트 확인

!kaggle competitions download -c titanic #titanic 파일 다운로드
```

파일 선택 kaggle.json
- **kaggle.json**(application/json) - 64 bytes, last modified: 2023. 7. 27. - 100% done
Saving kaggle.json to kaggle (1).json
mkdir: cannot create directory '/root/.kaggle' : File exists

ref	title	size	lastUpdated	downloadCount	voteCount	usabilityRating
alphiree/cardiovascular-diseases-risk-prediction-dataset	Cardiovascular Diseases Risk Prediction Dataset	5MB	2023-07-03 12:12:19	5863	235	1.0
nelgiriyewithana/countries-of-the-world-2023	Global Country Information Dataset 2023	23KB	2023-07-08 20:37:33	4689	165	1.0
byomokeshsenapati/spotify-song-attributes	Spotify Song Attributes	883KB	2023-07-09 16:00:20	1327	41	1.0
arnavsmayan/netflix-userbase-dataset	Netflix Userbase Dataset	25KB	2023-07-04 07:38:41	5832	118	1.0
sumangoda/food-prices	Vital Food Costs: A Five-Nation Analysis 2018-2022	8KB	2023-07-16 19:33:29	752	30	1.0
kapturovalexander/covid-in-2023	Covid in 2023	2MB	2023-07-24 12:51:43	513	27	1.0
floatingcoder/tmdb-20000-movies-dataset	Tmdb 20000 movies dataset 2023	468KB	2023-07-17 15:44:29	577	26	1.0
iamsouravbanerjee/data-science-salaries-2023	Latest Data Science Salaries	67KB	2023-07-22 07:42:40	2634	86	1.0
rm1000/fortune-500-companies	Fortune 500 Companies	360KB	2023-07-11 01:35:05	1110	34	1.0
harishkumardatalab/housing-price-prediction	Housing Price Prediction	5KB	2023-07-07 04:34:24	1876	49	1.0
khushipitroda/stock-market-historical-data-of-top-10-companies	Stock Market: Historical Data of Top 10 Companies	476KB	2023-07-18 10:28:12	754	28	1.0
nathaniellybrand/los-angeles-crime-dataset-2020-present	Los Angeles Crime Dataset (2020 — Present)	37MB	2023-07-09 16:28:16	573	24	1.0
subhajournal/wine-quality-data-combined	Wine Quality Data (Combined)	660KB	2023-07-17 16:51:13	561	27	1.0
ujjwalwadhwa/cars24com-used-cars-dataset	Cars24.com Used Cars dataset	131KB	2023-07-16 11:04:03	904	31	1.0
howisusmanali/house-prices-2023-dataset	House Prices 2023 Dataset	12MB	2023-07-18 03:07:38	759	27	1.0
sanjanchaudhari/employees-performance-for-hr-analytics	Employee's Performance for HR Analytics	205KB	2023-07-20 09:08:10	655	33	0.7647059
anshtanwar/pets-facial-expression-dataset	Pet's Facial Expression Image Dataset🐾	138MB	2023-07-24 18:14:34	263	27	1.0
khushipitroda/imdb-top-250-tv-shows	IMDB Top 250 TV Shows	35KB	2023-07-18 13:08:14	616	32	1.0
uom190346a/sleep-health-and-lifestyle-dataset	Sleep Health and Lifestyle Dataset	3KB	2023-05-26 10:24:31	9350	195	1.0
manishkumar7432698/airline-passangers-booking-data	Airline Customer Holiday Booking Dataset	2MB	2023-07-17 20:19:27	1993	51	1.0

-rw-r--r-- 1 root root 64 Jul 27 01:02 kaggle.json
titanic.zip: Skipping, found more recently modified local copy (use --force to force download)

⑤ 드라이브 content 디렉터리 내에 titanic.zip(압축 파일)이 저장된다.

```
import pandas as pd
!pip install -q kaggle
    #kaggle api 설치 (!이하 리눅스 명령어) / python package index(pip) / 파이썬으로 작성된 패키지 소프트웨어 설치관리
from google.colab import files
files.upload() #kaggle.json 파일 선택
!mkdir ~/.kaggle #디렉토리 생성
!cp kaggle.json ~/.kaggle #kaggle.json 파일 저장
!chmod 600 ~/.kaggle/kaggle.json #파일 접근 권한 지정(rwx(110))
!kaggle datasets list #데이터세트 확인
!ls -lha kaggle.json #데이터세트 리스트 확인

!kaggle competitions download -c titanic #titanic 파일 다운로드
```

파일 선택 kaggle.json
- **kaggle.json**(application/json) - 64 bytes, last modified: 2023. 7. 27. - 100% done

⑥ titanic 파일을 다운로드하기 위한 'kaggle competitions download -c titanic' 코드는 캐글 사이트의 [Competitions] 메뉴(머신러닝 도전과제를 위한 데이터 제공)에서 'titanic' 검색어 입력 후 'Titanic-Machine Learning from Disaster'을 선택한다.

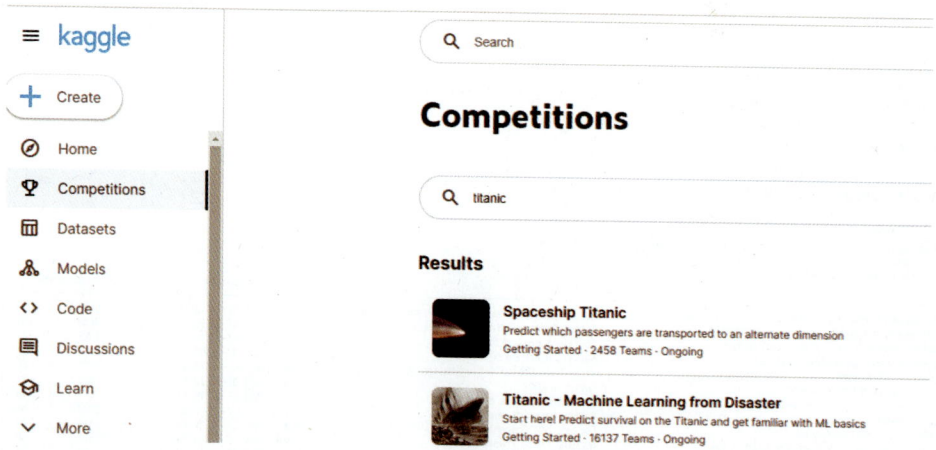

⑦ [Data] 메뉴 선택 후, 맨 아래 부분의 해당 코드(kaggle competitions download -c titanic)를 복사하여 이용한다.

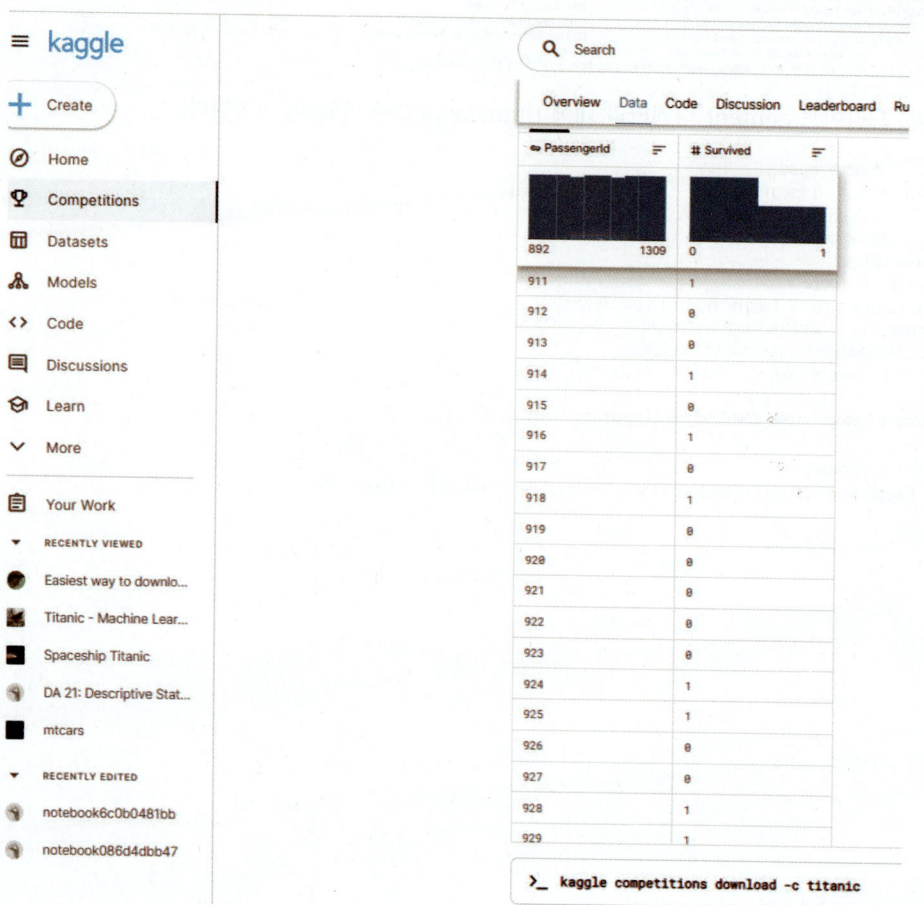

⑧ 다운로드한 압축 파일(titanic.zip)은 gender_submission.csv, train.csv, test.csv의 세 가지로 구성되어 있다. gender_submission.csv는 (Passenger, Survived)=(승객구분, 생존1(사망0)), train.csv는 (Passenger, Survived, Pclass, Name, Sex, Age, SibSp, Parch, Ticket, Fare, Cabin, Embarked)=(승객, 생존 여부, 객실등급, 이름, 성별, 나이, 동반자매(배우자)의 수, 동반부모(자식)의 수, 티켓번호, 요금, 객실번호, 승선항), test.csv는 (Passenger, Name, Sex, Age, SibSp, Parch, Ticket, Fare, Cabin, Embarked)로 구성되어 있다. 여기서 객실등급(Pclass)은 1(Upper), 2(Middle), 3(Lower)으로 구분하고, Embarked(승선항)은 C(Cherbourg), Q(Queenstown), S(Southampton)로 구분한다.

⑨ 압축 파일을 풀어 드라이브 내(Colab Notebooks 폴더)에 저장하고 판다스 라이브러리 모듈을 이용하여 파일을 읽어온다.

```
import pandas as pd
df1 = pd.read_csv('/content/drive/MyDrive/Colab Notebooks/gender_submission.csv', encoding='euc-kr', header=0, index_col=0)
print(df1.head())
print(df1.dtypes)

df2 = pd.read_csv('/content/drive/MyDrive/Colab Notebooks/train.csv', encoding='euc-kr', header=0, index_col=0)
print(df2.head())
print(df2.dtypes)

df3 = pd.read_csv('/content/drive/MyDrive/Colab Notebooks/test.csv', encoding='euc-kr', header=0, index_col=0)
print(df3.head())
print(df3.dtypes)
```

```
             Survived
PassengerId
892                 0
893                 1
894                 0
895                 0
896                 1
Survived    int64
dtype: object
```

```
             Survived  Pclass
PassengerId
1                   0       3
2                   1       1
3                   1       3
4                   1       1
5                   0       3

                                                          Name     Sex   Age
PassengerId
1                                      Braund, Mr. Owen Harris    male  22.0
2            Cumings, Mrs. John Bradley (Florence Briggs Th...  female  38.0
3                                       Heikkinen, Miss. Laina  female  26.0
4                 Futrelle, Mrs. Jacques Heath (Lily May Peel)  female  35.0
5                                     Allen, Mr. William Henry    male  35.0

             SibSp  Parch            Ticket     Fare Cabin Embarked
PassengerId
1                1      0         A/5 21171   7.2500   NaN        S
2                1      0          PC 17599  71.2833   C85        C
3                0      0  STON/O2. 3101282   7.9250   NaN        S
4                1      0            113803  53.1000  C123        S
5                0      0            373450   8.0500   NaN        S
Survived      int64
Pclass        int64
Name         object
Sex          object
Age         float64
SibSp         int64
Parch         int64
Ticket       object
Fare        float64
Cabin        object
Embarked     object
dtype: object
```

```
             Pclass                                             Name     Sex
PassengerId
892               3                                 Kelly, Mr. James    male
893               3                 Wilkes, Mrs. James (Ellen Needs)  female
894               2                        Myles, Mr. Thomas Francis    male
895               3                                 Wirz, Mr. Albert    male
896               3      Hirvonen, Mrs. Alexander (Helga E Lindqvist)  female

              Age  SibSp  Parch    Ticket     Fare Cabin Embarked
PassengerId
892          34.5      0      0    330911   7.8292   NaN        Q
893          47.0      1      0    363272   7.0000   NaN        S
894          62.0      0      0    240276   9.6875   NaN        Q
895          27.0      0      0    315154   8.6625   NaN        S
896          22.0      1      1   3101298  12.2875   NaN        S
Pclass        int64
Name         object
Sex          object
Age         float64
SibSp         int64
Parch         int64
Ticket       object
Fare        float64
Cabin        object
Embarked     object
dtype: object
```

(4) seaborn 라이브러리를 이용한 titanic 데이터세트 불러오기

① seaborn 라이브러리에서 제공하는 titanic 데이터세트를 이용하기 위해 load_dataset('titanic') 명령어를 이용한다.

```
import seaborn as sns
import pandas as pd

titanic = sns.load_dataset('titanic')
print(titanic.head())
print(type(titanic))
print(titanic.dtypes)
print(titanic.describe())
```

```
   survived  pclass     sex   age  sibsp  parch     fare embarked  class  \
0         0       3    male  22.0      1      0   7.2500        S  Third
1         1       1  female  38.0      1      0  71.2833        C  First
2         1       3  female  26.0      0      0   7.9250        S  Third
3         1       1  female  35.0      1      0  53.1000        S  First
4         0       3    male  35.0      0      0   8.0500        S  Third

     who  adult_male deck  embark_town alive  alone
0    man        True  NaN  Southampton    no  False
1  woman       False    C    Cherbourg   yes  False
2  woman       False  NaN  Southampton   yes   True
3  woman       False    C  Southampton   yes  False
4    man        True  NaN  Southampton    no   True
<class 'pandas.core.frame.DataFrame'>
survived         int64
pclass           int64
sex             object
age            float64
sibsp            int64
parch            int64
fare           float64
embarked        object
class         category
who             object
adult_male        bool
deck          category
embark_town     object
alive           object
alone             bool
dtype: object
         survived      pclass         age       sibsp       parch        fare
count  891.000000  891.000000  714.000000  891.000000  891.000000  891.000000
mean     0.383838    2.308642   29.699118    0.523008    0.381594   32.204208
std      0.486592    0.836071   14.526497    1.102743    0.806057   49.693429
min      0.000000    1.000000    0.420000    0.000000    0.000000    0.000000
25%      0.000000    2.000000   20.125000    0.000000    0.000000    7.910400
50%      0.000000    3.000000   28.000000    0.000000    0.000000   14.454200
75%      1.000000    3.000000   38.000000    1.000000    0.000000   31.000000
max      1.000000    3.000000   80.000000    8.000000    6.000000  512.329200
```

② titanic 데이터세트의 변수를 설명하면 다음과 같다.

- survived : 생존 여부(0이면 사망, 1이면 생존)
- pclass : 객실 등급(1 : 1등급, 2 : 2등급, 3 : 3등급)
- sex : 성별(male : 남자, female : 여자)
- age : 나이
- sibsp : 함께 탑승한 형제 및 배우자 수
- parch : 함께 탑승한 자녀 및 부모 수
- fare : 요금
- embarked : 탑승지 이름 앞글자(C : Cherbourg, Q : Queenstown, S : Southampton)
- class : 객실 등급(First : 1등급, Second : 2등급, Third : 3등급)
- who : 탑승객 구분(man : 남자, woman : 여자, child : 아이)
- adult_male : 성인 남자 구분(True : 성인 남자, False : 그 외)
- deck : 선실 번호 알파벳(A, B, C, D, E, F, G)
- embark_town : 탑승지 이름(Cherbourg, Queenstown, Southampton)
- alive : 생존 여부(yes : 생존, no : 사망)
- alone : 혼자 탑승 여부(True : 혼자 탑승, False : 가족과 함께 탑승)

(5) 캐글 다운로드 방법을 이용한 데이터세트(mtcars) 불러오기

① mtcars 데이터가 저장된 캐글 사이트(https://www.kaggle.com/datasets/ruiromanini/mtcars/code)에서 [Download(999 B)] 메뉴를 선택하고 mtcars.csv 파일을 드라이브에 저장한다.

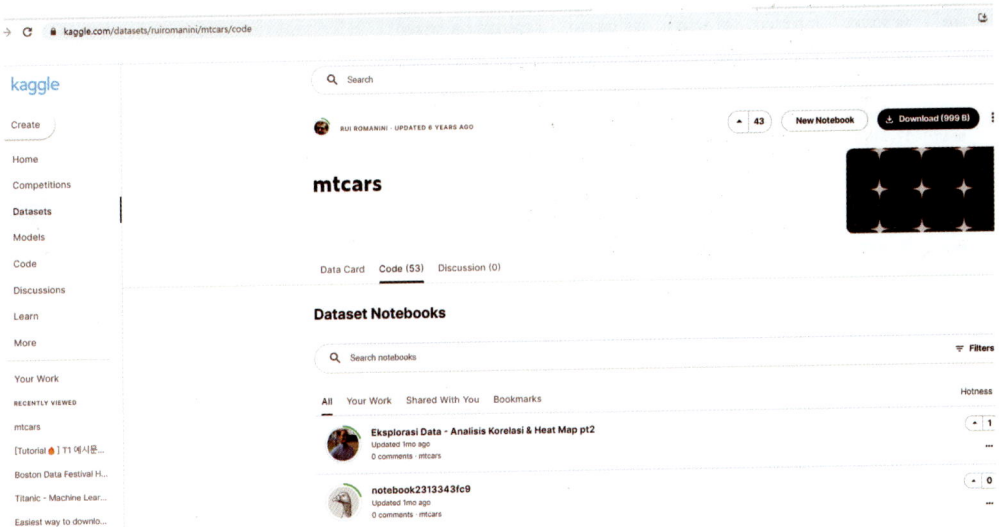

② 드라이브 경로를 이용하여 mtcars.csv 파일을 읽어온다. mtcars.csv는 데이터프레임 구조로서 1974년 Motor Trend US Magazine에 실린 자동차(총 32종) 디자인과 성능 관련 데이터이다.

```
import pandas as pd
df = pd.read_csv('/content/drive/MyDrive/Colab Notebooks/mtcars.csv', header=0, index_col=0)   #분석용 데이터 읽기(절대경로명 사용)
print(df.head())       #첫 5행 출력
print(type(df))        #데이터세트 구조(데이터프레임)
print(df.dtypes)       #속성의 데이터 타입
print(df.describe())   #기술통계량 요약
```

```
model               mpg   cyl   disp    hp   drat    wt   qsec  vs  am  gear
Mazda RX4           21.0   6   160.0   110   3.90   2.620  16.46  0   1   4
Mazda RX4 Wag       21.0   6   160.0   110   3.90   2.875  17.02  0   1   4
Datsun 710          22.8   4   108.0    93   3.85   2.320  18.61  1   1   4
Hornet 4 Drive      21.4   6   258.0   110   3.08   3.215  19.44  1   0   3
Hornet Sportabout   18.7   8   360.0   175   3.15   3.440  17.02  0   0   3

                   carb
model
Mazda RX4            4
Mazda RX4 Wag        4
Datsun 710           1
Hornet 4 Drive       1
Hornet Sportabout    2
<class 'pandas.core.frame.DataFrame'>
mpg     float64
cyl     int64
disp    float64
hp      int64
drat    float64
wt      float64
qsec    float64
vs      int64
am      int64
gear    int64
carb    int64
dtype: object
             mpg         cyl        disp           hp        drat          wt
count   32.000000   32.000000   32.000000   32.000000   32.000000   32.000000
mean    20.090625    6.187500  230.721875  146.687500    3.596563    3.217250
std      6.026948    1.785922  123.938694   68.562868    0.534679    0.978457
min     10.400000    4.000000   71.100000   52.000000    2.760000    1.513000
25%     15.425000    4.000000  120.825000   96.500000    3.080000    2.581250
50%     19.200000    6.000000  196.300000  123.000000    3.695000    3.325000
75%     22.800000    8.000000  326.000000  180.000000    3.920000    3.610000
max     33.900000    8.000000  472.000000  335.000000    4.930000    5.424000

             qsec          vs          am        gear        carb
count   32.000000   32.000000   32.000000   32.000000   32.0000
mean    17.848750    0.437500    0.406250    3.687500    2.8125
std      1.786943    0.504016    0.498991    0.737804    1.6152
min     14.500000    0.000000    0.000000    3.000000    1.0000
25%     16.892500    0.000000    0.000000    3.000000    2.0000
50%     17.710000    0.000000    0.000000    4.000000    2.0000
75%     18.900000    1.000000    1.000000    4.000000    4.0000
max     22.900000    1.000000    1.000000    5.000000    8.0000
```

③ mtcars 데이터세트는 아래와 같이 11개의 속성으로 구성된다.

- mpg : Miles/(US) gallon, 연비
- cyl : Number of Cylinders, 엔진의 기통수
- disp : Displacement (cu.in.), 배기량 (cc, 변위)
- hp : Gross Horsepower, 마력
- drat : Rear Axie Ratio, 뒤차축비
- wt : Weight (1000 lbs), 무게
- qsec : 1/4 mile time, 1/4마일 도달시간
- vs : V/S, V engine / Straight engine
- am : Transmission(0=automatic, 1=manual), 변속기어
- gear : Number of Forward Gears, 전진기어 개수
- carb : Number of Carburetors, 기화기 개수

(6) 명령어를 이용한 구글 드라이브 연결 및 다른 경로 파일 불러오기

① 드라이브 내 메뉴를 사용하지 않고 google.colab.drive 모듈에서 제공하는 mount() 명령어를 이용하여 코랩에서 드라이브를 연결한다. 그리고 Colab Notebooks 경로 외에 다른 경로에 있는 파일을 읽기 위해 아래 코드를 이용한다.

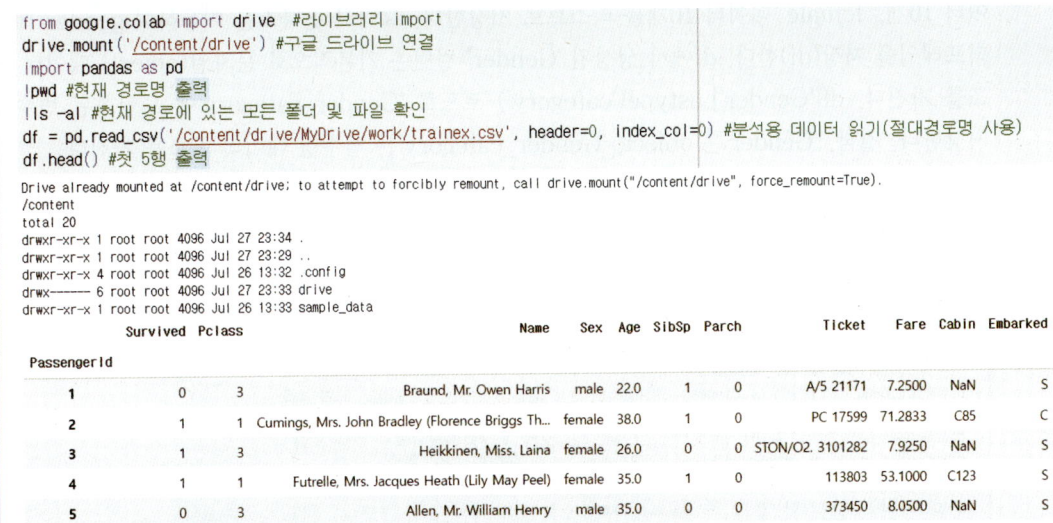

② 리눅스 명령어로 현재 디렉터리 위치(!pwd → /content)와 현재 디렉터리 내 폴더 및 파일(!ls → .config, drive, sample_data)들을 확인한다.

③ 위 예제는 아래와 같이 구글 드라이브 내 work 폴더를 사전에 생성하고 다음 경로(/content/drive/MyDrive/work/trainex.csv)에 있는 파일(titanic 학습용 데이터)을 읽어 첫 5행을 출력한 결과이다.

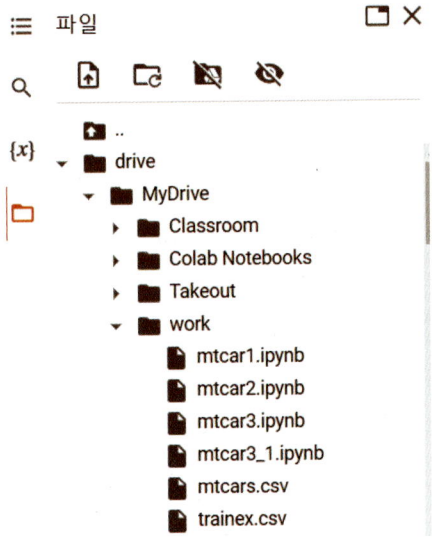

(7) 요인(Factor) 데이터 변환

① 요인(Factor)은 변수가 명목척도일 때 사용(pandas 모듈에서 정의)된다. 요인 자료 구조를 정의하기 위하여 astype('category') 함수를 이용하며 문자 데이터(object)를 범주형(category) 데이터 유형으로 변환한다. 반복문[for ~ in range(9)]과 append() 함수를 이용하여 'male' 데이터 10개, 'female' 데이터 10개를 리스트로 저장한다. 그리고 판다스를 이용하여 gender 데이터프레임을 저장(df)한다. df에서 생성된 'Gender' 컬럼은 기본적으로 문자열(object) 데이터 구조를 가진다. df['Gender'].astype('category') 코드로 'Gender_category'에 요인화된 변수를 저장한다. 결국, 'Gender'는 object, 'Gender_category'는 범주형 데이터 구조를 가진다.

```
import pandas as pd
m = ['male']     #리스트(m) 생성
f = ['female']   #리스트(f) 생성
for i in range(9):  #9개 추가로 생성(append()함수 이용)
  m.append('male'); f.append('female')
gender = m + f  #리스트 구조 합치기 (m+f)
print(gender)   #리스트 출력

df= pd.DataFrame(gender, columns=['Gender'])  #리스트 구조를 데이터프레임으로 변환
print(df.head()); print(df.dtypes)  #데이터프레임 출력(5행), 변수 데이터 타입 출력

df['Gender_category'] = df['Gender'].astype('category')  #범주화처리된 컬럼 추가
print(df); print(df.dtypes) #데이터프레임 출력, 변수 데이터 타입 출력
print('----------------------------')
print(df[df['Gender_category']=='male'].count()['Gender_category'])  #'male' 데이터 개수 출력
print(df[df['Gender_category']=='female'].count()['Gender_category']) #'female' 데이터 개수 출력
```

```
['male', 'male', 'male', 'male', 'male', 'male', 'male', 'male',
   Gender
0    male
1    male
2    male
3    male
4    male
Gender    object
dtype: object
    Gender Gender_category
0     male            male
1     male            male
2     male            male
3     male            male
4     male            male
5     male            male
6     male            male
7     male            male
8     male            male
9     male            male
10  female          female
11  female          female
12  female          female
13  female          female
14  female          female
15  female          female
16  female          female
17  female          female
18  female          female
19  female          female
Gender              object
Gender_category   category
dtype: object
----------------------------
10
10
```

② seaborn 라이브러리의 titanic 데이터세트는 아래와 같이 (int64, object, float64, category, bool)의 다양한 데이터 유형을 가진 컬럼들이 정의되어 있다. 성별('sex')은 object(문자열 : 'male', 'female') 형식을 가지고 있으며 이를 범주형 변수로 변환[titanic['sex'].astype('category')]하여 저장('sex_factor')할 수 있다.

```python
import seaborn as sns
import pandas as pd
titanic = sns.load_dataset('titanic')   #seaborn 라이브러리 titanic 데이터 불러오기
print(titanic.dtypes)  #속성별 데이터 타입 출력

titanic['sex_factor'] = titanic['sex'].astype('category')
    #'sex'(object, 문자열) 구조를 범주형(category) 변환하여 'sex_factor' 속성 생성
print('-------------------------------')
print(titanic.dtypes['sex_factor'])  #범주형(category) 자료 구조 확인

survived         int64
pclass           int64
sex             object
age            float64
sibsp            int64
parch            int64
fare           float64
embarked        object
class         category
who             object
adult_male        bool
deck          category
embark_town     object
alive           object
alone             bool
dtype: object
-------------------------------
category
```

7 구조적 프로그래밍

(1) 선택 및 반복

① 구조적 프로그래밍(Structured Programming)이란, 프로그래밍을 위해 최초로 적용된 패러다임으로서 1968년 네덜란드의 컴퓨터 과학자인 Edsger Wybe Dijkstra에 의해 제안되었다.
② 구조화 프로그래밍이라고도 불리며, 절차적 프로그래밍의 하위 개념이다. 절차적 프로그래밍이란 단순히 순차적인 명령 수행이 아니라 루틴, 서브 루틴, 메소드, 함수 등을 이용한 프로그래밍 기법을 의미한다.
③ 절차적 프로그래밍에서 중요한 점은 반복될 가능성이 있는 모듈을 재사용 가능한 프로시저 단위(함수 단위)로 나누는 데 있다.
④ 절차적 프로그래밍의 발전 형식이 구조적 프로그래밍이다. 절차적 프로그래밍이 함수를 기준으로 나눈다면, 구조적 프로그래밍에서는 모듈을 기준으로 나눈다. 구조적 프로그래밍에서는 GOTO문을 없애고 GOTO문에 대한 의존성을 줄여 효율적인 프로그래밍이 가능하다.
⑤ 구조적 프로그래밍에서는 다음과 같이 순차, 선택, 반복의 세 가지 논리만으로 구성한다. 여기서 사각형은 처리, 마름모는 조건(판단), 화살표는 처리의 흐름을 의미한다.

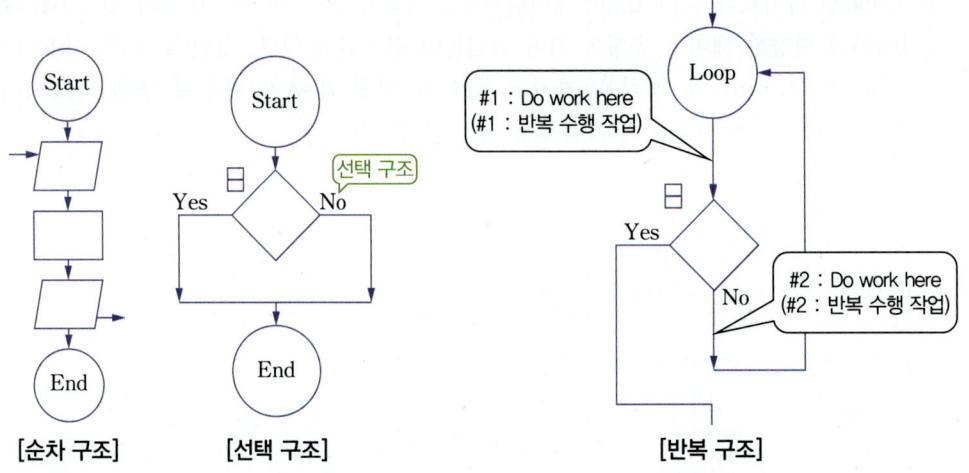

[순차 구조]　　　　　[선택 구조]　　　　　　　　　[반복 구조]

- ㉠ 순차 구조(Sequence) : 하나의 일이 수행된 후 다음의 일이 순서적으로 수행된다.
- ㉡ 선택 구조(Selection) : 어떤 조건이 만족되면 다음의 일이 수행되고, 그렇지 않은 경우에는 다른 일이 수행된다.
- ㉢ 반복 구조(Iteration, Loop) : 조건이 만족될 때까지 특정한 일이 반복 수행된다.

⑥ 순차 구조(Sequence) : 다른 프로그래밍 언어와 동일하게 파이썬에서도 명령어는 입력된 순서대로 처리된다. 즉, 먼저 입력된 명령어 처리 후 다음 명령어를 순서대로 처리한다. 예를 들어 아래와 같이 두 변수에 저장된 값을 서로 치환하기 위한 파이썬 프로그래밍에서 'temp=a' 명령어 수행 순서를 서로 다르게 지정하는 경우 a, b에 저장된 값이 다르기 때문에(즉 a, b 값이 서로 치환되지 않는 결과를 얻을 수 있음을 유의해야 함) 명령어 처리 순서를 고려한 순차적 구조의 프로그래밍 방법이 중요하다.

```
a = 5
b = 10
temp = a
a = b
b = temp
print(a,b)              10 5

print('----------')     ----------
a = 5
b = 10
a = b
temp = a
b = temp
print(a, b)             10 10
```

⑦ 선택 구조(Selection)
　㉠ 일상생활 속에서 우리들은 늘 조건에 대한 선택의 연속을 마주한다. 예를 들어 '다음 식사 때 어떤 메뉴를 선택할까?', '날씨가 더운데 어떤 옷을 입고 갈까?', '신호등이 빨간불인데 멈추어야 할까?', '휘발유 가격이 다른 곳보다 싼데 여기 주유소를 이용할까?' 등 생활 속에서 늘 선택하면서 살고 있다.
　㉡ 마찬가지로 프로그램에서도 선택 구조를 많이 사용한다. 자동차를 예로 들면 아래와 같이 순차 구조와 달리 선택 구조는 자동차가 2가지의 길 중에서 하나를 선택하여 주행하는 교차로를 의미한다.

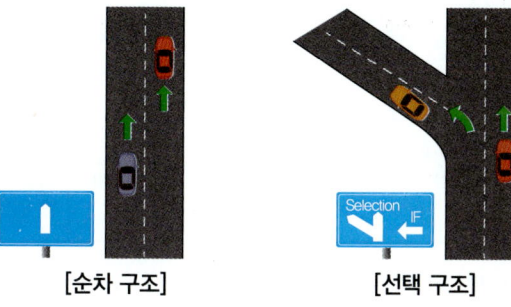

[순차 구조]　　　[선택 구조]

　㉢ 파이썬에서는 조건(선택) 구조를 작성하기 위해 if, if~else, if~elif, if~elif~else, if~in~else 등의 명령어를 수행한다. 조건(선택)문에 대한 수행 결과는 다음과 같다.

〈파이썬 조건문 사용 방법〉

조건문		수행 결과	설 명
if	a = 4 b = 6 z = 1 if (a>b): 　z = 2 z 1	z=1	'if ():'에서 () 안의 조건이 참이면 실행되고, 참이 아니면 수행되지 않음

if
else
	a = 4
	b = 6
	z = 1
	if (a>b):
	　z = 2
	else:
	　z = 3
	z
	3
		z=3	'else:'문을 사용하여 조건이 참이 아닌 경우 (즉, 조건이 거짓인 경우) 별도로 수행문을 작성함

if
elif
	a = 4
	b = 6
	z = 1
	if (a==b):
	　z = 1
	elif (a<b):
	　z = 3
	z
	3
		z=3	'elif ():'문을 사용하여 연속적으로 조건이 참인가를 확인하여 수행문을 작성함

if
elif
else
	`a = 4`
	`b = 6`
	`z = 1`
	`if (a==b):`
	`  z = 1`
	`elif (a>b):`
	`  z = 3`
	`else:`
	`  z=2`
	`z`
	
	`2`
		z=2	'elif (): ~ else:'문을 사용하여 연속적으로 조건이 참인가를 확인하여 수행문을 작성함

if () else	`a = 4`
	`b = 6`
	`z = 100 if (a>b) else 200`
	`z`
	
	`200`
		z=200	'if ()'문의 조건이 참이면 앞부분 문장이 실행되고, 거짓이면 뒷부분 문장 실행됨(조건부 표현식)

람다식
(lambda)
	`z = lambda a, b: 100 if(a>b) else 200`
	`print(z(4, 6))`
	
	`200`
		z=200	람다식(lambda)을 이용하여 조건문을 작성하고 함수 형식을 이용하여 일반적인 결과를 얻을 수 있음

⑧ **반복 구조(Iteration)**

㉠ 자동차 도로에서 반복 구조는 기본적인 구조를 서로 연결(조건과 순차)하여 실행되는 문장이다. 즉, 아래와 같이 자동차는 동일한 길을 10번 주행(조건)한 후, 원래 이동하던 도로를 주행(순차)하는 형태의 프로그래밍 구조이다.

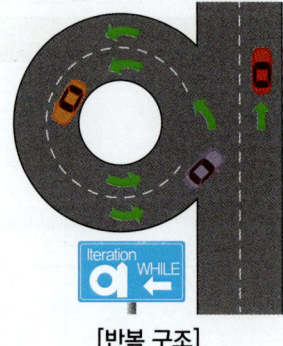

[반복 구조]

㉡ 반복문이란 특정한 부분의 명령어들이 반복적으로 수행될 수 있도록 하는 명령어로 for문, while문을 사용한다.

반복문		수행 결과	설 명

for 변수
in range()
	`sum = 0`
	`for i in range(1, 11, 1):`
	`  sum += i`
	`sum`
	
	`55`
		sum=55	• 정해진 반복 횟수(i의 값이 1부터 10(=11−1)까지 1씩 증가)만큼 실행
			• 1부터 10까지의 합계 (sum=55) 구하기

| for 변수<br>in list | ```
x = []
for i in range(11): x.append(i) #리스트에 값 추가
print(x)
sum = 0
for i in x:
    sum += x[i]
print(sum)

[0, 1, 2, 3, 4, 5, 6, 7, 8, 9, 10]
55
``` | sum=55 | • 리스트 구조 데이터인 경우의 반복문 사용법<br>• 1부터 10까지의 합계 (sum=55) 구하기 |
| for 변수<br>in '문자열' | ```
s = input('문자열을 입력하세요')   #문자열 입력
print(s)              #입력받은 문자열 출력
print(type(s))        #데이터타입 확인(string,str)
print(len(s))         #입력받은 문자열 길이
print(s[1])           #입력받은 문자열의 두번째 값 출력

print('------------------')
for i in s:
  print(i)
print('******************')
for i in s:
  print(i, end='')   #줄바꿈 없이 출력

문자열을 입력하세요안녕하세요Python
안녕하세요Python
<class 'str'>
11
녕
------------------
안
녕
하
세
요
P
y
t
h
o
n
******************
안녕하세요Python
``` | 입력받은<br>문자열<br>출력 | • 사용자로부터 입력받은 문자열(s : string) 출력<br>• for i in s : print(i) 명령어 사용<br>• 줄바꿈 없이 출력하기 위해 end='' 옵션 지정 |
| while | ```
sum = 0
i = 0
while (i<11):
    sum += i
    i += 1
print(sum)
55
``` | sum=55 | • 특정 조건(i<11)이 만족되는 동안 실행<br>• 1부터 10까지의 합계 (sum=55) 구하기 |
```

ⓒ for문은 조건이 만족되지 않을 때까지 명령문을 수행하며 초깃값이 주어지고, 이 값이 주어진 조건을 만족시키는 동안 실행된다. for문의 반복 조건은 반복변수(i)와 반복값(1:10)들로 구성된다. for문의 실행 범위는 조건문에서와 동일하게 {}로 묶어 수행될 명령어들을 작성한다. 명령어들은 for문이 실행될 때 반복값들이 차례로 반복변수에 저장되어 실행된다.
ⓔ while문은 조건이 맞으면 {} 내의 명령어를 수행한다. 즉 () 안의 조건문이 거짓일 때 반복문 수행을 종료한다. 이처럼 while문은 조건이 참인 동안은 계속해서 반복문이 실행되고 조건이 거짓이 되면 while 반복문을 벗어난다. 따라서 while문 실행 범위의 명령어들에서는 조건의 결과를 변하게 하는 변수가 반드시 포함(i<-i+1)된다. 이를 지정하지 않으면 무한 반복 루프(Infinite Loop)에 빠지는 오류가 발생한다.
ⓜ repeat문은 무조건 반복하여 명령어를 실행한다. 그리고 실행 도중에 조건이 만족되면 break문을 이용하여 실행을 중단시킨다. repeat문에서도 반복적으로 수행되는 명령어들을 {}로 묶어 사용한다.

반복문	설 명
| break | ```
i = 0
while True:
    print(i,end='')
    if i == 5:
        break
    i += 1
012345
``` • i의 값이 1씩 증가하면서 출력<br>• i=5인 경우 반복문 종료 |
| continue | ```
i = 0
while i < 10:
    i += 1
    if i == 5:
        continue
    print(i, end='')
1234678910
``` • i의 값이 1씩 증가하면서 출력<br>• i=5인 경우 반복문 계속 수행 |

⑨ 행 순회 방법을 이용한 반복문 사용
  ㉠ 반복문을 이용한 프로그래밍에서 해당 변수값(데이터프레임 구조)을 이용하기 위해 행 순회 및 열 순회 방법이 가능하다.
  ㉡ 행 순회 방법은 행 인덱스 이름으로 순회하거나 행 위치번호로 순회한다. 행 인덱스는 속성명 ['컬럼명']을 이용하며, 행 위치번호 순회는 .iloc[첨자]를 사용한다.
  ㉢ quakes(Fiji 지진 데이터) 데이터세트에 대하여 아래와 같이 총 1,000개의 데이터를 사용하여 진도 규모를 분석한다. 진도 규모 5.5 이상 발생 건수는 38건(sum1=38), 진도 규모 4.5 이하 발생 건수는 484건(sum2=484)을 구하기 위하여 데이터세트의 quakes['mag'] 변수값을 참조(행 인덱스 이름 이용)한다.

```
from google.colab import drive   #라이브러리 import
drive.mount('/content/drive')  #구글 드라이브 연결
import pandas as pd
quakes = pd.read_csv('/content/drive/MyDrive/work/quakes.csv', index_col=0)
      #분석용 데이터 읽기(절대경로명 사용) / 데이터출처: R Datasets
print(quakes .head())        #첫 5행 출력
print(quakes .describe)      #속성별 기술통계량
print(quakes.shape)          #데이터 (행,열) = (1000, 5)
print(quakes.info())         #속성별 데이터 타입 요약
print(quakes.dtypes)         #속성별 자료 타입
sum1 = 0; sum2 = 0      #진도 규모 5.5이상(sum1=0), 4.5이하(sum2=0) 초기값 저장
N = len(quakes)         #데이터프레임 행의 개수
print('데이터프레임(quakes) 행의 개수: ', end=''); print(N)
print('*****행 인덱스 이름으로 순회*****')
for mag_value in quakes['mag']:  #quakes['mag'] 값에 대하여 행 반복 수행
    if mag_value >= 5.5:         #진도규모가 5.5 이상인가?
        sum1 += 1                #진도규모>=5.5인 개수 합 구하기
    elif mag_value <= 4.5:       #진도규모가 4.5 이하인가?
        sum2 += 1                #진도규모<=4.5인 개수 합 구하기
print('진도규모가 5.5 이상인 경우(합): ', end=''); print(sum1)   #진도규모>=5.5인 개수 합 출력
print('진도규모가 4.5 이하인 경우(합): ', end=''); print(sum2)   #진도규모<=4.5인 개수 합 출력

sum1=0; sum2=0   #진도 규모 5.5이상(sum1=0), 4.5이하(sum2=0) 초기값 저장
print('+++++행위치 번호로 순회+++++')
for i in range(0, quakes.shape[0]):
       #quakes['mag'] 값에 대하여 행 반복 수행 /quakes.shape[0] = len(quakes):행의 개수(1000)
    if quakes['mag'].iloc[i] >= 5.5:  #진도규모가 5.5 이상인가?
        sum1 += 1                     #진도규모>=5.5인 개수 합 구하기
    elif quakes['mag'].iloc[i] <= 4.5:  #진도규모가 4.5 이하인가?
        sum2 += 1                       #진도규모<=4.5인 개수 합 구하기
print('진도규모가 5.5 이상인 경우(합): ', end=''); print(sum1)   #진도규모>=5.5인 개수 합 출력
print('진도규모가 4.5 이하인 경우(합): ', end=''); print(sum2)   #진도규모<=4.5인 개수 합 출력
```

```
     lat    long   depth  mag  stations
1  -20.42  181.62    562  4.8        41
2  -20.62  181.03    650  4.2        15
3  -26.00  184.10     42  5.4        43
4  -17.97  181.66    626  4.1        19
5  -20.42  181.96    649  4.0        11
<bound method NDFrame.describe of          lat    long   depth  mag  stations
1     -20.42  181.62    562  4.8        41
2     -20.62  181.03    650  4.2        15
3     -26.00  184.10     42  5.4        43
4     -17.97  181.66    626  4.1        19
5     -20.42  181.96    649  4.0        11
...      ...     ...    ...  ...       ...
996   -25.93  179.54    470  4.4        22
997   -12.28  167.06    248  4.7        35
998   -20.13  184.20    244  4.5        34
999   -17.40  187.80     40  4.5        14
1000  -21.59  170.56    165  6.0       119

[1000 rows x 5 columns]>
(1000, 5)
<class 'pandas.core.frame.DataFrame'>
Int64Index: 1000 entries, 1 to 1000
Data columns (total 5 columns):
 #   Column    Non-Null Count  Dtype
---  ------    --------------  -----
 0   lat       1000 non-null   float64
 1   long      1000 non-null   float64
 2   depth     1000 non-null   int64
 3   mag       1000 non-null   float64
 4   stations  1000 non-null   int64
dtypes: float64(3), int64(2)
memory usage: 46.9 KB
None
lat         float64
long        float64
depth         int64
mag         float64
stations      int64
dtype: object
1000
```

```
*****행 인덱스 이름으로 순회*****
38
484
*****행위치 번호로 순회*****
38
484
```

ⓔ 행 위치번호로 순회하기 위해 열 번호의 개수()와 '.loc[i]'의 첨자 번호를 이용한다.
⑩ 열 순회 방법을 이용한 반복문 사용
  ㉠ 동일한 방법으로 열 이름 순회와 열 위치번호 순회 방법이 가능하다. 열 이름은 quakes.columns 속성에 저장되어 있어 이를 이용하고, 열 위치번호는 0부터 최댓값(quakes.shape[1])까지의 변수를 이용하여 quakes.columns[열번호] 첨자를 이용하여 접근한다.
  ㉡ quakes 데이터프레임에 정의된 다섯 가지의 속성 중 정수형 변수(int64)가 2개(depth, stations), 실수형 변수(float64)가 3개(lat, long, mag)임을 알 수 있다.

```python
from google.colab import drive    #라이브러리 import
drive.mount('/content/drive')     #구글 드라이브 연결
import pandas as pd
quakes = pd.read_csv('/content/drive/MyDrive/work/quakes.csv', index_col=0)
    #분석용 데이터 읽기(절대경로명 사용) / 데이터출처: R Datasets
print(quakes.dtypes)      #데이터프레임(quakes) 데이터 속성
print(quakes.columns)     #컬럼 이름
print('*****열이름으로 순회하기*****')
noofinteger = 0       #정수형(int64)의 개수, 초기값=0
other = 0             #정수형이 아닌 데이터 타입 개수, 초기값=0
for col in quakes.columns:              #컬럼명에 대하여 반복 수행
    data_type = str(quakes[col].dtype)  #컬럼별 데이터 속성 저장
    if data_type == 'int64':    #데이터속성=정수형(int64)인가?
        noofinteger += 1    #정수형 데이터 속성의 개수 합 구하기
    else:                   #정수형이 아니면
        other += 1          #정수형이 아닌 데이터 타입의 개수 합 구하기
print('정수형인 데이터 속성의 개수: ', end=''); print(noofinteger)    #정수형인 데이터 속성의 개수
print('정수형이 아닌 데이터 속성의 개수: ', end=''); print(other)     #정수형이 아닌 데이터 속성의 개수

print('*****열위치번호로 순회하기*****')
noofinteger = 0    #정수형(int64)의 개수, 초기값=0
other = 0          #정수형이 아닌 데이터 타입 개수, 초기값=0
for i in range(0, quakes.shape[1]):     #컬럼 인덱스(열 위치번호)에 대하여 반복 수행
    col = quakes.columns[i]             #컬럼 위치번호에 대하여 반복 수행
    data_type = str(quakes[col].dtype)  #컬럼별 데이터 속성 저장
    if data_type == 'int64':    #데이터속성=정수형(int64)인가?
        noofinteger += 1    #정수형 데이터 속성의 개수 합 구하기
    else:                   #정수형이 아니면
        other += 1          #정수형이 아닌 데이터 타입의 개수 합 구하기
print('정수형인 데이터 속성의 개수: ', end=''); print(noofinteger)    #정수형인 데이터 속성의 개수
print('정수형이 아닌 데이터 속성의 개수: ', end=''); print(other)     #정수형이 아닌 데이터 속성의 개수
```

```
lat        float64
long       float64
depth      int64
mag        float64
stations   int64
dtype: object
Index(['lat', 'long', 'depth', 'mag', 'stations'], dtype='object')
*****열이름으로 순회하기*****
정수형인 데이터 속성의 개수: 2
정수형이 아닌 데이터 속성의 개수: 3
*****열위치번호로 순회하기*****
정수형인 데이터 속성의 개수: 2
정수형이 아닌 데이터 속성의 개수: 3
```

(2) 사용자 정의 함수

① 필요에 따라 사용자 정의 함수 작성 기능을 이용하여 함수를 만들 수 있다.
② 사용자 정의 함수란, 파이썬 프로그램을 통해 사용자가 직접 제작한 함수이며, 일반적으로 처리해야 할 자료나 변수들을 조금씩 변경해 가면서 반복적인 작업을 하는 경우 유용하게 사용된다.
③ 함수를 정의하여 사용하면 반복적으로 동일한 기능을 수행하는 기능의 코딩을 작성하지 않고 함수명만 다시 불러들여 사용할 수 있다. 검증된 함수는 신뢰할 수 있기 때문에 효율적인 코딩이 가능하게 되고, 만들어진 이후에는 파이썬 내장함수처럼 반복적으로 사용할 수 있다.
④ 예를 들어 밑변 a와 높이 b로 표현되는 삼각형의 면적(area)을 구하는 함수와 사용 예는 다음과 같다. 사용자 정의 함수는 "def 함수이름():" 명령어로 만들고 () 안에 필요한 인수(argument)를 지정한다. 함수 수행은 함수명(인수) 즉, getArea(5, 10) 명령어로 밑변(a=5), 높이(b=10) 값을 지정하여 면적(area)=a*b/2=5*10/2=25를 출력한다. "def 함수이름():"으로 만드는 사용자 정의 함수에서는 출력값을 "return 반환값" 명령어로 지정한다.

```
def getArea(a, b):
    area = a*b/2
    return area
getArea(5, 10)        25.0
```

⑤ 사용자 정의 함수 생성 및 실행
㉠ 사용자 정의 함수를 만들기 위하여 "def 함수이름():" 명령어를 이용하고 함수이름()에는 입력 변수로 인수(argument)들을 지정한다. 그리고 반환값을 "return 반환값"으로 지정한다.

```
def 함수이름(arg1, arg2, …):
    함수 본문
    return 반환값
}
```

㉡ 예를 들어 평균온도가 24도 이상과 24도 미만인 일수를 구하는 사용자 정의 함수[Get_temperature_days()]를 정의하고 실행하면 다음과 같다. 사용자 정의 함수 내에서 return 명령어를 사용하지 않고 원하는 결괏값을 직접 출력[print() 등]하기도 한다. 함수이름 ()에서 지정되는 인수는 배열, 리스트, 튜플, 딕셔너리 등 다양한 자료구조의 사용이 가능하다.

```
def Get_temperature_days(x, y):    #사용자 함수 정의: def 함수이름()
    N = len(x)                      #리스트(x)의 크기(요소의 개수)
    low_days = 0                    #초기값
    high_days = 0                   #초기값
    for i in range(0,N):            #0부터 (N-1)까지 요소 반복 확인
        if (x[i] >= y):             #기준값(24도)이상인 경우
            high_days = high_days + 1    #high_days 값 1증가
        else:
            low_days = low_days + 1      #기준값(24도) 미만 이면 low_days 값 1증가
    return [high_days, low_days]    #(high_days, low_days) 값 반환
temperature = [18.5, 24.1, 24.0, 22.1, 24.3, 20.2, 20.8, 24.6, 18.2, 20.0, 24.8]   #11개 샘플 온도
print(Get_temperature_days(temperature, 24))        #결과값 출력

new_temperature = [24.9, 18.8, 25.2, 22.7, 30.5, 19.4, 20.6, 23.9, 26.2, 17.8, 14.6]  #11개 샘플 온도
print(Get_temperature_days(new_temperature, 24))    #결과값 출력

[5, 6]
[4, 7]
```

⑥ 람다(lambda) 함수(표현식, 또는 익명 함수)
- ㉠ 람다 함수(lambda function), 람다식(lambda expression), 익명 함수(anonymous function)이라고 하며, 함수(표현식) 본체에는 인라인 형식의 간단한 표현식만 정의된다. 주로 다른 함수의 인수(파라미터)로 넘겨줄 때 많이 사용된다.
- ㉡ "def 함수명():"으로 정의된 사용자 함수가 "lambda a, b: a*b/2"의 인라인 형식으로 간단히 정의된다.

```
def getArea(a, b):
    area = a*b/2
    return area
print(getArea(5, 10))

lam = lambda a, b: a*b/2
print(lam(5, 10))

lam1 = (lambda a, b: a*b/2)(5, 10)
print(lam1)

25.0
25.0
25.0
```

- ㉢ map(), filter(), 조건문(if~else) 등과 함께 람다 표현식을 인수로 사용하여 동일한 작업을 편리하게 수행한다.

```
list(map(lambda a, b: a*b/2, [5, 6, 7], [10, 11, 12]))   #map 내장 함수 이용(여러개의 리스트에 대한 결과값 출력)
x = [8, 3, 2, 11, 16, 6, 1, 9, 0, 13]   #리스트(x) 저장
y = list(filter(lambda t : t > 5 and t <10, x))   #filter()함수를 이용한 조건값 출력
print(y)

z1 = lambda t: t*2 if t > 6 else 10*t   #if~else문 사용
print(list(map(z1, x)))   #리스트(x) 적용 결과값 출력

z2 = lambda t: t*3 if t > 9 else t*6 if t < 6 else 40*t   #if~else~else문 사용
print(list(map(z2, x)))   #리스트(x) 적용 결과값 출력

[8, 6, 9]
[16, 30, 20, 22, 32, 60, 10, 18, 0, 26]
[320, 18, 12, 33, 48, 240, 6, 360, 0, 39]
```

⑦ pipe 함수
- ㉠ 함수 내에 함수를 연속적으로 적용하기 위해 판다스 모듈의 pipe() 메소드를 이용한다. 함수가 다양한 인수를 사용할 때 pipe() 메소드를 사용하면 직관적인 결괏값 추정이 가능하다. 예를 들어 적용할 함수가 순서적으로 f1(), f2(), f3()일 때 data.pipe(f1).pipe(f2).pipe(f3)의 형식을 이용한다.

ⓒ 1부터 10까지의 정숫값(x)에 대하여 각각의 제곱값을 구하는 람다 함수(lam)을 적용하기 위하여 y=x.pipe(lam)의 형식을 이용($y=x^2$)한다.

```python
import pandas as pd
from matplotlib import pyplot as plt
from importlib import reload        #(xlabel, ylabel) 설정값 초기화를 위한 모듈
plt = reload(plt)                   #(xlabel, ylabel) 설정값 초기화

d = list(range(1,11,1))             #1~10까지 정수값 리스트 저장
print(d)
x = pd.DataFrame(d, columns=['number'])  #데이터프레임 변환
print(x)
lam = lambda t: t**2                #람다식 정의
y = x.pipe(lam)                     #pipe()함수를 이용한 y=x**2 정의
print(y)

plt.plot(x, y, label='y=x**2')      #선그래프 작성 (label: legend 표현)
plt.xlabel('x value')               #xlabel(x축 설명)
plt.ylabel('y=x**2')                #ylabel(y축 설명)
plt.title('y=x**2 Graph')           #선그래프 제목
plt.legend()                        #범례(legend) 표현
plt.show()                          #그래프 출력
```

```
[1, 2, 3, 4, 5, 6, 7, 8, 9, 10]
   number
0       1
1       2
2       3
3       4
4       5
5       6
6       7
7       8
8       9
9      10
   number
0       1
1       4
2       9
3      16
4      25
5      36
6      49
7      64
8      81
9     100
```

ⓒ 아래와 같이 pipe() 함수를 연속 적용[x.pipe(lam1).pipe(lam2)]하여 제곱근 람다식을 통해 원래의 값을 구한다.

```
import pandas as pd
import numpy as np
from matplotlib import pyplot as plt
from importlib import reload     #(xlabel, ylabel) 설정값 초기화를 위한 모듈
plt = reload(plt)                 #(xlabel, ylabel) 설정값 초기화

d = list(range(1,11,1))           #1~10까지 정수값 리스트 저장
#print(d)
x = pd.DataFrame(d, columns=['number'])  #데이터프레임 변환
#print(x)
lam1 = lambda t: t**2    #람다식 정의
y = x.pipe(lam1)          #pipe()함수를 이용한 y=x**2 정의
#print(y)

lam2 = lambda t: np.sqrt(t)  #람다식 정의
z = x.pipe(lam1).pipe(lam2)  #pipe().pipe() 함수 2번 적용
print(z)
   number
0     1.0
1     2.0
2     3.0
3     4.0
4     5.0
5     6.0
6     7.0
7     8.0
8     9.0
9    10.0
```

제2과목

데이터 수집 및 분석

제1장 데이터 수집과 전처리
제2장 기술통계 분석

인생이란 결코 공평하지 않다. 이 사실에 익숙해져라.

– 빌 게이츠 –

끝까지 책임진다! 시대에듀!

빅데이터분석기사 시험과 관련된 도서 문의, 소스 코드 및 학습자료, 기타 안내사항은 저자가 운영하는 아래의
카페 가입 후 확인하실 수 있습니다.
장희선 교수 강의드림 카페(cafe.naver.com/profdream)

제1장 데이터 수집과 전처리

1 데이터 수집

(1) 데이터 생성

① 판다스 모듈을 이용하여 데이터프레임을 직접 생성하거나 기존 딕셔너리(또는 행렬, 리스트, 시리즈 등) 자료를 데이터프레임으로 변환, 저장하여 사용한다. 여기서 'None(또는 NaN, Not a Number)'은 결측치이다.

```python
import pandas as pd   #판다스 라이브러리 import

df = pd.DataFrame({'학번': ['2301', '2302', '2303', '2304', '2305', '2306'],
                   '성명': ['홍길동', '유관순', '이순신', '이성계', '안중근', '홍범도'],
                   '나이': [27, 19, 35, 34, 22, None],
                   '영어': [70, 85, 75, None ,89, 57],
                   '수학': [80, 80, 90, 80, None, 88]})   #데이터프레임 생성, None: 결측값
print('+++++데이터프레임 출력(새로운 인덱스 열 추가)+++++')
print(df)   #데이터프레임 출력

print('*****데이터프레임 인덱스 열="학번"으로 지정*****')
dfnew = df.set_index('학번')
print(dfnew)

student1 = {'학번': '2301', '성명': '홍길동', '나이': 27, '영어': 70, '수학': 80}   #딕셔너리 자료
student2 = {'학번': '2302', '성명': '유관순', '나이': 19, '영어': 85, '수학': 80}
student3 = {'학번': '2303', '성명': '이순신', '나이': 35, '영어': 75, '수학': 90}
student4 = {'학번': '2304', '성명': '이성계', '나이': 34, '영어': None, '수학': 80}
student5 = {'학번': '2305', '성명': '안중근', '나이': 22, '영어': 89, '수학': None}
student6 = {'학번': '2306', '성명': '홍범도', '나이': None, '영어': 57, '수학': 88}

print('@@@@@딕셔너리를 데이터프레임으로 병합하기(새로운 인덱스 열 추가)@@@@@')
student = pd.DataFrame([student1, student2, student3, student4, student5, student6])
    #딕셔너리를 데이터프레임으로 병합
print(student)

print('!!!!!딕셔너리를 데이터프레임으로 병합하기(인덱스="학번"으로 지정)!!!!!')
student = student.set_index('학번')
print(student)
```

```
+++++데이터프레임 출력(새로운 인덱스 열 추가)+++++
    학번   성명   나이   영어   수학
0  2301  홍길동  27.0  70.0  80.0
1  2302  유관순  19.0  85.0  80.0
2  2303  이순신  35.0  75.0  90.0
3  2304  이성계  34.0   NaN  80.0
4  2305  안중근  22.0  89.0   NaN
5  2306  홍범도   NaN  57.0  88.0
*****데이터프레임 인덱스 열="학번"으로 지정*****
       성명   나이   영어   수학
학번
2301  홍길동  27.0  70.0  80.0
2302  유관순  19.0  85.0  80.0
2303  이순신  35.0  75.0  90.0
2304  이성계  34.0   NaN  80.0
2305  안중근  22.0  89.0   NaN
2306  홍범도   NaN  57.0  88.0
@@@@@딕셔너리를 데이터프레임으로 병합하기(새로운 인덱스 열 추가)@@@@@
    학번   성명   나이   영어   수학
0  2301  홍길동  27.0  70.0  80.0
1  2302  유관순  19.0  85.0  80.0
2  2303  이순신  35.0  75.0  90.0
3  2304  이성계  34.0   NaN  80.0
4  2305  안중근  22.0  89.0   NaN
5  2306  홍범도   NaN  57.0  88.0
!!!!!딕셔너리를 데이터프레임으로 병합하기(인덱스="학번"으로 지정)!!!!!
       성명   나이   영어   수학
학번
2301  홍길동  27.0  70.0  80.0
2302  유관순  19.0  85.0  80.0
2303  이순신  35.0  75.0  90.0
2304  이성계  34.0   NaN  80.0
2305  안중근  22.0  89.0   NaN
2306  홍범도   NaN  57.0  88.0
```

② 개인 컴퓨터에 저장되어 있는 data.csv 파일을 읽어오기 위해 아래와 같은 코드를 작성한다. 먼저, google.colab 모듈에 있는 files 서브 모듈의 upload() 함수를 이용하여 본인 컴퓨터에 저장("C:/workr")되어 있는 파일(data.csv)을 선택([파일 선택] 메뉴 이용)한다. 그리고 pandas 라이브러리의 read_csv() 함수를 이용하여 파일을 읽는다. 한글을 읽기 위해 encoding='euc-kr' 인코딩 옵션을 지정한다.

```
from google.colab import files
uploaded=files.upload()
import pandas as pd
df=pd.read_csv('./data.csv', encoding='euc-kr')
df.head()
```

```
from google.colab import files      #google.colab 모듈 import
uploaded = files.upload()
import pandas as pd
df = pd.read_csv('./data.csv', encoding='euc-kr')   #개인 컴퓨터 저장 파일(data.csv) 파일 읽기
print(df.head())
```

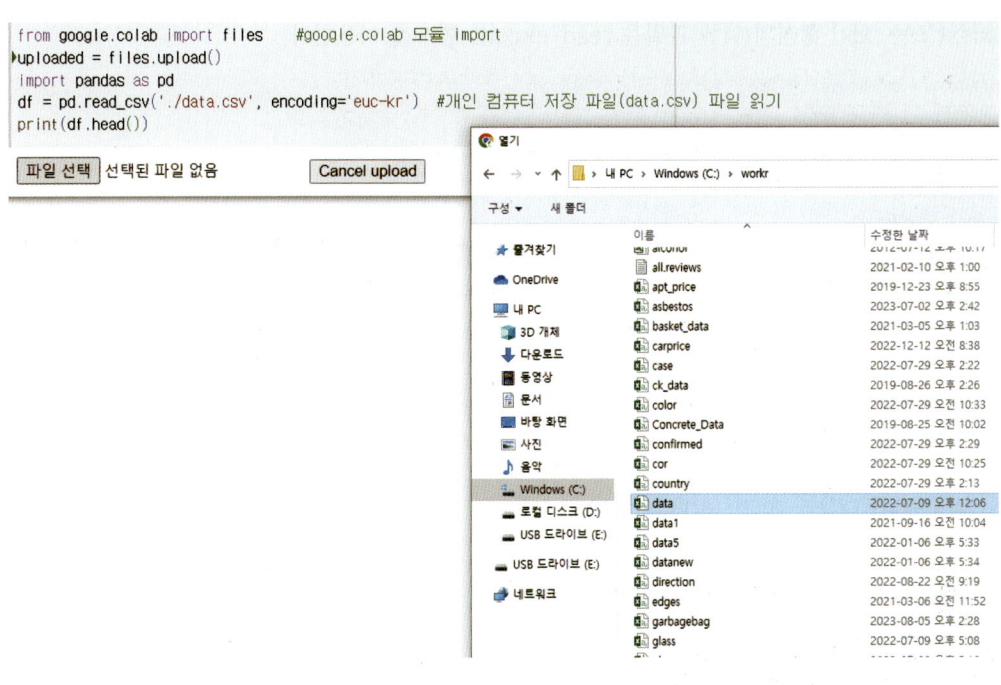

```
from google.colab import files      #google.colab 모듈 import
uploaded = files.upload()
import pandas as pd
df = pd.read_csv('./data.csv', encoding='euc-kr')   #개인 컴퓨터 저장 파일(data.csv) 파일 읽기
print(df.head())
```

파일 선택 data.csv
• **data.csv**(text/csv) - 7276 bytes, last modified: 2022. 7. 9. - 100% done
Saving data.csv to data.csv
```
   고객번호  성별   연령대      직업   주거지역   쇼핑액  이용만족도  쇼핑1월  쇼핑2월  쇼핑3월  쿠폰사용회수  쿠폰선호도  ₩
0  190105  남자  45-49세  회사원    소도시  195.6    4    76.8  64.8  54.0     3       예
1  190106  남자  25-29세  공무원    소도시  116.4    7    44.4  32.4  39.6     6      아니오
2  190107  남자  50세 이상  자영업   중도시  183.6    4    66.0  66.0  51.6     5       예
3  190108  남자  50세 이상  농어업   소도시  168.0    4    62.4  52.8  52.8     4      아니오
4  190109  남자  40-44세  공무원   중도시  169.2    4    63.6  54.0  51.6     5      아니오

   품질  가격  서비스  배송  쇼핑만족도   소득
0   7   1    4    4   4300
1   7   4    7    7   7500
2   4   3    3    6   2900
3   3   4    6    5   5300
4   6   4    7    4   4000
```

③ df.head() 함수를 이용하면 0부터 4까지 5개의 행이 출력된다.

```
from google.colab import files      #google.colab 모듈 import
uploaded = files.upload()
import pandas as pd
df = pd.read_csv('./data.csv', encoding='euc-kr')   #개인 컴퓨터 저장 파일(data.csv) 파일 읽기
df.head()
```

파일 선택 data.csv
• **data.csv**(text/csv) - 7276 bytes, last modified: 2022. 7. 9. - 100% done
Saving data.csv to data (1).csv

	고객번호	성별	연령대	직업	주거지역	쇼핑액	이용만족도	쇼핑1월	쇼핑2월	쇼핑3월	쿠폰사용회수	쿠폰선호도	품질	가격	서비스	배송	쇼핑만족도	소득
0	190105	남자	45-49세	회사원	소도시	195.6	4	76.8	64.8	54.0	3	예	7	7	1	4	4	4300
1	190106	남자	25-29세	공무원	소도시	116.4	7	44.4	32.4	39.6	6	아니오	7	4	7	7	7	7500
2	190107	남자	50세 이상	자영업	중도시	183.6	4	66.0	66.0	51.6	5	예	4	4	3	3	6	2900
3	190108	남자	50세 이상	농어업	소도시	168.0	4	62.4	52.8	52.8	4	아니오	3	3	4	6	5	5300
4	190109	남자	40-44세	공무원	중도시	169.2	4	63.6	54.0	51.6	5	아니오	6	4	7	4	6	4000

④ .xlsx(또는 .xls) 형식의 엑셀 파일은 read_excel() 함수를 이용한다.

⑤ 텍스트 파일(.txt)은 read_table() 함수를 이용하며, sep=',' 옵션(separation)을 지정하여 쉼표로 열 데이터를 서로 구분한다.

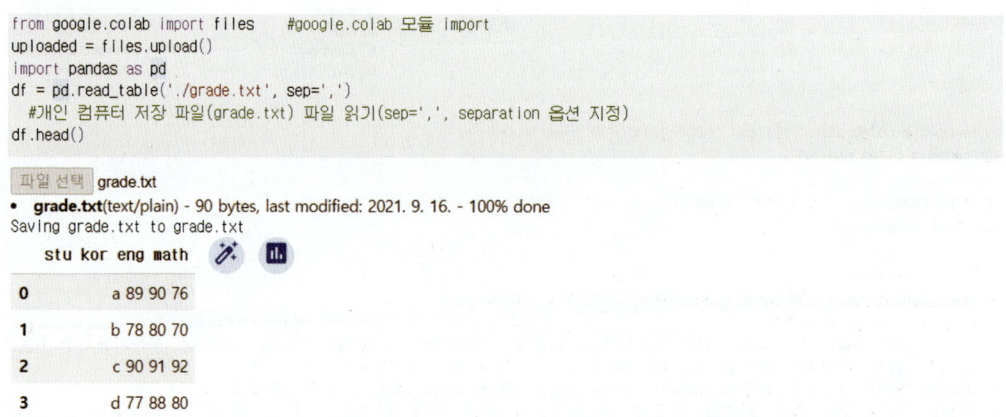

⑥ "import"와 "from import"의 차이 : 필요한 모듈을 불러오기 위해 "from 패키지명 import 모듈명" 또는 "import 라이브러리 as 객체명"을 사용한다. "from ~"을 사용하면 모듈명()으로 바로 사용이 가능하고 "import ~"를 사용하는 경우 모듈 내의 함수 사용 시 모듈명.함수명(객체명.함수명)을 사용한다. 아래와 같이 "from ~"을 "import ~"로 라이브러리를 임포트하여 필요한 모듈을 사용한다.

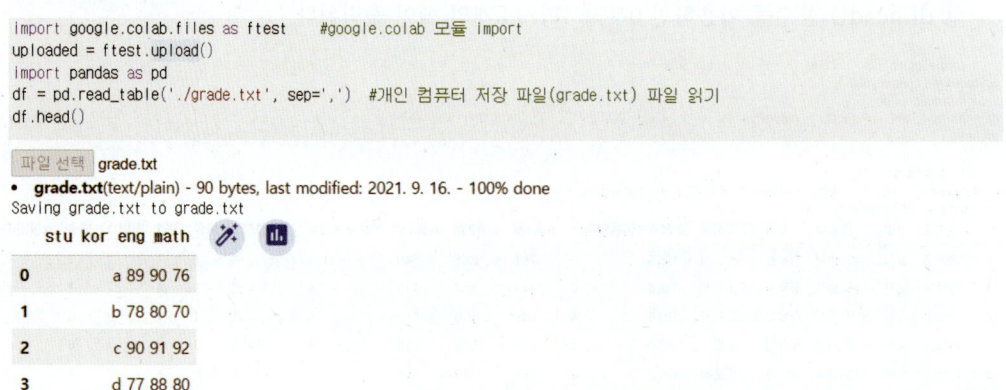

(2) 외부 데이터 불러오기

① **외부 데이터** : 국내외 여러 기관에서는 다음과 같이 빅데이터 분석, 머신러닝, 딥러닝 등의 연구 및 교육을 지원하기 위하여 다양한 데이터를 제공한다. 대표적으로 우리나라 공공데이터포털(https://data.go.kr)은 카테고리, 국가중점데이터, 제공기관별로 파일(csv, txt 등), RSS 및 오픈 API 형태의 자료를 제공한다.

구 분	데이터 제공 기관	주요 특징
공공데이터 포털	https://data.go.kr	• 공공데이터 개방 • 카테고리(교육, 국토관리, 행정, 금융 등) • 국가중점데이터(건축, 교통사고, 건강 등) • 제공기관(행정, 자치, 교육, 입법 등) • 파일 데이터, RSS, 오픈 API 형태 제공
국가통계 포털	https://kosis.kr/index/index.do	• 국내외 주요 통계 자료 • 북한 통계 자료 • 통계청에서 제공하는 One-Stop 서비스 • 경제, 사회, 환경 등 관련 데이터 • 파일 데이터, RSS, 오픈 API 형태 자료
서울 열린데이터 광장	https://data.seoul.go.kr/index.do	• 서울시 시정활동 관련 데이터 • 환경, 교통, 인구 등의 자료 • 공공기관, 민간의 연결 구축 • 비즈니스 활동 자극 • 파일 데이터, RSS, 오픈 API 형태 자료
AI Hub	https://aihub.or.kr	• 한국지능정보사회진흥원 • AI 기술 및 제품 · 서비스 개발용 • 한국어, 영상, 헬스케어, 재난 · 안전 · 환경 등 • AI computing 지원, 안심 데이터 관리 • 이미지, 비디오, 텍스트, 오디오, 3D, 센서로 구분
UC Irvine Machine Learning Repository	https://archive.ics.uci.edu/datasets	• 캘리포니아 주립대학교 제공 • 머신러닝 연구 및 교육을 위한 데이터 • 분류, 회귀, 군집 등의 머신러닝 자료 • 일변수, 다변수, 시계열, 텍스트 자료 등 • 주로 csv, txt 형식의 파일 데이터세트

② 공공데이터포털 자료 수집
㉠ 공공데이터포털(https://data.go.kr)에 접속하여 "제주시 환경 데이터"로 검색하는 경우 아래와 같이 파일데이터, 오픈 API, 표준데이터셋으로 구분하여 관련 기관에서 제공하는 데이터를 확인할 수 있다. csv, xml, json, txt 파일 등 다양한 형태의 데이터를 수집할 수 있고 오픈 API의 경우 [활용신청] 메뉴를 이용하여 해당 기관으로부터 데이터를 직접 제공받을 수 있다.

ⓛ 파일데이터 중 "제주특별자치도 제주시_환경오염물질배출시설자율점검업소현황"을 다운로드하여 구글 드라이브 내 "work/jeju.csv" 작업 폴더에 저장한다. 관련 데이터는 연도별 [사업장명칭], [소재지], [지정분야], [데이터기준일자]의 데이터이다.

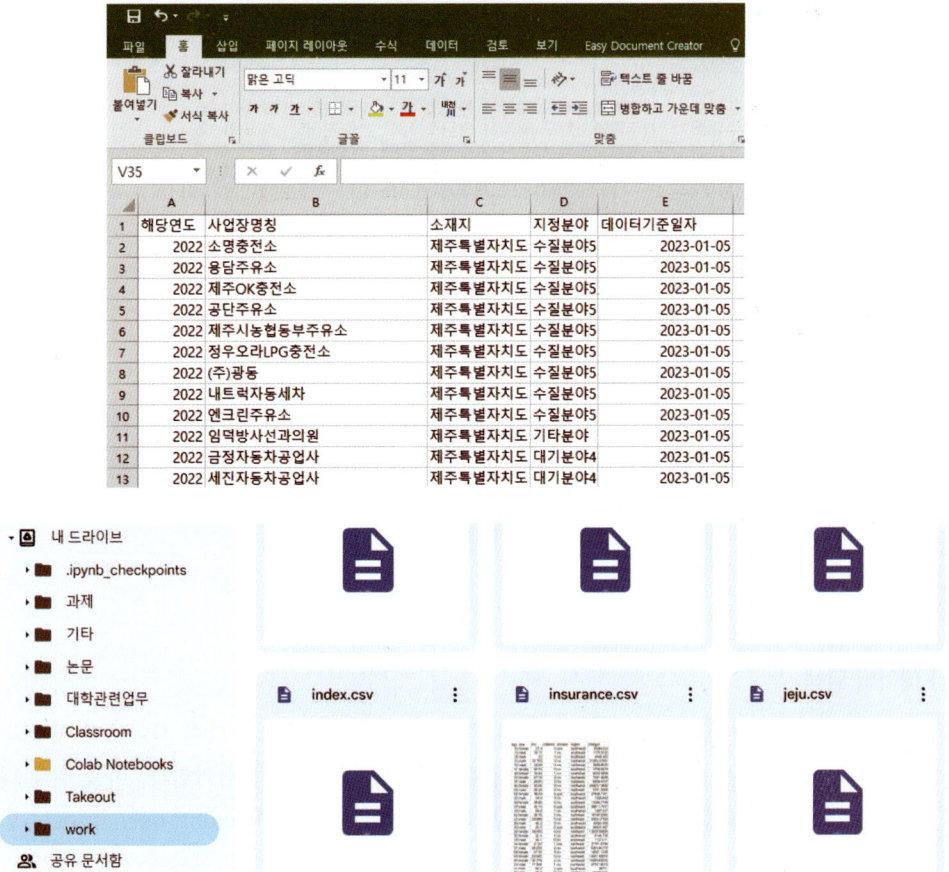

ⓒ 구글 드라이브 내 저장된 문서를 읽어오기 위해 "from google.colab import drive"로 필요한 라이브러리를 import(구글 드라이브 코랩 마운트)하고, "drive.mount('/content/drive')"로 구글 드라이브를 연결(구글 계정 로그인 상태 확인)한다. 그리고 "df=pd.read_csv('/content/drive/MyDrive/work/jeju.csv', encoding='euc-kr', index_col=0) 명령어로 판다스 라이브러리를 이용하여 필요한 데이터를 읽어온다. 파일을 읽어오는 경로는 "/content/drive/MyDrive/work/jeju.csv"이다. df.head() 명령어로 첫 5행의 데이터를 확인하며, df.info() 명령어로 컬럼(속성, 변수)에 대한 기본 정보(컬럼명, 데이터 유형 등)를 확인한다.

```
from google.colab import drive   #라이브러리 import
drive.mount('/content/drive')    #구글 드라이브 연결
import pandas as pd    #판다스 라이브러리 import

df = pd.read_csv('/content/drive/MyDrive/work/jeju.csv', encoding='euc-kr', index_col=0)
     #분석용 데이터 읽기(절대경로명 사용), 한글 Encoding(euc-kr), 새로운 열 지정하지 않음(index_col=0)
print(df.head())   #첫 5행 출력
print(df.info())   #데이터 속성 정보 확인
              사업장명칭              소재지      지정분야   데이터기준일자
해당연도
2022         소명충전소    제주특별자치도 제주시 한북로 313   수질분야5  2023-01-05
2022         용담주유소    제주특별자치도 제주시 용담로 136   수질분야5  2023-01-05
2022        제주OK충전소   제주특별자치도 제주시 일주서로 7588 수질분야5  2023-01-05
2022         공단주유소    제주특별자치도 제주시 연삼로 727   수질분야5  2023-01-05
2022     제주시농협동부주유소  제주특별자치도 제주시 번영로 417   수질분야5  2023-01-05
<class 'pandas.core.frame.DataFrame'>
Int64Index: 56 entries, 2022 to 2022
Data columns (total 4 columns):
 #   Column    Non-Null Count  Dtype
---  ------    --------------  -----
 0   사업장명칭     56 non-null     object
 1   소재지       56 non-null     object
 2   지정분야      56 non-null     object
 3   데이터기준일자   56 non-null     object
dtypes: object(4)
memory usage: 2.2+ KB
None
```

2 데이터 전처리

(1) 데이터 탐색

① 데이터프레임을 새로 생성했거나, 외부에서 파일을 불러오거나, 다른 사이트에 저장되어 있는 데이터세트를 활용할 때 데이터 객체들의 현황 및 특성들에 대해 파악한다. 이를 위해 다양한 함수가 있으며, 대표적으로 info(), head(), tail(), shape, len(), columns(), type() 함수를 이용한다.

② info() : 데이터 구조, 변수 개수, 변수 명칭, 관찰값 개수, 데이터 유형 등을 확인한다. 데이터프레임이름.info()로 메소드를 호출하고 수행한다. 데이터프레임 구조로서 17개의 변수(항목)에 대한 90개의 관찰값(행의 값), 각 변수(항목)에 대한 컬럼명, 컬럼별 데이터 유형을 확인할 수 있다.

```
from google.colab import drive   #라이브러리 import
drive.mount('/content/drive')    #구글 드라이브 연결
import pandas as pd    #판다스 라이브러리 import

df = pd.read_csv('/content/drive/MyDrive/work/data.csv', encoding='euc-kr', index_col=0)
     #분석용 데이터 읽기(절대경로명 사용), 한글 Encoding(euc-kr), 새로운 열 지정하지 않음(index_col=0)
df.info()
```

```
<class 'pandas.core.frame.DataFrame'>
Int64Index: 90 entries, 190105 to 190194
Data columns (total 17 columns):
 #   Column    Non-Null Count  Dtype
---  ------    --------------  -----
 0   성별        90 non-null     object
 1   연령대       90 non-null     object
 2   직업        90 non-null     object
 3   주거지역      90 non-null     object
 4   쇼핑액       90 non-null     float64
 5   이용만족도     90 non-null     int64
 6   쇼핑1월      90 non-null     float64
 7   쇼핑2월      90 non-null     float64
 8   쇼핑3월      90 non-null     float64
 9   쿠폰사용회수    90 non-null     int64
 10  쿠폰선호도     90 non-null     object
 11  품질        90 non-null     int64
 12  가격        90 non-null     int64
 13  서비스       90 non-null     int64
 14  배송        90 non-null     int64
 15  쇼핑만족도     90 non-null     int64
 16  소득        90 non-null     int64
dtypes: float64(4), int64(8), object(5)
memory usage: 12.7+ KB
```

③ head(), tail() : head()는 상위 5개 자료를, tail()은 하위 5개 자료를 보여준다. 항목에 대한 상위 및 하위 자료를 확인할 때 유용하게 사용된다. 숫자를 직접 입력하여 필요한 출력 행의 개수를 지정한다.

```
from google.colab import drive   #라이브러리 import
drive.mount('/content/drive')    #구글 드라이브 연결
import pandas as pd              #판다스 라이브러리 import

df = pd.read_csv('/content/drive/MyDrive/work/data.csv', encoding='euc-kr', index_col=0)
        #분석용 데이터 읽기(절대경로명 사용), 한글 Encoding(euc-kr), 새로운 열 지정하지 않음(index_col=0)
print(df.head())
print(df.head(1))   #print(): 파이썬 내장 함수, 표준출력(콘솔), 첫1행 출력
print(df.tail(1))   #마지막 행 출력
display(df.head(2)) #display(): 콘솔외 대화형 환경에서 주로 사용, 미디어/그래프 객체 출력시 사용
```

```
         성별   연령대      직업   주거지역    쇼핑액  이용만족도  쇼핑1월  쇼핑2월  쇼핑3월  쿠폰사용회수 쿠폰선호도 ₩
고객번호
190105   남자  45-49세   회사원   소도시  195.6      4  76.8  64.8  54.0       3    예
190106   남자  25-29세   공무원   소도시  116.4      7  44.4  32.4  39.6       6   아니오
190107   남자  50세 이상  자영업   중도시  183.6      4  66.0  66.0  51.6       5    예
190108   남자  50세 이상  농어업   소도시  168.0      4  62.4  52.8  52.8       4   아니오
190109   남자  40-44세   공무원   중도시  169.2      4  63.6  54.0  51.6       5   아니오

         품질  가격  서비스  배송  쇼핑만족도    소득
고객번호
190105    7   7    1    4      4  4300
190106    7   4    7    7      7  7500
190107    4   4    3    3      6  2900
190108    3   3    4    6      5  5300
190109    6   4    7    4      6  4000
         성별   연령대      직업   주거지역    쇼핑액  이용만족도  쇼핑1월  쇼핑2월  쇼핑3월  쿠폰사용회수 쿠폰선호도 ₩
고객번호
190105   남자  45-49세   회사원   소도시  195.6      4  76.8  64.8  54.0       3    예

         품질  가격  서비스  배송  쇼핑만족도    소득
고객번호
190105    7   7    1    4      4  4300
         성별   연령대      직업   주거지역    쇼핑액  이용만족도  쇼핑1월  쇼핑2월  쇼핑3월  쿠폰사용회수 쿠폰선호도 ₩
고객번호
190194   남자  45-49세   전문직  소도시  217.2      4  75.6  74.4  67.2       2    예

         품질  가격  서비스  배송  쇼핑만족도    소득
고객번호
190194    7   7    4    4      3  5900
```

	성별	연령대	직업	주거지역	쇼핑액	이용만족도	쇼핑1월	쇼핑2월	쇼핑3월	쿠폰사용회수	쿠폰선호도	품질	가격	서비스	배송	쇼핑만족도	소득
고객번호																	
190105	남자	45-49세	회사원	소도시	195.6	4	76.8	64.8	54.0	3	예	7	7	1	4	4	4300
190106	남자	25-29세	공무원	소도시	116.4	7	44.4	32.4	39.6	6	아니오	7	4	7	7	7	7500

④ shape, len() : 데이터 객체의 차원[행 및 열의 개수, 즉 관측값과 변수(항목)의 개수]을 확인한다. 데이터프레임에 저장된 데이터 파일은 90개의 관측값과 17개의 변수(항목)로 구성되어 있다.

```
from google.colab import drive  #라이브러리 import
drive.mount('/content/drive') #구글 드라이브 연결
import pandas as pd    #판다스 라이브러리 import

df = pd.read_csv('/content/drive/MyDrive/work/data.csv', encoding='euc-kr', index_col=0)
       #분석용 데이터 읽기(절대경로명 사용), 한글 Encoding(euc-kr), 새로운 열 지정하지 않음(index_col=0)

print('df.shape 수행 결과(행, 열): ', end=''); print(df.shape)   #(행, 열)의 개수
print('len(df) 수행 결과(행): ', end=''); print(len(df))         #length, 행의 개수
print('len(df.columns) 수행 결과(열): ', end=''); print(len(df.columns))  #열의 개수
print('df.shape[0]의 수행 결과(행): ', end=''); print(df.shape[0])  #df.shape[0]: 행의 수 저장
print('df.shape[1]의 수행 결과(열): ', end=''); print(df.shape[1])  #df.shape[1]: 열의 수 저장

df.shape 수행 결과(행, 열):  (90, 17)
len(df) 수행 결과(행):  90
len(df.columns) 수행 결과(열):  17
df.shape[0]의 수행 결과(행):  90
df.shape[1]의 수행 결과(열):  17
```

⑤ 데이터의 컬럼(속성) 항목은 "df.columns"로 이름을 확인하고, 데이터의 행을 구분하기 위한 인덱스 열의 이름은 "df.index.name"로 확인한다. 인덱스 값들은 df.index에 저장되고 첫 번째 인덱스 값은 df.index[0]으로 추출한다.

```
from google.colab import drive  #라이브러리 import
drive.mount('/content/drive') #구글 드라이브 연결
import pandas as pd    #판다스 라이브러리 import
df = pd.read_csv('/content/drive/MyDrive/work/data.csv', encoding='euc-kr', index_col=0)
       #분석용 데이터 읽기(절대경로명 사용), 한글 Encoding(euc-kr), 새로운 열 지정하지 않음(index_col=0)

print('data의 컬럼(속성)의 이름'); print(df.columns)        #data의 컬럼(속성) 이름
print('컬럼의 개수: ', end=''); print(len(df.columns)) #data의 컬럼 개수
print('data의 인덱스 열 이름: ', end=''); print(df.index.name)

print('인덱스 값'); print(df.index)
print('첫 번째 인덱스 값: ', end=''); print(df.index[0])
print('인덱스 길이(행의 개수): ', end=''); print(len(df.index))

data의 컬럼(속성)의 이름
Index(['성별', '연령대', '직업', '주거지역', '쇼핑액', '이용만족도', '쇼핑1월', '쇼핑2월', '쇼핑3월',
       '쿠폰사용회수', '쿠폰선호도', '품질', '가격', '서비스', '배송', '쇼핑만족도', '소득'],
      dtype='object')
컬럼의 개수:  17
data의 인덱스 열 이름: 고객번호
인덱스 값
Int64Index([190105, 190106, 190107, 190108, 190109, 190110, 190111, 190112,
            190113, 190114, 190115, 190116, 190117, 190118, 190119, 190120,
            190121, 190122, 190123, 190124, 190125, 190126, 190127, 190128,
            190129, 190130, 190131, 190132, 190133, 190134, 190135, 190136,
            190137, 190138, 190139, 190140, 190141, 190142, 190143, 190144,
            190145, 190146, 190147, 190148, 190149, 190150, 190151, 190152,
            190153, 190154, 190155, 190156, 190157, 190158, 190159, 190160,
            190161, 190162, 190163, 190164, 190165, 190166, 190167, 190168,
            190169, 190170, 190171, 190172, 190173, 190174, 190175, 190176,
            190177, 190178, 190179, 190180, 190181, 190182, 190183, 190184,
            190185, 190186, 190187, 190188, 190189, 190190, 190191, 190192,
            190193, 190194],
           dtype='int64', name='고객번호')
첫 번째 인덱스 값:  190105
인덱스 길이(행의 개수):  90
```

⑥ 분석 대상 데이터의 자료 구조를 확인하기 위해 파이썬 내장 함수인 type(df)를 이용한다. 주로 데이터프레임 구조의 데이터를 분석하며, 데이터프레임을 구성하고 있는 컬럼(속성)에 대한 각각의 데이터 유형은 df.dtypes 속성값으로 확인한다. 문자열은 object, 정수형은 int64, 실수형 자료는 float64로 출력된다.

```
from google.colab import drive   #라이브러리 import
drive.mount('/content/drive')    #구글 드라이브 연결
import pandas as pd    #판다스 라이브러리 import
df = pd.read_csv('/content/drive/MyDrive/work/data.csv', encoding='euc-kr', index_col=0)
        #분석용 데이터 읽기(절대경로명 사용), 한글 Encoding(euc-kr), 새로운 열 지정하지 않음(index_col=0)

print('df의 데이터 자료 구조: ', end='');print(type(df))    #df 데이터 자료구조 유형
print(df.dtypes)    #데이터 속성별 자료 유형(데이터 타입)

df의 데이터 자료 구조:  <class 'pandas.core.frame.DataFrame'>
성별          object
연령대         object
직업          object
주거지역        object
쇼핑액         float64
이용만족도       int64
쇼핑1월        float64
쇼핑2월        float64
쇼핑3월        float64
쿠폰사용회수      int64
쿠폰선호도       object
품질          int64
가격          int64
서비스         int64
배송          int64
쇼핑만족도       int64
소득          int64
dtype: object
```

(2) 데이터 관리

① 데이터프레임 형식으로 저장된 자료에 대하여 신규 변수 생성, 데이터 분할, 결합 및 정렬 등의 작업을 수행한다.

② **변수 생성** : data.csv 파일을 데이터프레임으로 읽고(df) (쇼핑1월, 쇼핑2월, 쇼핑3월)의 합계 (df['sum']=df['쇼핑1월']+df['쇼핑2월']+df['쇼핑3월'])와 평균(df['avg']=df[['쇼핑1월', '쇼핑2월', '쇼핑3월']].apply(np.mean, axis=1))에 대한 변수를 새로 추가[axis=1은 행별 연산, axis=0(기본값)은 열 순회 연산 지정]한다. apply() 함수를 사용하지 않고 df['avg']=df['sum']/3으로도 평균을 계산할 수 있다. 그리고 df.rename(columns={'성별': 'Gender'}, inplace=True)로 df.rename() 명령어를 이용하여 속성의 이름을 변경(inplace=True는 변경사항을 반영하여 데이터프레임 수정 지정)할 수 있다.

```
from google.colab import drive   #라이브러리 import
drive.mount('/content/drive')    #구글 드라이브 연결
import pandas as pd    #판다스 라이브러리 import
import numpy as np    #넘파이 라이브러리 import

df = pd.read_csv('/content/drive/MyDrive/work/data.csv', encoding='euc-kr', index_col=0)
        #분석용 데이터 읽기(절대경로명 사용), 한글 Encoding(euc-kr), 새로운 열 지정하지 않음(index_col=0)

df['sum'] = df['쇼핑1월'] + df['쇼핑2월'] + df['쇼핑3월']
        #(쇼핑1월+쇼핑2월+쇼핑3월)의 합계를 구하여 새로운 열(sum) 추가
df['avg'] = df[['쇼핑1월', '쇼핑2월', '쇼핑3월']].apply(np.mean, axis=1)
        #(쇼핑1월+쇼핑2월+쇼핑3월)의 평균을 구하여 새로운 열(avg) 추가
df.rename(columns={'성별': 'Gender'}, inplace=True)
        #컬럼이름 변경: '성별'->Gender로 변경. inplace=True: 변경사항 반영하여 저장
print(df.head())
```

```
           Gender    연령대     직업  주거지역  쇼핑액  이용만족도  쇼핑1월  쇼핑2월  쇼핑3월  쿠폰사용회수  쿠폰선호도  ₩
고객번호
190105       남자   45-49세   회사원   소도시   195.6       4     76.8   64.8   54.0            3         예
190106       남자   25-29세   공무원   소도시   116.4       7     44.4   32.4   39.6            6       아니오
190107       남자   50세 이상  자영업   중도시   183.6       4     66.0   66.0   51.6            5         예
190108       남자   50세 이상  농어업   소도시   168.0       4     62.4   52.8   52.8            4       아니오
190109       남자   40-44세   공무원   중도시   169.2       4     63.6   54.0   51.6            5       아니오

           품질  가격  서비스  배송  쇼핑만족도  소득    sum    avg
고객번호
190105      7    7    1    4       4    4300  195.6  65.2
190106      7    4    7    7       7    7500  116.4  38.8
190107      4    4    3    3       6    2900  183.6  61.2
190108      3    3    4    6       5    5300  168.0  56.0
190109      6    4    7    4       6    4000  169.2  56.4
```

③ **변수 변환** : 예를 들어 "성별(남자, 여자)"과 같은 명목척도인 항목(변수)에 대하여 df['gender']=df['성별'].astype('category') 명령어를 이용하여 범주화하고 새로운 변수에 저장 (df['gender'])한 후, df['gendernum']=df['gender'].map({'남자': 1, '여자': 0})로 map() 함수를 이용하여 남성(1), 여성(0)으로 저장한다. 그리고 df['gendernum']=df['gendernum'].astype('int')로 정수형 변수로 바꿔 gendernum 변수에 저장한다. 명목척도 자료를 정숫값으로 저장한 후 sum(), count() 함수를 이용하여 남자의 수(55명), 여자의 수(35명), 남자의 비율(55/90=61.1%), 여자의 비율(35/90=38.9%)을 구한다.

```python
from google.colab import drive    #라이브러리 import
drive.mount('/content/drive')    #구글 드라이브 연결
import pandas as pd    #판다스 라이브러리 import
import numpy as np     #넘파이 라이브러리 import
df = pd.read_csv('/content/drive/MyDrive/work/data.csv', encoding='euc-kr', index_col=0)
        #분석용 데이터 읽기(절대경로명 사용), 한글 Encoding(euc-kr), 새로운 열 지정하지 않음(index_col=0)
print('"성별"의 데이터 유형:  ', end=''); print(df.dtypes['성별'])
df['gender'] = df['성별'].astype('category')
print('"gender"의 데이터 유형:  ', end=''); print(df.dtypes['gender'])
df['gendernum'] = df['gender'].map({'남자': 1, '여자': 0})
df['gendernum'] = df['gendernum'].astype('int')
print('"gendernum"의 데이터 유형:  ', end=''); print(df.dtypes['gendernum'])
print('전체 행의 개수(남성+여성)의 합계(명):  ', end=''); print(df['gendernum'].count())
print('남성의 수(명):  ', end=''); print(df['gendernum'].sum())
print('여성의 수(명)/len() 이용:  ', end=''); print(len(df.loc[df['gendernum'] == 0]))
print('여성의 수(명)/shape[0] 이용:  ', end=''); print(df.loc[df['gendernum'] == 0].shape[0])

ratio_male = df['gendernum'].sum() / df.shape[0]
print('남성의 비율(%):  ', end=''); print(ratio_male*100)
ratio_female = len(df.loc[df['gendernum'] == 0]) / df.shape[0]
print('여성의 비율(%):  ', end=''); print(ratio_female*100)

print('남성의 비율(%)/count():  ', end=''); print(100*df[df['gendernum']==1]['gendernum'].count() / df.shape[0])
     #count() 이용
print('여성의 비율(%)/count():  ', end='');print(100*df[df['gendernum']==0]['gendernum'].count() / df.shape[0])
     #count() 이용
```

```
"성별"의 데이터 유형:   object
"gender"의 데이터 유형:   category
"gendernum"의 데이터 유형:   int64
전체 행의 개수(남성+여성)의 합계(명):  90
남성의 수(명):  55
여성의 수(명)/len() 이용:  35
여성의 수(명)/shape[0] 이용:  35
남성의 비율(%):  61.111111111111114
여성의 비율(%):  38.888888888888889
남성의 비율(%)/count():  61.111111111111114
여성의 비율(%)/count():  38.888888888888886
```

④ 데이터 분할 : 데이터프레임으로 저장된 데이터는 데이터프레임 컬럼 선택, .query 메소드 이용, .loc[ ] 인덱싱 방법 등을 이용하여 분할한다.

㉠ 예를 들어 성별이 남자(data[data['성별']=='남자'])인 경우의 데이터프레임을 datamale에, 성별이 여자(data[data['성별']=='여자'])인 경우의 데이터프레임을 datafemale에 저장하면 다음과 같다.

```python
from google.colab import drive   #라이브러리 import
drive.mount('/content/drive')   #구글 드라이브 연결
import pandas as pd    #판다스 라이브러리 import
import numpy as np    #넘파이 라이브러리 import
data = pd.read_csv('/content/drive/MyDrive/work/data.csv', encoding='euc-kr', index_col=0)
      #분석용 데이터 읽기(절대경로명 사용), 한글 Encoding(euc-kr), 새로운 열 지정하지 않음(index_col=0)
      #데이터 출처:http://ssra.or.kr/bigdata/data.csv

print('## 스타필드 고객 데이터 ##')
print(data.head(2))    #첫 2행 출력
print('데이터 (행,열)의 개수:   ', end=''); print(data.shape)    #(행, 열)의 개수

print('@@ 남성 고객 데이터 @@')
datamale = data[data['성별']=='남자']
print(datamale.head())
print('남성 데이터 (행,열)의 개수:   ', end=''); print(datamale.shape)

print('%% 여성 고객 데이터 %%')
datafemale = data[data['성별']=='여자']
print('여성 데이터 (행,열)의 개수:   ', end=''); print(datafemale.shape)

print('&& 여성 고객의 이용만족도 &&')
df = datafemale[['이용만족도', '성별', '쇼핑액', '소득']]
print(df.head())
```

```
## 스타필드 고객 데이터 ##
       성별   연령대    직업  주거지역  쇼핑액  이용만족도 쇼핑1월 쇼핑2월 쇼핑3월 쿠폰사용회수 쿠폰선호도 ₩
고객번호
190105  남자  45-49세  회사원  소도시  195.6    4   76.8 64.8 54.0    3     예
190106  남자  25-29세  공무원  소도시  116.4    7   44.4 32.4 39.6    6    아니오

       품질 가격 서비스 배송 쇼핑만족도   소득
고객번호
190105  7  7   1   4     4   4300
190106  7  4   7   7     7   7500
데이터 (행,열)의 개수:   (90, 17)
@@ 남성 고객 데이터 @@
       성별   연령대    직업  주거지역  쇼핑액  이용만족도 쇼핑1월 쇼핑2월 쇼핑3월 쿠폰사용회수 쿠폰선호도 ₩
고객번호
190105  남자  45-49세  회사원  소도시  195.6    4   76.8 64.8 54.0    3     예
190106  남자  25-29세  공무원  소도시  116.4    7   44.4 32.4 39.6    6    아니오
190107  남자  50세 이상 자영업  중도시  183.6    4   66.0 66.0 51.6    5     예
190108  남자  50세 이상 농어업  소도시  168.0    4   62.4 52.8 52.8    4    아니오
190109  남자  40-44세  공무원  중도시  169.2    4   63.6 54.0 51.6    5    아니오

       품질 가격 서비스 배송 쇼핑만족도   소득
고객번호
190105  7  7   1   4     4   4300
190106  7  4   7   7     7   7500
190107  4  4   3   3     6   2900
190108  3  3   4   6     5   5300
190109  6  4   7   4     6   4000
남성 데이터 (행,열)의 개수:   (55, 17)
%% 여성 고객 데이터 %%
여성 데이터 (행,열)의 개수:   (35, 17)
&& 여성 고객의 이용만족도 &&
       이용만족도 성별   쇼핑액  소득
고객번호
190111      4  여자  207.6 5700
190114      4  여자  156.0 5700
190136      4  여자  111.6 2600
190137      4  여자  163.2 2300
190139      7  여자  160.8 7400
```

ⓛ .query() 메소드를 이용하여 조건[data.query('성별=="남자"')]에 해당하는 데이터를 추출할 수 있으며, [조건문] (data[data.성별=='여자'])과 .loc[ ] 인덱싱 방법(data.loc[(data.성별=='여자') & (data.쿠폰사용횟수>=6)], 여성 고객들 중 쿠폰사용횟수가 6회 이상인 수는 11명)을 이용할 수도 있다.

```
from google.colab import drive   #라이브러리 import
drive.mount('/content/drive')    #구글 드라이브 연결
import pandas as pd    #판다스 라이브러리 import
import numpy as np     #넘파이 라이브러리 import
data = pd.read_csv('/content/drive/MyDrive/work/data.csv', encoding='euc-kr', index_col=0)
        #분석용 데이터 읽기(절대경로명 사용, 한글 Encoding(euc-kr), 새로운 열 지정하지 않음(index_col=0)
        #데이터 출처:http://ssra.or.kr/bigdata/data.csv

print('@@ .query() 메소드 이용')
df1 = data.query('성별 == "남자"')
print(df1.head(2))
print('남성 고객의 수(행, 열)', end=''); print(df1.shape)

print('%% [조건문] 이용')
df2 = data[data.성별 == '여자']
print(df2.head(2))
print('여성 고객의 수(행, 열)', end=''); print(df2.shape)

print('!! .loc 인덱싱 이용')
df3 = data.loc[(data.성별=='여자') & (data.쿠폰사용회수 >= 6)]
print(df3.head(2))
print('여성 고객들 중 쿠폰사용횟수가 6회 이상인 경우(행,열): ', end=''); print(df3.shape)
```

```
@@ .query() 메소드 이용
        성별  연령대    직업  주거지역  쇼핑액  이용만족도  쇼핑1월  쇼핑2월  쇼핑3월  쿠폰사용회수  쿠폰선호도 ₩
고객번호
190105  남자  45-49세  회사원  소도시  195.6    4    76.8  64.8  54.0      3         예
190106  남자  25-29세  공무원  소도시  116.4    7    44.4  32.4  39.6      6         아니오

        품질  가격  서비스  배송  쇼핑만족도  소득
고객번호
190105   7    7    1    4      4    4300
190106   7    4    7    7      7    7500
남성 고객의 수(행, 열)(55, 17)
%% [조건문] 이용
        성별  연령대    직업  주거지역  쇼핑액  이용만족도  쇼핑1월  쇼핑2월  쇼핑3월  쿠폰사용회수  쿠폰선호도 ₩
고객번호
190111  여자  50세 이상 공무원  중도시  207.6    4    64.8  88.8  54.0      4         예
190114  여자  45-49세  회사원  중도시  156.0    4    51.6  51.6  52.8      0         예

        품질  가격  서비스  배송  쇼핑만족도  소득
고객번호
190111   7    1    7    4      5    5700
190114   1    4    1    7      5    5700
여성 고객의 수(행, 열)(35, 17)
!! .loc 인덱싱 이용
        성별  연령대    직업  주거지역  쇼핑액  이용만족도  쇼핑1월  쇼핑2월  쇼핑3월  쿠폰사용회수  쿠폰선호도 ₩
고객번호
190140  여자  45-49세  전문직  대도시  210.0    7    90.0  67.2  52.8      6         아니오
190153  여자  40-44세  회사원  대도시  181.2    7    63.6  64.8  52.8      6         예

        품질  가격  서비스  배송  쇼핑만족도  소득
고객번호
190140   7    6    7    4      7    8200
190153   7    7    4    7      4    4500
여성 고객들 중 쿠폰사용횟수가 6회 이상인 경우(행,열):  (11, 17)
```

⑤ 데이터 결합 : 데이터프레임 구조의 자료 결합은 서로 다른 항목(변수)을 가진 데이터프레임의 결합(수직적 결합)과 동일한 항목에 대한 행의 결합(수평적 결합)으로 구분된다. 수직적 결합(axis=1)과 수평적 결합(axis=0 : 기본값)을 위해 pd.concat() 메소드를 이용한다. (성별, 직업)으로 구성된 데이터프레임(df1)과 (쇼핑액, 이용만족도)로 구성된 데이터프레임(df2)을 수직적으로 결합하기 위하여 pd.concat([df1, df2], axis=1)를 이용한다. 그리고 남성 고객(df3)과 여성 고객(df4)의 데이터를 수평적으로 결합하기 위하여 pd.concat([df3, df4], axis=0)를 이용한다. 별도로 axis 옵션을 지정하지 않는 경우 수평적 결합(axis=0)이 수행된다. 또한, df3.append(df4) 메소드를 이용하여 수평적 결합(세로 방향 결합)을 할 수도 있다[append() 메소드는 향후 판다스 모듈에서 제거 예정].

```python
from google.colab import drive   #라이브러리 import
drive.mount('/content/drive')    #구글 드라이브 연결
import pandas as pd    #판다스 라이브러리 import
import numpy as np     #넘파이 라이브러리 import
data = pd.read_csv('/content/drive/MyDrive/work/data.csv', encoding='euc-kr', index_col=0)
        #분석용 데이터 읽기(절대경로명 사용), 한글 Encoding(euc-kr), 새로운 열 지정하지 않음(index_col=0)
        #데이터 출처:http://ssra.or.kr/bigdata/data.csv

df1 = data[['성별', '직업']]       #(성별, 직업) 컬럼 추출
print(df1.head(2))
df2 = data[['쇼핑액', '이용만족도']]  #(쇼핑액, 이용만족도) 컬럼 추출
print(df2.head(2))

print('%% 데이터프레임 가로 병합(수직적 결합)')
dfconcat1 = pd.concat([df1, df2], axis=1)   #axis=1: 가로 병합(수직적 결합)
print(dfconcat1.head())

df3 = data.loc[data.성별 =='남자']   #남성 데이터 추출
print('남성 데이터: (행, 열): ', end=''); print(df3.shape)
df4 = data.loc[data.성별=='여자']    #여성 데이터 추출
print('여성 데이터: (행, 열): ', end=''); print(df4.shape)

print('%% 데이터프레임 세로 병합(수평적 결합)')
dfconcat2 = pd.concat([df3, df4], axis=0)   #axis=0(기본값): 세로 병합(수평적 결합)
print(dfconcat2.head(2))
print(dfconcat2.shape)
```

```
        성별   직업
고객번호
190105  남자  회사원
190106  남자  공무원
        쇼핑액  이용만족도
고객번호
190105  195.6    4
190106  116.4    7
%% 데이터프레임 가로 병합(수직적 결합)
        성별   직업   쇼핑액  이용만족도
고객번호
190105  남자  회사원  195.6    4
190106  남자  공무원  116.4    7
190107  남자  자영업  183.6    4
190108  남자  농어업  168.0    4
190109  남자  공무원  169.2    4
남성 데이터: (행, 열): (55, 17)
여성 데이터: (행, 열): (35, 17)
%% 데이터프레임 세로 병합(수평적 결합)
        성별  연령대   직업  주거지역   쇼핑액  이용만족도  쇼핑1월  쇼핑2월  쇼핑3월  쿠폰사용회수  쿠폰선호도 ₩
고객번호
190105  남자  45-49세  회사원  소도시  195.6   4  76.8  64.8  54.0   3   예
190106  남자  25-29세  공무원  소도시  116.4   7  44.4  32.4  39.6   6   아니오
           품질  가격  서비스  배송  쇼핑만족도  소득
고객번호
190105      7   7   1    4    4     4300
190106      7   4   7    7    7     7500
(90, 17)
```

⑥ **데이터 정렬** : 데이터프레임에서 특정 항목(변수)에 대한 오름차순 및 내림차순 정렬을 수행하기 위해 df.sort_values() 함수를 이용한다. ascending 옵션을 이용하여 오름차순 정렬(ascending=True), 내림차순 정렬(ascending=False) 결과를 출력한다.

㉠ 쇼핑액의 오름차순 및 내림차순 정렬 결과는 다음과 같다. 정렬할 항목 지정 시 by는 생략이 가능하다.

```
from google.colab import drive   #라이브러리 import
drive.mount('/content/drive')    #구글 드라이브 연결
import pandas as pd     #판다스 라이브러리 import
import numpy as np      #넘파이 라이브러리 import
data = pd.read_csv('/content/drive/MyDrive/work/data.csv', encoding='euc-kr', index_col=0)
        #분석용 데이터 읽기(절대경로명 사용), 한글 Encoding(euc-kr), 새로운 열 지정하지 않음(index_col=0)
        #데이터 출처:http://ssra.or.kr/bigdata/data.csv

df = data[['성별', '직업', '쇼핑액', '이용만족도', '쿠폰사용회수']]     #컬럼 추출
print(df.head(2))

print('## 쇼핑액 오름차순 정렬 ##')
df1 = df.sort_values(['쇼핑액'], ascending=True)
    #쇼핑액의 오름차순 정렬(ascending=True, 기본값)
print(df1.head(3))

print('## 쇼핑액 내림차순 정렬 ##')
df2 = df.sort_values(by=['쇼핑액'], ascending=False)
    #쇼핑액의 내림차순 정렬(ascending=False)
print(df2.head(3))

          성별   직업    쇼핑액   이용만족도  쿠폰사용회수
고객번호
190105   남자  회사원  195.6    4       3
190106   남자  공무원  116.4    7       6
## 쇼핑액 오름차순 정렬 ##
          성별   직업    쇼핑액   이용만족도  쿠폰사용회수
고객번호
190156   여자  전문직  80.4    3       3
190170   남자  공무원  81.6    6       5
190176   여자  전문직  96.0    5       4
## 쇼핑액 내림차순 정렬 ##
          성별   직업    쇼핑액   이용만족도  쿠폰사용회수
고객번호
190117   남자  회사원  244.8    7       6
190188   여자  자영업  238.8    4       3
190144   여자  전문직  237.6    1       0
```

㉡ 이용만족도 내림차순, 쿠폰사용횟수 오름차순 정렬 결과는 다음과 같다. 여러 항목을 순서대로 지정하여 정렬하고자 하는 경우 옵션 지정 시 리스트 구조를 이용한다.

```
print('## 이용만족도 내림차순, 쿠폰사용회수 오름차순 정렬 ##')
df3 = df.sort_values(['이용만족도', '쿠폰사용회수'], ascending=[False, True])
    #이용만족도 내림차순, 쿠폰사용회수 오름차순
    #(이용만족도가 동일한 경우 쿠폰사용회수의 오름차순 정렬)
print(df3.head(10))
## 이용만족도 내림차순, 쿠폰사용회수 오름차순 정렬 ##
          성별   직업    쇼핑액   이용만족도  쿠폰사용회수
고객번호
190112   남자  자영업  201.6    7       3
190139   여자  회사원  160.8    7       3
190141   여자  회사원  176.4    7       3
190162   여자  회사원  112.8    7       3
190183   남자  회사원  193.2    7       3
190149   남자  자영업  168.0    7       4
190178   남자  자영업  146.4    7       5
190186   여자  회사원  216.0    7       5
190106   남자  공무원  116.4    7       6
190117   남자  회사원  244.8    7       6
```

ⓒ 이용만족도 오름차순, 쿠폰사용횟수 내림차순 정렬 결과는 다음과 같다.

```
print('## 이용만족도 오름차순, 쿠폰사용회수 내림차순 정렬 ##')
df4 = df.sort_values(['이용만족도', '쿠폰사용회수'], ascending=[True, False])
 #이용만족도 오름차순, 쿠폰사용회수 내림차순
 #(이용만족도가 동일한 경우 쿠폰사용회수의 내림차순 정렬)
print(df4.head(10))
## 이용만족도 오름차순, 쿠폰사용회수 내림차순 정렬 ##
       성별   직업    쇼핑액  이용만족도  쿠폰사용회수
고객번호
190144  여자  전문직  237.6      1       0
190169  여자  자영업  147.6      2       2
190192  여자  회사원  216.0      2       1
190113  남자  농어업  111.6      3       4
190184  남자  자영업  195.6      3       4
190122  남자  자영업  170.4      3       3
190156  여자  전문직   80.4      3       3
190161  남자  회사원  160.8      4       6
190175  여자  회사원  184.8      4       6
190107  남자  자영업  183.6      4       5
```

⑦ 데이터프레임의 행 및 열의 값 요약 : 판다스에서 제공하는 함수를 이용하거나 apply() 함수를 이용하여 필요한 결과를 얻을 수 있다.

㉠ apply() 메소드를 이용하여 쇼핑2월 금액이 50 이상, 쇼핑3월 금액이 52 이상인 고객에 대하여 '우수고객'인지 '일반고객'인지를 구분하는 열을 새롭게 추가(df['isvip'])할 수 있다. apply(함수, axis=1(행기반) 또는 0(열기반)) 형식으로 사용한다.

```
from google.colab import drive  #라이브러리 import
drive.mount('/content/drive') #구글 드라이브 연결
import pandas as pd     #판다스 라이브러리 import
import numpy as np      #넘파이 라이브러리 import
data = pd.read_csv('/content/drive/MyDrive/work/data.csv', encoding='euc-kr', index_col=0)
         #분석용 데이터 읽기(절대경로명 사용), 한글 Encoding(euc-kr), 새로운 열 지정하지 않음(index_col=0)
         #데이터 출처:http://ssra.or.kr/bigdata/data.csv

df = data[['쇼핑1월', '쇼핑2월', '쇼핑3월']]

def customer(x):
  if x['쇼핑2월'] >= 50 and x['쇼핑3월'] >= 52:
    return '우수고객'
  else:
    return '일반고객'

df['isvip'] = df.apply(customer, axis=1)
print(df.head())
        쇼핑1월  쇼핑2월  쇼핑3월  isvip
고객번호
190105  76.8   64.8  54.0  우수고객
190106  44.4   32.4  39.6  일반고객
190107  66.0   66.0  51.6  일반고객
190108  62.4   52.8  52.8  우수고객
190109  63.6   54.0  51.6  일반고객
```

ⓒ apply() 메소드를 이용하여 (쇼핑1월, 쇼핑2월, 쇼핑3월) 금액에 대한 고객별 (합계, 평균)을 구한다. 그리고 gap(x) 함수를 별도로 정의하여 apply() 메소드에서 함수를 호출하여 구할 수도 있다. 옵션 지정 시 axis=0은 기본값으로 생략이 가능하다.

```
from google.colab import drive   #라이브러리 import
drive.mount('/content/drive')   #구글 드라이브 연결
import pandas as pd   #판다스 라이브러리 import
import numpy as np   #넘파이 라이브러리 import
data = pd.read_csv('/content/drive/MyDrive/work/data.csv', encoding='euc-kr', index_col=0)
    #분석용 데이터 읽기(절대경로명 사용), 한글 Encoding(euc-kr), 새로운 열 지정하지 않음(index_col=0)
    #데이터 출처:http://ssra.or.kr/bigdata/data.csv

df = data[['쇼핑1월', '쇼핑2월', '쇼핑3월']]
df['sum'] = df.apply(np.sum, axis=1)
df['avg'] = df.apply(np.mean, axis=1)

def gap(x):
  return (x['쇼핑2월']+x['쇼핑3월'])/2
df['(2월, 3월) 평균'] = df.apply(gap, axis=1)
print(df.head())

print('$$$ 열별 합계 $$$')
print(df.apply(np.sum, axis=0))   #axis=0(기본값)으로 생략 가능
print('!!! 열별 평균 !!!')
print(df.apply(np.mean))
```

```
        쇼핑1월  쇼핑2월  쇼핑3월    sum   avg  (2월, 3월) 평균
고객번호
190105  76.8  64.8  54.0  195.6  97.8        59.4
190106  44.4  32.4  39.6  116.4  58.2        36.0
190107  66.0  66.0  51.6  183.6  91.8        58.8
190108  62.4  52.8  52.8  168.0  84.0        52.8
190109  63.6  54.0  51.6  169.2  84.6        52.8
$$$ 열별 합계 $$$
쇼핑1월            5847.6
쇼핑2월            5500.8
쇼핑3월            4329.6
sum            15678.0
avg             7839.0
(2월, 3월) 평균     4915.2
dtype: float64
!!! 열별 평균 !!!
쇼핑1월           64.973333
쇼핑2월           61.120000
쇼핑3월           48.106667
sum           174.200000
avg            87.100000
(2월, 3월) 평균    54.613333
dtype: float64
```

(3) 결측치 처리

① airquality는 1973년 5월에서 9월 사이 뉴욕의 대기질 측정 자료이다. 총 6개의 항목 [Ozone(오존의 양, ppb(parts per billion)], [Solar.R(태양복사광, langley)], [Wind(바람 세기, mph(miles per hour)], [Temp(온도, Fahrenheit)], [Month(측정월)], [Day(측정일)]에 대해 153개의 측정 자료를 가진다. 아래와 같이 info(), describe(), dtypes 출력 결과로부터 기술통계량을 확인한다. df.isnull().sum()[또는 df.isna().sum()]를 이용하여 [Ozone], [Solar.R] 항목에 대한 결측치(NaN, Not a Number)가 각각 37개, 7개가 있음을 알 수 있다.

```
from google.colab import drive   #라이브러리 import
drive.mount('/content/drive')   #구글 드라이브 연결
import pandas as pd
air = pd.read_csv('/content/drive/MyDrive/work/airquality.csv', index_col=0)
        #분석용 데이터 읽기(절대경로명 사용) / 데이터출처: R Datasets
print(air.head())        #첫 5행 출력
print(air.info())        #데이터프레임 기본 정보(항목이름, 데이터타입, 메모리 사용량)
print(air.describe())    #숫자 항목에 대한 기술통계량
print(air.shape)         #데이터프레임 (행, 열)의 개수
print(air.dtypes)        #항목별 데이터타입
print('!! 항목별 결측값의 개수 !!')
print(air.isnull().sum())      #항목별 결측값의 개수(NaN, Not a Number)
print(air.isnull().head())     #첫 5행에 대한 결측값(True) 확인
```

```
   Ozone  Solar.R  Wind  Temp  Month  Day
1   41.0    190.0   7.4    67      5    1
2   36.0    118.0   8.0    72      5    2
3   12.0    149.0  12.6    74      5    3
4   18.0    313.0  11.5    62      5    4
5    NaN      NaN  14.3    56      5    5
<class 'pandas.core.frame.DataFrame'>
Int64Index: 153 entries, 1 to 153
Data columns (total 6 columns):
 #   Column   Non-Null Count  Dtype
---  ------   --------------  -----
 0   Ozone    116 non-null    float64
 1   Solar.R  146 non-null    float64
 2   Wind     153 non-null    float64
 3   Temp     153 non-null    int64
 4   Month    153 non-null    int64
 5   Day      153 non-null    int64
dtypes: float64(3), int64(3)
memory usage: 8.4 KB
None
            Ozone     Solar.R        Wind        Temp       Month         Day
count  116.000000  146.000000  153.000000  153.000000  153.000000  153.000000
mean    42.129310  185.931507    9.957516   77.882353    6.993464   15.803922
std     32.987885   90.058422    3.523001    9.465270    1.416522    8.864520
min      1.000000    7.000000    1.700000   56.000000    5.000000    1.000000
25%     18.000000  115.750000    7.400000   72.000000    6.000000    8.000000
50%     31.500000  205.000000    9.700000   79.000000    7.000000   16.000000
75%     63.250000  258.750000   11.500000   85.000000    8.000000   23.000000
max    168.000000  334.000000   20.700000   97.000000    9.000000   31.000000
(153, 6)
Ozone      float64
Solar.R    float64
Wind       float64
Temp         int64
Month        int64
Day          int64
dtype: object
!! 항목별 결측값의 개수 !!
Ozone      37
Solar.R     7
Wind        0
Temp        0
Month       0
Day         0
dtype: int64
   Ozone  Solar.R   Wind   Temp  Month    Day
1  False    False  False  False  False  False
2  False    False  False  False  False  False
3  False    False  False  False  False  False
4  False    False  False  False  False  False
5   True     True  False  False  False  False
```

② 결측치가 있는 데이터들은 .dropna() 메소드를 이용하여 결측치를 삭제한다. axis=0(기본값 옵션)의 경우 결측치가 있는 행을 삭제하고, axis=1로 지정하는 경우 결측치가 있는 열(Ozone, Solar.R)을 삭제한다. air.dropna() 명령어를 수행하면 결측치가 있는 행(레코드)이 제외(153-111=42개 행 삭제)된 데이터를 얻는다.

```
from google.colab import drive   #라이브러리 import
drive.mount('/content/drive')  #구글 드라이브 연결
import pandas as pd
air = pd.read_csv('/content/drive/MyDrive/work/airquality.csv', index_col=0)
            #분석용 데이터 읽기(절대경로명 사용) / 데이터출처: R Datasets

data = air.dropna()              #axis=0(기본값),결측값 포함 행 삭제
print('$$ 결측값 확인')
print(data.isnull().sum())
print('결측값 제외 후 (행, 열):axis=0(결측값 포함 행 삭제)  ', end=''); print(data.shape)

df1 = air.dropna(axis=1)         #axis=1,결측값 포함 열 삭제
print(data.isnull().sum())
print('결측값 제외 후 (행, 열):axis=0(결측값 포함 열 삭제)  ', end=''); print(df1.shape)


$$ 결측값 확인
Ozone       0
Solar.R     0
Wind        0
Temp        0
Month       0
Day         0
dtype: int64
결측값 제외 후 (행, 열):axis=0(결측값 포함 행 삭제)  (111, 6)
Ozone       0
Solar.R     0
Wind        0
Temp        0
Month       0
Day         0
dtype: int64
결측값 제외 후 (행, 열):axis=0(결측값 포함 열 삭제)  (153, 4)
```

③ 결측치를 다른 값으로 대체(예를 들어 중앙값으로 대체)하는 경우 아래와 같이 결측치를 제외하여 중앙값을 구하고[air.dropna()['Ozone'].median()], .fillna() 메소드를 이용하여 결측치를 중앙값으로 대체한다. Ozone 항목의 결측치 37개가 중앙값(31)으로 대체되어 평균이 감소하였음을 확인할 수 있다.

```
from google.colab import drive   #라이브러리 import
drive.mount('/content/drive')  #구글 드라이브 연결
import pandas as pd
import numpy as np
air = pd.read_csv('/content/drive/MyDrive/work/airquality.csv', index_col=0)
            #분석용 데이터 읽기(절대경로명 사용) / 데이터출처: R Datasets

median = air.dropna()['Ozone'].median()
avg = air.dropna()['Ozone'].mean()
print('결측값을 제외한 Ozone의 중앙값(median):  ', end=''); print(median)
print('결측값을 제외한 Ozone의 평균(mean):  ', end=''); print(avg)
print('Ozone 항목의 결측값 개수:  ', end=''); print(air['Ozone'].isnull().sum())

print('-------------------------------')
air['Ozone'].fillna(median, inplace=True)   #inplace=True: 변경값 데이터프레임 반영
print('결측값을 중앙값으로 대체한 후 Ozone의 중앙값(median):  ', end=''); print(air['Ozone'].median())
print('결측값을 중앙값으로 대체한 후 Ozone의 평균(mean):  ', end=''); print(air['Ozone'].mean())
print('Ozone 항목의 결측값 대체 후 결측값 개수:  ', end=''); print(air['Ozone'].isnull().sum())


결측값을 제외한 Ozone의 중앙값(median):  31.0
결측값을 제외한 Ozone의 평균(mean):  42.0990990990991
Ozone 항목의 결측값 개수: 37
-------------------------------
결측값을 중앙값으로 대체한 후 Ozone의 중앙값(median):  31.0
결측값을 중앙값으로 대체한 후 Ozone의 평균(mean):  39.43790849673203
Ozone 항목의 결측값 대체 후 결측값 개수: 0
```

④ Solar.R 항목의 결측치를 평균(avg=184.81)으로 대체하려는 경우 아래와 같이 수행한다.

```python
from google.colab import drive   #라이브러리 import
drive.mount('/content/drive')   #구글 드라이브 연결
import pandas as pd
import numpy as np
air = pd.read_csv('/content/drive/MyDrive/work/airquality.csv', index_col=0)
     #분석용 데이터 읽기(절대경로명 사용) / 데이터출처: R Datasets

avg = air.dropna()['Solar.R'].mean()
print('결측값을 제외한 Solar.R 의 평균(mean): ', end=''); print(avg)
print('Solar.R 항목의 결측값 개수: ', end=''); print(air['Solar.R'].isnull().sum())

print('--------------------------------')
air['Solar.R'].fillna(avg, inplace=True)   #inplace=True: 변경값 데이터프레임 반영
print('결측값을 평균값으로 대체한 후 Solar.R의 평균(mean): ', end=''); print(air['Solar.R'].mean())
print('Solar.R 항목의 결측값 대체 후 결측값 개수: ', end=''); print(air['Solar.R'].isnull().sum())
```

```
결측값을 제외한 Solar.R 의 평균(mean):  184.80180180180182
Solar.R 항목의 결측값 개수: 7
--------------------------------
결측값을 평균값으로 대체한 후 Solar.R의 평균(mean):  185.87982099746807
Solar.R 항목의 결측값 대체 후 결측값 개수: 0
```

⑤ Ozone 항목에서의 결측치가 제외된 데이터(data)를 이용하여 사분위수[quantile()]를 구하면 다음과 같다. .quantile(0.25)는 1사분위수(하위 25%), .quantile(0.75)는 3사분위수(하위 75%)이고 사분위수 범위[제3사분위수(q3)−제1사분위수(q1), IQR(Interquantile Range)]를 구하기 위해 describe() 기술통계량 값을 이용할 수 있다.

```python
from google.colab import drive   #라이브러리 import
drive.mount('/content/drive')   #구글 드라이브 연결
import pandas as pd
air = pd.read_csv('/content/drive/MyDrive/work/airquality.csv', index_col=0)
     #분석용 데이터 읽기(절대경로명 사용) / 데이터출처: R Datasets
data = air.dropna()
q = data['Ozone'].quantile()    #median(중앙값), 하위 50%
print('Ozone의 2사분위 수(하위 50%, 중앙값): ', end=''); print(q)
q1 = data['Ozone'].quantile(0.25)
print('Ozone의 1사분위 수(하위 25%): ', end=''); print(q1)
q2 = data['Ozone'].quantile(0.5)
print('Ozone의 2사분위 수(하위 50%, 중앙값): ', end=''); print(q2)
q3 = data['Ozone'].quantile(0.75)
print('Ozone의 3사분위 수(하위 75%): ', end=''); print(q3)
iqr = q3 - q1
print('Ozone의 사분위 수 범위(하위 75% - 하위 25%): ', end=''); print(iqr)

print('@@ Ozone의 기술통계량 요약 @@')
print(data['Ozone'].describe())
print('Ozone의 사분위 수 범위(하위 75% - 하위 25%)/describe()이용: ', end='')
print(data['Ozone'].describe()['75%'] - data['Ozone'].describe()['25%'])
```

```
Ozone의 2사분위 수(하위 50%, 중앙값):  31.0
Ozone의 1사분위 수(하위 25%):  18.0
Ozone의 2사분위 수(하위 50%, 중앙값):  31.0
Ozone의 3사분위 수(하위 75%):  62.0
Ozone의 사분위 수 범위(하위 75% - 하위 25%):  44.0
@@ Ozone의 기술통계량 요약 @@
count    111.000000
mean      42.099099
std       33.275969
min        1.000000
25%       18.000000
50%       31.000000
75%       62.000000
max      168.000000
Name: Ozone, dtype: float64
Ozone의 사분위 수 범위(하위 75% - 하위 25%)/describe()이용:  44.0
```

⑥ 사분위수 범위(iqr)를 이용하여 두 경계값(r1=평균-0.5*iqr=19.5, r2=평균+0.5*iqr=64.8)을 구한다. Ozone 항목이 r1 이하이거나 r2 이상인 값을 cond(논리 데이터 형식)에 저장하고 이들의 개수를 data[cond].sum()으로 구하면 총 60개이다. 조건을 만족하는 Ozone 값의 합계=2,895, 평균=48.25이다. 임계값(r1 이하, r2 이상)에 해당되는 Solar.R의 평균은 171.65이다. Ozone 항목의 결측치만 제외하고자 하는 경우 dropna() 함수에서 subset=['Ozone'] 옵션을 지정한다.

```
from google.colab import drive   #라이브러리 import
drive.mount('/content/drive')    #구글 드라이브 연결
import pandas as pd
air = pd.read_csv('/content/drive/MyDrive/work/airquality.csv', index_col=0)
      #분석용 데이터 읽기(절대경로명 사용) / 데이터출처: R Datasets
data = air.dropna(subset=['Ozone'])    #Ozone항목의 결측값 제거
print(data.describe())
iqr = data['Ozone'].describe()['75%'] - data['Ozone'].describe()['25%']  #사분위수 범위
print('사분위 수 범위: ', end=''); print(iqr)
r1 = data['Ozone'].mean() - 0.5*iqr   #하한값
r2 = data['Ozone'].mean() + 0.5*iqr   #상한값
print('평균-사분위수범위(하한 경계값): ', end=''); print(r1)
print('평균+사분위수범위(상한 경계값): ', end=''); print(r2)

cond = (data['Ozone'] <= r1) | (data['Ozone'] >= r2)
   #조건식, 조건을 만족하는 경우 True, 만족하지 않으면 False

print('조건을 만족하는 행(Ozone 항목)의 개수: ', end=''); print(sum(cond))
print('조건을 만족하는 각 컬럼 값의 합')
print(data[cond].sum())

print('-----------------------------')
print('조건을 만족하는 각 컬럼 값의 평균')
print(data[cond].mean())
print('조건을 만족하는 Solar.R의 평균: ', end=''); print(data[cond]['Solar.R'].mean())
```

```
              Ozone      Solar.R       Wind        Temp       Month         Day
count    116.000000   111.000000  116.000000  116.000000  116.000000  116.000000
mean      42.129310   184.801802    9.862069   77.870690    7.198276   15.534483
std       32.987885    91.152302    3.574856    9.485486    1.475715    8.750087
min        1.000000     7.000000    2.300000   57.000000    5.000000    1.000000
25%       18.000000   113.500000    7.400000   71.000000    6.000000    8.000000
50%       31.500000   207.000000    9.700000   79.000000    7.000000   16.000000
75%       63.250000   255.500000   11.500000   85.000000    8.250000   22.000000
max      168.000000   334.000000   20.700000   97.000000    9.000000   31.000000
사분위 수 범위: 45.25
평균-사분위수범위(하한 경계값): 19.504310344827587
평균+사분위수범위(상한 경계값): 64.75431034482759
조건을 만족하는 행(Ozone 항목)의 개수: 60
조건을 만족하는 각 컬럼 값의 합
Ozone       2895.0
Solar.R     9784.0
Wind         568.7
Temp        4691.0
Month        428.0
Day          931.0
dtype: float64
-----------------------------
조건을 만족하는 각 컬럼 값의 평균
Ozone        48.250000
Solar.R     171.649123
Wind          9.478333
Temp         78.183333
Month         7.133333
Day          15.516667
dtype: float64
조건을 만족하는 Solar.R의 평균: 171.64912280701753
```

(4) 데이터 변환

① 데이터 분석 수행 전, 데이터 변환 작업을 수행한다. 대표적으로 최소-최대 정규화 변환[Min-Max Normalization$=(x-\min(x))/(\max(x)-\min(x))$] 작업 수행 결과(람다 표현식, lambda x 이용)는 다음과 같다. 그리고 sklearn.preprocessing 모듈에서 제공하는 MinMaxScaler() 함수를 이용하여 데이터 전처리를 수행하기도 한다.

```python
from google.colab import drive  #라이브러리 import
drive.mount('/content/drive')  #구글 드라이브 연결
import pandas as pd
from sklearn.preprocessing import MinMaxScaler  #MinMax(최소-최대 정규화) 전처리 모듈

air = pd.read_csv('/content/drive/MyDrive/work/airquality.csv', index_col=0)
            #분석용 데이터 읽기(절대경로명 사용) / 데이터출처: R Datasets
data = air.dropna()  #결측값 제거
print(data.describe())

print('@@ lambda 람다식 이용 @@')
scale = lambda x: (x-x.min(axis=0))/(x.max(axis=0)-x.min(axis=0))
data['Ozone'] = scale(data['Ozone'])
print(data.head())

print('--- sklearn 모듈(MinMaxScaler) 이용 ---')
df = air.dropna()
scaler = MinMaxScaler()  #모듈 호출
dfnew = scaler.fit_transform(df)  #변환값 계산 및 저장
print(dfnew[:5])  #변환값 첫 5행 출력(배열)
df['Ozone_scaled'] = dfnew[:,0]  #변환값 데이터프레임에 저장
print(df.head())  #첫 5행 출력
```

```
              Ozone     Solar.R        Wind        Temp       Month         Day
count    111.000000  111.000000  111.000000  111.000000  111.000000  111.000000
mean      42.099099  184.801802    9.939640   77.792793    7.216216   15.945946
std       33.275969   91.152302    3.557713    9.529969    1.473434    8.707194
min        1.000000    7.000000    2.300000   57.000000    5.000000    1.000000
25%       18.000000  113.500000    7.400000   71.000000    6.000000    9.000000
50%       31.000000  207.000000    9.700000   79.000000    7.000000   16.000000
75%       62.000000  255.500000   11.500000   84.500000    9.000000   22.500000
max      168.000000  334.000000   20.700000   97.000000    9.000000   31.000000
@@ lambda 람다식 이용 @@
      Ozone  Solar.R  Wind  Temp  Month  Day
1  0.239521    190.0   7.4    67      5    1
2  0.209581    118.0   8.0    72      5    2
3  0.065868    149.0  12.6    74      5    3
4  0.101796    313.0  11.5    62      5    4
7  0.131737    299.0   8.6    65      5    7
--- sklearn 모듈(MinMaxScaler) 이용 ---
[[0.23952096 0.55963303 0.27717391 0.25      0.         0.         ]
 [0.20958084 0.33944954 0.30978261 0.375     0.         0.03333333]
 [0.06586826 0.43425076 0.55978261 0.425     0.         0.06666667]
 [0.10179641 0.93577982 0.5        0.125     0.         0.1       ]
 [0.13173653 0.89296636 0.3423913  0.2       0.         0.2       ]]
   Ozone  Solar.R  Wind  Temp  Month  Day  Ozone_scaled
1   41.0    190.0   7.4    67      5    1      0.239521
2   36.0    118.0   8.0    72      5    2      0.209581
3   12.0    149.0  12.6    74      5    3      0.065868
4   18.0    313.0  11.5    62      5    4      0.101796
7   23.0    299.0   8.6    65      5    7      0.131737
```

② Ozone에 대한 Z-score 변환[Z-점수 변환=$(x-\text{mean}(x))/\text{sd}(x)=(x-평균)/표준편차$] 결과는 다음과 같다. Z-score 변환 후, 평균값 이상인 경우 양수, 평균값보다 작은 경우 음수값을 가지며, 평균=0, 표준편차=1인 정규분포에 근사하도록 값을 변환한다.

```python
from google.colab import drive    #라이브러리 import
drive.mount('/content/drive')     #구글 드라이브 연결
import pandas as pd
from sklearn.preprocessing import StandardScaler   #Z-score정규화 모듈

air = pd.read_csv('/content/drive/MyDrive/work/airquality.csv', index_col=0)
      #분석용 데이터 읽기(절대경로명 사용) / 데이터출처: R Datasets
data = air.dropna()    #결측값 제거

print('## 람다식 이용 ##')
zscale = lambda x: (x-x.mean())/ x.std()  #axis = 0(기본값) 생략 가능
data['Ozone'] = zscale(data['Ozone'])
print(data.head())

print('%% sklearn 모듈 이용, StandardScaler() %%')
df = air.dropna()
zscaler = StandardScaler()               #StandardScaler() 객체 생성
dfnew = zscaler.fit_transform(df)        #Z-score 변환
print(dfnew[:5])                          #첫 5행 출력(배열)
df['Ozone_zscaled'] = dfnew[:,0]         #Z-score 변환값 컬럼 생성
print(df.head())
print('Z-score 변환 후 평균값: ', end=''); print(df['Ozone_zscaled'].mean())
print('Z-score 변환 후 표준편차: ', end=''); print(df['Ozone_zscaled'].std())
```

```
## 람다식 이용 ##
      Ozone  Solar.R  Wind  Temp  Month  Day
1  -0.033030    190.0   7.4    67      5    1
2  -0.183288    118.0   8.0    72      5    2
3  -0.904530    149.0  12.6    74      5    3
4  -0.724219    313.0  11.5    62      5    4
7  -0.573961    299.0   8.6    65      5    7
%% sklearn 모듈 이용, StandardScaler() %%
[[-0.03317961  0.05728624 -0.71707784 -1.13764691 -1.51093794 -1.72429003]
 [-0.18411965 -0.73618283 -0.54766534 -0.61060682 -1.51093794 -1.60892161]
 [-0.90863181 -0.39455031  0.75116384 -0.39979078 -1.51093794 -1.4935532 ]
 [-0.72750377  1.4127959   0.44057426 -1.66468701 -1.51093794 -1.37818479]
 [-0.57656373  1.25851025 -0.37825284 -1.34846295 -1.51093794 -1.03207956]]
   Ozone  Solar.R  Wind  Temp  Month  Day  Ozone_zscaled
1   41.0    190.0   7.4    67      5    1      -0.033180
2   36.0    118.0   8.0    72      5    2      -0.184120
3   12.0    149.0  12.6    74      5    3      -0.908632
4   18.0    313.0  11.5    62      5    4      -0.727504
7   23.0    299.0   8.6    65      5    7      -0.576564
Z-score 변환 후 평균값:  -1.6003214769371626e-17
Z-score 변환 후 표준편차:  1.0045351706590016
```

3 데이터프레임 분석

(1) 데이터프레임 정의 및 인덱싱

① 데이터 분석을 위해 주로 데이터프레임 구조를 사용하게 된다. 아래와 같이 판다스 모듈에서 제공되는 데이터프레임 구조에서는 열을 추출하기 위해 df['열이름'] 또는 df.열이름을 사용한다. 그리고 행을 추출하기 위해서는 df.loc['인덱스이름'] 또는 df.iloc[행번호][열번호]를 이용한다. 특정 (행, 열)에 해당되는 셀 값을 참조하기 위해서는 df.loc['인덱스이름']['열이름'] 또는 df.iloc[행번호][열번호]를 이용한다. 여기서 데이터프레임의 인덱스 이름은 df.index, 열이름은 df.columns로 확인한다.

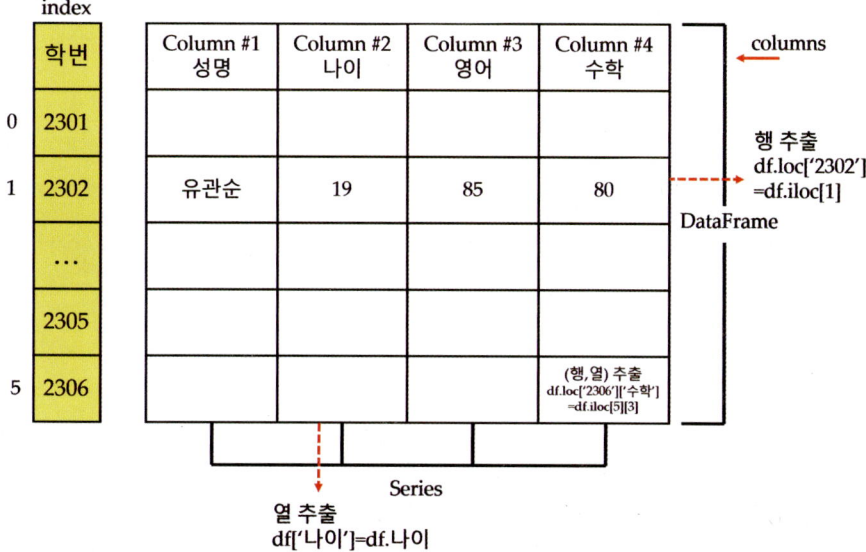

② 예를 들어 아래 데이터프레임 구조에서 열, 행, 특정 셀의 값을 출력한다.

```python
import pandas as pd    #판다스 라이브러리 import
data = pd.DataFrame({'학번': ['2301', '2302', '2303', '2304', '2305', '2306'],
                     '성명': ['홍길동', '유관순', '이순신', '이성계', '장유진', '임영미'],
                     '나이': [27, 19, 35, 34, 22, None],
                     '영어': [70, 85, 75, None ,89, 57],
                     '수학': [80, 80, 90, 80, None, 88]})   #데이터프레임 생성, None: 결측값
print('*****데이터프레임 인덱스 열="학번"으로 지정*****')
df = data.set_index('학번')
print(df)
print('index 이름: ', end=''); print(df.index)
print('columns 이름: ', end=''); print(df.columns)

print('^^^ 행 추출 ^^^')
print(df.loc['2302'])
print(df.iloc[1])

print('### 열 추출 ###')
print(df['나이'])
print(df.나이)

print('@@@ (행,열) 추출 @@@')
print(df.loc['2306']['수학'])
print(df.iloc[5][3])
```

```
*****데이터프레임 인덱스 열="학번"으로 지정*****
          성명    나이   영어   수학
학번
2301    홍길동   27.0   70.0   80.0
2302    유관순   19.0   85.0   80.0
2303    이순신   35.0   75.0   90.0
2304    이성계   34.0    NaN   80.0
2305    장유진   22.0   89.0    NaN
2306    임영미    NaN   57.0   88.0
index 이름: Index(['2301', '2302', '2303', '2304', '2305', '2306'], dtype='object', name='학번')
columns 이름: Index(['성명', '나이', '영어', '수학'], dtype='object')
^^^ 행 추출 ^^^
성명    유관순
나이    19.0
영어    85.0
수학    80.0
Name: 2302, dtype: object
성명    유관순
나이    19.0
영어    85.0
수학    80.0
Name: 2302, dtype: object
### 열 추출 ###
학번
2301    27.0
2302    19.0
2303    35.0
2304    34.0
2305    22.0
2306     NaN
Name: 나이, dtype: float64
학번
2301    27.0
2302    19.0
2303    35.0
2304    34.0
2305    22.0
2306     NaN
Name: 나이, dtype: float64
@@@ (행,열) 추출 @@@
88.0
88.0
```

③ 데이터프레임의 수직 결합은 pd.concat([ ], axis=1)을 이용하며, merge() 메소드를 이용하여 인덱스 값(학번)이 동일한 데이터프레임을 수직으로 결합할 수도 있다. 데이터값을 확인하기 위해 .isin() 함수를 이용한다. 해당 열(성명)에서 찾고자 하는 값이 있는 경우 그 값을 출력한다.

```python
import pandas as pd    #판다스 라이브러리 import
data = pd.DataFrame({'학번': ['2301', '2302', '2303', '2304', '2305', '2306'],
                     '성명': ['홍길동', '유관순', '이순신', '이성계', '장유진', '임영미'],
                     '나이': [27, 19, 35, 34, 22, None],
                     '영어': [70, 85, 75, None, 89, 57],
                     '수학': [80, 80, 90, 80, None, 88]})   #데이터프레임 생성, None: 결측값
df = data.set_index('학번')

df1 = df[['성명', '나이']]
print(df1.head(2))
df2 = df[['영어', '수학']]
print(df2.head(2))
print('------ concat() 메소드 이용 -----------')
dfconcat = pd.concat([df1, df2], axis=1)
print(dfconcat)

print('### merge() 메소드 이용 ###')
dfmerge = pd.merge(df1, df2, on='학번')
print(dfmerge)

print('&& isin() 함수 사용 예 &&')
result = dfmerge[dfmerge['성명'].isin(['장유진'])]
print(result)
result1 = dfmerge[dfmerge['성명'].isin(['장유진', '임영미'])]
print(result1)
```

```
        성명    나이
학번
2301  홍길동   27.0
2302  유관순   19.0
      영어    수학
학번
2301  70.0   80.0
2302  85.0   80.0
------- concat() 메소드 이용 -------
        성명    나이    영어    수학
학번
2301  홍길동   27.0   70.0   80.0
2302  유관순   19.0   85.0   80.0
2303  이순신   35.0   75.0   90.0
2304  이성계   34.0   NaN    80.0
2305  장유진   22.0   89.0   NaN
2306  임영미   NaN    57.0   88.0

### merge() 메소드 이용 ###
        성명    나이    영어    수학
학번
2301  홍길동   27.0   70.0   80.0
2302  유관순   19.0   85.0   80.0
2303  이순신   35.0   75.0   90.0
2304  이성계   34.0   NaN    80.0
2305  장유진   22.0   89.0   NaN
2306  임영미   NaN    57.0   88.0
&& isin() 함수 사용 예 &&
        성명    나이    영어    수학
학번
2305  장유진   22.0   89.0   NaN
        성명    나이    영어    수학
학번
2305  장유진   22.0   89.0   NaN
2306  임영미   NaN    57.0   88.0
```

④ 반복문(for 등)을 사용하여 데이터프레임의 값을 참조하고자 하는 경우 (행, 열)의 (이름, 위치번호)를 이용한다.

행 방향 순회	• 행 이름(인덱스 이름) : df.iterrows() • 행 위치번호(행의 개수) : df.shape[0]
열 방향 순회	• 열 이름 : df.columns • 열 위치번호(열의 개수) : df.shape[1]

```python
import pandas as pd      #판다스 라이브러리 import
data = pd.DataFrame({'학번': ['2301', '2302', '2303'],
                     '성명': ['홍길동', '장유진', '임영미'],
                     '나이': [27, 19, 35],
                     '영어': [70, 85, 75],
                     '수학': [80, 80, 90]})   #데이터프레임 생성
df = data.set_index('학번')
print(df.iterrows())
print('@@@ 행(row) 방향으로 순회하기(행 인덱스 이름 사용), iterrows() 메소드 ) @@@')

sumeng = 0
for index, row in df.iterrows():        #index: 인덱스 이름, row: 열이름 참조
    sumeng += row['영어']
    print(index, row['성명'], row['영어'])
print('영어점수 합계: ', end=''); print(sumeng)
print('!!! 행(row) 방향으로 순회하기(행 위치번호 사용), df.shape[0]:행의 개수) !!!')
summath = 0
for i in range(0, df.shape[0]):         #0부터 전체 행까지 순회
    index = df.index[i]     #인덱스=i의 이름
    summath += df.iloc[i][3]
    print(index, df.loc[index]['성명'], df.loc[index]['수학'])
print('수학점수 합계: ', end=''); print(summath)
print('*** 열(column) 방향으로 순회하기(열 이름 사용), df.columns: 열이름 ***')
sumhap = 0
for col in df.columns:          #0부터 전체 행까지 순회
    if col == '영어' or col == '수학':
        sumhap += df[col]
print('학번별 (영어+수학) 점수 합계: '); print(sumhap)
print('^^^ 열(column) 방향으로 순회하기(열 위치번호 사용), df.shape[1]: 열의 개수 ^^^')
sumhap = 0
for i in range(0, df.shape[1]):         #0부터 전체 열까지 순회
    col = df.columns[i]     #인덱스=i 열이름
    if col == '영어' or col == '수학':
        sumhap += df.iloc[:, i]
print('학번별 (영어+수학) 점수 합계: '); print(sumhap)
```

```
@@@ 행(row) 방향으로 순회하기(행 인덱스 이름 사용), iterrows() 메소드 ) @@@
2301 홍길동 70
2302 장유진 85
2303 임영미 75
영어점수 합계: 230
!!! 행(row) 방향으로 순회하기(행 위치번호 사용), df.shape[0]:행의 개수) !!!
2301 홍길동 80
2302 장유진 80
2303 임영미 90
수학점수 합계: 250
%%% 열(column) 방향으로 순회하기(열 이름 사용), df.columns: 열이름 %%%
학번별 (영어+수학) 점수 합계:
학번
2301    150
2302    165
2303    165
Name: 영어, dtype: int64
^^^ 열(column) 방향으로 순회하기(열 위치번호 사용), df.shape[1]: 열의 개수 ^^^
학번별 (영어+수학) 점수 합계:
학번
2301    150
2302    165
2303    165
Name: 영어, dtype: int64
```

(2) 데이터프레임 행 및 열(Series) 참조

① 그 외에도 판다스에서는 itertuples()(Tuple, 행 순회), zip() 메소드를 이용한 다양한 데이터프레임 참조 방법을 제공한다. 특정한 하나의 열(df.['열이름'])이나 행(df.iloc['행인덱스번호'])에 대해서도 반복하여 참조할 수 있다.

```python
import pandas as pd    #판다스 라이브러리 import
data = pd.DataFrame({'학번': ['2301', '2302', '2303'],
                     '성명': ['홍길동', '장유진', '임영미'],
                     '나이': [27, 19, 35],
                     '영어': [70, 85, 75],
                     '수학': [80, 80, 90]})    #데이터프레임 생성
df = data.set_index('학번')
print('### itertuples() 메소드 이용 데이터프레임 참조, 행(tuple)별 순회 ###')
for item in df.itertuples():
  for i in range(len(item)):
    print(item[i])
  print('--- next ---')

print('$$$ 특정 열 순회, 열이름 참조 $$$')
for item in df['성명']:
  print(item)
print('***')

print('$$$ 특정 행 순회, 행번호 참조 $$$')
for item in df.iloc[1]:
  print(item)

print('$$$ 특정 열 순회, zip(열이름) 참조 $$$')
for item1, item2 in zip(df['성명'], df['나이']):
  print(item1, item2)

print('$$$ 특정 열 순회, zip(열이름, 행번호) 참조 $$$')
for item1, item2 in zip(df['성명'], df.iloc[2]):
  print(item1, item2)
```

```
### itertuples() 메소드 이용 데이터프레임 참조, 행(tuple)별 순회 ###
2301
홍길동
27
70
80
--- next ---
2302
장유진
19
85
80
--- next ---
2303
임영미
35
75
90
--- next ---
$$$ 특정 열 순회, 열이름 참조 $$$
홍길동
장유진
임영미
***
$$$ 특정 행 순회, 행번호 참조 $$$
장유진
19
85
80
$$$ 특정 열 순회, zip(열이름) 참조 $$$
홍길동 27
장유진 19
임영미 35
$$$ 특정 열 순회, zip(열이름, 행번호) 참조 $$$
홍길동 임영미
장유진 35
임영미 75
```

② **Series 열 데이터 추출 및 병합** : 데이터프레임에서 추출된 열의 데이터는 판다스 Series 데이터로 저장된다. Series 타입의 데이터는 dfseries['인덱스이름'] 또는 dfseries['행번호']로 참조한다. 두 개의 서로 다른 Series 데이터는 pd.concat()로 병합(axis=1 옵션 지정으로 좌우 병합)할 수 있으며, 병합된 데이터들은 데이터프레임 구조로 저장된다.

```python
import pandas as pd          #판다스 라이브러리 import
data = pd.DataFrame({'학번': ['2301', '2302', '2303'],
                     '성명': ['홍길동', '장유진', '임영미'],
                     '나이': [27, 19, 35],
                     '영어': [70, 85, 75],
                     '수학': [80, 80, 90]})   #데이터프레임 생성
df = data.set_index('학번')    #index='학번'열로 지정
dfseries1 = df['성명']         #'성명'열 series 데이터
print(dfseries1)              #Series 데이터 출력
print(type(dfseries1))        #type=Series(pandas) 확인
print(dfseries1.index)        #index 출력
print(dfseries1['2302'])      #인덱스 값으로 참조(=dfseries[1])
print(dfseries1[2])           #인덱스 번호로 참조

print('---------------')
dfseries2 = df['수학']         #'수학' Series 데이터
dftotal = pd.concat([dfseries1, dfseries2], axis=1)  #두개의 Series 데이터 합치기(axis=1: 좌+우)
print(dftotal)                #합친 Series 데이터 출력
print(type(dftotal))          #데이터프레임 구조로 자동 변환
```

```
학번
2301    홍길동
2302    장유진
2303    임영미
Name: 성명, dtype: object
<class 'pandas.core.series.Series'>
Index(['2301', '2302', '2303'], dtype='object', name='학번')
장유진
임영미
-----------------
        성명  수학
학번
2301    홍길동  80
2302    장유진  80
2303    임영미  90
<class 'pandas.core.frame.DataFrame'>
```

③ **Series 행 데이터 추출 및 병합** : 데이터프레임에서 추출된 행 데이터도 판다스 Series 데이터로 저장된다. 동일한 방법으로 Series 타입의 데이터는 dfseries['인덱스이름'] 또는 dfseries['행번호']로 참조한다. 두 개의 서로 다른 Series 데이터는 pd.concat()로 병합(axis=1 옵션 지정으로 좌우 병합 후 .transpose() 또는 .T로 행과 열을 바꾸기)할 수 있으며, 병합된 데이터들은 데이터프레임 구조로 저장된다.

```python
import pandas as pd          #판다스 라이브러리 import
data = pd.DataFrame({'학번': ['2301', '2302', '2303'],
                     '성명': ['홍길동', '장유진', '임영미'],
                     '나이': [27, 19, 35],
                     '영어': [70, 85, 75],
                     '수학': [80, 80, 90]})   #데이터프레임 생성
df = data.set_index('학번')    #index='학번'열로 지정

dfrow1 = df.loc['2302']        #학번=2302인 행 추출
print(dfrow1)                  #학번=2302인 데이터 출력
print(type(dfrow1))            #데이터 타입(Series) 확인
print(dfrow1.index)            #index 출력
print(dfrow1['나이'])           #index 이름으로 참조(=dfrow1[1])
print(dfrow1[3])               #행 번호로 참조(dfrow1['수학'])

print('&&&&&&&&&&&&&&&&&&')
dfrow2 = df.loc['2303']        #학번=2302 행 추출
dfrowtotal = pd.concat([dfrow1, dfrow2], axis=1).transpose()
   #Series 데이터 합치기
   #transpose(): 행, 열 바꾸기 (또는 pd.concat([dfrow1, dfrow2], axis=1).T)
dfrowtotal.index.name = '학번'   #인덱스 이름='학번' 지정
print(dfrowtotal)              #데이터프레임 출력
print(dfrowtotal.index)        #데이터프레임 인덱스 출력
print(type(dfrowtotal))        #데이터프레임 확인
```

```
성명    장유진
나이     19
영어     85
수학     80
Name: 2302, dtype: object
<class 'pandas.core.series.Series'>
Index(['성명', '나이', '영어', '수학'], dtype='object')
19
80
&&&&&&&&&&&&&&&&&&
        성명  나이  영어  수학
학번
2302   장유진  19  85  80
2303   임영미  35  75  90
Index(['2302', '2303'], dtype='object', name='학번')
<class 'pandas.core.frame.DataFrame'>
```

④ groupby() 함수를 이용하여 항목의 특성별로 집계(평균, 분산, 표준편차 등)가 가능하다. 아래 예제에서는 성별에 따른 소득의 값들에 대한 평균, 분산, 표준편차의 값이다.

```python
from google.colab import drive   #라이브러리 import
drive.mount('/content/drive')   #구글 드라이브 연결
import pandas as pd   #판다스 라이브러리 import

data = pd.read_csv('/content/drive/MyDrive/work/data.csv', encoding='euc-kr', index_col=0)
         #분석용 데이터 읽기(절대경로명 사용), 한글 Encoding(euc-kr), 새로운 열 지정하지 않음(index_col=0)

print('%%% 성별에 따른 항목별 평균 %%%')
print(data.groupby('성별').mean())

print('--------성별에 따른 소득의 평균----------------')
print(data.groupby('성별')['소득'].mean())

print('--------성별에 따른 소득의 분산----------------')
print(data.groupby('성별')['소득'].var())

print('--------성별에 따른 소득의 표준편차--------------')
print(data.groupby('성별')['소득'].std())

print('--------성별에 따른 소득의 (평균, 표준편차)/agg() 이용 ----------')
print(data.groupby('성별')['소득'].agg(['mean', 'std']))
```

```
%%% 성별에 따른 항목별 평균 %%%
         쇼핑액      이용만족도    쇼핑1월     쇼핑2월     쇼핑3월     쿠폰사용회수    품질 ₩
성별
남자   177.141818  5.218182  66.021818  60.763636  50.356364  4.327273  5.509091
여자   169.577143  5.342857  63.325714  61.680000  44.571429  4.200000  5.285714

           가격      서비스       배송     쇼핑만족도      소득
성별
남자   4.690909  4.836364  4.381818  5.327273  5159.090909
여자   4.828571  5.000000  4.571429  5.200000  5270.000000
--------성별에 따른 소득의 평균----------------
성별
남자   5159.090909
여자   5270.000000
Name: 소득, dtype: float64
--------성별에 따른 소득의 분산----------------
성별
남자   3.932231e+06
여자   2.877382e+06
Name: 소득, dtype: float64
--------성별에 따른 소득의 표준편차--------------
성별
남자   1982.985285
여자   1696.284868
Name: 소득, dtype: float64
--------성별에 따른 소득의 (평균, 표준편차)/agg() 이용 ----------
           mean         std
성별
남자   5159.090909  1982.985285
여자   5270.000000  1696.284868
```

제2장 기술통계 분석

1 기술통계와 빈도분석

(1) 기술통계의 이해

① 기술통계 분석을 위해 파이썬 내장함수, numpy, pandas 모듈을 이용한다.
② 기술통계(Descriptive Statistics)란, 수집 자료에 대한 정리, 표현, 요약, 해석 등을 통해 자료의 특성을 규명하는 통계기법이며, 수집된 데이터를 이용하여 의미 있는 현상을 기술하거나 설명하는 것을 주요 목적으로 한다.
③ 특정한 조사와 방법을 이용하여 구한 기술통계량(또는 기술통계값)은 조사의 결과물로 활용된다.
④ 그리고 다양한 자료분석 기법인 탐색적 자료분석(EDA ; Exploratory Data Analysis)을 수행하기 위한 기법으로도 활용된다.
⑤ 자료의 특성을 기술하거나 설명하기 위한 주요 기술통계 기법은 빈도분석, 기술분석, 교차분석, 다차원척도법 등이 있으며, 최근 빅데이터에 대한 효과적인 기술분석을 위하여 그룹분석과 탐색적 자료분석 도구들이 많이 활용된다. 주요 기술통계 기법을 요약하면 다음과 같다.

〈기술통계 기법〉

구 분	주요 특징
빈도분석 (Frequency Analysis)	• 범주형 자료(성별, 연령대 등)의 분포적 특성 파악 • 한 개의 변수에 대한 빈도 측정 • 빈도표 작성(막대 그래프, 파이 차트, 히스토그램 등) • 자료의 분포 현황을 파악하여 분포적 특성을 찾아냄
기술분석 (Descriptive Analysis)	• 연속형 자료(소득, 생활비 등)의 주요 특성값 파악 • 자료의 개략적 특성을 쉽게 파악할 수 있도록 묘사 • 수집된 자료의 중심 경향성(평균, 중앙값, 최빈값 등) 파악 • 수집된 자료의 변동성(범위, 사분위편차, 분산, 표준편차 등) 파악
교차분석 (Cross Tabulation Analysis)	• 범주형 자료인 두 개 이상의 변수에 대해 교차되는 빈도를 표로 나타냄 • 두 개의 변수를 교차한 자료에 대한 빈도 측정
다차원척도법 [Multi-Dimensional Scaling(MDS)]	• 자료들 사이 근접성을 시각화하여 자료 속에 잠재해 있는 패턴이나 구조 분석 • 자료들 사이 유사성(또는 비유사성) 측정 • 유사성(또는 비유사성)을 2차원 또는 3차원 공간상의 점으로 표현
그룹분석 (Group Analysis)	• 범주형 자료별로 그룹 함수를 적용한 분석 방법 • 자료를 집단별로 나누어 그룹 함수 적용 • 그룹별 빈도와 함께 그룹별 특정 값에 대한 합계, 평균, 표준편차 등 분석
탐색적 자료분석 [Exploratory Data Analysis(EDA)]	• 박스플롯, 산포도, 히스토그램 등과 같은 도구를 이용한 탐색적 분석 기법 • 수집된 자료만으로도 충분한 정보를 제공할 수 있음

(2) 빈도분석

① 자료의 특정 변수에 대하여 차지하는 측정값들의 수량 즉, 빈도와 비율을 산출한다.
② 예를 들어 투표에 참여한 유권자들에 대한 빈도분석은 성별, 연령, 출신 지역 등의 특정 변수들에 대하여 남녀의 수는 몇 명이고, (20대, 30대, 40대, 50대, 60대 이상)의 연령대의 수와 비율은 얼마이며, 출신 지역별 인원수는 몇 명인지 등 빈도와 비율을 분석한다.
③ 빈도분석은 가장 기초적인 기술통계 분석 기법으로서 자료의 전체적인 분포를 이해하는 데 도움을 주는 분포적 특성 정보를 제공한다.
④ 일반적으로 범주형 변수에 대하여 실행하며, 범주형 변수에 대한 빈도표(Frequency Table, 또는 빈도분석표)를 작성하고, 막대 그래프, 파이 차트, 히스토그램 등과 같은 시각화 도구를 이용하여 표현한다.
⑤ 빈도분석을 통해 자료 분포 현황을 파악하고 분포적 특성을 이해한다.
⑥ 빈도표에는 해당 분석변수의 항목별 빈도(Frequency), 상대 비율(Relative Percentage, 퍼센트 또는 유효 퍼센트), 누적 비율(Cumulative Percentage)을 함께 나타내기도 한다.
⑦ 설문 응답자들에 대한 응답자 전공의 빈도분석표와 막대 그래프를 나타내면 다음과 같다.

〈빈도분석표와 막대 그래프 예시〉

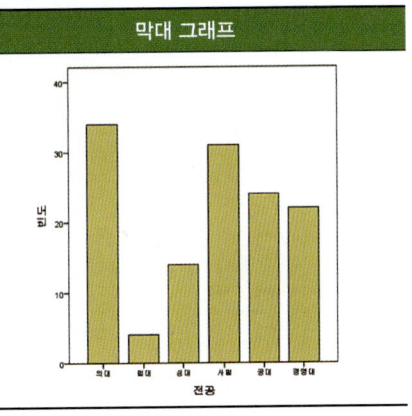

⑧ 아래 중고차정보(/content/drive/MyDrive/work/usedcars.csv) 파일을 이용(총 70개 중고차에 대한 차량명, 연식, 연료, 주행거리, 가격, 제조사 데이터)하여 범주형 자료인 연료(fuel : 가솔린, 디젤)와 제조사(maker)에 대한 빈도분석을 수행한다.

㉠ 작업 파일(usedcars.csv)이 저장된 구글 드라이브 폴더(/content/drive/MyDrive/work/usedcars.csv)를 지정하고 판다스 모듈의 pd.read_csv()로 usedcars.csv를 데이터프레임으로 저장(df)한다. maker(자동차 제조사)와 fuel(자동차 연료) 범주형 자료에 대한 빈도분석을 수행하기 위해 전체 데이터들 중 (maker, fuel)에 대한 데이터를 별도의 데이터프레임으로 저장(dfnew)한다. 판다스에서 제공하는 함수와 속성 기능을 이용하여 데이터프레임에 대한 정보를 확인한다.

```
from google.colab import drive     #라이브러리 import
drive.mount('/content/drive')  #구글 드라이브 연결
import pandas as pd     #판다스 라이브러리 import
df = pd.read_csv('/content/drive/MyDrive/work/usedcars.csv', encoding='euc-kr', header=0, index_col=0)
 #분석용 데이터 읽기(절대경로명 사용), 한글 Encoding(euc-kr), 첫줄은 컬럼 이름(header=0), 새로운 열 지정하지 않음(index_col=0)

print(df.head())    #첫 5행 출력
print('--maker(제조사), fuel(연료구분(가솔린, 디젤)) 열 추출--')
dfnew = df[['maker', 'fuel']]     #(maker, fuel) 컬럼 추출
print('첫 5행: '); print(dfnew.head())   #첫 5행 출력
print('끝에서 5행: '); print(dfnew.tail())   #끝에서 5행 출력
print('변수 속성: '); print(dfnew.info())   #변수 속성
print('데이터의 (행,열)의 크기: '); print(dfnew.shape)  #(행, 열)의 개수
print('데이터 프레임 인덱스: '); print(dfnew.index)   #데이터프레임 인덱스
print('데이터프레임의 컬럼명: '); print(dfnew.columns)   #데이터프레임의 컬럼 이름
print('컬럼의 속성: ');print(dfnew.dtypes)   #데이터프레임 컬럼의 자료 속성
dfsort = dfnew.sort_values(['maker'], ascending=True)  #maker(제조사) 오름차순(ascending=True) 정렬
print('컬럼의 속성: maker(제조사) 오름차순(ascending=True) 정렬 '); print(dfsort.head())  #정렬결과 첫 5행 출력
print('***제조사별 빈도수(차량의 수)***');print(dfnew['maker'].value_counts())  #제조사별 빈도수
print('$$$fuel(연료)의 종류$$$ '); print(dfnew['fuel'].unique())   #컬럼(fuel)의 고유값
```

```
                                              title           year fuel      km    price  maker
1              현대 제네시스 BH330 럭셔리 프라임팩  08/09(09년형) 가솔린  260000.0    690     현대
2          제네시스 더 올 뉴 G80 3.5 T-GDI AWD  20/06(21년형) 가솔린   10000.0    700  제네시스
3               기아 K7 프리미어 3.0 GDI 시그니처  19/07(20년형) 가솔린   20000.0   3350     기아
4                 기아 더 뉴 K7 3.0 GDI 프레스티지      01월 15일 가솔린   90000.0   1990     기아
5  현대 갤로퍼2 숏바디 이노베이션 밴 인터쿨러 엑시드      02월 10일  디젤  160000.0    550     현대
--maker(제조사), fuel(연료구분(가솔린, 디젤)) 열 추출--
첫 5행: 
   maker   fuel
1     현대  가솔린
2  제네시스  가솔린
3     기아  가솔린
4     기아  가솔린
5     현대    디젤
끝에서 5행: 
    maker   fuel
66    기아  가솔린
67 르노삼성  가솔린
68    현대    디젤
69    기아  가솔린
70    기아    LPG
변수 속성: 
<class 'pandas.core.frame.DataFrame'>
Int64Index: 70 entries, 1 to 70
Data columns (total 2 columns):
 #   Column  Non-Null Count  Dtype
---  ------  --------------  -----
 0   maker   70 non-null     object
 1   fuel    70 non-null     object
dtypes: object(2)
memory usage: 1.6+ KB
None
데이터의 (행,열)의 크기: 
(70, 2)
데이터 프레임 인덱스: 
Int64Index([ 1,  2,  3,  4,  5,  6,  7,  8,  9, 10, 11, 12, 13, 14, 15, 16, 17,
            18, 19, 20, 21, 22, 23, 24, 25, 26, 27, 28, 29, 30, 31, 32, 33, 34,
            35, 36, 37, 38, 39, 40, 41, 42, 43, 44, 45, 46, 47, 48, 49, 50, 51,
            52, 53, 54, 55, 56, 57, 58, 59, 60, 61, 62, 63, 64, 65, 66, 67, 68,
            69, 70],
           dtype='int64')
데이터프레임의 컬럼명: 
Index(['maker', 'fuel'], dtype='object')
컬럼의 속성: 
maker    object
fuel     object
dtype: object
컬럼의 속성: maker(제조사) 오름차순(ascending=True) 정렬
```

```
     maker fuel
48  GM대우  디젤
43  GM대우  디젤
63  GM대우  디젤
60  GM대우  가솔린
61    기아  가솔린
***제조사별 빈도수(차량의 수)***
현대              27
기아              21
제네시스            9
GM대우            4
쉐보레             3
르노삼성            2
오닛              1
아리아워크스루밴        1
셰미시스코           1
케이씨             1
Name: maker, dtype: int64
$$$fuel(연료)의 종류$$$
['가솔린' '디젤' '전기' 'LPG']
```

ⓒ 빈도분석을 위하여 판다스 모듈의 value_counts() 함수를 이용한다. 그리고 변수들 사이 교차 테이블(Cross Table)을 작성하기 위해 crosstab() 함수를 사용한다. 제조사(maker)별 자동차 수에 대한 빈도수(maker_freq)와 상대빈도수[maker_prop, 비율(%)]를 각각 데이터프레임에 저장하고 concat() 함수를 이용하여 두 개의 프레임을 하나의 프레임으로 저장(result_df)한다. 컬럼의 이름을 변경하기 위해 result_df.columns=[ ] 또는 result_df.rename() 명령어를 사용한다.

```
from google.colab import drive   #라이브러리 import
drive.mount('/content/drive')    #구글 드라이브 연결
import pandas as pd              #판다스 라이브러리 import
df = pd.read_csv('/content/drive/MyDrive/work/usedcars.csv', encoding='euc-kr', header=0, index_col=0)

dfnew = df[['maker', 'fuel']]    #(maker, fuel) 컬럼 추출
crosstable = pd.crosstab(dfnew.maker, dfnew.fuel, margins=True)   #판다스의 crosstab 함수 이용(교차 테이블)
print('교차 테이블, Cross Table: '); print(crosstable)
print('+++현대의 디젤 자동차 개수+++: '); print(crosstable.loc['현대', ['디젤']])   #현대의 디젤 차량 개수 출력

maker_freq = dfnew['maker'].value_counts()   #데이터 빈도수(제조사별 자동차 개수) 구하기
print('###제조사별 자동차 개수###: '); print(maker_freq)   #w제조사별 자동차 개수 출력

maker_prop = (dfnew['maker'].value_counts(normalize=True))*100   #비율(상대도수) 구하기(%단위 저장)
print('@@@제조사별 자동차 개수 비율(상대빈도)@@@: '); print(maker_prop)  #비율(상대도수) 출력

result_df = pd.concat([maker_freq, maker_prop], axis=1)   #데이터프레임 결합(axis=1인 경우 (좌,우) 방향 연결) / axis=0인 경우 (위, 아래) 방향 연결)
result_df.columns =['Frequency','Ratio(%)']   #컬럼명 변경/ 또는 result_df.rename(columns={'maker':'Frequency', 'maker':'Ratio(%)'}, inplace=True)
print(result_df)   #제조사별 자동차 수, 상대비율(%)
```

```
교차 테이블, Cross Table:
fuel          LPG 가솔린 디젤 전기 All
maker
GM대우           0   1   3   0   4
기아             2  11   8   0  21
르노삼성           0   1   1   0   2
쉐보레            0   2   1   0   3
셰미시스코          0   0   0   1   1
아리아워크스루밴      0   0   1   0   1
오닛             0   0   1   0   1
제네시스           0   9   0   0   9
케이씨            0   0   1   0   1
현대             0  18   9   0  27
All            2  42  25   1  70
+++현대의 디젤 자동차 개수+++:
fuel
디젤    9
Name: 현대, dtype: int64
###제조사별 자동차 개수###:
현대              27
기아              21
제네시스            9
GM대우            4
쉐보레             3
르노삼성            2
오닛              1
아리아워크스루밴        1
셰미시스코           1
케이씨             1
Name: maker, dtype: int64
```

```
@@@제조사별 자동차 개수 비율(상대빈도)@@@:
현대            38.571429
기아            30.000000
제네시스         12.857143
GM대우           5.714286
쉐보레            4.285714
르노삼성          2.857143
오덧             1.428571
아리아워크스루뱅      1.428571
쎄미시스코         1.428571
케이씨           1.428571
Name: maker, dtype: float64
            Frequency  Ratio(%)
현대              27    38.571429
기아              21    30.000000
제네시스            9    12.857143
GM대우            4     5.714286
쉐보레             3     4.285714
르노삼성           2     2.857143
오덧              1     1.428571
아리아워크스루뱅       1     1.428571
쎄미시스코           1    1.428571
케이씨             1    1.428571
```

ⓒ collections 라이브러리에서 제공하는 Counter() 메소드를 이용하는 경우 빈도수를 쉽게 구할 수 있다. 제조사별 빈도수는 frequency=Counter(df.maker)로 구하고, 상대빈도수(비율)=frequency[ ]/N으로 구한다. Counter() 모듈의 출력은 딕셔너리 데이터 구조와 유사하며, 키 값은 frequency.keys(), 빈도수 값은 frequency.values()에 저장된다. 전체 자동차 제조사의 합은 sum(frequency.values())으로 구한다.

```python
from google.colab import drive   #라이브러리 import
drive.mount('/content/drive')     #구글 드라이브 연결
from collections import Counter
import pandas as pd               #판다스 라이브러리 import

df = pd.read_csv('/content/drive/MyDrive/work/usedcars.csv', encoding='euc-kr', index_col=0)
      #분석용 데이터 읽기(절대경로명 사용), 한글 Encoding(euc-kr), 새로운 열 지정하지 않음(index_col=0)

frequency = Counter(df.maker)     #Counter() 모듈 사용
print(type(frequency))            #빈도분석 결과 자료 유형
N = sum(frequency.values())       #개수의 합
print('자동차 제조사 합계: ', end=''); print(N)    #개수의 합 출력

print('+++++제조사(maker)+++++상대도수(개수)+++++상대비율(%)+++++')
for item in frequency:            #빈도분석결과의 각각의 행 반복 출력
  print(item, frequency[item], round((frequency[item]/N)*100, 6))
        #제조사, 상대도수, 상대도수비율(%) 출력
<class 'collections.Counter'>
자동차 제조사 합계: 70
+++++제조사(maker)+++++상대도수(개수)+++++상대비율(%)+++++
현대 27 38.571429
제네시스 9 12.857143
기아 21 30.0
쉐보레 3 4.285714
오덧 1 1.428571
아리아워크스루뱅 1 1.428571
GM대우 4 5.714286
쎄미시스코 1 1.428571
르노삼성 2 2.857143
케이씨 1 1.428571
```

㉣ 제조사별 상대빈도수(비율)를 막대 그래프로 작성하기 위하여 아래 코드를 이용한다. 그래프 작성 시 코랩에서는 한글 폰트를 별도로 다운로드하여 수행한다. 이를 위해 유닉스 명령어(!sudo, !rm 등)로 한글폰트(NanumBarunGothic.ttf)를 설치하고 폰트를 등록[rc()]한다. 그래프를 작성하기 전에 한글 폰트 설치 후 [런타임]－[런타임(가상머신, GPU · TPU 등) 다시 시작]을 선택하고 경로상에 폰트가 설치되었는지를 확인한다.

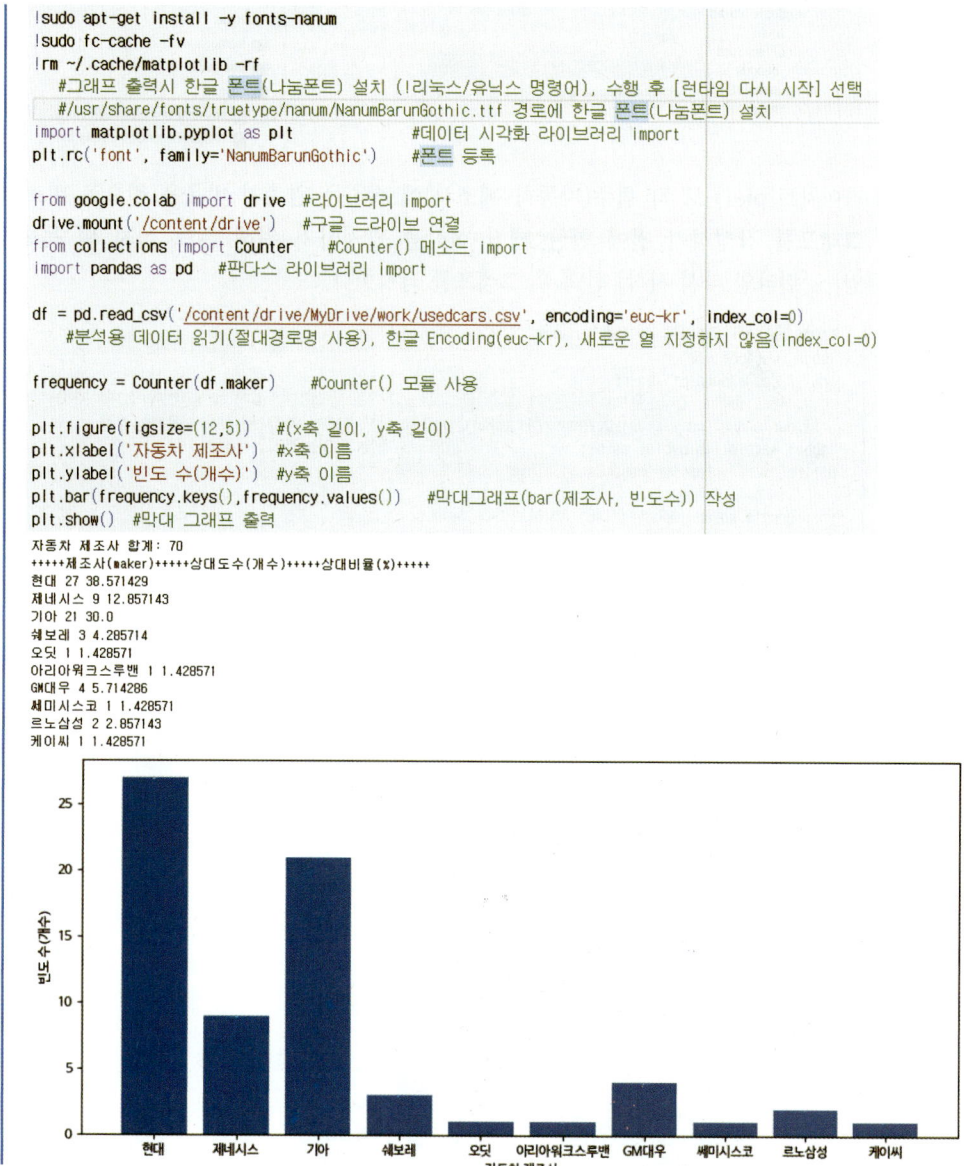

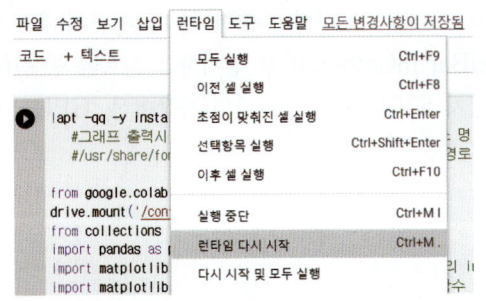 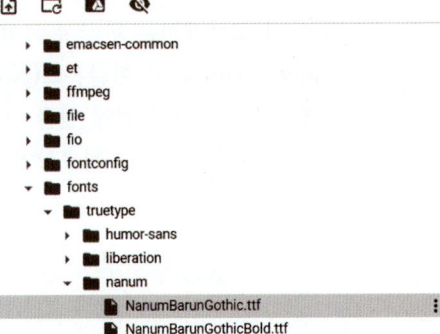

㉤ 파이차트[pie()]로 각 범주(자동차 제조사)에 속하는 관측치 비율을 원으로 비교할 수 있다. 그래프를 작성하기 전에 한글 깨짐 현상을 방지하기 위해 폰트 설치 및 등록 후, [런타임]-[런타임 다시 시작] 선택 후 그래프를 작성한다.

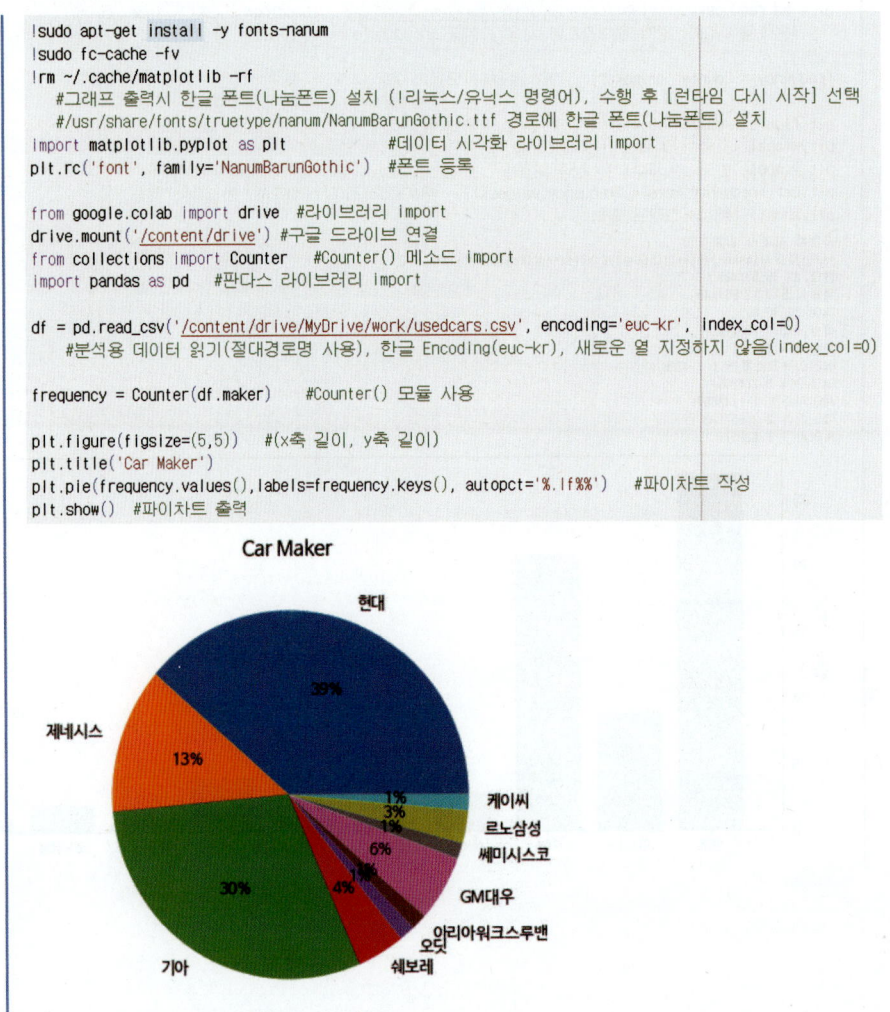

2 기술통계 분석 기법

(1) 기술통계량

① 기술통계량을 통해 자료의 특징을 쉽게 파악할 수 있다. 자료의 특성을 파악하기 위해 평균, 최솟값, 최댓값, 중앙값, 분산 및 표준편차, 왜도, 첨도 등을 이용한다. 아래는 중고차 가격(data. price)에 대한 기술통계량이다.

변 수	표본 수	평 균	최솟값	최댓값	표준편차	왜 도	첨 도	변동계수
중고차 가격	70	2422.157	160	8500	2059.669	1.034954	0.082055	0.850345

② 기술통계량은 자료들의 중심 경향성을 파악하기 위한 평균값, 중앙값, 최빈값 등과 자료의 변동을 측정하기 위한 최댓값, 최솟값, 범위, 분산, 표준편차, 변동계수, 왜도 및 첨도 등으로 구분되며 일반적으로 수치계산이 가능한 연속형 자료를 대상으로 한다.

③ 중고차 가격(만원)에 대한 기술통계량을 구하면 다음과 같다. dfnew.shape[0][또는 len() 이용]은 표본의 수, .mean()은 평균, .min()은 최솟값, .max()는 최댓값, .median()은 중앙값, .var()은 분산, .std()는 표준편차이다. CV(Coefficient of Variation)는 변동계수로 표준편차를 평균값으로 나누어 구하며, 측정 단위가 서로 다른 자료를 비교하는 데 유용하게 사용된다.

```
from google.colab import drive    #라이브러리 import
drive.mount('/content/drive')    #구글 드라이브 연결
import pandas as pd    #판다스 라이브러리 import

df = pd.read_csv('/content/drive/MyDrive/work/usedcars.csv', encoding='euc-kr', index_col=0)
     #분석용 데이터 읽기(절대경로명 사용), 한글 Encoding(euc-kr), 새로운 열 지정하지 않음(index_col=0)

dfnew = df[['km', 'price']]
print(dfnew.head())

print('*****price에 대한 주요 기술통계량*****')
print('자동차 가격에 대한 데이터 행의 개수: ', end=''); print(dfnew['price'].shape[0])
print('자동차 가격의 평균(만원): ', end=''); print(dfnew['price'].mean())
print('자동차 가격의 최소값(만원): ', end=''); print(dfnew['price'].min())
print('자동차 가격의 최대값(만원): ', end=''); print(dfnew['price'].max())
print('자동차 가격의 범위(최대값-최소값)(만원): ', end=''); print(dfnew['price'].max()-dfnew['price'].min())
print('자동차 가격의 중앙값(만원): ', end=''); print(dfnew['price'].median())
print('자동차 가격의 분산: ', end=''); print(dfnew['price'].var())
print('자동차 가격의 표준편차(만원): ', end=''); print(dfnew['price'].std())
CV = dfnew['price'].std() / dfnew['price'].mean()    #변동계수(Coefficient of Variation)
print('자동차 가격의 변동계수: ', end=''); print(CV)
```

```
        km   price
1  260000.0    690
2   10000.0    700
3   20000.0   3350
4   90000.0   1990
5  160000.0    550
*****price에 대한 주요 기술통계량*****
자동차 가격에 대한 데이터 행의 개수: 70
자동차 가격의 평균(만원): 2422.157142857143
자동차 가격의 최소값(만원): 160
자동차 가격의 최대값(만원): 8500
자동차 가격의 범위(최대값-최소값)(만원): 8340
자동차 가격의 중앙값(만원): 1635.0
자동차 가격의 분산: 4242235.264803312
자동차 가격의 표준편차(만원): 2059.6687269566705
자동차 가격의 변동계수: 0.8503447982434014
```

④ 자동차 주행거리(km)에 대한 기술통계량을 구하면 다음과 같다. 데이터 행의 개수는 len(dfnew.km)로도 구할 수 있으며, 데이터프레임 자료는 dfnew['km'] 또는 dfnew.km로 접근 가능하다.

```python
from google.colab import drive  #라이브러리 import
drive.mount('/content/drive') #구글 드라이브 연결
import pandas as pd   #판다스 라이브러리 import

df = pd.read_csv('/content/drive/MyDrive/work/usedcars.csv', encoding='euc-kr', index_col=0)
    #분석용 데이터 읽기(절대경로명 사용), 한글 Encoding(euc-kr), 새로운 열 지정하지 않음(index_col=0)

dfnew = df[['km', 'price']]

print('*****주행거리(km)에 대한 주요 기술통계량*****')
print('자동차 주행거리(km)에 대한 데이터 행의 개수: ', end=''); print(len(dfnew.km))
print('자동차 주행거리(km)의 평균: ', end=''); print(dfnew.km.mean())
print('자동차 주행거리(km)의 최소값: ', end=''); print(dfnew.km.min())
print('자동차 주행거리(km)의 최대값: ', end=''); print(dfnew.km.max())
print('자동차 주행거리 범위(최대값-최소값)(km): ', end=''); print(dfnew.km.max()-dfnew.km.min())
print('자동차 주행거리(km)의 중앙값: ', end=''); print(dfnew.km.median())
print('자동차 주행거리(km)의 분산: ', end=''); print(dfnew.km.var())
print('자동차 주행거리(km)의 표준편차: ', end=''); print(dfnew.km.std())
CV = dfnew.km.std() / dfnew.km.mean()   #변동계수(Coefficient of Variation)
print('자동차 주행거리(km)의 변동계수: ', end=''); print(CV)
```

```
*****주행거리(km)에 대한 주요 기술통계량*****
자동차 주행거리(km)에 대한 데이터 행의 개수: 70
자동차 주행거리(km)의 평균: 86267.71428571429
자동차 주행거리(km)의 최소값: 13.0
자동차 주행거리(km)의 최대값: 290000.0
자동차 주행거리 범위(최대값-최소값)(km): 289987.0
자동차 주행거리(km)의 중앙값: 80000.0
자동차 주행거리(km)의 분산: 4776551807.424431
자동차 주행거리(km)의 표준편차: 69112.60237774607
자동차 주행거리(km)의 변동계수: 0.8011409940554196
```

⑤ 사분위수를 구하기 위해 넘파이 및 판다스 라이브러리에서 제공하는 quantile(), percentile(), describe() 메소드를 사용한다. describe() 수행 결과는 Series 자료 구조이므로 하위 25% 분위수는 df.price.describe()['25%']로 출력한다.

```python
from google.colab import drive  #라이브러리 import
drive.mount('/content/drive') #구글 드라이브 연결
import pandas as pd   #판다스 라이브러리 import
import numpy as np    #넘파이 라이브러리 import

df = pd.read_csv('/content/drive/MyDrive/work/usedcars.csv', encoding='euc-kr', index_col=0)
    #분석용 데이터 읽기(절대경로명 사용), 한글 Encoding(euc-kr), 새로운 열 지정하지 않음(index_col=0)

print('####quantile() 함수 이용_pandas###')
print('자동차 가격의 제1사분위수(하위 25%): ', end=''); print(df.price.quantile(0.25))
print('자동차 가격의 제2사분위수(하위 50%, 중앙값): ', end=''); print(df.price.quantile(0.5))
print('자동차 가격의 제3사분위수(하위 75%): ', end=''); print(df.price.quantile(0.75))
print('자동차 가격의 하위 5%: ', end=''); print(df.price.quantile(0.05))
print('자동차 가격의 하위 95%: ', end=''); print(df.price.quantile(0.95))

print('####percentile() 함수 이용_numpy###')
print('자동차 가격의 제1사분위수(하위 25%): ', end=''); print(np.percentile(df.price, 25))
print('자동차 가격의 제2사분위수(하위 50%, 중앙값): ', end=''); print(np.percentile(df.price, 50))
print('자동차 가격의 제3사분위수(하위 75%): ', end=''); print(np.percentile(df.price, 75))
print('자동차 가격의 하위 5%: ', end=''); print(np.percentile(df.price, 5))
print('자동차 가격의 하위 95%: ', end=''); print(np.percentile(df.price, 95))

print('$$$$describe() method 이용$$$$')
print(df.price.describe())
print('자동차 가격의 제1사분위수(하위 25%): ', end=''); print(df.price.describe()['25%'])
print('자동차 가격의 제2사분위수(하위 50%, 중앙값): ', end=''); print(df.price.describe()['50%'])
print('자동차 가격의 제3사분위수(하위 75%): ', end=''); print(df.price.describe()['75%'])
```

```
####quantile() 함수 이용_pandas###
자동차 가격의 제1사분위수(하위 25%): 750.0
자동차 가격의 제2사분위수(하위 50%, 중앙값): 1635.0
자동차 가격의 제3사분위수(하위 75%): 3847.5
자동차 가격의 하위 5%: 396.05
자동차 가격의 하위 95%: 5959.5
####percentile() 함수 이용_numpy###
자동차 가격의 제1사분위수(하위 25%): 750.0
자동차 가격의 제2사분위수(하위 50%, 중앙값): 1635.0
자동차 가격의 제3사분위수(하위 75%): 3847.5
자동차 가격의 하위 5%: 396.05
자동차 가격의 하위 95%: 5959.5
$$$$describe() method 이용$$$$
count      70.000000
mean     2422.157143
std      2059.668727
min       160.000000
25%       750.000000
50%      1635.000000
75%      3847.500000
max      8500.000000
Name: price, dtype: float64
자동차 가격의 제1사분위수(하위 25%): 750.0
자동차 가격의 제2사분위수(하위 50%, 중앙값): 1635.0
자동차 가격의 제3사분위수(하위 75%): 3847.5
```

⑥ 최빈값(가장 많이 관측되는 값)을 구하기 위하여 collections 모듈(Counter 클래스)을 이용한다. 빈도수가 높은 순서를 먼저 확인하고자 할 때 most_common() 메소드를 이용한다.

```python
from google.colab import drive  #라이브러리 import
drive.mount('/content/drive')  #구글 드라이브 연결
import pandas as pd  #판다스 라이브러리 import
from collections import Counter  #collections 모듈의 Counter Class import

df = pd.read_csv('/content/drive/MyDrive/work/usedcars.csv', encoding='euc-kr', index_col=0)
  #분석용 데이터 읽기(절대경로명 사용), 한글 Encoding(euc-kr), 새로운 열 지정하지 않음(index_col=0)

cnt = Counter(df.price)  #데이터 빈도수
print('+++자동차 가격별 빈도수')
print(cnt)

cnt1 = cnt.most_common()  #내림차순 정렬
print('+++자동차 가격별 빈도수(내림차순 정렬)')
print(cnt1)

cnt2 = cnt.most_common(7)  #상위 7개 추출
print('+++자동차 가격별 빈도수(내림차순 정렬, 상위 7개)', end=''); print(cnt2)

mode = cnt.most_common(1)  #최빈값
print('+++자동차 가격 (최빈값, 빈도수): ', end=''); print(mode)
print('+++자동차 가격 최빈값: ', end=''); print(mode[0][0])
print('+++자동차 가격 최빈값의 빈도수: ', end=''); print(mode[0][1])

+++자동차 가격별 빈도수
Counter({750: 3, 650: 3, 690: 2, 1990: 2, 5500: 2, 5000: 2, 1050: 2, 700: 1, 3350: 1,
+++자동차 가격별 빈도수(내림차순 정렬)
[(750, 3), (650, 3), (690, 2), (1990, 2), (5500, 2), (5000, 2), (1050, 2), (700, 1), (
+++자동차 가격별 빈도수(내림차순 정렬, 상위 7개)[(750, 3), (650, 3), (690, 2), (1990,
+++자동차 가격 (최빈값, 빈도수): [(750, 3)]
+++자동차 가격 최빈값: 750
+++자동차 가격 최빈값의 빈도수: 3
```

⑦ describe() 명령어를 이용하여 변수에 대한 주요 기술통계량을 확인할 수 있다. 그리고 df.T는 데이터프레임에서 행과 열을 바꿔주는 역할을 수행한다.

```
from google.colab import drive  #라이브러리 import
drive.mount('/content/drive')   #구글 드라이브 연결
import pandas as pd  #판다스 라이브러리 import
from collections import Counter  #collections 모듈의 Counter Class import

df = pd.read_csv('/content/drive/MyDrive/work/usedcars.csv', encoding='euc-kr', index_col=0)
        #분석용 데이터 읽기(절대경로명 사용), 한글 Encoding(euc-kr), 새로운 열 지정하지 않음(index_col=0)

print('+++자동차 가격(price)의 기술통계량 요약+++')
print(df.price.describe())
print('%%%자동차 주행거리(km)의 기술통계량 요약%%%')
print(df.km.describe())

print('^^^^데이터프레임의 행과 열 변환')
print(df.T.head())
+++자동차 가격(price)의 기술통계량 요약+++
count      70.000000
mean     2422.157143
std      2059.668727
min       160.000000
25%       750.000000
50%      1635.000000
75%      3847.500000
max      8500.000000
Name: price, dtype: float64
%%%자동차 주행거리(km)의 기술통계량 요약%%%
count        70.000000
mean      86267.714286
std       69112.602378
min          13.000000
25%       30000.000000
50%       80000.000000
75%      127500.000000
max      290000.000000
Name: km, dtype: float64
^^^^데이터프레임의 행과 열 변환
                                  1                              2
title   현대 제네시스 BH330 럭셔리 프라임팩        제네시스 더 올 뉴 G80 3.5 T-GDi AWD
year              08/09(09년형)                      20/06(21년형)
fuel                    가솔린                              가솔린
km                  260000.0                          10000.0
price                    690                              700

                                  3                              4
title    기아 K7 프리미어 3.0 GDI 시그니처      기아 더 뉴 K7 3.0 GDI 프레스티지
year               19/07(20년형)                       01월 15일
fuel                    가솔린                              가솔린
km                   20000.0                          90000.0
price                   3350                             1990
```

- count : 표본 수, mean : 평균, std : 표준편차, min : 최솟값
- 25% : 하위 25% 분위수, 50% : 중앙값, 75% : 하위 75% 분위수, max : 최댓값

⑧ 왜도(Skewness)란 자료 분포의 대칭 정도를 말하며, 자료들이 중심으로부터 좌우 대칭일 경우 왜도는 0이다. 왜도 값이 0보다 크면 오른쪽으로 치우친 분포(양의 왜도), 0보다 작으면 왼쪽으로 치우친 분포(음의 왜도)가 된다. 왜도와 첨도를 구하기 위해 판다스와 scipy.stats 모듈을 이용한다.

⑨ 첨도(Kurtosis)는 자료 분포에서 뾰족한 정도를 말하며, 정규분포(연속적이고 좌우 대칭인 종 모양의 확률분포로서 실생활에서 관측되는 대부분의 자료들은 정규분포와 비슷한 형태를 가짐)의 첨도는 0이다. 정규분포보다 중심이 높아 뾰족한 경우는 첨도 값이 양수이고(양의 첨도), 중심이 정규분포보다 낮고 분포가 비교적 퍼져 있으며 꼬리 부분이 짧은 경우는 음수값(음의 첨도)을 가진다.

⑩ 판다스와 scipy.stats 모듈에서 구한 왜도와 첨도 값은 서로 약간 다르다. 그 이유는 scipy.stats 모듈에서는 왜도와 첨도를 구하기 위해 모표준편차 공식을 이용(판다스 함수는 표본 표준편차 공식 이용)하기 때문이다.

```python
from google.colab import drive    #라이브러리 import
drive.mount('/content/drive')     #구글 드라이브 연결
import pandas as pd               #판다스 라이브러리 import
from scipy.stats import skew, kurtosis   #scipy.stats 모듈(표준편차: 모표준편차 이용)

df = pd.read_csv('/content/drive/MyDrive/work/usedcars.csv', encoding='euc-kr', index_col=0)
             #분석용 데이터 읽기(절대경로명 사용), 한글 Encoding(euc-kr), 새로운 열 지정하지 않음(index_col=0)

print('+++scipy.stats 모듈 이용 skewness(왜도), kurtosis(첨도)')
print('자동차 가격의 왜도: ', end=''); print(skew(df.price))
print('자동차 주행거리의 왜도: ', end=''); print(skew(df.km))

print('자동차 가격의 첨도: ', end=''); print(kurtosis(df.price, fisher=True))   #fisher=True: 기준(정규분포의 첨도=0)
print('자동차 주행거리의 첨도: ', end=''); print(kurtosis(df.km, fisher=True))   #fisher=True: 기준(정규분포의 첨도=0)

print('+++pandas 모듈 이용 skewness(왜도), kurtosis(첨도)')
print('자동차 가격의 왜도: ', end=''); print(df.price.skew())
print('자동차 주행거리의 왜도: ', end=''); print(df.km.skew())

print('자동차 가격의 첨도: ', end=''); print(df.price.kurt())
print('자동차 주행거리의 첨도: ', end=''); print(df.km.kurt())
```

```
+++scipy.stats 모듈 이용 skewness(왜도), kurtosis(첨도)
자동차 가격의 왜도: 1.0575344344602926
자동차 주행거리의 왜도: 0.8357837246716393
자동차 가격의 첨도: 0.17203781745385083
자동차 주행거리의 첨도: 0.4606352248440335
+++pandas 모듈 이용 skewness(왜도), kurtosis(첨도)
자동차 가격의 왜도: 1.080834428382778
자동차 주행거리의 왜도: 0.8541980240748542
자동차 가격의 첨도: 0.2758589261866584
자동차 주행거리의 첨도: 0.5861834869426965
```

(2) 탐색적 자료 분석

① 탐색적 자료(또는 데이터)분석(EDA ; Exploratory Data Analysis)은 기존 통계학이 정보의 추출에서 가설 검정 등에 치우쳐 자료가 가지고 있는 본연의 의미를 찾는 데 어려움이 있어, 이를 보완하기 위해 주어진 자료만 가지고도 충분한 정보를 찾을 수 있도록 제공된 다양한 자료분석 기법을 이용하여 수행되는 데이터 분석 방법이다.

② 탐색적 데이터 분석을 위하여 박스 플롯, 산포도 및 히스토그램 등과 같은 시각적 도구를 활용한다.

③ 탐색적 데이터 분석을 위해 아래 데이터(data.csv)를 이용한다. data.csv는 (고객번호, 성별, 연령대, 직업, 주거지역, 쇼핑액, 이용만족도, 쇼핑1월, 쇼핑2월, 쇼핑3월, 쿠폰사용횟수, 쿠폰선호도, 품질, 가격, 서비스, 배송, 쇼핑만족도, 소득) 자료이다.

고객번호	성별	연령대	직업	주거지역	쇼핑액	이용만족도	쇼핑1월	쇼핑2월	쇼핑3월	쿠폰사용횟수	쿠폰선호도	품질	가격	서비스	배송	쇼핑만족도	소득
190105	남자	45-49세	회사원	소도시	195.6	4	76.8	64.8	54	3	예	7	7	1	4	4	4300
190106	남자	25-29세	공무원	소도시	116.4	7	44.4	32.4	39.6	6	아니오	4	7	4	7	7	7500
190107	남자	50세 이상	자영업	중도시	183.6	4	66	66	51.6	5	예	4	4	3	3	6	2900
190108	남자	50세 이상	농어업	소도시	168	4	62.4	52.8	52.8	4	아니오	3	3	4	6	5	5300
190109	남자	40-44세	공무원	중도시	169.2	4	63.6	54	51.6	5	아니오	6	4	7	4	6	4000
190110	남자	45-49세	자영업	중도시	171.6	5	52.8	66	52.8	4	예	5	4	3	4	5	5100
190111	여자	50세 이상	공무원	중도시	207.6	4	64.8	88.8	54	4	예	7	7	1	4	5	5700
190112	남자	50세 이상	자영업	소도시	201.6	7	56.4	92.4	52.8	3	예	7	7	7	4	4	5900
190113	남자	50세 이상	농어업	소도시	111.6	3	64.8	30	16.8	4	아니오	4	4	3	3	5	5100
190114	여자	45-49세	회사원	중도시	156	4	51.6	51.6	52.8	0	예	1	4	1	7	1	5700
190115	남자	40-44세	회사원	중도시	225.6	5	80.4	92.4	52.8	1	예	5	5	5	5	2	5800
190116	남자	30-34세	공무원	중도시	220.8	4	76.8	90	54	5	아니오	5	4	4	4	6	4300
190117	남자	35-39세	회사원	대도시	244.8	7	76.8	88.8	79.2	6	아니오	7	4	7	7	7	8700
190118	남자	45-49세	농어업	소도시	184.8	5	91.2	67.2	26.4	5	예	5	4	5	6	6	4100

④ 박스 플롯(Box Plot)을 이용하여 월별 쇼핑액(1월, 2월, 3월)을 한눈에 비교할 수 있다. 박스 플롯은 그림을 이용해 자료 집합의 범위와 중앙값을 확인하기 위한 용도로 사용된다. 그리고 통계적으로 이상치(Outlier)가 있는지도 확인할 수 있다. 박스 플롯을 작성하기 위하여 먼저, data.csv을 데이터프레임(df)으로 저장하고 월별 쇼핑액을 변수 (x, y, z)에 저장 후, boxplot() 함수를 이용(matplotlib.pyplot 모듈)한다.

```
from google.colab import drive   #라이브러리 import
drive.mount('/content/drive')    #구글 드라이브 연결
import pandas as pd              #판다스 라이브러리 import
import matplotlib.pyplot as plt  #matplot.pyplot 라이브러리 import
import numpy as np               #넘파이 라이브러리 import

df = pd.read_csv('/content/drive/MyDrive/work/data.csv', encoding='euc-kr', index_col=0)
    #분석용 데이터 읽기(절대경로명 사용), 한글 Encoding(euc-kr), 새로운 열 지정하지 않음(index_col=0)

print(df.head())
x = df.쇼핑1월
y = df.쇼핑2월
z = df.쇼핑3월

plt.figure(figsize=(10, 5))   #그래프 (가로,세로) 길이
plt.boxplot([x,y,z])          #박스플롯(Boxplot)/여러개를 그리기 위해 리스트로 정의
idx = np.arange(1,4)          #박스플롯 구분
labels = ['January', 'February', 'March']   #레이블 이름
plt.xticks(idx, labels)       #레이블 할당
plt.show()
```

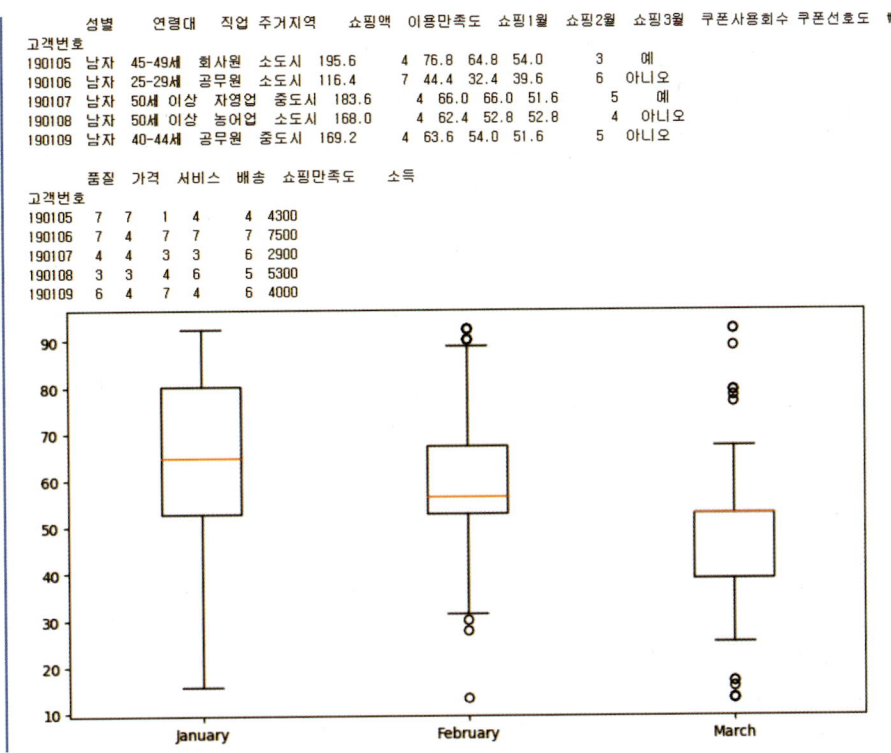

⑤ 아래와 같이 박스 플롯은 박스와 바깥의 선(Whisker)으로 이루어진다. 박스 플롯을 이용하여 최댓값(Maximum Observation), 최솟값(Minimum Observation), 중앙값(Median), 1사분위수(25th percentile), 3사분위수(75th percentile) 값을 알 수 있다. 범위를 넘어가는 이상치(Outlier)들은 작은 원 형태의 점으로 표시된다.

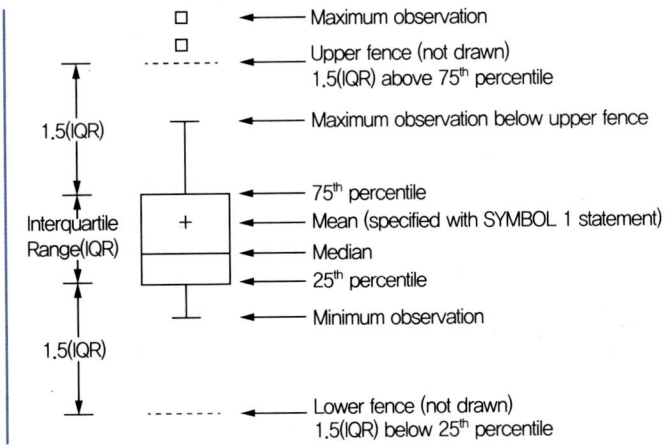

제2장 기술통계 분석 **123**

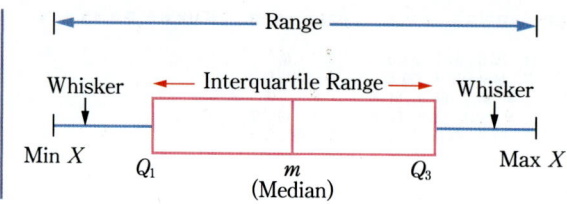

⑥ scatter() 함수로 변수들 사이 산포도(Scatter Plot)를 작성한다. 산포도는 두 변수 사이의 영향력을 나타내기 위하여 가로와 세로축에 자료를 점으로 그린다. 그리고 seaborn 모듈에서 제공하는 lmplot() 함수를 이용하여 회귀식을 반영하여 산점도를 그릴 수 있다.

```
from google.colab import drive   #라이브러리 import
drive.mount('/content/drive')  #구글 드라이브 연결
import pandas as pd    #판다스 라이브러리 import
import matplotlib.pyplot as plt   #matplot.pyplot 라이브러리 import
import numpy as np   #넘파이 라이브러리 import
import seaborn as sns

df = pd.read_csv('/content/drive/MyDrive/work/data.csv', encoding='euc-kr', index_col=0)
       #분석용 데이터 읽기(절대경로명 사용), 한글 Encoding(euc-kr), 새로운 열 지정하지 않음(index_col=0)

x = df.쇼핑1월
y = df.쇼핑2월

dfnew = df[['쇼핑1월','쇼핑2월']]
dfnew.rename(columns={'쇼핑1월':'January', '쇼핑2월':'February'}, inplace=True)

plt.figure(figsize=(10, 5))   #그래프 (가로,세로) 길이
plt.xlabel('January')
plt.ylabel('February')
plt.scatter(x,y)
sns.lmplot(x='January', y='February', data=dfnew, line_kws={'color':"red"})
plt.show()
```

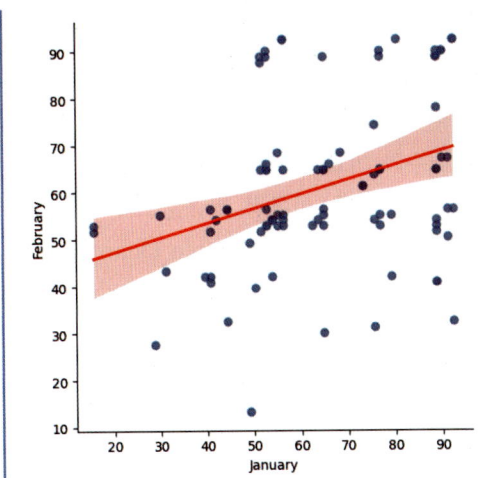

⑦ stem() 함수를 이용하여 줄기 잎 도표(Stem and Leaf Diagram)를 작성한다. 줄기 잎 도표는 줄기에 해당하는 단위를 정하고 그 단위 아래의 자료를 잎의 크기 순서로 배열한 도표이다. 줄기 잎 도표는 자료 분포의 개략적인 형태를 제공하며, 이를 활용하여 분포가 좌우 대칭의 형태인지, 편향(Skewed)되었는지, 봉우리(Modal)는 하나인지 다수인지, 이상치가 존재하는지를 쉽게 파악할 수 있다. 'horizontal' 옵션을 이용하여 가로 및 세로 방향의 그래프를 작성한다.

```
from google.colab import drive   #라이브러리 import
drive.mount('/content/drive')    #구글 드라이브 연결
import pandas as pd              #판다스 라이브러리 import
import matplotlib.pyplot as plt  #matplot.pyplot 라이브러리 import
import numpy as np               #넘파이 라이브러리 import
import seaborn as sns

df = pd.read_csv('/content/drive/MyDrive/work/data.csv', encoding='euc-kr', index_col=0)
    #분석용 데이터 읽기(절대경로명 사용), 한글 Encoding(euc-kr), 새로운 열 지정하지 않음(index_col=0)

x = df.쇼핑1월
y = df.쇼핑2월

plt.stem(x.index, x, use_line_collection=True)  #줄기잎도표(인덱스, 쇼핑1월, 수직)
plt.show()

plt.stem(y.index, y, orientation='horizontal', use_line_collection=True) #줄기잎도표(인덱스, 쇼핑1월, 수평)
plt.show()
```

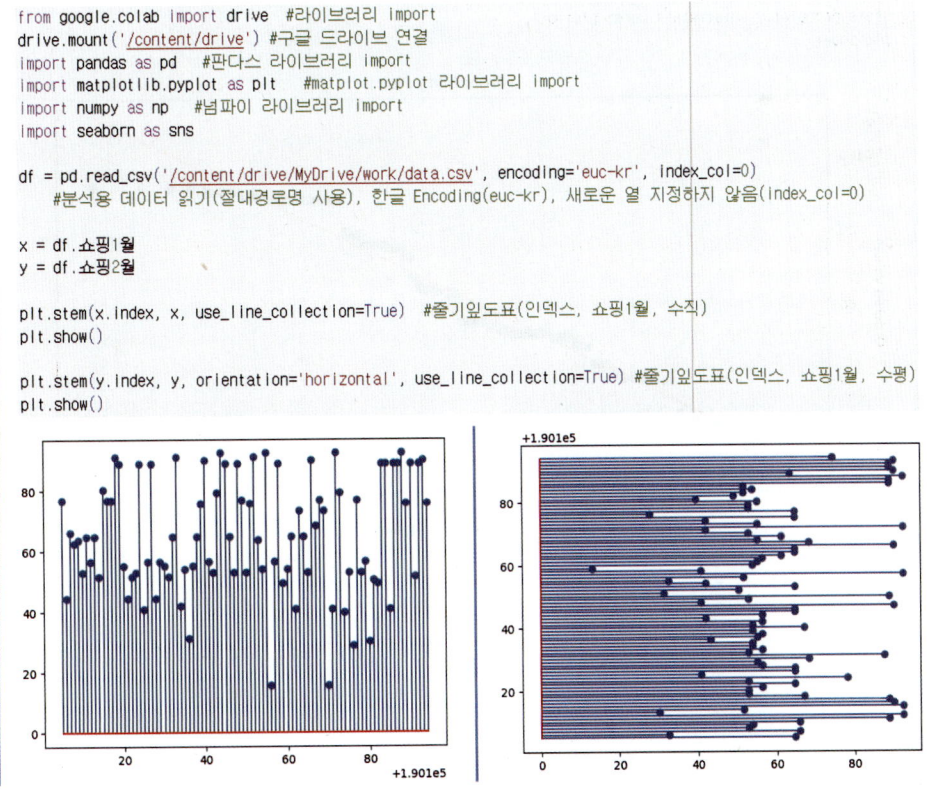

⑧ scipy.stats 모듈에서의 probplot()를 이용하여 Q-Q 도표(Quantile-Quantile Plot, 분위수-분위수 도표)를 작성한다. Q-Q 도표는 데이터가 특정 분포를 따르는지를 시각적으로 검토하는 방법이며, 일반적으로 데이터가 정규분포(dist=stats.norm 지정)를 따르고 있는지 분석하는 데 이용된다. Q-Q 도표는 비교하고자 하는 분포의 분위수끼리 좌표 평면에 표시하여 그린다. 분위수들을 차트에 작성하고 데이터의 분위수와 비교하고자 하는 분포의 분위수 간에 직선 관계가 있는지 확인한다. 아래 그림에서 x축(가로축)은 이론적 정규분포의 값(Theoretical Quantiles)이고 y축(세로축)은 1월과 2월의 쇼핑액에 대한 값(Sample Quantiles)이다. 쇼핑액의 값이 정규분포의 값에 거의 비례하여 증가하는 것으로 보아 해당 월의 쇼핑액은 정규분포를 이루고 있는 것으로 추정된다.

```
from google.colab import drive   #라이브러리 import
drive.mount('/content/drive')  #구글 드라이브 연결
import pandas as pd     #판다스 라이브러리 import
import matplotlib.pyplot as plt    #matplot.pyplot 라이브러리 import
import scipy.stats as stats

df = pd.read_csv('/content/drive/MyDrive/work/data.csv', encoding='euc-kr', index_col=0)
      #분석용 데이터 읽기(절대경로명 사용), 한글 Encoding(euc-kr), 새로운 열 지정하지 않음(index_col=0)

x = df.쇼핑1월
y = df.쇼핑2월

plt.figure(figsize=(10,5))  #그래프 크기 지정(가로, 세로)
stats.probplot(x, dist=stats.norm, plot=plt)
plt.show()

plt.figure(figsize=(10,5))  #그래프 크기 지정(가로, 세로)
stats.probplot(y, dist=stats.norm, plot=plt)
plt.show()
```

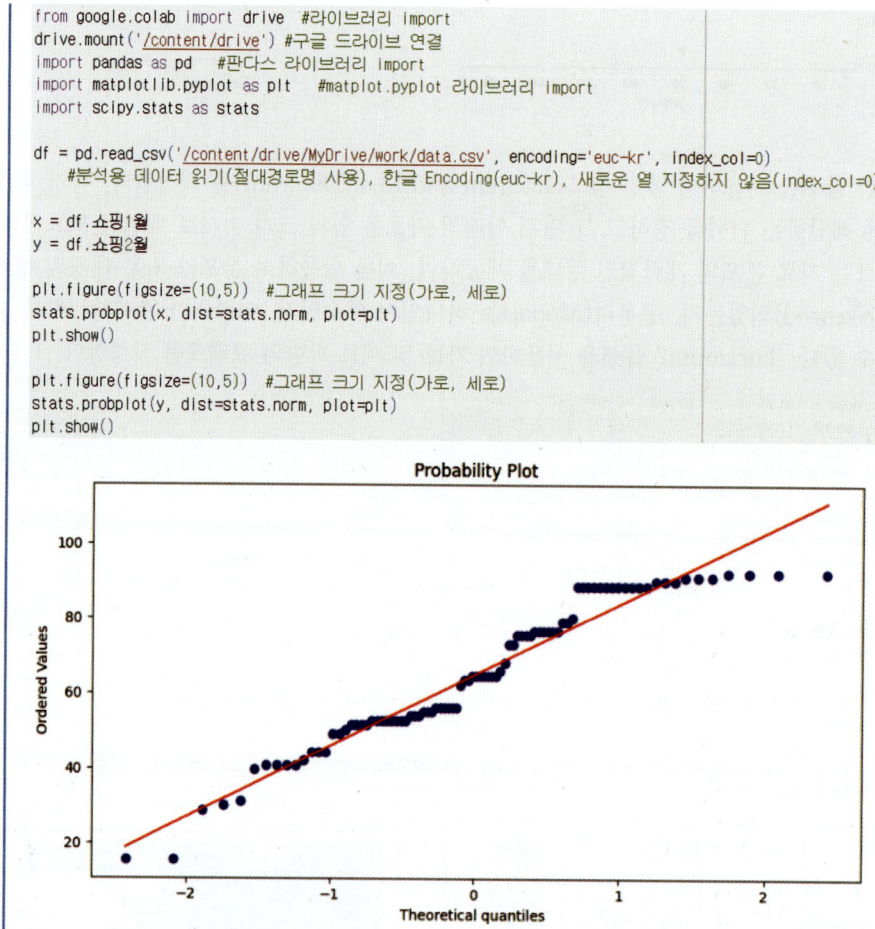

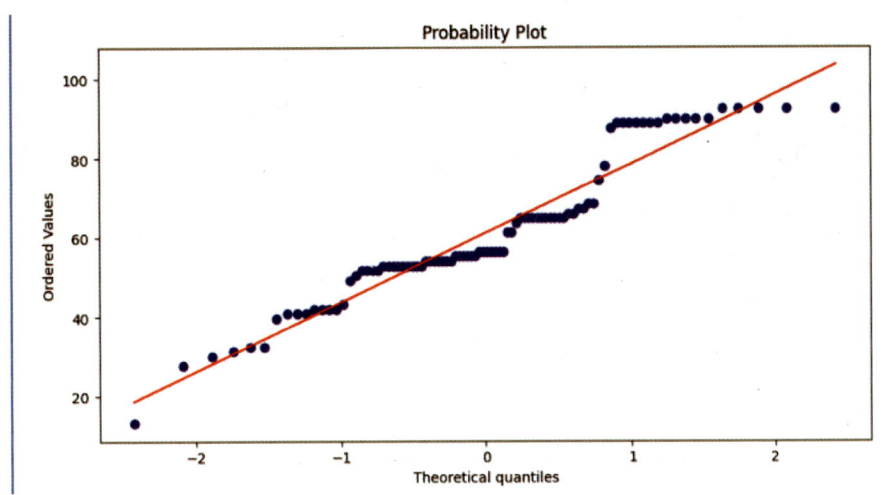

⑨ 파이썬(scipy.stats, 사이파이)에서 제공되는 주요 분포 함수들을 요약(난수 발생, 확률밀도, 분포, 분위수 함수)하면 다음과 같다.
  ㉠ 확률분포 함수를 이용하기 위해 먼저, 확률분포 클래스를 생성하여야 하며, 주요 확률분포 객체 생성 명령과 모수 지정 방법은 다음과 같다.

〈주요 확률분포 클래스, 메소드 및 인수〉

구 분	scipy.stats 모듈	확률분포	구 분	scipy.stats 모듈	확률분포
이산형	bernoulli	베르누이	연속형	gamma	감마
	binom	이 항		t	스튜던트t
	multinomial	다 항		chi2	카이제곱
연속형	uniform	균 일		f	F
	norm	정 규		dirichlet	디리클리
	beta	베 타		multivariate_normal	다변수정규
메소드	pmf	확률질량함수(probability mass function)			
	pdf	확률밀도함수(probability density function)			
	cdf	누적분포함수(cumulative distribution function)			
	ppf	누적분포함수의 역함수(inverse cdf)			
	sf	생존함수(survival function)=1−cdf			
	isf	생존함수의 역함수(inverse sf)			
	rvs	무작위 표본 생성(random variable sampling)			
인 수	loc	분포의 기댓값(확률분포에 따라 정의)			
	scale	분포의 표준편차(확률분포에 따라 정의)			

ⓒ 예를 들어 정규분포에 대하여 클래스 객체를 생성[rv=sp.stats.norm()]하고 pdf() 메소드를 이용하여 정규분포 값(pdf)을 구한 후 임의로 추출한 표본 값(x)에 대한 정규분포(x, pdf) 그래프를 작성한다.

```
import matplotlib.pyplot as plt   #matplot.pyplot 라이브러리 import
import scipy as sp        #사이파이 라이브러리
import scipy.stats as stats  #scipy.stats 라이브러리
import numpy as np   #넘파이 라이브러리
x = np.linspace(-8, 8, 100) #표본값 생성
rv = sp.stats.norm()   #정규분포
pdf = rv.pdf(x)
plt.plot(x, pdf)
plt.title('Probability Density Function')
plt.xlabel('x value')
plt.ylabel('f(x)')
plt.show()
```

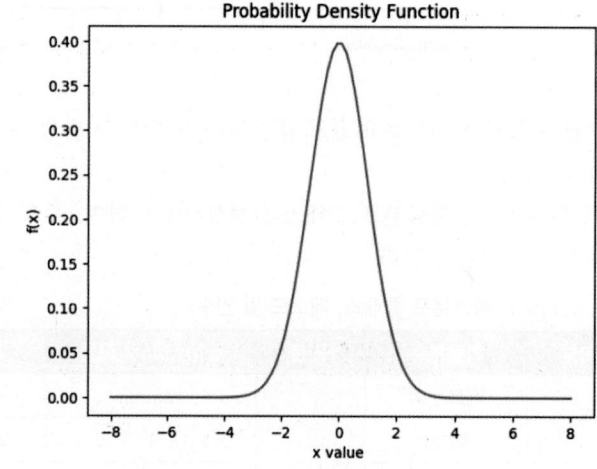

제3과목

데이터 모형 구축

- **제1장** 상관관계 분석
- **제2장** 회귀분석
- **제3장** 로지스틱 회귀분석
- **제4장** 의사결정나무
- **제5장** 인공신경망
- **제6장** 서포트벡터머신
- **제7장** 베이지안 기법
- **제8장** 앙상블 분석
- **제9장** 군집 및 k-NN 분류 분석
- **제10장** 연관성 분석

합격의 공식 시대에듀

작은 기회로부터 종종 위대한 업적이 시작된다.

– 데모스테네스 –

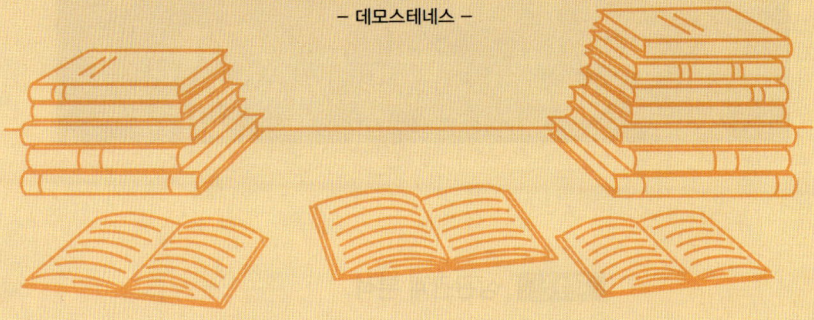

끝까지 책임진다! 시대에듀!

빅데이터분석기사 시험과 관련된 도서 문의, 소스 코드 및 학습자료, 기타 안내사항은 저자가 운영하는 아래의 카페 가입 후 확인하실 수 있습니다.
장희선 교수 강의드림 카페(cafe.naver.com/profdream)

제1장 상관관계 분석

1 상관관계 분석의 이해

① 상관관계 분석을 위해 다음 라이브러리를 이용한다.

import pandas as pd	#판다스(데이터프레임 구조 활용)
import numpy as np	#넘파이(다차원 배열 및 수학함수)
import matplotlib.pyplot as plt	#맷플롯립(데이터 시각화)
from scipy import stats	#가설 검정
import statistics as st	#통계량(공분산, 상관계수) 계산
from scipy.stats import wilcoxon	#Wilcoxon 순위 검정(비모수 통계분석)

② 상관관계 분석(Correlation Analysis)이란, 데이터 내 두 변수 사이 어떠한 관련성(특히 선형적 관계)이 있는지를 알아보기 위한 분석 기법이다.

③ 두 변수 간의 관계를 알아보기 위해 상관계수를 이용하며, 연속형 자료 또는 순위형 자료를 대상으로 한다. 상관계수(r)=(X와 Y가 함께 변하는 정도)/(X와 Y가 각각 변하는 정도)의 개념을 가지며, 공분산과 표본 상관계수는 다음과 같이 구한다.

공분산[$Cov(X, Y)$]	표본 상관계수(r)
$Cov(X, Y) = \dfrac{\sum(X_i - \overline{X})(Y_i - \overline{Y})}{n-1}$	$r = \dfrac{Cov(X, Y)}{Sd(X)Sd(Y)} = \dfrac{S_{XY}}{\sqrt{S_{XX}S_{YY}}}$ $S_{XY} = \sum(X_i - \overline{X})(Y_i - \overline{Y})$ $S_{XX} = \sum(X_i - \overline{X})^2$ $S_{YY} = \sum(Y_i - \overline{Y})^2$ $Sd(X)$: X의 표준편차, $Sd(Y)$: Y의 표준편차

④ 공분산(Covariance)이란, 2개 확률변수의 선형관계를 나타내는 값으로 2개의 변수 중 하나의 값이 상승하는 경향을 보일 때 다른 값도 상승하는 선형 상관성이 있다면 양수의 공분산, 반대로 하나의 값이 상승하는 경향을 보일 때 다른 값이 하강하는 선형 상관성이 있다면 음수의 공분산 값을 가진다.

⑤ 상관관계 분석은 두 변수 사이의 선형적 관계에 대해서만 파악하며, 함수적 관계를 분석하기 위해서는 회귀분석을 실시한다. 상관관계 분석은 (교육 수준, 급여), (통화 증가율, 물가 상승률) 등 서로 관계가 있는 변수들 사이의 관계를 분석할 때 이용된다.

⑥ 양의 상관관계가 있다는 것은 한 변수의 값이 증가할 때 다른 변수의 값도 증가하는 경향을 보이는 것이며, 음의 상관관계가 있다는 것은 한 변수의 값이 증가할 때 다른 변수의 값이 감소하는 경향을 보이는 것으로 해석한다.
⑦ 상관관계가 없다는 것은 한 변수의 값의 변화와 무관하게 다른 변수의 값이 변하는 관계를 뜻한다.

2 산점도 및 상관계수

① 두 변수 사이의 관계를 알아보기 위해 산점도를 이용하며, 산점도를 통해 시각적으로 두 변수 사이의 관계를 알아볼 수 있다.
② 아래 그림에서처럼 women.csv 파일에서 (키, 몸무게)는 양의 상관관계, mtcars.csv 파일에서 (차량의 무게, 연비)는 음의 상관관계가 있다.

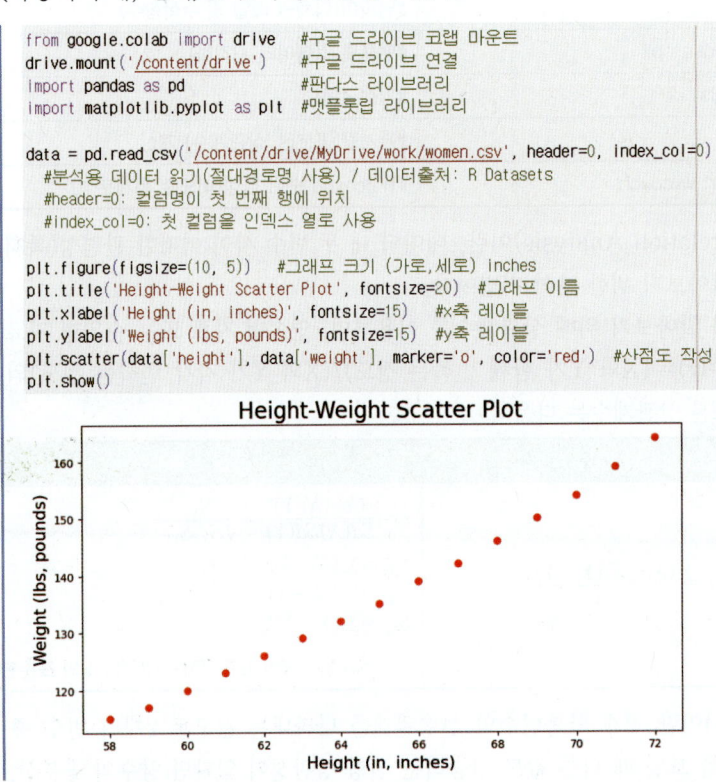

```
from google.colab import drive   #구글 드라이브 코랩 마운트
drive.mount('/content/drive')    #구글 드라이브 연결
import pandas as pd              #판다스 라이브러리
import matplotlib.pyplot as plt  #맷플롯립 라이브러리

data = pd.read_csv('/content/drive/MyDrive/work/mtcars.csv', index_col=0)
       #분석용 데이터 읽기(절대경로명 사용) / 데이터출처: R datasets
       #index_col=0: 첫 컬럼을 인덱스 열로 사용

plt.figure(figsize=(10, 5))    #그래프 크기 (가로,세로) inches
plt.title('Weight-MPG Scatter Plot', fontsize=20)  #그래프 이름
plt.xlabel('Weight (1000 lbs)', fontsize=15)  #x축 레이블
plt.ylabel('MPG (miles/gallon)', fontsize=15) #y축 레이블
plt.scatter(data['wt'], data['mpg'], marker='x', color='blue')  #산점도 작성
plt.show()
```

③ 피어슨 상관계수(Pearson Correlation Coefficient) : 등간척도 자료 사이의 관계를 알아보기 위해 사용되며, 연속형 변수 사이의 선형적 관계를 나타낸다.

④ 켄달(또는 켄달타우) 상관계수(Kendalltau Correlation Coefficient) : 범주형 자료(서열척도)인 두 변수 사이의 상관관계를 측정하기 위해 사용되며, 비모수적 통계 분석 기법으로서 순위 상관계수(Rank Correlation Coefficient)의 한 종류이다.

⑤ 스피어만 상관계수(Spearman Correlation Coefficient) : 범주형 자료(서열척도)인 두 변수의 상관관계를 측정하기 위해 사용되며, 다음과 같이 순위 데이터에 대해 적용된다.

$$r = \frac{\sum (r_x^i - \overline{r_x})(r_y^i - \overline{r_y})}{\sqrt{\sum (r_x^i - \overline{r_x})^2} \sqrt{\sum (r_y^i - \overline{r_y})^2}}$$

r_x : x 자료의 순위, r_y : y 자료의 순위

⑥ 상관계수의 성질

㉠ 상관계수 r은 $-1 \leq r \leq 1$의 범위에 있다.

㉡ 상관계수 r이 0보다 크다($r>0$)는 것은 x의 값이 증가하면 y의 값도 증가하고 x의 값이 감소하면 y의 값도 감소한다는 것을 의미한다. 회귀분석 시에 직선의 기울기가 양수인 경우이다.

㉢ 상관계수 r이 0보다 작다($r<0$)는 것은 x의 값이 증가하면 y의 값이 감소하고 x의 값이 감소하면 y의 값이 증가한다는 것을 의미한다. 회귀분석 시에 직선의 기울기가 음수인 경우이다.

② 상관계수 r이 +1로 가까이 갈수록 양의 상관관계가 커진다고 하고, 양의 방향으로 된 직선의 경향이 강하게 나타난다고 할 수 있다.
⑩ 상관계수 r이 −1로 가까이 갈수록 음의 상관관계가 커진다고 하고, 음의 방향으로 된 직선의 경향이 강하게 나타난다고 할 수 있다.
⑪ 상관계수 $r=0$은 두 변수 사이의 상관관계가 없음을 나타낸다.

⑦ **상관관계 분석** : women.csv 파일에 저장되어 있는 (키, 몸무게) 데이터에 대한 공분산 및 상관계수를 구하면 다음과 같다. 판다스 또는 넘파이 라이브러리를 이용하여 .cov()(공분산), .corr()(상관계수)로 구한다. 판다스 라이브러리에서 메소드 속성에 따라 (pearson, kendall, spearman) 방식별로 상관계수를 구한다.

```
from google.colab import drive    #구글 드라이브 코랩 마운트
drive.mount('/content/drive')     #구글 드라이브 연결
import pandas as pd               #판다스 라이브러리
import numpy as np                #넘파이 라이브러리

data = pd.read_csv('/content/drive/MyDrive/work/women.csv', header=0, index_col=0)
  #분석용 데이터 읽기(절대경로명 사용) / 데이터출처: R Datasets
  #header=0: 컬럼명이 첫 번째 행에 위치
  #index_col=0: 첫 컬럼을 인덱스 열로 사용

print('### 공분산(판다스 함수 이용) ###')
print(data.cov())    #공분산(판다스), 열속성들 사이 공분산(데이터프레임 구조)
print(type(data.cov()))

print('키(Height)-몸무게(Weight) 사이 공분산(판다스 모듈): ', end=''); print((data.cov()).iloc[0,1])
  #height-weight 사이 공분산 출력

print('$$$ 공분산(넘파이 함수 이용) $$$')
print(np.cov(data['height'], data['weight']))
  #공분산 출력(ddof=1: 기본값(n-1)으로 계산)), delta degrees of freedom(자유도)
  #넘파이 배열(Array) 구조로 저장
print(np.cov(data['height'], data['weight'], ddof=0))  #ddof=0: 공분산 계산시 모집단 샘플수(n)로 계산

print(type(np.cov(data['height'], data['weight'])))  #데이터구조(배열) 출력
print('키(Height)-몸무게(Weight) 사이 공분산(넘파이 모듈): ', end='')
print((np.cov(data['height'], data['weight']))[0,1])
  #height-weight 사이 공분산 출력

print('%%% 키(Height)-몸무게(Weight) 사이 상관계수 %%%')
print('상관계수(pearson): ', end=''); print((data.corr(method='pearson')).iloc[0,1])   #상관계수(method=pearson)
print('상관계수(kendall): ', end=''); print((data.corr(method='kendall')).iloc[0,1])   #상관계수(method=kendall)
print('상관계수(spearman): ', end=''); print((data.corr(method='spearman')).iloc[0,1]) #상관계수(method=spearman)
```

```
### 공분산(판다스 함수 이용) ###
          height      weight
height    20.0    69.000000
weight    69.0   240.209524
<class 'pandas.core.frame.DataFrame'>
키(Height)-몸무게(Weight) 사이 공분산(판다스 모듈):  69.0
$$$ 공분산(넘파이 함수 이용) $$$
[[ 20.            69.         ]
 [ 69.           240.20952381]]
[[ 18.66666667   64.4       ]
 [ 64.4         224.19555556]]
<class 'numpy.ndarray'>
키(Height)-몸무게(Weight) 사이 공분산(넘파이 모듈):  69.0
%%% 키(Height)-몸무게(Weight) 사이 상관계수 %%%
상관계수(pearson): 0.9954947677842162
상관계수(kendall): 1.0
상관계수(spearman): 1.0
```

3 가설 검정(scipy 라이브러리 이용)

① 키와 몸무게 사이의 유의성을 확인하기 위한 가설 검정(귀무가설 : 키와 몸무게의 평균은 통계적으로 서로 유의한 관계가 없다. 즉 평균의 차이가 없다. 키가 크다고 몸무게가 많이 나간다고 볼 수 없다.)은 scipy 라이브러리에서 제공하는 stats 모듈을 이용한다.

② stats.ttest_ind(독립변수, 종속변수)로 두 변수들 사이의 유의성을 검정(test에 저장)한다. 평균의 차이는 통계적으로 T-분포를 따르며, 판별을 위한 검정통계량은 test[0]=-17.22에 저장되고, 유의확률은 p-value=test[1]=1.97×10^{-16}에 저장된다. 따라서 유의수준 1%에서 p-value<0.01이므로 귀무가설은 기각되어 키와 몸무게 사이에 통계적으로 유의한 관계가 있음을 알 수 있다.

```
from google.colab import drive   #구글 드라이브 코랩 마운트
drive.mount('/content/drive')    #구글 드라이브 연결
import pandas as pd              #판다스 라이브러리
import numpy as np               #넘파이 라이브러리
from scipy import stats          #사이파이(가설검정) 라이브러리

data = pd.read_csv('/content/drive/MyDrive/work/women.csv', header=0, index_col=0)
    #분석용 데이터 읽기(절대경로명 사용) / 데이터출처: R Datasets
    #header=0: 컬럼명이 첫 번째 행에 위치
    #index_col=0: 첫 컬럼을 인덱스 열로 사용

print('*** Scipy 이용 상관계수 ***')
print(stats.pearsonr(data['height'], data['weight']))  #사이파이 모듈 이용 (상관계수, p-value)
print(type(stats.pearsonr(data['height'], data['weight'])))  #데이터 구조 출력
print('상관계수(Scipy 모듈 이용): ', end=''); print(stats.pearsonr(data['height'], data['weight'])[0])
print('p-value(Scipy 모듈 이용): ', end=''); print(stats.pearsonr(data['height'], data['weight'])[1])
    #p-value<유의수준(5% 또는 1%)이면 귀무가설 기각(키-몸무게 사이 통계적으로 서로 유의한 관계가 있다)

test = stats.ttest_ind(data['height'], data['weight'])
    #키-몸무게 사이 T-검정(평균 차이 가설검정), 귀무가설: 키와 몸무게의 평균은 차이가 없다.
print('키-몸무게 사이 T-검정 결과:  '); print(test)  #T-검정 결과(통계량, 유의확률(p-value))
print('T-검정 통계량:  ', end=''); print(test[0])
print('유의 확률(p-value):  ', end=''); print(test[1])
    #p-value<유의수준(5% 또는 1%)이면 귀무가설 기각(키-몸무게의 평균은 통계적으로 서로 유의한 관계가 있다)
*** Scipy 이용 상관계수 ***
PearsonRResult(statistic=0.9954947677842163, pvalue=1.0909729585995886e-14)
<class 'scipy.stats._stats_py.PearsonRResult'>
상관계수(Scipy 모듈 이용):   0.9954947677842163
p-value(Scipy 모듈 이용):   1.0909729585995886e-14
키-몸무게 사이 T-검정 결과:
Ttest_indResult(statistic=-17.222851136606238, pvalue=1.965846128991729e-16)
T-검정 통계량:   -17.222851136606238
유의 확률(p-value):   1.965846128991729e-16
```

③ 동일한 방법으로 mtcars.csv 파일을 이용하여 자동차 무게(wt)와 자동차 연비(mpg) 사이의 유의성을 검정하면 다음과 같다. p-value=test[1]=3.48×10^{-16}로 유의수준 1%에서 귀무가설은 기각되어 자동차 무게와 자동차 연비 사이에 통계적으로 유의한 관계가 있음을 알 수 있다.

```
from google.colab import drive    #구글 드라이브 코랩 마운트
drive.mount('/content/drive')     #구글 드라이브 연결
import pandas as pd               #판다스 라이브러리
from scipy import stats           #사이파이(가설검정) 라이브러리

data = pd.read_csv('/content/drive/MyDrive/work/mtcars.csv', index_col=0)

print('자동차 무게(wt)-연비(mpg) 사이 공분산: ', end=''); print((data.cov()).iloc[0,1])
print('자동차 무게(wt)-연비(mpg) 사이 상관계수: ', end=''); print((data.corr()).iloc[0,1])

print('상관계수(Scipy 모듈 이용): ', end=''); print(stats.pearsonr(data['wt'], data['mpg'])[0])
print('p-value(Scipy 모듈 이용): ', end=''); print(stats.pearsonr(data['wt'], data['mpg'])[1])

test = stats.ttest_ind(data['wt'], data['mpg'])
print('자동차 무게-연비 사이 T-검정 결과: '); print(test)  #T-검정 결과(통계량, 유의확률(p-value))
print('T-검정 통계량: ', end=''); print(test[0])
print('유의 확률(p-value): ', end=''); print(test[1])
  #p-value<유의수준(5% 또는 1%)이면 귀무가설 기각(무게-연비의 평균은 통계적으로 서로 유의한 관계가 있다)
자동차 무게(wt)-연비(mpg) 사이 공분산:   -9.172379032258064
자동차 무게(wt)-연비(mpg) 사이 상관계수:  -0.8521619594266132
상관계수(Scipy 모듈 이용):   -0.8676593765172278
p-value(Scipy 모듈 이용):   1.293958701350513e-10
자동차 무게-연비 사이 T-검정 결과:
Ttest_indResult(statistic=-15.632569384302956, pvalue=3.479982343634227e-23)
T-검정 통계량:  -15.632569384302956
유의 확률(p-value):  3.479982343634227e-23
```

④ mtcars.csv 파일에서 (연비, 무게, 1/4마일 도달시간, 배기량, 후방차축 비율)=(mpg, wt, qsec, disp, drat) 변수를 추출하여 변수들 사이의 공분산 및 상관계수를 구하면 다음과 같다. 변수들 사이의 유의확률 값으로부터 서로 유의한 변수를 확인한다. p-value 값이 1% 또는 5%보다 작은 경우 서로 유의한 관계임을 확인한다. 예를 들어 (mpg, qsec) 사이 유의확률=0.017이므로 (귀무가설을 기각할 수 없어) 유의수준 1%에서 두 변수들 사이에는 유의한 관계가 없음을 알 수 있다.

```
from google.colab import drive    #구글 드라이브 코랩 마운트
drive.mount('/content/drive')     #구글 드라이브 연결
import pandas as pd               #판다스 라이브러리
import numpy as np                #넘파이 라이브러리
from scipy import stats           #사이파이(가설검정) 라이브러리
data = pd.read_csv('/content/drive/MyDrive/work/mtcars.csv', index_col=0)
df = data[['mpg', 'wt', 'qsec', 'disp', 'drat']]   #열 추출하여 df로 저장
print(df.head())  #첫 5행 출력
print('### 공분산 ###')
print(df.cov())
print('$$$ 상관계수 $$$')
print(df.corr())
print(type(df.corr()))   #데이터구조: 데이터프레임

for i in range(0, df.shape[1]):
  col1 = df.columns[i]
  j = i + 1
  for k in range(j, df.shape[1]):
    col2 = df.columns[k]
    result = stats.pearsonr(df[col1], df[col2])
    print('변수1: ' + df.columns[i]+' '+'변수2:' + df.columns[k] + ' (검정통계량, 유의확률)= ', end=''); print(result)

print('$$$ (유의확률) 데이터프레임으로 저장하기 $$$')
gap = pd.DataFrame(np.zeros((df.shape[1], df.shape[1])), columns=df.columns)   #데이터프레임 초기화(모든값=0)
for i in range(0, df.shape[1]):
  col1 = df.columns[i]
  j = i + 1
  for k in range(j, df.shape[1]):
    col2 = df.columns[k]
    result = stats.pearsonr(df[col1], df[col2])
    gap.iloc[i,k] = result[1]
print(gap)
```

```
              mpg    wt    qsec   disp   drat
model
Mazda RX4     21.0   2.620  16.46  160.0  3.90
Mazda RX4 Wag 21.0   2.875  17.02  160.0  3.90
Datsun 710    22.8   2.320  18.61  108.0  3.85
Hornet 4 Drive 21.4  3.215  19.44  258.0  3.08
Hornet Sportabout 18.7 3.440 17.02 360.0  3.15
### 공분산 ###
           mpg         wt        qsec         disp         drat
mpg    36.324103   -5.116685   4.509149   -633.097208    2.195064
wt     -5.116685    0.957379  -0.305482    107.684204   -0.372721
qsec    4.509149   -0.305482   3.193166    -96.051681    0.087141
disp -633.097208  107.684204 -96.051681  15360.799829  -47.064019
drat    2.195064   -0.372721   0.087141    -47.064019    0.285881
$$$ 상관계수 $$$
          mpg        wt       qsec      disp      drat
mpg   1.000000  -0.867659  0.418684 -0.847551  0.681172
wt   -0.867659   1.000000 -0.174716  0.887980 -0.712441
qsec  0.418684  -0.174716  1.000000 -0.433698  0.091205
disp -0.847551   0.887980 -0.433698  1.000000 -0.710214
drat  0.681172  -0.712441  0.091205 -0.710214  1.000000
<class 'pandas.core.frame.DataFrame'>
변수1: mpg  변수2:wt   (검정통계량, 유의확률)= PearsonRResult(statistic=-0.8676593765172278, pvalue=1.293958701350513e-10)
변수1: mpg  변수2:qsec (검정통계량, 유의확률)= PearsonRResult(statistic=0.4186840339217782, pvalue=0.017081988496519634)
변수1: mpg  변수2:disp (검정통계량, 유의확률)= PearsonRResult(statistic=-0.8475513792624787, pvalue=9.380326537381391e-10)
변수1: mpg  변수2:drat (검정통계량, 유의확률)= PearsonRResult(statistic=0.6811719078067493, pvalue=1.7762399287524143e-05)
변수1: wt   변수2:qsec (검정통계량, 유의확률)= PearsonRResult(statistic=-0.17471587871340488, pvalue=0.3388682841349162)
변수1: wt   변수2:disp (검정통계량, 유의확률)= PearsonRResult(statistic=0.8879799220581379, pvalue=1.222319502843605e-11)
변수1: wt   변수2:drat (검정통계량, 유의확률)= PearsonRResult(statistic=-0.7124406466973718, pvalue=4.78426006613253e-06)
변수1: qsec 변수2:disp (검정통계량, 유의확률)= PearsonRResult(statistic=-0.4336978908110138, pvalue=0.01314403636597356)
변수1: qsec 변수2:drat (검정통계량, 유의확률)= PearsonRResult(statistic=0.09120475965118, pvalue=0.6195825845550897)
변수1: disp 변수2:drat (검정통계량, 유의확률)= PearsonRResult(statistic=-0.7102139271692701, pvalue=5.282021688157184e-06)
$$$ (유의확률) 데이터프레임으로 저장하기 $$$
    mpg         wt          qsec         disp          drat
0   0.0  1.293959e-10   0.017082   9.380327e-10   0.000018
1   0.0  0.000000e+00   0.338868   1.222320e-11   0.000005
2   0.0  0.000000e+00   0.000000   1.314404e-02   0.619583
3   0.0  0.000000e+00   0.000000   0.000000e+00   0.000005
4   0.0  0.000000e+00   0.000000   0.000000e+00   0.000000
```

4 비모수 통계(윌콕슨 순위합 검정)

① 윌콕슨 순위합 검정(Wilcoxon Rank-sum Test) 또는 맨-휘트니 순위합 검정(Mann-Whitney Rank-sum Test)은 두 개의 독립된 집단 사이에 차이가 있는지를 검정하기 위해 사용되는 비모수 통계적 기법이다. 비모수 통계는 데이터 분포가 정규분포를 따르지 않거나, 데이터가 순위 형태로 주어지는 경우에 사용된다.

② 범주형 자료(서열척도 등)의 경우 두 변수 사이의 상관관계를 분석하기 위해 윌콕슨 순위합 검정 방법을 이용한다.

㉠ 다음은 6명의 학생에 대한 과목별 순위 데이터이다. 수학과 영어 과목 성적 사이의 상관관계를 알아보기 위해 판다스 자료로 데이터를 저장(data)한다.

학생ID	성 별	학 년	국 어	수 학	영 어	사 회	과 학
1	여성	1	2	2	3	2	2
2	남성	1	6	3	4	6	6
3	남성	2	4	6	5	5	5
4	여성	2	3	5	2	4	4
5	남성	3	1	1	1	1	1
6	남성	3	5	4	6	3	3

```python
import pandas as pd              #판다스 라이브러리
import matplotlib.pyplot as plt  #맷플롯립 라이브러리

data = pd.DataFrame({'학생ID': ['1', '2', '3', '4', '5', '6'],
                    '성별': ['여성', '남성', '남성', '여성', '남성', '남성'],
                    '학년': ['1', '1', '2', '2', '3', '3'],
                    '국어': [2, 6, 4, 3, 1, 5],
                    '수학': [2, 3, 6, 5, 1, 4],
                    '영어': [3, 4, 5, 2, 1, 6],
                    '사회': [2, 6, 5, 4, 1, 3],
                    '과학': [2, 6, 5, 4, 1, 3]},
                    columns=['학생ID','성별','학년','국어','수학','영어','사회','과학'])
df = data.set_index('학생ID')     #인덱스열(학생ID) 지정하여 새로운 데이터프레임으로 저장
print(df)  #데이터프레임 출력

plt.title('Mathematics-English Score Scatter Plot')
plt.xlabel('Mathematics Score')
plt.ylabel('English Score')
plt.scatter(df['수학'], df['영어'])
plt.show()
```

```
      성별 학년 국어 수학 영어 사회 과학
학생ID
1     여성  1   2   2   3   2   2
2     남성  1   6   3   4   6   6
3     남성  2   4   6   5   5   5
4     여성  2   3   5   2   4   4
5     남성  3   1   1   1   1   1
6     남성  3   5   4   6   3   3
```

㉡ "수학 성적이 높으면(순위가 높으면), 영어 성적도 높다."의 진위를 확인하기 위해 귀무가설을 "수학 성적이 우수하다고, 영어 성적도 우수하다고 볼 수 없다(두 변수 사이에는 유의한 관계가 없다)."로 설정한다. 유의확률=0.89로 유의수준 5%에서 귀무가설을 기각할 수 없어 (수학, 영어) 성적의 순위 사이에는 유의한 관계가 없음을 알 수 있다.

```
import pandas as pd         #판다스 라이브러리 import
from scipy import stats     #사이파이(가설검정) 라이브러리
import statistics as st     #통계량 계산 라이브러리
from scipy.stats import wilcoxon   #Wilcoxon 순위 검정(비모수 통계)
import warnings; warnings.filterwarnings('ignore')  #경고 메시지 미출력
data = pd.DataFrame({'학생ID': ['1', '2', '3', '4', '5', '6'],
                     '성별': ['여성', '남성', '남성', '여성', '남성', '남성'],
                     '학년': ['1', '1', '2', '2', '3', '3'],
                     '국어': [2, 6, 4, 3, 1, 5],
                     '수학': [2, 3, 6, 5, 1, 4],
                     '영어': [3, 4, 5, 2, 1, 6],
                     '사회': [2, 6, 5, 4, 1, 3],
                     '과학': [2, 6, 5, 4, 1, 3]},
                    columns=['학생ID','성별','학년','국어','수학','영어','사회','과학'])
df = data.set_index('학생ID')   #인덱스열(학생ID) 지정하여 새로운 데이터프레임으로 저장
print('*** 변수들 사이 공분산 ***'); print(df.cov())
print('@@@ 변수들 사이 상관계수 @@@'); print(df.corr())
print('--------------------------------------------------')
print('수학-영어 성적 사이 공분산(판다스 모듈): ', end=''); print(df.cov().iloc[1,2])
print('수학-영어 성적 사이 상관계수(판다스 모듈): ', end=''); print(df.corr().iloc[1,2])
print('수학-영어 성적 사이 공분산(statistics 모듈): ', end=''); print(st.covariance(df['수학'], df['영어']))
print('수학-영어 성적 사이 상관계수(statistics 모듈): ', end=''); print(st.correlation(df['수학'], df['영어']))
print('^^^ Scipy 모듈 이용, 상관계수, p-value ^^^')
print(stats.pearsonr(df['수학'], df['영어']))  #사이파이 모듈 이용 (상관계수, p-value)
print('상관계수(Scipy 모듈 이용): ', end=''); print(stats.pearsonr(df['수학'], df['영어'])[0])
print('p-value(Scipy 모듈 이용): ', end=''); print(stats.pearsonr(df['수학'], df['영어'])[1])
    #p-value>0.05(또는 0.01)이므로 귀무가설(서로 유의한 차이가 없다)을 기각할 수 없음
test = wilcoxon(df['수학'], df['영어'])   #수학-영어 성적 평균의 차이에 대한 Wilcoxon 순위 검정(비모수 통계)
print('수학-영어 성적 사이 Wilcoxon-검정 결과: '); print(test)  #Wilcoxon 검정 결과(통계량, 유의확률(p-value))
print('Wilcoxon-검정 통계량: ', end=''); print(test[0])
print('유의 확률(p-value): ', end=''); print(test[1])
```

```
*** 변수들 사이 공분산 ***
      국어   수학   영어   사회   과학
국어   3.5  1.7  2.7  2.9  2.9
수학   1.7  3.5  1.9  2.3  2.3
영어   2.7  1.9  3.5  1.7  1.7
사회   2.9  2.3  1.7  3.5  3.5
과학   2.9  2.3  1.7  3.5  3.5
@@@ 변수들 사이 상관계수 @@@
          국어        수학        영어        사회        과학
국어  1.000000  0.485714  0.771429  0.828571  0.828571
수학  0.485714  1.000000  0.542857  0.657143  0.657143
영어  0.771429  0.542857  1.000000  0.485714  0.485714
사회  0.828571  0.657143  0.485714  1.000000  1.000000
과학  0.828571  0.657143  0.485714  1.000000  1.000000
--------------------------------------------------
수학-영어 성적 사이 공분산(판다스 모듈):  1.9000000000000001
수학-영어 성적 사이 상관계수(판다스 모듈):  0.5428571428571428
수학-영어 성적 사이 공분산(statistics 모듈):  1.9
수학-영어 성적 사이 상관계수(statistics 모듈):  0.5428571428571428
^^^ Scipy 모듈 이용, 상관계수, p-value ^^^
PearsonRResult(statistic=0.5428571428571428, pvalue=0.26570262390670574)
상관계수(Scipy 모듈 이용):  0.5428571428571428
p-value(Scipy 모듈 이용):  0.26570262390670574
수학-영어 성적 사이 Wilcoxon-검정 결과:
WilcoxonResult(statistic=7.0, pvalue=0.8907458009320663)
Wilcoxon-검정 통계량:  7.0
유의 확률(p-value):  0.8907458009320663
```

제2장 회귀분석

1 회귀분석의 이해

① 회귀분석의 성능평가(예측 모형)를 위해 다음 라이브러리를 이용한다.

from statsmodels.formula.api import ols	#선형회귀분석[ols()]
from sklearn.linear_model import LinearRegression	#선형회귀분석[LinearRegression()]
import math	#수학 함수
from sklearn import metrics	#정확도 평가(MSE, MAE, R^2)
import statsmodels.api as sm	#선형회귀분석 및 통계분석
import pandas as pd	#판다스(데이터프레임 구조 활용)
import numpy as np	#넘파이(다차원 배열 및 수학함수)

② 회귀분석(Regression Analysis)은 변수들 사이의 인과관계를 규명하는 통계분석 방법으로서 일반적으로 회귀분석에서 다른 변수에 영향을 주는 원인에 해당하는 변수를 독립변수라 하고, 영향을 받는 결과에 해당하는 변수를 종속변수라 한다.
  ㉠ 독립변수(Independent Variable) : 다른 변수에 영향을 주는 변수로 보통 x로 표기하고 설명변수(Explanatory Variable) 또는 예측변수(Predictor Variable)라고 한다.
  ㉡ 종속변수(Dependent Variable) : 다른 변수로부터 영향을 받는 변수로 보통 y로 표기하고 반응변수(Response Variable) 또는 결과변수(Outcome Variable)라고 한다.

③ 회귀분석을 통해 영향을 주는 독립변수(x)와 영향을 받는 종속변수(y) 사이의 함수적 관계를 규명한다. 즉, 회귀분석은 독립변수와 종속변수 사이의 회귀식을 근간으로 종속변수에 대한 독립변수들의 영향이 유의한지를 파악하는 데 주목적이 있다.

④ 회귀분석을 위해서는 종속변수와 독립변수 모두 등간척도 또는 비율척도와 같은 연속형 변수들로 측정된 자료를 이용한다.

2 단순 및 다중 회귀분석

① 단순 회귀분석
  ㉠ 독립변수와 종속변수가 각각 1개인 경우 독립변수와 종속변수 사이의 선형방정식(Linear Equation)인 회귀식을 근간으로 종속변수에 대한 독립변수의 영향이 유의한지를 판단한다.

ⓛ 단순 회귀분석 모형은 다음과 같다.

$$y = B_0 + B_1 x + \epsilon$$

- x : 독립변수
- y : 종속변수
- B_0, B_1 : 회귀계수, ϵ : 오차항

ⓒ 회귀분석을 위해 사용되는 함수는 statsmodels.formula.api 모듈에 포함되어 있는 ols() (Ordinary Least Squares)이다. ols의 사용 형식은 다음과 같다.

$$\text{ols('y ~ x', data=data)}$$

- 'y ~ x' : '종속변수 ~ 독립변수1+독립변수2+⋯' 지정
- data=data : 분석 대상 데이터(종속변수와 독립변수가 포함된 데이터프레임)

ⓔ (키, 몸무게) 값으로 이루어진 women.csv 데이터프레임을 이용한 독립변수(키, height)와 종속변수(몸무게, weight) 사이의 회귀분석 결과를 요약하면 다음과 같다. summary()로 선형회귀모형의 적합 결과를 요약하고, params.x는 기울기(3.45), params.Intercept는 y절편 (−87.52)을 나타낸다. fittedvalues로 키에 대한 몸무게 추정값을 확인할 수 있으며, 실제값과 예측값 사이의 잔차(resid.mean=−3.6)를 이용하여 예측의 정확도를 평가한다.

```python
from google.colab import drive        #구글 드라이브 코랩 마운트
drive.mount('/content/drive')         #구글 드라이브 연결
import pandas as pd                   #판다스 라이브러리
import matplotlib.pyplot as plt       #맷플롯립 라이브러리
from statsmodels.formula.api import ols  #선형회귀분석 모형(statsmodels), Ordinary Least Squares(OLS)
data = pd.read_csv('/content/drive/MyDrive/work/women.csv', header=0, index_col=0)
  #분석용 데이터 읽기(절대경로명 사용) / 데이터출처: R Datasets
  #header=0: 컬럼명이 첫 번째 행에 위치 / index_col=0: 첫 컬럼을 인덱스 열로 사용
x = data['height']     #독립변수(키)
y = data['weight']     #종속변수(몸무게)
fit = ols('y ~ x', data=data).fit()   #선형회귀분석 모형 구축
print(fit.summary())                  #선형회귀분석 모형 적합 결과 요약
print('y절편 추정값: ', end=''); print(fit.params.Intercept)   #y절편 추정값
print('기울기 추정값: ', end=''); print(fit.params.x)          #기울기 추정값

print('### 독립변수(키)에 따른 종속변수(몸무게) 추정값 ###')
print(fit.fittedvalues)
print('$$$ 잔차값, Residuals')
print(fit.resid)
print('잔차값의 평균: ', end=''); print(fit.resid.mean())

print('*** 새로운 키(65 inches)에 대한 몸무게(pounds) 예측값 ***')
print(fit.predict(exog=dict(x=65)))    #exog: exogeneous(외생변수값): caused by factors outside the system
print('키=67 inches일 때의 몸무게(pounds) 실제값: ', end=''); print(data.iloc[9,1])
print('키=67 inches일 때의 몸무게(pounds) 예측값: ', end=''); print(fit.predict(exog=dict(x=67)).values)
print('키=67 inches일 때의 몸무게(pounds) 예측값(기울기, y절편이용): ', end=''); print(fit.params.Intercept+67*fit.params.x)

relative_error = (data.iloc[9,1]-fit.predict(exog=dict(x=67)).values)/data.iloc[9,1]*100 #실제값과 예측값 사이의 상대오차(%)
print('실제값과 예측값 사이의 상대오차_절대값(%): ', end='')
print(abs(relative_error))

plt.figure(figsize=(10,5))
plt.scatter(x,y)
plt.plot(x, fit.fittedvalues, color='red')
plt.xlabel('Height (inches)')
plt.ylabel('Weight (pounds)')
plt.legend(('Actual Value', 'Predictive Value'), loc='center right')
plt.show()
```

```
                            OLS Regression Results
==============================================================================
Dep. Variable:                      y   R-squared:                       0.991
Model:                            OLS   Adj. R-squared:                  0.990
Method:                 Least Squares   F-statistic:                     1433.
Date:                Thu, 31 Aug 2023   Prob (F-statistic):           1.09e-14
Time:                        00:42:50   Log-Likelihood:                -26.541
No. Observations:                  15   AIC:                             57.08
Df Residuals:                      13   BIC:                             58.50
Df Model:                           1
Covariance Type:            nonrobust
==============================================================================
                 coef    std err          t      P>|t|      [0.025      0.975]
------------------------------------------------------------------------------
Intercept     -87.5167      5.937    -14.741      0.000    -100.343     -74.691
x               3.4500      0.091     37.855      0.000       3.253       3.647
==============================================================================
Omnibus:                        2.396   Durbin-Watson:                   0.315
Prob(Omnibus):                  0.302   Jarque-Bera (JB):                1.660
Skew:                           0.789   Prob(JB):                        0.436
Kurtosis:                       2.596   Cond. No.                         982.
==============================================================================
```

㉤ summary() 함수로 요약된 OLS Regression Results의 결과를 요약하면 다음과 같다.

- 회귀모형식 : $\beta_0 = -87.51667$(y절편, Intercept), $\beta_1 = 3.45$(기울기)
  $$y = \beta_0 + \beta_1 x = -87.51667 + 3.45x$$
- x(height)=67인 경우 예측값(y, weight)=143.63
  $$y = \beta_0 + \beta_1 x = -87.51667 + 3.45x = -87.51667 + 3.45 \times 67 = 143.63$$
- x(height)=67(inches)인 경우 실제 몸무게(y, 데이터세트)=142(pounds)
- 오차(예측값-실제값)=143.63-142=1.63
- 결정계수(R-squared=0.991)의 값이 1에 가까울수록 산점도에서 점들이 직선 주위에 밀집되어 나타남. 즉, 예측 회귀 모형식이 실제값과 잘 들어맞음을 의미함
- t-value=Estimate/Std. Error (추정치/표준오차)
  t값은 자유도가 n-2(15-2=13)인 t-분포를 따름
- p-value[Pr(>|t|)]=0.000 (유의확률)
  유의수준(1%)에서 귀무가설(기울기=0, 회귀식이 유의하지 않음) 기각(p-value<0.01). 즉, 키는 몸무게에 유의한 영향력이 있음
- 기울기에 대한 95% 신뢰구간은 (3.253, 3.647)
  $3.45 \pm 1.96 \times 0.09114 = (3.3, 3.6)$으로도 구할 수 있음

ⓑ 단순 회귀분석 모형식을 이용하여 height(키)=67(inches)일 때 몸무게를 예측[fit. predict(exog=dict(x=67)).values]하면 weight(몸무게)=143.63(pounds)이다. 실제값은 142 pounds로 예측값은 실제값 대비 약 1.15%의 차이가 있다. (키, 몸무게)에 대한 실제값(Actual Value)과 (기울기, y절편)의 예측값을 이용한 예측값(Predictive Value)을 이용하여 (실제값, 예측값) 사이의 차이를 시각화하여 확인할 수 있다.

```
y절편 추정값:  -87.51666666666733
기울기 추정값:  3.450000000000011
### 독립변수(키에 따른 종속변수(몸무게) 추정값 ###
1     112.583333
2     116.033333
3     119.483333
4     122.933333
5     126.383333
6     129.833333
7     133.283333
8     136.733333
9     140.183333
10    143.633333
11    147.083333
12    150.533333
13    153.983333
14    157.433333
15    160.883333
dtype: float64
$$$ 잔차값, Residuals
1      2.416667
2      0.966667
3      0.516667
4      0.066667
5     -0.383333
6     -0.833333
7     -1.283333
8     -1.733333
9     -1.183333
10    -1.633333
11    -1.083333
xxx 새로운 키(65 inches)에 대한 몸무게(pounds) 예측값 xxx
0     136.733333
dtype: float64
키=67 inches일 때의 몸무게(pounds) 실제값:   142
키=67 inches일 때의 몸무게(pounds) 예측값:   [143.63333333]
키=67 inches일 때의 몸무게(pounds) 예측값(기울기, y절편이용):  143.63333333333338
실제값과 예측값 사이의 상대오차_절대값(x):  [1.15023474]
```

ⓐ sklearn.linear_model 모듈의 LinearRegression()을 이용한 회귀분석 결과는 다음과 같다. 이 함수를 이용하는 경우 reshape() 함수를 이용하여 독립변수를 2차원 배열로 변경한 후 모형에 적합하게 만들며, ols() 분석 모형과 동일한 결과를 얻을 수 있다.

```
from google.colab import drive   #구글 드라이브 코랩 마운트
drive.mount('/content/drive')    #구글 드라이브 연결
import pandas as pd    #판다스 라이브러리
import matplotlib.pyplot as plt   #맷플롯립 라이브러리
from sklearn.linear_model import LinearRegression   #선형회귀분석 모형(scikit-learn(sklearn))

data = pd.read_csv('/content/drive/MyDrive/work/women.csv', header=0, index_col=0)
      #분석용 데이터 읽기(절대경로명 사용) / 데이터출처: R Datasets
      #header=0: 컬럼명이 첫 번째 행에 위치
      #index_col=0: 첫 컬럼을 인덱스 열로 사용

x = data['height'].values.reshape(-1,1)
      #독립변수(키), 배열의 차원 변경(열의 값=정수일때, 남은 배열의 길이와 남은 차원으로부터 추정하여 행의 개수 지정)
      #reshape(행,열); 2차원 배열로 변경
print(x[0:5])   #첫 5행(키, height값) 출력
y = data['weight']   #종속변수(몸무게)
fit = LinearRegression().fit(x,y)    #단순선형회귀 분석 모형 적합
print('y절편(추정값): ', end=''); print(fit.intercept_)   #y절편
print('기울기(추정값): ', end=''); print(fit.coef_)   #기울기
print('*** 키에 대한 몸무게 추정값 ***')
print(fit.predict(x))
print('### 잔차, Residuals ###')
residual = y - fit.predict(x)   #잔차, Residuals 계산
print(residual)
print('잔차값의 평균: ', end=''); print(residual.mean())

print('키=67 inches일 때의 몸무게(pounds) 실제값: ', end=''); print(data.iloc[9,1])
print('키=67 inches일 때의 몸무게(pounds) 예측값: ', end=''); print(fit.predict([[67]]))

relative_error = (data.iloc[9,1]-fit.predict([[67]]))/data.iloc[9,1]*100   #실제값과 예측값 사이의 상대오차(%)
print('실제값과 예측값 사이의 상대오차_절대값(%): ', end='');
print(abs(relative_error))

[[58]
 [59]
 [60]
 [61]
 [62]]
y절편(추정값): -87.51666666666657
기울기(추정값): [3.45]
*** 키에 대한 몸무게 추정값 ***
[112.58333333 116.03333333 119.48333333 122.93333333 126.38333333
 129.83333333 133.28333333 136.73333333 140.18333333 143.63333333
 147.08333333 150.53333333 153.98333333 157.43333333 160.88333333]
### 잔차, Residuals ###
1      2.416667
2      0.966667
3      0.516667
4      0.066667
5     -0.383333
6     -0.833333
7     -1.283333
8     -1.733333
9     -1.183333
10    -1.633333
11    -1.083333
12    -0.533333
13     0.016667
14     1.566667
15     3.116667
Name: weight, dtype: float64
잔차값의 평균: 3.789561257387201e-15
키=67 inches일 때의 몸무게(pounds) 실제값: 142
키=67 inches일 때의 몸무게(pounds) 예측값: [143.63333333]
실제값과 예측값 사이의 상대오차_절대값(%): [1.15023474]
```

② 다중 회귀분석
  ㉠ 독립변수가 2개 이상인 경우 종속변수를 예측하기 위하여 다중 회귀분석을 이용한다.
  ㉡ 다중 회귀분석의 모형은 다음과 같다.

$$y = \beta_0 + \beta_1 x_1 + \beta_2 x_2 + \cdots \beta_n x_n + \epsilon$$

  • x_i : 독립변수
  • y : 종속변수
  • β_i : 회귀계수, ϵ : 오차항($N(0, \sigma^2)$, iid)

  ㉢ seatbelts.csv는 영국에서 1969~1984년 사이 발생한 교통사고 관련 데이터이다. (사고발생건수, 앞좌석 승객수, 뒷좌석 승객수, 주행거리, 휘발유 가격)=(drivers, front, rear, kms, PetrolPrice)의 독립변수들과 사망자수(DriversKilled, 종속변수) 사이의 다중 회귀분석 모형을 설정하기 위해 판다스 데이터프레임 구조로 자료를 저장(data)한다.
  ㉣ (사고발생건수, 앞좌석 승객수, 사망자수) 사이의 산점도(drivers, front, DriversKilled)는 다음과 같다. 앞좌석 승객수(front)에 비하여 사고발생건수(drivers) 요인이 사망자수(DriversKilled)에 다소 많은 영향을 미치는 것으로 해석(즉, 사고가 많이 발생할수록 사망자수가 증가함)된다.

```python
from google.colab import drive    #구글 드라이브 코랩 마운트
drive.mount('/content/drive')     #구글 드라이브 연결
import pandas as pd               #판다스 라이브러리
import matplotlib.pyplot as plt   #맷플롯립 라이브러리
data = pd.read_csv('/content/drive/MyDrive/work/seatbelts.csv', header=0, index_col=0)
    #분석용 데이터 읽기(절대경로명 사용) / 데이터출처: R Datasets
    #header=0: 컬럼명이 첫 번째 행에 위치 / index_col=0: 첫 컬럼을 인덱스 열로 사용
print(data.head())

grid=(3, 3)    #(3행, 3열)로 분리, 9개의 그래프 그리기
plt.subplot2grid(grid, (0,0))
plt.plot(data['drivers'], data['drivers'], marker='o', color='red')
plt.subplot2grid(grid, (0,1))
plt.plot(data['drivers'], data['front'], marker='x', color='green')
plt.subplot2grid(grid, (0,2))
plt.plot(data['drivers'], data['DriversKilled'], marker='s', color='blue')
plt.subplot2grid(grid, (1,0))
plt.plot(data['front'], data['drivers'], marker='P', color='orange')
plt.subplot2grid(grid, (1,1))
plt.plot(data['front'], data['front'], marker='D', color='purple')
plt.subplot2grid(grid, (1,2))
plt.plot(data['front'], data['DriversKilled'], marker='+', color='pink')
plt.subplot2grid(grid, (2,0))
plt.plot(data['DriversKilled'], data['drivers'], marker='^', color='olive')
plt.subplot2grid(grid, (2,1))
plt.plot(data['DriversKilled'], data['front'], marker='X', color='cyan')
plt.subplot2grid(grid, (2,2))
plt.plot(data['DriversKilled'], data['DriversKilled'], marker='.', color='black')
plt.show()
```

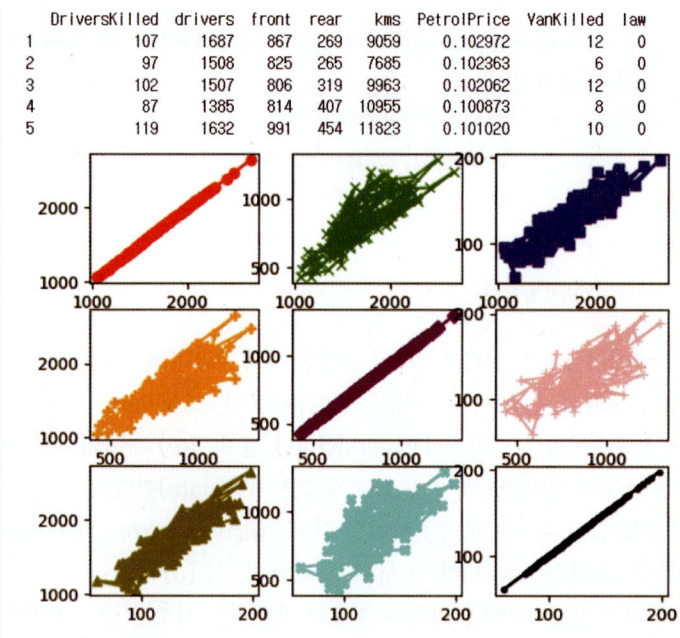

ⓓ ols()를 이용한 5개의 독립변수들과 종속변수(사망자수) 사이의 다중 회귀분석 결과는 다음과 같다. 종속변수 (drivers, front, rear, kms, PetrolPrice)=(1632, 991, 454, 11823, 0.1010197)에 대한 예측값(DriversKilled, 사망자수)=116.77명으로 실제값[actual_value=119명, (data.iloc[4,0])]과 약 1.87%의 차이가 있다.

```
from google.colab import drive    #구글 드라이브 코랩 마운트
drive.mount('/content/drive')     #구글 드라이브 연결
import pandas as pd               #판다스 라이브러리
from statsmodels.formula.api import ols  #선형회귀분석 모형(statsmodels),Ordinary Least Squares(OLS)

data = pd.read_csv('/content/drive/MyDrive/work/seatbelts.csv', header=0, index_col=0)
     #분석용 데이터 읽기(절대경로명 사용) / 데이터출처: R Datasets
     #header=0: 컬럼명이 첫 번째 행에 위치 / index_col=0: 첫 컬럼을 인덱스 열로 사용
print(data.head())
x = data[['drivers', 'front', 'rear', 'kms', 'PetrolPrice']]
     #독립변수(사고발생건수, 앞좌석 승객수, 뒷좌석 승객수, 주행거리, 휘발유 가격)
y = data['DriversKilled']    #종속변수(사망자 수)
fit = ols('y ~ x', data=data).fit()    #다중 선형회귀분석 모형 구축
print(fit.summary())    #다중 선형회귀분석 모형 적합 결과 요약

print('@@@ 종속변수 값에 따른 실제값/사망자수 = 119명 @@@')
print(data.iloc[4])
pred = fit.predict(exog=dict(x=[[1632, 991, 454, 11823, 0.1010197]]))
print('종속변수에 대한 예측값: ', end=''); print(pred)

relative_error = (data.iloc[4,0]-pred.values)/data.iloc[4,0]*100  #실제값과 예측값 사이의 상대오차(%)
print('실제값과 예측값 사이의 상대오차_절대값(%): ', end='');
print(abs(relative_error))
```

```
   DriversKilled  drivers  front  rear   kms   PetrolPrice  VanKilled  law
1        107       1687    867    269   9059    0.102972       12       0
2         97       1508    825    265   7685    0.102363        6       0
3        102       1507    806    319   9963    0.102062       12       0
4         87       1385    814    407  10955    0.100873        8       0
5        119       1632    991    454  11823    0.101020       10       0
                       OLS Regression Results
==============================================================================
Dep. Variable:                      y   R-squared:                       0.798
Model:                            OLS   Adj. R-squared:                  0.793
Method:                 Least Squares   F-statistic:                     147.2
Date:                Thu, 31 Aug 2023   Prob (F-statistic):           1.10e-62
Time:                        05:42:54   Log-Likelihood:                 -739.19
No. Observations:                 192   AIC:                             1490.
Df Residuals:                     186   BIC:                             1510.
Df Model:                           5
Covariance Type:            nonrobust
==============================================================================
                 coef    std err          t      P>|t|      [0.025      0.975]
------------------------------------------------------------------------------
Intercept     -19.5229     14.016     -1.393      0.165     -47.174       8.128
x[0]            0.0850      0.005     16.239      0.000       0.075       0.095
x[1]           -0.0147      0.013     -1.104      0.271      -0.041       0.012
x[2]            0.0190      0.020      0.928      0.355      -0.021       0.059
x[3]            0.0005      0.000      1.067      0.287      -0.000       0.001
x[4]          -23.4613     85.830     -0.273      0.785    -192.787     145.865
==============================================================================
Omnibus:                        2.639   Durbin-Watson:                   1.977
Prob(Omnibus):                  0.267   Jarque-Bera (JB):                2.589
Skew:                           0.282   Prob(JB):                        0.274
Kurtosis:                       2.926   Cond. No.                     1.60e+06
==============================================================================

@@@ 종속변수 값에 따른 실제값/사망자수 = 119명 @@@
DriversKilled       119.00000
drivers            1632.00000
front               991.00000
rear                454.00000
kms               11823.00000
PetrolPrice           0.10102
VanKilled            10.00000
law                   0.00000
Name: 5, dtype: float64
종속변수에 대한 예측값: 0    116.772692
dtype: float64
실제값과 예측값 사이의 상대오차_절대값(%): [1.87168773]
```

- 회귀모형식 : $\beta_0 = -19.5229$

    DriversKilled $= -19.5229 + 0.085$drivers $- 0.0147$front $+ 0.019$rear $+ 0.0005$kms $- 23.4613$PetrolPrice

- 결정계수($R-squared$)의 값이 1에 가까울수록 산점도에서 점들이 직선 주위에 밀집되어 나타남. 즉, 예측 회귀 모형식이 실제값과 잘 들어맞음

- $t-value = $ Estimate/Std. Error (추정치/표준오차)

    t값은 자유도가 n-2(192-2=190)인 t-분포를 따름

- 사고발생건수(drivers)에 대한 p-value[$Pr(>|t|)$]=0 (유의확률)

    유의수준(1%)에서 귀무가설(기울기=0, 회귀식이 유의하지 않음) 기각(p-value<0.01). 즉, 사고발생건수는 사망자수에 유의한 영향력이 있음

- 사고발생건수(계수, x[0])에 대한 95% 신뢰구간은 (0.075, 0.095)

    $0.08499 \pm 1.96 \times 0.0523 = (0.075, 0.095)$로도 구할 수 있음

③ 회귀분석을 포함하여 여러 데이터 분석 모형[n개의 데이터, 참값(실제값) y_i에 대한 예측값 $\widehat{y_i}$, 오차 $e_i = y_i - \widehat{y_i}$]의 성능을 평가하기 위해 다양한 평가 지표들이 사용된다.

〈예측 데이터 분석 모형의 성능평가 지표〉

구 분	성능평가 지표
평균 예측오차 (ME ; Mean of Errors)	• 예측오차의 산술 평균 • $ME = \dfrac{\sum_{i=1}^{n}(y_i - \widehat{y_i})}{n}$
표준오차 (RMSE ; Root Mean of Squared Errors)	• 평균 제곱오차(MSE) : 오차를 제곱하여 n으로 나눈 값 • $MSE = \dfrac{\sum_{i=1}^{n}(y_i - \widehat{y_i})^2}{n}$ • 평균 제곱오차를 제곱근하여 구함 • $RMSE = \sqrt{MSE} = \sqrt{\dfrac{\sum_{i=1}^{n}(y_i - \widehat{y_i})^2}{n}}$
평균 절대오차 (MAE ; Mean of Absolute Errors)	• 오차의 절댓값에 대한 평균 • $MAE = \dfrac{\sum_{i=1}^{n}|y_i - \widehat{y_i}|}{n}$
평균 백분오차 비율 (MPE ; Mean of Percentage Errors)	• 상대적 의미의 오차 크기에 대한 평균 • $MPE = \dfrac{1}{n}\sum_{i=1}^{n}\dfrac{y_i - \widehat{y_i}}{y_i}$
평균 절대 백분오차 비율 (MAPE ; Mean of Absolute Percentage Errors)	• 예측오차에 절댓값 사용 • 상대적 오차 크기에 대한 절댓값의 평균 • $MAPE = \dfrac{1}{n}\sum_{i=1}^{n}\left|\dfrac{y_i - \widehat{y_i}}{y_i}\right|$
평균 절대 척도 비율 (MASE ; Mean of Absolute Scaled Errors)	• 데이터를 척도화한 기준값 • 기준값들에 대한 예측오차의 절댓값 평균 • 오차(예측값과 실제값의 차이)를 평소에 움직이는 평균 변동폭으로 나눈 값 • $MASE = \dfrac{1}{n}\sum_{i=1}^{n}\dfrac{|e_i|}{\dfrac{1}{n-1}\sum_{i=2}^{n}|y_i - y_{i-1}|} = \dfrac{\sum_{i=1}^{n}|y_i - \widehat{y_i}|}{\dfrac{n}{n-1}\sum_{i=2}^{n}|y_i - y_{i-1}|}$

④ ols()를 이용하여 구축된 회귀 모형식에 대한 성능평가 지표를 구하면 다음과 같다. 여기서 참값 (실제값)은 df['DriversKilled']이고 예측값은 df['pred'] 항목으로 저장[데이터프레임(df)의 마지막 열(항목)에 추가]하여 성능을 분석한다.

> 회귀모형식 : $DriversKilled = -19.5229 + 0.085 drivers - 0.0147 front + 0.019 rear + 0.0005 kms - 23.4613 PetrolPrice$

```python
from google.colab import drive      #라이브러리 import
drive.mount('/content/drive')        #구글 드라이브 연결
import pandas as pd                  #판다스 라이브러리
from statsmodels.formula.api import ols  #선형회귀분석 모형(statsmodels)
import math                          #수학 함수(sqrt 등)
data = pd.read_csv('/content/drive/MyDrive/work/seatbelts.csv', header=0, index_col=0)
        #분석용 데이터 읽기(절대경로명 사용) / 데이터출처: R Datasets
        #header=0: 컬럼명이 첫 번째 행에 위치 / index_col=0: 첫 컬럼을 인덱스 열로 사용
df = data.copy()    #데이터프레임 복사(새로운 열 추가 사용)
x = df[['drivers', 'front', 'rear', 'kms', 'PetrolPrice']]
        #독립변수(사고발생건수, 앞좌석 승객수, 뒷좌석 승객수, 주행거리, 휘발유 가격)
y = df['DriversKilled']      #종속변수(사망자 수)
fit = ols('y ~ x', data=df).fit()    #다중 선형회귀분석 모형 구축

df['pred'] = fit.fittedvalues
print(df.head())

me = (df['DriversKilled']-df['pred']).mean()
print('평균 예측 오차(Mean of Errors)/ME:  ', end=''); print(me)
mse = ((df['DriversKilled']-df['pred'])*(df['DriversKilled']-df['pred'])).mean()
print('평균 제곱 오차(Mean of Squared Errors)/MSE:  ', end=''); print(mse)
rmse = math.sqrt(mse)
print('표준 오차(Root Mean of Squared Errors)/RMSE:  ', end=''); print(rmse)
mae = (abs(df['DriversKilled']-df['pred'])).mean()
print('평균 절대 오차(Mean of Absolute Errors)/MAE:  ', end=''); print(mae)
mpe = ((df['DriversKilled']-df['pred'])/df['DriversKilled']).mean()
print('평균 백분오차 비율(Mean of Percentage Errors)/MPE:  ', end=''); print(mpe)
mape = (abs((df['DriversKilled']-df['pred'])/df['DriversKilled'])).mean()
print('평균 절대 백분오차 비율(Mean of Absolute Percentage Errors)/MAPE:  ', end=''); print(mape)
```

```
   DriversKilled  drivers  front  rear    kms  PetrolPrice  VanKilled  law
1            107     1687    867   269   9059     0.102972         12    0
2             97     1508    825   265   7685     0.102363          6    0
3            102     1507    806   319   9963     0.102062         12    0
4             87     1385    814   407  10955     0.100873          8    0
5            119     1632    991   454  11823     0.101020         10    0

         pred
1  118.332108
2  102.989283
3  105.350498
4   97.057301
5  116.772692
평균 예측 오차(Mean of Errors)/ME:  -4.3927824341002025e-13
평균 제곱 오차(Mean of Squared Errors)/MSE:  129.28743225237358
표준 오차(Root Mean of Squared Errors)/RMSE:  11.370463150301907
평균 절대 오차(Mean of Absolute Errors)/MAE:  9.007509477926398
평균 백분오차 비율(Mean of Percentage Errors)/MPE:  -0.009265678664449356
평균 절대 백분오차 비율(Mean of Absolute Percentage Errors)/MAPE:  0.0765115725606875
```

⑤ 예측 모형에 대한 성능평가 지표는 사이킷런(sklearn)의 metrics 모듈을 이용하여 구할 수 있다. 여기서 r2_score는 결정계수 R^2이다. 결정계수 $R^2=1-$SSE(Error Sum of Squares)/SST(Total Sum of Squares)로 0과 1 사이의 값을 가지며, 이 값이 1에 가까울수록 선형회귀 모형이 데이터에 대하여 높은 연관성을 가지고 있다고 해석한다. 즉, 결정계수가 1에 가까울수록 산점도에서 점들이 직선 주위에 밀집되어 나타나게 되어 회귀를 잘 설명함을 뜻한다.

```
from google.colab import drive    #구글 드라이브 코랩 마운트
drive.mount('/content/drive')    #구글 드라이브 연결
from statsmodels.regression.linear_model import PredictionResults
import pandas as pd    #판다스 라이브러리
import numpy as np    #넘파이 라이브러리
from statsmodels.formula.api import ols    #선형회귀분석 모형(statsmodels), Ordinary Least Squares(OLS)
import math    #수학 함수(sqrt 등) 라이브러리
from sklearn import metrics    #사이킷런(sklearn) 정확도 평가 함수

data = pd.read_csv('/content/drive/MyDrive/work/seatbelts.csv', header=0, index_col=0)
    #분석용 데이터 읽기(절대경로명 사용) / 데이터출처: R Datasets
    #header=0: 컬럼명이 첫 번째 행에 위치 / index_col=0: 첫 컬럼을 인덱스 열로 사용

df = data.copy()    #데이터프레임 복사(새로운 열 추가 사용)
x = df[['drivers', 'front', 'rear', 'kms', 'PetrolPrice']]
    #독립변수(사고발생건수, 앞좌석 승객수, 뒷좌석 승객수, 주행거리, 휘발유 가격)
y = df['DriversKilled']    #종속변수(사망자 수)
fit = ols('y ~ x', data=df).fit()    #다중 선형회귀분석 모형 구축

df['pred'] = fit.fittedvalues
print(df.head())

mse = metrics.mean_squared_error(df['DriversKilled'], df['pred'])
print('평균 제곱 오차(Mean of Squared Errors)/MSE: ', end=''); print(mse)
print('표준 오차(Root Mean of Squared Errors)/RMSE: ', end=''); print(np.sqrt(mse))
mae = metrics.mean_absolute_error(df['DriversKilled'], df['pred'])
print('평균 절대 오차(Mean of Absolute Errors)/MAE: ', end=''); print(mae)
rsquared = metrics.r2_score(df['DriversKilled'], df['pred'])
print('R Squared(R^2): ', end=''); print(rsquared)
```

```
   DriversKilled  drivers  front  rear    kms  PetrolPrice  VanKilled  law #
1            107     1687    867   269   9059     0.102972         12   0
2             97     1508    825   265   7685     0.102363          6   0
3            102     1507    806   319   9963     0.102062         12   0
4             87     1385    814   407  10955     0.100873          8   0
5            119     1632    991   454  11823     0.101020         10   0

        pred
1  118.332108
2  102.989283
3  105.350498
4   97.057301
5  116.772692
평균 제곱 오차(Mean of Squared Errors)/MSE: 129.28743225237358
표준 오차(Root Mean of Squared Errors)/RMSE: 11.370463150301907
평균 절대 오차(Mean of Absolute Errors)/MAE: 9.007509477926398
R Squared(R^2): 0.7982354684742119
```

3 변수 선택 방법

① 다중 회귀분석 모형을 구축할 때 회귀 모형식에 대한 유의성 검정을 통해 종속변수를 설명할 수 있는 유의한 독립변수를 선택하여 회귀 모형식을 만든다.
② 유의한 변수를 선택하기 위해 전진선택법, 후진제거법, 단계별 선택법을 사용한다.

〈회귀모형에서의 변수 선택 방법〉

구 분	변수 선택 방법
전진선택법 (Forward Selection)	• 모든 변수 중에서 가장 유의한 변수를 하나씩 선택 • 변수를 선택하기 위해 F-통계량, AIC(Akaike Information Criterion) 값을 이용
후진제거법 (Backward Elimination)	• 독립변수 모두를 이용해서 회귀 모형식 설정 • 제곱합의 기준으로 가장 적은 영향을 주는 변수부터 하나씩 제거 • 더 이상 유의하지 않은 변수가 없을 때까지 독립변수를 제거하면서 회귀 모형식 설정
단계별 선택법 (Stepwise Method)	• 전진선택법으로 시작해서 중요도가 약해지면 해당 변수 제거 • 기준통계치에 영향이 적은 변수를 삭제하거나 회귀 모형식에서 빠진 변수들 중에서 모형식을 개선시키기 위한 작업을 반복적으로 수행하며 변수 선택

③ 전진선택법(Forward Selection) : statsmodels.api 라이브러리의 OLS() 클래스를 이용하여 선형회귀분석을 수행하면서 변수를 선택한다. 5개의 독립변수 중 (drivers, kms)=(사고발생건수, 주행거리)가 다른 변수들에 비하여 종속변수(DriversKilled, 사망자수)에 보다 유의함을 알 수 있다.

```python
from google.colab import drive    #구글 드라이브 코랩 마운트
drive.mount('/content/drive')     #구글 드라이브 연결
import pandas as pd               #판다스 라이브러리
import statsmodels.api as sm      #선형회귀분석 및 통계 분석
data = pd.read_csv('/content/drive/MyDrive/work/seatbelts.csv', header=0, index_col=0)
def forward_selection(X, y, alpha=0.05):   #유의수준=0.05(alpha)
  selected_features = []
  remaining_features = set(X.columns)      #집합 자료형으로 변환
  while remaining_features:
    best_pvalue = float('inf')   #초기값: 양의 무한대
    best_feature = None          #초기값: None(공집합)
    for feature in remaining_features:
      candidate_features = selected_features + [feature]
      X_subset = X[candidate_features]
      X_subset = sm.add_constant(X_subset)   #상수항 결합
      model = sm.OLS(y, X_subset).fit()      #선형회귀모형 적합
      pvalues = model.pvalues                #적합 모형의 p-values(유의확률)
      max_pvalue = pvalues.iloc[1:].max()    #유의확률의 최대값
      if max_pvalue < best_pvalue:           #(유의확률 최대값, 유의변수) 수정
        best_pvalue = max_pvalue
        best_feature = feature
    if best_pvalue < alpha:                  #유의수준과 비교(유의확률<유의수준인 경우 종료)
      selected_features.append(best_feature) #유의변수 추출
      remaining_features.remove(best_feature)
    else:
      break
  return selected_features
X = data[['drivers', 'front', 'rear', 'kms', 'PetrolPrice']]
y = data[['DriversKilled']]
selected_features = forward_selection(X, y)
print('차원축소: 전진선택법(Forward Selection) 수행결과 유의한 변수')
print(selected_features)

차원축소: 전진선택법(Forward Selection) 수행결과 유의한 변수
['drivers', 'kms']
```

제3장 로지스틱 회귀분석

1 로지스틱 회귀분석의 이해

① 로지스틱 회귀분석을 위해 다음 라이브러리를 이용한다.

from sklearn.linear_model import LogisticRegression	#로지스틱 회귀분석[LogisticRegression()]
import statsmodels.api as sm	#로지스틱 회귀분석[Logit()]
from sklearn.preprocessing import StandardScaler	#데이터 전처리(표준화)
from sklearn.datasets import make_classification	#랜덤 데이터 생성
from sklearn.metrics import confusion_matrix	#혼동행렬
from sklearn.metrics import log_loss	#성능분석 지표
from sklearn.metrics import classification_report	#분류 분석 성능평가 지표
from sklearn.metrics import roc_curve	#ROC 그래프
from sklearn.metrics import auc	#AUC(Area Under the Curve(ROC)) 계산
from sklearn.metrics import f1_score	#F1-score 계산
from sklearn.metrics import accuracy_score	#정확도 계산
from sklearn.metrics import precision_score	#정밀도 계산
from sklearn.metrics import recall_score	#재현율(민감도) 계산
from sklearn.model_selection import train_test_split	#(학습, 검증) 데이터 랜덤 추출
from sklearn.preprocessing import label_binarize	#레이블 이진화(다중 클래스)
import matplotlib.pyplot as plt	#데이터 시각화
import seaborn as sns	#데이터 시각화
import pandas as pd	#판다스(데이터프레임 구조)
import numpy as np	#넘파이(다차원 배열 및 수학함수)

② 종속변수가 수치형 자료가 아닌 범주형 자료[(남, 여), (성공, 실패), (A, B, O, AB) 등]로 주어진 경우 로지스틱 회귀분석(Logistic Regression Analysis)을 사용한다.

③ iris 데이터는 Ronald Fisher에 의해 작성된 것으로 붓꽃의 생육 데이터(150개 데이터=품종별 50개×3개 품종)이다. 꽃잎의 길이(Petal.Length)와 너비(Petal.Width) 그리고 꽃받침의 길이 (Sepal.Length)와 너비(Sepal.Width)에 따라 붓꽃의 3가지 품종(setosa, versicolor, virginica)을 구분한다.

[setosa]

[versicolor]

[virginica]

- 독립변수(cm)
  꽃받침의 길이(Sepal.Length)
        너비(Sepal.Width)
  꽃잎의 길이(Petal.Length)
        너비(Petal.Width)
- 종속변수(붓꽃의 품종, Species)
  setosa(1), versicolor(2), virginica(3)

```
import pandas as pd    #판다스
from sklearn.datasets import load_iris        #iris 데이터
from sklearn.preprocessing import StandardScaler #데이터 전처리

iris = load_iris()    #Iris 데이터 불러오기
X = iris.data
print(X[:5])                   #처음 5개 샘플 특성값
print(iris.feature_names)  #특성 (sepal length, sepal width, petal length, petal width)
print(iris.target_names)   #클래스 (setosa, versicolor, virginica)

scaler = StandardScaler()          #데이터 전처리(표준화)
X_scaled = scaler.fit_transform(X)
print(X_scaled[:5])
```

```
[[5.1 3.5 1.4 0.2]
 [4.9 3.  1.4 0.2]
 [4.7 3.2 1.3 0.2]
 [4.6 3.1 1.5 0.2]
 [5.  3.6 1.4 0.2]]
['sepal length (cm)', 'sepal width (cm)', 'petal length (cm)', 'petal width (cm)']
['setosa' 'versicolor' 'virginica']
[[-0.90068117  1.01900435 -1.34022653 -1.3154443 ]
 [-1.14301691 -0.13197948 -1.34022653 -1.3154443 ]
 [-1.38535265  0.32841405 -1.39706395 -1.3154443 ]
 [-1.50652052  0.09821729 -1.2833891  -1.3154443 ]
 [-1.02184904  1.24920112 -1.34022653 -1.3154443 ]]
```

④ 로지스틱 회귀분석 모형을 통해 네 가지 독립변수의 값(꽃받침과 꽃잎의 길이 및 너비)을 이용하여 해당 붓꽃이 세 가지 품종(setosa, versicolor, virginica) 중 어느 품종인지를 예측한다.

2 로지스틱 회귀모형

① sklearn.linear_model의 LinearRegression() 클래스를 이용하여 로지스틱 회귀분석 모형을 구축한다. iris 데이터의 독립변수(features)와 종속변수(labels : setosa, versicolor, virginica)를 저장하고 독립변수 데이터에 대해 표준화 전처리 작업을 수행[x=scaler.transform(features)]한다. 로지스틱 회귀모형은 model=LogisticRegression(C=20, max_iter=1000)으로 정의하며, C=20은 릿지회귀 L2 규제값이고 max_iter=1000는 데이터 반복 훈련 횟수이다.
② 매개변수 C는 로지스틱 회귀모형의 정규화 강도를 조절하는 하이퍼 파라미터이다. C값이 클수록 정규화가 약화되며, 모형이 학습 데이터에 더 많이 적합하려고 시도하고, C값이 작을수록 정규화가 강화되어 모형이 간단하게 유지하려고 시도하게 된다. 일반적으로 C값은 양의 실수로 설정(기본값=1, 기본적 정규화 적용)되며, 적절한 값은 교차검증을 통해 정한다.
③ max_iter은 모형 학습과정에서 최대 반복 횟수를 제어하는 매개변수(기본값=100)이다. 로지스틱 회귀모형은 경사하강법을 사용하여 학습되며, 이 매개변수는 경사하강법의 반복 횟수를 제한한다. max_iter 값을 높이면 모형이 더 많은 반복학습을 수행할 수 있지만, 너무 높게 설정하면 학습 시간이 길어질 수 있다.

```
from sklearn.datasets import load_iris      #iris (붓꽃 품종 데이터)
from sklearn.linear_model import LogisticRegression  #로지스틱 회귀분석
from sklearn.preprocessing import StandardScaler     #데이터 전처리, 표준화(Z-Score)
import pandas as pd         #판다스 라이브러리
import numpy as np          #넘파이 라이브러리
iris = load_iris()          #사이킷런(sklearn에 저장되어 있는 iris 데이터)
irisdata = pd.DataFrame(data=np.c_[iris['data'], iris['target']], columns=iris['feature_names']+['target'])
irisdata['target'] = irisdata['target'].map({0:'setosa', 1: 'versicolor', 2: 'virginica'})
  #실수형(0,1,2) 자료를 (setosa, versicolor, virginica) 자료로 변환하여 저장
print(irisdata.dtypes)      #데이터 타입 확인
display(irisdata.head())    #irisdata 첫 5행 출력
features = irisdata[['sepal length (cm)', 'sepal width (cm)', 'petal length (cm)', 'petal width (cm)']]
  #독립변수(설명, 원인, 요인, 조작, 조절, 예측, 위험인자, 공변량)
labels = irisdata['target']
  #종속변수(붓꽃 품종), (반응, 결과, 목표, 준거, 표적)
scaler = StandardScaler()      #Z-Score 표준화 모듈
scaler.fit(features)           #독립변수 값 계산
x = scaler.transform(features) #독립변수 값 변환(x)
print('& Z-Score 표준화 처리 후 독립변수 값(첫 5행), Z=(x-u)/s &')
print(x[:5])  #Z-Score 변환값 첫 5행 출력
model = LogisticRegression(C=20, max_iter=1000)
  #로지스틱 회귀분석 모형 구축(Logistic Regression)
  #C=20: 계수의 제곱 규제(릿지회귀, L2규제, alpha값으로 규제, alpha가 커지면 규제가 커짐, 반대로 C는 작을수록 규제 커짐(기본값, C=1)
  #C=20으로 규제를 다소 완화 시킴
  #max_iter=1000: 반복횟수(기본값=100, 데이터 반복 훈련횟수 지정)
model.fit(x, labels)
print('로지스틱 회귀모형의 정확도(%): ', end=''); print(model.score(x, labels)*100)
print('^^^ 분류 유형 ^^^:   ', end='')
print(model.classes_)
print('계수의 크기(특성의 개수=4): ', end=''); print(model.coef_.shape)
  #각각의 클래스(3)마다 특성의 계수값(시그모이드 함수,독립변수 z값) 계산(4): 4행 3열 배열
print(model.coef_)  #각 features들의 계수(coefficients)
print('z절편값(분류 클래스의 개수=3)의 크기: ', end=''); print(model.intercept_.shape)
print(model.intercept_)  #각 features들의 절편(intercept)
print('%% 클래스별 z(z1, z2, z3) 값(첫 5행) / 시그모이드(로지스틱) 함수 독립변수(z) %%')
deci = model.decision_function(x[:5])   #Sigmoid 함수 독립변수 값 계산 메소드
print(np.round(deci, 2))  #소숫점 이하 둘째자리 출력, 배열 요소 반올림 함수(np.round())
print('** 로지스틱 회귀모형 분류 결과 **')
print('실제값= '+labels[:5]+'  '+'예측값= '+model.predict(x[:5]))   #실제값과 예측값 비교(첫 5행)
print('## 예측 확률(확률이 가장 높은 값을 가지는 품종으로 분류) ##')
prob = model.predict_proba(x[:5])   #예측 확률(첫 5행)
print(np.round(prob, 3))  #소숫점 이하 세째 자리 출력(반올림), 배열 요소 반올림 함수(np.round())
```

④ 로지스틱 회귀분석 모형(model)의 수행 결과는 다음과 같다. 분석 모형에서 제공하는 주요 메소드와 속성값들을 이용하여 분석 모형의 결과를 해석(정확도=98%)한다.

- model.score(x, labels)*100 : 정확도
- model.classes_ : 분류 유형(종속변수 : setosa, versicolor, virginica)
- model.coef_.shape : 특성의 개수(4)
- model.intercept_.shape : 분류 클래스 개수(3)
- model.intercept_ : 각 features(독립변수)의 절편(intercept)
- model.decision_function() : 로지스틱 함수의 독립변수(z)
- model.predict() : 품종 예측
- model.predict_proba() : 품종 예측 확률(확률값이 가장 큰 값을 가지는 품종으로 예측)

```
sepal length (cm)    float64
sepal width (cm)     float64
petal length (cm)    float64
petal width (cm)     float64
target               object
dtype: object
```

	sepal length (cm)	sepal width (cm)	petal length (cm)	petal width (cm)	target
0	5.1	3.5	1.4	0.2	setosa
1	4.9	3.0	1.4	0.2	setosa
2	4.7	3.2	1.3	0.2	setosa
3	4.6	3.1	1.5	0.2	setosa
4	5.0	3.6	1.4	0.2	setosa

```
& Z-Score 표준화 처리 후 독립변수 값(첫 5행), Z=(x-u)/s &
[[-0.90068117  1.01900435 -1.34022653 -1.3154443 ]
 [-1.14301691 -0.13197948 -1.34022653 -1.3154443 ]
 [-1.38535265  0.32841405 -1.39706395 -1.3154443 ]
 [-1.50652052  0.09821729 -1.2833891  -1.3154443 ]
 [-1.02184904  1.24920112 -1.34022653 -1.3154443 ]]
로지스틱 회귀모형의 정확도(%): 98.0
^^^ 분류 유형 ^^^:  ['setosa' 'versicolor' 'virginica']
계수의 크기(특성의 개수=4): (3, 4)
[[-1.82576547  2.08520962 -4.23555734 -3.97921194]
 [ 1.48356913 -0.33612877 -1.94432743 -1.6336868 ]
 [ 0.34219634 -1.74908085  6.17988477  5.61289875]]
z절편값(분류 클래스의 개수=3)의 크기: (3,)
[ 0.26069329  4.78866058 -5.04935387]
%% 클래스별 z(z1, z2, z3) 값(첫 5행) / 시그모이드(로지스틱) 함수 독립변수(z) %%
[[ 14.94   7.86 -22.81]
 [ 12.98   7.89 -20.88]
 [ 14.63   7.49 -22.11]
 [ 13.89   7.16 -21.05]
 [ 15.64   7.61 -23.25]]
** 로지스틱 회귀모형 분류 결과 **
0     실제값= setosa     예측값= setosa
1     실제값= setosa     예측값= setosa
2     실제값= setosa     예측값= setosa
3     실제값= setosa     예측값= setosa
4     실제값= setosa     예측값= setosa
Name: target, dtype: object
## 예측 확률(확률이 가장 높은 값을 가지는 품종으로 분류) ##
[[0.999 0.001 0.   ]
 [0.994 0.006 0.   ]
 [0.999 0.001 0.   ]
 [0.999 0.001 0.   ]
 [1.    0.    0.   ]]
```

⑤ 로지스틱 회귀모형은 대표적인 분류 분석 도구이며, 선형회귀와 동일하게 선형방정식을 학습한다. 예를 들어 iris 붓꽃 품종 분류 분석의 경우 품종=setosa에 대해 아래와 같은 선형방정식(z)을 이용한다. 그리고 시그모이드(Sigmoid, 또는 Logistic) 함수 f(z) 값을 이용하여 분류 예측 확률을 구한다. 여기서 z는 어떤 값도 가능하고, z가 아주 큰 음수일 때 f(z)는 0이 되고, z가 아주 큰 양수일 때 f(z)는 1이 된다[z=0일 때 f(z)=0.5].

$Z = 0.26069329 - 1.82576547 \times (\text{sepal length}) + 2.08520962 \times (\text{sepal width}) - 4.23555734 \times (\text{petal length}) - 3.97921194 \times (\text{petal width})$

$f(z) = \dfrac{1}{1+e^{-z}}$

⑥ 로지스틱 회귀분석 모형의 수행 결과를 시각적으로 나타내기 위해 가상의 데이터세트(x1, y)를 이용한다. sklearn.datasets의 make_classification()를 이용하여 분류문제를 위한 가상의 데이터세트를 생성하며, 여기서 n_features=1(특성 개수=1개), n_redundant=0(중복된 특성 없음), n_informative=1(클래스 구분 시 유용한 특성 개수=1개), n_clusters_per_class=1(클래스당 클러스터 개수=1), random_state=4(난수 발생 seed값)이다. 로지스틱 회귀모형은 statsmodels.api의 Logit() 모듈을 이용한 결과이다.

```python
import statsmodels.api as sm     #로지스틱 회귀분석 모형(Logit)
from sklearn.datasets import make_classification    #랜덤 데이터 생성
import matplotlib.pyplot as plt    #데이터 시각화
import seaborn as sns              #데이터 시각화
from sklearn.metrics import log_loss  #성능분석
x1, y = make_classification(n_features=1, n_redundant=0, n_informative=1,
           n_clusters_per_class=1, random_state=4)   #랜덤 데이터생성
print('@@@ 랜덤 생성 데이터(독립변수) 첫 5행 @@@')
print('생성 데이터 개수(행의 수): ', end=''); print(len(x1))
print(x1[:5])      #x1 첫 5행 출력(독립변수)
print(y[:5])       #y 첫 5행 출력(종속변수)
print('*** 분석 데이터 시각화 ***')
plt.scatter(x1, y, c=y, s=100, edgecolor='k', linewidth=2)  #산점도(x1, y)
sns.kdeplot(x1[y == 0, :], label= 'y = 0', fill=True, ec='blue', fc='white')
   #ec(edge color):선색상, fc(face color): 선(pdf) 아래 채우기 색상
sns.kdeplot(x1[y == 1, :], label = 'y = 1', fill=True, ec='red', fc='gray')
plt.legend(); plt.ylim(-0.2, 1.2)   #y축의 범위
plt.show()
x = sm.add_constant(x1)     #상수항 추가(독립변수 배열)
print('상수항 추가후 첫 5행 출력(독립변수 배열)'); print(x[:5]) #상수항 추가 후 첫 5행 출력(독립변수)
logitmodel = sm.Logit(y, x)    #로지스틱 회귀분석 모형 구축
results = logitmodel.fit(disp=0) #모형 적합, disp=0(display): 최적화과정에서 문자열 메세지 생략
print('!!! 로지스틱 회귀분석 모형 레포트 출력 !!!')
print(results.summary())   #수행 결과 요약
print('@@@ 판별함수 값, 첫 10행 출력 $$$')
print(results.fittedvalues[:10])
plt.scatter(x1, y, c=y, s=100, edgecolor='k', lw=2, label='input data')  #입력 데이터 산점도
plt.plot(x1, results.fittedvalues*0.1, label='descriminant function')  #판별함수 값
plt.legend(); plt.show()
print('*** 분석 모형의 성능분석 ***')
ypred = results.predict(x)
print('로그 손실(Log Loss)값: ', end=''); print(log_loss(y, ypred, normalize=False))  #로그 손실 값
```

⑦ matplotlib.pyplot와 seaborn 라이브러리를 이용하여 가상 데이터를 시각화하면 다음과 같다. (x1, y) 산점도 작성 시 종속변수에 대하여 색상을 정의(c=y, 클래스에 따라 다른 색상 사용)하고, 데이터값의 크기=100(s=100)으로 지정한다. 그리고 테두리 색을 검정색(edgecolor='k')으로 사용하고 테두리 선의 너비=2(linewidth=2)로 설정한다. seaborn의 kdeplot() 함수를 이용하여 커널밀도추정(KDE ; Kernel Density Estimation, 데이터 분포를 부드러운 확률밀도함수로 근사) 그래프를 작성한다. 여기서 x1[y==0, :]은 데이터 x1에서 클래스 y=0인 값을 선택하고, label='y=0'은 범례표시 라벨이다. fill=True는 KDE 곡선 아래 영역을 채우도록 설정하며, ec='blue'는 테두리 색을 지정하고, fc='white'는 영역의 색을 지정한다.

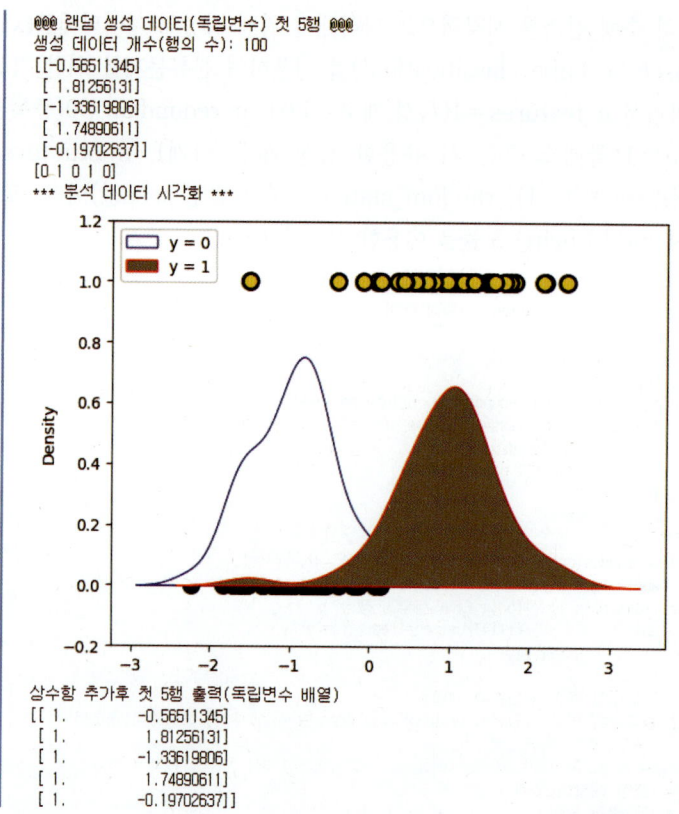

⑧ 상수항(절편)을 추가한 독립변수 x를 이용한 종속변수(y) 예측 결과를 요약[summary()]하여 $R^2=0.7679$, 계수(z=0.2515+4.2382×x), 유의수준 및 신뢰구간 등을 확인한다. 그리고 입력값(input data)에 대한 로지스틱 판별함수 값[f(z)]을 그래프로 작성하여 확인할 수 있으며, (실제값, 예측값)=(y, ypred)을 이용하여 손실을 정규화하지 않고 그대로 반환(normalize=False)하는 경우 로그 손실(log_loss)=16.08이다. 로그 손실은 주로 분류 분석 모형의 예측 결과와 실제 라벨 사이의 차이를 평가하는 데 사용되는 지표로서, 정확한 예측일수록 로그 손실은 낮아진다.

```
!!! 로지스틱 회귀분석 모형 레포트 출력 !!!
                 Logit Regression Results
==============================================================================
Dep. Variable:                      y   No. Observations:                  100
Model:                          Logit   Df Residuals:                       98
Method:                           MLE   Df Model:                            1
Date:                Fri, 01 Sep 2023   Pseudo R-squ.:                  0.7679
Time:                        02:03:33   Log-Likelihood:                -16.084
converged:                       True   LL-Null:                       -69.295
Covariance Type:            nonrobust   LLR p-value:                 5.963e-25
==============================================================================
                 coef    std err          z      P>|z|      [0.025      0.975]
------------------------------------------------------------------------------
const          0.2515      0.477      0.527      0.598      -0.683       1.186
x1             4.2382      0.902      4.699      0.000       2.470       6.006
==============================================================================
@@@ 판별함수 값, 첫 10행 출력 $$$
[-2.14361593  7.93353559 -5.41165604  7.66374973 -0.58357526 -3.86702227
  0.63906226 -3.21461146  4.57937202 -1.34248815]
```

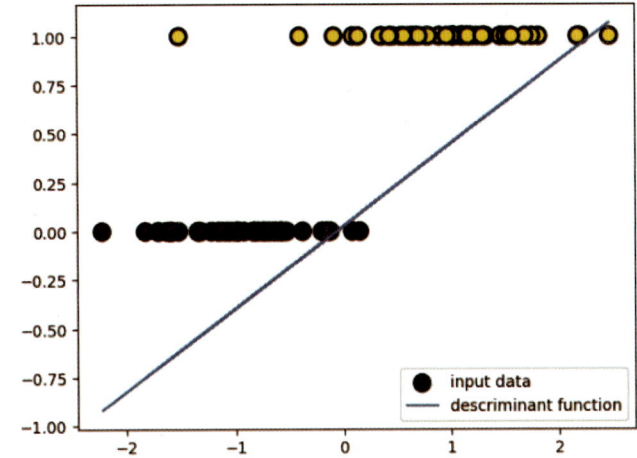

```
*** 분석 모형의 성능분석 ***
로그 손실(Log Loss)값:  16.084355200413036
```

3 성능분석

① 로지스틱 회귀 분류 분석 모형[Logit()]의 성능을 평가하기 위하여 정확도 이외에 혼동행렬(Confusion Matrix), ROC 그래프, AUC 값, F1 Score, 정밀도, 재현율 등을 평가한다.

```python
from sklearn.datasets import load_iris    #iris (붓꽃 품종 데이터 다운로드)
import pandas as pd                        #판다스 라이브러리
import statsmodels.api as sm               #로지스틱 회귀분석(Logit)
from sklearn.metrics import confusion_matrix       #혼동행렬 구축 모듈
from sklearn.metrics import classification_report  #분류 모형 성능평가 지표
from sklearn.metrics import roc_curve      #분류 모형 ROC 그래프 작성
from sklearn.metrics import auc            #AUC(Area under Curce) 값 계산
from sklearn.metrics import f1_score       #F1-Score 계산 모듈
from sklearn.metrics import accuracy_score #accuracy 계산 모듈
from sklearn.metrics import precision_score #precision 계산 모듈
from sklearn.metrics import recall_score   #recall 계산 모듈
import matplotlib.pyplot as plt            #시각화(그래프 작성)
iris = load_iris()   #사이킷런(sklearn에 저장되어 있는 iris 데이터)
x = iris.data        #독립변수(x)
y = iris.target      #종속변수(y, 붓꽃 품종)
dfx = pd.DataFrame(x, columns=iris.feature_names)  #데이터프레임 저장(x)
dfy = pd.DataFrame(y, columns=['species'])         #데이터프레임 저장(y)
df = pd.concat([dfx, dfy], axis=1)     #데이터프레임 결합
df = df[['sepal length (cm)', 'species']] #꽃받침의길이(sepal length), 품종 데이터 이용
df = df[df.species.isin([0,1])]     #품종(0,1) =(setosa, versicolor)만 선택(이진분류)
df = df.rename(columns={'sepal length (cm)': 'sepal_length'})  #열이름 변경

print('^^^ 로지스틱 회귀분석 결과 요약 ^^^')
model = sm.Logit.from_formula('species ~ sepal_length', data=df)  #로지스틱 회귀모형 구축
results = model.fit()     #모형 적합
print(results.summary())  #분석 결과 요약 레포트 출력
print('$$$ 판별함수의 값, 첫 10행 출력 $$$')
print(results.predict(df.sepal_length)[:10])
print('&&& 분류 수행 결과(첫 10행), False(0): setosa, True(1): versicolor')
ypred = results.predict(df.sepal_length) >= 0.5
      #판별기준값=0.5로 지정 / 판별함수값이 0.5 미만인 경우 setosa(0), 0.5 이상인 경우 versicolor(1)
print(ypred[:10])
print('$$$ 판별함수의 값, 첫 10행 출력 $$$')
print(results.predict(df.sepal_length)[:10])
print('&&& 분류 수행 결과(첫 10행), False(0): setosa, True(1): versicolor')
ypred = results.predict(df.sepal_length) >= 0.5
      #판별기준값=0.5로 지정 / 판별함수값이 0.5 미만인 경우 setosa(0), 0.5 이상인 경우 versicolor(1)
print(ypred[:10])

print('$$$ Confusion Matrix, 혼동행렬 $$$')
conf = confusion_matrix(df.species, ypred)
print(conf)
print('*** 분류 분석 모형 성능평가 지표 ***')
print(classification_report(df.species, ypred))
print('*** F1 Score 계산 모듈 이용 ***')
print('F1-Score: ', end=''); print(f1_score(df.species, ypred))
print('*** Accuracy 계산 모듈 이용 ***')
print('Accuracy (정확도): ', end='');
print(accuracy_score(df.species, ypred))
print('*** Precision 계산 모듈 이용 ***')
print('Precision (정밀도): ', end='');
print(precision_score(df.species, ypred))
print('*** Recall (재현율) 계산 모듈 이용 ***')
print(' Recall (재현율): ', end='');
print(recall_score(df.species, ypred))

print('^^^ ROC Curve ^^^')
fpr, tpr, thresholds = roc_curve(df.species, results.predict(df.sepal_length))
plt.plot(fpr, tpr)
plt.show()

print('** AUC, Area under ROC Curve, ROC 곡선 아래부분의 면적: ', end=''); print(auc(fpr, tpr))
```

② summary()로 분석 모형 수행 결과를 확인하고 이진분류로 설정(0이면 setosa 품종, 1이면 versicolor 품종)한 후 판별함수 값을 기준(0.5 미만이면 setosa 품종, 0.5 이상이면 versicolor 품종)으로 분류한 후 분류 수행 결과를 확인(False면 setosa 품종, True면 versicolor 품종)한다. 혼동행렬로부터 setosa를 setosa로 정확하게 분류한 경우는 50개 중 45개, versicolor을 versicolor로 정확하게 분류한 경우는 50개 중 44개로 정확도=89%이다.

```
^^^ 로지스틱 회귀분석 결과 요약 ^^^
Optimization terminated successfully.
         Current function value: 0.321056
         Iterations 8
                           Logit Regression Results
==============================================================================
Dep. Variable:                species   No. Observations:                  100
Model:                          Logit   Df Residuals:                       98
Method:                           MLE   Df Model:                            1
Date:                Fri, 01 Sep 2023   Pseudo R-squ.:                  0.5368
Time:                        04:05:14   Log-Likelihood:                -32.106
converged:                       True   LL-Null:                       -69.315
Covariance Type:            nonrobust   LLR p-value:                 6.320e-18
==============================================================================
                 coef    std err          z      P>|z|      [0.025      0.975]
------------------------------------------------------------------------------
Intercept     -27.8315      5.434     -5.122      0.000     -38.481     -17.182
sepal_length    5.1403      1.007      5.107      0.000       3.168       7.113
==============================================================================
$$$ 판별함수의 값, 첫 10행 출력 $$$
0    0.165794
1    0.066372
2    0.024798
3    0.014981
4    0.106237
5    0.481599
6    0.014981
7    0.106237
8    0.005411
9    0.066372
dtype: float64
&&& 분류 수행 결과(첫 10행), False(0): setosa, True(1): versicolor
0    False
1    False
2    False
3    False
4    False
5    False
6    False
7    False
8    False
9    False
dtype: bool
$$$ Confusion Matrix, 혼동행렬 $$$
[[45  5]
 [ 6 44]]
*** 분류 분석 모형 성능평가 지표 ***
              precision    recall  f1-score   support

           0       0.88      0.90      0.89        50
           1       0.90      0.88      0.89        50

    accuracy                           0.89       100
   macro avg       0.89      0.89      0.89       100
weighted avg       0.89      0.89      0.89       100

*** F1 Score 계산 모듈 이용 ***
F1-Score:  0.8888888888888889
*** Accuracy 계산 모듈 이용 ***
Accuracy (정확도):  0.89
*** Precision 계산 모듈 이용 ***
Precision (정밀도):  0.8979591836734694
*** Recall (재현율) 계산 모듈 이용 ***
 Recall (재현율):  0.88
```

③ (1−특이도, 민감도) 사이의 ROC(Receiver Operating Characteristics) 그래프를 작성하면 다음과 같다. 그래프가 왼쪽 위를 지날수록 분류의 성능이 우수함을 의미한다. auc() 함수로 구한 AUC=0.9326(ROC 곡선 아랫부분의 면적)이다. AUC 값으로 평가할 때 품종의 예측을 위해 구축된 로지스틱 회귀분석 모형의 성능은 매우 우수함을 알 수 있다.

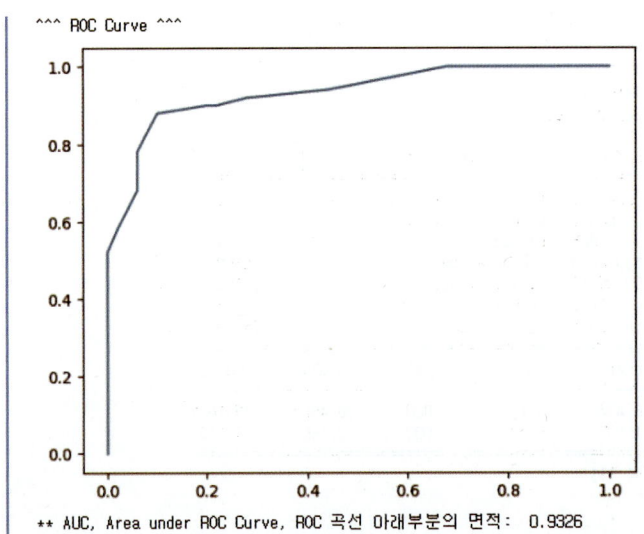

④ 전체 데이터를 [훈련 75%, 검증(또는 테스트) 25%]로 구분하여 데이터 학습 후 검증 데이터에 대한 분석 모형의 정확도를 예측(3가지 품종 예측)한다. 로지스틱 회귀모형은 LogisticRegression()을 적용하고 속성에 대한 표준화 전처리 과정을 거친 결과이다. 검증 데이터에 대한 분류 예측의 정확도=94.7%, 훈련 데이터에 대한 정확도=98.2%이다.

```
from sklearn.datasets import load_iris        #iris (붓꽃 품종 데이터)
import pandas as pd                            #판다스 라이브러리
import numpy as np                             #넘파이 라이브러리
from sklearn.linear_model import LogisticRegression  #로지스틱 회귀분석
from sklearn.preprocessing import StandardScaler    #데이터 전처리, 표준화(Z-Score)
from sklearn.model_selection import train_test_split #(학습, 검증) 데이터 랜덤 추출
iris = load_iris()    #사이킷런(sklearn에 저장되어 있는 iris 데이터)
x = iris.data         #독립변수(x)
y = iris.target       #종속변수(y, 붓꽃 품종)
dfx = pd.DataFrame(x, columns=iris.feature_names)  #데이터프레임 저장(x)
dfy = pd.DataFrame(y, columns=['species'])         #데이터프레임 저장(y)
df = pd.concat([dfx, dfy], axis=1)   #데이터프레임 결합
print(df.head())
df_input = df[['sepal length (cm)', 'sepal width (cm)', 'petal length (cm)', 'petal width (cm)']].to_numpy()
    #독립변수 항목 to_numpy()메소드로 넘파이 배열 변환
df_output = df['species'].to_numpy()  #종속변수 항목 넘파이 배열 변환
trainx, testx, trainy, testy = train_test_split(df_input, df_output, random_state=55)
    #데이터 분할: 훈련집합(trainx, trainy), 검증집합(testx, testy), 기본값: 훈련75%, 검증25%
    #random_state: 랜덤 데이터 발생시 초기seed값(동일값인 경우 동일한 결과(정확도) 출력)
scaler = StandardScaler()   #데이터 표준화 모듈(Z-Score=(x-u)/s)
scaler.fit(trainx)          #표준화 작업
trainx_scale = scaler.transform(trainx)  #표준화 값 저장(훈련 데이터)
testx_scale = scaler.transform(testx)    #표준화 값 저장(검증 데이터)
model = LogisticRegression(C=20, max_iter=1000)  #로지스틱 회귀모형,C:규제값, max_iter:반복횟수
model.fit(trainx_scale, trainy)   #훈련집합으로 로지스틱 회귀모형 학습
print('훈련집합에 대한 분류 성능(정확도, %): ', end=''); print(model.score(trainx_scale, trainy)*100)
print('검증집합에 대한 분류 성능(정확도, %): ', end=''); print(model.score(testx_scale, testy)*100)

print('분류 클래스: ', end=''); print(model.classes_)
print('각 속성별 계수(coefficients)'); print(model.coef_)
print('z 절편값'); print(model.intercept_)
```

```
       sepal length (cm)  sepal width (cm)  petal length (cm)  petal width (cm) ₩
0                    5.1               3.5                1.4               0.2
1                    4.9               3.0                1.4               0.2
2                    4.7               3.2                1.3               0.2
3                    4.6               3.1                1.5               0.2
4                    5.0               3.6                1.4               0.2

   species
0        0
1        0
2        0
3        0
4        0
훈련집합에 대한 분류 성능(정확도, %):  98.21428571428571
검증집합에 대한 분류 성능(정확도, %):  94.73684210526315
분류 클래스:  [0 1 2]
각 속성별 계수(coefficients)
[[-1.51661285  2.49755277 -3.53777587 -3.32111119]
 [ 1.64298062 -0.90974992 -2.17177004 -1.50911062]
 [-0.12636777 -1.58780286  5.70954591  4.83022181]]
z 절편값
[ 0.44336512  4.1516479  -4.59501303]
```

⑤ 3가지 품종 분류 예측 모형에 대한 혼동행렬을 구하면 다음과 같다. 혼동행렬 결과로부터, 검증 데이터 setosa 품종 13개에 대해 12개를 정확하게 분류하였으며, 나머지 1개를 versicolor 품종으로 잘못 분류하였다. versicolor 품종의 경우 1개를 virginica 품종으로 잘못 분류하였으며, virginica 품종은 13개를 모두 정확하게 분류하였다.

```python
from sklearn.datasets import load_iris      #iris (붓꽃 품종 데이터)
import pandas as pd                          #판다스 라이브러리
import numpy as np                           #넘파이 라이브러리
from sklearn.linear_model import LogisticRegression  #로지스틱 회귀분석
from sklearn.preprocessing import StandardScaler     #데이터 전처리, 표준화(Z-Score)
from sklearn.model_selection import train_test_split #(학습, 검증) 데이터 랜덤 추출
from sklearn.metrics import confusion_matrix         #혼동행렬 구축 모듈

iris = load_iris()   #사이킷런(sklearn에 저장되어 있는 iris 데이터 읽기)
x = iris.data        #독립변수(x)
y = iris.target      #종속변수(y, 붓꽃 품종)
dfx = pd.DataFrame(x, columns=iris.feature_names)   #데이터프레임 저장(x)
dfy = pd.DataFrame(y, columns=['species'])          #데이터프레임 저장(y)
df = pd.concat([dfx, dfy], axis=1)                  #데이터프레임 결합
df_input = df[['sepal length (cm)', 'sepal width (cm)', 'petal length (cm)', 'petal width (cm)']].to_numpy()
  #독립변수 항목 to_numpy()메소드로 넘파이 배열 변환
df_output = df['species'].to_numpy()   #종속변수 항목 넘파이 배열 변환
trainx, testx, trainy, testy = train_test_split(df_input, df_output, random_state=55)
  #데이터 분할: 훈련집합(trainx, trainy), 검증집합(testx, testy)
  #random_state: 랜덤 데이터 발생시 초기seed값(동일값인 경우 동일한 결과(정확도) 출력)
scaler = StandardScaler()    #데이터 표준화 모듈(Z-Score=(x-u)/s)
scaler.fit(trainx)           #표준화 작업
trainx_scale = scaler.transform(trainx)   #표준화 값 저장(훈련 데이터)
testx_scale = scaler.transform(testx)     #표준화 값 저장(검증 데이터)
print(type(testx_scale))
print(testx_scale[0:5])
print(testx_scale[0:2,1:3])
model = LogisticRegression(C=20, max_iter=1000)  #로지스틱 회귀모형,C:규제값, max_iter:반복횟수
results = model.fit(trainx_scale, trainy)        #훈련집합으로 로지스틱 회귀모형 학습
ypred = results.predict(testx_scale)
print(ypred); print(ypred[:50])
conf = confusion_matrix(testy, ypred); print(conf)
```

```
<class 'numpy.ndarray'>
[[-1.16389506  0.11304563 -1.30190881 -1.47297117]
 [-0.41400294  1.0015446  -1.4189813  -1.33674262]
 [-1.78880517 -0.33120386 -1.36044505 -1.33674262]
 [ 0.71083524  0.11304563  1.039541    0.84291414]
 [ 0.58585322  0.77941985  1.09807724  1.66028542]]
[[ 0.11304563 -1.30190881]
 [ 1.0015446  -1.4189813 ]]
[0 0 0 2 2 0 2 2 0 0 0 1 2 0 2 2 1 1 1 2 1 2 1 2 1 1 1 2 1 2 1 0 0 2 2 0 1 1
 0]
[0 0 0 2 2 0 2 2 0 0 0 1 2 0 2 2 1 1 1 2 1 2 1 2 1 1 1 2 1 2 1 0 0 2 2 0 1 1
 0]
[[12  1  0]
 [ 0 11  1]
 [ 0  0 13]]
```

⑥ 3가지 품종에 대한 분류 분석 모형의 성능을 분석하기 위해 ROC 곡선과 AUC 값을 많이 이용한다. 이와 같이 다중분류 클래스 문제의 경우 ROC 곡선을 하나의 그래프에 표현하기 위해 레이블 이진화 작업(sklearn.preprocessing의 label_binarize 모듈)을 먼저 수행(각각의 클래스에 대해 자신을 양성 클래스로, 다른 클래스를 음성 클래스로 분류)한다. LogisticRegression() 함수를 이용한 성능분석 결과, setosa 품종의 AUC=1, versicolor 품종의 AUC=0.8258, virginica 품종의 AUC=0.9984로 각 품종별로 로지스틱 회귀분석 모형의 성능을 알 수 있다.

```
from sklearn.datasets import load_iris      #iris (붓꽃 품종 데이터)
import pandas as pd    #판다스 라이브러리
from sklearn.linear_model import LogisticRegression    #로지스틱 회귀분석
from sklearn.metrics import confusion_matrix    #혼동행렬 구축 모듈
from sklearn.metrics import classification_report   #분류 모형 성능평가 지표
from sklearn.metrics import roc_curve    #분류 모형 ROC 그래프 작성
from sklearn.metrics import auc    #AUC(Area under Curce) 값 계산
import matplotlib.pyplot as plt    #시각화(그래프 작성)
from sklearn.preprocessing import label_binarize   #다중클래스문제에 대한 레이블 이진화 작업
iris = load_iris()    #사이킷런(sklearn에 저장되어 있는 iris 데이터 읽기)
x = iris.data       #독립변수(x)
y = label_binarize(iris.target, classes=[0,1,2])
   #클래스 분류, setosa=[1,0,0], versicolor=[0,1,0], virginica=[0,0,1]
   #OvR(Over-vs-the-Rest): 각각의 클래스에 대해 자신을 양성 클래스로, 다른 클래스를 음성 클래스로 가정
fpr = [None]*3  #FPR(False Positive Rate) 초기화
tpr = [None]*3  #TPR(True Positive Rate) 초기화
thr = [None]*3  #임계값 초기화

for i in range(3):
    model = LogisticRegression(C=20, max_iter=1000).fit(x, y[:,i])   #로지스틱 회귀모형 구축, 적합
    fpr[i], tpr[i], thr[i] = roc_curve(y[:,i], model.predict_proba(x)[:,1])  #fpr, tpr, thr 계산
    plt.plot(fpr[i], tpr[i], label=i)                                         #ROC 그래프
plt.xlabel('FP rate(False Positive), (1-Specificity)')     #x축 이름
plt.ylabel('TP rate(True Positive), Recall')               #y축 이름
plt.legend()   #범례 출력
plt.show()     #그래프 출력
print('Class =0 분류(setosa) 성능에 대한 AUC: ', end=''); print(auc(fpr[0], tpr[0]))
print('Class =1 분류(versicolor) 성능에 대한 AUC: ', end='');print(auc(fpr[1], tpr[1]))
print('Class =2 분류(virginica) 성능에 대한 AUC: ', end='');print(auc(fpr[2], tpr[2]))
```

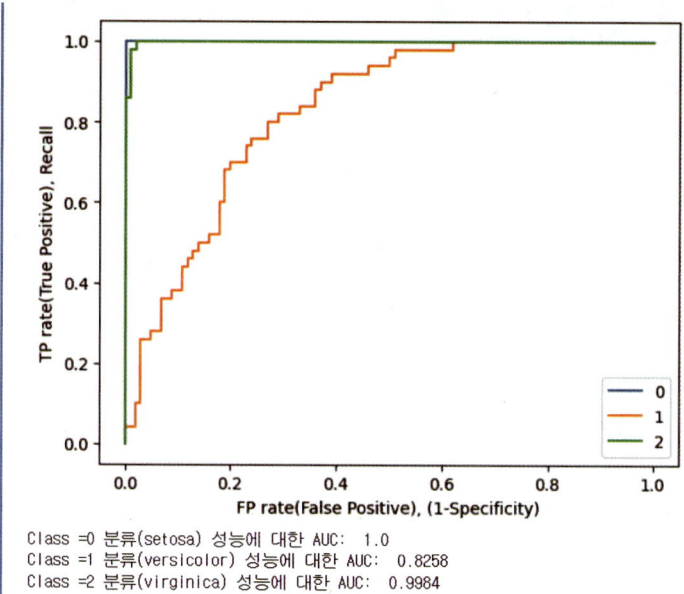

Class =0 분류(setosa) 성능에 대한 AUC: 1.0
Class =1 분류(versicolor) 성능에 대한 AUC: 0.8258
Class =2 분류(virginica) 성능에 대한 AUC: 0.9984

⑦ 머신러닝 모형을 학습하고 평가하기 위해 데이터를 일반적으로 학습용(Train), 검증용(Validation), 테스트용(Test) 데이터세트로 나눈다. 각 데이터세트의 역할을 요약하면 다음과 같다.

- ㉠ 학습(훈련) 데이터(Train Data) : 모형을 학습(훈련)하는 데 사용되는 데이터세트이며, 분석 모형은 학습 데이터를 기반으로 가중치와 파라미터를 조정하고, 분류 및 예측 모형을 개발한다.
- ㉡ 검증 데이터(Validation Data) : 모형의 성능을 평가하고 하이퍼 파라미터 튜닝을 위한 데이터세트이며, 학습 데이터로 학습된 모형이 얼마나 일반화되는지를 확인하고, 하이퍼 파라미터 값을 조정하여 모형의 성능을 향상시키는 데 사용된다.
- ㉢ 테스트 데이터(Test Data) : 모형의 최종 성능을 평가하기 위한 데이터세트로, 모형의 일반화 성능을 확인하고, 실제 환경에서 모형이 얼마나 잘 수행되는지를 평가하는 데 사용된다.
- ㉣ 보통 Holdout 또는 k-fold 교차검증 시 [학습], [검증], [테스트]로 구분하여 모형을 구축하고 테스트하지만, 본 도서에서는 편의상 [학습], [검증(테스트)]로 구분하여 모형을 구축하고 테스트하는 방법을 설명하기로 한다.

제4장 의사결정나무

1 의사결정나무의 이해

① 의사결정나무 분석을 위해 다음 라이브러리를 이용한다.

from sklearn.tree import DecisionTreeClassifier	#의사결정나무 모형 구축(이산형 변수 분류)
from sklearn.tree import DecisionTreeRegressor	#의사결정나무 모형 구축(연속형 변수 예측)
from sklearn.model_selection import train_test_split	#(학습, 검증) 데이터 랜덤 추출
from sklearn.tree import plot_tree	#결정나무 작성
import pandas as pd	#판다스(데이터프레임 구조 활용)
import numpy as np	#넘파이(다차원 배열 및 수학함수)

② 의사결정나무 분석(Decision Tree Analysis)은 의사결정 규칙(Decision Rule)을 도식화하여 전체 집단을 2개의 소집단으로 분류하면서 예측을 수행하는 분석 기법으로 목표변수(종속변수)의 분류나 예측에 영향을 미치는 독립변수들의 속성 기준값에 따라 나무 구조의 형태로 뿌리 노드부터 잎(Leaf, 리프) 노드까지 뻗어 나가며 모델링한다.

③ 분석 과정이 아래 그림에서처럼 나무(Tree) 구조에 의해서 표현되기 때문에 이해하기 쉽고, 설명변수(독립변수, 입력변수)의 특징이나 기준값에 따라 각 노드가 if-then의 형태로 분기되며 나무 구조를 따라감으로써, 각 데이터의 속성값이 주어졌을 때 어떠한 카테고리로 분류되는지 쉽게 파악할 수 있다.

④ '나이'라고 되어 있는 원 모형의 노드가 뿌리(Root, 루트) 노드이며, 이는 대출실행 여부를 판별하는 데 있어 '나이'가 가장 유의한 변수라는 의미로 해석된다. 각 가지의 제일 마지막에 있는 사각형 형태로 된 노드가 잎(Leaf, 리프) 노드이다. 붓꽃의 품종은 꽃잎의 길이에 따라 결정되며 세 가지 품종을 결정하기 위하여 의사결정나무 분석을 수행할 수 있다. 그리고 사회경제적 지위, 방의 개수, 공기오염 등의 조건을 이용하여 주택 가격 동향을 파악(예측)하는 데 의사결정나무 분석 모형을 사용하기도 한다.

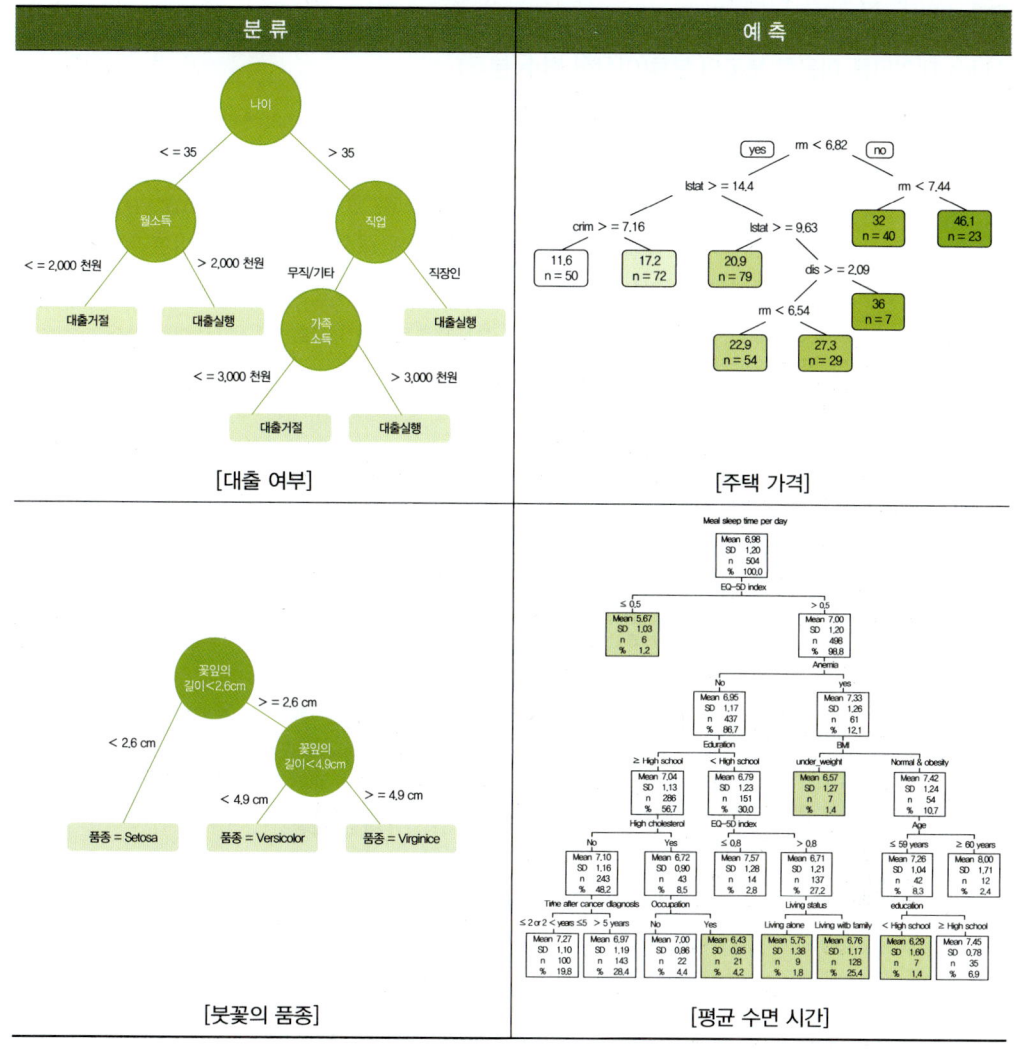

〈의사결정나무 예시〉

⑤ 의사결정나무 분석은 분류 또는 예측(회귀 등의 수치 예측 문제 등)을 위해 사용되며, 분류(또는 예측)의 정확도보다는 분석 과정에 대한 설명이 필요한 경우 더 유용하게 사용된다.

⑥ 주요 활용 분야로는 고객 신용등급 평가, 고객 만족도 분석에 따른 이탈 예측, 고객관계관리, 기업의 부도 예측, 주가 예측, 환율 예측, 경제 전망(시장 및 광고 조사 등), 마케팅, 제약 및 의료 연구, 제품 생산 및 품질관리, 금융업의 고객 신용 점수화, 신용카드 부정 사용 적발 등이 있다.

2 의사결정나무 모형

(1) iris 데이터를 이용한 붓꽃의 분류(이산형 변수 분류)

① 의사결정나무 분석 모형을 이용하여 붓꽃의 세 가지 품종(setosa, versicolor, virginica)을 분류하기 위해 전체 150개의 행 자료를 (학습 70%, 검증(테스트) 30%)=(105, 45)로 구분한다. 독립변수와 종속변수를 넘파이 배열로 변환·저장하고, 훈련 데이터(trainx, trainy)와 검증 데이터(testx, testy)에 대해 독립변수(trainx, testx)에 대한 데이터 전처리[표준화=(값-평균)/표준편차]한 자료를 각각 저장(trainx_scale, testx_scale)한다.

```python
from sklearn.datasets import load_iris           #iris (붓꽃 품종 데이터 다운로드)
from sklearn.preprocessing import StandardScaler #데이터 전처리, 표준화(Z-Score)
from sklearn.model_selection import train_test_split  #(학습, 검증) 데이터 랜덤 추출
import pandas as pd       #판다스 라이브러리
import numpy as np        #넘파이 라이브러리
iris = load_iris()        #사이킷런(sklearn에 저장되어 있는 iris 데이터)
irisdata = pd.DataFrame(data=np.c_[iris['data'], iris['target']], columns=iris['feature_names']+['target'])
irisdata['target'] = irisdata['target'].map({0:'setosa', 1:'versicolor', 2:'virginica'})
  #실수형(0,1,2) 자료를 (setosa, versicolor, virginica) 자료로 변환하여 저장
print(irisdata.head(3))   #첫 3행 출력
input = irisdata[['sepal length (cm)', 'sepal width (cm)', 'petal length (cm)', 'petal width (cm)']].to_numpy()
  #독립변수 넘파이 배열
output = irisdata['target'].to_numpy()    #종속변수 넘파이 배열
print('독립변수(넘파이 배열 변환후의 값)/첫 3행'); print(input[:3])
print('종속변수(넘파이 배열 변환후의 값)/첫 3행'); print(output[:3])

trainx, testx, trainy, testy = train_test_split(input, output, test_size=0.3, random_state=55)
  #데이터 분할: 훈련집합(trainx, trainy), 검증집합(testx, testy)
  #test_size: 전체 데이터 중 검증 데이터의 비율 지정 (0.3x150=45개의 행)
  #random_state: 랜덤 데이터 발생시 초기seed값(동일값인 경우 수행시 마다 동일한 결과(정확도) 출력)
print('훈련 데이터세트의 (행,열)의 개수: ', end=''); print(trainx.shape)
print('검증 데이터세트의 (행,열)의 개수: ', end=''); print(testx.shape)

print('훈련 데이세트, 첫 3행')
print(trainx[:3]); print(trainy[:3])
print('검증 데이터세트, 첫 3행')
print(testx[:3]); print(testy[:3])

scaler = StandardScaler()  #데이터 표준화 모듈(Z-Score=(x-u)/s)
scaler.fit(trainx)         #표준화 작업
trainx_scale = scaler.transform(trainx)  #표준화 값 저장(훈련 데이터)
testx_scale = scaler.transform(testx)    #표준화 값 저장(검증 데이터)
print('훈련 데이터세트 표준화 전처리후/첫 3행')
print(trainx_scale[:3])
print('검증 데이터세트 표준화 전처리후/첫 3행')
print(testx_scale[:3])
```

```
       sepal length (cm)  sepal width (cm)  petal length (cm)  petal width (cm) ₩
0                    5.1               3.5                1.4               0.2
1                    4.9               3.0                1.4               0.2
2                    4.7               3.2                1.3               0.2

    target
0   setosa
1   setosa
2   setosa
```
독립변수(넘파이 배열 변환후의 값)/첫 3행
```
[[5.1 3.5 1.4 0.2]
 [4.9 3.  1.4 0.2]
 [4.7 3.2 1.3 0.2]]
```
종속변수(넘파이 배열 변환후의 값)/첫 3행
```
['setosa' 'setosa' 'setosa']
```
훈련 데이터세트의 (행,열)의 개수: (105, 4)
검증 데이터세트의 (행,열)의 개수: (45, 4)
훈련 데이터세트, 첫 3행
```
[[5.8 2.7 5.1 1.9]
 [7.9 3.8 6.4 2. ]
 [6.5 3.2 5.1 2. ]]
['virginica' 'virginica' 'virginica']
```
검증 데이터세트, 첫 3행
```
[[4.9 3.1 1.5 0.1]
 [5.5 3.5 1.3 0.2]
 [4.4 2.9 1.4 0.2]]
['setosa' 'setosa' 'setosa']
```
훈련 데이터세트 표준화 전처리후/첫 3행
```
[[-0.05116235 -0.80030739  0.79372328  0.95915486]
 [ 2.57239539  1.65156273  1.54767755  1.09397582]
 [ 0.8233569   0.31417903  0.79372328  1.09397582]]
```
검증 데이터세트 표준화 전처리후/첫 3행
```
[[-1.17554424  0.09128174 -1.29415007 -1.46762249]
 [-0.42595631  0.98287088 -1.41014304 -1.33280153]
 [-1.80020084 -0.35451282 -1.35214655 -1.33280153]]
```

② 데이터 전처리 작업 후, sklearn.tree의 DecisionTreeClassifier() 모듈을 이용하여 의사결정 나무 분석 모형을 구축한다. 속성들에 대한 기본값 적용 시 훈련 데이터 정확도=100%, 검증 데이터 정확도=95.6%이다. 네 가지 속성들에 대한 중요도로부터 분류 기준의 중요도를 확인한다.

model=DecisionTreeClassifier(criterion, max_depth, min_samples_split, min_samples_leaf, max_features, random_state=55)

- criterion : 노드 분할 시 분할 기준[gini(기본값), entropy]
- max_depth : 최대 깊이, 너무 깊으면 과대적합 위험, 기본값=None(제한 없음)
- min_samples_split : 노드 분할 시 최소 샘플 개수, 기본값=2
- min_samples_leaf : 리프(말단) 노드의 최소 샘플 개수, 기본값=1
- max_features : 노드 분할 시 최대 특성의 개수, 기본값=None(모든 특성 고려)
- random_state : 랜덤 시드 지정

```
from sklearn.datasets import load_iris    #iris (붓꽃 품종 데이터 다운로드)
import pandas as pd  #판다스 라이브러리
import numpy as np  #넘파이 라이브러리
from sklearn.preprocessing import StandardScaler    #데이터 전처리, 표준화(Z-Score)
from sklearn.model_selection import train_test_split #(학습, 검증) 데이터 랜덤 추출
from sklearn.tree import DecisionTreeClassifier  #결정트리(의사결정나무) 모형 구축
from sklearn.tree import plot_tree               #결정트리(의사결정나무) 작성
import matplotlib.pyplot as plt
iris = load_iris()        #사이킷런(sklearn에 저장되어 있는 iris 데이터)
irisdata = pd.DataFrame(data=np.c_[iris['data'], iris['target']], columns=iris['feature_names']+['target'])
irisdata['target'] = irisdata['target'].map({0:'setosa', 1: 'versicolor', 2: 'virginica'})
    #실수형(0,1,2) 자료를 (setosa, versicolor, virginica) 자료로 변환, 저장
input = irisdata[['sepal length (cm)', 'sepal width (cm)', 'petal length (cm)', 'petal width (cm)']].to_numpy()
    #독립변수 넘파이 배열
output = irisdata['target'].to_numpy()    #종속변수 넘파이 배열
trainx, testx, trainy, testy = train_test_split(input, output, test_size=0.3, random_state=55)
    #데이터 분할: 훈련집합(trainx, trainy), 검증집합(testx, testy)
    #random_state: 랜덤 데이터 발생시 초기seed값(동일값인 경우 수행시 마다 동일한 결과(정확도) 출력)
scaler = StandardScaler()    #데이터 표준화 모듈(Z-Score=(x-u)/s)
scaler.fit(trainx)           #표준화 작업
trainx_scale = scaler.transform(trainx)  #표준화 값 저장(훈련 데이터)
testx_scale = scaler.transform(testx)    #표준화 값 저장(검증 데이터)
model = DecisionTreeClassifier(random_state=55)
results = model.fit(trainx_scale, trainy)
print('의사결정나무 분석모형 성능(정확도(%), 훈련 데이터세트): ', end=''); print(100*model.score(trainx_scale, trainy))
    #훈련집합에 대한 성능(정확도)
print('의사결정나무 분석모형 성능(정확도(%), 검증 데이터세트): ', end=''); print('', end=''); print(100*model.score(testx_scale, testy))
    #검증집합에 대한 성능(정확도)
print('특성 중요도: ', end=''); print(model.feature_importances_)
plt.figure(figsize=(10,5))
plot_tree(model); plt.show()
```

의사결정나무 분석모형 성능(정확도(%), 훈련 데이터세트): 100.0
의사결정나무 분석모형 성능(정확도(%), 검증 데이터세트): 95.55555555555556
특성 중요도: [0.0214344 0.   0.42063137 0.55793422]

③ 분석 결과를 시각화하기 위하여 최대 깊이를 제한(max_depth=3)하고 분류 속성별로 서로 다른 색상을 설정하여 표현한다.

```python
from sklearn.datasets import load_iris      #iris (붓꽃 품종 데이터)
import pandas as pd         #판다스 라이브러리
import numpy as np          #넘파이 라이브러리
from sklearn.preprocessing import StandardScaler   #데이터 전처리, 표준화(Z-Score)
from sklearn.model_selection import train_test_split #(학습, 검증) 데이터 랜덤 추출
from sklearn.tree import DecisionTreeClassifier  #결정트리(의사결정나무) 모형 구축 모듈
from sklearn.tree import plot_tree           #결정트리(의사결정나무) 작성
import matplotlib.pyplot as plt    #데이터 시각화
iris = load_iris()           #사이킷런(sklearn에 저장되어 있는 iris 데이터 읽기)
irisdata = pd.DataFrame(data=np.c_[iris['data'], iris['target']], columns=iris['feature_names']+['target'])
irisdata['target'] = irisdata['target'].map({0:'setosa', 1: 'versicolor', 2: 'virginica'})
input = irisdata[['sepal length (cm)', 'sepal width (cm)', 'petal length (cm)', 'petal width (cm)']].to_numpy()
output = irisdata['target'].to_numpy()    #종속변수 넘파이 배열
trainx, testx, trainy, testy = train_test_split(input, output, test_size=0.3, random_state=55)
scaler = StandardScaler()    #데이터 표준화 모듈(Z-Score=(x-u)/s)
scaler.fit(trainx)           #표준화 작업
trainx_scale = scaler.transform(trainx)  #표준화 값 저장(훈련 데이터)
testx_scale = scaler.transform(testx)    #표준화 값 저장(검증 데이터)
model = DecisionTreeClassifier(random_state=55)
results = model.fit(trainx_scale, trainy)
plt.figure(figsize=(10,5))
plot_tree(model, max_depth=3, filled=True,
          feature_names=['sepal length (cm)', 'sepal width (cm)', 'petal length (cm)', 'petal width (cm)'])
   #max_depth=3: 루트노드를 제외하고 세개의 노드를 더 확장하여 작성
   #filled=True: 클래스별 노드 색상 지정 / feature_names: 특성(속성) 이름 표현
plt.show()
```

```
                    petal width (cm) <= -0.524
                           gini = 0.666
                           samples = 105
                           value = [35, 34, 36]
              ↙                              ↘
       gini = 0.0                   petal length (cm) <= 0.591
       samples = 35                         gini = 0.5
       value = [35, 0, 0]                   samples = 70
                                            value = [0, 34, 36]
                              ↙                              ↘
             petal width (cm) <= 0.622              petal width (cm) <= 0.757
                   gini = 0.061                           gini = 0.145
                   samples = 32                           samples = 38
                   value = [0, 31, 1]                     value = [0, 3, 35]
              ↙              ↘                       ↙                ↘
       gini = 0.0      gini = 0.0        petal length (cm) <= 0.765    gini = 0.0
       samples = 31    samples = 1              gini = 0.49             samples = 31
       value = [0,31,0] value = [0,0,1]          samples = 7             value = [0, 0, 31]
                                                 value = [0, 3, 4]
                                              ↙            ↘
                                            (...)         (...)
```

④ 의사결정나무 분석 모형 구축 시 최대 깊이를 3으로 제한하는 경우(max_depth=3), 훈련 데이터에 대한 분류 정확도=97.1%, 검증 데이터에 대한 분류 정확도=93.3%로 다소 감소하며, 분류 기준에 적용된 속성별 중요도도 변하게 된다.

```python
from sklearn.datasets import load_iris    #iris (붓꽃 품종 데이터)
import pandas as pd         #판다스 라이브러리
import numpy as np          #넘파이 라이브러리
from sklearn.preprocessing import StandardScaler    #데이터 전처리, 표준화(Z-Score)
from sklearn.model_selection import train_test_split #(학습, 검증) 데이터 랜덤 추출
from sklearn.tree import DecisionTreeClassifier     #결정트리(의사결정나무) 모형 구축
from sklearn.tree import plot_tree                  #결정트리(의사결정나무) 작성
import matplotlib.pyplot as plt        #데이터 시각화
iris = load_iris()          #사이킷런(sklearn에 저장되어 있는 iris 데이터 읽기)
irisdata = pd.DataFrame(data=np.c_[iris['data'], iris['target']], columns=iris['feature_names']+['target'])
irisdata['target'] = irisdata['target'].map({0:'setosa', 1: 'versicolor', 2: 'virginica'})
    #실수형(0,1,2) 자료를 (setosa, versicolor, virginica) 자료로 변환하여 저장
input = irisdata[['sepal length (cm)', 'sepal width (cm)', 'petal length (cm)', 'petal width (cm)']].to_numpy()
    #독립변수 넘파이 배열
output = irisdata['target'].to_numpy()    #종속변수 넘파이 배열
trainx, testx, trainy, testy = train_test_split(input, output, test_size=0.3, random_state=55)
    #데이터 분할: 훈련집합(trainx, trainy), 검증집합(testx, testy)
    #random_state: 랜덤 데이터 발생시 초기seed값(동일값인 경우 수행 시 마다 동일한 결과(정확도) 출력)
scaler = StandardScaler()    #데이터 표준화 모듈(Z-Score=(x-u)/s)
scaler.fit(trainx)           #표준화 작업
trainx_scale = scaler.transform(trainx)   #표준화 값 저장(훈련 데이터)
testx_scale = scaler.transform(testx)     #표준화 값 저장(검증 데이터)
model = DecisionTreeClassifier(max_depth=3, random_state=55)
results = model.fit(trainx_scale, trainy)
print('의사결정나무 분석모형 성능(정확도(%), 훈련 데이터세트): ', end=''); print(100*model.score(trainx_scale, trainy))
    #훈련집합에 대한 성능(정확도)
print('의사결정나무 분석모형 성능(정확도(%), 검증 데이터세트): ', end=''); print('', end=''); print(100*model.score(testx_scale, testy))
    #검증집합에 대한 성능(정확도)
print('특성 중요도: ', end=''); print(model.feature_importances_)
```

```
의사결정나무 분석모형 성능(정확도(%), 훈련 데이터세트): 97.14285714285714
의사결정나무 분석모형 성능(정확도(%), 검증 데이터세트): 93.33333333333333
특성 중요도: [0.         0.         0.41332275 0.58667725]
```

⑤ 독립변수를 알고 있는 경우, predict() 함수를 이용하여 분류[results.predict([[2,3,4,5]])]한다. 검증 데이터세트에 대한 분류 결과에 대하여 (실제값, 예측값)=(test_result['actual'], test_result['predict'])을 데이터프레임으로 저장하기 위하여 초깃값을 0으로 저장[np.zeros((45,2)), 45행 2열]한다. 그리고 실제값이 예측값과 동일한 경우 True, 다른 경우 False로 저장하여 새로운 열(test_result['compare'])을 구성한다. 검증 데이터세트에 대한 의사결정나무 분석 모형의 정확도=93.3%이다.

```
from sklearn.datasets import load_iris    #iris (붓꽃 품종 데이터)
import pandas as pd      #판다스 라이브러리
import numpy as np       #넘파이 라이브러리
from sklearn.preprocessing import StandardScaler    #데이터 전처리, 표준화(Z-Score)
from sklearn.model_selection import train_test_split #(학습, 검증) 데이터 랜덤 추출
from sklearn.tree import DecisionTreeClassifier    #결정트리(의사결정나무) 모형 구축 모듈
from sklearn.tree import plot_tree    #결정트리(의사결정나무) 작성
import matplotlib.pyplot as plt    #데이터 시각화
iris = load_iris()    #사이킷런(sklearn에 저장되어 있는 iris 데이터
irisdata = pd.DataFrame(data=np.c_[iris['data'], iris['target']], columns=iris['feature_names']+['target'])
irisdata['target'] = irisdata['target'].map({0:'setosa', 1: 'versicolor', 2: 'virginica'})
input = irisdata[['sepal length (cm)', 'sepal width (cm)', 'petal length (cm)', 'petal width (cm)']].to_numpy()
output = irisdata['target'].to_numpy()
trainx, testx, trainy, testy = train_test_split(input, output, test_size=0.3, random_state=55)
scaler = StandardScaler()    #데이터 표준화 모듈(Z-Score=(x-u)/s)
scaler.fit(trainx)           #표준화 작업
trainx_scale = scaler.transform(trainx)    #표준화 값 저장(훈련 데이터)
testx_scale = scaler.transform(testx)      #표준화 값 저장(검증 데이터)
model = DecisionTreeClassifier(max_depth=3, random_state=55)
results = model.fit(trainx_scale, trainy)
print('독립변수=(2, 3, 4, 5)의 경우 붓꽃 품종은?: ', end=''); print(results.predict([[2,3,4,5]]))

test_result = pd.DataFrame(np.zeros((45,2)), columns=['actual', 'predict'])  #검증 데이터세트 결과 저장 초깃값=0
test_result['actual'] = pd.DataFrame(testy)             #검증 데이터세트 실제값(참값)
test_result['predict'] = results.predict(testx_scale)   #검증 데이터세트 예측값
print('%%% 검증 데이터세트에 대한 예측 결과/첫10행 %%%')
print(test_result[:10])
print('* 검증 데이터세트에 대한 예측결과 열 추가, True이면 예측이 실제값과 동일함 *')
test_result['compare'] = test_result['actual'] == test_result['predict']
print(test_result.head())
accuracy = test_result['compare'].sum() / len(test_result)
print('검증 데이터세트에 대한 정확도(%):  ', end=''); print(100*accuracy)
```

```
독립변수=(2, 3, 4, 5)의 경우 붓꽃 품종은?: ['virginica']
%%% 검증 데이터세트에 대한 예측 결과/첫10행 %%%
      actual     predict
0     setosa      setosa
1     setosa      setosa
2     setosa      setosa
3  virginica   virginica
4  virginica   virginica
5     setosa      setosa
6  virginica   virginica
7  virginica   virginica
8     setosa      setosa
9     setosa      setosa
* 검증 데이터세트에 대한 예측결과 열 추가, True이면 예측이 실제값과 동일함 *
      actual     predict  compare
0     setosa      setosa     True
1     setosa      setosa     True
2     setosa      setosa     True
3  virginica   virginica     True
4  virginica   virginica     True
검증 데이터세트에 대한 정확도(%):  93.33333333333333
```

⑥ 의사결정나무 분석 모형의 성능을 혼동행렬과 분류 모형의 성능평가 지표 계산 모듈 [classification_report()]로 확인한다. 분석 결과 정확도=93%, Macro F1−score=0.93이다.

```python
from sklearn.datasets import load_iris    #iris (붓꽃 품종 데이터)
import pandas as pd    #판다스 라이브러리
import numpy as np    #넘파이 라이브러리
from sklearn.preprocessing import StandardScaler    #데이터 전처리, 표준화(Z-Score)
from sklearn.model_selection import train_test_split #(학습, 검증) 데이터 랜덤 추출
from sklearn.tree import DecisionTreeClassifier    #결정트리(의사결정나무) 모형 구축 모듈
from sklearn.metrics import confusion_matrix    #혼동행렬 구축 모듈
from sklearn.metrics import classification_report    #분류 모형 성능평가 지표
import matplotlib.pyplot as plt    #데이터 시각화
iris = load_iris()    #사이킷런(sklearn에 저장되어 있는 iris 데이터
irisdata = pd.DataFrame(data=np.c_[iris['data'], iris['target']], columns=iris['feature_names']+['target'])
irisdata['target'] = irisdata['target'].map({0:'setosa', 1: 'versicolor', 2: 'virginica'})
input = irisdata[['sepal length (cm)', 'sepal width (cm)', 'petal length (cm)', 'petal width (cm)']].to_numpy()
output = irisdata['target'].to_numpy()
trainx, testx, trainy, testy = train_test_split(input, output, test_size=0.3, random_state=55)
scaler = StandardScaler()    #데이터 표준화 모듈(Z-Score=(x-u)/s)
scaler.fit(trainx)    #표준화 작업
trainx_scale = scaler.transform(trainx)    #표준화 값 저장(훈련 데이터)
testx_scale = scaler.transform(testx)    #표준화 값 저장(검증 데이터)
model = DecisionTreeClassifier(max_depth=3, random_state=55)
results = model.fit(trainx_scale, trainy)
test_result = pd.DataFrame(np.zeros((45,2)), columns=['actual', 'predict'])  #검증 데이터세트 결과 저장 초기값=0
test_result['actual'] = pd.DataFrame(testy)    #검증 데이터세트 실제값(참값)
test_result['predict'] = results.predict(testx_scale) #검증 데이터세트 예측값
print('$$ Confusion Matrix, 혼동행렬 표 $$')
conf = confusion_matrix(test_result['actual'], test_result['predict'])
print(conf)
print('*** 분류 분석 모형 성능평가 지표 ***')
print(classification_report(test_result['actual'], test_result['predict']))

$$ Confusion Matrix, 혼동행렬 표 $$
[[15  0  0]
 [ 0 13  3]
 [ 0  0 14]]
*** 분류 분석 모형 성능평가 지표 ***
              precision    recall  f1-score   support

      setosa       1.00      1.00      1.00        15
  versicolor       1.00      0.81      0.90        16
   virginica       0.82      1.00      0.90        14

    accuracy                           0.93        45
   macro avg       0.94      0.94      0.93        45
weighted avg       0.95      0.93      0.93        45
```

(2) Boston 데이터세트를 이용한 주택 가격(중앙값) 예측(연속형 변수 예측)

① 연속형 변수에 대한 예측을 위해 Boston 데이터를 이용한다. Boston 데이터는 14개 항목(변수)에 대한 506개의 데이터를 포함한다. 주요 변수로는 crim(범죄율), zn(주택용지 비율), indus(non-retail 비즈니스 영역 비율), nox(질소산화물 비율), rm(주택당 평균 방의 개수), dis(5개의 주요 지점과의 가중평균 거리), ptratio(초중학교 선생님 비율), black(흑인의 비율), lstat(사회경제적 지위), medv[주택 가격의 median(중앙값)] 등의 항목이 있다.

```
       crim    zn  indus  chas    nox     rm   age     dis  rad  tax  ptratio  ₩
1   0.00632  18.0   2.31     0  0.538  6.575  65.2  4.0900    1  296     15.3
2   0.02731   0.0   7.07     0  0.469  6.421  78.9  4.9671    2  242     17.8
3   0.02729   0.0   7.07     0  0.469  7.185  61.1  4.9671    2  242     17.8
4   0.03237   0.0   2.18     0  0.458  6.998  45.8  6.0622    3  222     18.7
5   0.06905   0.0   2.18     0  0.458  7.147  54.2  6.0622    3  222     18.7

    black  lstat  medv
1  396.90   4.98  24.0
2  396.90   9.14  21.6
3  392.83   4.03  34.7
4  394.63   2.94  33.4
5  396.90   5.33  36.2
<class 'pandas.core.frame.DataFrame'>
Int64Index: 506 entries, 1 to 506
Data columns (total 14 columns):
 #   Column   Non-Null Count  Dtype
---  ------   --------------  -----
 0   crim     506 non-null    float64
 1   zn       506 non-null    float64
 2   indus    506 non-null    float64
 3   chas     506 non-null    int64
 4   nox      506 non-null    float64
 5   rm       506 non-null    float64
 6   age      506 non-null    float64
 7   dis      506 non-null    float64
 8   rad      506 non-null    int64
 9   tax      506 non-null    int64
 10  ptratio  506 non-null    float64
 11  black    506 non-null    float64
 12  lstat    506 non-null    float64
 13  medv     506 non-null    float64
dtypes: float64(11), int64(3)
memory usage: 59.3 KB
```

Boston 데이터세트의 변수 14가지
- crim : 범죄율
- zn : 주택용지 비율
- indus : non-retail 비즈니스 영역 비율
- chas : Charles 강의 경계 여부(0 또는 1)
- nox : 질소산화물 비율
- rm : 주택당 평균 방의 개수
- age : 1940년 이전 소유자(건설자) 점유 비율
- dis : 5개 주요 지점과의 가중평균 거리
- rad : 고속도로 접근성 지수
- tax : 재산세 비율
- ptratio : 초중학교 선생님 비율
- black : 흑인의 비율
- lstat : 사회경제적 지위
  (lower status of the population, %)
- medv : 주택 가격의 중앙값(median)

② 연속형 값을 가지는 종속변수(medv : 주택 가격의 중앙값)를 예측하기 위하여 Decision TreeRegressor()을 이용한다. 의사결정나무의 최대 깊이=3으로 설정한 후 평가한 결과, 훈련 데이터에 대한 정확도=83.6%이고, 검증 데이터에 대한 정확도=55.9%이다. 그리고 검증 데이터에 대한 평균 제곱오차는 MSE=31.935, 평균 절대오차는 MAE=3.688%이다.

```
from google.colab import drive    #구글 드라이브 코랩 마운트
drive.mount('/content/drive')    #구글 드라이브 연결
import pandas as pd    #판다스 라이브러리
from sklearn.tree import DecisionTreeRegressor    #연속형 변수 예측을 위한 결정트리 모형
from sklearn.model_selection import train_test_split    #(학습, 검증) 데이터 랜덤 추출
from sklearn.metrics import mean_squared_error    #MSE (평균 제곱 오차) 계산
from sklearn.metrics import mean_absolute_error    #MAE (평균 절대 오차) 계산
from sklearn.tree import plot_tree    #결정트리(의사결정나무) 작성
import matplotlib.pyplot as plt    #데이터 시각화
boston = pd.read_csv('/content/drive/MyDrive/work/Boston.csv', index_col=0)
    #분석용 데이터 읽기(절대경로명 사용) / 데이터출처: R Datasets
print(boston.head())    #첫 5행 출력
print(boston.info())
print('^^^^^^^^^^^^^^^^^^^^^^^^^^^^^^^^')
input = boston.drop('medv', axis='columns')
output = boston['medv']
trainx, testx, trainy, testy = train_test_split(input, output, test_size=0.3, random_state=55)
    #데이터 분할: 훈련집합(trainx, trainy), 검증집합(testx, testy)
    #random_state: 랜덤 데이터 발생시 초기seed값(동일값인 경우 수행시 마다 동일한 결과(정확도) 출력)
model = DecisionTreeRegressor(max_depth=3, random_state=55)
results = model.fit(trainx, trainy)
print(model.score(trainx, trainy))
ypred = model.predict(testx)
print(ypred[:10])

mse = mean_squared_error(testy, ypred)
print('평균 제곱 오차(Mean Squared Error): ', end=''); print(round(mse, 4))
mae = mean_absolute_error(testy, ypred)
print('평균 절대 오차(Mean Absolute Error): ', end=''); print(round(mae, 4))

print('의사결정나무 분석모형 성능(정확도(%), 훈련 데이터세트): ', end=''); print(100*model.score(trainx, trainy))
    #훈련집합에 대한 성능(정확도)
print('의사결정나무 분석모형 성능(정확도(%), 검증 데이터세트): ', end=''); print('', end=''); print(100*model.score(testx, testy))
    #검증집합에 대한 성능(정확도)
print('특성 중요도: ', end=''); print(model.feature_importances_)
plt.figure(figsize=(10,5)); plot_tree(model); plt.show()
```

0.8359449863708827
[22.61746988 12.70493827 22.61746988 22.61746988 22.61746988 22.61746988
 12.70493827 18.62692308 22.61746988 33.328   ]
평균 제곱 오차(Mean Squared Error): 31.935
평균 절대 오차(Mean Absolute Error): 3.6877
의사결정나무 분석모형 성능(정확도(%), 훈련 데이터세트): 83.59449863708826
의사결정나무 분석모형 성능(정확도(%), 검증 데이터세트): 55.88745046938448
특성 중요도: [0.01243628 0.   0.   0.   0.06357346 0.66782966
 0.   0.07054655 0.   0.   0.   0.
 0.18561405]

제5장 인공신경망

1 인공신경망의 이해

① 인공신경망 분석을 위해 다음 라이브러리를 이용한다.

import tensorflow as tf	#TensorFlow(기계학습, 딥러닝)
from tensorflow import keras	#Keras(딥러닝)
from sklearn.preprocessing import OneHotEncoder	#One-Hot Encoding(원-핫 인코딩)
from sklearn.model_selection import train_test_split	#(학습, 검증) 데이터 랜덤 추출
from sklearn.neural_network import MLPClassifier	#Multi-layer Perceptron Classifier (다층 퍼셉트론 분류, 심층신경망)
from sklearn.model_selection import train_test_split	#(학습, 검증) 데이터세트 랜덤 추출
import pandas as pd	#판다스(데이터프레임 활용)
import numpy as np	#넘파이(다차원 배열 및 수학함수)

② 인공신경망 또는 신경망 분석(Artificial Neural Network Analysis)은 인간의 두뇌에서 이루어지는 학습과 기억의 과정을 모방하여 다층 구조에서 학습을 통해 문제해결을 위한 최적의 모형을 구축하여 예측하는 분석 기법이다.

③ 사람 뇌의 뉴런 작용 형태에서 모티브를 얻은 기법으로서, 입력 노드와 은닉 노드, 출력 노드를 구성하여 복잡한 분류나 수치 예측 문제를 해결한다.

④ 생물체의 뇌가 감각 입력 자극에 어떻게 반응하는지에 대한 이해로부터 얻은 힌트를 바탕으로 생물체의 신경망을 모사하여, 입력 신호와 출력 신호 간의 관계를 모형화한다. 즉 뉴런(Neuron), 시냅스(Synapse), 네트워크(Network)로 구성되어 있는 생물학적 신경 시스템이 정보 수용, 연산, 출력의 기능을 수행하며 복잡한 정보를 효율적으로 처리하고 학습하는 기능을 모방한다.

⑤ 뇌가 뉴런이라는 세포들의 방대한 연결을 통해 신호를 처리하듯, 인공신경망은 이를 모사한 인공 뉴런(노드)의 네트워크를 구성하여 모형화한다. 생물체의 신경망과 인공신경망을 비교하면 다음과 같다.

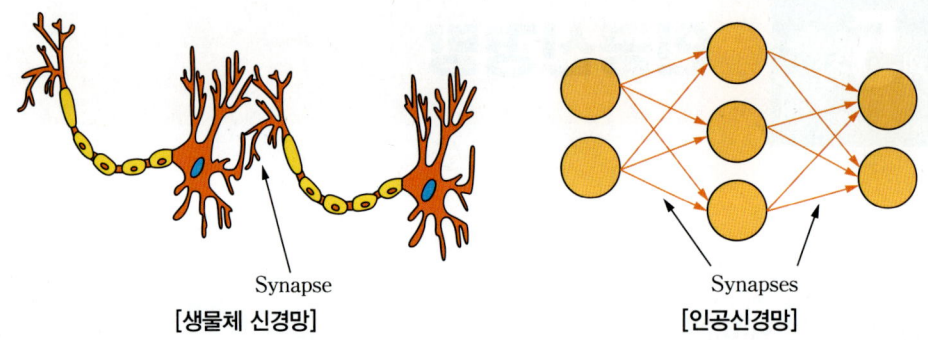

Synapse   Synapses
[생물체 신경망]   [인공신경망]

⑥ 활성함수(Activation Function) 및 단층 퍼셉트론

㉠ 인공신경망 모형은 단순하게 표현하면 입력 신호(X1, X2, X3)들을 중요도에 따라 가중치(w1, w2, w3)를 부여하여 가중합을 계산하고, 계산된 값에 활성함수(f)를 적용하여 결괏값(y)을 출력하는 형태이다. 이를 표현한 것이 아래의 그림과 같은 단층 퍼셉트론(Single Layer Perceptron)이다.

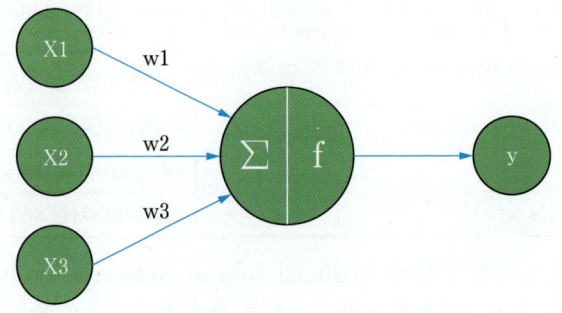

[단층 퍼셉트론 신경망]

㉡ 결괏값(y)은 $y(X)=f(\sum w_i X_i)$의 형태를 가지며, 가중치 w_i로 각 X_i 값을 가중합하여 활성함수 f를 적용한다. 활성함수 $f(x)$는 선형함수, 시그모이드 함수, 포화 선형함수, 쌍곡선 탄젠트 함수, 가우시안 함수 등을 이용한다.

㉢ 특히 시그모이드 함수(Sigmoid Function)가 많이 사용되며, 시그모이드 함수는 단극성 시그모이드 함수와 양극성 시그모이드 함수가 있다. 단극성 시그모이드 함수는 로지스틱 회귀분석에서 사용되는 로지스틱 함수와 동일한 형태의 곡선[($f(x)=\dfrac{1}{1+e^{-x}}$, $0 \leq f(x) \leq 1$)]이다. 로지스틱 함수는 x값이 작은 영역에서 입력에 민감하게 출력이 크게 변하고, x값이 큰 영역에서는 입력에 덜 민감하게 출력이 변하는 특성을 가진다.

㉣ 반면, 양극성 시그모이드 함수는 $f(x)=\dfrac{1-e^{-x}}{1+e^{-x}}$ 형태의 곡선으로서, $-1 \leq f(x) \leq 1$의 출력값을 가진다.

㉤ 단층 퍼셉트론 신경망은 간단하고 이해가 쉽지만, XOR 문제(Exclusive OR, 입력값 중 한쪽만 1일 때에만 출력값이 1이고, 둘 다 같은 값이면 출력값이 0이 되는 문제)와 같은 비선형 문제는 해결할 수 없다. 즉, 이 경우 단층 퍼셉트론으로는 어떠한 활성함수를 적용한다고 해도 XOR 논리 연산을 수행할 수 없다.

⑦ 다층 퍼셉트론
  ㉠ XOR 논리 문제를 해결하기 위하여 단층 퍼셉트론에서 은닉층을 추가하여 아래와 같이 다층 신경망(다층 퍼셉트론, Multi-layer Perceptron)을 만들어 XOR 문제를 해결한다.

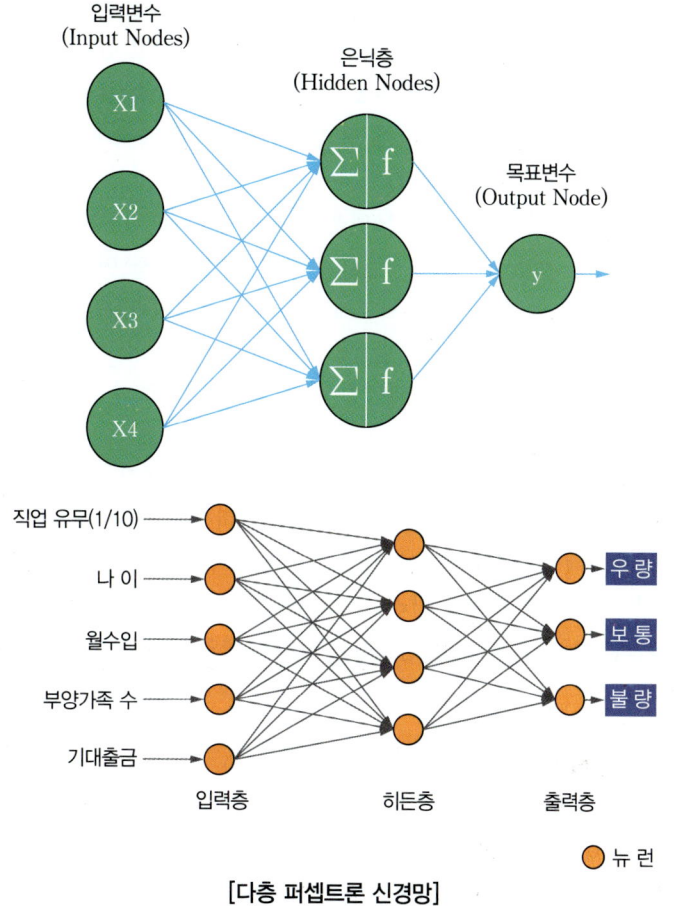

[다층 퍼셉트론 신경망]

  ㉡ 다층 퍼셉트론 신경망은 입력층(Input Layer), 히든층(Hidden Layer), 출력층(Output Layer)으로 구성된다. 입력층은 입력변수에 일대일로 대응되는 노드인 뉴런(Neuron)들로 구성되며, 히든층에는 입력층의 뉴런과 이들 뉴런의 가중치(Weight)의 결합으로 생성되는 히든층의 뉴런들이 존재한다.
  ㉢ 히든층에서의 층(Layer)의 개수에 따라 모형의 복잡도가 결정되며 히든층의 층수가 2개 이상이 되는 경우 다층(Multi Layer) 구조라 한다. 출력층에는 히든층에서의 뉴런과 그들의 가중치가 결합하여 생성되는 뉴런들이 존재하며, 예측하고자 하는 종속변수의 형태에 따라 출력층의 개수가 정해진다. 히든층과 출력층에 존재하는 뉴런은 이전 층에서의 입력값과 가중치의 합을 계산하는 기능과 뉴런의 가중치합을 입력값으로 신호를 출력하는 활성함수 기능을 수행한다.
  ㉣ 활성함수(Activation Function, 활성화 함수)는 뉴런의 핵심 중에서도 가장 중요한 요소로 신경망을 통과해 온 값을 최종적으로 어떤 값으로 만들지를 결정한다. 인공신경망 분석 기법

은 종속변수를 연속형, 이항형 또는 명목형으로 사용하는가에 따라 예측 분석 또는 분류 분석으로 구분된다.
- ⑩ 복잡한 비선형 분류나 예측 문제가 주어졌을 때 은닉층을 적절히 추가하면 효과적으로 결괏값을 도출하는 인공신경망 모형을 구축할 수 있다. 은닉층을 여러 개 설정한 인공신경망을 딥 신경망이라고 하며, 최근 인공지능 분야에서 많이 활용되고 있다.
- ⑪ 목표변수에 해당하는 출력층의 노드 수는 목표변수의 속성(클래스) 분류의 수에 의존적이다. 즉, 이항 분류의 경우는 출력층에 단 한 개의 노드를 가지게 되며, K개 속성(클래스)의 경우 출력층에 K개의 노드를 가진다.
- ⓐ 다층 퍼셉트론 신경망에서는 모델을 훈련하기 위해 역전파 알고리즘(Backpropagation Algorithm)을 이용하여 학습시킨다. 즉, 훈련 데이터를 이용한 모델 학습 시 실제값과 예측값 사이의 예측 에러들이 네트워크에 역으로 피드백되며, 이러한 예측 에러를 최소화하기 위해 노드에 연결된 각 네트워크에 가중치를 다시 부여한다. 이러한 프로세스는 예측 에러가 사전에 정의된 임계치 미만으로 낮아질 때까지 반복적으로 수행된다.

⑧ 인공신경망 분석의 활용
- ㉠ 분석 결과의 통찰력을 수립하거나 해석하는 것보다 정교한 예측이 필요한 분야에 적용된다. 분류나 수치 예측 문제에 모두 사용되며, 복잡한 비선형 분류 문제에서 우수한 성능을 보인다.
- ㉡ 음성 및 필기체 인식, 이미지 인식, 주식 흐름 예측, 기후 예측 등의 분야에 많이 활용되고 있다.
- ㉢ 최근에는 은닉층을 활용한 딥러닝이 많이 개발되어 영상 인식, 무인자동차 운전, 드론, 스마트 기기의 자동화 서비스 등 인공지능 서비스 영역으로 확장되고 있다.

2 인공신경망 모형

① iris 데이터를 이용한 붓꽃의 분류
- ㉠ 인공신경망 분석을 위해 tensorflow 라이브러리를 이용(keras)한다. 독립변수를 표준화 전처리하고, 종속변수는 OneHotEncoder() 함수를 이용하여 원-핫 인코딩 처리(범주형 데이터의 경우 해당 인덱스 값은 1, 나머지는 0으로 변환·저장)하여 배열로 저장한다. (훈련, 검증) 데이터로 구분 후 keras 모듈을 이용하여 인공신경망을 모형을 설계한다.
- ㉡ model=tf.keras.Sequential([ ])을 이용하여 인공신경망을 정의할 때 아래와 같이 입력층 뉴런=8개, 입력변수=4개, 활성화 함수는 각 층에 대하여 relu, softmax를 이용하는 경우 다음과 같이 정의한다. 활성화 함수(Activation Function)는 비선형성 도입, 복잡한 함수의 근사, 신경망 표현력 향상, 그래디언트 전파(Backpropagation 알고리즘 적용 시), 출력 범위의 제한 등의 용도로 사용된다. 로지스틱 회귀모형을 예로 들면, 세 가지 종속변수는 각각의 입력값(X_i), 가중치(w_i), 그리고 y절편(b_i)의 선형 방정식으로 표현되고, 주어진 데이터 학습을 통해 최적의 가중치와 y절편을 구하게 된다.

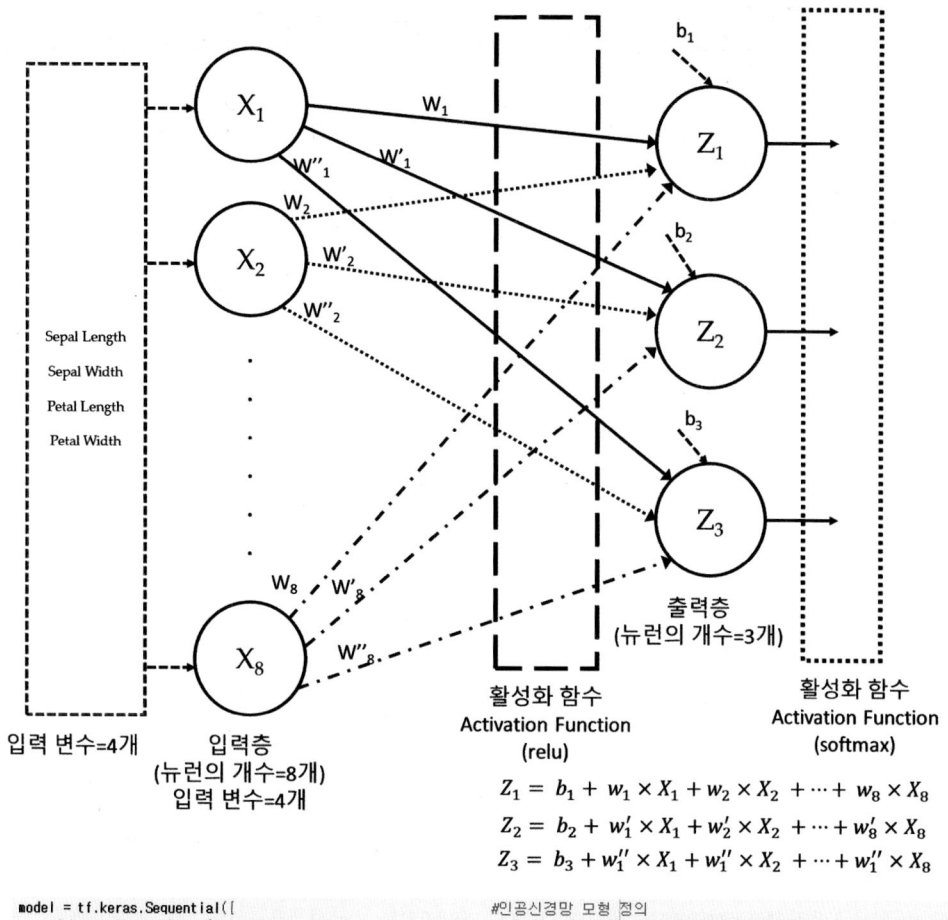

$$Z_1 = b_1 + w_1 \times X_1 + w_2 \times X_2 + \cdots + w_8 \times X_8$$
$$Z_2 = b_2 + w'_1 \times X_1 + w'_2 \times X_2 + \cdots + w'_8 \times X_8$$
$$Z_3 = b_3 + w''_1 \times X_1 + w''_1 \times X_2 + \cdots + w''_1 \times X_8$$

```
model = tf.keras.Sequential([                                    #인공신경망 모형 정의
    tf.keras.layers.Dense(8, activation='relu', input_dim=4),    #입력층 뉴런 개수=8개, 뉴런 출력활성화 함수=relu, 입력변수=4개
    tf.keras.layers.Dense(3, activation='softmax')               #출력층 뉴런 개수(출력변수)=3개, 활성화 함수=softmax
])
```

ⓒ iris 붓꽃의 품종을 분류하기 위한 인공신경망 구축 모형은 다음과 같다. 인공신경망 모형 (model)을 컴파일[model.compile(), 학습 과정 설정]하고 학습[model.fit()]시키기 위해 다음 옵션을 이용한다.

| model.compile(optimizer='adam', loss='categorical_crossentropy', metrics=['accuracy']) |

- optimzer='adam' : 최적화 알고리즘(adam, 경사하강법의 한 종류로 빠른 수렴과 좋은 성능 제공)
- loss='categorical_crossentropy' : 손실함수 설정. 다중 클래스 분류 문제, 데이터 학습 중 이 차이를 최소화하도록 모형 조정(손실함수 : 모형의 예측과 실제 레이블 사이의 차이)
- metrics=['accuracy'] : 모형의 성능평가 지표=정확도(정확도 : 모형이 올바르게 분류한 샘플의 비율)

model.fit(trainx, trainy, epochs=100, batch_size=8, verbose=0, validation_data=(testx, texty))

- trainx : 학습 데이터의 입력 특성(features)
- trainy : 해당 입력에 대한 실제 레이블(label)
- epoch=5 : epoch의 수[epoch : 전체 학습 데이터를 한 번 모형에 적용하고 역전파(Backpropagation)를 통해 가중치를 업데이트하는 한 번의 주기]
- batch_size=8 : 배치의 크기, 한 번의 epoch에서 사용되는 데이터 샘플의 수, epoch마다 8개의 데이터 샘플을 모형에게 제공하고 가중치를 업데이트함, 배치 크기가 작은 경우 메모리 사용량을 줄이고 학습 속도를 높일 수 있음
- validation_data=(testx, testy) : 검증 데이터 설정, 성능평가용으로 사용, 학습 중에 검증 데이터를 사용하여 (손실, 정확도) 등의 지표 계산, 과대적합 감지 또는 모형의 성능 모니터링

```python
from sklearn.datasets import load_iris       #iris (붓꽃 품종 데이터)
from sklearn.preprocessing import StandardScaler      #데이터 전처리, 표준화(Z-Score)
from sklearn.model_selection import train_test_split  #(학습, 검증) 데이터 랜덤 추출
import tensorflow as tf              #TensorFlow 라이브러리(기계학습, 딥러닝)
from tensorflow import keras         #Keras 모듈(딥러닝)
from sklearn.metrics import classification_report, confusion_matrix  #성능평가 지표, 혼동행렬
from sklearn.preprocessing import OneHotEncoder       #One-Hot Encoding
import matplotlib.pyplot as plt      #데이터 시각화
import warnings                      #경고메시지 미출력
warnings.filterwarnings('ignore')
iris = load_iris()         #사이킷런(sklearn에 저장되어 있는 iris 데이터)
x = iris['data']           #독립변수
y= iris['target']          #종속변수
scaler = StandardScaler()            #데이터 표준화 모듈(Z-Score=(x-u)/s)
xscaled = scaler.fit_transform(x)
encoder = OneHotEncoder(sparse=False)
  #원-핫인코딩, sparse=False:배열 반환(True인 경우 Matrix 반환(기본값))
  #원-핫인코딩: 고유값 인덱스=1, 나머지=0으로 구분(벡터), 범주형 데이터의 경우 사용
yencoded = encoder.fit_transform(y.reshape(-1,1))
  #종속변수값(y, target) 원-핫인코딩, reshape(-1,1): 배열 차원 변경(열의값=1, 남은 차원으로 행 구성)
  #reshape(정수행, 정수열): (행,열)의 개수로 배열 변경
trainx, testx, trainy, testy = train_test_split(xscaled, yencoded, test_size=0.2, random_state=42)
  #훈련, 검증 데이터 구분, 검증데이터세트 = 20%, 훈련데이터세트=80%
model = tf.keras.Sequential([              #인공신경망 모형 정의
    tf.keras.layers.Dense(8, activation='relu', input_dim=4), #입력층 뉴런 개수=8개, 뉴런 출력활성화 함수=relu, 입력변수=4개
    tf.keras.layers.Dense(3, activation='softmax')    #출력층 뉴런 개수(출력변수)=3개, 활성화 함수=softmax
])
model.compile(optimizer='adam', loss='categorical_crossentropy', metrics=['accuracy'])
  #모형 컴파일, optimizer: 오차제어(경사하강법 알고리즘), loss:손실함수(다중분류)
  #metrics='accuracy: 기본적으로 loss값 출력, 정확도 지표 추가
  #손실(loss): 예측값과 실제값 사이의 차이값(Mean squared error:MSE, Cross-Entropy 등 사용)
  #정확도(accuracy): 정확하게 예측한 샘플의 비율(100개의 샘플중 90개를 정확하게 분류한 경우 정확도=90%)
history = model.fit(trainx, trainy, epochs=5, batch_size=8, validation_data=(testx, testy))
  #모델 훈련 #epochs: 학습반복횟수 지정, batch_size: 매개변수 업데이트 단위, validation_data: 검증 데이터세트
loss, accuracy = model.evaluate(testx, testy)     #손실, 정확도 평가
print('인공신경망 분석 모형의 Loss(Keras모듈): ', end=''); print(loss)        #손실값(loss) 출력
print('인공신경망 분석 모형의 Accuracy(Keras모듈): ', end=''); print(accuracy)  #정확도(accuracy) 출력
print('### epochs(학습 반복횟수)에 따른 손실(loss) 변화 ###')
plt.plot(history.history['loss'])
plt.title('Loss over Epochs')
plt.xlabel('Epochs')
plt.ylabel('Loss'); plt.show()

print('### epochs(학습 반복횟수)에 따른 정확도(accuracty) 변화 ###')
plt.plot(history.history['accuracy'])
plt.title('Accuracy over Epochs')
plt.xlabel('Epochs')
plt.ylabel('Accuracy'); plt.show()
```

ⓐ 총 5번의 epoch에 대해 수행되며, 각 epoch(반복적인 학습 과정)마다 (훈련, 검증) 데이터에 대한 정확도(accuracy), 손실(loss) 값을 확인할 수 있으며, 정확도는 증가(epoch=2 이후 급격하게 증가)하고 손실함수 값은 감소함을 알 수 있다. 검증 데이터에 대한 최종적인 정확도=63.3%, 손실=0.83이다.

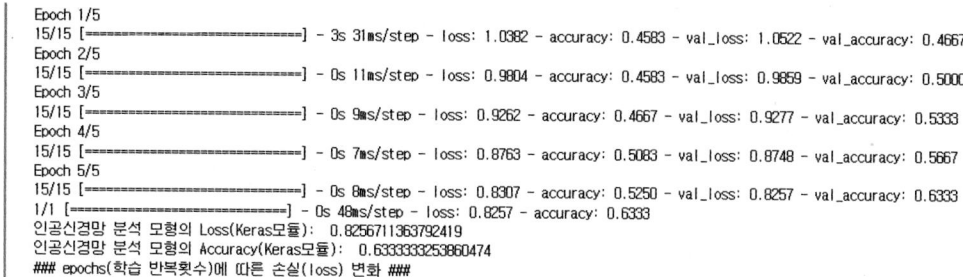

epochs(학습 반복횟수)에 따른 손실(loss) 변화

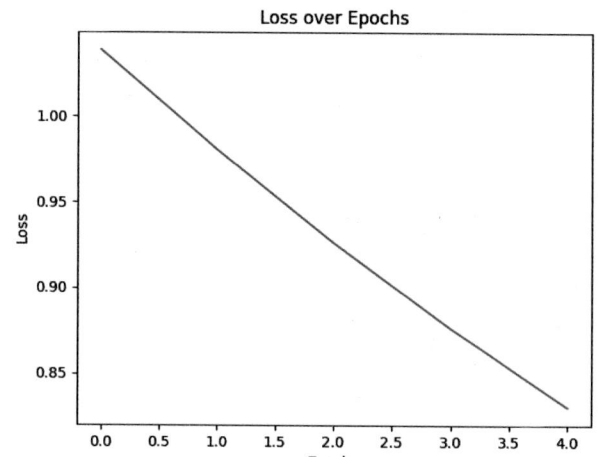

epochs(학습 반복횟수)에 따른 정확도(accuracy) 변화

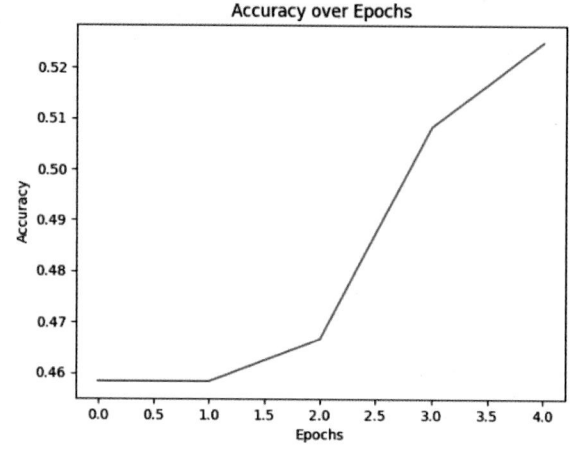

⑪ 인공신경망을 구축하기 위해 적절한 epoch 값을 정해주어야 한다. 일반적으로 epoch가 증가할수록 모형은 더 많은 학습을 하고, 학습 데이터에 더 잘 맞는 모형이 된다. 즉, 모형의 훈련 손실이 감소하고 학습 데이터에 대한 예측 결과가 개선된다. 그러나 epoch의 수를 지나치게 늘리면 학습 데이터에 지나치게 과대적합되어 새로운 데이터에 대한 일반화 능력이 감소될 수 있다. 이 경우 검증 데이터에 대한 모형의 성능이 개선되지 않거나 심지어 나빠지게 된다. epoch=100으로 지정하여 epoch마다 (훈련, 검증) 데이터들에 대한 손실함수 값과 정확도 변화의 추이를 나타내면 다음과 같다.

```
from sklearn.datasets import load_iris      #iris (붓꽃 품종 데이터)
from sklearn.preprocessing import StandardScaler    #데이터 전처리, 표준화(Z-Score)
from sklearn.model_selection import train_test_split  #(학습, 검증) 데이터 랜덤 추출
import tensorflow as tf       #TensorFlow 라이브러리(기계학습, 딥러닝)
from tensorflow import keras  #Keras 모듈(딥러닝)
from sklearn.metrics import classification_report, confusion_matrix  #성능평가 지표, 혼동행렬
from sklearn.preprocessing import OneHotEncoder  #One-Hot Encoding
import matplotlib.pyplot as plt    #데이터 시각화
import warnings     #경고메시지 미출력
warnings.filterwarnings('ignore')
iris = load_iris()       #사이킷런(sklearn에 저장되어 있는 iris 데이터 읽기)
x = iris['data']         #독립변수
y = iris['target']       #종속변수
scaler = StandardScaler()    #데이터 표준화 모듈(Z-Score=(x-u)/s)
xscaled = scaler.fit_transform(x)
encoder = OneHotEncoder(sparse=False)
yencoded = encoder.fit_transform(y.reshape(-1,1))
trainx, testx, trainy, testy = train_test_split(xscaled, yencoded, test_size=0.2, random_state=42)
model = tf.keras.Sequential([             #인공신경망 모형 정의
    tf.keras.layers.Dense(8, activation='relu', input_dim=4),  #입력층 뉴런 개수=8개, 뉴런 출력활성화 함수=relu, 입력변수=4개
    tf.keras.layers.Dense(3, activation='softmax')   #출력층 뉴런 개수(출력변수)=3개, 활성화 함수=softmax
])
model.compile(optimizer='adam', loss='categorical_crossentropy', metrics=['accuracy'])
history1 = model.fit(trainx, trainy, epochs=100, batch_size=8, verbose=0, validation_data=(testx, testy))
loss1, accuracy1 = model.evaluate(testx, testy)    #손실, 정확도 평가(검증데이터셋)
print('인공신경망 분석 모형의 Loss(Keras모듈)/검증데이터셋: ', end=''); print(loss1)       #손실값(loss) 출력
print('인공신경망 분석 모형의 Accuracy(Keras모듈)/검증데이터셋: ', end=''); print(accuracy1) #정확도(accuracy) 출력
history2 = model.fit(trainx, trainy, epochs=100, batch_size=8, verbose=0, validation_data=(trainx, trainy))
loss2, accuracy2 = model.evaluate(trainx, trainy)   #손실, 정확도 평가(훈련데이터셋)
print('인공신경망 분석 모형의 Loss(Keras모듈)/훈련데이터셋: ', end=''); print(loss2)       #손실값(loss) 출력
print('인공신경망 분석 모형의 Accuracy(Keras모듈)/훈련데이터셋: ', end=''); print(accuracy2) #정확도(accuracy) 출력
print(history1.history.keys())   #검증데이터셋 분석 결과 키값
print(history1.history['loss'])
print(history1.history['accuracy'])
print(history2.history.keys())   #훈련데이터셋 분석 결과 키값
print(history2.history['loss'])
print(history2.history['accuracy'])
plt.plot(history2.history['loss'])  #훈련데이터셋 손실
plt.plot(history1.history['loss'])  #검증데이터셋 손실
plt.xlabel('Epoch')
plt.ylabel('Loss')
plt.legend(['train', 'test']); plt.show()
plt.plot(history2.history['accuracy'])  #훈련데이터셋 손실
plt.plot(history1.history['accuracy'])  #검증데이터셋 손실
plt.xlabel('Epoch')
plt.ylabel('Accuracy')
plt.legend(['train', 'test']); plt.show()
```

ⓗ 분석 결과, epoch가 어느 정도 이상 증가(약 40~60)하는 경우 손실함수 값과 정확도가 더 이상 개선되지 않음을 확인할 수 있다.

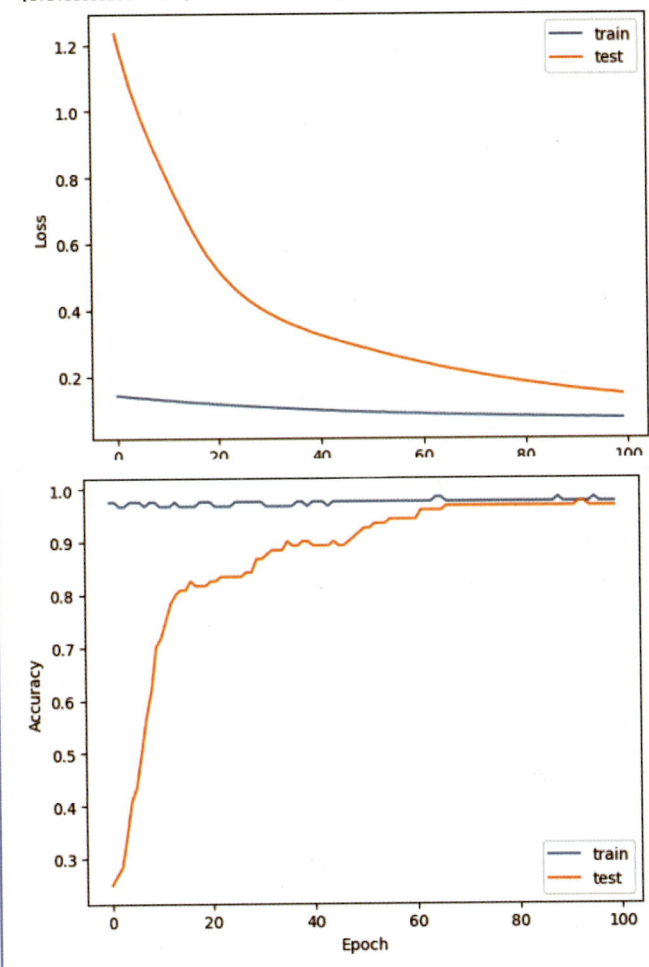

ⓧ sklearn.neural_network 라이브러리 내의 MLPClassifier() 모듈을 이용한 인공신경망 분석 모형(다층 퍼셉트론 분류기)은 다음과 같다. 다층 퍼셉트론(MLP ; Multi-Layer Perceptron)은 신경망의 한 종류로, 복잡한 비선형 문제를 해결하기 위해 사용된다.

> mlp = MLPClassifier(hidden_layer_sizes = (100,50), max_iter=500, random_state=42)

- hidden_layer_sizes=(100, 50) : 은닉층(Hidden Layer)의 구조(모형의 복잡성) 정의, MLP는 하나 이상의 은닉층을 가질 수 있음. 각 은닉층의 뉴런의 수를 tuple로 나타냄. 두 개의 은닉층을 가지며, 첫 번째 은닉층에는 100개의 뉴런, 두 번째 은닉층은 50개의 뉴런 정의
- max_iter=500 : 최대 반복 횟수, 반복적인 학습 알고리즘으로 가중치 업데이트
- random_state=42 : 랜덤 시드값

```
from sklearn.datasets import load_iris      #iris (붓꽃 품종 데이터)
import pandas as pd        #판다스 라이브러리
import numpy as np         #넘파이 라이브러리
from sklearn.preprocessing import StandardScaler    #데이터 전처리, 표준화(Z-Score)
from sklearn.model_selection import train_test_split  #(학습, 검증) 데이터 랜덤 추출
from sklearn.neural_network import MLPClassifier    #Multi-layer Perceptron Classifier
from sklearn.metrics import classification_report, confusion_matrix #성능평가 지표, 혼동행렬
from sklearn.metrics import accuracy_score    #정확도(accuracy) 계산

iris = load_iris()         #사이킷런(sklearn에 저장되어 있는 iris 데이터 읽기)
x = iris['data']
y = iris['target']

trainx, testx, trainy, testy = train_test_split(x, y, test_size=0.2, random_state=42)
   #데이터 분할: 훈련집합(trainx, trainy), 검증집합(testx, testy)
   #random_state: 랜덤 데이터 발생시 초기seed값(동일값인 경우 수행시 마다 동일한 결과(정확도) 출력)
scaler = StandardScaler()     #데이터 표준화 모듈(Z-Score=(x-u)/s)
scaler.fit(trainx)            #표준화 작업
trainx = scaler.transform(trainx)
testx = scaler.transform(testx)

mlp = MLPClassifier(hidden_layer_sizes = (100,50), max_iter=500, random_state=42)
    #2개 은닉층, 첫번째 계층:100개 뉴, 두번째 계층:50개 뉴런 / max_iter: 최대 반복횟수 지정
mlp.fit(trainx, trainy)       #데이터 학습(훈련)
predictions = mlp.predict(testx)  #예측(검증데이터세트 사용)
print('*** sklearn.neural_network의 MLPClassifier 모듈 이용 ***')
print('인공신경망 분석 모형의 정확도: ', end=''); print(accuracy_score(testy, predictions))
print('$$$ 혼동행렬, Confusion Matrix $$$')
print(confusion_matrix(testy, predictions))    #혼동행렬
print('** 성능평가 지표값 **')
print(classification_report(testy, predictions))  #성능평가 지표값

result = pd.DataFrame(np.zeros((20,2)), columns=['Actual','Prediction'])
    #(행,열)=(20,2) 데이터프레임 초기화(0으로 저장)
result['Actual'] = pd.DataFrame(testy)         #검증데이터세트 실제값(참값)
result['Prediction'] = pd.DataFrame(predictions) #검증데이터세트 예측값
print(result)
from google.colab import drive  #라이브러리 import
drive.mount('/content/drive')   #구글 드라이브 연결
result.to_csv('/content/drive/MyDrive/work/result.csv')  #csv파일로 저장(구글 드라이브내)
```

◎ MLP 인공신경망 모형의 분류 분석 결과, 주어진 검증 데이터에 대한 분류 정확도=100% 이다.

```
*** sklearn.neural_network의 MLPClassifier 모듈 이용 ***
인공신경망 분석 모형의 정확도: 1.0
$$$ 혼동행렬, Confusion Matrix $$$
[[10  0  0]
 [ 0  9  0]
 [ 0  0 11]]
** 성능평가 지표값 **
              precision    recall  f1-score   support

           0       1.00      1.00      1.00        10
           1       1.00      1.00      1.00         9
           2       1.00      1.00      1.00        11

    accuracy                           1.00        30
   macro avg       1.00      1.00      1.00        30
weighted avg       1.00      1.00      1.00        30

    Actual  Prediction
0        1           1
1        0           0
2        2           2
3        1           1
4        1           1
5        0           0
6        1           1
7        2           2
8        1           1
9        1           1
10       2           2
11       0           0
12       0           0
13       0           0
14       0           0
15       1           1
16       2           2
17       1           1
18       1           1
19       2           2
Mounted at /content/drive
```

② 연속형 변수값(콘크리트 강도, Strength)을 예측하기 위한 인공신경망

㉠ 연속형 변수값을 예측하기 위한 인공신경망 분석을 위하여 keras.Sequential()을 이용하며, 콘크리트 강도 데이터(Concrete_Data.csv)를 이용한다.

㉡ 예시 자료는 UCI에서 제공하는 데이터(https://archive.ics.uci.edu/dataset/165/concrete+compressive+strength)를 이용한다. Concrete_Data.csv는 연속형 변수인 콘크리트의 강도(Strength)에 영향을 미치는 것으로 추정되는 요소들인 시멘트(Cement), 슬래그[Slag, 용재(찌꺼기)], 애쉬(Ash, 재), 물(Water), 고성능 감수제(Superplasticizer), 굵은 골재(Coarseagg), 미세 골재(Fineagg), 기간(Age), 콘크리트 강도(Strength) 항목으로 총 1,030개의 자료를 포함한다.

	A	B	C	D	E	F	G	H	I
1	Cement	Slag	Ash	Water	Superplas	Coarseagg	Fineagg	Age	Strength
2	540	0	0	162	2.5	1040	676	28	79.99
3	540	0	0	162	2.5	1055	676	28	61.89
4	332.5	142.5	0	228	0	932	594	270	40.27
5	332.5	142.5	0	228	0	932	594	365	41.05
6	198.6	132.4	0	192	0	978.4	825.5	360	44.3
7	266	114	0	228	0	932	670	90	47.03
8	380	95	0	228	0	932	594	365	43.7
9	380	95	0	228	0	932	594	28	36.45
10	266	114	0	228	0	932	670	28	45.85

* Cement : 시멘트, Slag : 슬래그, Ash : 애쉬(재), Water : 물, Superplasticizer : 고성능 감수제, Coarseagg : 굵은 골재, Fineagg : 미세 골재, Age : 기간, Strength : 콘크리트 강도

```
   Cement  Slag   Ash  Water  Superplasticizer  Coarseagg  Fineagg  Age
0   540.0    0.0   0.0  162.0               2.5     1040.0    676.0   28
1   540.0    0.0   0.0  162.0               2.5     1055.0    676.0   28
2   332.5  142.5   0.0  228.0               0.0      932.0    594.0  270
3   332.5  142.5   0.0  228.0               0.0      932.0    594.0  365
4   198.6  132.4   0.0  192.0               0.0      978.4    825.5  360

   Strength
0     79.99
1     61.89
2     40.27
3     41.05
4     44.30
```

ⓒ 연속형 자료에 대한 정규화 작업을 수행하기 위하여 normalize 변환(Min-max 척도 변환)을 정의하고 각각의 항목에 대한 정규화 자료를 저장한다. (입력, 은닉, 출력) 레이어를 (입력 변수 특성값, 뉴런의 개수=64개, 출력(시멘트 강도))로 정의하고 은닉 레이어에서의 활성화 함수=relu로 설정한다.

```
from google.colab import drive         #구글 드라이브 코랩 마운트
drive.mount('/content/drive')          #구글 드라이브 연결
from sklearn.datasets import load_iris #iris (붓꽃 품종 데이터)
import tensorflow as tf                #TensorFlow 라이브러리(기계학습, 딥러닝)
from tensorflow import keras           #Keras 모듈(딥러닝)
import pandas as pd                    #판다스 라이브러리
import numpy as np                     #넘파이 라이브러리
from sklearn.preprocessing import MinMaxScaler         #데이터 전처리, 표준화(MinMax)
from sklearn.model_selection import train_test_split   #(학습, 검증) 데이터 랜덤 추출
from sklearn.metrics import classification_report, confusion_matrix  #성능평가 지표, 혼동행렬
from sklearn.metrics import accuracy_score  #정확도(accuracy) 계산 모듈
from sklearn.metrics import mean_absolute_error   #MAE 계산 모듈
from sklearn.metrics import mean_squared_error    #MSE 계산 모듈
from sklearn.metrics import mean_squared_log_error #MSLE 계산 모듈

data = pd.read_csv('/content/drive/MyDrive/work/Concrete_Data.csv')
      #분석용 데이터 읽기(절대경로명 사용), 새로운 열 지정(index 열 추가)
      #데이터 출처: UCI Irvine Machine Learning Repository (https://archive.ics.uci.edu/datasets)
df = data.dropna()
print(df.head())
x = df[['Cement', 'Slag', 'Ash', 'Water']].to_numpy()  #독립변수, 넘파이 배열로 변환
y = df[['Strength']].to_numpy()                         #종속변수(세멘트 강도), 넘파이 배열로 변환

scaler = MinMaxScaler()                #최소-최대 변환
xscaled = scaler.fit_transform(x) #독립변수 데이터 변환(전처리)
yscaled = scaler.fit_transform(y) #종속변수 데이터 변환(전처리)

trainx, testx, trainy, testy = train_test_split(xscaled, yscaled, test_size=0.2, random_state=42)
      #데이터 분할: 훈련집합(trainx, trainy), 검증집합(testx, testy)
      #random_state: 랜덤 데이터 발생시 초기seed값(동일값인 경우 수행시 마다 동일한 결과(정확도) 출력)
```

```
model = keras.Sequential([
    keras.layers.Input(shape=(trainx.shape[1],)),      #입력 레이어
    keras.layers.Dense(64, activation='relu'),         #은닉 레이어
    keras.layers.Dense(1)     #출력 계층(시멘트 강도값 예측)
])

model.compile(optimizer='adam', loss='mean_squared_error')       #모델 컴파일
model.fit(trainx, trainy, epochs=100, batch_size=16, verbose=0)  #모델 훈련

loss  = model.evaluate(testx, testy)    #모델 평가(손실값 계산)
print('인공신경망 예측 모형 손실(Loss)/Mean Squared Error: ', loss)

predictions_scaled = model.predict(testx)     #검증데이터세트를 이용한 예측값
predictedValue = (y.max()- y.min())*predictions_scaled + y.min() #원래의 값으로 변환(표준화전 값)
print(predictedValue[:5])    #예측값

result = pd.DataFrame(np.zeros((206,2)), columns=['Actual','Prediction'])
  #(행,열)=(206,2) 데이터프레임 초기화(0으로 저장)
result['Actual'] = pd.DataFrame((y.max()- y.min())*testy + y.min())  #실제값(표준화전 값으로 변환)
result['Prediction'] = pd.DataFrame(predictedValue)    #예측값
print(result.head())
print('Mean Absolute Error(MAE), 평균절대오차: ', end=''); print(mean_absolute_error(result['Actual'], result['Prediction']))
print('Mean Squared Error(MSE), 평균제곱오차: ', end=''); print(mean_squared_error(result['Actual'], result['Prediction']))
print('Root Mean Squared Error(RMSE), 평균제곱근오차: ', end=''); print(np.sqrt(mean_squared_error(result['Actual'], result['Prediction'])))
print('Mean Squared Log Error(MSLE), 평균제곱로그오차: ', end=''); print(mean_squared_log_error(result['Actual'], result['Prediction']))
def MAPE(yt, yp):
    return np.mean(np.abs((yt-yp)/yt)*100)
print('Mean Absolute Percentage Error, 평균절대백분오차비율: ', end=''); print(MAPE(result['Actual'], result['Prediction']))

def MPE(yt, yp):
    return np.mean((yt-yp)/yt*100)
print('Mean Percentage Error, 평균백분오차비율: ', end=''); print(MPE(result['Actual'], result['Prediction']))

result.to_csv('/content/drive/MyDrive/work/resultstrength.csv')  #수행결과 -> csv파일로 저장(구글 드라이브내)
```

ㄹ 인공신경망 분석(예측) 모형의 성능을 평가하기 위해 아래 지표값을 평가한다.

구 분	성능평가 지표
평균 절대오차 (MAE ; Mean of Absolute Errors)	• 오차의 절댓값에 대한 평균 • $MAE = \dfrac{\sum_{i=1}^{n} \lvert y_i - \widehat{y_i} \rvert}{n}$
평균 제곱오차 (MSE ; Mean of Squared Errors)	• 오차를 제곱하여 n으로 나눈 값 • $MSE = \dfrac{\sum_{i=1}^{n} (y_i - \widehat{y_i})^2}{n}$
평균 제곱근오차 (RMSE ; Root Mean of Squared Errors)	• 평균 제곱오차를 제곱근하여 구함 • $RMSE = \sqrt{MSE} = \sqrt{\dfrac{\sum_{i=1}^{n} (y_i - \widehat{y_i})^2}{n}}$
평균 제곱 로그오차 (MSLE ; Mean Squared Log Error)	• 예측값과 실제값을 자연로그 변환 후, 그 차이를 제곱하여 합산하고, n으로 나눈 값 • $MSLE = \dfrac{\sum_{i=1}^{n} (\log(\widehat{y_i}+1) - \log(y_i+1))^2}{n}$ • 입력값이 0 또는 음수인 경우에 자연로그 함수값이 정의되지 않은 경우를 보장하기 위해 (예측값, 실제값)에 1을 더해줌
평균 절대 백분오차 비율 (MAPE ; Mean of Absolute Percentage Errors)	• 예측오차에 절댓값 사용 • 상대적 오차 크기에 대한 절댓값의 평균 • $MAPE = \dfrac{1}{n} \sum_{i=1}^{n} \left\lvert \dfrac{y_i - \widehat{y_i}}{y_i} \right\rvert$
평균 백분오차 비율 (MPE ; Mean of Percentage Errors)	• 상대적인 의미의 오차 크기에 대한 평균 • $MPE = \dfrac{1}{n} \sum_{i=1}^{n} \dfrac{y_i - \widehat{y_i}}{y_i}$

ⓜ 시멘트 강도에 대한 (실제값, 예측값)에 대한 성능평가 지표를 구하면 다음과 같다.
RMSE=11.39, MAPE=37.6%이다.

```
   Cement  Slag  Ash  Water  Superplasticizer  Coarseagg  Fineagg  Age
0  540.0   0.0   0.0  162.0  2.5               1040.0     676.0    28
1  540.0   0.0   0.0  162.0  2.5               1055.0     676.0    28
2  332.5   142.5 0.0  228.0  0.0               932.0      594.0    270
3  332.5   142.5 0.0  228.0  0.0               932.0      594.0    365
4  198.6   132.4 0.0  192.0  0.0               978.4      825.5    360

   Strength
0  79.99
1  61.89
2  40.27
3  41.05
4  44.30
7/7 [==============================] - 0s 4ms/step - loss: 0.0201
인공신경망 예측 모형 손실(Loss)/Mean Squared Error:  0.02014302834868431
7/7 [==============================] - 0s 4ms/step
[[38.00316 ]
 [60.38349 ]
 [63.968605]
 [60.38349 ]
 [12.780878]]
   Actual  Prediction
0  52.91   38.003159
1  55.90   60.383492
2  74.50   63.968605
3  35.30   60.383492
4  10.54   12.780878
Mean Absolute Error(MAE), 평균절대오차: 9.429859248781668
Mean Squared Error(MSE), 평균제곱오차: 129.7870219537226
Root Mean Squared Error(RMSE), 평균제곱근오차: 11.39241071739088
Mean Squared Log Error(MSLE), 평균제곱로그오차: 0.1444216350057394
Mean Absolute Percentage Error, 평균절대백분오차비율: 37.60010607536694
Mean Percentage Error, 평균백분오차비율: -19.078520346436996
```

ⓑ 인공신경망 분석 결과를 시각화하여 나타내기 위해 matplot.pyplot, seaborn 라이브러리를 이용한다.

```python
from google.colab import drive   #구글 드라이브 코랩 마운트
drive.mount('/content/drive')    #구글 드라이브 연결
from sklearn.datasets import load_iris    #iris (붓꽃 품종 데이터)
import tensorflow as tf          #TensorFlow 라이브러리(기계학습, 딥러닝)
from tensorflow import keras     #Keras 모듈(딥러닝)
import pandas as pd              #판다스 라이브러리
import numpy as np               #넘파이 라이브러리
from sklearn.preprocessing import MinMaxScaler    #데이터 전처리, 표준화(MinMax)
from sklearn.model_selection import train_test_split  #(학습, 검증) 데이터 랜덤 추출
from sklearn.metrics import classification_report, confusion_matrix  #성능평가 지표, 혼동행렬
from sklearn.metrics import accuracy_score  #정확도(accuracy) 계산
import matplotlib.pyplot as plt   #데이터 시각화
import seaborn as sns             #데이터 시각화
data = pd.read_csv('/content/drive/MyDrive/work/Concrete_Data.csv')
df = data.dropna() #결측값 제외
x = df[['Cement', 'Slag', 'Ash', 'Water']].to_numpy()   #독립변수, 넘파이 배열로 변환
y = df[['Strength']].to_numpy()             #종속변수(세멘트 강도), 넘파이 배열로 변환
scaler = MinMaxScaler()           #최소-최대 변환
xscaled = scaler.fit_transform(x) #독립변수 데이터 변환(전처리)
yscaled = scaler.fit_transform(y) #종속변수 데이터 변환(전처리)
trainx, testx, trainy, testy = train_test_split(xscaled, yscaled, test_size=0.2, random_state=42)
```

```
model = keras.Sequential([
    keras.layers.Input(shape=(trainx.shape[1],)),       #입력 레이어
    keras.layers.Dense(64, activation='relu'),          #은닉 레이어
    keras.layers.Dense(1)       #출력 계층(세멘트 강도값 예측)
])
model.compile(optimizer='adam', loss='mean_squared_error')     #모델 컴파일
model.fit(trainx, trainy, epochs=100, batch_size=16, verbose=0)  #모델 훈련
loss  = model.evaluate(testx, testy)    #모델 평가(손실값 계산)
print('인공신경망 예측 모형 손실(Loss)/Mean Squared Error: ', loss)
predictions_scaled = model.predict(testx)   #검증데이터세트를 이용한 예측값
predictedValue = (y.max()- y.min())*predictions_scaled + y.min()  #원래의 값으로 변환(표준화전 값)
result = pd.DataFrame(np.zeros((206,2), columns=['Actual','Prediction'])
result['Actual'] = pd.DataFrame((y.max()- y.min())*testy + y.min())  #실제값(표준화전 값으로 변환)
result['Prediction'] = pd.DataFrame(predictedValue)  #예측값

plt.rcParams['figure.figsize']= (10, 5) #runtime configuration parameters (가로,세로) 길이
plt.scatter(result['Actual'], result['Prediction'])    #(실제값, 예측값) 산점도 작성
sns.regplot(x='Actual', y='Prediction', data=result)  #seaborn 모듈의 선형회귀모형식 적용
plt.text(3,63, 'Dot:(Actual, Predictions), Line: Linear Regression(Seaborn)') #그래프내 텍스트 작성
plt.xlabel('Actual')        #x축 이름
plt.ylabel('Prediction')    #y축 이름
plt.grid()   #격자 표시
plt.show()   #그래프 출력
```

Ⓢ (실제값, 예측값)=(result['Actual'], result['Prediction'])의 산점도(Dot)를 그리고 seaborn 라이브러리의 sna.regplot() 모듈을 이용하여 선형회귀모형 적합 결과(Line)를 그래프로 작성한다. Line에 가까운 점일수록 실제값과 예측값의 차이가 작음을 의미한다.

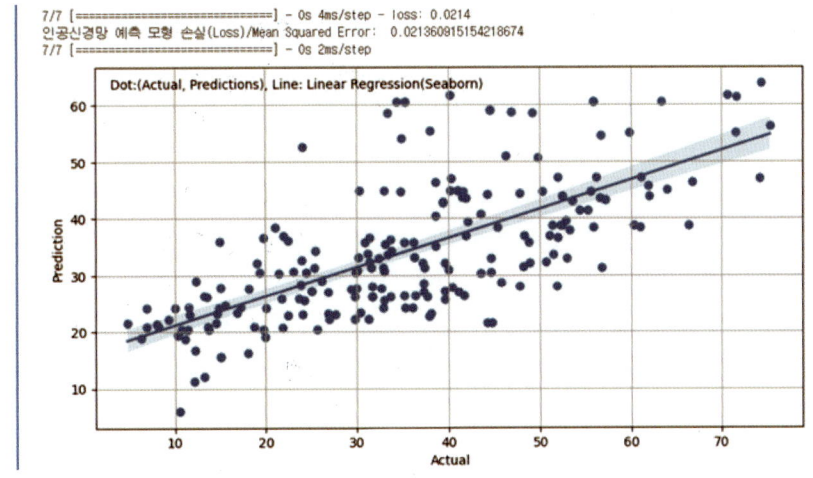

제6장 서포트벡터머신

1 SVM의 이해

① 서포트벡터머신 분석을 위해 다음 라이브러리를 이용한다.

from sklearn.svm import SVC	#Support Vector Classification(서포트벡터 분류)
from sklearn.model_selection import GridSearchCV	#GridSearchCV(그리드 탐색)
from sklearn.model_selection import train_test_split	#(학습, 검증) 데이터 랜덤 추출
import pandas as pd	#판다스(데이터프레임 활용)
import numpy as np	#넘파이(다차원 배열 및 수학함수)

② 서포트벡터머신(SVM ; Support Vector Machine)은 입력 데이터를 집단으로 분리하고 분석하는 기계학습 알고리즘으로서 데이터 분리를 위해 데이터의 반대 집단에서 가장 멀리 떨어진 서포트벡터(Support Vector)를 찾아 두 집단으로 나누는 기준인 하이퍼플레인(Hyperplane, 초평면)을 설정하고, 여백(Margin, 간격)을 고려하여 분류하는 기법이다.

③ SVM에서는 서로 다른 분류에 속한 데이터들 사이의 Margin이 최대화되는 평면을 찾아 이를 기준으로 분류 결과를 찾는다.

④ 분류 경계와 실제 데이터들 사이의 거리가 가장 크도록 하는 것으로 아래와 같이 크게 선형 분류와 비선형 분류로 구분된다. 선형 분류기에서는 두 개의 그룹을 분류할 때, 두 그룹 간 Margin이 최대가 되게 하는 하이퍼플레인(Hyperplane)을 찾는다, 반면 선형 분리가 불가능한 경우 고차원의 특정 공간에서 데이터를 분리하는 커널(Kernel) 함수를 사용(Kernel Trick)하여 비선형 문제를 해결한다. 커널 함수란 주어진 데이터를 고차원 특정 공간으로 매핑(Mapping, 사상)해주는 함수이다.

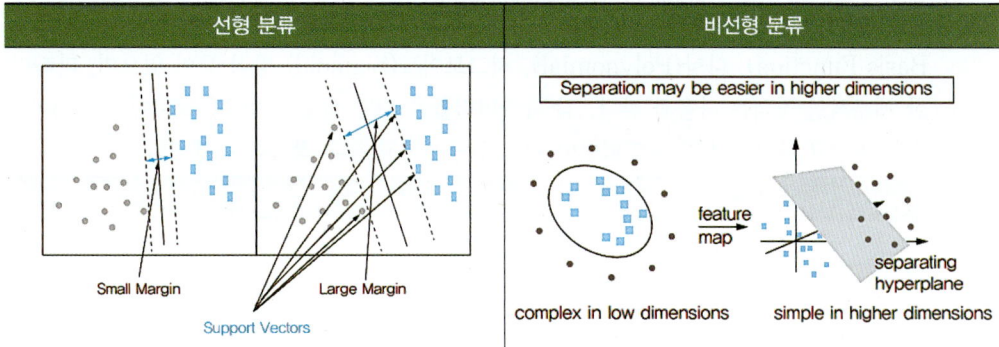

⟨SVM 분류⟩

⑤ SVM은 기계학습 분야 중 하나로 텍스트 분류, 패턴인식, 자료 분석을 위한 지도 학습 모형이며, 주로 분류와 회귀분석을 위해 사용된다. 두 카테고리 중 어느 하나에 속한 데이터의 집합이 주어졌을 때, SVM 알고리즘은 주어진 데이터 집합을 바탕으로 하여 새로운 데이터가 어느 카테고리에 속할지 판단하는 비확률적 이진 선형 분류 모델을 제공한다.

⑥ SVM은 예측의 정확도가 비교적 높고 사용이 쉽다는 장점을 가지고 있으며, 신경망과 비교하여 과대적합(Overfitting)의 정도가 덜하다는 특징이 있다. 반면, 커널 함수의 적절한 파라미터를 설정하기 위해 여러 번 테스트해야 최적화 모형을 만들 수 있어 모형 구축 시간이 오래 걸린다는 단점과 결과에 대한 설명력이 다른 기법들에 비하여 다소 떨어진다는 특징을 가진다.

2 SVM 모형

① SVM 분석을 위해 sklearn.svm에 포함되어 있는 SVC() 모듈을 이용한다. SVC() 모듈은 서포트벡터머신(SVM ; Support Vector Machine)을 사용하여 분류 문제를 해결하며, 다음과 같은 파라미터를 설정한다.

> model=SVC(kernel, C, gamma, degree, coef0, shrinking, probability, class_weight, random_state)

- kernel : 커널 함수는 데이터를 고차원 공간으로 매핑하는 데 사용, linear(선형), poly(다항식), rbf[가우시안 라디언(방사형) 기저함수, Gaussian Radial Basis Function], sigmoid(시그모이드) 등으로 설정, 기본값='rbf'
- C : 오류에 대한 허용 정도 조절, C값이 작은 경우 분류 오류 허용, C값이 크면 분류 오류를 허용하지 않음(결정 경계를 더욱 엄격하게 설정), 즉 C값이 클수록 훈련 데이터에 더욱 적합하게 되지만, 과대적합(Overfitting)의 위험이 있음, 기본값=1.0
- gamma : 가우시안 라디언 기저함수, 다항식, 시그모이드 커널에서 사용되는 커널 계수, 'scale'인 경우 gamma=1/(특성수×특성분산), 'auto'인 경우 gamma=1/특성수로 설정, 기본값='scale'
- degree : 다항식 커널의 경우, 다항식의 차수 지정, 기본값=3
- coef0 : 다항식, 시그모이드 커널에서 사용되는 독립항(coefficient 0), 커널 함수에서 얼마나 많은 영향을 미치는지를 조절, 기본값=0.0
- shrinking : True인 경우 서포트벡터를 찾고 낮은 가중치 벡터를 삭제하여 메모리 사용량을 줄임, False인 경우 메모리 사용량이 더 많아질 수 있지만, 예측 속도가 빨라짐, 기본값=True
- probability : True인 경우 클래스 확률 예측(predict_proba), 기본값=False
- class_weight : 클래스 가중치 지정, 'balanced'인 경우 자동으로 클래스 빈도에 반비례하는 가중치 부여, 기본값=None
- random_state : 랜덤 시드값

② 즉, 선형 분류의 경우 별도의 파라미터를 지정하지 않는다. 비선형 분류, 즉 커널 함수를 이용하는 경우 커널 함수의 형식과 관련된 파라미터를 지정한다. 커널 함수는 방사형(RBF ; Radial Basis Function), 다항(Polynomial), 시그모이드(Sigmoid) 방식 등이 있으며, 파라미터에 대한 세부적인 정의는 다음과 같다. 각 파라미터들은 커널 함수의 변수(모수)에 해당되며, 커널 함수와 관련된 파라미터 값을 입력받아 수식을 구성하고 분류 작업을 수행한다.

구 분		주요 파라미터
선형 분류(Linear)		커널 함수를 적용하지 않는 방식
비선형 분류 (Nonlinear) (커널 함수 이용)	방사형(RBF)	C(cost), gamma
	다항(Polynomial)	C(cost), gamma, coef0, degree
	시그모이드(Sigmoid)	C(cost), gamma, coef0

  ㉠ C(cost) : 과대적합 방지 정도를 지정하는 파라미터(기본값=1)
  ㉡ gamma : 하나의 데이터 표본이 영향력을 행사하는 거리를 결정하는 파라미터[기본값='scale', gamma=1/(특성수×특성분산)]
  ㉢ degree : 특성 공간(feature space)의 차원 개수로 다항 커널 함수 수식의 모수(기본값=3)
  ㉣ coef0 : 다항과 시그모이드 커널 함수 수식의 모수(기본값=0)

③ 대표적인 사용 예를 보면, 선형 분류는 주로 텍스트마이닝에서의 문서 분류에서 주로 발생하는 희박행렬(Sparse Matrix) 방식의 자료 처리에 사용된다. 비선형 분류 방법 중 방사형(RBF)은 자료에 관한 사전 정보가 없을 때 일반적으로 사용되며, 다항(Polynomial) 비선형 분류기는 이미지 처리, 시그모이드 커널 함수는 딥러닝 신경망에 대한 프록시(Proxy, 딥러닝에서 신경망 기법을 이용한 주 분석 이전에 처리하는 역할로 일종의 전처리에 해당)에서 주로 사용된다.

④ SVC() 모듈에서 kernel='linear', C=10, gamma=0.1로 지정 후, 서포트벡터머신 분류 모형(iris 품종 분류)을 수행한다. (훈련, 검증) 데이터로 구분 후, 독립변수에 대한 데이터 전처리 과정을 거치고, 모델을 학습[model.fit()]한다. 검증 데이터에 대한 예측 결과, 정확도=91.1% 이고 혼동행렬로부터 versicolor과 virginica 품종에 대한 예측 오류가 있음을 확인할 수 있다. 실제값(resultsvm['Actual'])과 예측값(resultsvm['Prediction'])을 데이터프레임에 저장 (resultsvm)에 저장 후 구글 드라이브의 해당 폴더에 수행 결과를 저장(resultsvm.csv)한다.

```python
from sklearn.datasets import load_iris     #iris (붓꽃 품종 데이터)
import pandas as pd              #판다스 라이브러리
import numpy as np               #넘파이 라이브러리
from sklearn.preprocessing import StandardScaler      #데이터 전처리, 표준화(Z-Score)
from sklearn.svm import SVC      #Support Vector Classification(서포트벡터 분류)
from sklearn.model_selection import train_test_split   #(학습, 검증) 데이터 랜덤 추출
from sklearn.metrics import classification_report, confusion_matrix   #성능평가지표, 혼동행렬
from sklearn.metrics import accuracy_score     #정확도
import matplotlib.pyplot as plt            #데이터 시각화
iris = load_iris()       #사이킷런(sklearn에 저장되어 있는 iris 데이터 읽기)
x = iris.data            #독립변수(넘파이 배열)
y= iris.target           #종속변수(넘파이 배열)
trainx, testx, trainy, testy = train_test_split(x, y, test_size=0.3, random_state=42)
  #훈련, 검증 데이터 구분, 검증데이터세트 = 30%, 훈련데이터세트=70%
scaler = StandardScaler()        #데이터 표준화 모듈(Z-Score=(x-u)/s, 평균=0, 표준편차=1)
xtrainscaled = scaler.fit_transform(trainx)    #훈련데이터 스케일링
xtestscaled = scaler.fit_transform(testx)      #검증데이터 스케일링

model = SVC(kernel='linear', C=10, gamma=0.1, random_state=42)   #SVM 모델 생성
  #kernel='linear': 커널함수 형식(선형), (C=10, gamma=0.1): 커널함수 파라미터 지정
model.fit(xtrainscaled, trainy)              #SVM 모델 학습
ypred = model.predict(xtestscaled)           #검증데이터세트로 예측
accuracy = accuracy_score(testy, ypred)      #정확도
print('SVM 모형의 성능(정확도): ', end=''); print(accuracy)
print('$$$ 혼동행렬, Confusion Matrix $$$')
print(confusion_matrix(testy, ypred))        #혼동행렬
print('** 성능평가 지표값 **')
print(classification_report(testy, ypred))   #성능평가 지표값
resultsvm = pd.DataFrame(np.zeros((45,2), columns=['Actual','Prediction'])
  #(행,열)=(45,2) 데이터프레임 초기화(0으로 저장)
resultsvm['Actual'] = pd.DataFrame(testy)            #검증데이터세트 실제값(참값)
resultsvm['Prediction'] = pd.DataFrame(ypred)  #검증데이터세트 예측값
print(resultsvm.head())
from google.colab import drive   #라이브러리 import
drive.mount('/content/drive')    #구글 드라이브 연결
resultsvm.to_csv('/content/drive/MyDrive/work/resultsvm.csv')   #csv파일로 저장(구글 드라이브내)
```

```
SVM 모형의 성능(정확도): 0.9111111111111111
$$$ 혼동행렬, Confusion Matrix $$$
[[19  0  0]
 [ 0  9  4]
 [ 0  0 13]]
** 성능평가 지표값 **
              precision    recall  f1-score   support

           0       1.00      1.00      1.00        19
           1       1.00      0.69      0.82        13
           2       0.76      1.00      0.87        13

    accuracy                           0.91        45
   macro avg       0.92      0.90      0.89        45
weighted avg       0.93      0.91      0.91        45

   Actual  Prediction
0       1           1
1       0           0
2       2           2
3       1           2
4       1           2
```

⑤ (kernel, C, gamma) 파라미터에 대한 최적의 값을 찾기 위해 sklearn.model_selection 라이브러리의 GridSearchCV() 모듈을 이용한다. kernel={'poly', 'linear', 'sigmoid'}, C={0.1, 1, 10, 100}, gamma={0.1, 0.01, 0.001}의 값에 대한 탐색 결과, 최적의 분류 분석 모형을 위한 파라미터는 kernel='poly', C=100, gamma=0.1이며, 이 경우 정확도=97.8%로 향상된다.

```python
from sklearn.datasets import load_iris      #iris (붓꽃 품종 데이터)
from sklearn.preprocessing import StandardScaler    #데이터 전처리, 표준화(Z-Score)
from sklearn.svm import SVC    #Support Vector Classification(서포트벡터 분류)
from sklearn.model_selection import train_test_split  #(학습, 검증) 데이터 랜덤 추출
from sklearn.model_selection import GridSearchCV    #GridSearchCV 모듈(그리드 탐색)
iris = load_iris()    #사이킷런(sklearn에 저장되어 있는 iris 데이터 읽기)
x = iris.data         #독립변수
y = iris.target       #종속변수
trainx, testx, trainy, testy = train_test_split(x, y, test_size=0.3, random_state=42)
    #훈련, 검증 데이터 구분, 검증데이터세트 = 30%, 훈련데이터세트=70%
scaler = StandardScaler()    #데이터 표준화 모듈(Z-Score=(x-u)/s, 평균=0, 표준편차=1)
xtrainscaled = scaler.fit_transform(trainx)   #훈련데이터 스케일링
xtestscaled = scaler.fit_transform(testx)     #검증데이터 스케일링

model = SVC()   #SVM 모델 생성
param_grid = {
    'kernel': ['poly', 'linear', 'sigmoid'],
    'C': [0.1, 1, 10, 100],      #cost 후보 값
    'gamma': [0.1, 0.01, 0.001],  #gamma 후보값
}

grid_search = GridSearchCV(model, param_grid, cv=5, n_jobs=-1)  #그리드탐색 객체
grid_search.fit(xtrainscaled, trainy)
print('가장 성능이 우수한 파라미터 값(cost, gamma)', end=''); print(grid_search.best_params_)

bestmodel = grid_search.best_estimator_
accuracy = bestmodel.score(xtestscaled, testy)    #정확도
print('SVM 모형의 성능(정확도): ', end=''); print(accuracy)
```

```
가장 성능이 우수한 파라미터 값(cost, gamma){'C': 100, 'gamma': 0.1, 'kernel': 'poly'}
SVM 모형의 성능(정확도):  0.9777777777777777
```

⑥ GridSearchCV() 속성 지정 방법은 다음과 같다.

> grid_search=GridSearchCV(model, param_grid, estimator, scoring, cv, verbose, n_jobs, return_train_score, refit, error_score)

- model : 데이터 분석 모형[model=SVC()]
- param_grid : 그리드 서치 수행 시 검색할 하이퍼 파라미터 값들의 조합 지정, 딕셔너리 형태(하이퍼 파라미터 이름 : 키, 가능한 값 : 리스트)
- estimator : 하이퍼 파라미터 최적화 튜닝 모형 지정(분류 또는 회귀모형)
- scoring : 성능 평가 지표 지정(정확도, F1-score, MSE 등), 기본값=None
- cv : Cross-Validation Generator, 교차검증 수행 시 분할의 수(fold) 지정, 정수인 경우 k-fold 교차검증, 기본값=None
- verbose : 그리드 서치 과정에서의 출력되는 로그의 양 조절, 값이 클수록 더 많은 정보 표시, 기본값=0
- n_jobs : 병렬 처리를 위한 CPU 코어의 수, -1인 경우 병렬 처리를 위해 사용 가능한 모든 CPU 코어 활용, 기본값=None(모든 가능한 코어 사용, 병렬 처리를 사용하지 않고 단일 스레드 실행)
- return_train_score : True인 경우 각 하이퍼 파라미터 조합에 대한 훈련 데이터의 점수 반환, 기본값=False
- refit : True인 경우 그리드 서치가 최적의 하이퍼 파라미터 조합을 찾은 후, 해당 조합으로 모형 재훈련시킴, 기본값=True
- error_score : 훈련 중 발생하는 오류처리 방법 지정, 'raise'인 경우 예외 발생, 숫자를 지정하면 해당 숫자로 대체됨, 기본값=np.nan

제7장 베이지안 기법

1 베이지안 기법의 이해

① 단순 베이즈 분류 분석을 위해 다음 라이브러리를 이용한다.

from sklearn.naive_bayes import CategoricalNB	#나이브 베이즈 분류 분석
from sklearn.naive_bayes import GaussianNB	#가우시안 나이브 베이즈 분류 분석
from sklearn.model_selection import train_test_split	#(학습, 검증) 데이터 랜덤 추출
import pandas as pd	#판다스(데이터프레임 활용)

② 분류 기법은 설명하고자 하는 종속변수(혹은 목적변수, 반응변수, 결과변수, 표적변수)가 이산형이나 명목형 형태의 특정 속성 카테고리로 구분할 수 있는 경우 사용되며, 머신러닝 기반 데이터 분석에서 가장 일반적이고 자주 접하게 되는 문제이다.

③ 분류 목적의 머신러닝 알고리즘은 광범위한 일상 영역 및 비즈니스 문제에 활용된다. 주요 분야는 스팸 메일 분류, 기업 부도 및 정상 예측, 고객 이탈 및 유지 예측, 고객 신용등급 판별, 특정 질병(예 암, 심장병 등) 발생 여부 예측, 특정 마케팅 이벤트에 대한 고객 반응 여부 예측, 고객의 구매 여부 예측 등이 있다.

④ 나이브 베이즈 분류 분석(Naive Bayes Classifier)은 기계학습의 지도학습을 이용한 가장 단순한 분석 기법이다. 분류를 위하여 베이즈의 정리(Bayes's Theorem)를 기본으로 하며, 사용되는 자료의 특성값들이 서로 독립적이라고 가정하여 처리한다.

⑤ 베이즈 정리에 근거하여, 종속변수가 발생할 조건부 확률을 사전확률과 우도 함수의 곱으로 표현하여 어떤 분류 항목에 속할지 확률이 높게 계산되는 쪽으로 분류하는 기법으로서 모든 관측값은 서로 다른 관측값과 통계적으로 독립적으로 발생한다고 가정[별다른 확신 없이 가정하므로 Naive(지식이 없는, 경험이 없는, 단순한) 모형이라고 함]한다.

⑥ iris는 Ronald Fisher에 의해 작성된 것으로 붓꽃의 생육 데이터(150개 데이터=품종별 50개×3개 품종)이다. 꽃잎의 길이(Petal.Length)와 꽃잎의 너비(Petal.Width) 그리고 꽃받침의 길이(Sepal.Length)와 꽃받침의 너비(Sepal.Width)에 따라 붓꽃의 3가지 품종(setosa, versicolor, virginica)을 구분한다.

⑦ 단순 베이즈 분류 분석 모형을 통해 네 가지 독립변수(꽃받침과 꽃잎의 길이 및 너비)를 이용하여 해당 붓꽃이 세 가지 품종(setosa, versicolor, virginica) 중 어느 품종인지를 예측한다.

2 베이즈 분류 분석 모형

(1) 나이브 베이즈 분류 분석(Naive Bayes Classifier)

① 독립변수(gender, house)를 이용하여 고객의 쿠폰선호도(like, 1이면 예, 0이면 아니오)를 예측하기 위한 나이브 베이즈 분류 분석 모형을 구축[CategoricalNB() 이용]한다. alpha=0.8로 지정하는 경우 검증 데이터에 대한 정확도=77.8%이다.

> model=CategoricalNB(alpha, fit_prior, class_prior, categories, tol)

- alpha : Laplace smoothing 매개변수(각 범주에 대한 충분한 데이터가 없을 때 발생하는 문제를 완화하기 위해 사용), 기본값=1
- fit_prior : 부울 값, 각 클래스의 사전확률을 학습할지 여부 지정, 기본값=True(각 클래스의 사전확률을 추정, False인 경우 클래스 사전확률을 추정하지 않고 균일 확률 가정)
- class_prior : 클래스 사전확률 직접 지정(배열)
- categories : 각 특성(변수)의 범주(카테고리) 지정, 기본값=auto(훈련 데이터에서 범주 자동 추정)
- tol : epsilon 값, 확률 계산 시 0으로 나누는 것을 방지, 기본값=1e-09

```python
from google.colab import drive    #구글 드라이브 코랩 마운트
drive.mount('/content/drive')     #구글 드라이브 연결
import pandas as pd               #판다스 라이브러리
from sklearn.naive_bayes import CategoricalNB    #나이브베이즈 분류기(범주형 독립변수)
from sklearn.model_selection import train_test_split    #(학습, 검증) 데이터 랜덤 추출

data = pd.read_csv('/content/drive/MyDrive/work/data.csv', encoding='euc-kr', index_col=0)
    #분석용 데이터 읽기(절대경로명 사용), 한글 Encoding(euc-kr), 새로운 열 지정하지 않음(index_col=0)
df = data.dropna()    #결측값 제외
df['gender'] = df['성별'].map({'남자':1, '여자': 0})    #남자=1, 여자=0으로 변환
df['house'] = df['주거지역'].map({'소도시': 0, '중도시': 1, '대도시': 2})
    #주거지역별 (소도시, 중도시, 대도시 = (0,1,2))로 변환
df['like'] = df['쿠폰선호도'].map({'예':1, '아니오':0})
    #종속변수(쿠폰선호도): (예, 아니오)=(1,0)로 변환
print(df.head())    #첫 5행 출력

x = df[['gender', 'house']]    #독립변수(성별, 거주지역)
y = df['like']    #종속변수(쿠폰선호도),(성별,거주지역) 데이터를 이용한 쿠폰선호도(예,아니오) 예측

trainx, testx, trainy, testy = train_test_split(x, y, test_size=0.3, random_state=42)
    #훈련, 검증 데이터 구분, 검증데이터세트 = 30%, 훈련데이터세트=70%

model = CategoricalNB(alpha=0.8).fit(trainx, trainy)
    #범주형 독립변수의 경우 나이브베이즈분류기 모형 구축 및 훈련
    #alpha=0.8: Laplace Smoothing 파라미터 지정
predictions = model.predict(testx)    #검증데이터세트를 이용한 쿠폰선호도 예측
print(predictions[:10])    #첫번째 10개 예측 결과
print(model.get_params())    #CategoricalNB 수행 관련 파라미터 값
print('범주형 독립변수의 경우 예측 성능(정확도)/CategiricalNB 모듈')
print(model.score(testx, testy))    #예측의 성능(정확도)
```

```
        성별  연령대    직업 주거지역  쇼핑액  이용만족도 쇼핑1월 쇼핑2월 쇼핑3월 쿠폰사용회수 쿠폰선호도  ₩
고객번호
190105  남자  45-49세  회원   소도시  195.6  4     76.8  64.8  54.0   3        예
190106  남자  25-29세  공무원 소도시  116.4  7     44.4  32.4  39.6   6        아니오
190107  남자  50세 이상 자영업 중도시  183.6  4     66.0  66.0  51.6   5        예
190108  남자  50세 이상 농어업 소도시  168.0  4     62.4  52.8  52.8   4        아니오
190109  남자  40-44세  공무원 중도시  169.2  4     63.6  54.0  51.6   5        아니오

        품질  가격  서비스  배송  쇼핑만족도  소득  gender  house  like
고객번호
190105  7   7   1   4   4      4300   1       0      1
190106  7   4   7   7   7      7500   1       0      0
190107  4   4   3   3   6      2900   1       1      1
190108  3   3   4   6   5      5300   1       0      0
190109  6   4   7   4   6      4000   1       1      0
[1 0 1 1 1 1 1 0 0]
{'alpha': 0.8, 'class_prior': None, 'fit_prior': True, 'force_alpha': 'warn', 'min_categories': None}
범주형 독립변수의 경우 예측 성능(정확도)/CategiricalNB 모듈
0.7777777777777778
```

② 나이브 베이즈 분류 분석 모형의 성능을 평가하기 위해 성능평가 지표, 혼동행렬, ROC, AUC 등을 평가한다.

```python
from google.colab import drive    #구글 드라이브 코랩 마운트
drive.mount('/content/drive')     #구글 드라이브 연결
import pandas as pd               #판다스 라이브러리
from sklearn.naive_bayes import CategoricalNB        #나이브베이즈 분류기(범주형 독립변수)
from sklearn.model_selection import train_test_split    #(학습,검증) 데이터 랜덤 추출
from sklearn.metrics import confusion_matrix         #혼동행렬 구축 모듈
from sklearn.metrics import classification_report    #분류 모형 성능평가 지표
from sklearn.metrics import roc_curve                #분류 모형 ROC 그래프 작성
from sklearn.metrics import auc                      #AUC(Area under Curce) 값 계산
from sklearn.metrics import f1_score                 #F1-Score 계산
from sklearn.metrics import accuracy_score   #accuracy 계산(정확도)
from sklearn.metrics import precision_score  #precision 계산(정밀도)
from sklearn.metrics import recall_score     #recall 계산(재현율)
import matplotlib.pyplot as plt                      #시각화(그래프 작성)
data = pd.read_csv('/content/drive/MyDrive/work/data.csv', encoding='euc-kr', index_col=0)
df = data.dropna()
df['gender'] = df['성별'].map({'남자':1, '여자': 0})    #남자=1, 여자=0으로 변환
df['house'] = df['주거지역'].map({'소도시': 0, '중도시': 1, '대도시': 2})
df['like'] = df['쿠폰선호도'].map({'예':1, '아니오':0})  #종속변수(쿠폰선호도): (예,아니오)=(1,0)로 변환
x = df[['gender', 'house']]    #독립변수(성별, 거주지역)
y = df['like']    #종속변수(쿠폰선호도),(성별,거주지역) 데이터를 이용한 쿠폰선호도(예,아니오) 예측
trainx, testx, trainy, testy = train_test_split(x, y, test_size=0.3, random_state=42)
model = CategoricalNB(alpha=0.8).fit(trainx, trainy)
predictions = model.predict(testx)   #검증데이터세트를 이용한 쿠폰선호도 예측
print(predictions[:10])     #첫번째 10개 예측 결과
print(model.get_params())   #CategoricalNB 수행 관련 파라미터 값
print('범주형 독립변수의 경우 예측 성능(정확도)/CategoricalNB 모듈')
print(model.score(testx, testy))   #예측의 성능(정확도)
print('$$$ Confusion Matrix, 혼동행렬 $$$')
conf = confusion_matrix(testy, predictions); print(conf)
print('*** 분류 분석 모형 성능평가 지표 ***')
print(classification_report(testy, predictions))
print('*** F1 Score 계산 모듈 이용 ***')
print('F1-Score:  ', end=''); print(f1_score(testy, predictions))
print('*** Accuracy 계산 모듈 이용 ***')
print('Accuracy (정확도):  ', end='');
print(accuracy_score(testy, predictions))
print('*** Precision 계산 모듈 이용 ***')
print('Precision (정밀도):  ', end='');
print(precision_score(testy, predictions))
print('*** Recall (재현율) 계산 모듈 이용 ***')
print(' Recall (재현율):  ', end='');
print(recall_score(testy, predictions))
print('^^^ ROC Curve ^^^')
fpr, tpr, thresholds = roc_curve(testy, predictions)
plt.plot(fpr, tpr); plt.show()
print('** AUC, Area under ROC Curve, ROC 곡선 아래부분의 면적:  ', end=''); print(auc(fpr, tpr))
```

③ 수행 결과는 다음과 같다. 검증 데이터에 대한 정확도=77.8%이고 AUC=0.798이다.

```
[1 0 1 1 1 1 1 1 0 0]
{'alpha': 0.8, 'class_prior': None, 'fit_prior': True, 'force_alpha': 'warn', 'min_categories': None}
범주형 독립변수의 경우 예측 성능(정확도)/CategiricalNB 모듈
0.7777777777777778
$$$ Confusion Matrix, 혼동행렬 $$$
[[11  5]
 [ 1 10]]
*** 분류 분석 모형 성능평가 지표 ***
              precision    recall  f1-score   support

           0       0.92      0.69      0.79        16
           1       0.67      0.91      0.77        11

    accuracy                           0.78        27
   macro avg       0.79      0.80      0.78        27
weighted avg       0.81      0.78      0.78        27

*** F1 Score 계산 모듈 이용 ***
F1-Score:  0.7692307692307692
*** Accuracy 계산 모듈 이용 ***
Accuracy (정확도):  0.7777777777777778
*** Precision 계산 모듈 이용 ***
Precision (정밀도):  0.6666666666666666
*** Recall (재현율) 계산 모듈 이용 ***
 Recall (재현율):  0.9090909090909091
^^^ ROC Curve ^^^
```

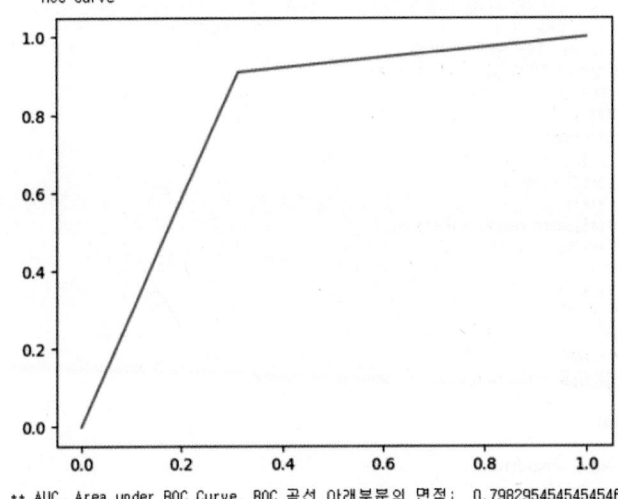

```
** AUC, Area under ROC Curve, ROC 곡선 아래부분의 면적:  0.7982954545454546
```

(2) 가우시안 나이브 베이즈 분류 분석(Gaussian Naive Bayes Classifier)

① 가우시안 나이브 베이즈는 머신러닝 분류 알고리즘 중 하나로, 특히 연속적인 수치형 데이터를 다루는 데 효과적이다. 주어진 클래스(레이블)에 속할 확률을 계산하기 위해 가우시안 분포(종 모양의 확률분포, 평균 및 표준편차에 의해 정의)를 사용한다.

② 주어진 특성값에 대한 조건부 확률을 구하여 분류를 수행한다. 모형이 간단하여 계산이 빠르기 때문에 스팸 메일 분류(특정 단어의 빈도수나 길이 등을 사용하여 분류), 텍스트 분류와 같은 문제에 활용된다. 그러나 데이터의 독립성 가정이 부합하지 않는 경우 성능이 다소 떨어진다는 단점이 있다. 따라서 데이터의 특성과 분포에 따라 적절한 나이브 베이즈 분류기를 선택한다.

③ 4가지 속성들이 연속형 값을 가지는 경우 GaussianNB()로 붓꽃의 품종을 예측한다. 검증 데이터에 대한 예측 결과 정확도＝100%이다.

> **model=GaussianNB(priors, var_smoothing)**
>
> - priors : 클래스 사전확률 지정(배열), 기본값＝None
> - var_smoothing : smoothing 매개변수(분산행렬에 작은 값을 추가해 안전성을 높임), 기본값＝$1e-09$

```python
from sklearn.datasets import load_iris              #iris (붓꽃 품종 데이터)
from sklearn.naive_bayes import GaussianNB          #가우시안 나이브 베이즈 분류분석 모형
from sklearn.model_selection import train_test_split  #(학습, 검증) 데이터 랜덤 추출

iris = load_iris()      #사이킷런(sklearn에 저장되어 있는 iris 데이터 읽기)
x = iris.data           #독립변수
y= iris.target          #종속변수

trainx, testx, trainy, testy = train_test_split(x, y, test_size=0.3, random_state=42)
    #훈련, 검증 데이터 구분, 검증데이터세트 = 30%, 훈련데이터세트=70%

model = GaussianNB().fit(trainx, trainy)   #나이브베이즈 분류기 모형(Naive Bayes Classifier)
predictions = model.predict(testx)         #검증데이터세트를 이용한 예측
print('&& 독립변수의 값=연속형인 경우 &&')
print('*** GaussianNB 나이브베이즈 분류기 모형 예측 결과(첫 10행) ***)')
print(predictions[:10])                    #검증데이터세트 예측 결과(첫 10행)
print(model.get_params())                  #GaussianNB 클래스 객체 설정 파라미터 정보

print('정확도(Accuracy): ', end=''); print(model.score(testx, predictions))   #정확도
&& 독립변수의 값=연속형인 경우 &&
*** GaussianNB 나이브베이즈 분류기 모형 예측 결과(첫 10행) ***
[1 0 2 1 1 0 1 2 1 1]
{'priors': None, 'var_smoothing': 1e-09}
정확도(Accuracy): 1.0
```

제8장 앙상블 분석

1 앙상블 분석의 이해

① 앙상블 분석을 위하여 다음 라이브러리를 이용한다.

from sklearn.ensemble import RandomForestClassifier	#랜덤 포레스트 분류 분석
from sklearn.ensemble import ExtraTreesClassifier	#엑스트라 트리 분류 분석
from sklearn.ensemble import GradientBoostingClassifier	#그래디언트 부스팅 분류 분석
from xgboost import XGBClassifier	#히스토그램 기반 그래디언트 부스팅 분류 분석 (XGBoost)
from lightgbm import LGBMClassifier	#히스토그램 기반 그래디언트 부스팅 분류 분석 (Light GBM)
from sklearn.tree import DecisionTreeClassifier	#사이킷런의 결정트리 분류 분석
from sklearn.tree import DecisionTreeRegressor	#사이킷런의 결정트리 회귀분석
from sklearn.datasets import load_iris	#iris(붓꽃 품종 데이터)
import pandas as pd	#판다스 라이브러리
import numpy as np	#넘파이 라이브러리
from sklearn.model_selection import GridSearchCV	#GridSearchCV(그리드 탐색)
from sklearn.model_selection import train_test_split	#(학습, 검증) 데이터세트 추출
from sklearn.model_selection import cross_validate	#교차검증

② 앙상블(Ensemble, 프랑스어)은 2인 이상이 하는 노래나 연주를 뜻하며, 조화, 전체적인 어울림 등을 의미하는 용어로 사용된다.

③ 앙상블 분석(Ensemble Analysis)에서는 여러 분류 모형에 의한 결과를 종합하여 분류의 정확도를 높인다. 이를 위해 새로운 자료에 대한 분류 예측값들의 가중 투표(Weighted Vote)를 통한 분류를 수행한다. 그리고 표본추출에 있어 데이터에서 여러 개의 훈련용 데이터세트를 만들어 각각의 데이터세트에서 하나의 분류기를 만드는 과정으로 분석을 수행한다.

④ 일반적으로 어떤 데이터의 값을 분류(또는 예측)할 때, 하나의 모형을 사용하는 것보다 여러 개의 모형을 조화롭게 학습시켜 그 모형들의 분류 결과들을 이용하면 더 정확한 분류 모형이 된다.
⑤ 앙상블 분석에서 데이터를 조절하는 방법(또는 데이터 학습)으로 배깅(Bagging)과 부스팅(Boosting) 기법이 있으며, 대표적으로 랜덤 포레스트(Random Forest)는 배깅과 속성(Feature)의 임의 선택(Random Selection)을 결합한 앙상블 분석 기법 중 하나이다.
⑥ 배깅(Bagging)은 Bootstrap Aggregation을 의미하며 샘플을 여러 번 뽑아(Bootstrap) 각 모형을 학습시켜 결과물을 집계(Aggregation)한다.
⑦ 부스팅(Boosting)은 가중치를 활용하여 약 분류기를 강 분류기로 만든다. 부스팅에서는 처음 모형이 분류(또는 예측)를 하면 그 분류 결과에 따라 데이터에 가중치가 부여되고, 부여된 가중치가 다음 모형에 영향을 준다. 잘못 분류된 데이터에 집중하여 새로운 분류 규칙을 만드는 단계를 반복한다. 배깅, 부스팅 및 랜덤 포레스트에 대한 개념을 요약하면 다음과 같다.

〈배깅, 부스팅 및 랜덤 포레스트 개념〉

구 분	주요 개념

배깅 및 부스팅	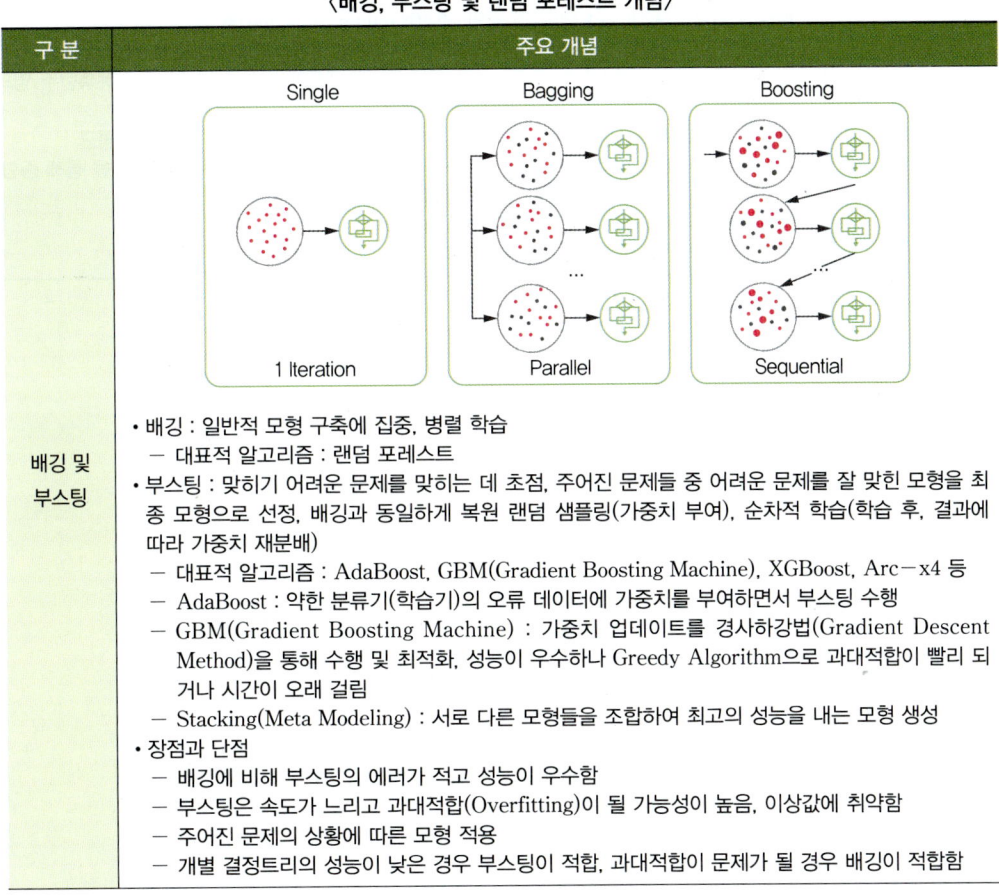
	• 배깅 : 일반적 모형 구축에 집중, 병렬 학습
	  - 대표적 알고리즘 : 랜덤 포레스트
	• 부스팅 : 맞히기 어려운 문제를 맞히는 데 초점, 주어진 문제들 중 어려운 문제를 잘 맞힌 모형을 최종 모형으로 선정, 배깅과 동일하게 복원 랜덤 샘플링(가중치 부여), 순차적 학습(학습 후, 결과에 따라 가중치 재분배)
	  - 대표적 알고리즘 : AdaBoost, GBM(Gradient Boosting Machine), XGBoost, Arc-x4 등
	  - AdaBoost : 약한 분류기(학습기)의 오류 데이터에 가중치를 부여하면서 부스팅 수행
	  - GBM(Gradient Boosting Machine) : 가중치 업데이트를 경사하강법(Gradient Descent Method)을 통해 수행 및 최적화, 성능이 우수하나 Greedy Algorithm으로 과대적합이 빨리 되거나 시간이 오래 걸림
	  - Stacking(Meta Modeling) : 서로 다른 모형들을 조합하여 최고의 성능을 내는 모형 생성
	• 장점과 단점
	  - 배깅에 비해 부스팅의 에러가 적고 성능이 우수함
	  - 부스팅은 속도가 느리고 과대적합(Overfitting)이 될 가능성이 높음, 이상값에 취약함
	  - 주어진 문제의 상황에 따른 모형 적용
	  - 개별 결정트리의 성능이 낮은 경우 부스팅이 적합, 과대적합이 문제가 될 경우 배깅이 적합함

랜덤 포레스트	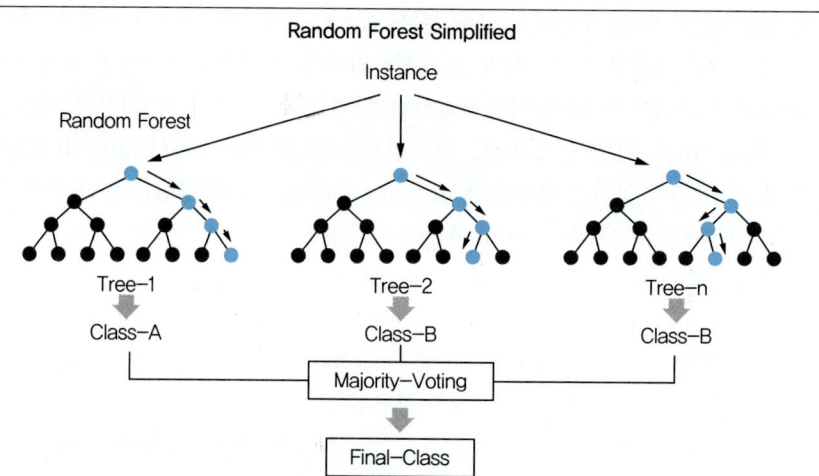 • 배깅의 개념과 속성(또는 변수)의 임의 선택(Random Selection)을 결합 • 배깅에 랜덤 과정 추가 : 훈련 과정에서 구성한 다수의 결정트리로부터 분류 결과 출력 • 원 자료 → 부트스트랩 샘플 추출 → 각 부트스트랩 샘플에 대해 트리 형성 → 예측변수 임의 추출 → 추출된 변수 내에서 최적의 분할 구축 • 새로운 자료에 대한 예측 : 분류의 경우 다수결(Majority Voting), 회귀의 경우 평균 • 의사결정나무 생성 방법을 이용하여 결과를 다수결(Majority Voting) 등의 방법을 통해 종합 • 알고리즘이 비교적 단순, 과대적합의 가능성이 낮음 • 의사결정나무를 만들기 위한 메모리 사용량이 많음 • 학습 데이터의 양이 증가한다고 해도 성능이 급격하게 향상되지 않음

2 앙상블 분석 모형

(1) 랜덤 포레스트 분류 분석(RandomForestClassifier)

① 랜덤 포레스트 분석을 위해 iris 데이터를 이용(from sklearn.datasets import load_iris)한다. iris는 붓꽃의 생육 데이터(150개 데이터＝품종별 50개×3개 품종)이다. 꽃잎의 길이(Petal.Length)와 꽃잎의 너비(Petal.Width) 그리고 꽃받침의 길이(Sepal.Length)와 꽃받침의 너비(Sepal.Width)에 따라 붓꽃의 3가지 품종(setosa, versicolor, virginica)을 구분한다.

```python
import pandas as pd    #판다스
from sklearn.datasets import load_iris          #iris 데이터
from sklearn.preprocessing import StandardScaler #데이터 전처리

iris = load_iris()   #Iris 데이터 불러오기
X = iris.data
print(X[:5])             #처음 5개 샘플 특성값
print(iris.feature_names) #특성 (sepal length, sepal width, petal length, petal width)
print(iris.target_names)  #클래스 (setosa, versicolor, virginica)

scaler = StandardScaler()           #데이터 전처리(표준화)
X_scaled = scaler.fit_transform(X)
print(X_scaled[:5])
```

```
[[5.1 3.5 1.4 0.2]
 [4.9 3.  1.4 0.2]
 [4.7 3.2 1.3 0.2]
 [4.6 3.1 1.5 0.2]
 [5.  3.6 1.4 0.2]]
['sepal length (cm)', 'sepal width (cm)', 'petal length (cm)', 'petal width (cm)']
['setosa' 'versicolor' 'virginica']
[[-0.90068117  1.01900435 -1.34022653 -1.3154443 ]
 [-1.14301691 -0.13197948 -1.34022653 -1.3154443 ]
 [-1.38535265  0.32841405 -1.39706395 -1.3154443 ]
 [-1.50652052  0.09821729 -1.2833891  -1.3154443 ]
 [-1.02184904  1.24920112 -1.34022653 -1.3154443 ]]
```

[setosa]　　　　　　[versicolor]　　　　　　[virginica]

- 독립변수(cm)
  꽃받침의 길이(Sepal.Length)
  　　　　너비(Sepal.Width)
  꽃잎의 길이(Petal.Length)
  　　　　너비(Petal.Width)
- 종속변수(붓꽃의 품종, Species)
  setosa(1), versicolor(2), virginica(3)

② 사이킷런에 저장되어 있는 iris 데이터를 이용하고, RandomForestClassifier() 모듈을 사용하여 랜덤 포레스트 분석을 수행한다. 전체 150개의 행 데이터를 훈련 데이터(trainx, trainy) 80%, 검증 데이터(testx, testy) 20%로 구분 후, 트리의 개수를 100(n_estimators=100)으로 지정하여 분류한다. 훈련 데이터를 이용한 모형 적합 후[model.fit()], 검증 데이터에 대한 예측 결과를 저장(predictions)하고, 정확도를 평가한 결과, 본 예제의 경우 정확도=100%임을 알 수 있다. 혼동행렬과 성능평가 지표 값을 통해서도 정확도를 평가할 수 있으며, 네 가지 독립변수에 대한 특성 중요도 값을 통해 분류에 영향을 미치는 정도를 확인한다.

```
from sklearn.datasets import load_iris    #iris (붓꽃 품종 데이터)
from sklearn.model_selection import train_test_split   #(학습, 검증) 데이터 랜덤 추출
from sklearn.metrics import classification_report, confusion_matrix  #성능평가 지표, 혼동행렬
from sklearn.metrics import accuracy_score   #정확도
from sklearn.ensemble import RandomForestClassifier  #RandomForest(랜덤 포레스트)

iris = load_iris()    #사이킷런(sklearn에 저장되어 있는 iris 데이터)
x = iris.data         #독립변수
y = iris.target       #종속변수

trainx, testx, trainy, testy = train_test_split(x, y, test_size=0.2, random_state=42)
  #훈련, 검증 데이터 구분, 검증데이터세트=20%, 훈련데이터세트=80%

model = RandomForestClassifier(n_estimators=100, random_state=42)
  #n_estimators: 트리의 개수

model.fit(trainx, trainy)       #모델 훈련
predictions = model.predict(testx)  #검증데이터 활용 예측결과

print(predictions[:10])    #분류 결과 첫 10행 출력
print('Random Forest(랜덤포레스트) 분류 모형 성능(정확도): ', end=''); print(accuracy_score(testy, predictions))

print('$$$ Confusion Matrix, 혼동행렬 $$$')
conf = confusion_matrix(testy, predictions)
print(conf)

print('*** 분류 분석 모형 성능평가 지표 ***')
print(classification_report(testy, predictions))

print('!!! 특성 중요도 !!!')
print(model.feature_importances_)
[1 0 2 1 1 0 1 2 1 1]
Random Forest(랜덤포레스트) 분류 모형 성능(정확도): 1.0
$$$ Confusion Matrix, 혼동행렬 $$$
[[10  0  0]
 [ 0  9  0]
 [ 0  0 11]]
*** 분류 분석 모형 성능평가 지표 ***
              precision    recall  f1-score   support

           0       1.00      1.00      1.00        10
           1       1.00      1.00      1.00         9
           2       1.00      1.00      1.00        11

    accuracy                           1.00        30
   macro avg       1.00      1.00      1.00        30
weighted avg       1.00      1.00      1.00        30

!!! 특성 중요도 !!!
[0.10809762 0.03038681 0.43999397 0.42152159]
```

③ 최적 파라미터 탐색 및 적용
㉠ 랜덤 포레스트 분류 분석 모형을 수행하기 위해 사용자는 다양한 하이퍼 파라미터를 지정해야 한다. GridSearchCV() 모듈을 이용하여 최적의 하이퍼 파라미터를 탐색한다. 여기서는 n_estimators(), max_depth(), min_samples_split(), min_samples_leaf()에 대한 탐색 결과를 나타낸다. 탐색해야 할 파라미터 값의 개수가 많은 경우 수행시간이 오래 걸린다. 최적 파라미터 값은 gridresult.best_params_ 변수에서 확인한다. 최적 파라미터 적용 시 정확도는 100%이다.

```
from sklearn.datasets import load_iris        #iris (붓꽃 품종 데이터 다운로드)
from sklearn.model_selection import train_test_split    #(학습, 검증) 데이터 랜덤 추출
from sklearn.metrics import classification_report, confusion_matrix  #성능평가 지표, 혼동행렬
from sklearn.metrics import accuracy_score     #정확도
from sklearn.model_selection import GridSearchCV    #GridSearchCV(그리드 탐색) 모듈
from sklearn.ensemble import RandomForestClassifier  #RandomForest(랜덤 포레스트)
iris = load_iris()        #사이킷런(sklearn에 저장되어 있는 iris 데이터)
x = iris.data             #독립변수
y = iris.target           #종속변수
trainx, testx, trainy, testy = train_test_split(x, y, test_size=0.2, random_state=42)
           #훈련, 검증 데이터 구분, 검증데이터세트 = 20%, 훈련데이터세트=80%
model = RandomForestClassifier(random_state=42)  #랜덤 포레스트 분류분석

param_grid ={                    #파라미터 Tuning
    'n_estimators': [50, 100, 200],       #결정트리의 개수
    'max_depth': [None, 10, 20, 30],      #트리의 최대 길이
    'min_samples_split': [2, 5, 10],      #노드분할을 위한 최소한의 샘플 데이터수
    'min_samples_leaf': [1, 2, 4]         #리프노드가 되기 위해 필요한 최소한의 샘플 데이터수
}

gridresult = GridSearchCV(model, param_grid, cv=5, scoring='accuracy')  #그리드 탐색
gridresult.fit(trainx, trainy)             #모형 적합
bestparam = gridresult.best_params_        #최적 파라미터 값
print('Grid 탐색을 통한 최적 파라미터 값: ', end=''); print(bestparam)
bestaccuracy = gridresult.best_score_      #최적 파라미터값 적용시 정확도
print('최적 파라미터 값 적용시 RandomForest 모형의 정확도(훈련데이터세트): ', end=''); print(bestaccuracy)
bestmodel = gridresult.best_estimator_     #최적 RandomForest 모형
testaccuracy = bestmodel.score(testx, testy)  #검증데이터세트 이용한 정확도
print('검증데이터세트 이용한 정확도(최적 파라미터 적용): ', end=''); print(testaccuracy)
predictions = bestmodel.predict(testx)     #검증데이터세트 이용 출력 결과
print(predictions[:10])                    #분류 결과 첫 10행 출력
print('Random Forest모형 정확도_검증데이터세트best parameters/accuracy_score(): ', end=''); print(accuracy_score(testy, predictions))
print('$$$ Confusion Matrix, 혼동행렬 $$$')
conf = confusion_matrix(testy, predictions)
print(conf)
print('*** 분류 분석 모형 성능평가 지표 ***')
print(classification_report(testy, predictions))

Grid 탐색을 통한 최적 파라미터 값: {'max_depth': None, 'min_samples_leaf': 2, 'min_samples_split': 2, 'n_estimators': 200}
최적 파라미터 값 적용시 RandomForest 모형의 정확도(훈련데이터세트): 0.9583333333333334
검증데이터세트 이용한 정확도(최적 파라미터 적용): 1.0
[1 0 2 1 1 0 1 2 1 1]
Random Forest모형 정확도_검증데이터세트best parameters/accuracy_score(): 1.0
$$$ Confusion Matrix, 혼동행렬 $$$
[[10  0  0]
 [ 0  9  0]
 [ 0  0 11]]
*** 분류 분석 모형 성능평가 지표 ***
              precision    recall  f1-score   support

           0       1.00      1.00      1.00        10
           1       1.00      1.00      1.00         9
           2       1.00      1.00      1.00        11

    accuracy                           1.00        30
   macro avg       1.00      1.00      1.00        30
weighted avg       1.00      1.00      1.00        30
```

ⓒ 데이터 학습 시 (학습, 검증) 데이터로 구분하지 않고 OOB(Out of Bag, 부트스트랩 샘플에 포함하지 않고 남는 샘플) 데이터를 이용한 학습 및 분류 분석을 수행(oob_score=True 지정)할 수 있다.

```python
from sklearn.datasets import load_iris       #iris (붓꽃 품종 데이터)
from sklearn.model_selection import train_test_split    #(학습, 검증) 데이터 랜덤 추출
import numpy as np       #넘파이 라이브러리
from sklearn.metrics import classification_report, confusion_matrix  #성능평가 지표, 혼동행렬
from sklearn.metrics import accuracy_score   #정확도
from sklearn.ensemble import RandomForestClassifier  #RandomForest(랜덤 포레스트)

iris = load_iris()        #사이킷런(sklearn에 저장되어 있는 iris 데이터
x = iris.data             #독립변수
y = iris.target           #종속변수
model = RandomForestClassifier(n_estimators=100, oob_score=True, random_state=42)
    #n_estimators: 트리의 개수
    #oob_score=True: OOB(Out of bag, 부트스트랩 샘플에 포함하지 않고 남는 샘플)
    #(훈련, 검증) 데이터세트를 구분하지 않고 남은 샘플(OOB)로 학습하여 구축된 결정트리 평가
    #자체적으로 모델을 평가하는 점수(OOB평균 점수) 확인

model.fit(x, y)           #모델 훈련
print('OOB 샘플로 평가한 결정트리 평균 점수: ', end=''); print(model.oob_score_)
    #OOB 샘플로 평가한 평균 점수
predictions = model.predict(x)   #훈련데이터에 대한 예측 결과

print(predictions[:10])   #분류 결과 첫 10행 출력
print('Random Forest(랜덤포레스트) 분류 모형 성능(정확도): ', end=''); print(accuracy_score(y, predictions))

print('$$$ Confusion Matrix, 혼동행렬 $$$')
conf = confusion_matrix(y, predictions)
print(conf)

print('*** 분류 분석 모형 성능평가 지표 ***')
print(classification_report(y, predictions))
```

```
OOB 샘플로 평가한 결정트리 평균 점수: 0.9533333333333334
[0 0 0 0 0 0 0 0 0 0]
Random Forest(랜덤포레스트) 분류 모형 성능(정확도): 1.0
$$$ Confusion Matrix, 혼동행렬 $$$
[[50  0  0]
 [ 0 50  0]
 [ 0  0 50]]
*** 분류 분석 모형 성능평가 지표 ***
              precision    recall  f1-score   support

           0       1.00      1.00      1.00        50
           1       1.00      1.00      1.00        50
           2       1.00      1.00      1.00        50

    accuracy                           1.00       150
   macro avg       1.00      1.00      1.00       150
weighted avg       1.00      1.00      1.00       150
```

④ 랜덤 포레스트 하이퍼 파라미터(사용자 세팅 값) : 랜덤 포레스트는 트리 기반의 하이퍼 파라미터에 배깅, 부스팅, 학습, 정규화 등을 위한 하이퍼 파라미터까지 추가된다. 주요 하이퍼 파라미터를 요약하면 다음과 같다.

〈랜덤 포레스트 사용자 지정 하이퍼 파라미터〉

하이퍼 파라미터	주요 특징
n_estimators	• 결정트리의 개수 • 기본값(Default)=10 • 일반적으로 트리의 개수를 늘리면 성능이 좋아지지만, 수행시간이 오래 걸림
min_samples_split	• 노드 분할을 위한 최소한의 샘플 데이터의 개수 • 과대적합을 제어하기 위해 사용 • 기본값(Default)=2 • 값이 작을수록 분할 노드가 많아지고 과대적합의 가능성이 높아짐 • 분할 방법 : 클래스 값이 결정될 때까지 분할, 또는 데이터의 개수가 min_samples_split 보다 작아질 때까지 분할
min_samples_leaf	• 리프 노드가 되기 위해 필요한 최소한의 샘플 데이터의 개수 • 과대적합을 제어하기 위해 사용 • 불균형 데이터의 경우, 데이터의 개수가 작은 클래스를 고려하여 설정
max_features	• 최적 분할을 위한 최대 features의 개수 • 기본값(Default)='auto'(결정트리에서는 기본값=none) • 정수형(int) 지정 : features의 개수 • 실수형(float) 지정 : features의 비중 • 제곱근(sqrt) 또는 auto 지정 : 전체 features 중 sqrt(features 개수)만큼 선정 • log2 지정(밑이 2인 로그) : 전체 features 중 log2(features 개수)만큼 선정
max_depth	• 트리 최대 깊이 • 기본값(Default)=None • 값이 클수록 과대적합의 가능성이 높아짐
max_leaf_nodes	• 리프 노드의 최대 개수

(2) 엑스트라 트리 분류 분석(ExtraTreeClassifier) : 부트 스트랩 샘플을 이용하지 않고 ExtraTreeClassifier() 모듈을 이용한 분석 결과는 다음과 같다. 랜덤 포레스트에서의 결과와 비교하면, 정확도는 동일하지만, 분류 기준으로 선택하는 특성의 중요도가 서로 다른 값을 나타냄을 확인할 수 있다.

```python
from sklearn.datasets import load_iris       #iris (붓꽃 품종 데이터)
from sklearn.model_selection import train_test_split   #(학습, 검증) 데이터 랜덤 추출
from sklearn.metrics import classification_report, confusion_matrix  #성능평가 지표, 혼동행렬
from sklearn.metrics import accuracy_score          #정확도
from sklearn.ensemble import ExtraTreesClassifier
    #ExtraTrees(엑스트라트리), 부트스트랩 샘플 사용하지 않음

iris = load_iris()     #사이킷런(sklearn에 저장되어 있는 iris 데이터)
x = iris.data          #독립변수
y = iris.target        #종속변수

trainx, testx, trainy, testy = train_test_split(x, y, test_size=0.2, random_state=42)
    #훈련, 검증 데이터 구분, 검증데이터세트 = 20%, 훈련데이터세트=80%

model = ExtraTreesClassifier(random_state=42)  #엑스트라 트리(부트스트랩 샘플 미사용)
model.fit(trainx, trainy)                      #모델 훈련
predictions = model.predict(testx)             #검증데이터에 대한 예측 결과

print(predictions[:10])    #분류 결과 첫 10행 출력
print('ExtraTreesClassifier 정확도(Bootstrap 샘플 미사용): ', end=''); print(accuracy_score(testy, predictions))

print('$$$ Confusion Matrix, 혼동행렬 $$$')
conf = confusion_matrix(testy, predictions)
print(conf)

print('*** 분류 분석 모형 성능평가 지표 ***')
print(classification_report(testy, predictions))

print('!!! 특성 중요도 !!!')
print(model.feature_importances_)
```

```
[1 0 2 1 1 0 1 2 1 1]
ExtraTreesClassifier 정확도(Bootstrap 샘플 미사용): 1.0
$$$ Confusion Matrix, 혼동행렬 $$$
[[10  0  0]
 [ 0  9  0]
 [ 0  0 11]]
*** 분류 분석 모형 성능평가 지표 ***
              precision    recall  f1-score   support

           0       1.00      1.00      1.00        10
           1       1.00      1.00      1.00         9
           2       1.00      1.00      1.00        11

    accuracy                           1.00        30
   macro avg       1.00      1.00      1.00        30
weighted avg       1.00      1.00      1.00        30

!!! 특성 중요도 !!!
[0.08897018 0.06481646 0.44348388 0.40272948]
```

(3) 그래디언트 부스팅 분류 분석(GradientBoostingClassifier) : GradientBoostingClassifier() 모듈을 이용한 앙상블 분석 결과는 다음과 같다. 여기서는 최적의 분류 기준을 찾기 위해 경사하강법을 이용하여 트리를 앙상블 분석에 추가하는 방법을 이용한다. 일반적으로 깊이가 얕은 결정트리에서 사용되고 이진 트리의 오차를 보완하는 용도로도 이용된다. 지정하는 하이퍼 파라미터들 중 learning_rate=0.2는 학습률로서, 훈련되는 양(또는 단계)으로 한 번 학습할 때 얼마만큼 학습해야 하는지를 결정하는 학습량을 의미한다.

```python
from sklearn.datasets import load_iris        #iris (붓꽃 품종 데이터)
from sklearn.model_selection import train_test_split   #(학습, 검증) 데이터 랜덤 추출
from sklearn.metrics import classification_report, confusion_matrix #성능평가 지표, 혼동행렬
from sklearn.metrics import accuracy_score    #정확도
from sklearn.ensemble import GradientBoostingClassifier
  #그래디언트부스팅: 깊이가 얕은 결정 트리 사용, 이전 트리 오차 보완
  #경사하강법을 사용하여 트리를 앙상블에 추가
  #기본값: 깊이=3 결정트리를 100개 사용, 과대적합에 강하고 높은 일반화 성능을 보임

iris = load_iris()       #사이킷런(sklearn에 저장되어 있는 iris 데이터)
x = iris.data            #독립변수
y = iris.target          #종속변수

trainx, testx, trainy, testy = train_test_split(x, y, test_size=0.2, random_state=42)
  #훈련, 검증 데이터 구분, 검증데이터세트 = 20%, 훈련데이터세트=80%

model = GradientBoostingClassifier(n_estimators=500, learning_rate=0.2, random_state=42)
  #n_estimators: 트리의 개수
  #learning_rate(학습률): training되는 양(또는 단계), 한번 학습할때 얼마만큼 학습해야 하는지의 학습양
  #학습률: 매 가중치에 대해 구해진 기울기값을 얼마나 경사하강법에 적용할지를 결정하는 하이퍼파라미터
  #한 번의 학습량으로 학습한 이후에 가중치 매개변수가 갱신됨

model.fit(trainx, trainy)             #모델 훈련
predictions = model.predict(testx)    #훈련데이터에 대한 예측 결과

print(predictions[:10])     #분류 결과 첫 10행 출력
print('ExtraTreesClassifier 정확도(Bootstrap 샘플 미사용): ', end=''); print(accuracy_score(testy, predictions))

print('$$$ Confusion Matrix, 혼동행렬 $$$')
conf = confusion_matrix(testy, predictions)
print(conf)

print('*** 분류 분석 모형 성능평가 지표 ***')
print(classification_report(testy, predictions))

print('!!! 특성 중요도 !!!')
print(model.feature_importances_)
```

```
[1 0 2 1 1 0 1 2 1 1]
ExtraTreesClassifier 정확도(Bootstrap 샘플 미사용): 1.0
$$$ Confusion Matrix, 혼동행렬 $$$
[[10  0  0]
 [ 0  9  0]
 [ 0  0 11]]
*** 분류 분석 모형 성능평가 지표 ***
              precision    recall  f1-score   support

           0       1.00      1.00      1.00        10
           1       1.00      1.00      1.00         9
           2       1.00      1.00      1.00        11

    accuracy                           1.00        30
   macro avg       1.00      1.00      1.00        30
weighted avg       1.00      1.00      1.00        30

!!! 특성 중요도 !!!
[0.00301495 0.01221694 0.69489558 0.28987253]
```

(4) 히스토그램 기반 그래디언트 부스팅 분류 분석(XGBClassifier)

① XGBoost 분류 분석 : 히스토그램 기반의 앙상블 분석은 여러 개의 약한 학습기(Weak Learner)를 결합하여 강력한 학습기(Strong Learner)를 만드는 방법이다. 주로 회귀 및 분류 분석 문제에서 좋은 성능을 낸다고 알려져 있으며, 대표적으로 XGBoost, Light GBM, CatBoost 라이브러리를 이용한다.

② 히스토그램 기반의 그래디언트 부스팅 방법을 요약하면 다음과 같다.

㉠ Boosting(부스팅) : 약한 학습기들을 순차적으로 학습시키면서, 이전 학습기들이 잘못 예측한 샘플에 가중치를 두어 다음 학습기가 그 부분을 집중적으로 학습한다.

㉡ Histogram(히스토그램) 기반 특성 구성 : 데이터를 빠르게 처리하기 위해 입력 특성들을 구간으로 나누고 그 구간 내에서 데이터값의 분포를 히스토그램으로 표현한다. 연속적인 값들을 구간별로 나누어 이산형으로 처리할 수 있다. 히스토그램은 데이터를 효율적으로 나누고 그래디언트 부스팅 단계에서 이용된다.

㉢ Gradient Boosting(그래디언트 부스팅) : 각 학습기(결정트리)는 이전 학습기의 잔차(Residual)를 예측하는 방향으로 학습이 이루어진다. 잔차 예측을 통해 이전 학습기의 오차를 보완하고 점진적으로 예측의 정확도를 높인다.

㉣ Normalization and Scaling(정규화 및 스케일링) : 각 학습기의 예측 결과를 일정한 학습률(Learning Rate)로 결합하면서 분석 모형의 복잡성을 제어하고 과대적합을 방지한다. 학습률을 조절하면서 여러 개의 약한 학습기를 결합하여 최종 분류 예측을 수행한다.

③ xgboost에 포함되어 있는 XGBClassifier() 모듈을 이용한 히스토그램 기반의 부스팅 앙상블 분석 결과는 다음과 같다. 속성값 지정 시 tree_method='hist'로 지정한다.

```python
from sklearn.datasets import load_iris        #iris (붓꽃 품종 데이터)
from sklearn.model_selection import train_test_split   #(학습, 검증) 데이터 랜덤 추출
from sklearn.metrics import classification_report, confusion_matrix  #성능평가 지표, 혼동행렬
from sklearn.metrics import accuracy_score    #정확도
from xgboost import XGBClassifier
  #히스토그램기반 그레디어언트 부스팅 방법(XGBoost, https://xgboost.ai)
  #사이킷런의 cross_validate() 함수와 함께 사용

iris = load_iris()        #사이킷런(sklearn에 저장되어 있는 iris 데이터 읽기)
x = iris.data             #독립변수
y = iris.target           #종속변수

trainx, testx, trainy, testy = train_test_split(x, y, test_size=0.2, random_state=42)
  #훈련, 검증 데이터 구분, 검증데이터세트 = 20%, 훈련데이터세트=80%

model = XGBClassifier(tree_method='hist', random_state=42)
  #히스토그램 기반 그레디언트 부스팅 모형, XGBoost

model.fit(trainx, trainy)            #모델 훈련
predictions = model.predict(testx)   #훈련데이터에 대한 예측 결과

print(predictions[:10])  #분류 결과 첫 10행 출력
print('ExtraTreesClassifier 정확도(Bootstrap 샘플 미사용): ', end=''); print(accuracy_score(testy, predictions))

print('$$$ Confusion Matrix, 혼동행렬 $$$')
conf = confusion_matrix(testy, predictions)
print(conf)
print('*** 분류 분석 모형 성능평가 지표 ***')
print(classification_report(testy, predictions))

print('||| 특성 중요도 |||')
print(model.feature_importances_)
```

```
[1 0 2 1 1 0 1 2 1 1]
ExtraTreesClassifier 정확도(Bootstrap 샘플 미사용): 1.0
$$$ Confusion Matrix, 혼동행렬 $$$
[[10  0  0]
 [ 0  9  0]
 [ 0  0 11]]
*** 분류 분석 모형 성능평가 지표 ***
              precision    recall  f1-score   support

           0       1.00      1.00      1.00        10
           1       1.00      1.00      1.00         9
           2       1.00      1.00      1.00        11

    accuracy                           1.00        30
   macro avg       1.00      1.00      1.00        30
weighted avg       1.00      1.00      1.00        30

!!! 특성 중요도 !!!
[0.0110771  0.02904883 0.75245064 0.20742337]
```

④ **교차검증** : XGBClassifier() 분석 모형을 이용하여 교차검증을 실시한 결과는 다음과 같다. 정확도 평가 결과, 훈련 데이터의 경우 100%, 검증 데이터의 경우 95.3%로 훈련 데이터에 과대적합이 되어 있음을 확인할 수 있다. 반면, 전체 데이터를 활용한 훈련 및 예측 결과는 정확도 =100%이다.

```python
from sklearn.datasets import load_iris    #iris (붓꽃 품종 데이터)
import numpy as np    #넘파이 라이브러리
from sklearn.model_selection import train_test_split    #(학습, 검증) 데이터 랜덤 추출
from sklearn.metrics import classification_report, confusion_matrix    #성능평가 지표, 혼동행렬
from sklearn.metrics import accuracy_score    #정확도
from sklearn.model_selection import cross_validate    #교차검증
from xgboost import XGBClassifier
  #히스토그램기반 그레디어언트 부스팅 방법(XGBoost, https://xgboost.ai)
  #사이킷런의 cross_validate() 함수와 함께 사용
  #cross_validate(): 교차 검증(훈련세트, 검증세트) 점수 비교(과대적합 확인)

iris = load_iris()    #사이킷런(sklearn에 저장되어 있는 iris 데이터)
x = iris.data          #독립변수
y = iris.target        #종속변수

model = XGBClassifier(tree_method='hist', random_state=42)
  #히스토그램 기반 그레디언트 부스팅 모형, XGBoost
scores = cross_validate(model, x, y, return_train_score=True)    #교차검증 모형에 대한 평가

print('훈련데이터세트에 대한 성능(정확도): ', end=''); print(np.mean(scores['train_score']))
print('검증데이터세트에 대한 성능(정확도): ', end=''); print(np.mean(scores['test_score']))

model.fit(x, y)                #모델 훈련(전체 데이터세트 이용하는 경우)
predictions = model.predict(x) #훈련데이터에 대한 예측 결과

print(predictions[:10]) #분류 결과 첫 10행 출력
print('XGBoost 정확도: ', end=''); print(accuracy_score(y, predictions))
print('$$$ Confusion Matrix, 혼동행렬 $$$')
conf = confusion_matrix(y, predictions)
print(conf)
print('*** 분류 분석 모형 성능평가 지표 ***')
print(classification_report(y, predictions))
print('!!! 특성 중요도 !!!')
print(model.feature_importances_)
```

```
훈련데이터세트에 대한 성능(정확도):  1.0
검증데이터세트에 대한 성능(정확도):  0.9533333333333334
[0 0 0 0 0 0 0 0 0 0]
XGBoost 정확도: 1.0
$$$ Confusion Matrix, 혼동행렬 $$$
[[50  0  0]
 [ 0 50  0]
 [ 0  0 50]]
*** 분류 분석 모형 성능평가 지표 ***
              precision    recall  f1-score   support

           0       1.00      1.00      1.00        50
           1       1.00      1.00      1.00        50
           2       1.00      1.00      1.00        50

    accuracy                           1.00       150
   macro avg       1.00      1.00      1.00       150
weighted avg       1.00      1.00      1.00       150

!!! 특성 중요도 !!!
[0.00959796 0.01645038 0.6765859  0.2973658 ]
```

(5) 히스토그램 기반 그래디언트 부스팅 분류 분석(LGBMClassifier) : LGBMClassifier() 모듈을 이용한 앙상블 분석 결과는 다음과 같다. 여기에서는 Gradient Boosting Machine(GBM)을 이용하여 경사하강법을 이용하여 가중치를 업데이트한다. 분할에 대한 정보이득이 발생하지 않은 경우 경고 메시지가 출력되며, 이를 해결하기 위해 하이퍼 파라미터 튜닝, (훈련, 검증) 데이터세트 조절, 조기 종료 구현, 교차검증 등의 방법을 이용한다.

```python
from sklearn.datasets import load_iris       #iris (붓꽃 품종 데이터 다운로드)
import numpy as np                           #넘파이 라이브러리
from sklearn.model_selection import train_test_split   #(학습, 검증) 데이터 랜덤 추출
from sklearn.metrics import classification_report, confusion_matrix  #성능평가 지표, 혼동행렬
from sklearn.metrics import accuracy_score   #정확도
from sklearn.model_selection import cross_validate   #교차검증
from lightgbm import LGBMClassifier
  #히스토그램기반 그레디어언트 부스팅 방법(Light GBM(마이크로소프트 개발))
  #Gradient Boosting Machine(GBM): 경사하강법 이용 가중치 업데이트
  #https://github.com/microsoft/LightGBM

iris = load_iris()      #사이킷런(sklearn에 저장되어 있는 iris 데이터)
x = iris.data           #독립변수
y = iris.target         #종속변수

model = LGBMClassifier(random_state=42)   #히스토그램 기반 그레디언트 부스팅 모형, Light GBM(LGBM)
scores = cross_validate(model, x, y, return_train_score=True)   #교차검증 모형 평가

print('훈련데이터세트에 대한 성능(정확도): ', end=''); print(np.mean(scores['train_score']))
print('검증데이터세트에 대한 성능(정확도): ', end=''); print(np.mean(scores['test_score']))

model.fit(x, y)                 #모델 훈련(전체 데이터세트 이용하는 경우)
predictions = model.predict(x)  #예측 결과
print(predictions[:10])         #분류 결과 첫 10행 출력
print('Light GBM 정확도: ', end=''); print(accuracy_score(y, predictions))
print('$$$ Confusion Matrix, 혼동행렬 $$$')
conf = confusion_matrix(y, predictions)
print(conf)
print('*** 분류 분석 모형 성능평가 지표 ***')
print(classification_report(y, predictions))
print('!!! 특성 중요도 !!!')
print(model.feature_importances_)
```

```
[LightGBM] [Warning] No further splits with positive gain, best gain: -inf
[0 0 0 0 0 0 0 0 0 0]
Light GBM 정확도: 1.0
$$$ Confusion Matrix, 혼동행렬 $$$
[[50  0  0]
 [ 0 50  0]
 [ 0  0 50]]
*** 분류 분석 모형 성능평가 지표 ***
              precision    recall  f1-score   support

           0       1.00      1.00      1.00        50
           1       1.00      1.00      1.00        50
           2       1.00      1.00      1.00        50

    accuracy                           1.00       150
   macro avg       1.00      1.00      1.00       150
weighted avg       1.00      1.00      1.00       150

!!! 특성 중요도 !!!
[336 399 661 380]
```

(6) 결정트리 분류 분석(DecisionTreeClassifier)

① 사이킷런의 결정트리 분석 모듈[DecisionTreeClassifier()]을 이용한 결과는 다음과 같다. 최대 노드의 깊이를 3으로 설정하고 교차검증을 실시한 결과 훈련 데이터에 대한 정확도와 검증 데이터에 대한 정확도가 97.3%로 과대적합의 문제가 해결될 수 있음을 보여준다.

```python
from sklearn.datasets import load_iris          #iris (붓꽃 품종 데이터)
from sklearn.model_selection import train_test_split  #(학습, 검증) 데이터 랜덤 추출
import numpy as np          #넘파이 라이브러리
from sklearn.metrics import classification_report, confusion_matrix  #성능평가 지표,혼동행렬
from sklearn.metrics import accuracy_score    #정확도
from sklearn.model_selection import cross_validate  #교차검증
import matplotlib.pyplot as plt   #시각화
from sklearn.tree import plot_tree    #결정트리 시각화
from sklearn.tree import DecisionTreeClassifier #사이킷런의 결정트리 알고리즘

iris = load_iris()      #사이킷런(sklearn에 저장되어 있는 iris 데이터)
x = iris.data           #독립변수
y = iris.target         #종속변수

model = DecisionTreeClassifier(max_depth=3, random_state=42)
    #결정트리 알고리즘(max_depth=3:최대 3개의 노드까지만 성장, 가치치기, True Pruning)
scores = cross_validate(model, x, y, return_train_score=True)  #교차검증 모형 평가

print('훈련데이터세트에 대한 성능(정확도): ', end=''); print(np.mean(scores['train_score']))
print('검증데이터세트에 대한 성능(정확도): ', end=''); print(np.mean(scores['test_score']))

model.fit(x, y)            #모델 훈련(전체 데이터세트 이용)
predictions = model.predict(x)   #예측 결과

print(predictions[:10])    #분류 결과 첫 10행 출력
print('Decision Tree 분류기(결정트리 알고리즘) 정확도: ', end=''); print(accuracy_score(y, predictions))
print('$$$ Confusion Matrix, 혼동행렬 $$$')
conf = confusion_matrix(y, predictions)
print(conf)
print('*** 분류 분석 모형 성능평가 지표 ***')
print(classification_report(y, predictions))
print('!!! 특성 중요도 !!!')
print(model.feature_importances_)
```

```
훈련데이터세트에 대한 성능(정확도):  0.9733333333333333
검증데이터세트에 대한 성능(정확도):  0.9733333333333334
[0 0 0 0 0 0 0 0 0 0]
Decision Tree 분류기(결정트리 알고리즘) 정확도: 0.9733333333333334
$$$ Confusion Matrix, 혼동행렬 $$$
[[50  0  0]
 [ 0 47  3]
 [ 0  1 49]]
*** 분류 분석 모형 성능평가 지표 ***
              precision    recall  f1-score   support

           0       1.00      1.00      1.00        50
           1       0.98      0.94      0.96        50
           2       0.94      0.98      0.96        50

    accuracy                           0.97       150
   macro avg       0.97      0.97      0.97       150
weighted avg       0.97      0.97      0.97       150

!!! 특성 중요도 !!!
[0.         0.         0.58561555 0.41438445]
```

② 결정트리 분석 결과를 시각화하여 나타내면 다음과 같다. 각 분기별로 분류 기준값과 Gini 불순도(gini, Gini Impurity)를 나타낸다. Gini 불순도는 의사결정나무에서 노드의 순도를 측정하는 지표 중 하나이며, 0부터 0.5까지의 값을 가진다. 0은 완전한 순수성을 나타내고, 한 노드에 속한 데이터들이 모두 동일한 클래스에 속한다면 Gini 불순도＝0이 된다. 반면, 다양한 클래스들이 혼합되어 분포하는 경우 Gini 불순도는 높아진다.

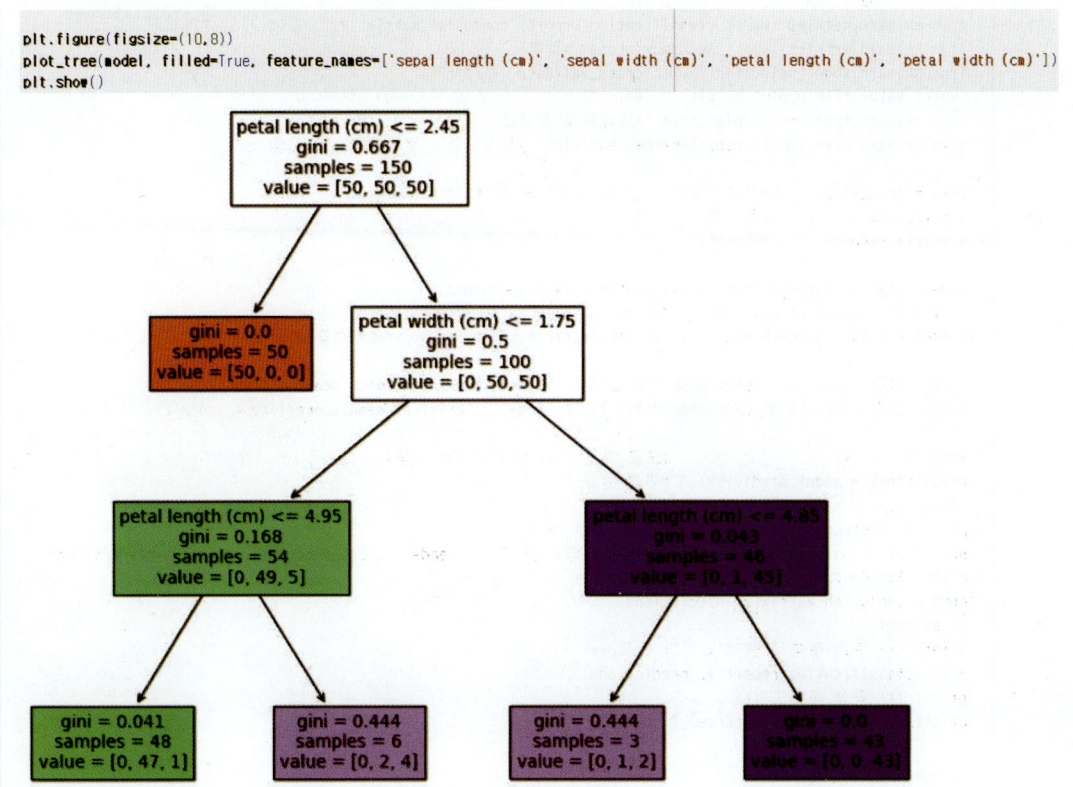

(7) 결정트리 회귀분석(DecisionTreeRegressor) : 종속변수가 연속형인 경우 결정트리를 이용하여 회귀모형을 구축한다. 사이킷런의 DecisionTreeRegressor() 모듈을 이용하며 carprice.csv 데이터에서 (변속기 유형, 마일리지, 연비)에 대한 차량가격(pounds)을 예측하면 다음과 같다. 예측 결과 평균 제곱근오차가 RMSE=1423.95이다.

```python
from google.colab import drive          #구글 드라이브 코랩 마운트
drive.mount('/content/drive')            #드라이브 연결
import pandas as pd                      #판다스 라이브러리
import numpy as np                       #넘파이 라이브러리
from sklearn.metrics import mean_squared_error   #MSE 계산
from sklearn.metrics import mean_absolute_error  #MAE 계산
from sklearn.tree import DecisionTreeRegressor   #결정트리(회귀모형,연속형 변수)

data = pd.read_csv('/content/drive/MyDrive/work/carprice.csv', header=0, index_col=0)
    #분석용 데이터 읽기(절대경로명 사용) / 데이터출처: Kaggle
    #header=0: 컬럼명이 첫 번째 행에 위치, index_col=0: 첫 컬럼을 인덱스 열로 사용
print(data.head())
df = data.dropna()   #결측값 제외
print(df.dtypes)
print(df['transmission'].unique())
df['transmission'] = df['transmission'].map({'Manual':0, 'Semi-Auto':1, 'Automatic':2})   #문자열->정수형 변환
x = df[['transmission', 'mileage', 'mpg']]    #독립변수(수동/오토매틱, 마일리지, 연비)
y = df['price']      #종속변수(차량 가격(pounds))
model = DecisionTreeRegressor(random_state=42)
fit = model.fit(x,y)
pred = fit.predict(x)   #독립변수에 대한 예측값
print('종속변수 예측 결과값(차량 가격)/첫 10행')
print(pred[:10])

mse = mean_squared_error(y, pred)
print('MSE(Mean Squared Error)/평균제곱오차: ', end=''); print(mse)
print('RMSE(Root Mean Squared Error)/평균제곱근오차: ', end=''); print(np.sqrt(mse))
mae = mean_absolute_error(y, pred)
print('MAE(Mean Absolute Error)/평균절대오차: ', end=''); print(mae)

print('!!! 특성 중요도 !!!')
print(model.feature_importances_)
```

```
       year transmission  mileage fuelType  tax   mpg  engineSize  price
model
A1     2017       Manual    15735   Petrol  150  55.4         1.4  12500
A6     2016    Automatic    36203   Diesel   20  64.2         2.0  16500
A1     2016       Manual    29946   Petrol   30  55.4         1.4  11000
A4     2017    Automatic    25952   Diesel  145  67.3         2.0  16800
A3     2019       Manual     1998   Petrol  145  49.6         1.0  17300
year              int64
transmission     object
mileage           int64
fuelType         object
tax               int64
mpg             float64
engineSize      float64
price             int64
dtype: object
['Manual' 'Automatic' 'Semi-Auto']
종속변수 예측 결과값(차량 가격)/첫 10행
[12500. 16500. 11000. 16800. 19391. 13900. 13250. 11750. 10200. 12000.]
MSE(Mean Squared Error)/평균제곱오차: 2027625.3066388879
RMSE(Root Mean Squared Error)/평균제곱근오차: 1423.9470870221576
MAE(Mean Absolute Error)/평균절대오차: 257.95122868112185
!!! 특성 중요도 !!!
[0.06193195 0.3614493  0.57661874]
```

제9장 군집 및 k-NN 분류 분석

1 군집분석의 이해

① 군집분석을 위해 다음 라이브러리를 이용한다.

import pandas as pd	#데이터프레임 구조 활용[pd.DataFrame()]
from sklearn.datasets import load_iris	#iris(붓꽃) 데이터
from sklearn.preprocessing import StandardScaler	#데이터 전처리[표준화, (값-평균)/표준편차]
from scipy.cluster.hierarchy import linkage, dendrogram	#계층적 군집분석 및 덴드로그램 작성
from scipy.cluster.hierarchy import fcluster	#클러스터 분류
from sklearn.cluster import KMeans	#K-Means 군집분석
from sklearn.decomposition import PCA	#주성분 분석
import matplotlib.pyplot as plt	#데이터 시각화

② 군집분석(Clustering Analysis)은 각 개체의 유사성을 측정하여 유사성이 높은 대상 집단을 분류하고, 군집에 속한 개체들의 유사성과 서로 다른 군집에 속한 개체 간의 상이성을 규명하는 통계 분석 방법이다. 즉, 비슷한 특성을 가진 개체를 합쳐가면서 최종적으로 유사 특성의 그룹을 발굴하는 데 사용된다. 예를 들어 인스타그램에서 사진과 카메라에 대해 관심이 있는 사용자 그룹이나 자동차에 대해 관심이 있는 사용자 그룹 등 관심사나 취미에 따른 사용자 그룹을 군집분석을 통해 분류할 수 있다.

③ 각 개체들에 대한 사전 지식 없이 유사성(Similarity, 유사도, 거리 등)에 근거하여 군집을 분류하는 것으로서 새로운 개체를 독립변수의 값만 가지고 예측한다.

④ 아래와 같이 유사한 특성을 가지고 있는 고객들끼리 고객 그룹(고객군)에 대한 군집을 도출하고 이 경우 그룹(집단) 내 동질성과 그룹 간 이질성을 유사도를 이용하여 분류한다. 대표적으로 마케팅 전략 수립 시 고객의 세분화를 위해 많이 사용되며, 군집별로 추가분석을 실시하기 전 고객 분류를 위해 활용된다.

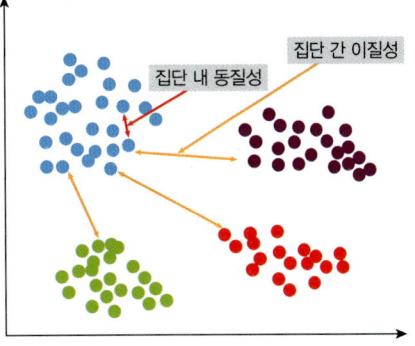

⑤ 군집분석은 크게 계층적 군집분석과 비계층적(분할적) 군집분석으로 나누며, 계층적 군집분석(Hierarchical Clustering Analysis)이란 주로 자료의 크기가 작은 경우 이용되고, 개별 대상들 사이의 거리에 의하여 가장 가까이에 있는 대상들로부터 시작하여 결합해 감으로써 나무 모양의 계층구조를 형성한다. 계층적 군집분석에서는 주로 덴드로그램(Dendrogram, 개체들이 결합되는 순서를 나타내는 트리 형태의 구조)을 이용하여 군집이 형성되는 과정을 명확히 파악할 수 있다.

⑥ 자료의 크기가 큰 경우 비계층적 군집분석(Non-hierarchical 또는 Partitional Clustering Analysis)을 이용하며, 구하고자 하는 군집의 수를 정한 상태에서 설정된 군집의 중심에 가장 가까운 개체를 하나씩 포함해 가는 방식으로써 많은 자료를 빠르고 쉽게 분류할 수 있으나, 군집의 수를 미리 정해 주어야 하고, 군집을 형성하기 위한 초깃값에 따라 군집 결과가 달라지는 단점이 있다.

⑦ 자료의 크기가 작은 경우 계층적 군집분석, 자료 크기가 크거나 하나의 개체가 여러 군집에 포함되는(중복 비계층적) 경우 비계층적 군집분석을 이용한다. 군집분석 방법을 요약하면 다음과 같다.

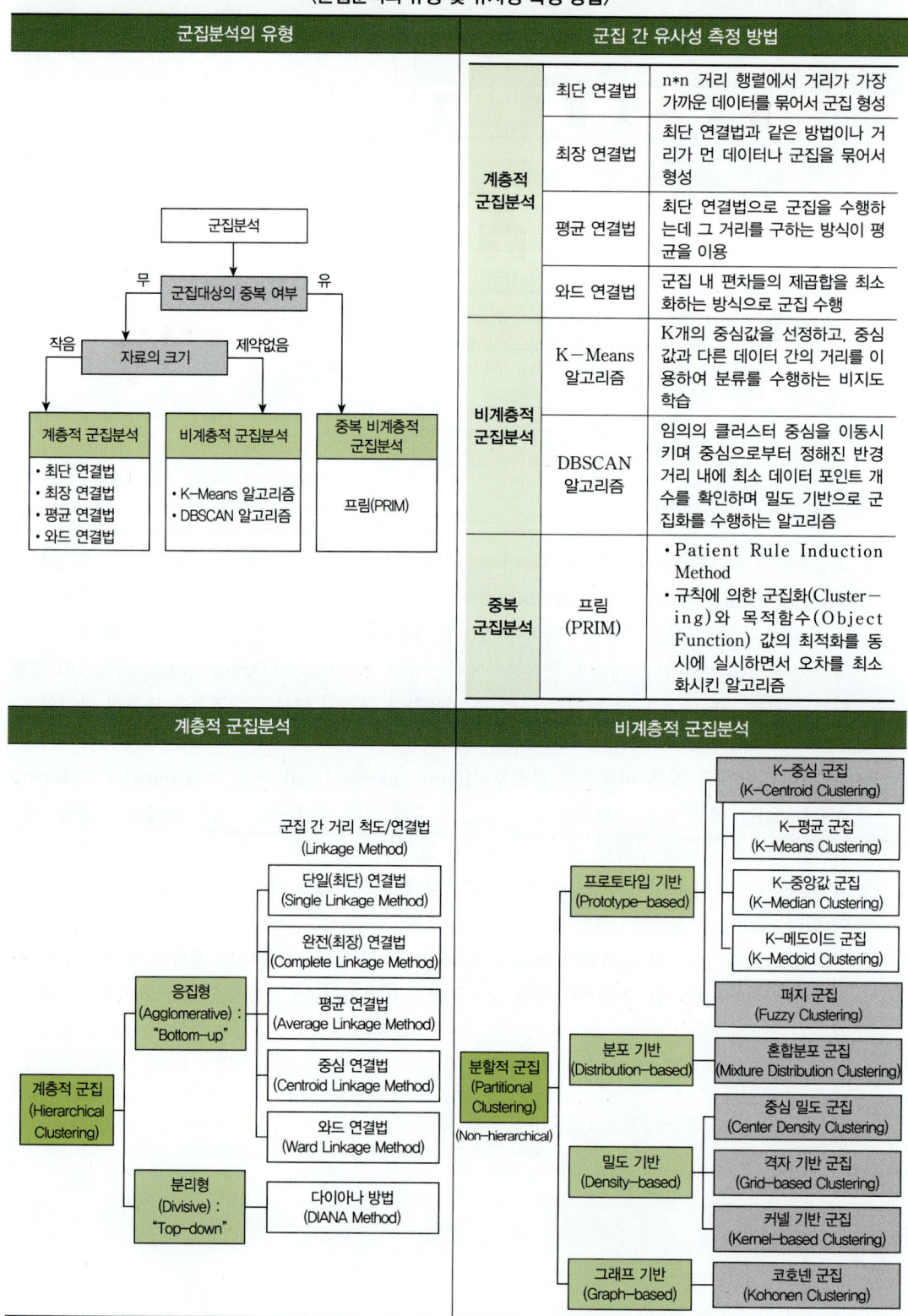

⑧ 대상 특성에 대한 유사성을 측정하기 위해 다음과 같은 거리 측정 방법을 이용한다.

〈군집 간 거리 측정 방법〉

구 분	거리 측정 방법
민코프스키 (Minkowski)	$dist(x_i, x_j) = ((x_{i1}-x_{j1})^h + \cdots + (x_{ir}-x_{jr})^h)^{\frac{1}{h}}$ • 거리를 산정하는 일반식에 함수에 포함된 지수들을 조정하여 다양한 방식의 거리 측정
유클리디안 (Euclidean)	$dist(x_i, x_j) = ((x_{i1}-x_{j1})^2 + \cdots + (x_{ir}-x_{jr})^2)^{\frac{1}{2}}$ $= \sqrt{((x_{i1}-x_{j1})^2 + \cdots + (x_{ir}-x_{jr})^2)}$ • 민코프스키 거리 측정에서 h=2인 경우 • 변수 값들의 차이를 제곱하여 합산한 거리 • 다차원 공간에서 최단 직선거리로 사용
맨해튼 (Manhattan)	$dist(x_i, x_j) = (\|x_{i1}-x_{j1}\| + \cdots + \|x_{ir}-x_{jr}\|)$ • 민코프스키 거리 측정에서 h=1인 경우 • 변수 값들의 차이를 절댓값으로 하여 합산한 거리
제곱 유클리디안 (Squared Euclidean)	$dist(x_i, x_j) = (x_{i1}-x_{j1})^2 + \cdots + (x_{ir}-x_{jr})^2$ • 유클리디안 거리를 제곱한 거리
가중치 유클리디안 (Weighted Euclidean)	$dist(x_i, x_j) = (w_i(x_{i1}-x_{j1})^2 + \cdots + w_r(x_{ir}-x_{jr})^2)^{\frac{1}{2}}$ $= \sqrt{(w_i(x_{i1}-x_{j1})^2 + \cdots + w_r(x_{ir}-x_{jr})^2)}$ • 가중치를 적용한 유클리디안 거리
체비셰프 (Chebyshev)	$dist(x_i, x_j) = \max_k \|x_{ik}-x_{jk}\|$ • 거리 중 최댓값 • 변수 값의 최대 차이의 최댓값인 거리
캔버라 (Canberra)	$dist(x_i, x_j) = \sum_{k=1}^{r} \frac{\|x_{ik}-x_{jk}\|}{\|x_{ik}+x_{jk}\|}$ • 변수 값들의 차이(절댓값)를 변수 값들의 합산 거리(절댓값)로 나눈 값

⑨ 계층적 군집화에서 두 군집 사이의 거리를 이용하여 군집을 연결하는 방법으로서 최단 연결법, 최장 연결법, 평균 연결법, 중앙값 연결법, 중심 연결법, 와드 연결법 등이 있다.

〈군집 연결 방법〉

구 분	연결 방법	
최단 연결법 또는 단일 연결법 (Single Linkage)	군집에서 선택된 하나의 관측치와 나머지의 다른 관측치 또는 군집과의 거리를 계산하여 가장 가까운 거리에 있는 군집 또는 관측치를 연결하여 군집 형성	Min distance $d_{(UV)W} = \min(d_{UW}, d_{VW})$
최장 연결법 또는 완전 연결법 (Complete Linkage)	군집에서 선택된 하나의 관측치와 나머지의 다른 관측치 또는 군집과의 거리를 계산하여 가장 멀리 떨어진 거리에 있는 군집 또는 관측치를 연결하여 군집 형성	Max distance $d_{(UV)W} = \max(d_{UW}, d_{VW})$

평균 연결법 (Average Linkage)	군집 내의 모든 관측들의 평균과 나머지의 다른 관측치 또는 군집과의 거리를 계산하여 최단 거리에 있는 군집 또는 관측치를 연결하여 군집 형성	Average distance $d_{(UV)W} = \dfrac{\sum x_{i \in (U,V)} \sum x_{j \in W} d(x_i, x_j)}{n_{(UV)} n_W}$	
중심 연결법 (Centroid Linkage)	군집 내의 관측들의 중심과 나머지의 다른 관측치 또는 군집의 중심과의 거리를 계산하여 최단 거리에 있는 군집 또는 관측치를 연결하여 군집 형성	Centroids distance $d(G_1, G_2) = \|\overline{x_1} - \overline{x_2}\|$	
중앙값 연결법 (Median Linkage)	평균 연결법과 유사한 방법으로 자료가 연속형 변수가 아닌 경우 평균 대신에 중앙값을 기준으로 연결	$d_{(UV)W} = \text{Median}\{x_i \in (U,V), x_j \in W\}$	
와드 연결법 (Ward Linkage)	군집 평균과 군집 내 유클리디언 최소 증가 방식으로 군집 간의 거리에 기반을 두는 다른 연결법과는 달리 군집 내 오차제곱합(SSE ; Error Sum of Squares)에 기초하여 군집 형성	각 군집의 SSE_i와 전체 군집의 SSE $SSE_i = \sum_{j=1}^{n_i} \sum_{k=1}^{m} (x_{ijk} - \overline{x_{ik}})^2$ $SSE = \sum_{i=1}^{K} SSE_i = \sum_{i=1}^{K} \sum_{j=1}^{n_i} \sum_{k=1}^{m} (x_{ijk} - \overline{x_{ik}})^2$ 두 군집의 병합으로 인한 SSE의 증가분(정보의 손실)이 최소가 되도록 군집을 병합시켜 새로운 군집 형성	

⑩ **최단 연결법(Single Linkage)** : 군집들 사이에 속하는 데이터 중 가장 가까운 데이터들의 거리로 군집간의 거리를 정의하여 군집을 구성하는 예를 설명하면 다음과 같다.

㉠ 데이터의 좌표를 다음과 같이 가정한다.

데이터	A	B	C	D	E
(x_1, x_2)	(1, 5)	(2, 4)	(4, 6)	(4, 3)	(5, 3)

㉡ 군집 간 거리 측정은 제곱 유클리드(Squared Euclidean) 척도를 사용하며 각각의 데이터들 사이의 유클리드 제곱 거리를 구하면 다음과 같다. 따라서 A, B, C, D, E 데이터들 중 가장 가까운 데이터는 D와 E로 (D, E)를 하나의 군집으로 처리한다.

유클리드 제곱 거리	A	B	C	D	E
A	0				
B	2	0			
C	10	8	0		
D	13	5	9	0	
E	20	10	10	1	0

ⓒ A, B, C 데이터와 (D, E) 군집의 거리는 (A, B, C) 각각의 데이터와 D와 E 중 가까운 데이터의 거리로 정의하여 군집과 데이터들 사이의 거리를 측정하면 다음과 같다. 가장 가까운 데이터인 (A, B)를 하나의 군집으로 처리한다.

유클리드 제곱 거리	A	B	C	(D, E)
A	0			
B	2	0		
C	10	8	0	
(D, E)	13	5	9	0

ⓔ 위와 같은 과정을 반복하여 군집 (A, B), C, (D, E) 사이의 거리를 측정한다. 여기서 (A, B)와 (D, E) 사이의 거리는 두 군집에서 가장 가까운 데이터인 B와 D 사이의 거리로 측정한다.

유클리드 제곱 거리	(A, B)	C	(D, E)
(A, B)	0		
C	8	0	
(D, E)	5	9	0

ⓕ 따라서 계층적 군집분석 결과를 덴드로그램으로 나타내면 다음과 같다. 군집은 (A, B), C, (D, E) 3개로 분류된다. 각각의 숫자는 최단 거리 값이다.

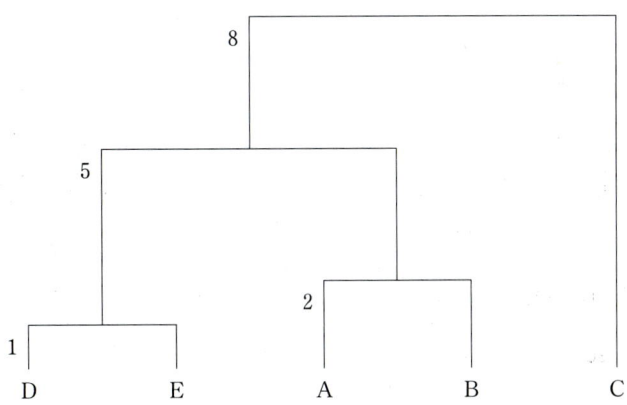

2 군집분석 모형

① 계층적 군집분석을 위하여 linkage()와 fcluster() 함수를 이용하며, 군집분석 결과 시각화를 위해 dendrogram() 함수를 이용한다. linkage()에서는 군집 방법을 지정(method)하고 fcluster()에서는 linkage() 함수로 계산된 결과(Z)를 이용하여 임계값(t)과 클러스터 결정 기준 정의(criterion)를 지정한다. 그리고 dendrogram() 함수에서는 덴드로그램의 방향(orientation)과 폰트 크기(leaf_font_size) 등을 지정할 수 있다.

linkage(data, method="complete", …)
- data : (학습) 데이터
- method : 군집 방법
- single : 최단 연결법 / complete : 최장 연결법 / average : 평균 연결법 / centroid : 중심연결법 / ward : 와드 연결법

fcluster(Z, t=3, criterion='distance' …)
- Z : linkage() 함수로 계산된 결과(matrix)
- t : 임계값(threshold), t 값을 기준으로 임계값 이하의 거리로 묶인 클러스터 형성
- criterion : 클러스터 결정 기준 정의
- inconsistent : 불일치 기준 / distance : 거리 기준 / maxclust : 최대 클러스터 개수

dendrogram(Z, orientation='top', leaf_font_size=10, …)
- Z : linkage() 함수로 계산된 결과(matrix)
- orientation : 덴드로그램의 방향(top, bottom, left, right)
- leaf_font_size : 리프(leaf, terminal) 노드의 폰트 크기

② 군집분석을 위해 iris 데이터를 이용(from sklearn.datasets import load_iris)한다. iris는 붓꽃의 생육 데이터(150개 데이터=품종별 50개×3개 품종)이다. 꽃잎의 길이(Petal.Length)와 꽃잎의 너비(Petal.Width) 그리고 꽃받침의 길이(Sepal.Length)와 꽃받침의 너비(Sepal.Width)에 따라 붓꽃의 3가지 품종(setosa, versicolor, virginica)을 구분한다.

```
import pandas as pd   #판다스
from sklearn.datasets import load_iris            #iris 데이터
from sklearn.preprocessing import StandardScaler  #데이터 전처리

iris = load_iris()    #Iris 데이터 불러오기
X = iris.data
print(X[:5])                #처음 5개 샘플 특성값
print(iris.feature_names)   #특성 (sepal length, sepal width, petal length, petal width)
print(iris.target_names)    #클래스 (setosa, versicolor, virginica)

scaler = StandardScaler()             #데이터 전처리(표준화)
X_scaled = scaler.fit_transform(X)
print(X_scaled[:5])
```

```
[[5.1 3.5 1.4 0.2]
 [4.9 3.  1.4 0.2]
 [4.7 3.2 1.3 0.2]
 [4.6 3.1 1.5 0.2]
 [5.  3.6 1.4 0.2]]
['sepal length (cm)', 'sepal width (cm)', 'petal length (cm)', 'petal width (cm)']
['setosa' 'versicolor' 'virginica']
[[-0.90068117  1.01900435 -1.34022653 -1.3154443 ]
 [-1.14301691 -0.13197948 -1.34022653 -1.3154443 ]
 [-1.38535265  0.32841405 -1.39706395 -1.3154443 ]
 [-1.50652052  0.09821729 -1.2833891  -1.3154443 ]
 [-1.02184904  1.24920112 -1.34022653 -1.3154443 ]]
```

[setosa]　　　　　　[versicolor]　　　　　　[virginica]

- 독립변수(cm)
  꽃받침의 길이(Sepal.Length)
  　　　　너비(Sepal.Width)
  꽃잎의 길이(Petal.Length)
  　　　　너비(Petal.Width)
- 종속변수(붓꽃의 품종, Species)
  setosa(1), versicolor(2), virginica(3)

③ 데이터 전처리(표준화) 작업 후, linkage() 함수를 이용하여 클러스터들 사이의 거리를 측정하고 이 결과(clusters)를 이용하여 fcluster()로 군집 결괏값을 확인한다. 그리고 dendrogram() 함수를 이용하여 거리 기준이 method='complete'인 경우의 분류 결과를 알 수 있다. 시각화 라이브러리(matplotlib)에 포함된 plt.tight_layout() 함수는 그래프를 그릴 때 서브플롯(subplot) 또는 축(axis)의 레이아웃을 최적화하여 그래프 요소들이 서로 겹치거나 너무 가까이 위치하지 않도록 한다.

```python
import pandas as pd    #판다스
from sklearn.datasets import load_iris        #iris 데이터
from sklearn.preprocessing import StandardScaler  #데이터 전처리
from scipy.cluster.hierarchy import linkage, dendrogram  #계층적 군집분석 및 덴드로그램
from scipy.cluster.hierarchy import fcluster        #클러스터 분류
import matplotlib.pyplot as plt    #데이터 시각화

iris = load_iris()    #Iris 데이터 불러오기
X = iris.data

scaler = StandardScaler()        #데이터 전처리(표준화)
X_scaled = scaler.fit_transform(X)

clusters = linkage(X_scaled, method='complete')    #계층적 군집분석
 #Complete linkage를 사용(Farthest Point or Voor Hees Algorithm)

cut = fcluster(clusters, t=3, criterion='distance')
print('** 군집 결과 값 **')
print(cut)

plt.figure(figsize=(12, 6))    #덴드로그램 작성
dendrogram(clusters, orientation='top', leaf_font_size=10)
plt.title('Dendrogram of Iris Dataset (Complete: Farthest Point Algorithm)')
plt.xlabel('Data Points')
plt.ylabel('Distance')
plt.tight_layout()
plt.show()
```

```
** 군집 결과 값 **
[6 6 6 6 6 6 6 6 6 6 6 6 6 6 5 5 6 5 6 6 6 6 6 6 6 6 6 6 6 5 5 6 6 6
 6 6 6 6 3 6 6 6 6 6 6 6 1 1 4 1 4 1 3 1 4 3 1 4 1 1 1 4 4 4 1 1 1 1
 1 1 1 1 4 4 4 4 1 4 1 4 4 3 4 1 1 1 3 4 1 1 1 2 4 2 1 2 1
 1 1 1 1 1 2 2 4 1 1 2 1 1 2 1 1 1 2 2 1 1 1 1 2 1 1 1 1 1 1 1 1 1 1 1
 1 1]
```

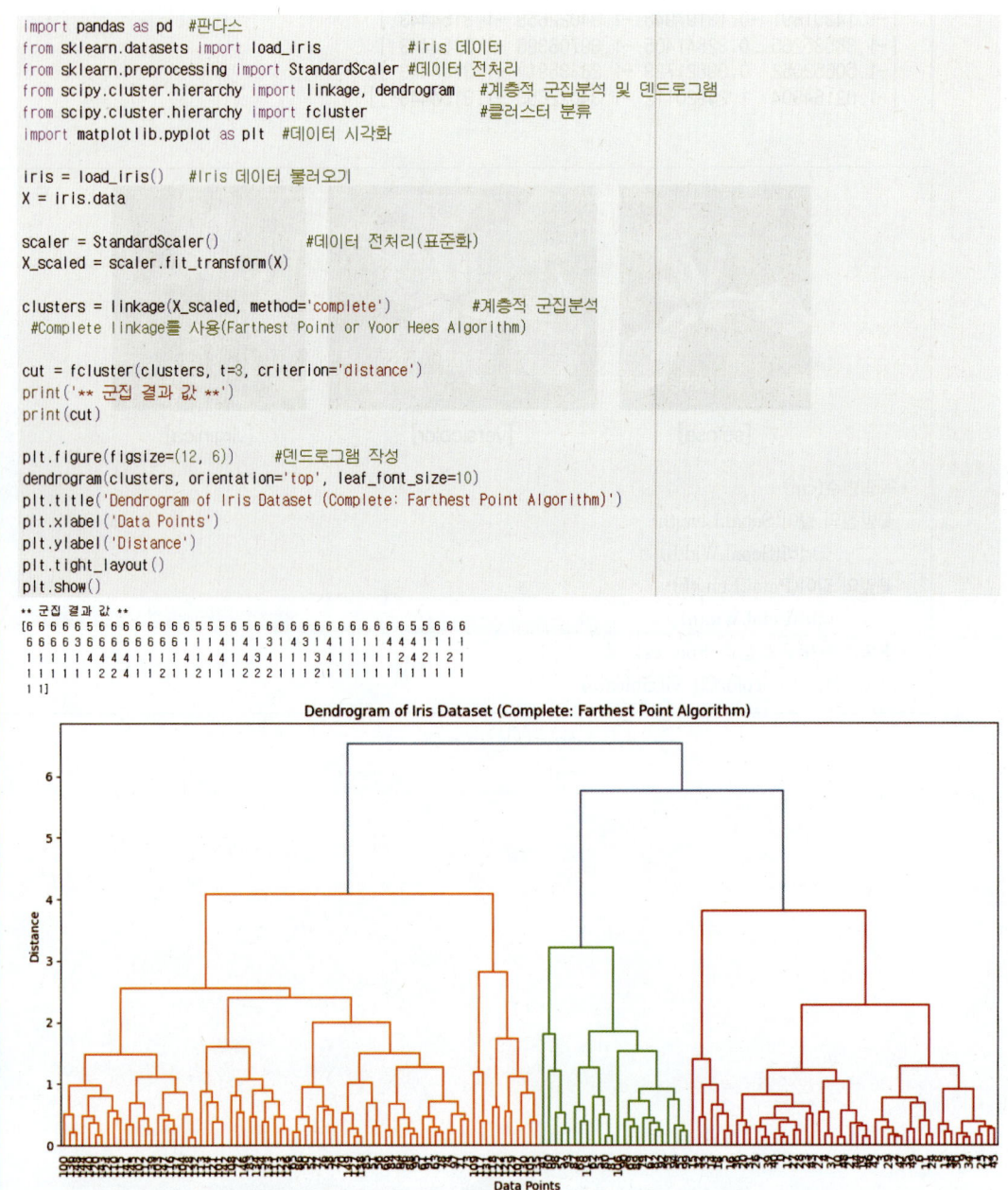

④ 거리 기준이 method='average'인 경우, 군집분석 결과는 다음과 같다. 평균 연결법에서는 가장 가까운 관계 둘을 찾아 하나의 새로운 군으로 묶어 나가는 과정을 반복적으로 진행하면서 군집을 형성한다.

```python
import pandas as pd  #판다스
from sklearn.datasets import load_iris          #iris 데이터
from sklearn.preprocessing import StandardScaler #데이터 전처리
from scipy.cluster.hierarchy import linkage, dendrogram  #덴드로그램
from scipy.cluster.hierarchy import fcluster     #클러스터 분류
import matplotlib.pyplot as plt  #데이터 시각화

iris = load_iris() # Iris 데이터 불러오기
X = iris.data

scaler = StandardScaler()         #데이터 전처리 (표준화)
X_scaled = scaler.fit_transform(X)

clusters = linkage(X_scaled, method='average')  #계층적 군집분석
 # Average linkage 사용(UPGMA)

cut = fcluster(clusters, t=3, criterion='distance')
print('** 군집 결과 값 **')
print(cut)

plt.figure(figsize=(12, 6))  # 덴드로그램 작성
dendrogram(clusters, orientation='top', leaf_font_size=10)
plt.title('Dendrogram of Iris Dataset (Average: UPGMA Algorithm)')
  #UPGMA: Unweighted Pair Group Method with Arithmetic Mean
  #분석하고자 하는 분류군 중 가장 가까운 관계 둘을 찾아 하나의 새로운 군으로 묶어 나가는 것을 반복진행함
plt.xlabel('Data Points')
plt.ylabel('Distance')
plt.tight_layout()
plt.show()
```

```
** 군집 결과 값 **
[1 1 1 1 1 1 1 1 1 1 1 1 1 1 1 1 1 1 1 1 1 1 1 1 1 1 1 1 1 1 1 1 1 1 1 1 1
 1 1 1 1 1 1 1 1 1 1 1 1 1 3 3 3 3 3 3 3 3 3 3 3 3 3 3 3 3 3 3 3 3 3 3 3 3
 3 3 3 3 3 3 3 3 3 3 3 3 3 3 3 3 3 3 3 3 3 3 3 3 3 3 3 3 3 3 3 3 3 3 3 2 3
 3 3 3 3 3 2 3 3 3 3 3 3 3 2 3 3 3 3 3 3 3 3 3 3 3 3 3 3 3 3 3 3 3 3 3 3 3
 3 3]
```

⑤ 거리 기준이 method='centroid'인 경우, 군집분석 결과는 다음과 같다. 중심 연결법에서는 군집 내 관측값들의 중심과 나머지 다른 관측값들의 거리값을 이용하여 군집을 형성한다.

```python
import pandas as pd    #판다스
from sklearn.datasets import load_iris       #iris 데이터
from sklearn.preprocessing import StandardScaler    #데이터 전처리
from scipy.cluster.hierarchy import linkage, dendrogram    #덴드로그램
from scipy.cluster.hierarchy import fcluster    #클러스터 분류
import matplotlib.pyplot as plt    #데이터 시각화

iris = load_iris()    #Iris 데이터 불러오기
X = iris.data

scaler = StandardScaler()    #데이터 전처리(표준화)
X_scaled = scaler.fit_transform(X)

clusters = linkage(X_scaled, method='centroid')    # 계층적 군집분석
 #Centroid linkage를 사용(UPGMC)

cut = fcluster(clusters, t=3, criterion='distance')
print('** 군집 결과 값 **')
print(cut)

plt.figure(figsize=(12, 6))    #덴드로그램 작성
dendrogram(clusters, orientation='top', leaf_font_size=10)
plt.title('Dendrogram of Iris Datasets (Centroid: UPGMC Algorithm)')
   #UPGMC: Unweighted Pair Group Method with Centroid
   #군집 내 관측들의 중심과 나머지 관측들의 거리 이용
plt.xlabel('Data Points')
plt.ylabel('Distance')
plt.tight_layout()
plt.show()
```

```
** 군집 결과 값 **
[1 1 1 1 1 1 1 1 1 1 1 1 1 1 1 1 1 1 1 1 1 1 1 1 1 1 1 1 1 1
 1 1 1 1 1 1 1 1 1 1 1 1 1 2 2 2 2 2 2 2 2 2 2 2 2 2 2 2 2 2 2 2
 2 2 2 2 2 2 2 2 2 2 2 2 2 2 2 2 2 2 2 2 2 2 2 2 2 2 2 2 2 2 2 2
 2 2 2 2 2 2 2 2 2 2 2 2 2 2 2 2 2 2 2 2 2 2 2 2 2 2 2 2 2 2 2 2
 2 2]
```

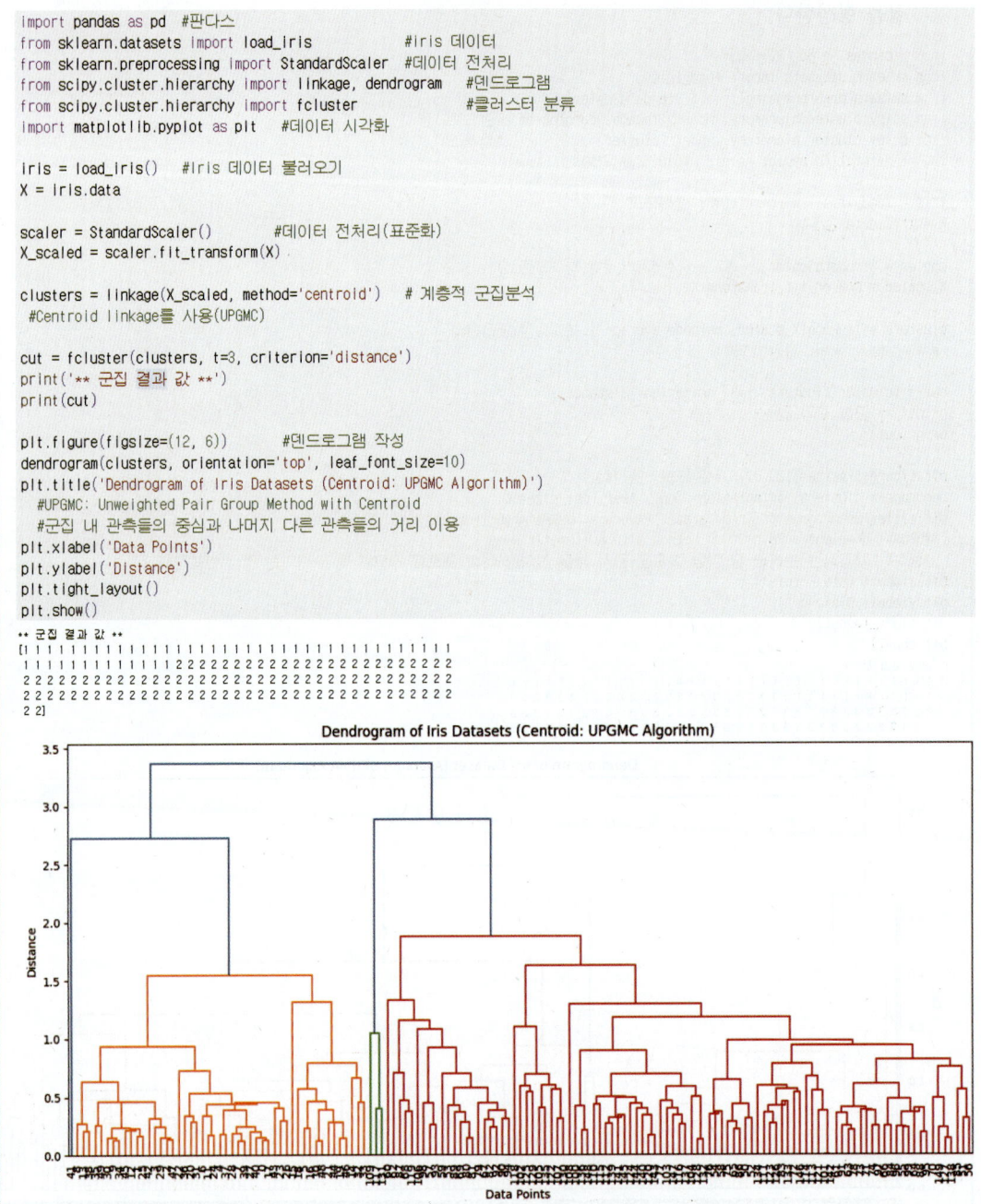

⑥ 거리 기준이 method='ward'인 경우, 군집분석 결과는 다음과 같다. 와드 연결법에서는 군집 내 오차제곱합(SSE ; Error Sum of Squares)에 기초하여 군집을 형성한다.

```python
import pandas as pd    #판다스
from sklearn.datasets import load_iris          #iris 데이터
from sklearn.preprocessing import StandardScaler #데이터 전처리
from scipy.cluster.hierarchy import linkage, dendrogram  #덴드로그램
from scipy.cluster.hierarchy import fcluster      #클러스터 분류
import matplotlib.pyplot as plt   #데이터 시각화

iris = load_iris()   #Iris 데이터 불러오기
X = iris.data

scaler = StandardScaler()          #데이터 전처리 (표준화)
X_scaled = scaler.fit_transform(X)

clusters = linkage(X_scaled, method='ward')   #계층적 군집분석
#Ward linkage를 사용 (Ward variance minimization algorithm)

cut = fcluster(clusters, t=3, criterion='distance')
print('** 군집 결과 값 **')
print(cut)

plt.figure(figsize=(12, 6))    # 덴드로그램 작성
dendrogram(clusters, orientation='top', leaf_font_size=10)
plt.title('Dendrogram of Iris Datasets (Ward: Incremental Algorithm)')
plt.xlabel('Data Points')
plt.ylabel('Distance')
plt.tight_layout()
plt.show()
```

```
** 군집 결과 값 **
[ 3  1  1  1  3  2  1  3  1  1  1  3  1  1  1  2  2  2  3  2  3  3  3  3
  1  1  3  3  1  1  3  2  2  1  1  3  3  1  3  3  4  1  3  3  1  3  1
  3  1  8  8  8  6  8  5  8  4  8  6  4  8  6  8  5  8  5  6  6  6  8
  7  8  8  8  8  6  6  6  7  5  8  8  6  5  6  6  8  6  4  6  5
  5  8  4  5  1  7  11  8  9  6  9  7  10  11  7  11  7  11  8  10  9  6
  11  7  9  11  9  7  8  9  9  10  8  8  7  9  11  8  11  11  11  7  11
  11  11  7  8  11  8]
```

Dendrogram of Iris Datasets (Ward: Incremental Algorithm)

⑦ 대표적인 비계층적 군집분석 기법으로 K-평균 군집분석(K-Means Clustering Analysis)이 사용된다. K-평균 군집분석은 주어진 데이터들에 대한 사전정보 없이 지정한 군집의 숫자에 따라 대상들을 군집들에 할당하여 분류하는 통계적 방법이다.

㉠ K-평균 군집분석을 위하여 사전에 군집의 수(n_clusters, k)를 지정한다. 즉 데이터 탐색적 차원에서 계층적 군집분석을 통해 군집의 수를 먼저 산출하고 K-평균 군집분석을 수행한다.

㉡ KMeans() 함수를 이용하여 K-평균 군집분석을 수행한다. 여기서 n_clusters는 클러스터의 개수, random_state는 동일한 결과를 나타내기 위한 랜덤 시드값이다.

> **KMeans(n_clusters, random_state=42, ⋯)**
> - n_clusters : 클러스터의 개수
> - random_state : 랜덤 시드 지정, 같은 시드를 사용하면 같은 결과가 나옴(결과 재현성을 위해 사용)

㉢ 군집의 수(clusters)를 3으로 가정하여 iris 데이터(14개 데이터)에 대한 K-평균 군집분석 수행 결과를 나타내면 다음과 같다. 데이터 전처리 작업 후, 주성분 분석 함수[PCA()]를 이용하여 데이터 차원을 2차원으로 축소(n_components=2)한다. 군집의 수를 3으로 지정(n_clusters=3)하고 KMeans() 함수를 이용하여 K-Means 군집분석을 수행한다. 군집별로 3개의 색상을 지정하여 2차원 속성에 대한 데이터들의 군집 형성(Centroids 값 기준) 결과를 나타낼 수 있다.

```python
import pandas as pd                              #판다스 라이브러리
from sklearn.datasets import load_iris           #iris (붓꽃 품종 데이터)
from sklearn.preprocessing import StandardScaler #데이터 전처리, 표준화(Z-Score)
from sklearn.cluster import KMeans               #k-means 군집분석
from sklearn.decomposition import PCA            #주성분 분석
import matplotlib.pyplot as plt                  #데이터 시각화
import warnings
warnings.filterwarnings('ignore')       #경고 메시지 출력하지 않음
iris = load_iris()      #사이킷런(sklearn에 저장되어 있는 iris 데이터)
x = iris.data           #독립변수
y = iris.target         #종속변수
scaler = StandardScaler()                #데이터 정규화(전처리)
xscaled = scaler.fit_transform(x)
pca = PCA(n_components=2)    #주성분분석, 데이터차원 축소(2)
xpca = pca.fit_transform(xscaled)
noclusters = 3          #군집의 수=3개
kmeans_model = KMeans(n_clusters=noclusters, random_state=42)
  #k-means: k개의 중심값 선정, (중심값,다른 데이터) 사이 거리 이용, 분류 수행(비지도학습)
kmeans_model.fit(xscaled)
labels = kmeans_model.labels_    #군집분석 수행 결과
print('K-means 군집분석 수행 결과')
print(labels)
plt.figure(figsize=(10,6))  #그래프 크기
colors = ['red', 'green', 'blue']   #군집별 색상 지정
for i in range(noclusters):
    plt.scatter(xpca[labels == i, 0],
                xpca[labels == i, 1],
                c=colors[i],
                label =f'Cluster {i+1}')
plt.scatter(kmeans_model.cluster_centers_[:, 0], kmeans_model.cluster_centers_[:, 1],
            s=300, c='yellow', label = 'Centroids')        #산점도
plt.title('K-Means Clustering on iris dataset')
plt.xlabel('PCA Dimension #1')
plt.ylabel('PCA Dimension #2')
plt.legend()
plt.show()
```

K-means 군집분석 수행 결과

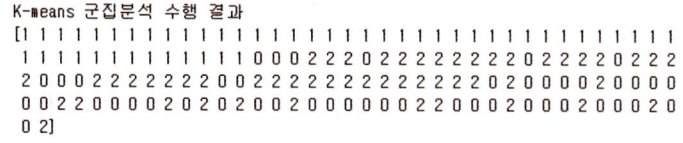

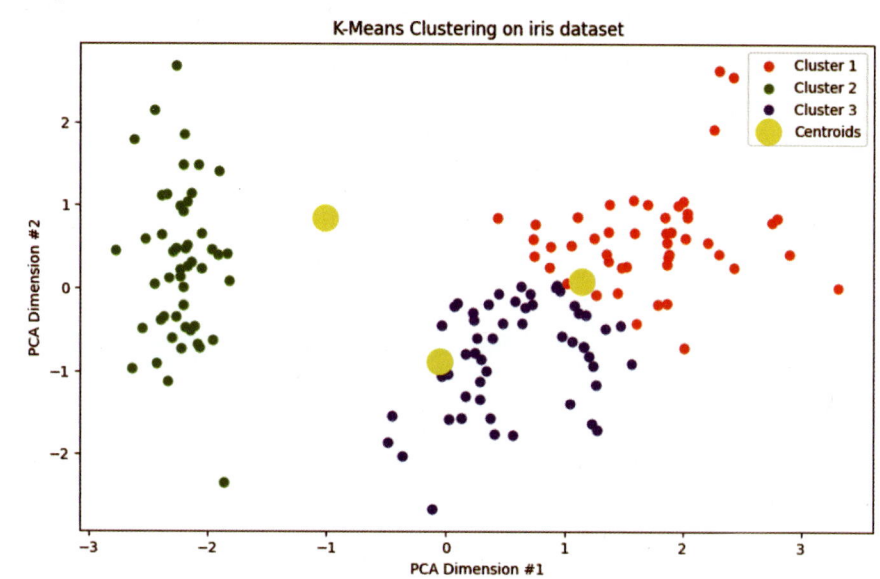

3 k-NN 분류 분석

(1) k-NN의 이해

① k-NN 분류 및 회귀분석을 위해 아래와 같은 라이브러리를 이용한다.

| from sklearn.neighbors import KNeighborsClassifier | #k-NN 분류 분석[KNeighborsClassifier() 함수] |
| from sklearn.neighbors import KNeighborsRegressor | #k-NN 회귀분석[KNeighborsRegressor() 함수] |

② k-최근접 이웃 분석 또는 k-NN(k-Nearest Neighbor)은 분류에 사용되는 비모수 방식(Nonparametric Method, 모집단에 대한 정보가 없는 경우 사용되는 모수 추정 방법)으로 새로운 데이터가 들어왔을 때 기존 데이터의 그룹 중 어떤 그룹에 속하는지를 분류한다.

③ 아래 그림에서처럼 가장 가까운 대상 3개(k=3인 경우)를 선택하여 각 그룹에 포함된 대상의 개수를 구하고 그 값이 큰 그룹으로 분류한다. 일반적으로 k는 홀수값을 이용한다.

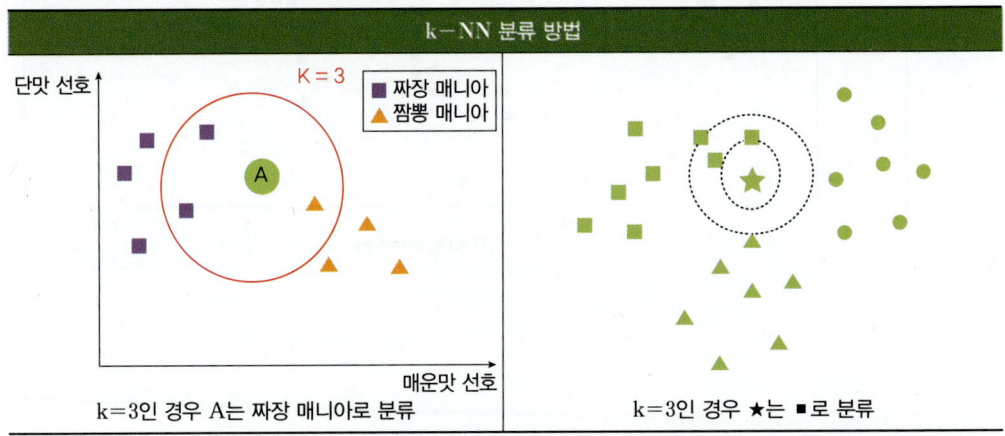

k-NN 분류 방법

④ k-NN은 분류 알고리즘이 비교적 간단하여 구현하기 쉽고 수치형 자료의 분류 작업에서 성능이 우수하다. 그러나 데이터의 양이 많으면 분류 속도가 기하급수적으로 느려지는 단점이 있다.

⑤ k값은 분류에 영향을 주는 주변의 개수이다. 일반적으로 k의 값이 커지면 이상적인 분류를 할 수 있으나, 너무 많은 분류 작업을 수행해야 하므로 분류 자체가 불가능한 경우가 발생한다. 따라서 k의 값을 최적화하여야 하는 문제가 있다.

(2) k-NN 분류 분석 모형

① k-NN 분류 분석을 위해 사이킷런의 KNeighborsClassifier()을 이용한다. 해당 데이터 포인트와 가장 가까운 n_neighbors개의 이웃 데이터의 클래스를 확인하고, 이웃들의 클래스 중 가장 많은 클래스를 예측값으로 선택한다. 이 값의 선택은 분석 모형의 복잡도와 일반화 능력에 영향을 미친다. 작은 값으로 설정하면, 지역적인 패턴에 민감한 모형이 생성되지만 노이즈에 민감해진다. 반대로 큰 값으로 설정하면, 전역적인 패턴을 반영하게 되지만, 덜 민감한 모형이 될 가능성이 높다. 따라서 적절한 n_neighbors 값을 선택한다.

| KNeighborsClassifier(n_neighbors=3) |

• n_neighbors : 이웃의 개수(군집)

② 분류 분석의 예로서 iris[꽃잎 및 꽃받침의 길이와 너비에 따른 붓꽃의 품종(Species) 분류] 데이터를 이용하여 훈련 데이터[(trainx, trainy) 80%, 120개]와 검증 데이터[(testx, testy) 20%, 30개]를 구성한다. 데이터 전처리 작업 후, KNeighborsClassifier(n_neighbors=3)로 이웃의 개수를 3으로 지정하고 모형 학습 후, knn.predict(testx_scaled)로 검증 데이터에 대한 예측 결과를 확인한다. accuracy_score(), classification_report()로 성능평가 지표를 확인(정확도=96.7%)하고 confusion_matrix()로 혼동행렬을 확인한다.

```
import pandas as pd       #판다스
from sklearn.datasets import load_iris    #iris(붓꽃 품종 데이터)
from sklearn.preprocessing import StandardScaler     #데이터 전처리, 표준화(Z-Score)
from sklearn.model_selection import train_test_split   #(학습, 검증) 데이터 랜덤 추출
from sklearn.metrics import classification_report, confusion_matrix  #혼동행렬, 성능평가 지표
from sklearn.metrics import accuracy_score      #정확도 평가
from sklearn.neighbors import KNeighborsClassifier   #k-NN 분류 분석 모듈

iris = load_iris()     #사이킷런(sklearn에 저장되어 있는 iris 데이터)
x = iris.data        #독립변수
y= iris.target       #종속변수

trainx, testx, trainy, testy = train_test_split(x, y, test_size=0.2, random_state=42)
        #검증데이터세트: 20%, 훈련데이터세트: 80%

scaler = StandardScaler()       #데이터 정규화(전처리)
trainx_scaled = scaler.fit_transform(trainx)
testx_scaled = scaler.fit_transform(testx)

n = 3          #number of neighbors (이웃 개수)
knn = KNeighborsClassifier(n_neighbors=n)
knn.fit(trainx_scaled, trainy)

ypred = knn.predict(testx_scaled)
print(' 분류 분석 결과(knn)')
print(ypred)

accuracy = accuracy_score(testy, ypred)
print('k-nearest neighbors(knn) 분류 분석 결과 정확도(Accuracy):  ', end=''); print(accuracy)

print('$$$ Confusion Matrix, 혼동행렬 $$$')
conf = confusion_matrix(testy, ypred)
print(conf)

print('*** 분류 분석 모형 성능평가 지표 ***')
print(classification_report(testy, ypred))
```

```
 분류 분석 결과(knn)
[1 0 2 1 1 0 1 2 1 1 0 0 0 0 1 2 1 1 2 0 2 0 2 2 2 2 2 2 0 0]
k-nearest neighbors(knn) 분류 분석 결과 정확도(Accuracy):  0.9666666666666667
$$$ Confusion Matrix, 혼동행렬 $$$
[[10  0  0]
 [ 0  9  0]
 [ 0  1 10]]
*** 분류 분석 모형 성능평가 지표 ***
              precision    recall  f1-score   support

           0       1.00      1.00      1.00        10
           1       0.90      1.00      0.95         9
           2       1.00      0.91      0.95        11

    accuracy                           0.97        30
   macro avg       0.97      0.97      0.97        30
weighted avg       0.97      0.97      0.97        30
```

③ 주어진 문제를 회귀문제로 가정(입력 변수에 대한 출력값 예측)하는 경우, 주어진 입력 데이터 포인트 주변의 k개의 가장 가까운 이웃 데이터값들의 출력값을 평균하거나 가중 평균하여 입력 데이터 포인트의 출력값을 예측한다. KNeighborsRegressor(n_neighbors=3)로 이웃의 개수를 3으로 지정하고 모형 학습 후, knn_regr.predict(testx_scaled)로 검증 데이터에 대한 예측 결과를 확인한다. 예측값에 대한 정확도를 확인하기 위해 MSE(Mean Squared Error, 평균제곱오차) 값을 확인(MSE=0.02593)한다.

```python
import pandas as pd                                    #판다스
from sklearn.datasets import load_iris                 #iris (붓꽃 품종 데이터)
from sklearn.preprocessing import StandardScaler       #데이터 전처리, 표준화(Z-Score)
from sklearn.model_selection import train_test_split   #(학습, 검증) 데이터 랜덤 추출
from sklearn.neighbors import KNeighborsRegressor      #k-NN 회귀 분석 모듈
from sklearn.metrics import mean_squared_error         #MSE

iris = load_iris()       #사이킷런(sklearn에 저장되어 있는 iris 데이터 읽기)
x = iris.data            #독립변수
y= iris.target           #종속변수

trainx, testx, trainy, testy = train_test_split(x, y, test_size=0.2, random_state=42)
  #검증데이터세트: 20%, 훈련데이터세트: 80%

scaler = StandardScaler()              #데이터 정규화(전처리)
trainx_scaled = scaler.fit_transform(trainx)
testx_scaled = scaler.fit_transform(testx)

n = 3       #number of neighbors (이웃 개수)
knn_regr = KNeighborsRegressor(n_neighbors=n)
knn_regr.fit(trainx_scaled, trainy)

ypred = knn_regr.predict(testx_scaled)
print(' 분류 분석 결과(knn regressor)')
print(ypred)

mse = mean_squared_error(testy, ypred)
print(f'knn-regressor(knn 회귀분석 모형) mean squared error(mse, 평균제곱오차): {round(mse, 5)}')
```

```
 분류 분석 결과(knn regressor)
[1.         0.         2.         1.         0.
 1.         2.         1.33333333 1.         1.33333333 0.
 0.         0.         0.         1.         2.         1.
 1.         2.         0.         1.66666667 0.         2.
 1.         2.         1.66666667 2.         0.         0.         ]
knn-regressor(knn 회귀분석 모형) mean squared error(mse, 평균제곱오차): 0.02593
```

제10장 연관성 분석

1 연관성 분석의 이해

① 연관성 분석을 위해 다음 라이브러리를 이용한다.

import pandas as pd	#데이터프레임 구조 활용[pd.DataFrame()]
from mlxtend.preprocessing import TransactionEncoder	#One-Hot Encoding(배열 저장)
from mlxtend.frequent_patterns import apriori, association_rules	#연관성 분석 함수[apriori(), association_rules()]

② 연관성 분석(Association Analysis)은 동시 또는 순차적으로 발생하는 이벤트 패턴을 파악하는 방법으로 상품 및 서비스 구매나 사건의 발생에 대한 패턴분석을 하는 데 사용된다. 즉, 연관성 분석은 데이터 내에 존재하는 항목 간의 연관규칙(Association Rule)을 발견하는 과정으로서 상품을 구매하거나 서비스를 제공받는 등의 일련의 거래나 사건들의 연관규칙을 찾는다.

③ 연관성 분석은 마케팅에서 고객의 장바구니에 담겨 있는 품목들 사이의 관계를 알아내는 데 사용되며, 이런 의미에서 장바구니 분석(MBA ; Market Basket Analysis)이라고도 한다.

④ 대표적인 활용 사례로 월마트 장바구니 분석을 들 수 있다. 월마트에서는 맥주를 구매할 때 기저귀를 같이 구매한다는 규칙(남성이 마트에 들러 물건을 살 때 아내의 부탁으로 아이 기저귀를 구매하면서 동시에 본인이 마실 맥주를 구매함)을 찾아내어 상품을 인접한 곳에 배치함으로써 고객의 편리함을 높이고 구매액이 증가했다.

⑤ 연관성 분석은 아래와 같이 다양한 산업 분야와 상품 및 서비스 거래에 대한 마케팅 전략 수립에 활용되고 있다.

〈연관성 분석 활용 분야〉

구 분	활용 분야
유통업 상품 진열 (Product Display)	• 구매가능성 분석을 통한 효율적인 상품 배치 및 고객 동선 재설계 • 장바구니 분석을 통해 상품 추천, 상품 진열, 상품 패키징, 번들링, 홈쇼핑의 방송 순서, 카탈로그 배치 등에 활용
온라인 쇼핑몰	• 온라인 쇼핑몰, 인터넷 서점, 온라인 여행사 등에서 연관규칙을 이용하여 책이나 상품 추천
교차 판매 (Cross Selling)	• 상품들 사이의 연관성 분석을 통한 상품 교차 판매 규칙 제공

부정 탐지 (Fraud Detection)	• 상당히 높은 신뢰도를 갖는 규칙에 대해 특정 고객에게 해당 규칙이 적용되지 않는 경우 부정 거래로 판단
카탈로그 디자인 (Catalog Design)	• 상품의 배치, 패키지 상품의 구성, 쿠폰 발행, 카탈로그 구성, 신상품의 카테고리 선정
서비스업	• 백화점, 호텔 등 서비스업 분야에서 연관규칙을 찾아내어 고객들이 특정 서비스를 받은 후 다음에 어떤 서비스를 원하는지 미리 알 수 있고, 이를 통해 고객의 서비스 향상(서비스 선제안)
금융 및 보험사	• 은행이나 신용카드사에서 고객들의 기존 금융 서비스 내역으로부터 대출과 같은 특정한 서비스를 받을 가능성이 높은 고객들을 식별 • 정상적인 청구 패턴과 다른 패턴을 보이는 고객을 찾아 추가 조사 실시
의료 분야	• 암 데이터 분석에서 단백질 서열과 자주 발견되는 DNA 패턴을 찾거나 사전 증상과 질병들 사이의 연관 관계 식별

⑥ 연관규칙을 찾아내기 위해 사용되는 지표로 지지도(Support), 신뢰도(Confidence), 향상도(Lift)가 있다.

㉠ 지지도(Support) : 규칙의 중요성에 대한 척도로 두 품목 A와 B의 지지도는 전체 거래 품목 중 품목 A와 품목 B가 동시에 포함하는 거래의 비율로서 품목 A, B를 다 포함하는 거래가 어느 정도인지를 나타내며, 전체 구매 경향을 파악한다. 지지도의 값이 클수록 두 품목 A와 B는 자주 발생하는 거래를 의미한다.

$$지지도(Support) = P(A \cap B) = \frac{A, B \text{ 동시에 포함된 거래의 수}}{\text{전체 거래의 수}} = \frac{n(A \cap B)}{N}$$

㉡ 신뢰도(Confidence) : 신뢰성에 대한 지표로 항목 A가 일어난 상황하에서 항목 B가 일어날 확률, 즉 조건부 확률로 품목 A를 구매한 경우, 이 중에서 얼마나 품목 B 구매로 이어지는지를 의미한다. 즉 품목 A가 포함된 거래 중에서 품목 B를 포함하는 거래의 비율을 측정한다. 신뢰도의 값이 클수록 A 구매 시 B 구매율이 높다.

$$신뢰도(Confidence) = \frac{P(A \cap B)}{P(A)} = \frac{A, B \text{ 동시에 포함된 거래의 수}}{A\text{를 포함하는 거래의 수}} = P(B|A)$$

㉢ 향상도(Lift) : 품목 A를 구매한 경우 그 거래가 품목 B를 포함하는 경우와 품목 B가 임의로 구매되는 경우의 비율로 품목 A와 B의 구매 패턴이 독립적인지, 아니면 서로 관계가 있는지를 나타낸다. 즉, 향상도는 품목 B를 구매한 고객 대비 품목 A를 구매한 후, 품목 B를 구매하는 고객에 대한 확률이다. Lift 값이 1보다 크면 품목 간 양의 상관관계(햄버거, 콜라)가 있으며, Lift 값이 0보다 작은 경우 품목 간 음의 상관관계(지사제, 변비약)가 있다고 해석한다. Lift=0이면 품목들이 독립적인 관계(자동차, 치약)에 있다고 해석한다.

$$향상도(Lift) = \frac{P(B|A)}{P(B)} = \frac{A, B \text{ 동시에 포함된 거래의 수}}{A\text{를 포함하는 거래의 수} \times B\text{를 포함하는 거래의 수}} = \frac{P(A \cap B)}{P(A)P(B)}$$

㉹ 연관성 분석의 주요 지표를 정리하면 다음과 같다.

〈연관성 분석의 주요 지표〉

개 념	산 식	주요 특징
지지도 (Support)	$\text{support}(A \Rightarrow B)$ $= P(A \cap B)$	• 전체 거래 중에서 A와 B를 모두 포함하는 경우의 확률 • 전체적인 거래 규모에 대한 값 • 값이 클수록 자주 발생하는 거래 • 규칙의 중요성에 대한 척도
신뢰도 (Confidence)	$\text{confidence}(A \Rightarrow B)$ $= P(B\|A) = \dfrac{P(A \cap B)}{P(A)}$	• 항목 A가 일어난 상황하에서 항목 B가 일어날 확률(조건부 확률) • A를 구매한 경우, 이 중에서 얼마나 항목 B 구매로 이어지는지를 의미 • 값이 클수록 A 구매 시 B 구매율이 높음 • 규칙의 신뢰성에 대한 척도

향상도
(Lift)
	$\text{lift}(A \Rightarrow B)$
	$= \dfrac{\text{confidence}(A \Rightarrow B)}{P(B)}$
	$= \dfrac{P(A\|B)}{P(B)} = \dfrac{P(A \cap B)}{P(A)P(B)}$
		• 항목 A를 구매한 경우 그 거래가 항목 B를 포함하는 경우와 항목 B가 임의로 구매되는 경우의 비율
		• 항목 A와 B의 구매 패턴이 독립적인지, 서로 상관이 있는지를 의미
		• 값이 1보다 크면 관련도 높음,
		  값이 1이면 관련성 없음,
		  값이 1보다 작으면 A 선택 시 B 선택 안 함

⑦ 연관성 분석은 지지도가 일정 수준 이상인 품목에 대해서 실시하며, 이후 신뢰도를 구하고 향상도를 분석함으로써 새로운 규칙(연관성)을 발견한다.

2 연관성 분석 모형

① 연관성 분석을 위하여 apriori() 함수를 이용하며, 최소 지지도(min_support)에 대한 파라미터 값을 사전에 지정한다. 사전에 지정된 파라미터 값을 이용하여 지지도가 사전에 지정된 값 이상인 연관 규칙들을 찾는다.

> apriori(data, min_support=, use_colnames=True(or False))

- data : 거래 데이터(transactions)
- min_support : 최소 지지도(기본값=0.5)
- use_colnames : 데이터프레임의 열이름을 아이템 이름으로 지정

② 6명이 구매한 13개 상품들에 대한 자료를 입력(data)하고 TransactionEncoder() 모듈을 이용하여 연관성 분석을 위한 데이터로 저장한다. 그리고 .fit().transform() 명령어로 구매상품의 경우 True, 구매하지 않은 상품의 경우 False의 라벨로 저장된다. 변환된 데이터를 데이터프레임으로 저장(df)한다.

```
import pandas as pd              #판다스 라이브러리

from mlxtend.preprocessing import TransactionEncoder      #데이터 전처리(One-hot 인코딩 처리)
from mlxtend.frequent_patterns import apriori, association_rules   #연관성분석 모듈

data = [['Cookie','Apple','Pork','Beer','Milk','Beans','Eggs','Yogurt'],
        ['Sausage','Coke','Cookie','Apple','Beans','Eggs','Yogurt','Banana'],
        ['Apple','Beer','Milk','Eggs','Beans'],
        ['Yogurt','Milk','Beans','Corn','Sausage','Orange','Banana'],
        ['Sausage','Orange','Milk','Corn','Yogurt'],
        ['Corn','Cookie','Beans','Milk','Orange','Eggs']]
data_encoded = TransactionEncoder()      #One-hot 인코딩(벡터차원(배열), 표현단어인덱스=1, 다른 인덱스=0)
data_encoded_array = data_encoded.fit(data).transform(data)   #고유라벨 값 저장(리스트->배열)
df = pd.DataFrame(data_encoded_array, columns=data_encoded.columns_)   #데이터프레임(열이름: 구매상품명)
print(df)

    Apple  Banana  Beans   Beer   Coke  Cookie   Corn   Eggs   Milk  Orange  #
0    True   False   True   True  False    True  False   True   True   False
1    True    True   True  False   True    True  False   True  False   False
2    True   False   True   True  False   False  False   True   True   False
3   False    True   True  False  False   False   True  False   True    True
4   False   False  False  False  False   False   True  False   True    True
5   False   False   True  False  False    True   True   True   True    True

    Pork  Sausage  Yogurt
0   True    False    True
1  False     True    True
2  False    False   False
3  False     True    True
4  False     True    True
5  False    False   False
```

③ apriori() 함수를 이용하여 최소 지지도가 0.5 이상(min_support＝0.5)인 연관관계를 찾는다. 그리고 각각의 구매상품별로 같이 구매한 상품의 개수를 저장(items['length'])한다. 연관관계의 규칙은 (지지도, 구매상품, 구매상품 건수)로 저장된다.

```
import pandas as pd    #판다스 라이브러리 import

from mlxtend.preprocessing import TransactionEncoder      #데이터 전처리(One-hot 인코팅 지원)
from mlxtend.frequent_patterns import apriori, association_rules  #연관성분석 모듈

data = [['Cookie', 'Apple', 'Pork', 'Beer', 'Milk', 'Beans', 'Eggs', 'Yogurt'],
        ['Sausage','Coke','Cookie','Apple','Beans','Eggs','Yogurt','Banana'],
        ['Apple','Beer','Milk','Eggs', 'Beans'],
        ['Yogurt','Milk','Beans','Corn','Sausage','Orange','Banana'],
        ['Sausage','Orange','Milk','Corn','Yogurt'],
        ['Corn','Cookie','Beans','Milk','Orange','Eggs']]
data_encoded = TransactionEncoder()    #One-hot 인코딩(벡터차원(배열), 표현단어인덱스=1, 다른 인덱스=0)
data_encoded_array = data_encoded.fit(data).transform(data)    #고유라벨 값 저장(리스트->배열)
df = pd.DataFrame(data_encoded_array, columns=data_encoded.columns_)   #데이터프레임(열이름: 구매상품명)

items = apriori(df, min_support=0.5, use_colnames=True)
items['length'] = items['itemsets'].apply(lambda x:len(x))
print(items)
     support              itemsets  length
0   0.500000               (Apple)       1
1   0.833333               (Beans)       1
2   0.500000              (Cookie)       1
3   0.500000                (Corn)       1
4   0.666667                (Eggs)       1
5   0.833333                (Milk)       1
6   0.500000              (Orange)       1
7   0.500000             (Sausage)       1
8   0.666667              (Yogurt)       1
9   0.500000        (Apple, Beans)       2
10  0.500000         (Apple, Eggs)       2
11  0.500000       (Cookie, Beans)       2
12  0.666667         (Eggs, Beans)       2
13  0.666667         (Milk, Beans)       2
14  0.500000       (Yogurt, Beans)       2
15  0.500000        (Eggs, Cookie)       2
16  0.500000         (Corn, Milk)        2
17  0.500000       (Corn, Orange)        2
18  0.500000         (Eggs, Milk)        2
19  0.500000       (Milk, Orange)        2
20  0.500000        (Yogurt, Milk)       2
21  0.500000     (Sausage, Yogurt)       2
22  0.500000  (Apple, Eggs, Beans)       3
23  0.500000 (Eggs, Cookie, Beans)       3
24  0.500000  (Eggs, Milk, Beans)       3
25  0.500000 (Corn, Milk, Orange)       3
```

④ 구매상품 건수가 2개 이상이고 지지도가 60% 이상인 상품의 목록을 확인한다.

```python
import pandas as pd   #판다스 라이브러리 import
from mlxtend.preprocessing import TransactionEncoder   #데이터 전처리(One-hot 인코딩 지원)
from mlxtend.frequent_patterns import apriori, association_rules   #연관성분석 모듈
data = [['Cookie', 'Apple', 'Pork', 'Beer', 'Milk', 'Beans', 'Eggs', 'Yogurt'],
        ['Sausage','Coke','Cookie','Apple','Beans','Eggs','Yogurt','Banana'],
        ['Apple','Beer','Milk','Eggs', 'Beans'],
        ['Yogurt','Milk','Beans','Corn','Sausage','Orange','Banana'],
        ['Sausage','Orange','Milk','Corn','Yogurt'],
        ['Corn','Cookie','Beans','Milk','Orange','Eggs']]
data_encoded = TransactionEncoder()        #One-hot 인코딩(벡터차원(배열), 표현단어인덱스=1, 다른 인덱스=0)
data_encoded_array = data_encoded.fit(data).transform(data)   #고유라벨 값 저장(리스트->배열)
df = pd.DataFrame(data_encoded_array, columns=data_encoded.columns_)   #데이터프레임(열이름: 구매상품명)

items = apriori(df, min_support=0.5, use_colnames=True)
items['length'] = items['itemsets'].apply(lambda x:len(x))
item1 = items[(items['length'] >= 2) & (items['support'] >= 0.6)]
print(item1)
        support       itemsets  length
12     0.666667   (Beans, Eggs)      2
13     0.666667   (Milk, Beans)      2
```

⑤ association_rules() 함수를 이용하여 지지도(Lift) 값이 2 이상인 상품의 (지지도, 신뢰도, 향상도) 값을 한 번에 확인할 수 있다.

```python
import pandas as pd   #판다스 라이브러리 import
from mlxtend.preprocessing import TransactionEncoder   #데이터 전처리(One-hot 인코딩 지원)
from mlxtend.frequent_patterns import apriori, association_rules   #연관성분석 모듈
data = [['Cookie', 'Apple', 'Pork', 'Beer', 'Milk', 'Beans', 'Eggs', 'Yogurt'],
        ['Sausage','Coke','Cookie','Apple','Beans','Eggs','Yogurt','Banana'],
        ['Apple','Beer','Milk','Eggs', 'Beans'],
        ['Yogurt','Milk','Beans','Corn','Sausage','Orange','Banana'],
        ['Sausage','Orange','Milk','Corn','Yogurt'],
        ['Corn','Cookie','Beans','Milk','Orange','Eggs']]
data_encoded = TransactionEncoder()        #One-hot 인코딩(벡터차원(배열), 표현단어인덱스=1, 다른 인덱스=0)
data_encoded_array = data_encoded.fit(data).transform(data)   #고유라벨 값 저장(리스트->배열)
df = pd.DataFrame(data_encoded_array, columns=data_encoded.columns_)   #데이터프레임(열이름: 구매상품명)

items = apriori(df, min_support=0.5, use_colnames=True)
items['length'] = items['itemsets'].apply(lambda x:len(x))
rule1 = association_rules(items, metric='lift', min_threshold = 2)
print(rule1)
      antecedents    consequents  antecedent support  consequent support  ...
0         (Corn)       (Orange)                 0.5                 0.5
1       (Orange)         (Corn)                 0.5                 0.5
2    (Corn, Milk)      (Orange)                 0.5                 0.5
3  (Orange, Milk)        (Corn)                 0.5                 0.5
4         (Corn)  (Orange, Milk)                 0.5                 0.5
5       (Orange)    (Corn, Milk)                 0.5                 0.5

   support  confidence  lift  leverage  conviction  zhangs_metric
0      0.5         1.0   2.0      0.25         inf            1.0
1      0.5         1.0   2.0      0.25         inf            1.0
2      0.5         1.0   2.0      0.25         inf            1.0
3      0.5         1.0   2.0      0.25         inf            1.0
4      0.5         1.0   2.0      0.25         inf            1.0
5      0.5         1.0   2.0      0.25         inf            1.0
```

⑥ grocery 거래 데이터에 대한 연관성 분석 결과는 다음과 같다. 결측치를 제외한 데이터프레임(df)을 이용하여 지지도가 0.1 이상인 상품 구매내역을 지지도 값이 큰 순서대로 정렬하여 확인한다.

```
from google.colab import drive   #라이브러리 import
drive.mount('/content/drive')   #구글 드라이브 연결
import pandas as pd   #판다스 라이브러리
from mlxtend.preprocessing import TransactionEncoder   #데이터 전처리(One-hot 인코딩 지원)
from mlxtend.frequent_patterns import apriori, association_rules   #연관성분석 모듈
data = pd.read_csv('/content/drive/MyDrive/work/grocery.csv',index_col=0)
    #R datasets(arules 패키지)
df = data.dropna()   #결측값 제외
items = apriori(df, min_support=0.1, use_colnames=True)
print(items.sort_values('support', ascending=False))
     support                        itemsets
5   0.198545                       (sausage)
10  0.147197                          (pork)
1   0.145200                    (frankfurter)
9   0.138782                (root vegetables)
11  0.137356                          (beef)
0   0.126943                    (whole milk)
8   0.125089                (hamburger meat)
7   0.123235                        (yogurt)
2   0.114392                       (chicken)
6   0.111396                   (brown bread)
4   0.108401                 (bottled water)
14  0.108258                           (ham)
19  0.104265  (hamburger meat, root vegetables)
12  0.103552                        (pastry)
16  0.103266         (brown bread, yogurt)
15  0.102981       (sausage, brown bread)
13  0.102838                       (berries)
17  0.100842  (brown bread, hamburger meat)
18  0.100414      (hamburger meat, yogurt)
21  0.100414  (hamburger meat, brown bread, yogurt)
20  0.100271       (root vegetables, pork)
3   0.100128                   (butter milk)
```

⑦ 구매상품이 2건 이상이고 지지도가 0.103 이상인 상품의 목록을 확인한다.

```
from google.colab import drive   #라이브러리 import
drive.mount('/content/drive')   #구글 드라이브 연결
import pandas as pd   #판다스 라이브러리
from mlxtend.preprocessing import TransactionEncoder   #데이터 전처리(One-hot 인코딩 지원)
from mlxtend.frequent_patterns import apriori, association_rules   #연관성분석 모듈
data = pd.read_csv('/content/drive/MyDrive/work/grocery.csv',index_col=0)
    #R datasets(arules 패키지)
df = data.dropna()   #결측값 제외
items = apriori(df, min_support=0.1, use_colnames=True)
items['length'] = items['itemsets'].apply(lambda x: len(x))
itemset1 = items[(items['length'] == 2) & (items['support'] >= 0.103)]
print(itemset1)
     support                        itemsets  length
16  0.103266         (yogurt, brown bread)         2
19  0.104265  (hamburger meat, root vegetables)  2
```

⑧ apriori()와 association_rules() 함수를 이용하여 지지도 값이 0.8 이상인 상품별 구매내역과
함께 (지지도, 신뢰도, 향상도) 지표를 확인한다.

```python
from google.colab import drive   #라이브러리 import
drive.mount('/content/drive')  #구글 드라이브 연결
import pandas as pd   #판다스 라이브러리 import
from mlxtend.preprocessing import TransactionEncoder   #데이터 전처리(One-hot 인코딩 지원)
from mlxtend.frequent_patterns import apriori, association_rules   #연관성분석 모듈
data = pd.read_csv('/content/drive/MyDrive/work/grocery.csv',index_col=0)
      #R datasets(arules 패키지)
df = data.dropna()   #결측값 제외
items = apriori(df, min_support=0.1, use_colnames=True)
items['length'] = items['Itemsets'].apply(lambda x: len(x))
rule1 = association_rules(items, metric='lift', min_threshold=0.8)
print(rule1)
```

```
                antecedents                    consequents  #
0                  (sausage)                  (brown bread)
1              (brown bread)                      (sausage)
2                   (yogurt)                  (brown bread)
3              (brown bread)                       (yogurt)
4           (hamburger meat)                  (brown bread)
5              (brown bread)               (hamburger meat)
6                   (yogurt)               (hamburger meat)
7           (hamburger meat)                       (yogurt)
8           (hamburger meat)               (root vegetables)
9          (root vegetables)               (hamburger meat)
10                    (pork)              (root vegetables)
11         (root vegetables)                         (pork)
12        (yogurt, hamburger meat)              (brown bread)
13        (yogurt, brown bread)              (hamburger meat)
14   (hamburger meat, brown bread)                   (yogurt)
15                  (yogurt)   (hamburger meat, brown bread)
16          (hamburger meat)      (yogurt, brown bread)
17             (brown bread)      (yogurt, hamburger meat)

    antecedent support  consequent support   support  confidence      lift  #
0             0.198545            0.111396  0.102981    0.518678  4.656149
1             0.111396            0.198545  0.102981    0.924456  4.656149
2             0.123235            0.111396  0.103266    0.837963  7.522354
3             0.111396            0.123235  0.103266    0.927017  7.522354
4             0.125089            0.111396  0.100842    0.806157  7.236836
5             0.111396            0.125089  0.100842    0.905250  7.236836
6             0.123235            0.125089  0.100414    0.814815  6.513873
7             0.125089            0.123235  0.100414    0.802737  6.513873
8             0.125089            0.138782  0.104265    0.833523  6.005994
9             0.138782            0.125089  0.104265    0.751285  6.005994
10            0.147197            0.138782  0.100271    0.681202  4.908432
11            0.138782            0.147197  0.100271    0.722508  4.908432
12            0.100414            0.111396  0.100414    1.000000  8.976953
13            0.103266            0.125089  0.100414    0.972376  7.773462
14            0.100842            0.123235  0.100414    0.995757  8.080151
15            0.123235            0.100842  0.100414    0.814815  8.080151
16            0.125089            0.103266  0.100414    0.802737  7.773462
```

⑨ 지지도가 0.1 이상인 상품에 대하여 향상도가 6.5 이상인 상품에 대한 지표를 확인한다.

```
from google.colab import drive   #라이브러리 import
drive.mount('/content/drive')   #구글 드라이브 연결
import pandas as pd    #판다스 라이브러리 import
from mlxtend.preprocessing import TransactionEncoder   #데이터 전처리(One-hot 인코딩 지원)
from mlxtend.frequent_patterns import apriori, association_rules   #연관성분석 모듈
data = pd.read_csv('/content/drive/MyDrive/work/grocery.csv',index_col=0)
    #R datasets(arules 패키지)
df = data.dropna()    #결측값 제외
items = apriori(df, min_support=0.1, use_colnames=True)
items['length'] = items['itemsets'].apply(lambda x: len(x))
rule2 = association_rules(items, metric='lift', min_threshold=6.5)
print(rule2)
                 antecedents              consequents  ₩
0                   (yogurt)             (brown bread)
1              (brown bread)                  (yogurt)
2           (hamburger meat)             (brown bread)
3              (brown bread)          (hamburger meat)
4                   (yogurt)          (hamburger meat)
5           (hamburger meat)                  (yogurt)
6    (yogurt, hamburger meat)            (brown bread)
7    (brown bread, hamburger meat)            (yogurt)
8     (yogurt, brown bread)         (hamburger meat)
9           (hamburger meat)     (yogurt, brown bread)
10                  (yogurt)   (brown bread, hamburger meat)
11             (brown bread)     (yogurt, hamburger meat)

   antecedent support  consequent support  support  confidence      lift  ₩
0            0.123235            0.111396  0.103266    0.837963  7.522354
1            0.111396            0.123235  0.103266    0.927017  7.522354
2            0.125089            0.111396  0.100842    0.806157  7.236836
```

⑩ 구매상품별로 (지지도, 신뢰도) 사이의 관계를 확인하기 위하여 산점도를 이용한다. 지지도가 낮은(또는 높은) 상품일수록 신뢰도가 높은 상품임을 알 수 있다.

```
from google.colab import drive   #라이브러리 import
drive.mount('/content/drive')   #구글 드라이브 연결
import pandas as pd    #판다스 라이브러리 import
from mlxtend.frequent_patterns import apriori, association_rules   #연관성 분석
import matplotlib.pyplot as plt   #시각화
data = pd.read_csv('/content/drive/MyDrive/work/grocery.csv',index_col=0)
frequent_itemsets = apriori(data, min_support=0.1, use_colnames=True)   #연관성분석
rules = association_rules(frequent_itemsets, metric='lift', min_threshold=1)   #향상도 기준
plt.figure(figsize=(10, 6))
plt.scatter(rules['support'], rules['confidence'], alpha=0.5)   #(지지도, 신뢰도) 시각화
plt.xlabel('Support'); plt.ylabel('Confidence')
plt.title('Association Rule Analysis'); plt.show()
```

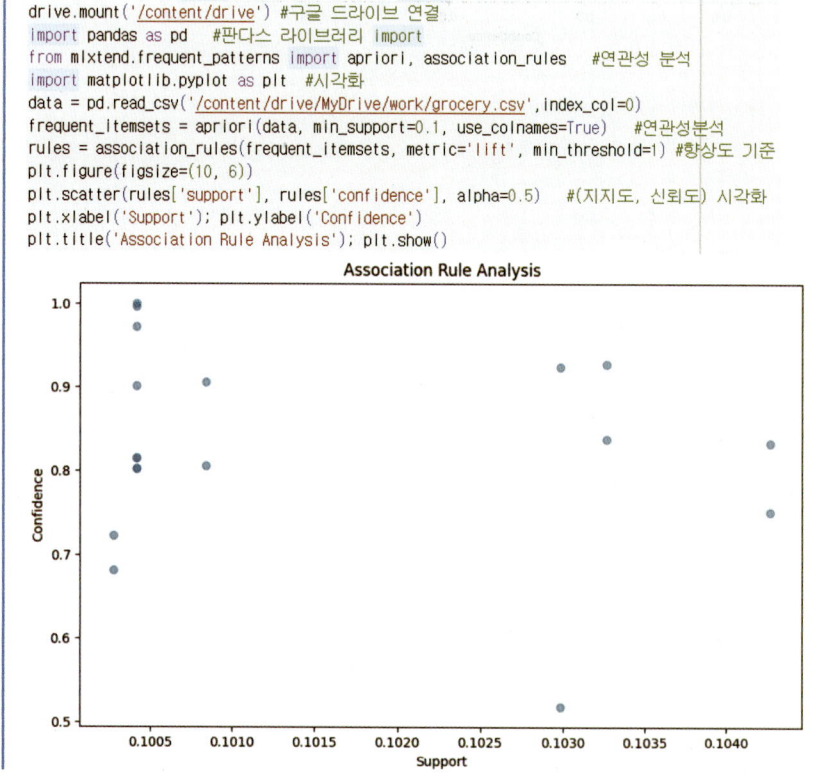

⑪ 동일한 방법으로 (신뢰도, 향상도) 사이의 관계는 다음과 같다. 신뢰도가 높은 상품일수록 향상도가 높음을 알 수 있다.

```
from google.colab import drive   #라이브러리 import
drive.mount('/content/drive')  #구글 드라이브 연결
import pandas as pd   #판다스 라이브러리 import
from mlxtend.frequent_patterns import apriori, association_rules   #연관성 분석
import matplotlib.pyplot as plt   #시각화
data = pd.read_csv('/content/drive/MyDrive/work/grocery.csv',index_col=0)  #R datasets (arules 패키지)

frequent_itemsets = apriori(data, min_support=0.1, use_colnames=True)   #연관성분석
rules = association_rules(frequent_itemsets, metric='lift', min_threshold=1) #향상도 기준
plt.figure(figsize=(10, 6))
plt.scatter(rules['confidence'], rules['lift'], alpha=0.5)   #(신뢰도, 향상도) 시각화
plt.xlabel('Confidence'); plt.ylabel('Lift')
plt.title('Association Rule Analysis'); plt.show()
```

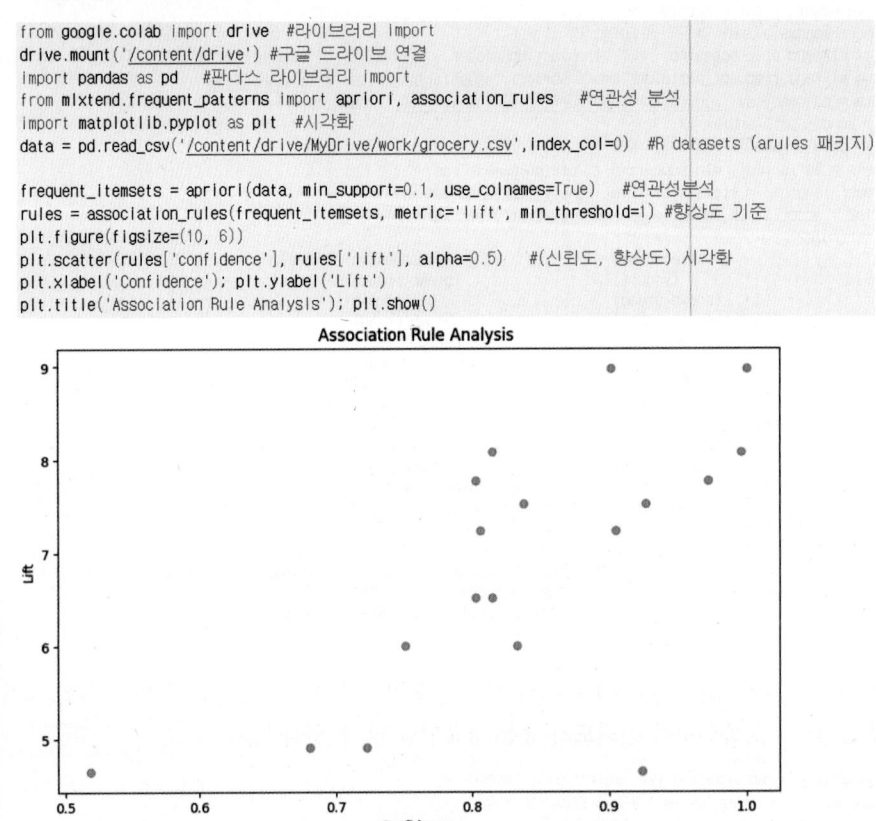

제4과목

추론통계

제1장 추론통계의 이해
제2장 가설 검정

합격의 공식 시대에듀

모든 전사 중 가장 강한 전사는 이 두 가지, 시간과 인내다.

– 레프 톨스토이 –

끝까지 책임진다! 시대에듀!

빅데이터분석기사 시험과 관련된 도서 문의, 소스 코드 및 학습자료, 기타 안내사항은 저자가 운영하는 아래의 카페 가입 후 확인하실 수 있습니다.

장희선 교수 강의드림 카페(cafe.naver.com/profdream)

제1장 추론통계의 이해

1 추론통계의 개념

① 추론통계(Inferential Statistics)란, 분석 대상의 모집단(Population)에서 표본(Sample)을 수집하여 표본의 특성을 파악한 후, 모집단의 특성으로 일반화할 수 있는지 여부를 판단하여 모집단의 특성인 모수(Parameter)를 추정하는 통계 분석 방법으로서 표본을 기초로 모집단 전체의 특성이나 미래를 예측하는 것에 초점을 맞춘다.

② 모집단(Population)이란, 정보를 얻고자 하는 관심 대상의 전체집합이다. 모집단은 우리가 무엇을 알려고 하느냐에 따라 다르게 정의되기 때문에 모집단을 명확하게 정의하는 것이 매우 중요하다. 예를 들어 서울 지역에서 통근하는 회사원, 20대 대통령 선거 유권자 등과 같이 전체를 대상으로 자료를 수집할 수 없는 경우, 일반적으로 모집단으로 설정될 수 있다.

③ 모수(Parameter)는 모집단의 특성을 나타내는 값으로 서울 지역 통근 회사원 통근 시간의 평균(평균 통근 시간), 20대 대통령 선거 유권자의 지지율 등이 모집단의 모수가 될 수 있다.

④ 아래와 같이 추론통계는 표본 통계량을 이용하여 모집단의 특성, 즉 모수를 추정(추론통계의 핵심인 모수 추정은 표본을 이용하여 모수를 얻음)한다. 대표적으로 표본평균을 구함으로써 모평균의 값을 얻고, 표본분산을 계산함으로써 모분산을 얻는다.

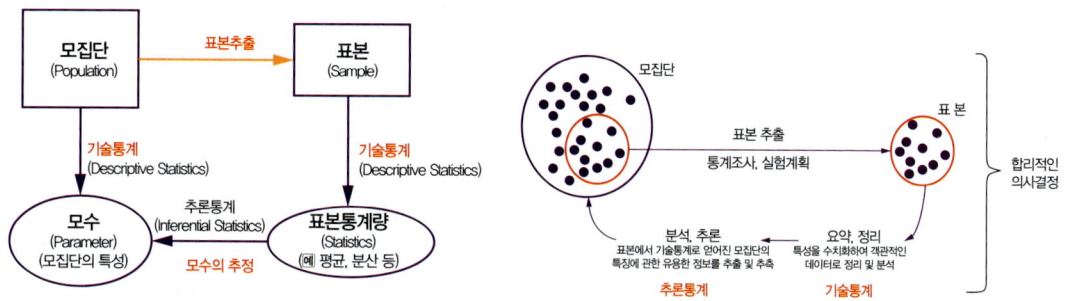

[추론통계의 개념]

⑤ 모수가 표본의 평균, 분산 등과 같은 특성값을 근간으로 산출된 예상값이기 때문에 추론통계에서는 모수에 대한 오차율이 발생한다. 이러한 오차율은 표본의 수가 많아질수록 낮아진다.

2 추론통계 기법

① 대표적인 추론통계 기법은 집단 간 차이를 분석하는 평균차이 분석, 비율차이 분석, 분산분석, 상관관계 분석, 회귀분석 등으로 구분된다. 주요 추론통계 분석 방법은 다음과 같다.

〈추론통계 기법〉

구 분	주요 특징
평균차이 분석	• 두 집단 사이의 평균의 차이가 통계적으로 유의한지 파악 • t-test(t-검정) 이용 • 어떠한 항목이 두 집단 간의 평균의 차이가 통계적으로 유의한지 파악 • 예를 들어 특정 쇼핑몰에 대한 이용 만족도가 (남성, 여성) 사이의 차이가 있는지를 알고자 할 때 t-검정으로 평균차이 분석 수행
비율차이 분석	• 두 집단 사이의 비율의 차이가 통계적으로 유의한지 파악(Proportion Test) • 평균차이 분석은 수치형 자료의 차이를 검정하는 방법이며, 비율차이 분석은 (예, 아니오), (유, 무) 등과 같은 이항형 자료의 차이를 비교·분석할 때 사용 • 예를 들어 쿠폰 선호도에 대하여 (남성, 여성) 사이의 차이가 있는지를 알고자 할 때 비율차이 분석 수행
분산분석	• 두 집단 이상의 평균치에 대한 차이 검정(ANOVA ; Analysis of Variance) • 평균차이 분석은 두 집단의 비교이며, 분산분석은 세 집단 이상의 비교 • 집단별 차이가 어떤 값에 영향을 미치는지의 여부 추론 • 예를 들어 통계학 수강 학생들의 기말고사 점수에 대해 학년별(1~4학년)로 유의한 차이가 있는지를 검정
상관관계 분석	• 변수들 사이의 관련성 여부 및 정도 분석(Correlation Analysis) • 두 변수 사이의 관련성을 분석할 때 주로 사용 • 예를 들어 (쇼핑액, 지출액), (연간 자동차 주행거리, 연령) 사이 관련성 여부를 분석하고자 할 때 이용 • 변수들 사이의 관련성 여부와 함께 관련성의 크기 정도에 대한 정보 제공
회귀분석	• 변수들 사이의 인과관계(원인과 결과) 규명(Regression Analysis) • 독립변수(Independent Variable) : 다른 변수에 영향을 주는 원인에 해당하는 변수 • 종속변수(Dependent Variable) : 영향을 받는 결과에 해당하는 변수 • 독립변수와 종속변수 사이의 선형방정식인 회귀식을 찾아냄 • 종속변수에 영향을 미치는 독립변수 규명 • 예를 들어 레스토랑 만족도에 영향을 미치는 항목을 (음식 품질, 가격, 종업원 서비스, 식당 분위기) 중에 찾아냄

② 추론통계에서의 모수 추정은 분석 기법에 부합하는 확률분포를 이용하여 통계적 추정과 가설 검정을 수행한다. 통계적 추정은 표본의 특성을 나타내는 통계량을 기초로 모수를 추정하는 것이며, 가설 검정은 모수에 대한 특정 가설 설정 후 표본을 추출하여 통계량을 계산하고 이를 기초로 가설의 진위를 판단한다.

③ 확률분포(Probability Distribution)는 표본을 이용하여 모집단의 특성을 추정하는 추론통계에서 모수 추정을 위해 사용되며 아래와 같이 정규분포, t-분포, F-분포, χ^2-분포 등을 이용한다.

⟨추론통계에서 사용되는 확률분포⟩

구 분	주요 특징
정규분포	• Normal Distribution • 연속적이고 좌우대칭인 종 모양의 확률분포 • 실생활에서 관측하는 대부분의 자료들은 정규분포와 유사한 형태를 가짐 • 중심극한정리에 의해 표본의 크기가 커질수록 표본평균의 분포는 정규분포에 가까움 • 표본의 평균이나 분산을 이용해 모집단의 평균 및 분산 추정 시 이용
t-분포	• t-Distribution, Student's t-Distribution • 모집단이 정규분포를 따르더라도 분산이 알려져 있지 않거나 표본의 수가 적은 경우 모평균에 대한 추정 및 가설 검정에 이용 • 자유도에 의해 분포의 모양이 결정됨 • 자유도(Degree of Freedom) : 통계적 추정 시 표본자료들 중 모집단에 대한 정보를 주는 독립적인 자료의 수로, 크기가 n인 표본 관측값의 자유도는 n-1임 • 모집단의 모수를 모를 때 두 집단의 모평균의 차이 검정(평균차이 분석, 상관관계 분석, 회귀분석 등) 수행 시 이용
F-분포	• F-Distribution • 동일한 분산을 가지고 있는 정규분포를 이루는 두 모집단으로부터 추출된 표본분산들 사이의 비율이 이루는 분포 • 두 집단 사이의 분산의 동질성 검정 시 사용 • 분자와 분모의 두 자유도에 의해 분포의 모양이 결정됨 • 분산분석에 사용 • 회귀분석에서 회귀의 유의성 검정 시 사용
χ^2-분포	• χ^2-Distribution, Chi-squared Distribution • 정규분포 모집단에서 각 표본의 표준화된 분산의 합이 이루는 분포 • 관찰빈도와 기대빈도 사이의 차이 검정 시 사용 • 분포의 모양은 비대칭이고 긴 꼬리를 가지며 항상 양의 값을 가짐 • 자유도에 의해 분포의 모양이 결정됨 • 교차분석에서 관찰빈도와 기대빈도 사이의 차이 검정 또는 비율분석에 이용

④ 추론통계에서의 가설 검정절차는 다음과 같다.
  ㉠ 가설설정 : 모수에 대한 특정한 가설을 설정한다. 귀무가설이란 거짓이 명확히 규명될 때까지 참인 것으로 인정되는 모수에 대한 주장, 즉 그 타당성을 입증해야 할 가설(예를 들어 실제 분포와 이론적 분포는 일치한다)을 의미한다.
  ㉡ 유의수준 설정 : 유의수준(α)을 설정한다.
  ㉢ 표본 추출 : 설정된 가설의 채택 여부를 결정하기 위하여 모집단으로부터 표본을 추출한다.
  ㉣ 유의확률 계산 : 모집단의 부분집합인 표본으로부터 검정에 대한 결론을 내리고 귀무가설을 기각하거나 채택하는 결정을 내리는 데 활용된다. 표본의 함수(검정통계량, 확률분포)를 이용하여 유의확률(p)을 구한다.
  ㉤ 유의확률이 유의수준보다 작은 경우($p \leq \alpha$) 귀무가설을 기각(실제 분포와 이론적 분포는 다르다)한다. 반대로 유의확률이 유의수준보다 큰 경우 귀무가설을 채택(실제 분포와 이론적 분포는 일치한다)한다.

제2장 가설 검정

1 평균차이 분석

① 추론통계를 위해 다음 라이브러리를 이용한다.

from scipy import stats	#사이파이 가설 검정[stats.ttest_ind()]
import pandas as pd	#판다스(데이터프레임 활용)
import numpy as np	#넘파이(다차원 배열 및 수학함수)

② 평균차이 분석은 두 집단 간 평균을 비교하는 통계분석 기법으로 t−검정(t−test)을 이용하며, 두 집단 사이 평균차이에 대해 통계적으로 유의한지를 검정한다.

③ 일반적으로 평균차이 분석에서는 모집단의 분산(또는 표준편차)을 알지 못할 때 모집단을 대표하는 표본으로부터 추정된 분산(또는 표준편차)을 이용하여 검정한다.

④ 평균차이 분석은 두 집단 자료의 개수 또는 동일성에 따라 독립표본 t−검정과 대응표본 t−검정으로 구분된다.

　㉠ 독립표본 t−검정은 표본의 수가 서로 다른 두 집단에 대한 비교 시 사용되며, 예를 들어 남학생과 여학생의 수가 서로 다른 반에서 남녀 성적 차이의 유의성을 검정하기 위해 사용된다.

　㉡ 대응표본 t−검정은 표본의 수가 서로 동일한 집단의 경우 또는 한 집단에서 특정 사건(또는 실험)에 대한 전후 차이 비교를 위해 사용된다. 예를 들어 체중조절약의 효과를 검증하기 위하여 P대학교 S학과 학생들에 대해 체중조절약 복용 전후의 효과를 비교하여 그 차이를 검증하기 위해 사용된다.

⑤ 평균차이 분석을 위해 아래 데이터(data.csv)를 이용한다. data.csv는 (고객번호, 성별, 연령대, 직업, 주거지역, 쇼핑액, 이용만족도, 쇼핑1월, 쇼핑2월, 쇼핑3월, 쿠폰사용횟수, 쿠폰선호도, 품질, 가격, 서비스, 배송, 쇼핑만족도, 소득) 자료이다.

고객번호	성별	연령대	직업	주거지역	쇼핑액	이용만족도	쇼핑1월	쇼핑2월	쇼핑3월	쿠폰사용횟수	쿠폰선호도	품질	가격	서비스	배송	쇼핑만족도	소득
190105	남자	45-49세	회사원	소도시	195.6	4	76.8	64.8	54	3	예	7	7	1	4	4	4300
190106	남자	25-29세	공무원	소도시	116.4	7	44.4	32.4	39.6	6	아니오	7	4	7	7	7	7500
190107	남자	50세 이상	자영업	중도시	183.6	4	66	66	51.6	5	예	4	4	3	3	6	2900
190108	남자	50세 이상	농어업	소도시	168	4	62.4	52.8	52.8	4	아니오	3	3	4	6	5	5300
190109	남자	40-44세	공무원	중도시	169.2	4	63.6	54	51.6	5	아니오	6	4	7	4	6	4000
190110	남자	45-49세	자영업	중도시	171.6	5	52.8	66	52.8	4	아니오	5	4	3	4	5	5100
190111	여자	50세 이상	공무원	중도시	207.6	4	64.8	88.8	54	4	예	7	7	1	4	5	5700
190112	남자	50세 이상	자영업	소도시	201.6	7	56.4	92.4	52.8	3	예	7	7	7	4	4	5900
190113	남자	50세 이상	농어업	중도시	111.6	3	64.8	30	16.8	4	아니오	4	2	4	3	5	5100
190114	여자	45-49세	회사원	중도시	156	4	51.6	51.6	52.8	0	예	1	4	1	7	1	5700
190115	남자	40-44세	회사원	중도시	225.6	5	80.4	92.4	52.8	1	예	5	5	5	5	2	5800
190116	남자	30-34세	공무원	중도시	220.8	4	76.8	90	54	5	아니오	5	5	5	4	6	4300
190117	남자	35-39세	회사원	대도시	244.8	7	76.8	88.8	79.2	6	아니오	7	4	7	7	7	8700
190118	남자	45-49세	농어업	소도시	184.8	6	91.2	67.2	26.4	5	예	5	4	6	6	6	4100

⑥ **독립표본 t−검정** : data.csv 데이터세트를 이용하여 성별(남성, 여성)에 따른 쇼핑 금액(쇼핑액)의 차이가 있는지를 검정한다.

㉠ 대응표본 t−검정(양측 검정의 경우) : 성별이 남자인 경우(dfmale=df[df['성별']=='남자'])와 여자인 경우(dffemale=df[df['성별']=='여자'])를 서로 다른 데이터프레임으로 저장한다. stats.ttest_ind() 함수를 이용한 사이파이 가설 검정 방법(두 개의 독립된 데이터 집단을 비교하고 평균값의 차이에 대한 통계적 유의성 평가)은 다음과 같다.

> t, pvalue=stats.ttest_ind(dfmale['쇼핑액'], dffemale['쇼핑액'], equal_var=False)

- t : t−검정 통계량 저장
- p−value : 검정의 유의성을 나타내는 p−값(유의확률) 저장
- equal_var=False : 등분산성(Equal Variance)을 가정하지 않음. 두 집단의 분산이 다를 것으로 가정하고 t−검정 수행, 두 집단의 분산이 서로 다른 경우 사용
- 기본 : 양측검정(two−sided) 제공
  - 귀무가설(歸無假說, 영가설, H0, Null Hypothesis) : 성별(남자, 여자)에 따라 쇼핑액의 차이가 없다. 차이가 없거나 유의한 차이가 없는 경우의 가설이다.
  - 대립가설(對立假說, H1, Alternative Hypothesis) : 성별(남자, 여자)에 따라 쇼핑액의 유의한 차이가 있다. 귀무가설에 대립하는 명제, 독립변수와 종속변수 사이에 어떤 특정한 관련이 있다.
  - p−값(유의확률)이 유의수준(0.05 또는 0.01)보다 작으면, 귀무가설을 기각하고 대립가설을 채택하게 되어 두 집단 사이에 통계적으로 유의한 차이가 있다고 판단한다.

```
from google.colab import drive       #구글 드라이브 코랩 마운트
drive.mount('/content/drive')        #구글 드라이브 연결
import pandas as pd                  #판다스 라이브러리
import numpy as np                   #넘파이 라이브러리
from scipy import stats              #사이파이 가설검정 모듈
df = pd.read_csv('/content/drive/MyDrive/work/data.csv', encoding='euc-kr', index_col=0)
    #분석용 데이터 읽기(절대경로명 사용), 한글 Encoding(euc-kr), 새로운 열 지정하지 않음(index_col=0)
print(df.head(3))
print('성별="남자"인 쇼핑액의 평균(만원): ', end=''); print(np.mean(df[df['성별'] == '남자'].쇼핑액))
print('성별="여자"인 쇼핑액의 평균(만원): ', end=''); print(np.mean(df[df['성별'] == '여자'].쇼핑액))
dfmale = df[df['성별'] == '남자']
dffemale = df[df['성별'] == '여자']

print(dfmale.describe()); print(dffemale.describe())

t, pvalue = stats.ttest_ind(dfmale['쇼핑액'], dffemale['쇼핑액'], equal_var=False)
    #독립표본 t검정, t: 검정통계량(t분포), pvalue: 유의확률
    #equal_var: 등분산(True는 두 집단의 분산이 같음(기본값), False는 다름)
    #alternative ='two-sided'(양측검정, 기본값)
print('t-검정통계량: ', end=''); print(t)
print('유의확률: ', end=''); print(pvalue)
```

㉡ stats.ttest_ind() 함수를 이용한 가설 검정 결과, 검정통계량(t)=0.924, 유의확률(p−value)=0.359로 귀무가설을 기각할 수 없다(유의수준=5%). 따라서 성별에 따라 쇼핑액의 유의한 차이가 있다고 볼 수 없다. 남자인 경우 쇼핑액의 평균은 177.1(만 원)이고 여자인 경우 169.6(만 원)으로 큰 차이가 없음을 알 수 있다.

```
          성별    연령대    직업   주거지역   쇼핑액   이용만족도   쇼핑1월   쇼핑2월   쇼핑3월   쿠폰사용회수   쿠폰선호도
고객번호
190105   남자   45-49세   회사원   소도시   195.6      4        76.8     64.8     54.0        3           예
190106   남자   25-29세   공무원   소도시   116.4      7        44.4     32.4     39.6        6           아니오
190107   남자   50세 이상  자영업   중도시   183.6      4        66.0     66.0     51.6        5           예

          품질   가격   서비스   배송   쇼핑만족도   소득
고객번호
190105     7     7      1      4       4       4300
190106     7     4      7      7       7       7500
190107     4     4      3      3       6       2900
성별="남자"인 쇼핑액의 평균(만원): 177.14181818181822
성별="여자"인 쇼핑액의 평균(만원): 169.5771428571429
           쇼핑액       이용만족도      쇼핑1월       쇼핑2월       쇼핑3월      쿠폰사용회수
count    55.000000    55.000000    55.000000    55.000000    55.000000    55.000000
mean    177.141818     5.218182    66.021818    60.356364    50.356364     4.327273
std      30.870474     1.197078    17.753108    17.963465    18.280720     1.248029
min      81.600000     3.000000    15.600000    13.200000    13.200000     1.000000
25%     160.800000     4.000000    52.800000    52.800000    39.600000     3.000000
50%     180.000000     5.000000    64.800000    56.400000    52.800000     4.000000
75%     195.600000     6.000000    78.000000    67.800000    54.000000     5.000000
max     244.800000     7.000000    92.400000    92.400000    92.400000     6.000000

            품질         가격         서비스         배송       쇼핑만족도       소득
count    55.000000   55.000000    55.000000    55.000000    55.000000     55.000000
mean      5.509091    4.690909     4.836364     4.381818     5.327273   5159.090909
std       1.386078    1.245328     1.437122     1.459210     1.248029   1982.985285
min       1.000000    1.000000     1.000000     1.000000     2.000000    400.000000
25%       5.000000    4.000000     4.000000     4.000000     4.000000   4000.000000
50%       6.000000    5.000000     5.000000     4.000000     5.000000   5100.000000
75%       7.000000    5.000000     6.000000     5.000000     6.000000   6000.000000
max       7.000000    7.000000     7.000000     7.000000     7.000000   9500.000000
           쇼핑액       이용만족도      쇼핑1월       쇼핑2월       쇼핑3월      쿠폰사용회수
count    35.000000    35.000000    35.000000    35.000000    35.000000    35.000000
mean    169.577143     5.342857    63.325714    61.680000    44.571429     4.200000
std      41.729656     1.731080    21.494026    17.913202    16.790273     1.728651
min      80.400000     1.000000    15.600000    27.600000    13.200000     0.000000
25%     144.000000     4.000000    51.000000    51.600000    37.800000     3.000000
50%     168.000000     6.000000    56.400000    56.400000    52.800000     4.000000
75%     201.000000     7.000000    88.800000    66.000000    52.800000     6.000000
max     238.800000     7.000000    92.400000    92.400000    88.800000     6.000000

            품질         가격         서비스         배송       쇼핑만족도       소득
count    35.000000   35.000000    35.000000    35.000000    35.000000     35.000000
mean      5.285714    4.828571     5.000000     4.571429     5.200000   5270.000000
std       1.741727    1.484938     2.072225     1.595687     1.728651   1696.284868
min       1.000000    1.000000     1.000000     1.000000     1.000000   2300.000000
25%       4.000000    4.000000     4.000000     4.000000     4.000000   4100.000000
50%       5.000000    5.000000     6.000000     4.000000     5.000000   5500.000000
75%       7.000000    6.000000     7.000000     5.500000     7.000000   6150.000000
max       7.000000    7.000000     7.000000     7.000000     7.000000   8500.000000
t-검정통계량:  0.9236189788977162
유의확률:   0.3595498268244005
```

ⓒ 성별에 따른 쇼핑액의 차이(남자의 쇼핑액−여자의 쇼핑액)에 대한 95%의 신뢰구간(−8.5, 23.6)(만 원)을 구하면 다음과 같다.

모평균의 차 $\mu_1-\mu_2$에 대한 $100(1-\alpha)$%의 신뢰구간 : $(\overline{X}-\overline{Y})\pm t_{\alpha/2}(n_1+n_2-2)\sqrt{\dfrac{s_1^2}{n_1}+\dfrac{s_2^2}{n_2}}$

- 자유도(dof) : n_1+n_2-2
- 하한값 : $(m-f) - \text{stats.t.ppf}(1-\text{alpha}/2, \text{dof}) \times \sqrt{\dfrac{s_1^2}{n_1}+\dfrac{s_2^2}{n_2}}$
- 상한값 : $(m-f) + \text{stats.t.ppf}(1-\text{alpha}/2, \text{dof}) \times \sqrt{\dfrac{s_1^2}{n_1}+\dfrac{s_2^2}{n_2}}$

```
from google.colab import drive   #구글 드라이브 코랩 마운트
drive.mount('/content/drive')    #구글 드라이브 연결
import pandas as pd     #판다스 라이브러리
import numpy as np      #넘파이 라이브러리
from scipy import stats     #사이파이 가설검정 모듈

df = pd.read_csv('/content/drive/MyDrive/work/data.csv', encoding='euc-kr', index_col=0)
     #분석용 데이터 읽기(절대경로명 사용), 한글 Encoding(euc-kr), 새로운 열 지정하지 않음(index_col=0)
dfmale = df[df['성별'] == '남자']
dffemale = df[df['성별'] == '여자']

m = np.mean(dfmale['쇼핑액'])     #남자의 쇼핑액
f = np.mean(dffemale['쇼핑액'])    #여자의 쇼핑액

conf_level = 0.95  #신뢰구간(95%)
dof = len(dfmale['쇼핑액']) +len(dffemale['쇼핑액']) - 2   #자유도(degree of freedom)
alpha = 1- conf_level    #유의수준(5%)

meandiff = m - f  #쇼핑액의 차이(평균)
stderror = np.sqrt(np.var(dfmale['쇼핑액'])/len(dfmale['쇼핑액']) +
          np.var(dffemale['쇼핑액'])/len(dffemale['쇼핑액']))
marginerror = stats.t.ppf(1-alpha/2, dof) * stderror
conf_interval = (meandiff-marginerror, meandiff+marginerror)
print('(남자-여자) 쇼핑액의 차이에 대한 신뢰구간(95%): ', end=''); print(conf_interval)
(남자-여자) 쇼핑액의 차이에 대한 신뢰구간(95%): (-8.499674815000443, 23.629025464351113)
```

㉣ 동일한 방법으로 (남자, 여자) 각각에 따른 95% 신뢰구간을 구한다. matplotlib.pyplot 라이브러리를 이용하여 성별에 따른 시각화 결과를 확인하면, 성별에 따른 쇼핑액의 분포는 비슷하지만, 여자의 쇼핑액에 대한 신뢰구간이 다소 넓다.

```
from google.colab import drive   #구글 드라이브 코랩 마운트
drive.mount('/content/drive')    #구글 드라이브 연결
import pandas as pd     #판다스 라이브러리
import numpy as np      #넘파이 라이브러리
from scipy import stats     #사이파이 가설검정 모듈
import matplotlib.pyplot as plt   #데이터 시각화

df = pd.read_csv('/content/drive/MyDrive/work/data.csv', encoding='euc-kr', index_col=0)
     #분석용 데이터 읽기(절대경로명 사용), 한글 Encoding(euc-kr), 새로운 열 지정하지 않음(index_col=0)
dfmale = df[df['성별'] == '남자']   #성별=남자인 데이터프레임
m = np.mean(dfmale['쇼핑액'])    #남자의 쇼핑액
groupm = dfmale['쇼핑액']
conf_level = 0.95         #신뢰구간(95%)
dof = len(dfmale['쇼핑액']) - 1    #자유도
alpha = 1- conf_level     #유의수준(5%)

stderror = np.sqrt(np.var(dfmale['쇼핑액'])/len(dfmale['쇼핑액']))  #표준편차/sqrt(n)
marginerrorm = stats.t.ppf(1-alpha/2, dof) * stderror     #t(alpha/2)*표준편차/sqrt(n)
conf_intervalm = (m - marginerrorm, m + marginerrorm)    #신뢰구간 (하한, 상한)
print('남자 쇼핑액에 대한 신뢰구간(95%): ',end=''); print(conf_intervalm)

dffemale = df[df['성별'] == '여자']  #성별=여자인 데이터프레임
f = np.mean(dffemale['쇼핑액'])    #여자의 쇼핑액
groupf = dffemale['쇼핑액']
conf_levelm = 0.95  #신뢰구간(95%)
dof = len(dffemale['쇼핑액']) - 1  #자유도
alpha = 1- conf_level    #유의수준(5%)

stderror = np.sqrt(np.var(dffemale['쇼핑액'])/len(dffemale['쇼핑액']))  #표준편차/sqrt(n)
marginerrorf = stats.t.ppf(1-alpha/2, dof) * stderror     #t(alpha/2)*표준편차/sqrt(n)
conf_intervalf = (f - marginerrorf, f + marginerrorf)    #신뢰구간 (하한, 상한)
print('여자 쇼핑액에 대한 신뢰구간(95%): ',end=''); print(conf_intervalf)

plt.bar(['groupm', 'groupf'], [m, f], color=['red', 'blue'], yerr=[marginerrorm, marginerrorf], capsize=10, alpha=0.4)
    #데이터, 신뢰구간 시각화
plt.ylabel('Shopping Amount(Ten thousand Won(₩))')
plt.show()
```

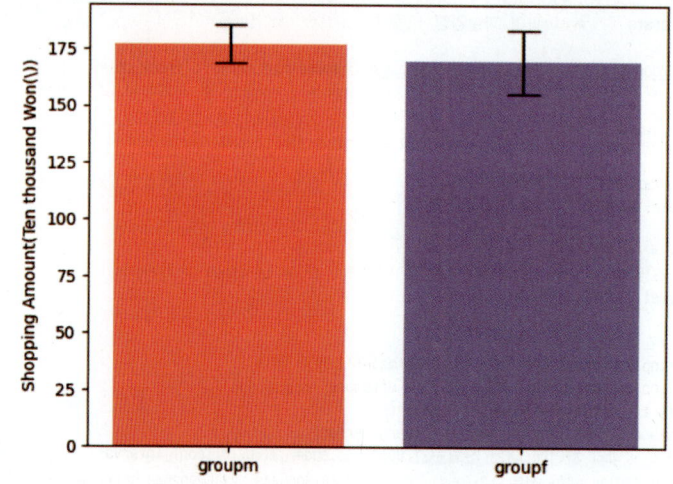

⑦ 대응표본 t-검정(단측검정)

㉠ 귀무가설과 대립가설이 다음과 같을 때(여자의 쇼핑액이 많은가를 판단하고자 할 때) 가설 검정(단측검정)을 수행한다. stats.ttest_ind()의 속성들 중 alternative='less' (대립가설, 남자쇼핑액<여자쇼핑액)으로 설정한다. p-value(유의확률)=0.82>0.01이므로 귀무가설을 기각할 수 없어, 남자 쇼핑액 평균이 여자 쇼핑액 평균보다 낮다고 볼 수 없다.

- 귀무가설 : 남자의 평균 쇼핑액이 여자의 평균 쇼핑액보다 크거나 같다(남자의 쇼핑액≥여자의 쇼핑액, 또는 성별에 따른 쇼핑액의 차이가 없다).
- 대립가설 : 남자의 평균 쇼핑액이 여자의 평균 쇼핑액보다 작다(남자의 쇼핑액<여자의 쇼핑액).

```python
from google.colab import drive    #구글 드라이브 코랩 마운트
drive.mount('/content/drive')     #구글 드라이브 연결
import pandas as pd               #판다스 라이브러리
import numpy as np                #넘파이 라이브러리
from scipy import stats           #사이파이 가설검정 모듈

df = pd.read_csv('/content/drive/MyDrive/work/data.csv', encoding='euc-kr', index_col=0)
    #분석용 데이터 읽기(절대경로명 사용), 한글 Encoding(euc-kr), 새로운 열 지정하지 않음(index_col=0)
print('성별="남자"인 쇼핑액의 평균(만원): ', end=''); print(np.mean(df[df['성별'] == '남자'].쇼핑액))
print('성별="여자"인 쇼핑액의 평균(만원): ', end=''); print(np.mean(df[df['성별'] == '여자'].쇼핑액))

dfmale = df[df['성별'] == '남자']
dffemale = df[df['성별'] == '여자']

t, pvalue = stats.ttest_ind(dfmale['쇼핑액'], dffemale['쇼핑액'], equal_var=False, alternative='less')
    #독립표본 t검정, t: 검정통계량(t분포), pvalue: 유의확률
    #equal_var: 등분산(True는 두 집단의 분산이 같음(기본값), False는 다름)
    #alternative ='less' : 대립가설: 남자<여자, 남자의 평균쇼핑액이 여자보다 작다.
    #귀무가설: 남자>=여자, 남자의 평균쇼핑액이 여자보다 같거나 크다.
print('t-검정통계량: ', end=''); print(t)
print('유의확률: ', end=''); print(pvalue)

성별="남자"인 쇼핑액의 평균(만원): 177.14181818181822
성별="여자"인 쇼핑액의 평균(만원): 169.5771428571429
t-검정통계량: 0.9236189788977162
유의확률: 0.8202250865877998
```

ⓒ 귀무가설과 대립가설이 다음과 같을 때(남자의 쇼핑액이 많은가를 판단하고자 할 때) 가설 검정(단측검정)을 수행한다. stats.ttest_ind()의 속성들 중 alternative='greater' (대립가설, 남자쇼핑액>여자쇼핑액)으로 설정한다. p-value(유의확률)=0.18>0.01이므로 귀무가설을 기각할 수 없어, 남자 쇼핑액 평균이 여자 쇼핑액 평균보다 높다고 볼 수 없다. 따라서 두 가지 단측검정 결과, 귀무가설(성별에 따른 쇼핑액의 차이가 없다)을 기각할 수 없으며, 양측검정의 결과와 동일한 해석(성별에 따른 쇼핑액의 차이가 유의하다고 볼 수 없다)이 가능하다.

- 귀무가설 : 남자의 평균 쇼핑액이 여자의 평균 쇼핑액보다 작거나 같다(남자의 쇼핑액≤여자의 쇼핑액, 또는 성별에 따른 쇼핑액의 차이가 없다. 남자 쇼핑액의 평균=여자 쇼핑액의 평균).
- 대립가설 : 남자의 평균 쇼핑액이 여자의 평균 쇼핑액보다 크다(남자의 쇼핑액>여자의 쇼핑액).

```
from google.colab import drive    #구글 드라이브 코랩 마운트
drive.mount('/content/drive')     #구글 드라이브 연결
import pandas as pd               #판다스 라이브러리
import numpy as np                #넘파이 라이브러리
from scipy import stats           #사이파이 가설검정 모듈

df = pd.read_csv('/content/drive/MyDrive/work/data.csv', encoding='euc-kr', index_col=0)
       #분석용 데이터 읽기(절대경로명 사용), 한글 Encoding(euc-kr), 새로운 열 지정하지 않음(index_col=0)
print('성별="남자"인 쇼핑액의 평균(만원): ', end=''); print(np.mean(df[df['성별'] == '남자'].쇼핑액))
print('성별="여자"인 쇼핑액의 평균(만원):  ', end=''); print(np.mean(df[df['성별'] == '여자'].쇼핑액))

dfmale = df[df['성별'] == '남자']
dffemale = df[df['성별'] == '여자']

t, pvalue = stats.ttest_ind(dfmale['쇼핑액'], dffemale['쇼핑액'], equal_var=False, alternative='greater')
       #독립표본 t검정, t: 검정통계량(t분포), pvalue: 유의확률
       #equal_var: 등분산(True는 두 집단의 분산이 같음(기본값), False는 다름)
       #alternative ='less' : 대립가설: 남자>여자, 남자의 평균쇼핑액이 여자보다 크다.
       #귀무가설: 남자<=여자, 남자의 평균쇼핑액이 여자보다 같거나 작다.
print('t-검정통계량:  ', end=''); print(t)
print('유의확률:  ', end=''); print(pvalue)
성별="남자"인 쇼핑액의 평균(만원): 177.14181818181822
성별="여자"인 쇼핑액의 평균(만원):  169.5771428571429
t-검정통계량:  0.9236189788977162
유의확률:  0.17977491341220025
```

2 비율차이 분석

① 어떤 항목에 대해 두 집단 사이 비율의 차이가 통계적으로 유의한지를 검정한다.
② 평균차이 분석이 수치형 자료의 차이를 검정하는 방법인 반면, 비율차이 분석은 (예, 아니오), (합격, 불합격), (참, 거짓) 등과 같은 이항형 자료의 차이 검정 시 사용된다.
③ 예를 들어 성별(남성, 여성)에 따른 쿠폰 선호도(예, 아니오), 신제품에 대한 소비자들의 구매 의도(구매, 비구매), 광고 브랜드에 대한 (만족, 불만족) 등의 조사 결과에서 각 항목(반응값)의 비율값들에 대한 차이가 있는지를 검정하기 위해 비율차이 분석을 이용한다.

④ 비율차이 분석을 위하여 scipy 라이브러리[stats.chi2_contingency()]를 이용한다. 성별(남자, 여자)에 따라 쿠폰 선호도(예, 아니오)의 비율차이가 있는지를 검정하기 위해 다차원 리스트 구조의 데이터(observed)를 구성한다. 그리고 카이제곱 검정통계량(chi)=8.77, 유의확률(p-value)=0.003<0.01로 유의수준 1%하에서 귀무가설(차이가 없다)을 기각하게 되어, 성별에 따른 쿠폰선호도의 비율에 유의한 차이가 있다고 해석한다.

〈observed 데이터 구성(다차원 리스트 구조)〉

쿠폰선호도 \ 성별	남자	여자
예	22	26
아니오	33	9
합계(명)	55	35

```
from google.colab import drive    #구글 드라이브 코랩 마운트
drive.mount('/content/drive')     #구글 드라이브 연결
import pandas as pd               #판다스 라이브러리
import numpy as np                #넘파이 라이브러리
from scipy import stats           #사이파이 가설검정 모듈
df = pd.read_csv('/content/drive/MyDrive/work/data.csv', encoding='euc-kr', index_col=0)
    #분석용 데이터 읽기(절대경로명 사용), 한글 Encoding(euc-kr), 새로운 열 지정하지 않음(index_col=0)
dfmale = df[df['성별'] == '남자']
dffemale = df[df['성별'] == '여자']
noofmale = len(dfmale)       #성별=남자의 수
noofemale = len(dffemale)    #성별=여자의 수
print('남자의 수: ', end=''); print(noofmale)
print('여자의 수: ', end=''); print(nooffemale)
x1 = len(dfmale[dfmale['쿠폰선호도']== '예'])      #남자들 중 쿠폰선호도=예인 사람의 수
x2 = len(dffemale[dffemale['쿠폰선호도']== '예'])  #여자들 중 쿠폰선호도=예인 사람의 수
print('남자들 중 쿠폰선호도="예"인 사람의 수: ', end=''); print(x1)
print('여자들 중 쿠폰선호도="예"인 사람의 수: ', end=''); print(x2)
observed = [[[x1, x2], [noofmale-x1, nooffemale-x2]]]
    #비율 검정 데이터, [남자쿠폰선호, 여자쿠폰선호], [남자쿠폰미선호, 여자쿠폰미선호]
print(observed)

chi, pvalue, dof, expect = stats.chi2_contingency(observed)  #카이제곱 검정
print('카이제곱 검정 통계량: ', end='');print(chi)
print('pvalue(유의확률): ', end=''); print(pvalue)
print('기대 빈도수: '); print(expect)

alpha = 0.5  #유의수준:5%
if pvalue < alpha:
    print("비율의 차이가 유의미하게 존재합니다. (귀무가설 기각)")
else:
    print("비율의 차이가 유의미하지 않습니다. (귀무가설 채택)")
남자의 수: 55
여자의 수: 35
남자들 중 쿠폰선호도="예"인 사람의 수: 22
여자들 중 쿠폰선호도="예"인 사람의 수: 26
[[[22, 26], [33, 9]]]
카이제곱 검정 통계량: 8.771451762523188
pvalue(유의확률): 0.0030598180813934195
기대 빈도수: 
[[[29.33333333 18.66666667]
  [25.66666667 16.33333333]]]
비율의 차이가 유의미하게 존재합니다. (귀무가설 기각)
```

3 분산분석

① 분산분석(ANOVA ; Analysis of Variance, 변량분석)은 3개 이상의 집단에 대하여 집단들 사이의 차이를 비교·분석할 때 사용되며, R. A. Fisher에 의해 제안되었다.
② 집단 내의 분산, 총평균 그리고 각 집단의 평균의 차이에 의한 집단 간 분산의 비교를 통해 생성된 F-분포를 이용하여 가설을 검정한다. F-분포는 분산의 비교를 통해 얻어진 분포 비율로서 이 비율을 이용하여 각 집단의 모집단 분산이 차이가 있는지에 대한 검정과 모집단 평균의 차이가 있는지 검정한다. 즉, 집단 내 변동에 대한 집단 간 변동의 비율[F=(집단 간 변동)/(집단 내 변동)]이다.
③ 분산분석은 표본의 수가 서로 다른 집단들에 대한 비교 시 사용되는 일원배치 분산분석과 표본의 수가 동일한 집단들에 대한 비교 시 사용되는 반복측정 분산분석으로 구분된다.
④ 일원배치 분산분석은 (소도시, 중도시, 대도시), (저소득, 중산층, 고소득층), (1학년, 2학년, 3학년) 등과 같이 모집단의 수가 차이가 있어 표본의 수를 인위적으로 통제하기 쉽지 않은 자료들에 대한 차이 분석 시 활용된다.
⑤ 반복측정 분산분석에서는 동일 집단에 대하여 세 가지 이상의 조건에 대한 측정 결과를 분석할 때 사용된다. 예를 들어 100명의 고객에 대한 (1월, 2월, 3월) 쇼핑액이 월별로 차이가 있는지에 대한 분산분석 시 반복측정 분산분석이 사용된다.
⑥ 분산분석은 예를 들어 다양한 당뇨병 약물의 효과를 연구할 목적으로 약물 유형과 그에 따른 혈당 수치 사이의 관계를 설정하고 실험하여 약물의 효과를 조사·비교하기 위해 사용된다. 표본집단은 사람들의 집합이고 그룹별로 구분하여 각 그룹들은 시험 기간 동안 특정 의약품을 투여받는 상황에서 실험 종료 후 각 그룹에 속한 대상자의 혈당수치를 측정한다. 이 경우 각 그룹에 속한 사람들의 평균 혈당수치를 비교하여 통계적으로 의약품의 효능이 다른지 또는 유사한지를 알아내는 데 사용된다.
⑦ 분산분석을 수행하기 위하여 scipy 라이브러리의 stats.f_oneway() 함수를 이용한다. 가설 검정을 위해 F-검정통계량(Fstatistics)과 유의확률(pvalue)을 이용한다.

> Fstatistics, pvalue=stats.f_oneway(group1, group2, group3)

- Fstatistics : F-검정통계량 저장
- pvalue : 검정의 유의성을 나타내는 p값(유의확률) 저장
- group1, group2, group3 : 주거지역(소도시, 중도시, 대도시)별 쇼핑액(넘파이 배열)
- 기본 : 양측검정(two-sided) 제공
  - 귀무가설(歸無假說, 영가설, H0, Null Hypothesis) : 주거지역 사이 쇼핑액 분산 차이가 없다. 차이가 없거나 유의한 차이가 없는 경우의 가설이다.
  - 대립가설(對立假說, H1, Alternative Hypothesis) : 주거지역 사이 쇼핑액 분산에 대해 유의한 차이가 있다. 귀무가설에 대립하는 명제, 독립변수와 종속변수 사이에 어떤 특정한 관련이 있다.
  - p-값(유의확률)이 유의수준(0.05 또는 0.01)보다 작으면, 귀무가설을 기각하고 대립가설을 채택하게 되어 두 집단 사이에 통계적으로 유의한 차이가 있다고 판단한다.

⑧ 주거지역(소도시, 중도시, 대도시)별 쇼핑액을 넘파이 배열로 저장(group1, group2, group3)한 후, stats.f_oneway(group1, group2, group3)으로 F-검정통계량과, 유의확률(pvalue)를 구한다. 유의수준 5%에서 pvalue가 유의수준=0.05보다 작으면 귀무가설을 기각하고, 크면 귀무가설을 기각할 수 없다.

```python
from google.colab import drive    #구글 드라이브 코랩 마운트
drive.mount('/content/drive')     #구글 드라이브 연결
import pandas as pd               #판다스 라이브러리
import numpy as np                #넘파이 라이브러리
from scipy import stats           #사이파이 가설검정 모듈
df = pd.read_csv('/content/drive/MyDrive/work/data.csv', encoding='euc-kr', index_col=0)
  #분석용 데이터 읽기(절대경로명 사용), 한글 Encoding(euc-kr), 새로운 열 지정하지 않음(index_col=0)
df1 = df[df['주거지역']=='소도시'].쇼핑액    #주거지역이 소도시인 쇼핑액
df2 = df[df['주거지역']=='중도시'].쇼핑액    #주거지역이 중도시인 쇼핑액
df3 = df[df['주거지역']=='대도시'].쇼핑액    #주거지역이 대도시인 쇼핑액
print(' 그룹(주거지역)별 기술통계량 ')
print(df1.describe()); print(df2.describe()); print(df3.describe()) #기술통계량 확인
group1 = df1.to_numpy(); group2=df2.to_numpy(); group3=df3.to_numpy()
    #데이터프레임 → 넘파이 배열 구조로 변환
print('그룹별 데이터 개수')
n1 = len(group1); n2 = len(group2); n3 = len(group3)   #행의 길이
print(n1);print(n2);print(n3)
print('그룹별 쇼핑액 평균(만원)')
avg1 = np.mean(group1); avg2 = np.mean(group2); avg3 = np.mean(group3)   #평균
print(avg1); print(avg2); print(avg3)
print('그룹별 쇼핑액 분산')
var1 = np.var(group1, ddof=1); var2 = np.var(group2, ddof=1); var3 = np.var(group3, ddof=1) #분산
print(var1); print(var2); print(var3)
Fstatistics, pvalue = stats.f_oneway(group1, group2, group3)
print('F-통계량 값: ', end=''); print(Fstatistics)
print('pvalue(유의확률)', end=''); print(pvalue)
alpha = 0.05   #유의수준 5%
if pvalue < alpha:
    print('귀무가설 기각: 그룹(주거지역)간 쇼핑액 (분산)차이가 다를 가능성이 있다.')
else:
    print('귀무가설 채택: 그룹(주거지역)간 쇼핑액 (분산)차이가 다를 가능성이 낮다.')
```

⑨ 가설 검정 결과, 아래와 같이 주거지역(소도시, 중도시, 대도시)별로 쇼핑액에 대한 기술통계량을 확인할 수 있으며, F-statistics=0.774, pvalue=0.464>0.05이므로 귀무가설을 기각할 수 없어, 주거지역별로 쇼핑액에 대한 분산의 차이가 다를 가능성이 낮다.

구 분	표본의 수 (count)	평균 (mean)	편차 (std)	최소 (min)	최대 (max)	범위 (range)	중앙값 (median, 50%)
소도시 (df1)	30	167.68	41.96	80.40	238.80	158.40	169.20
중도시 (df2)	24	178.50	36.36	111.60	237.60	126.00	172.80
대도시 (df3)	36	176.77	28.52	112.80	244.80	132.00	176.40

```
         그룹(주거지역)별 기술통계량              min       112.800000
count      30.000000                          25%       159.300000
mean      167.680000                          50%       176.400000
std        41.960297                          75%       195.600000
min        80.400000                          max       244.800000
25%       147.300000                          Name: 쇼핑액, dtype: float64
50%       169.200000                          그룹별 데이터 개수
75%       195.000000                          30
max       238.800000                          24
Name: 쇼핑액, dtype: float64                    36
count      24.000000                          그룹별 쇼핑액 평균(만원)
mean      178.500000                          167.67999999999998
std        36.358648                          178.5
min       111.600000                          176.76666666666668
25%       158.700000                          그룹별 쇼핑액 분산
50%       172.800000                          1760.666482758621
75%       205.800000                          1321.9513043478262
max       237.600000                          813.4617142857143
Name: 쇼핑액, dtype: float64                    F-통계량 값: 0.7740556433121684
count      36.000000                          pvalue(유의확률) 0.46428941020338874
mean      176.766667                          귀무가설 채택: 그룹(주거지역)간 쇼핑액 (분산)차이가 다를 가능성이 낮다.
std        28.521250
```

⑩ 주거지역(소도시, 중도시, 대도시)별로 쇼핑액에 대한 시각화를 작성하기 위해 matplot.pyplot, seaborn 라이브러리를 이용한다.

```python
from google.colab import drive     #구글 드라이브 코랩 마운트
drive.mount('/content/drive')      #구글 드라이브 연결
import pandas as pd                #판다스 라이브러리
import numpy as np                 #넘파이 라이브러리
from scipy import stats            #사이파이 가설검정 모듈
import matplotlib.pyplot as plt    #맷플롯립 시각화 모듈
import seaborn as sns              #seaborn 시각화 모듈
df = pd.read_csv('/content/drive/MyDrive/work/data.csv', encoding='euc-kr', index_col=0)
         #분석용 데이터 읽기(절대경로명 사용), 한글 Encoding(euc-kr), 새로운 열 지정하지 않음(index_col=0)
df1 = df[df['주거지역']=='소도시'].쇼핑액      #주거지역이 소도시인 쇼핑액
df2 = df[df['주거지역']=='중도시'].쇼핑액      #주거지역이 중도시인 쇼핑액
df3 = df[df['주거지역']=='대도시'].쇼핑액      #주거지역이 대도시인 쇼핑액
group1 = df1.to_numpy(); group2=df2.to_numpy(); group3=df3.to_numpy()
Fstatistics, pvalue = stats.f_oneway(group1, group2, group3)
print('F-통계량 값: ', end=''); print(Fstatistics)
print('pvalue(유의확률)', end=''); print(pvalue)

plt.rcParams['figure.figsize'] = (10,6)   #그래프 크기
sns.kdeplot(group1)
sns.kdeplot(group2)
sns.kdeplot(group3)
plt.show()

sns.boxplot(data=[group1, group2, group3])
plt.xlabel('Group')
plt.ylabel('Value')
plt.show()
```

⑪ 쇼핑액에 대한 분포함수와 박스플롯으로부터 주거지역별로 유의한 차이가 있을 만큼의 분산의 차이가 있지 않음을 시각화 결과로 확인할 수 있다.

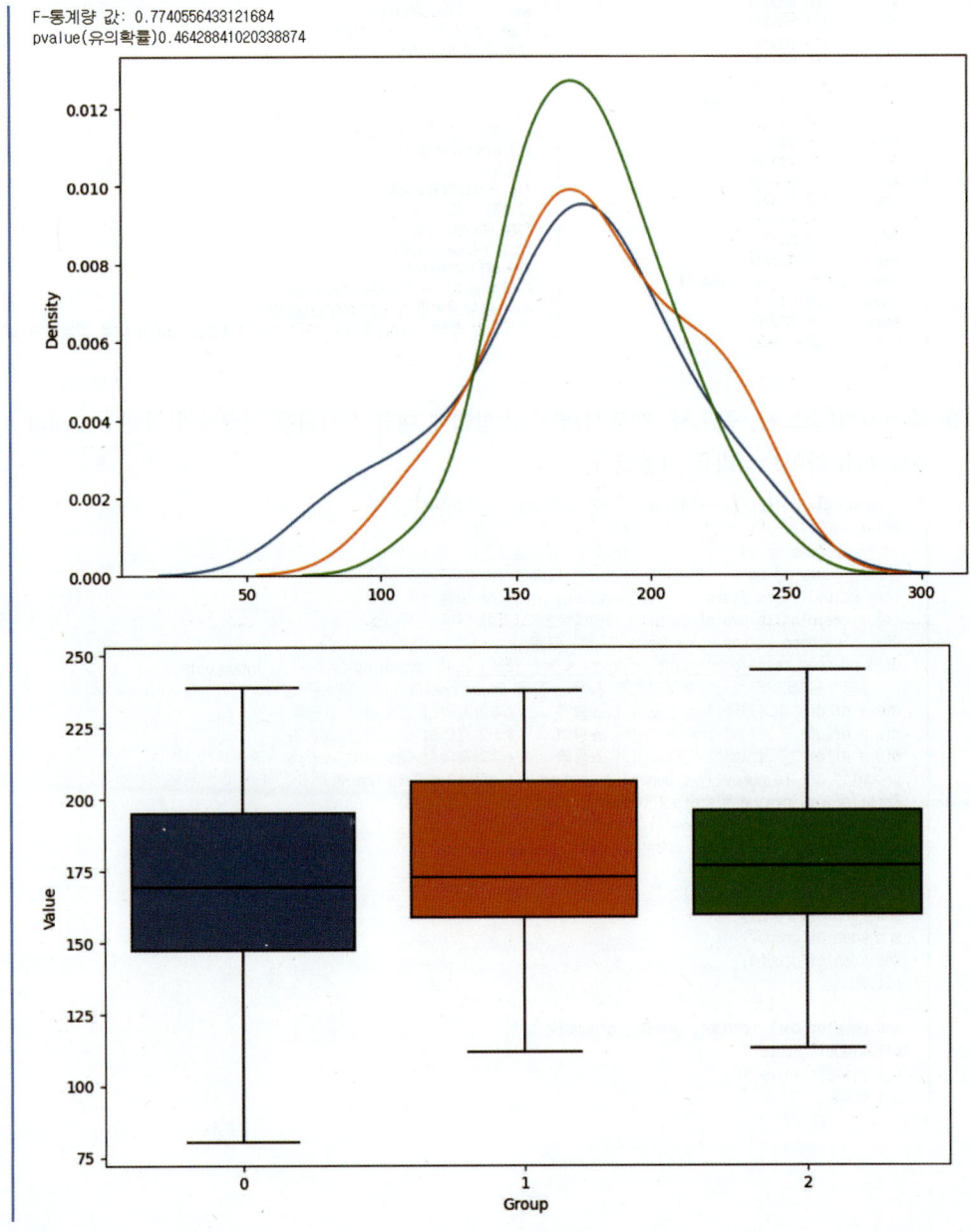

⑫ **반복측정 분산분석** : 고객별로 (쇼핑1월, 쇼핑2월, 쇼핑3월)의 월별 쇼핑액의 차이가 있는지를 검정하기 위해 반복측정 분산분석을 수행한다. 이를 위해 statsmodels.formula.api와 statsmodels.api 라이브러리를 이용한다.

> - dfnew : (쇼핑1월, 쇼핑2월, 쇼핑3월) 데이터프레임
> - dfnew['month1']=1, dfnew['month2']=2, dfnew['month3']=3 : 열 추가
> - d1, d2, d3 : (쇼핑1월, month1), (쇼핑2월, month2), (쇼핑3월, month3) 데이터프레임
> - dtotal : (value, month)=(쇼핑액, 월) 데이터프레임
> - model=ols('value ~ C(month)', data=dtotal).fit() : 다원배치 분산분석 모형 구축(Ordinary Least Squares 모형), 독립변수를 범주형 변수로 처리[C(month)]
> - anova_table=sm.stats.anovs_lm(model, typ=2) : 분산분석 결과 저장, anova test 유형(typ=2)

⑬ 다원배치 분산분석을 위하여 먼저, 데이터 구성 후(dtotal), model=ols('value ~ C(month)', data=dtotal).fit로 모형을 구축하고, sm.stats.anova_lm(model, typ=2)로 분석 결과를 저장한다.

```python
from google.colab import drive    #구글 드라이브 코랩 마운트
drive.mount('/content/drive')     #구글 드라이브 연결
import pandas as pd                #판다스 라이브러리
from scipy import stats            #사이파이 가설검정 모듈
import statsmodels.api as sm       #statsmodel.api 모듈
from statsmodels.formula.api import ols #Ordinary Least Squares(ols): RSS(Residual Sum of Squares, 잔차제곱합) 최소화
import warnings
warnings.filterwarnings('ignore')
df = pd.read_csv('/content/drive/MyDrive/work/data.csv', encoding='euc-kr', index_col=0)
dfnew = df[['쇼핑1월', '쇼핑2월', '쇼핑3월']]
print(' 월별 쇼핑금액(만원) 기술통계량 ')
print(dfnew['쇼핑1월'].describe()); print(dfnew['쇼핑2월'].describe()); print(dfnew['쇼핑3월'].describe())  #기술통계량 확인
print(dfnew.head())
print('월별 데이터 개수(행)')
print(dfnew['쇼핑1월'].shape); print(dfnew['쇼핑2월'].shape); print(dfnew['쇼핑3월'].shape)
dfnew['month1'] = 1; dfnew['month2'] = 2; dfnew['month3'] = 3   #데이터 열(월값) 추가
d1 = dfnew[['쇼핑1월', 'month1']]
d1.rename(columns={'쇼핑1월':'value', 'month1':'month'}, inplace=True)
d2 = dfnew[['쇼핑2월', 'month2']]
d2.rename(columns={'쇼핑2월':'value', 'month2':'month'}, inplace=True)
d3 = dfnew[['쇼핑3월', 'month3']]
d3.rename(columns={'쇼핑3월':'value', 'month3':'month'}, inplace=True)
print('## 월별 쇼핑액 데이터##')
dtotal = (d1.append(d2, ignore_index=True)).append(d3, ignore_index=True)
    #데이터 수평병합, ignore_index=True: 인덱스 새로 할당
print(dtotal.head())
print('분석대상 데이터프레임 크기(행,열):  ', end=''); print(dtotal.shape)
model = ols('value ~ C(month)', data=dtotal).fit()
    #다원배치분산분석 모델, 독립변수:C(month)/범주형변수로 처리, 종속변수: value(월별쇼핑액(만원))
anova_table = sm.stats.anova_lm(model, typ=2)   #분석결과 저장, typ=2: anova test유형
print(' ANOVA 분석 결과 '); print(anova_table)
print('ANOVA 분석 F-통계량 값:  ', end=''); print(anova_table.loc['C(month)']['F'])
print('ANOVA 분석 p-value:  ', end=''); print(anova_table.loc['C(month)']['PR(>F)'])
alpha = 0.05    #유의수준 5%
if anova_table.loc['C(month)']['PR(>F)'] < alpha:
  print('귀무가설 기각: 고객별로 그룹(월별쇼핑액)간 차이가 다를 가능성이 있다.')
else:
  print('귀무가설 채택: 고객별로 그룹(월별쇼핑액)간 차이가 다를 가능성이 낮다.')
```

⑭ 월별 쇼핑액에 대한 기술통계량을 확인하고, anova_table 분석 결과로부터 F−statistics=20.953, pvalue(유의확률)=3.53×10^{-9}<0.01이므로 귀무가설을 기각하게 되어 고객별로 월별 쇼핑액 사이 차이가 다를 가능성이 있다고 해석한다. 즉, 표본의 수는 고객의 수(90명)로 동일하고 월별 평균 쇼핑액은 (쇼핑1월, 쇼핑2월, 쇼핑3월)=(64.97, 61.12, 48.11)만 원으로 1월, 2월 쇼핑액은 큰 차이가 없으나 3월 쇼핑액은 다소 적다.

구 분	표본의 수 (count)	평균 (mean)	편차 (std)	최소 (min)	최대 (max)	범위 (range)	중앙값 (median, 50%)
쇼핑1월	90	64.97	19.22	15.60	92.40	76.80	64.80
쇼핑2월	90	61.12	17.85	13.20	92.40	79.20	56.40
쇼핑3월	90	48.11	17.85	13.20	92.40	79.20	52.80

```
월별 쇼핑금액(만원) 기술통계량
count    90.000000
mean     64.973333
std      19.221528
min      15.600000
25%      52.800000
50%      64.800000
75%      80.100000
max      92.400000
Name: 쇼핑1월, dtype: float64
count    90.000000
mean     61.120000
std      17.848622
min      13.200000
25%      52.800000
50%      56.400000
75%      67.200000
max      92.400000
Name: 쇼핑2월, dtype: float64
count    90.000000
mean     48.106667
std      17.846668
min      13.200000
25%      38.700000
50%      52.800000
75%      52.800000
max      92.400000
Name: 쇼핑3월, dtype: float64
           쇼핑1월  쇼핑2월  쇼핑3월
고객번호
190105     76.8  64.8  54.0
190106     44.4  32.4  39.6
190107     66.0  66.0  51.6
190108     62.4  52.8  52.8
190109     63.6  54.0  51.6
월별 데이터 개수(행)
(90,)
(90,)
(90,)
## 월별 쇼핑액 데이터 ##
   value  month
0   76.8      1
1   44.4      1
2   66.0      1
3   62.4      1
4   63.6      1
분석대상 데이터프레임 크기(행,열):  (270, 2)
  ANOVA 분석 결과
            sum_sq     df         F       PR(>F)
C(month)  14060.384    2.0  20.953457  3.525860e-09
Residual  89582.416  267.0       NaN           NaN
ANOVA 분석 F-통계량 값:  20.953456580139303
ANOVA 분석 p-value:  3.5256602754912673e-09
귀무가설 기각: 고객별로 그룹(월별쇼핑액)간 차이가 다를 가능성이 있다.
```

제5과목

데이터 모형 평가

제1장 분류 분석 모형 평가
제2장 예측 분석 모형 평가

합격의 공식 시대에듀

남에게 이기는 방법의 하나는 예의범절로 이기는 것이다

- 조쉬 빌링스 -

끝까지 책임진다! 시대에듀!

빅데이터분석기사 시험과 관련된 도서 문의, 소스 코드 및 학습자료, 기타 안내사항은 저자가 운영하는 아래의 카페 가입 후 확인하실 수 있습니다.

장희선 교수 강의드림 카페(cafe.naver.com/profdream)

제1장 분류 분석 모형 평가

1 평가지표

(1) 활용 라이브러리

범주형 변수의 분류 예측값에 대한 데이터 분석 모형의 성능을 평가하기 위해 다음 라이브러리를 이용한다.

from sklearn.linear_model import LinearRegression	#선형회귀분석
from sklearn.linear_model import LogisticRegression	#로지스틱 회귀분석
from sklearn.svm import SVC	#서포트벡터머신 분석 모형
from sklearn.naive_bayes import CategoricalNB	#나이브 베이즈 분석 모형
from sklearn.ensemble import RandomForestClassifier	#랜덤 포레스트 분석 모형
from sklearn.ensemble import GradientBoostingClassifier	#그래디언트 부스팅 분석 모형
from sklearn.tree import DecisionTreeClassifier	#결정트리 분석 모형
from sklearn.tree import plot_tree	#결정트리(의사결정나무) 시각화
from sklearn.model_selection import cross_validate	#교차검증
from sklearn.model_selection import GridSearchCV	#그리드 탐색(파라미터 튜닝)
from sklearn.feature_selection import SelectKBest, f_regression	#특성선택, 선형관계평가(F−통계량)
from sklearn.preprocessing import StandardScaler	#데이터 전처리(표준화, Z−score)
from sklearn.model_selection import train_test_split	#(학습, 검증) 데이터 랜덤 추출
from sklearn.metrics import classification_report, confusion_matrix	#성능평가 지표, 혼동행렬
from sklearn.metrics import accuracy_score	#정확도 계산
from sklearn.metrics import roc_curve	#ROC(Receiver Operating Characteristic) 곡선
from sklearn.metrics import auc	#AUC(Area Under the Curve(ROC)), ROC 곡선 아래 면적
from sklearn.metrics import f1_score	#F1−score
from sklearn.metrics import accuracy_score	#정확도 계산
from sklearn.metrics import precision_score	#정밀도(Precision)
from sklearn.metrics import recall_score	#재현율(Recall)
import matplotlib.pyplot as plt	#데이터 시각화

from google.colab import drive	#구글 드라이브 코랩 마운트
import pandas as pd	#판다스(데이터프레임 활용)
import numpy as np	#넘파이(다차원 배열 및 수학함수)

(2) 혼동행렬(Confusion Matrix)

① 분류를 위한 데이터 분석 모형의 성능을 평가하기 위해 혼동행렬(Confusion Matrix)이 사용되며, 혼돈행렬, 정오행렬, 오분류표 등으로도 불린다.

② 아래와 같이 혼동행렬은 지도학습을 통해 모델링한 "분류 모형이 예측한 값(Predicted Class)"과 레이블되어 있는 "원래의 값(Actual Class)" 사이의 관계를 나타낸 표이다. 이 표를 통해 데이터 분석 모형의 정확도(Accurcy), 정밀도(Precision), 민감도(Sensitivity), F1-score(F-Measure) 등을 평가한다.

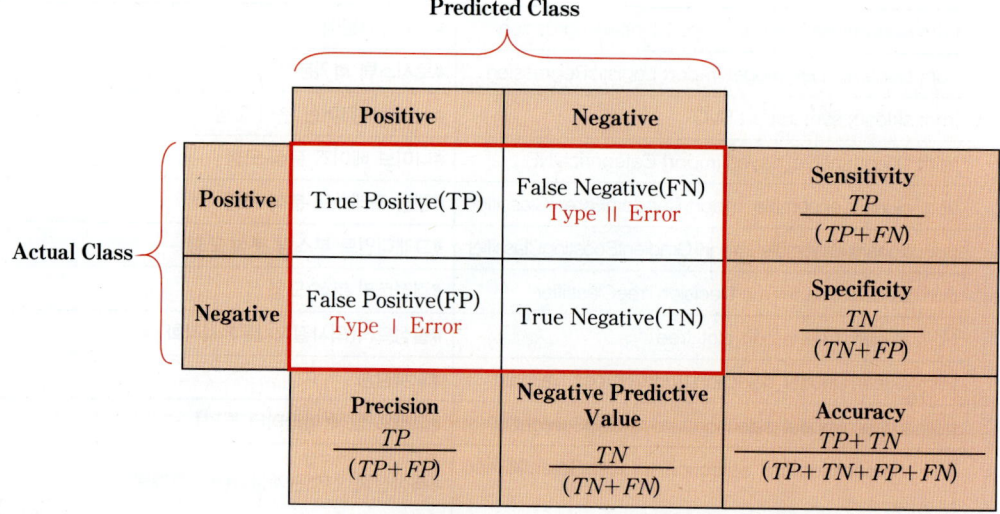

[혼동행렬(Confusion Matrix)]

③ 혼동행렬에서 주대각선에 있는 칸(True Positive · Negative)의 경우, 예측과 실제 범주값이 일치하여 올바르게 예측한 경우이다. 반면, 주대각선 외의 칸은 그 결과가 일치하지 않는 경우로 모형이 부정확하게 예측한 경우이다.

④ 혼동행렬을 이용하여 각각의 경우에 대한 비율을 구함으로써 알고리즘의 성능을 평가한다. 머신러닝 기반의 데이터 분석의 경우, 혼동행렬을 이용한 성능평가 지표를 요약하면 다음과 같다.

⟨분류를 위한 데이터 분석 모형의 성능평가 지표⟩

지표	계산식	주요 특징
오차 비율 (Error Rate)	$\dfrac{FP+FN}{TP+FP+FN+TN}$	• 오류율 • 분류 범주를 잘못 분류한 비율=1-정확도 • 전체 데이터 수에서 잘못 분류한 데이터 수의 비율
정확도 (Accuracy)	$\dfrac{TP+TN}{TP+FP+FN+TN}$	• 분류 범주를 정확하게 예측한 비율 　[전체 중 참 긍정(TP), 참 부정(TN) 비율] • 1-오류율(오차 비율, Error Rate) • 전체 중에서 올바르게 실제 범주를 추정한 실제 비율 • 오류율과는 상반된 개념
민감도 (Sensitivity)	$\dfrac{TP}{TP+FN}$	• 긍정(Positive)인 범주 중 긍정으로 올바르게 예측 　(True Positive)한 비율 • 참 긍정률(TP Rate) • Recall(재현율), Hit Ratio라고도 부름 • 실제 참인 경우를 참으로 분류하여 판정하는 비율 　예 특정 질병에 대해 실제 질병이 있는 경우를 양성으로 　　판정하는 비율
특이도 (Specificity)	$\dfrac{TN}{TN+FP}$	• 부정(Negative)인 범주 중 부정으로 올바르게 예측 　(True Negative)한 비율=1-거짓 긍정률(FP rate) • 실제 거짓인 경우를 거짓으로 분류하여 판정하는 비율
정밀도 (Precision)	$\dfrac{TP}{TP+FP}$	• 긍정(Positive)으로 예측한 비율 중에서 실제 긍정 　(True Positive)의 비율
거짓 긍정률 (FP Rate)	$\dfrac{FP}{TN+FP}$	• 부정(Negative)인 범주 중 긍정으로 잘못 예측(False 　Positive)한 비율=1-특이도
카파 값 (Kappa Value 또는 Kappa Statistics)	$\dfrac{Pr(a)-Pr(e)}{1-Pr(e)}$	• $Pr(a)$: 정확확률(Accuracy), 정확도 　$Pr(e)$: 오차확률(Error Rate), 오차 비율 • 모델의 예측값과 실제값이 우연히 일치할 확률을 제외한 　뒤의 값 • 0~1의 값을 가짐 • 1에 가까울수록 모델의 예측값과 실제값이 정확히 일치 • 0에 가까울수록 모델의 예측값과 실제값이 불일치
F-Measure	$\dfrac{2TP}{2TP+FN+FP}$	• 정밀도와 민감도(재현율)를 하나로 합한 성능평가 지표 • 정밀도와 민감도의 조화 평균 • 0~1 사이의 범위를 가짐 • 정밀도와 민감도 양쪽 다 클 때 F-Measure도 큰 값을 　보임

(3) ROC(Receiver Operating Characteristic)

① ROC(Receiver Operating Characteristic, 수신자 조작특성, 반응자 작용특성, 수용자 반응특성)은 혼동행렬을 이용한 성능평가 지표들 중 거짓 긍정률(FP Rate, 1-Specificity)과 참 긍정률(TP Rate)을 이용하여 표현한 곡선이다.

② 아래 그림처럼 FP Rate(FPR)와 TP Rate(TPR) 사이의 관계를 그래프로 표현함으로써 목표 변수 범주값 분류 시 긍정 범주(Positive)와 부정 범주(Negative)를 판단하는 기준치의 변화에 따른 참 긍정과 거짓 긍정 비율이 어떻게 변화하는지를 알 수 있다.

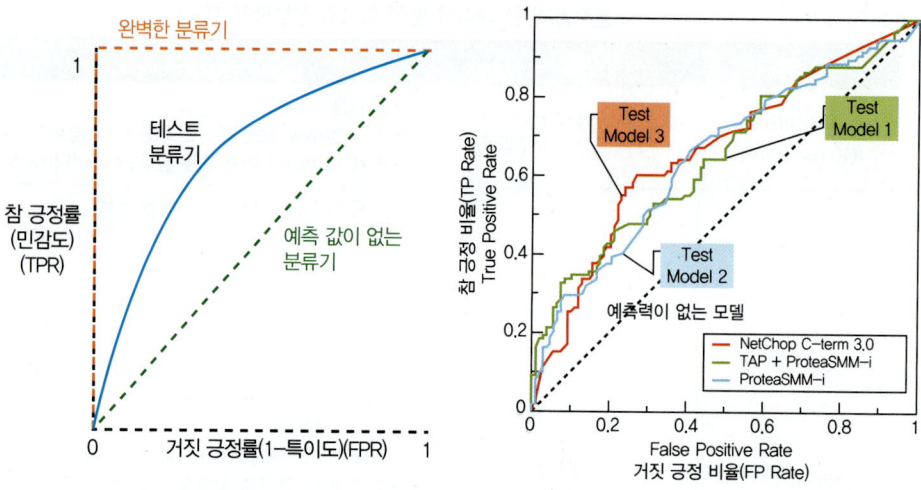

[ROC(Receiver Operating Characteristic) 곡선]

③ 평가 결과, TP Rate 값이 클수록, FP Rate 값이 작을수록 성능이 우수한 모형으로 평가한다. 따라서 동일한 FP Rate에 대해 TP Rate의 값이 클수록 성능이 우수한 모형이며, 동일한 TP Rate에 대해 FP Rate의 값이 작을수록 성능이 우수한 모형이다.

④ ROC 그래프 표현 결과가 대각선일 때 분석 모형은 참 긍정과 거짓 긍정을 제대로 구별하지 못해 바람직하지 않은 모형(예측력이 없는 모형)이다.

⑤ 따라서 위 그래프에서 Test Model 3이 Model 1 혹은 Model 2보다 성능이 우수한 모형이다.

(4) AUC(Area Under the Curve(ROC))

① AUC(Area Under the Curve(ROC))는 ROC 곡선 아래 영역이며, 아래 그림처럼 ROC 곡선의 (0,0)에서 (1,1)까지 곡선 아랫부분의 면적을 나타낸다.

② AUC는 가능한 모든 분류 임곗값에서 성능의 집계 측정값을 제공한다. AUC의 범위는 0~1이며, 값이 클수록 정확한 예측 성능을 나타내는 분석 모형이다.

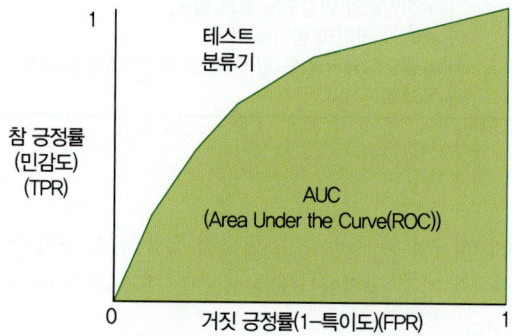

AUC 범위	해 석
0.9 ~ 1.0	뛰어남
0.8 ~ 0.9	우수함
0.7 ~ 0.8	양호함
0.6 ~ 0.7	불량함
0.5 ~ 0.6	판별능력이 없음

(5) 예제 데이터

아래(train_commerce.csv)는 (ID, Warehouse_block, Mode_of_Shipment, Customer_care_calls, Customer_rating, Cost_of_the_Product, Prior_purchases, Product_importance, Gender, Discount_offered, Weight_in_gms, Reached.on.Time_Y.N)의 12가지 항목에 대한 10,999명의 고객 구매 자료로 다음 사이트(https://www.kaggle.com/prachi13/customer−analytics?select=Train.csv)에서 다운로드한다. 12개 항목들 중 (Customer_care_calls, Customer_rating, Cost_of_the_Product, Weight_in_gms)=(고객전화 건수, 고객등급, 구매액, 상품무게)를 독립변수로 사용하고, 종속변수로 고객이 주문한 물품이 제시간에 도착하는지 여부(Reached.on.Time_Y.N의 값이 1이면 제시간에 도착, 0이면 지연도착)를 예측한다.

	A	B	C	D	E	F	G	H	I	J	K	L
1	ID	Warehouse_block	Mode_of_Shipment	Customer_care_calls	Customer_rating	Cost_of_the_Product	Prior_purchases	Product_importance	Gender	Discount_offered	Weight_in_gms	Reached.on.Time_Y.N
2	1	D	Flight	4	2	177	3	low	F	44	1233	1
3	2	F	Flight	4	5	216	2	low	M	59	3088	1
4	3	A	Flight	2	2	183	4	low	M	48	3374	1
5	4	B	Flight	3	3	176	4	medium	M	10	1177	1
6	5	C	Flight	2	2	184	3	medium	F	46	2484	1
7	6	F	Flight	3	1	162	3	medium	F	12	1417	1
8	7	D	Flight	3	4	250	3	low	F	3	2371	1
9	8	F	Flight	4	1	233	2	low	F	48	2804	1
10	9	A	Flight	3	4	150	3	low	F	11	1861	1
11	10	B	Flight	3	2	164	3	medium	F	29	1187	1
12	11	C	Flight	3	4	189	2	medium	M	12	2888	1
13	12	F	Flight	4	5	232	3	medium	F	32	3253	1
14	13	D	Flight	3	5	198	3	medium	F	1	3667	1
15	14	F	Flight	4	4	275	3	high	M	29	2602	1

2 로지스틱 회귀분석

(1) 10개의 변수들 중 종속변수에 유의한 변수를 찾기 위해 선형회귀분석 모형[LinearRegression()] 모듈을 이용하여 회귀계수(model.coef_) 및 중요도(np.argsort(coefImportance)[::−1])를 평가한다. 이를 위해 결측치를 제외하고, 문자열(object) 자료를 범주형 자료(숫자 이용)로 변환하여 독립변수(x)와 종속변수(y)를 지정한다. 분석 결과 [2,6,5,8,7,3,1,0,4,9] 순서로 유의함을 알 수 있으며, 이들 중 [2,6,5]=[Customer_care_calls, Product_importance, Prior_purchases]를 이용하여 로지스틱 회귀분석 모형을 구축한다.

- df=data.dropna() : 결측치(NaN, Not−a−Number) 제외
- df['Warehouse_block']=df['Warehouse_block'].map({'A':0, 'B':1, 'C':2, 'D':3, 'F':4}) : 문자열(object) 자료 범주형 변환
- x=df.drop(['Reached.on.Time_Y.N'], axis='columns').to_numpy() : 독립변수(10개 항목 : 0~9)
- y=df['Reached.on.Time_Y.N'].to_numpy() : 종속변수(1이면 제시간 도착, 0이면 지연도착)
- model=LinearRegression() : 선형회귀분석 모형 정의
- model.fit(x,y) : 모형 적합(훈련)
- coefImportance=np.abs(model.coef_) : 회귀계수 및 중요도 저장
- sortedFeature=np.argsort(coefImportance)[::−1] : 중요도 내림차순 저장

```
from google.colab import drive        #구글 드라이브 코랩 마운트
drive.mount('/content/drive')         #구글 드라이브 연결
import pandas as pd                   #판다스
import numpy as np                    #넘파이
from sklearn.preprocessing import StandardScaler      #데이터 전처리, 표준화(Z-Score)
from sklearn.model_selection import train_test_split  #(학습, 검증) 데이터 추출
from sklearn.metrics import classification_report, confusion_matrix  #성능평가, 혼동행렬
from sklearn.metrics import accuracy_score  #정확도 계산
from sklearn.linear_model import LinearRegression  #선형회귀분석
from sklearn.feature_selection import SelectKBest, f_regression  #특성선택, 선형관계평가(F-통계량)
data = pd.read_csv('/content/drive/MyDrive/work/train_commerce.csv', index_col=0)
     #분석용 데이터 읽기(절대경로명 사용) / 데이터출처: Kaggle / 인덱스열 추가하지 않음
df = data.dropna()     #결측값 제외
print(df.dtypes)       #데이터 유형
df['Warehouse_block'] = df['Warehouse_block'].map({'A':0, 'B':1, 'C':2, 'D':3, 'F':4})  #문자열->mapping(숫자)
df['Mode_of_Shipment'] = df['Mode_of_Shipment'].map({'Flight':0, 'Road':1, 'Ship':2})
df['Product_importance'] = df['Product_importance'].map({'low':0,'medium':1,'high':2})
df['Gender'] = df['Gender'].map({'F':0,'M':1})
df['Reached.on.Time_Y.N'] = df['Reached.on.Time_Y.N'].astype('category')  #종속변수 범주형 변환
x = df.drop(['Reached.on.Time_Y.N'], axis='columns').to_numpy()  #독립변수
y = df['Reached.on.Time_Y.N'].to_numpy()  #종속변수(1이면 제 시간 도착, 0이면 제 시간 도착하지 않음)
model = LinearRegression()     #회귀분석
model.fit(x,y)                 #모형적합
coefImportance = np.abs(model.coef_)   #회귀계수 및 변수 중요도
sortedFeature = np.argsort(coefImportance)[::-1]  #넘파이 내림차순(-1) 정렬
print(sortedFeature)

Warehouse_block        object
Mode_of_Shipment       object
Customer_care_calls    int64
Customer_rating        int64
Cost_of_the_Product    int64
Prior_purchases        int64
Product_importance     object
Gender                 object
Discount_offered       int64
Weight_in_gms          int64
Reached.on.Time_Y.N    int64
dtype: object
[ 2 6 5 8 7 3 1 0 4 9]
```

(2) 유의한 3가지 변수를 이용하여 독립변수(x, 넘파이 배열 변환)를 정의하고 종속변수(y)를 정의한다. 검증데이터를 30%로 지정하여 (훈련, 검증) 데이터를 무작위로 추출한 후, 독립변수에 대해 데이터 전처리(표준화) 작업을 수행한다. LogisticRegression(C=20, max_iter=1000)로 로지스틱 회귀분석 모형을 정의하고 훈련데이터를 이용하여 훈련[model.fit(trainx_scale, trainy)]시킨다. 여기서 C는 로지스틱 회귀분석 모형의 정규화(Regularization) 강도(과대적합 방지용, C값이 클수록 정규화 강도가 낮아지며 훈련데이터에 더 맞추려고 함, C값이 작을수록 모형은 정규화를 강화하며 일반화에 중점을 둠)를 나타내며, max_iter은 최적화를 위한 최대 반복 횟수(최적의 가중치를 찾기 위해 반복적인 최적화 과정을 거치며 최적화 알고리즘이 수렴할 때까지 몇 번 반복할지를 지정, 만약 최적화가 수렴하지 않은 경우 이 값을 늘려주어야 함)이다. 분석 결과, 훈련데이터에 대한 정확도=59.6%, 검증데이터에 대한 정확도=59.9%로 훈련데이터에 대한 과대적합은 없으나 정확도가 다소 낮음을 알 수 있다.

- x=df[['Customer_care_calls','Product_importance','Prior_purchases']].to_numpy() : 독립변수
- y=df['Reached.on.Time_Y.N'].to_numpy() : 종속변수
- trainx, testx, trainy, testy=train_test_split(x, y, test_size=0.3, random_state=55) : (훈련, 검증) 데이터 랜덤 추출(검증데이터=30%)
- scaler=StandardScaler() : 데이터 전처리(표준화, Z-score)
- model=LogisticRegression(C=20, max_iter=1000) : 로지스틱 회귀분석 모형(C=20 : 규제값, max_iter : 최대 반복 횟수 지정)
- model.fit(trainx_scale, trainy) : 모형 적합(훈련)
- predictions=model.predict(testx_scale) : 검증데이터를 이용한 종속변수 값 예측
- model.score(testx_scale, testy)*100 : 검증데이터에 대한 정확도

```
from google.colab import drive     #구글 드라이브 코랩 마운트
drive.mount('/content/drive')      #구글 드라이브 연결
import pandas as pd                #판다스
import numpy as np                 #넘파이
from sklearn.preprocessing import StandardScaler    #데이터 전처리, 표준화(Z-Score)
from sklearn.model_selection import train_test_split  #(학습, 검증) 데이터 추출
from sklearn.linear_model import LogisticRegression   #로지스틱 회귀분석
data = pd.read_csv('/content/drive/MyDrive/work/train_commerce.csv', index_col=0)
   #분석용 데이터 읽기(절대경로명 사용) / 데이터출처: Kaggle / 인덱스열 추가하지 않음
df = data.dropna()           #결측값 제외
print(df.dtypes)             #데이터 유형
df['Product_importance'] = df['Product_importance'].map({'low':0,'medium':1,'high':2})
df['Reached.on.Time_Y.N'] = df['Reached.on.Time_Y.N'].astype('category')  #종속변수 범주형 변환
x = df[['Customer_care_calls','Product_importance','Prior_purchases']].to_numpy()  #독립변수
y = df['Reached.on.Time_Y.N'].to_numpy()   #종속변수(1이면 제 시간 도착, 0이면 제 시간 도착하지 않음)
trainx, testx, trainy, testy = train_test_split(x, y, test_size=0.3, random_state=55)
   #데이터 분할: 훈련집합(trainx, trainy, 70%), 검증집합(testx, testy, 30%)
   #random_state: 랜덤 데이터 발생시 초기seed값(동일값인 경우 동일한 결과(정확도) 출력)
scaler = StandardScaler()    #데이터 표준화 모듈(Z-Score=(x-u)/s)
scaler.fit(trainx)           #표준화 작업
trainx_scale = scaler.transform(trainx)   #표준화 값 저장(훈련 데이터)
testx_scale = scaler.transform(testx)     #표준화 값 저장(검증 데이터)
model = LogisticRegression(C=20, max_iter=1000)    #로지스틱 회귀모형,C:규제값, max_iter:반복횟수
model.fit(trainx_scale, trainy)   #훈련집합으로 로지스틱 회귀모형 학습
predictions = model.predict(testx_scale)
print('*** 검증집합 예측 결과(첫 10행:(실제값, 예측값)) ***')
result = pd.DataFrame(np.array([testy, predictions]).transpose(), columns=['Actual', 'Predict'])
   #검증집합[실제,예측]결과 배열(transpose/T:행,열변환), 데이터프레임 변환
print(result.head(10))
print('훈련집합에 대한 분류 성능(정확도, %): ', end=''); print(model.score(trainx_scale, trainy)*100)
print('검증집합에 대한 분류 성능(정확도, %): ', end=''); print(model.score(testx_scale, testy)*100)
print('분류 클래스: ', end=''); print(model.classes_)
print('각 속성별 계수(coefficients): 절대값이 클수록 중요도가 높음'); print(model.coef_)
print('z 절편값'); print(model.intercept_)
```

```
Warehouse_block         object
Mode_of_Shipment        object
Customer_care_calls     int64
Customer_rating         int64
Cost_of_the_Product     int64
Prior_purchases         int64
Product_importance      object
Gender                  object
Discount_offered        int64
Weight_in_gms           int64
Reached.on.Time_Y.N     int64
dtype: object
*** 검증집합 예측 결과(첫 10행:(실제값, 예측값)) ***
   Actual  Predict
0       0        1
1       0        1
2       1        1
3       0        1
4       1        1
5       0        1
6       0        1
7       1        1
8       0        1
9       1        1
훈련집합에 대한 분류 성능(정확도, %):  59.05961813222497
검증집합에 대한 분류 성능(정확도, %):  59.93939393939394
분류 클래스: [0 1]
각 속성별 계수(coefficients): 절대값이 클수록 중요도가 높음
[[-0.12587743  0.045109  -0.0819889 ]]
z 절편값
[0.38191738]
```

(3) 로지스틱 회귀분석 모형에 대한 주요 성능평가 지표, 혼동행렬, ROC, AUC 값을 평가하면 다음과 같다. 여기서 검증데이터에 대한 (실제값, 예측값)=(result['Actual'], result['Predict'])이다.

- classification_report(result['Actual'], result['Predict']) : 주요 성능평가 지표
- f1_score(result['Actual'], result['Predict']) : F1−score
- accuracy_score(result['Actual'], result['Predict']) : 정확도(Accuracy)
- precision_score(result['Actual'], result['Predict']) : 정밀도(Precision)
- recall_score(result['Actual'], result['Predict']) : 재현율(Recall), 민감도(Sensitivity)
- fpr, tpr, thresholds=roc_curve(result['Actual'], result['Predict']) : ROC 곡선
- auc(fpr, tpr) : AUC 값

```python
from google.colab import drive   #구글 드라이브 코랩 마운트
drive.mount('/content/drive')    #구글 드라이브 연결
import pandas as pd              #판다스 라이브러리
import numpy as np               #넘파이 라이브러리
from sklearn.preprocessing import StandardScaler        #데이터 전처리, 표준화(Z-Score)
from sklearn.model_selection import train_test_split    #(학습, 검증) 데이터 랜덤 추출
from sklearn.metrics import classification_report, confusion_matrix
from sklearn.metrics import accuracy_score
from sklearn.metrics import roc_curve        #분류 모형 ROC 그래프 작성
from sklearn.metrics import auc              #AUC(Area under Curce) 값 계산
from sklearn.metrics import f1_score         #F1-Score 계산 모듈
from sklearn.metrics import accuracy_score   #accuracy 계산 모듈
from sklearn.metrics import precision_score  #precision 계산 모듈
from sklearn.metrics import recall_score     #recall 계산 모듈
import matplotlib.pyplot as plt              #시각화
from sklearn.linear_model import LogisticRegression   #로지스틱 회귀분석
data = pd.read_csv('/content/drive/MyDrive/work/train_commerce.csv', index_col=0)
       #분석용 데이터 읽기(절대경로명 사용) / 데이터출처: Kaggle / 인덱스열 추가하지 않음
df = data.dropna()     #결측값 제외
print(df.dtypes)       #데이터 유형
df['Product_importance'] = df['Product_importance'].map({'low':0,'medium':1,'high':2})
df['Reached.on.Time_Y.N'] = df['Reached.on.Time_Y.N'].astype('category')  #종속변수 범주형 변환
x = df[['Customer_care_calls','Product_importance','Prior_purchases']].to_numpy()  #독립변수
y = df['Reached.on.Time_Y.N'].to_numpy()   #종속변수(1이면 제 시간 도착, 0이면 제 시간 도착하지 않음)
trainx, testx, trainy, testy = train_test_split(x, y, test_size=0.3, random_state=55)
       #데이터 분할: 훈련집합(trainx, trainy, 70%), 검증집합(testx, testy, 30%)
       #random_state: 랜덤 데이터 발생시 초기seed값(동일값인 경우 동일한 결과(정확도) 출력)
scaler = StandardScaler()    #데이터 표준화 모듈(Z-Score=(x-u)/s)
scaler.fit(trainx)           #표준화 작업
trainx_scale = scaler.transform(trainx)  #표준화 값 저장(훈련 데이터)
testx_scale = scaler.transform(testx)    #표준화 값 저장(검증 데이터)
model = LogisticRegression(C=20, max_iter=1000)  #로지스틱 회귀모형,C:규제값, max_iter:반복횟수
model.fit(trainx_scale, trainy)   #훈련집합으로 로지스틱 회귀모형 학습
predictions = model.predict(testx_scale)
print('*** 검증집합 예측 결과(첫 10행:(실제값, 예측값)) ***')
result = pd.DataFrame(np.array([testy, predictions]).transpose(), columns=['Actual', 'Predict'])
       #검증집합[실제,예측]결과 배열(transpose/T:행,열변환), 데이터프레임 변환
print('$$$ 성능평가 주요 지표값 $$$')
print(classification_report(result['Actual'], result['Predict']))
print('*** F1 Score 계산 모듈 이용 ***')
print('F1-Score: ', end=''); print(f1_score(result['Actual'], result['Predict']))
print('*** Accuracy 계산 모듈 이용 ***')
print('Accuracy (정확도): ', end='');
print(accuracy_score(result['Actual'], result['Predict']))
print('*** Precision 계산 모듈 이용 ***')
print('Precision (정밀도): ', end='');
print(precision_score(result['Actual'], result['Predict']))
print('*** Recall (재현율) 계산 모듈 이용 ***')
print(' Recall (재현율): ', end='');
print(recall_score(result['Actual'], result['Predict']))
print('^^^ ROC Curve ^^^')
fpr, tpr, thresholds = roc_curve(result['Actual'], result['Predict'])
plt.plot(fpr, tpr); plt.show()
print('** AUC, Area under ROC Curve, ROC 곡선 아래부분의 면적: ', end=''); print(auc(fpr, tpr))
```

(4) 수행 결과는 다음과 같다. 본 예제에 대해 검증데이터에 대한 정확도=60%, AUC=0.49로 LogisticRegression()로 구축된 로지스틱 회귀모형은 판별 능력이 다소 부족한 모형으로 평가된다.

```
Warehouse_block         object
Mode_of_Shipment        object
Customer_care_calls     int64
Customer_rating         int64
Cost_of_the_Product     int64
Prior_purchases         int64
Product_importance      object
Gender                  object
Discount_offered        int64
Weight_in_gms           int64
Reached.on.Time_Y.N     int64
dtype: object
*** 검증집합 예측 결과(첫 10행:(실제값, 예측값)) ***
$$$ 성능평가 주요 지표값 $$$
              precision    recall  f1-score   support

           0       0.39      0.02      0.04      1308
           1       0.60      0.98      0.75      1992

    accuracy                           0.60      3300
   macro avg       0.50      0.50      0.39      3300
weighted avg       0.52      0.60      0.47      3300

*** F1 Score 계산 모듈 이용 ***
 F1-Score:  0.7471308339709257
*** Accuracy 계산 모듈 이용 ***
 Accuracy (정확도):  0.5993939393939394
*** Precision 계산 모듈 이용 ***
 Precision (정밀도):  0.603522867737948
*** Recall (재현율) 계산 모듈 이용 ***
 Recall (재현율):  0.9804216867469879
^^^ ROC Curve ^^^
```

** AUC, Area under ROC Curve, ROC 곡선 아래부분의 면적: 0.49976741829704135

(5) classification_report(result['Actual'], result['Predict'])로 구한 주요 성능평가 지표 외에 주요 분류 분석 모형에 대한 평가지표는 다음과 같다.

$\text{Accuracy} = \dfrac{TP+TN}{TP+FP+FN+TN}$	$\text{Kappa} = \dfrac{Pr(a)-Pr(e)}{1-Pr(e)} = \dfrac{\text{Accuracy}-\text{ErrorRate}}{1-\text{ErrorRate}}$
$\text{Sensitivity(Recall)} = \dfrac{TP}{TP+FN}$	$\text{Specificity} = \dfrac{TN}{FP+TN}$
$\text{Pos Pred Value} = \dfrac{TP}{TP+FP}$	$\text{Neg Pred Value} = \dfrac{TN}{TN+FN}$
$\text{Prevalence} = \dfrac{FN+TP}{TP+FP+FN+TN}$	$\text{Detection Rate} = \dfrac{TP}{TP+FP+FN+TN}$
$\text{Detection Prevalence} = \dfrac{TP+FP}{TP+FP+FN+TN}$	$\text{Balanced Accuracy} = \dfrac{\text{Recall}+\text{Specificity}}{2}$

3 서포트벡터머신

(1) 동일한 방법으로 독립변수 및 종속변수 정의, (훈련, 검증) 데이터 분류, 데이터 전처리(표준화) 작업 후, SVC(kernel='rbf', C=10, gamma=0.1, random_state=42)로 서포트벡터머신 모형을 정의한다. 여기서 kernel='rbf'는 SVM 모형의 커널 함수로서 Radial Basis Function(RBF) 커널을 사용한다. RBF 커널은 데이터를 고차원 공간으로 매핑하여 비선형 문제를 해결하는 데 주로 사용(주로 데이터가 비선형으로 구분될 때 사용)된다. C=10은 정규화(Regularization) 파라미터로서, C값이 클수록 모형이 훈련데이터에 더 적합하게 학습(과대적합 가능성 높음)하고, C값이 작을수록 더 일반화된 모형으로 결정 경계를 부드럽게 지정하게 된다. gamma=0.1은 RBF 커널의 폭을 제어하는 파라미터로서 커널 함수가 얼마나 가파르게 감소할지를 결정한다. 작은 gamma 값은 커널 함수를 더 평평하게 만들어 모형을 더 일반화시키고 결정 경계를 부드럽게 하며, gamma 값을 조절하여 모형의 복잡성을 조절한다.

훈련데이터를 이용하여 적합[model.fit(xtrainscaled, trainy)]시킨 후, 검증데이터를 이용하여 분류값을 예측[model.predict(xtestscaled)]하고, 정확도[accuracy_score(testy, ypred)]와 혼동행렬[confusion_matrix(testy, ypred)]을 이용하여 분석 모형의 성능을 평가한다.

- x=df[['Customer_care_calls','Product_importance','Prior_purchases']].to_numpy() : 독립변수
- y=df['Reached.on.Time_Y.N'].to_numpy() : 종속변수(1이면 제시간 도착, 0이면 지연도착)
- trainx, testx, trainy, testy=train_test_split(x, y, test_size=0.3, random_state=55) : (훈련, 검증) 데이터 랜덤 추출, 검증데이터=30%
- scaler=StandardScaler() : 데이터 전처리(표준화)
- model=SVC(kernel='rbf', C=10, gamma=0.1, random_state=42) : 서포트벡터머신 분석 모형, kernel='rbf', C=10, gamma=0.1
- model.fit(xtrainscaled, trainy) : 모형 훈련(적합)
- ypred=model.predict(xtestscaled) : 검증데이터 이용 예측값 저장
- accuracy=accuracy_score(testy, ypred) : 정확도
- confusion_matrix(testy, ypred) : 혼동행렬

```
from google.colab import drive        #구글 드라이브 코랩 마운트
drive.mount('/content/drive')         #구글 드라이브 연결
import pandas as pd                   #판다스 라이브러리
import numpy as np                    #넘파이 라이브러리
from sklearn.preprocessing import StandardScaler    #데이터 전처리, 표준화(Z-Score)
from sklearn.model_selection import train_test_split  #(학습, 검증) 데이터 랜덤 추출
from sklearn.metrics import classification_report, confusion_matrix
from sklearn.metrics import accuracy_score
import matplotlib.pyplot as plt       #시각화
from sklearn.svm import SVC           #서포트벡터머신 모형(Support Vector Machine)
data = pd.read_csv('/content/drive/MyDrive/work/train_commerce.csv', index_col=0)
    #분석용 데이터 읽기(절대경로명 사용) / 데이터출처: Kaggle / 인덱스열 추가하지 않음
df = data.dropna()     #결측값 제외
print(df.dtypes)       #데이터 유형
df['Product_importance'] = df['Product_importance'].map({'low':0,'medium':1,'high':2})
df['Reached.on.Time_Y.N'] = df['Reached.on.Time_Y.N'].astype('category')  #종속변수 범주형 변환
x = df[['Customer_care_calls','Product_importance','Prior_purchases']].to_numpy()  #독립변수
y = df['Reached.on.Time_Y.N'].to_numpy()   #종속변수(1이면 제 시간 도착, 0이면 제 시간 도착하지 않음)
trainx, testx, trainy, testy = train_test_split(x, y, test_size=0.3, random_state=55)
   #데이터 분할: 훈련집합(trainx, trainy, 70%), 검증집합(testx, testy, 30%)
   #random_state: 랜덤 데이터 발생시 초기seed값(동일값인 경우 동일한 결과(정확도) 출력)
scaler = StandardScaler()          #데이터 표준화 모듈(Z-Score=(x-u)/s, 평균=0, 표준편차=1)
xtrainscaled = scaler.fit_transform(trainx)    #훈련데이터 스케일링
xtestscaled = scaler.fit_transform(testx)      #검증데이터 스케일링
model = SVC(kernel='rbf', C=10, gamma=0.1, random_state=42)   #SVM 모델 생성
   #kernel='RBF(Radial Basis Function)': 커널함수 형식(RBF), (C=10, gamma=0.1): 커널함수 파라미터 지정
model.fit(xtrainscaled, trainy)         #SVM 모델 학습
ypred = model.predict(xtestscaled)      #검증데이터세트로 예측
accuracy = accuracy_score(testy, ypred)          #정확도
print('SVM 모형의 성능(정확도): ', end=''); print(accuracy)
print('$$$ 혼동행렬, Confusion Matrix $$$')
print(confusion_matrix(testy, ypred))   #혼동행렬
print('** 성능평가 지표값 **')
print(classification_report(testy, ypred))  #성능평가 지표값
resultsvm = pd.DataFrame(np.zeros((3300,2)), columns=['Actual','Prediction'])
   #(행,열)=(3300,2):검증데이터세트행의수=3300(30%) 데이터프레임 초기값(0으로 저장)
resultsvm['Actual'] = pd.DataFrame(testy)      #검증데이터세트 실제값(참값)
resultsvm['Prediction'] = pd.DataFrame(ypred)  #검증데이터세트 예측값
print(resultsvm.head())
```

(2) 수행 결과는 다음과 같다. 검증데이터에 대한 정확도=61%로서 로지스틱 회귀분석 모형과 비교하여 다소 성능이 개선되었다.

```
Warehouse_block          object
Mode_of_Shipment         object
Customer_care_calls      int64
Customer_rating          int64
Cost_of_the_Product      int64
Prior_purchases          int64
Product_importance       object
Gender                   object
Discount_offered         int64
Weight_in_gms            int64
Reached.on.Time_Y.N      int64
dtype: object
SVM 모형의 성능(정확도): 0.6051515151515151
$$$ 혼동행렬, Confusion Matrix $$$
[[  17 1291]
 [  12 1980]]
** 성능평가 지표값 **
              precision    recall  f1-score   support

           0       0.59      0.01      0.03      1308
           1       0.61      0.99      0.75      1992

    accuracy                           0.61      3300
   macro avg       0.60      0.50      0.39      3300
weighted avg       0.60      0.61      0.46      3300

   Actual  Prediction
0       0           1
1       0           1
2       1           1
3       0           1
4       1           1
```

(3) 주요 성능평가 지표 분석 결과는 다음과 같다. 검증데이터에 대한 정확도=60.5%, AUC=0.5로 성능이 다소 개선되었음을 알 수 있다.

```python
from google.colab import drive   #구글 드라이브 코랩 마운트
drive.mount('/content/drive')    #구글 드라이브 연결
import pandas as pd    #판다스 라이브러리
import numpy as np     #넘파이 라이브러리
from sklearn.preprocessing import StandardScaler       #데이터 전처리, 표준화(Z-Score)
from sklearn.model_selection import train_test_split   #(학습, 검증) 데이터 랜덤 추출
from sklearn.metrics import classification_report, confusion_matrix
from sklearn.metrics import accuracy_score
from sklearn.metrics import roc_curve      #분류 모형 ROC 그래프 작성
from sklearn.metrics import auc            #AUC(Area under Curce) 값 계산
from sklearn.metrics import f1_score       #F1-Score 계산 모듈
from sklearn.metrics import accuracy_score #accuracy 계산 모듈
from sklearn.metrics import precision_score #precision 계산 모듈
from sklearn.metrics import recall_score   #recall 계산 모듈
import matplotlib.pyplot as plt    #시각화
from sklearn.svm import SVC        #서포트벡터머신 모형(Support Vector Machine)
data = pd.read_csv('/content/drive/MyDrive/work/train_commerce.csv', index_col=0)
df = data.dropna()    #결측값 제외
df['Product_importance'] = df['Product_importance'].map({'low':0,'medium':1,'high':2})
df['Reached.on.Time_Y.N'] = df['Reached.on.Time_Y.N'].astype('category')  #종속변수 범주형 변환
x = df[['Customer_care_calls','Product_importance','Prior_purchases']].to_numpy()  #독립변수
y = df['Reached.on.Time_Y.N'].to_numpy()   #종속변수(1이면 제 시간 도착, 0이면 제 시간 도착하지 않음)
trainx, testx, trainy, testy = train_test_split(x, y, test_size=0.3, random_state=55)
scaler = StandardScaler()      #데이터 표준화 모듈(Z-Score=(x-u)/s, 평균=0, 표준편차=1)
xtrainscaled = scaler.fit_transform(trainx)   #훈련데이터 스케일링
xtestscaled = scaler.fit_transform(testx)     #검증데이터 스케일링
model = SVC(kernel='rbf', C=10, gamma=0.1, random_state=42)   #SVM 모델 생성
model.fit(xtrainscaled, trainy)   #SVM 모델 학습
ypred = model.predict(xtestscaled)    #검증데이터세트로 예측
print('F1-Score:   ', end=''); print(f1_score(testy, ypred))
print('Accuracy (정확도):  ', end='');
print(accuracy_score(testy, ypred))
print('Precision (정밀도):  ', end='');
print(precision_score(testy, ypred))
print(' Recall (재현율):  ', end='');
print(recall_score(testy, ypred))
print('^^^ ROC Curve ^^^')
fpr, tpr, thresholds = roc_curve(testy, ypred)
plt.plot(fpr, tpr); plt.show()
print('** AUC, Area under ROC Curve, ROC 곡선 아래부분의 면적:  ', end=''); print(auc(fpr, tpr))
```

```
F1-Score:  0.7524225726771804
Accuracy (정확도):  0.6051515151515151
Precision (정밀도):  0.6053194741669214
 Recall (재현율):  0.9939759036144579
^^^ ROC Curve ^^^
```

```
** AUC, Area under ROC Curve, ROC 곡선 아래부분의 면적: 0.5034864227552412
```

(4) 최적의 파라미터 값을 찾기 위해 sklearn.model_selection 라이브러리의 GridSearchCV(model, param_grid, cv=5, n_jobs=−1) 함수를 이용한다. 여기서 탐색할 하이퍼 파라미터 후보들을 param_grid 변수(딕셔너리 자료 형태, key : 조정하고자 하는 하이퍼 파라미터 이름, value : 해당 하이퍼 파라미터에 대한 후보값 리스트)로 저장한다. cv=5는 교차검증(cross−validation)을 수행할 때 몇 개의 폴드(fold)를 사용할지를 나타내는 숫자로 c=5의 경우 교차검증 시 데이터를 5개 부분으로 나누고 각각의 부분을 (훈련, 검증) 데이터로 사용하여 모형을 검증한다. n_jobs=−1은 병렬처리를 사용하여 그리드 탐색을 가속화(−1의 경우 가능한 모든 CPU 코어를 사용하여 병렬작업 수행)한다.

최적 파라미터는 grid_search.best_params_에 저장되고, grid_search.best_estimator_를 이용하여 SVM 모형을 구축하며, 정확도[bestmodel.score(xtestscaled, testy)]를 구한다.

- model=SVC() : 서포트벡터머신 분석 모형 정의
- param_grid={'kernel': ['rbf'], 'C': [0.1, 10], 'gamma': [0.1, 0.01] } : (후보) 하이퍼 파라미터 지정
- grid_search=GridSearchCV(model, param_grid, cv=5, n_jobs=−1) : 그리드 탐색
- grid_search.fit(xtrainscaled, trainy) : 훈련데이터 적합 및 파라미터 탐색
- grid_search.best_params_ : 최적의 파라미터 값
- bestmodel=grid_search.best_estimator_ : 최적 SVM 모형 구축
- accuracy=bestmodel.score(xtestscaled, testy) : 최적 SVM 모형에 대한 정확도(검증데이터)

(5) 수행 결과는 다음과 같다. 최적의 파라미터는 (cost(C), gamma, kernel)=(0.1, 0.1, 'rbf')이고 이 경우 정확도=60.4%이다.

```python
from google.colab import drive      #구글 드라이브 코랩 마운트
drive.mount('/content/drive')       #구글 드라이브 연결
import pandas as pd                 #판다스 라이브러리
import numpy as np                  #넘파이 라이브러리
from sklearn.preprocessing import StandardScaler        #데이터 전처리, 표준화(Z-Score)
from sklearn.model_selection import train_test_split    #(학습, 검증) 데이터 랜덤 추출
from sklearn.model_selection import GridSearchCV        #GridSearchCV 모듈(그리드 탐색)
from sklearn.svm import SVC         #서포트벡터머신 모형(Support Vector Machine)
data = pd.read_csv('/content/drive/MyDrive/work/train_commerce.csv', index_col=0)
df = data.dropna()      #결측값 제외
df['Product_importance'] = df['Product_importance'].map({'low':0,'medium':1,'high':2})
df['Reached.on.Time_Y.N'] = df['Reached.on.Time_Y.N'].astype('category')  #종속변수 범주형 변환
x = df[['Customer_care_calls','Product_importance','Prior_purchases']].to_numpy()   #독립변수
y = df['Reached.on.Time_Y.N'].to_numpy()    #종속변수(1이면 제 시간 도착, 0이면 제 시간 도착하지 않음)
trainx, testx, trainy, testy = train_test_split(x, y, test_size=0.3, random_state=55)
scaler = StandardScaler()           #데이터 표준화 모듈(Z-Score=(x-u)/s, 평균=0, 표준편차=1)
xtrainscaled = scaler.fit_transform(trainx)     #훈련데이터 스케일링
xtestscaled = scaler.fit_transform(testx)       #검증데이터 스케일링
model = SVC()   #SVM 모델 생성
param_grid = {
    'kernel': ['rbf'],
    'C': [0.1, 10],         #cost 후보 값
    'gamma': [0.1, 0.01],   #gamma 후보값
}
grid_search = GridSearchCV(model, param_grid, cv=5, n_jobs=-1)  #그리드탐색 객체
grid_search.fit(xtrainscaled, trainy)
print('가장 성능이 우수한 파라미터 값(cost, gamma)', end=''); print(grid_search.best_params_)
bestmodel = grid_search.best_estimator_
accuracy = bestmodel.score(xtestscaled, testy)                  #정확도
print('SVM 모형의 성능(정확도): ', end=''); print(accuracy)
```

```
가장 성능이 우수한 파라미터 값(cost, gamma){'C': 0.1, 'gamma': 0.1, 'kernel': 'rbf'}
SVM 모형의 성능(정확도): 0.6036363636363636
```

(6) 최적의 파라미터 값(cost(C), gamma, kernel)=(0.1, 0.1, 'rbf')을 이용한 분석 결과(정확도 =60.4%)는 다음과 같다. (cost(C), gamma, kernel)=(10, 0.1, 'rbf')의 결과와 큰 차이가 없음을 알 수 있다. 그리드 탐색의 경우 모형에 대해 훈련시키고 성능을 평가하는 데 수행시간이 다소 소요되며, 본 예제 데이터의 경우 하이퍼 파라미터에 대한 추가적인 비교 및 검토가 필요한 것으로 평가된다.

```
from google.colab import drive       #구글 드라이브 코랩 마운트
drive.mount('/content/drive')        #구글 드라이브 연결
import pandas as pd                  #판다스 라이브러리
import numpy as np                   #넘파이 라이브러리
from sklearn.preprocessing import StandardScaler    #데이터 전처리, 표준화(Z-Score)
from sklearn.model_selection import train_test_split  #(학습, 검증) 데이터 랜덤 추출
from sklearn.metrics import classification_report, confusion_matrix
from sklearn.metrics import accuracy_score
from sklearn.metrics import roc_curve    #분류 모형 ROC 그래프 작성
from sklearn.metrics import auc          #AUC(Area under Curce) 값 계산
import matplotlib.pyplot as plt          #시각화
from sklearn.svm import SVC              #서포트벡터머신 모형(Support Vector Machine)
import warnings
warnings.filterwarnings('ignore')
data = pd.read_csv('/content/drive/MyDrive/work/train_commerce.csv', index_col=0)
      #분석용 데이터 읽기(절대경로명 사용) / 데이터출처: Kaggle / 인덱스열 추가하지 않음
df = data.dropna()    #결측값 제외
df['Product_importance'] = df['Product_importance'].map({'low':0,'medium':1,'high':2})
df['Reached.on.Time_Y.N'] = df['Reached.on.Time_Y.N'].astype('category')  #종속변수 범주형 변환
x = df[['Customer_care_calls','Product_importance','Prior_purchases']].to_numpy()  #독립변수
y = df['Reached.on.Time_Y.N'].to_numpy()   #종속변수(1이면 제 시간 도착, 0이면 제 시간 도착하지 않음)
trainx, testx, trainy, testy = train_test_split(x, y, test_size=0.3, random_state=55)
scaler = StandardScaler()         #데이터 표준화 모듈(Z-Score=(x-u)/s, 평균=0, 표준편차=1)
xtrainscaled = scaler.fit_transform(trainx)  #훈련데이터 스케일링
xtestscaled = scaler.fit_transform(testx)    #검증데이터 스케일링
model = SVC(kernel='rbf', C=0.1, gamma=0.1, random_state=42)  #SVM 모델 생성
model.fit(xtrainscaled, trainy)    #SVM 모델 학습
ypred = model.predict(xtestscaled)  #검증데이터세트로 예측
print('xxx 주요 성능평가 지표 값 xxx')
print(classification_report(testy, ypred))
print('*** Accuracy 계산 모듈 이용 ***')
print('Accuracy (정확도):  ', end='');
print(accuracy_score(testy, ypred))
print('^^^ ROC Curve ^^^')
fpr, tpr, thresholds = roc_curve(testy, ypred)
plt.plot(fpr, tpr); plt.show()
print('** AUC, Area under ROC Curve, ROC 곡선 아래부분의 면적:  ', end=''); print(auc(fpr, tpr))
```

```
xxx 주요 성능평가 지표 값 xxx
              precision    recall  f1-score   support

           0       0.00      0.00      0.00      1308
           1       0.60      1.00      0.75      1992

    accuracy                           0.60      3300
   macro avg       0.30      0.50      0.38      3300
weighted avg       0.36      0.60      0.45      3300

*** Accuracy 계산 모듈 이용 ***
Accuracy (정확도):  0.6036363636363636
^^^ ROC Curve ^^^
```

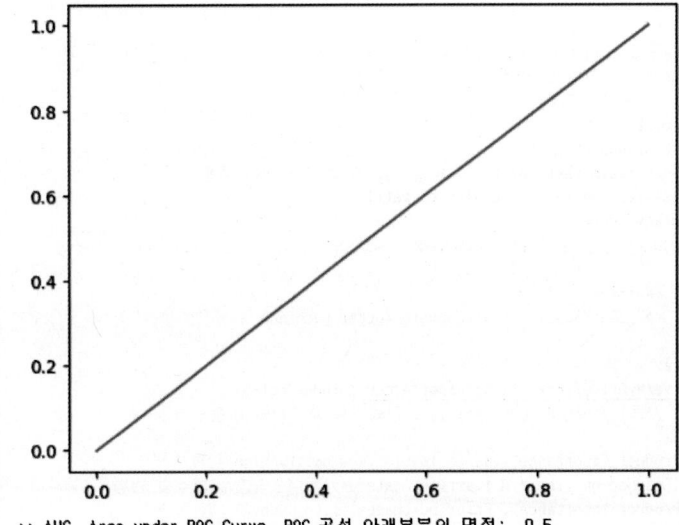

```
** AUC, Area under ROC Curve, ROC 곡선 아래부분의 면적:  0.5
```

4 베이지안 기법(단순 베이즈 분류 분석)

(1) 동일한 방법으로 독립변수 및 종속변수 정의, (훈련, 검증) 데이터 분류, 데이터 전처리(표준화) 작업 후, sklearn.naive_bayes 라이브러리의 CategoricalNB(alpha=0.8).fit(trainx, trainy) 모듈을 이용하여 단순 베이즈 분류 분석 모형을 구축(적합)한다. 여기서 alpha=0.8은 Laplace Smoothing 또는 Alpha Smoothing 하이퍼 파라미터이다. 범주형 데이터에서 클래스 빈도를 계산할 때 발생할 수 있는 확률이 0인 문제를 방지하고, 모형을 더 안정적으로 만들기 위해 사용된다. alpha값이 클수록 Smoothing이 강화되며, 모형은 데이터에 더 적합하게 학습하려고 시도하게 된다. 검증데이터에 대한 예측 결과를 저장[model.predict(testx)]하고, 정확도를 계산[model.score(testx, testy)]한다. 수행 결과에 대한 주요 파라미터들은 model.get_params()로 확인한다.

- x=df[['Customer_care_calls','Product_importance','Prior_purchases']].to_numpy() : 독립변수
- y=df['Reached.on.Time_Y.N'].to_numpy() : 종속변수(1이면 제시간 도착, 0이면 지연도착)
- trainx, testx, trainy, testy=train_test_split(x, y, test_size=0.3, random_state=55) : (훈련, 검증) 데이터 랜덤 추출, 검증데이터=30%
- model=CategoricalNB(alpha=0.8).fit(trainx, trainy) : 나이브 베이즈 분류 분석 모형 구축 및 적합
- predictions=model.predict(testx) : 검증데이터에 대한 예측 결과 저장
- model.get_params() : CategoricalNB 수행 결과 주요 파라미터 값
- model.score(testx, testy) : 검증데이터에 대한 정확도

(2) 수행 결과는 다음과 같다. 단순 베이즈 분류기를 이용한 분류 분석의 성능, 정확도=58.94%이다.

```
from google.colab import drive    #구글 드라이브 코랩 마운트
drive.mount('/content/drive')     #구글 드라이브 연결
import pandas as pd               #판다스 라이브러리
from sklearn.model_selection import train_test_split    #(학습, 검증) 데이터 랜덤 추출
from sklearn.naive_bayes import CategoricalNB    #나이브베이즈 분류기(범주형 독립변수)
data = pd.read_csv('/content/drive/MyDrive/work/train_commerce.csv', index_col=0)
    #분석용 데이터 읽기(절대경로명 사용) / 데이터출처: Kaggle / 인덱스열 추가하지 않음
df = data.dropna()    #결측값 제외
print(df.dtypes)      #데이터 유형
df['Product_importance'] = df['Product_importance'].map({'low':0,'medium':1,'high':2})
df['Reached.on.Time_Y.N'] = df['Reached.on.Time_Y.N'].astype('category')  #종속변수 범주형 변환
x = df[['Customer_care_calls','Product_importance','Prior_purchases']].to_numpy()  #독립변수
y = df['Reached.on.Time_Y.N'].to_numpy()  #종속변수(1이면 제 시간 도착, 0이면 시간 도착하지 않음)
trainx, testx, trainy, testy = train_test_split(x, y, test_size=0.3, random_state=42)
    #훈련, 검증 데이터 구분, 검증데이터세트 = 30%, 훈련데이터세트=70%
model = CategoricalNB(alpha=0.8).fit(trainx, trainy)
    #범주형 독립변수의 경우 나이브베이즈분류기 모형 구축 및 훈련
    #alpha=0.8: Laplace Smoothing 파라미터 지정
predictions = model.predict(testx)  #검증데이터세트를 이용한 쿠폰선호도 예측
print(predictions[:10])     #첫번째 10개 예측 결과
print(model.get_params())   #CategoricalNB 수행 관련 파라미터 값
print('범주형 독립변수의 경우 예측 성능(정확도)/CategiricalNB 모듈')
print(model.score(testx, testy))    #예측의 성능(정확도)
```

```
Warehouse_block          object
Mode_of_Shipment         object
Customer_care_calls      int64
Customer_rating          int64
Cost_of_the_Product      int64
Prior_purchases          int64
Product_importance       object
Gender                   object
Discount_offered         int64
Weight_in_gms            int64
Reached.on.Time_Y.N      int64
dtype: object
[1 1 1 0 1 1 1 1 1 1]
{'alpha': 0.8, 'class_prior': None, 'fit_prior': True, 'force_alpha': 'warn', 'min_categories': None}
범주형 독립변수의 경우 예측 성능(정확도)/CategiricalNB 모듈
0.5893939393939394
```

(3) 주요 성능평가 지표, 혼동행렬, ROC, AUC 분석 결과는 다음과 같다. 검증데이터에 대한 정확도 =59%, AUC=0.523이다.

```
from google.colab import drive     #구글 드라이브 코랩 마운트
drive.mount('/content/drive')      #구글 드라이브 연결
import pandas as pd                #판다스 라이브러리
from sklearn.naive_bayes import CategoricalNB        #나이브베이즈 분류기(범주형 독립변수)
from sklearn.model_selection import train_test_split #(학습,검증) 데이터 랜덤 추출
from sklearn.metrics import confusion_matrix         #혼동행렬
from sklearn.metrics import classification_report   #분류 모형 성능평가 지표
from sklearn.metrics import roc_curve               #분류 모형 ROC 그래프 작성
from sklearn.metrics import auc                     #AUC(Area under Curce) 값 계산
from sklearn.metrics import f1_score                #F1-Score 계산 모듈
from sklearn.metrics import accuracy_score          #accuracy 계산 모듈
from sklearn.metrics import precision_score         #precision 계산 모듈
from sklearn.metrics import recall_score            #recall 계산 모듈
import matplotlib.pyplot as plt                     #시각화(그래프 작성)
data = pd.read_csv('/content/drive/MyDrive/work/train_commerce.csv', index_col=0)
df = data.dropna(); print(df.dtypes) #결측값 제외 및 데이터 유형
df['Product_importance'] = df['Product_importance'].map({'low':0,'medium':1,'high':2})
df['Reached.on.Time_Y.N'] = df['Reached.on.Time_Y.N'].astype('category') #종속변수 범주형 변환
x = df[['Customer_care_calls','Product_importance','Prior_purchases']].to_numpy() #독립변수
y = df['Reached.on.Time_Y.N'].to_numpy() #종속변수(1이면 제 시간 도착, 0이면 제 시간 도착하지 않음)
trainx, testx, trainy, testy = train_test_split(x, y, test_size=0.3, random_state=42)
    #훈련, 검증 데이터 구분, 검증데이터세트 = 30%, 훈련데이터세트=70%
model = CategoricalNB(alpha=0.8).fit(trainx, trainy)
    #범주형 독립변수의 경우 나이브베이즈분류기 모형 구축 및 훈련
    #alpha=0.8: Laplace Smoothing 파라미터 지정
predictions = model.predict(testx) #검증데이터세트를 이용한 쿠폰선호도 예측
print(predictions[:10])   #첫번째 10개 예측 결과
print(model.get_params()) #CategoricalNB 수행 관련 파라미터 값
print('범주형 독립변수의 경우 예측 성능(정확도)/CategiricalNB 모듈')
print(model.score(testx, testy))  #예측의 성능(정확도)
print('$$$ Confusion Matrix, 혼동행렬 $$$')
conf = confusion_matrix(testy, predictions); print(conf)
print('*** 분류 분석 모형 성능평가 지표 ***')
print(classification_report(testy, predictions))
print('F1-Score:   ', end=''); print(f1_score(testy, predictions))
print('Accuracy (정확도):  ', end='');
print(accuracy_score(testy, predictions))
print('Precision (정밀도):  ', end='');
print(precision_score(testy, predictions))
print(' Recall (재현율):   ', end='');
print(recall_score(testy, predictions))
print('^^^ ROC Curve ^^^')
fpr, tpr, thresholds = roc_curve(testy, predictions)
plt.plot(fpr, tpr); plt.show()
print('** AUC, Area under ROC Curve, ROC 곡선 아래부분의 면적:  ', end=''); print(auc(fpr, tpr))
```

```
Warehouse_block         object
Mode_of_Shipment        object
Customer_care_calls     int64
Customer_rating         int64
Cost_of_the_Product     int64
Prior_purchases         int64
Product_importance      object
Gender                  object
Discount_offered        int64
Weight_in_gms           int64
Reached.on.Time_Y.N     int64
dtype: object
[1 1 1 0 1 1 1 1 1]
{'alpha': 0.8, 'class_prior': None, 'fit_prior': True, 'force_alpha': 'warn', 'min_categories': None}
범주형 독립변수의 경우 예측 성능(정확도)/CategiricalNB 모듈
0.5893939393939394
$$$ Confusion Matrix, 혼동행렬 $$$
[[ 262 1050]
 [ 305 1683]]
*** 분류 분석 모형 성능평가 지표 ***
              precision    recall  f1-score   support

           0       0.46      0.20      0.28      1312
           1       0.62      0.85      0.71      1988

    accuracy                           0.59      3300
   macro avg       0.54      0.52      0.50      3300
weighted avg       0.55      0.59      0.54      3300

F1-Score:  0.7129645371743275
Accuracy (정확도):  0.5893939393939394
Precision (정밀도):  0.6158068057080132
Recall (재현율):  0.846579476861167
^^^ ROC Curve ^^^
```

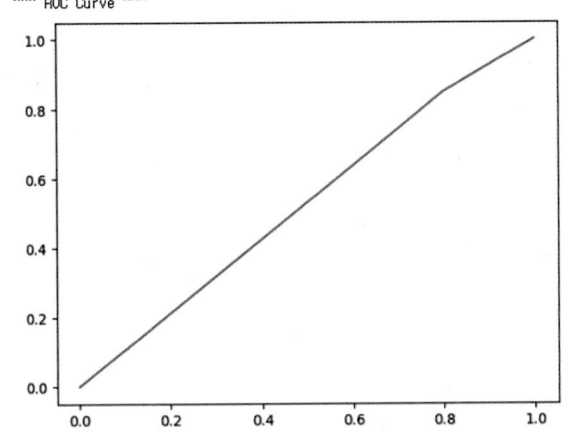

** AUC, Area under ROC Curve, ROC 곡선 아래부분의 면적: 0.5231372994061932

5 앙상블 분석

(1) 독립변수 및 종속변수 정의, (훈련, 검증) 데이터 분류, 데이터 전처리(표준화) 작업 후, sklearn. ensemble 라이브러리의 RandomForestClassifier(n_estimators=100, random_state=42) 모듈을 이용하여 랜덤 포레스트 분석 모형을 구축한다. 여기서 n_estimators=100은 랜덤 포레스트 모형을 구성하는 결정트리(Decision Tree)의 개수로, 랜덤 포레스트는 여러 결정트리를 조합하여 분류 예측을 수행한다. 일반적으로 더 많은 트리를 사용할수록 분석 모형의 성능이 개선되긴 하지만, 시간이 많이 소요되는 단점이 있다. (훈련, 검증) 데이터 분류 후, 모형을 구축하고, 학습 [model.fit(trainx, trainy)]한다. 검증데이터에 대한 분류 성능의 정확도[accuracy_score(testy, predictions)]를 확인하고, 혼동행렬[confusion_matrix(testy, predictions)], 주요 성능평가 지표[classification_report(testy, predictions)], 독립변수별 특성의 중요도(model.feature_importances_)를 확인한다. 랜덤 포레스트 분석 모형의 성능은 정확도=60%, F1-score=0.5이다.

- x=df[['Customer_care_calls','Product_importance','Prior_purchases']].to_numpy() : 독립변수
- y=df['Reached.on.Time_Y.N'].to_numpy() : 종속변수(1이면 제시간 도착, 0이면 지연도착)
- trainx, testx, trainy, testy=train_test_split(x, y, test_size=0.3, random_state=55) : (훈련, 검증) 데이터 랜덤 추출, 검증데이터=30%
- model=RandomForestClassifier(n_estimators=100, random_state=42) : 랜덤 포레스트 분석 모형
- model.fit(trainx, trainy) : 훈련데이터 학습(적합)
- predictions=model.predict(testx) : 검증데이터를 이용한 분류 예측 결과 저장
- accuracy_score(testy, predictions) : 검증데이터에 대한 성능(정확도)
- confusion_matrix(testy, predictions) : 혼동행렬
- classification_report(testy, predictions) : 주요 성능평가 지표
- model.feature_importances_ : 특성 중요도(독립변수 항목별 특성 중요도 값)

```
from google.colab import drive   #구글 드라이브 코랩 마운트
drive.mount('/content/drive')    #구글 드라이브 연결
import pandas as pd   #판다스 라이브러리
from sklearn.model_selection import train_test_split   #(학습, 검증) 데이터 랜덤 추출
import numpy as np   #넘파이 라이브러리
from sklearn.metrics import classification_report, confusion_matrix
from sklearn.metrics import accuracy_score
from sklearn.ensemble import RandomForestClassifier   #RandomForest(랜덤 포레스트)
data = pd.read_csv('/content/drive/MyDrive/work/train_commerce.csv', index_col=0)
   #분석용 데이터 읽기(절대경로명 사용) / 데이터출처: Kaggle / 인덱스열 추가하지 않음
df = data.dropna()   #결측값 제외
df['Product_importance'] = df['Product_importance'].map({'low':0,'medium':1,'high':2})
df['Reached.on.Time_Y.N'] = df['Reached.on.Time_Y.N'].astype('category')   #종속변수 범주형 변환
x = df[['Customer_care_calls','Product_importance','Prior_purchases']].to_numpy()   #독립변수
y = df['Reached.on.Time_Y.N'].to_numpy()   #종속변수(1이면 제 시간 도착, 0이면 제 시간 도착하지 않음)
trainx, testx, trainy, testy = train_test_split(x, y, test_size=0.3, random_state=55)
model = RandomForestClassifier(n_estimators=100, random_state=42)
   #n_estimators: 트리의 개수
model.fit(trainx, trainy)
predictions = model.predict(testx)
print(predictions[:10])   #분류 결과 첫 10행 출력
print('Random Forest(랜덤포레스트) 분류 모형 성능(정확도): ', end=''); print(accuracy_score(testy, predictions))
print('$$$ Confusion Matrix, 혼동행렬 $$$')
conf = confusion_matrix(testy, predictions); print(conf)
print('*** 분류 분석 모형 성능평가 지표 ***')
print(classification_report(testy, predictions))
print('!!! 특성 중요도 !!!')
print(model.feature_importances_)

[1 1 0 1 1 1 1 1 1 1]
Random Forest(랜덤포레스트) 분류 모형 성능(정확도): 0.6006060606060606
$$$ Confusion Matrix, 혼동행렬 $$$
[[ 265 1043]
 [ 275 1717]]
*** 분류 분석 모형 성능평가 지표 ***
              precision    recall  f1-score   support

           0       0.49      0.20      0.29      1308
           1       0.62      0.86      0.72      1992

    accuracy                           0.60      3300
   macro avg       0.56      0.53      0.50      3300
weighted avg       0.57      0.60      0.55      3300

!!! 특성 중요도 !!!
[0.32619056 0.13236329 0.54144614]
```

(2) sklearn.ensemble 라이브러리의 GradientBoostingClassifier(n_estimators=500, learning_rate=0.2, random_state=42) 모듈을 이용하여 앙상블 분석 모형을 구축한다. 여기서 n_estimators=500은 부스팅 과정에서 생성할 결정트리(Decision Tree)의 개수이고, learning_rate=0.2는 각 결정트리의 기여도를 제어하는 파라미터이다. learning_rate가 작을수록 각 결정트리가 예측에 미치는 영향을 줄이게 되며 모형의 안정성을 높이지만, 더 많은 결정트리가 필요할 수 있다. 높은 learning_rate 값은 각 결정트리의 기여도를 높이며, 모형을 더 복잡하게 하는 단점이 있어 적절한 learning_rate를 설정하여야 한다. (훈련, 검증) 데이터 분류 후, 모형을 구축하고, 학습[model.fit(trainx,trainy)]한다. 검증데이터에 대한 분류 성능의 정확도[accuracy_score(testy, predictions)]를 확인하고, 혼동행렬[confusion_matrix(testy, predictions)], 주요 성능평가 지표[classification_report(testy, predictions)], 독립변수별 특성의 중요도(model.feature_importances_]를 확인한다. 그래디언트 부스팅 앙상블 분석 모형의 성능은 정확도=59%, F1-score=0.49이다.

- x=df[['Customer_care_calls','Product_importance','Prior_purchases']].to_numpy() : 독립변수
- y=df['Reached.on.Time_Y.N'].to_numpy() : 종속변수(1이면 제시간 도착, 0이면 지연도착)
- trainx, testx, trainy, testy=train_test_split(x, y, test_size=0.3, random_state=55) : (훈련, 검증) 데이터 랜덤 추출, 검증데이터=30%
- model=GradientBoostingClassifier(n_estimators=500, learning_rate=0.2, random_state=42) : 그래디언트 부스팅 분류 분석 모형
- model.fit(trainx, trainy) : 훈련데이터 학습(적합)
- predictions=model.predict(testx) : 검증데이터를 이용한 분류 예측 결과 저장
- accuracy_score(testy, predictions) : 검증데이터에 대한 성능(정확도)
- confusion_matrix(testy, predictions) : 혼동행렬
- classification_report(testy, predictions) : 주요 성능평가 지표
- model.feature_importances_ : 특성 중요도(독립변수 항목별 특성 중요도 값)

```python
from google.colab import drive  #구글 드라이브 코랩 마운트
drive.mount('/content/drive')   #구글 드라이브 연결
import pandas as pd  #판다스 라이브러리
from sklearn.model_selection import train_test_split  #(학습, 검증) 데이터 랜덤 추출
import numpy as np  #넘파이 라이브러리
from sklearn.metrics import classification_report, confusion_matrix
from sklearn.metrics import accuracy_score
from sklearn.ensemble import GradientBoostingClassifier
  #그래디언트부스팅: 깊이가 얕은 결정 트리 사용, 이전 트리 오차 보완
  #경사하강법을 사용하여 트리를 앙상블에 추가
  #기본값: 깊이=3 결정트리를 100개 사용, 과대적합에 강하고 높은 일반화 성능을 보임
data = pd.read_csv('/content/drive/MyDrive/work/train_commerce.csv', index_col=0)
  #분석용 데이터 읽기(절대경로명 사용) / 데이터출처: Kaggle / 인덱스열 추가하지 않음
df = data.dropna()  #결측값 제외
df['Product_importance'] = df['Product_importance'].map({'low':0,'medium':1,'high':2})
df['Reached.on.Time_Y.N'] = df['Reached.on.Time_Y.N'].astype('category')  #종속변수 범주형 변환
x = df[['Customer_care_calls','Product_importance','Prior_purchases']].to_numpy()  #독립변수
y = df['Reached.on.Time_Y.N'].to_numpy()  #종속변수(1이면 제 시간 도착, 0이면 제 시간 도착하지 않음)
trainx, testx, trainy, testy = train_test_split(x, y, test_size=0.3, random_state=42)
  #훈련, 검증 데이터 구분, 검증데이터세트 = 30%, 훈련데이터세트=70%
model = GradientBoostingClassifier(n_estimators=500, learning_rate=0.2, random_state=42)
  #n_estimators: 트리의 개수
  #learning_rate(학습률): training되는 양(또는 단계), 한번 학습할때 얼마만큼 학습해야 하는지의 학습양
  #학습률: 매 가중치에 대해 구해진 기울기값을 얼마나 경사하강법에 적용할지를 결정하는 하이퍼파라미터
  #한 번의 학습량으로 학습한 이후에 가중치 매개변수가 갱신됨
model.fit(trainx, trainy)
predictions = model.predict(testx)
print(predictions[:10])  #분류 결과 첫 10행 출력
print('ExtraTreesClassifier 정확도(Bootstrap 샘플 미사용): ', end=''); print(accuracy_score(testy, predictions))
print('$$$ Confusion Matrix, 혼동행렬 $$$')
conf = confusion_matrix(testy, predictions); print(conf)
print('*** 분류 분석 모형 성능평가 지표 ***')
print(classification_report(testy, predictions))
print('!!! 특성 중요도 !!!')
print(model.feature_importances_)
```

```
[1 1 1 0 1 1 1 1 1 1]
ExtraTreesClassifier 정확도(Bootstrap 샘플 미사용): 0.593030303030303
$$$ Confusion Matrix, 혼동행렬 $$$
[[ 245 1067]
 [ 276 1712]]
*** 분류 분석 모형 성능평가 지표 ***
              precision    recall  f1-score   support

           0       0.47      0.19      0.27      1312
           1       0.62      0.86      0.72      1988

    accuracy                           0.59      3300
   macro avg       0.54      0.52      0.49      3300
weighted avg       0.56      0.59      0.54      3300

!!! 특성 중요도 !!!
[0.22140857 0.16929326 0.60929817]
```

(3) sklearn.tree 라이브러리의 DecisionTreeClassifier(max_depth=2, random_state=42) 모듈 (사이킷런의 결정트리 알고리즘)을 이용하여 의사결정나무(트리) 분석 모형을 구축한다. 여기서 max_depth=2는 의사결정트리의 최대 깊이를 제한하는 파라미터이다. 의사결정트리는 데이터를 분할하는 데 사용되는 규칙(노드)을 여러 단계로 확장할 수 있다. max_depth 값을 설정하면, 트리의 최대 깊이를 제한하고, 트리가 더 간단하고 일반화된 모형이 된다. 이 파라미터를 조절하여 과대적합(Overfitting)을 방지하거나 모형을 해석하기 쉽게 만들 수 있다. (훈련, 검증) 데이터 분류 후, 교차검증 방법을 이용하여 모형을 검증[cross_validate(model, x, y, return_train_score=True)] 하고 정확도[accuracy_score(y, predictions)], 혼동행렬[confusion_matrix(y, predictions)], 특성의 중요도(model.feature_importances_)를 확인한다. 사이킷런의 결정트리 알고리즘을 적용한 의사결정나무 분석 모형의 성능은 정확도=59.7%, F1-score=0.6이다.

- x=df[['Customer_care_calls','Product_importance','Prior_purchases']].to_numpy() : 독립변수
- y=df['Reached.on.Time_Y.N'].to_numpy() : 종속변수(1이면 제시간 도착, 0이면 지연도착)
- trainx, testx, trainy, testy=train_test_split(x, y, test_size=0.3, random_state=55) : (훈련, 검증) 데이터 무작위 추출, 검증데이터=30%
- model=DecisionTreeClassifier(max_depth=2, random_state=42) : 결정트리(사이킷런) 알고리즘 적용 의사결정나무 분석 모형
- scores=cross_validate(model, x, y, return_train_score=True) : 교차검증 모형 정의 및 평가
- model.fit(x, y) : 모형 훈련(적합)
- predictions=model.predict(x) : 훈련데이터에 대한 분류 예측 저장
- accuracy_score(y, predictions) : 훈련데이터에 대한 분류 정확도
- confusion_matrix(y, predictions) : 혼동행렬
- classification_report(y, predictions) : 주요 성능평가 지표
- model.feature_importances_ : 특성 중요도(독립변수 항목별 특성 중요도 값)

```python
from google.colab import drive  #구글 드라이브 코랩 마운트
drive.mount('/content/drive')   #구글 드라이브 연결
import pandas as pd    #판다스 라이브러리
from sklearn.model_selection import train_test_split   #(학습, 검증) 데이터 랜덤 추출
import numpy as np    #넘파이 라이브러리
from sklearn.metrics import classification_report, confusion_matrix
from sklearn.metrics import accuracy_score
from sklearn.model_selection import cross_validate  #교차검증
import matplotlib.pyplot as plt   #시각화
from sklearn.tree import plot_tree  #결정트리 시각화
from sklearn.tree import DecisionTreeClassifier  #사이킷런의 결정트리 알고리즘
import warnings
warnings.filterwarnings('ignore')
data = pd.read_csv('/content/drive/MyDrive/work/train_commerce.csv', index_col=0)
    #분석용 데이터 읽기(절대경로명 사용) / 데이터출처: Kaggle / 인덱스열 추가하지 않음
df = data.dropna()   #결측값 제외
df['Product_importance'] = df['Product_importance'].map({'low':0,'medium':1,'high':2})
df['Reached.on.Time_Y.N'] = df['Reached.on.Time_Y.N'].astype('category')  #종속변수 범주형 변환
x = df[['Customer_care_calls','Product_importance','Prior_purchases']].to_numpy()  #독립변수
y = df['Reached.on.Time_Y.N'].to_numpy()  #종속변수(1이면 제 시간 도착, 0이면 제 시간 도착하지 않음)
trainx, testx, trainy, testy = train_test_split(x, y, test_size=0.3, random_state=42)
    #훈련, 검증 데이터 구분, 검증데이터셋 = 30%, 훈련데이터셋=70%
model = DecisionTreeClassifier(max_depth=2, random_state=42)
    #결정트리 알고리즘(max_depth=3:최대 3개의 노드까지만 성장, 가치치기, True Pruning)
scores = cross_validate(model, x, y, return_train_score=True)   #교차검증 모형에 대한 평가
model.fit(x, y)   #모델 훈련(전체 데이터세트 이용하는 경우)
predictions = model.predict(x)   #훈련데이터에 대한 예측 결과
print('분류결과 첫 10행 출력')
print(predictions[:10])  #분류 결과 첫 10행 출력
print('Decision Tree 분류기(결정트리 알고리즘) 정확도: ', end=''); print(accuracy_score(y, predictions))
print('$$$ Confusion Matrix, 혼동행렬 $$$')
conf = confusion_matrix(y, predictions); print(conf)
print('*** 분류 분석 모형 성능평가 지표 ***')
print(classification_report(y, predictions))
print('!!! 특성 중요도 !!!')
print(model.feature_importances_)
plt.figure(figsize=(10,8))
plot_tree(model, filled=True, feature_names=['Customer_care_calls', 'Product_importance', 'Prior_purchases'])
plt.show()
```

(4) 수행 결과는 다음과 같다.

```
분류결과 첫 10행 출력
[1 1 1 1 1 1 1 1 1 1]
Decision Tree 분류기(결정트리 알고리즘) 정확도: 0.5966906082371125
$$$ Confusion Matrix, 혼동행렬 $$$
[[   0 4436]
 [   0 6563]]
*** 분류 분석 모형 성능평가 지표 ***
              precision    recall  f1-score   support

           0       0.00      0.00      0.00      4436
           1       0.60      1.00      0.75      6563

    accuracy                           0.60     10999
   macro avg       0.30      0.50      0.37     10999
weighted avg       0.36      0.60      0.45     10999

!!! 특성 중요도 !!!
[0.17628003 0.         0.82371997]
```

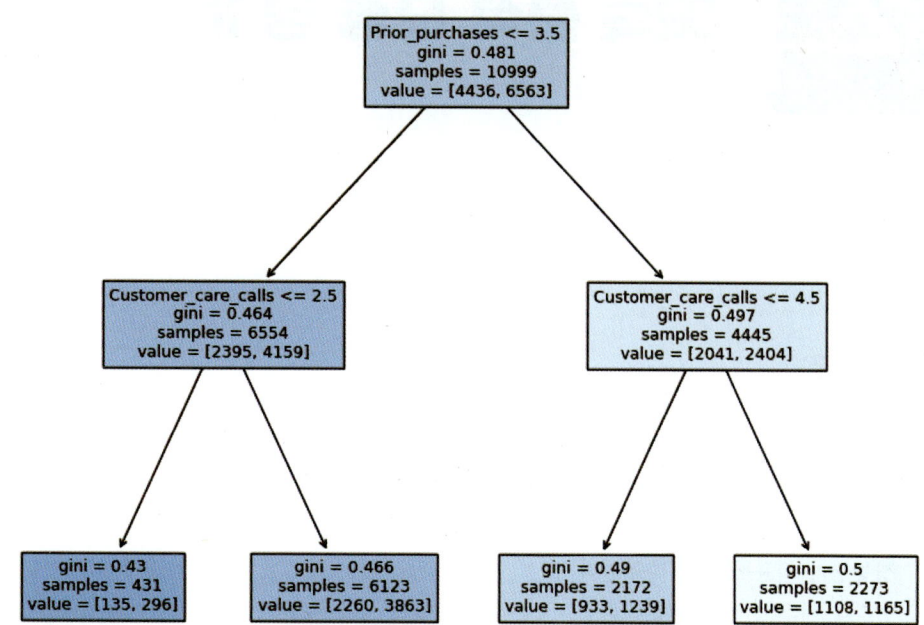

제2장 예측 분석 모형 평가

1 평가지표

① 종속변수(반응변수)가 연속형인 경우 변수에 대한 예측값의 정확도[실제값(참값)과의 차이]를 평가하기 위하여 다양한 성능평가 지표(평균오차, 표준오차, 평균 절대오차 등)를 이용한다.
② 대표적인 예측 데이터 분석 모형으로서 회귀분석, 의사결정나무, 인공신경망 분석 모형에 대한 성능평가 지표를 구해 비교한다.
③ 연속형 변수의 예측값에 대한 데이터 분석 모형의 성능을 평가하기 위해 다음 라이브러리를 이용한다.

from statsmodels.formula.api import ols	#선형회귀분석 모형[ols()]
from sklearn.linear_model import LinearRegression	#선형회귀분석 모형[LinearRegression()]
from sklearn.tree import DecisionTreeRegressor	#연속형 변수 예측을 위한 결정트리 모형
from tensorflow import keras	#케라스(인공신경망 및 딥러닝)
import math	#수학함수
from sklearn.preprocessing import MinMaxScaler	#데이터 전처리[표준화, MinMaxScaler()]
from sklearn.model_selection import train_test_split	#(훈련,검증) 데이터 랜덤 추출
from sklearn.metrics import mean_squared_error	#MSE(평균 제곱오차) 계산
from sklearn.metrics import mean_absolute_error	#MAE(평균 절대오차) 계산
from sklearn.metrics import mean_squared_log_error	#MSLE(평균 제곱 로그오차) 계산
from sklearn.metrics import classification_report, confusion_matrix	#주요 성능평가 지표, 혼동행렬
from sklearn.metrics import accuracy_score	#정확도 계산
from sklearn.tree import plot_tree	#결정트리 시각화
import matplotlib.pyplot as plt	#데이터 시각화
import seaborn as sns	#데이터 시각화
import pandas as pd	#판다스(데이터프레임 활용)
import numpy as np	#넘파이(다차원 배열 및 수학함수)

④ 회귀분석을 포함하여 여러가지 데이터 분석 모형[n개의 데이터, 실제값(참값) y_i에 대한 예측값 $\widehat{y_i}$, 오차 $e_i = y_i - \widehat{y_i}$]의 성능을 평가하기 위하여 다양한 평가 지표들이 활용된다.

〈예측 모형의 성능평가 지표〉

구 분	성능평가 지표
평균 예측오차 (ME ; Mean of Errors)	• 예측오차의 산술 평균 • $ME = \dfrac{\sum_{i=1}^{n}(y_i - \widehat{y_i})}{n}$
평균 제곱근오차(표준오차) (RMSE ; Root Mean of Squared Errors)	• 평균 제곱오차(MSE) : 오차를 제곱하여 n으로 나눈 값 • $MSE = \dfrac{\sum_{i=1}^{n}(y_i - \widehat{y_i})^2}{n}$ • 평균 제곱오차를 제곱근하여 구함 • $RMSE = \sqrt{MSE} = \sqrt{\dfrac{\sum_{i=1}^{n}(y_i - \widehat{y_i})^2}{n}}$
평균 절대오차 (MAE ; Mean of Absolute Errors)	• 오차의 절댓값에 대한 평균 • $MAE = \dfrac{\sum_{i=1}^{n}|y_i - \widehat{y_i}|}{n}$
평균 백분오차 비율 (MPE ; Mean of Percentage Errors)	• 상대적 의미의 오차 크기에 대한 평균 • $MPE = \dfrac{1}{n}\sum_{i=1}^{n}\dfrac{y_i - \widehat{y_i}}{y_i} \times 100$
평균 절대 백분오차 비율 (MAPE ; Mean of Absolute Percentage Errors)	• 예측오차에 절댓값 사용 • 상대적 오차 크기에 대한 절댓값의 평균 • $MAPE = \dfrac{1}{n}\sum_{i=1}^{n}\left|\dfrac{y_i - \widehat{y_i}}{y_i}\right| \times 100$
평균 절대척도 오차 (MASE ; Mean of Absolute Scaled Errors)	• 데이터를 척도화한 기준값 사용 • 기준값들에 대한 예측오차의 절댓값 평균 • 오차(예측값과 실제값의 차이)를 평소에 움직이는 평균 변동폭으로 나눈 값 • $MASE = \dfrac{1}{n}\sum_{i=1}^{n}\dfrac{|e_i|}{\dfrac{1}{n-1}\sum_{i=2}^{n}|y_i - y_{i-1}|} = \dfrac{\sum_{i=1}^{n}|y_i - \widehat{y_i}|}{\dfrac{n}{n-1}\sum_{i=2}^{n}|y_i - y_{i-1}|}$
평균 제곱 로그오차 (MSLE ; Mean Squared Logarithmic Error)	• 주로 양수값들을 예측하는 문제에 사용 • 예측값과 실제값 사이의 상대적 오차 측정 • (예측값+1), (실제값+1)을 각각 자연로그(e를 밑으로 하는 로그) 변환 후, 이를 빼고 제곱한 값 • log(0)이 무한대로 발산하므로 +1을 함으로써 로그 스케일에서 0으로 수렴하는 값을 방지함 • $MSLE = \dfrac{1}{n}\sum_{i=1}^{n}\{\log(1+\widehat{y_i}) - \log(1+y_i)\}^2$

⑤ mtcars 데이터(1974년 Motor Trend US Magazine에 기록)는 아래와 같이 32개 자동차 모델에 대한 디자인과 성능 관련 자료이다. 연속형 종속변수인 연비(mpg)를 예측하기 위한 데이터 분석 모형을 구축하고 성능을 분석한다.

	A	B	C	D	E	F	G	H	I	J	K	L
1	model	mpg	cyl	disp	hp	drat	wt	qsec	vs	am	gear	carb
2	Mazda RX4	21	6	160	110	3.9	2.62	16.46	0	1	4	4
3	Mazda RX4 Wag	21	6	160	110	3.9	2.875	17.02	0	1	4	4
4	Datsun 710	22.8	4	108	93	3.85	2.32	18.61	1	1	4	1
5	Hornet 4 Drive	21.4	6	258	110	3.08	3.215	19.44	1	0	3	1
6	Hornet Sportabout	18.7	8	360	175	3.15	3.44	17.02	0	0	3	2
7	Valiant	18.1	6	225	105	2.76	3.46	20.22	1	0	3	1
8	Duster 360	14.3	8	360	245	3.21	3.57	15.84	0	0	3	4
9	Merc 240D	24.4	4	146.7	62	3.69	3.19	20	1	0	4	2
10	Merc 230	22.8	4	140.8	95	3.92	3.15	22.9	1	0	4	2
11	Merc 280	19.2	6	167.6	123	3.92	3.44	18.3	1	0	4	4
12	Merc 280C	17.8	6	167.6	123	3.92	3.44	18.9	1	0	4	4
13	Merc 450SE	16.4	8	275.8	180	3.07	4.07	17.4	0	0	3	3
14	Merc 450SL	17.3	8	275.8	180	3.07	3.73	17.6	0	0	3	3
15	Merc 450SLC	15.2	8	275.8	180	3.07	3.78	18	0	0	3	3
16	Cadillac Fleetwood	10.4	8	472	205	2.93	5.25	17.98	0	0	3	4
17	Lincoln Continental	10.4	8	460	215	3	5.424	17.82	0	0	3	4
18	Chrysler Imperial	14.7	8	440	230	3.23	5.345	17.42	0	0	3	4
19	Fiat 128	32.4	4	78.7	66	4.08	2.2	19.47	1	1	4	1
20	Honda Civic	30.4	4	75.7	52	4.93	1.615	18.52	1	1	4	2
21	Toyota Corolla	33.9	4	71.1	65	4.22	1.835	19.9	1	1	4	1
22	Toyota Corona	21.5	4	120.1	97	3.7	2.465	20.01	1	0	3	1
23	Dodge Challenger	15.5	8	318	150	2.76	3.52	16.87	0	0	3	2
24	AMC Javelin	15.2	8	304	150	3.15	3.435	17.3	0	0	3	2
25	Camaro Z28	13.3	8	350	245	3.73	3.84	15.41	0	0	3	4
26	Pontiac Firebird	19.2	8	400	175	3.08	3.845	17.05	0	0	3	2
27	Fiat X1-9	27.3	4	79	66	4.08	1.935	18.9	1	1	4	1
28	Porsche 914-2	26	4	120.3	91	4.43	2.14	16.7	0	1	5	2
29	Lotus Europa	30.4	4	95.1	113	3.77	1.513	16.9	1	1	5	2
30	Ford Pantera L	15.8	8	351	264	4.22	3.17	14.5	0	1	5	4
31	Ferrari Dino	19.7	6	145	175	3.62	2.77	15.5	0	1	5	6
32	Maserati Bora	15	8	301	335	3.54	3.57	14.6	0	1	5	8
33	Volvo 142E	21.4	4	121	109	4.11	2.78	18.6	1	1	4	2

- mpg : Miles/(US) gallon, 연비
- cyl : Number of Cylinders, 엔진의 기통수
- disp : Displacement (cu.in.), 배기량 (cc, 변위)
- hp : Gross Horsepower, 마력
- drat : Rear Axie Ratio, 뒤차축비
- wt : Weight (1000 lbs), 무게
- qsec : 1/4 mile time, 1/4마일 도달시간
- vs : V/S, V engine / Straight engine
- am : Transmission (0=automatic, 1=manual), 변속기어
- gear : Number of Forward Gears, 전진기어 개수
- carb : Number of Carburetors, 기화기 개수

2 회귀분석

(1) 독립변수(x)와 종속변수(y)를 정의하고, statsmodels.formula.api 라이브러리의 ols() 모듈을 이용하여 다중선형 회귀분석 모형을 구축적합[ols('y ~ x', data=data).fit()]한다. 종속변수의 (실제값, 예측값)=(data['mpg'], data['pred'])을 이용하여 실제값과 예측값 사이의 차이를 분석한다.

- x=data[['disp', 'hp', 'wt', 'qsec']] : 독립변수
- y=data['mpg'] : 종속변수
- fit=ols('y ~ x', data=data).fit() : 다중선형 회귀분석 모형 구축 및 적합
- data['pred']=fit.fittedvalues : 종속변수 예측값 저장
- results=data[['mpg', 'pred']] : (실제값, 예측값) 저장
- me=(data['mpg']−data['pred']).mean() : ME(Mean of Errors, 평균예측오차)
- mse=((data['mpg']−data['pred'])*(data['mpg']−data['pred'])).mean() : MSE(Mean of Squared Errors, 평균제곱오차)
- rmse=math.sqrt(mse) : RMSE(Root MSE, 표준오차)
- mae=(abs(data['mpg']−data['pred'])).mean() : MAE(Mean of Absolute Errors, 평균절대오차)
- mpe=((data['mpg']−data['pred'])/data['mpg']).mean() : MPE(Mean of Percentage Errors, 평균백분오차 비율)
- mape=(abs((data['mpg']−data['pred'])/data['mpg'])).mean() : MAPE(Mean of Absolute Percentage Errors, 평균절대백분오차 비율)

```python
from google.colab import drive    #구글 드라이브 코랩 마운트
drive.mount('/content/drive')     #구글 드라이브 연결
import pandas as pd               #판다스 라이브러리
from statsmodels.formula.api import ols   #선형회귀분석 모형(statsmodels), Ordinary Least Squares(OLS)
import math                       #수학 함수(sqrt 등) 라이브러리
data = pd.read_csv('/content/drive/MyDrive/work/mtcars.csv', header=0, index_col=0)
    #분석용 데이터 읽기(절대경로명 사용) / 데이터출처: R Datasets
    #header=0: 컬럼명이 첫 번째 행에 위치 / index_col=0: 첫 컬럼을 인덱스 열로 사용
print(data.head())
x = data[['disp', 'hp', 'wt', 'qsec']]
    #독립변수(배기량(cc), 마력, 무게(1000lbs), 1/4마일도달시간)
y = data['mpg']    #종속변수(연비,miles/gallon)
fit = ols('y ~ x', data=data).fit()    #다중 선형회귀분석 모형 구축
data['pred'] = fit.fittedvalues
print(data.head())
print('$$$ (실제값, 예측값) 첫 10행 출력 $$$')
results = data[['mpg', 'pred']]
print(results.head(10))
me = (data['mpg']-data['pred']).mean()
print('평균 예측 오차(Mean of Errors)/ME:  ', end=''); print(me)
mse = ((data['mpg']-data['pred'])*(data['mpg']-data['pred'])).mean()
print('평균 제곱 오차(Mean of Squared Errors)/MSE:  ', end=''); print(mse)
rmse = math.sqrt(mse)
print('표준 오차(Root Mean of Squared Errors)/RMSE:  ', end=''); print(rmse)
mae = (abs(data['mpg']-data['pred'])).mean()
print('평균 절대 오차(Mean of Absolute Errors)/MAE:  ', end=''); print(mae)
mpe = ((data['mpg']-data['pred'])/data['mpg']).mean()
print('평균 백분오차 비율(Mean of Percentage Errors)/MPE:  ', end=''); print(mpe)
mape = (abs((data['mpg']-data['pred'])/data['mpg'])).mean()
print('평균 절대 백분오차 비율(Mean of Absolute Percentage Errors)/MAPE:  ', end=''); print(mape)
```

(2) 수행 결과, 실제값과 예측값 사이의 차이는 MSE=5.801, MAE=1.858, RMSE=2.409, MAPE=0.095이다.

```
                    mpg  cyl   disp   hp  drat    wt  qsec  vs  am  gear
model
Mazda RX4          21.0    6  160.0  110  3.90  2.620  16.46   0   1     4
Mazda RX4 Wag      21.0    6  160.0  110  3.90  2.875  17.02   0   1     4
Datsun 710         22.8    4  108.0   93  3.85  2.320  18.61   1   1     4
Hornet 4 Drive     21.4    6  258.0  110  3.08  3.215  19.44   1   0     3
Hornet Sportabout  18.7    8  360.0  175  3.15  3.440  17.02   0   0     3

                   carb
model
Mazda RX4             4
Mazda RX4 Wag         4
Datsun 710            1
Hornet 4 Drive        1
Hornet Sportabout     2
                    mpg  cyl   disp   hp  drat    wt  qsec  vs  am  gear
model
Mazda RX4          21.0    6  160.0  110  3.90  2.620  16.46   0   1     4
Mazda RX4 Wag      21.0    6  160.0  110  3.90  2.875  17.02   0   1     4
Datsun 710         22.8    4  108.0   93  3.85  2.320  18.61   1   1     4
Hornet 4 Drive     21.4    6  258.0  110  3.08  3.215  19.44   1   0     3
Hornet Sportabout  18.7    8  360.0  175  3.15  3.440  17.02   0   0     3

                   carb       pred
model
Mazda RX4             4  22.583962
Mazda RX4 Wag         4  21.713366
Datsun 710            1  25.315315
Hornet 4 Drive        1  21.724442
Hornet Sportabout     2  18.429194
$$$ (실제값, 예측값) 첫 10행 출력 $$$
                    mpg       pred
model
Mazda RX4          21.0  22.583962
Mazda RX4 Wag      21.0  21.713366
Datsun 710         22.8  25.315315
Hornet 4 Drive     21.4  21.724442
Hornet Sportabout  18.7  18.429194
Valiant            18.1  21.024991
Duster 360         14.3  15.881265
Merc 240D          24.4  22.743604
Merc 230           22.8  23.874317
Merc 280           19.2  19.583341
평균 예측 오차(Mean of Errors)/ME:  -9.936496070395151e-15
평균 제곱 오차(Mean of Squared Errors)/MSE:  5.801103904461536
표준 오차(Root Mean of Squared Errors)/RMSE:  2.408548090543665
평균 절대 오차(Mean of Absolute Errors)/MAE:  1.8575206018582857
평균 백분오차 비율(Mean of Percentage Errors)/MPE:  -0.008724324108801148
평균 절대 백분오차 비율(Mean of Absolute Percentage Errors)/MAPE:  0.0951814783833173
```

(3) 실제값과 예측값 사이의 회귀분석 모형 결과를 시각화하여 나타내기 위해 sklearn.linear_model 라이브러리의 LinearRegression() 모듈을 이용하여 선형회귀식을 만들고 이를 그래프로 표현한다. 그리고 fit.resid.mean() 함수로 실제값과 예측값 사이의 잔차[Residuals, 주어진 실제값과 선형회귀 모형식으로 구한 값 사이의 차이(오차)]를 구하여 모형의 예측 정확도를 평가한다.

```python
from google.colab import drive   #구글 드라이브 코랩 마운트
drive.mount('/content/drive')    #구글 드라이브 연결
import pandas as pd   #판다스 라이브러리
from statsmodels.formula.api import ols  #선형회귀분석 모형(statsmodels), Ordinary Least Squares(OLS)
import math    #수학 함수(sqrt 등) 라이브러리
from sklearn.linear_model import LinearRegression  #선형회귀 모형
import matplotlib.pyplot as plt    #맷플롯립 라이브러리
import warnings
warnings.filterwarnings('ignore')
data = pd.read_csv('/content/drive/MyDrive/work/mtcars.csv', header=0, index_col=0)
     #분석용 데이터 읽기(절대경로명 사용) / 데이터출처: R Datasets
     #header=0: 컬럼명이 첫 번째 행에 위치
     #index_col=0: 첫 컬럼을 인덱스 열로 사용
print(data.head())
x = data[['disp', 'hp', 'wt', 'qsec']]
     #독립변수(배기량(cc), 마력, 무게(1000lbs), 1/4마일도달시간)
y = data['mpg']   #종속변수(연비,miles/gallon)
fit = ols('y ~ x', data=data).fit()   #다중 선형회귀분석 모형 구축
print(fit.summary())    #회귀분석모형 적합결과 요약
data['pred'] = fit.fittedvalues
print('$$$ 잔차값, Residuals, 첫5행')
print(fit.resid[:5])
print('잔차값의 평균: ', end=''); print(fit.resid.mean())
model = LinearRegression()
model.fit(data[['mpg']], data['pred'])  #모형 적합(DataFrame, Series)
y_fit = model.predict(y.to_numpy().reshape(-1,1))
plt.figure(figsize=(10,5))
plt.scatter(y, data['pred'])
plt.plot(y, y_fit, color='red')
plt.xlabel('Actual_mpg (miles/gallon)')
plt.ylabel('Predictive_mpg (miles/galllon)')
plt.legend(('Actual Value', 'Predictive Value'), loc='center right'); plt.show()
```

(4) (실제값, 예측값)을 이용하여 최적의 선형회귀식을 그래프(선, Predictive Value)로 시각화하여 나타내면 다음과 같다. 직선상의 위치에 있는 (실제값, 예측값)=(Actual, Predictive)일수록 예측의 정확도가 높음을 뜻한다.

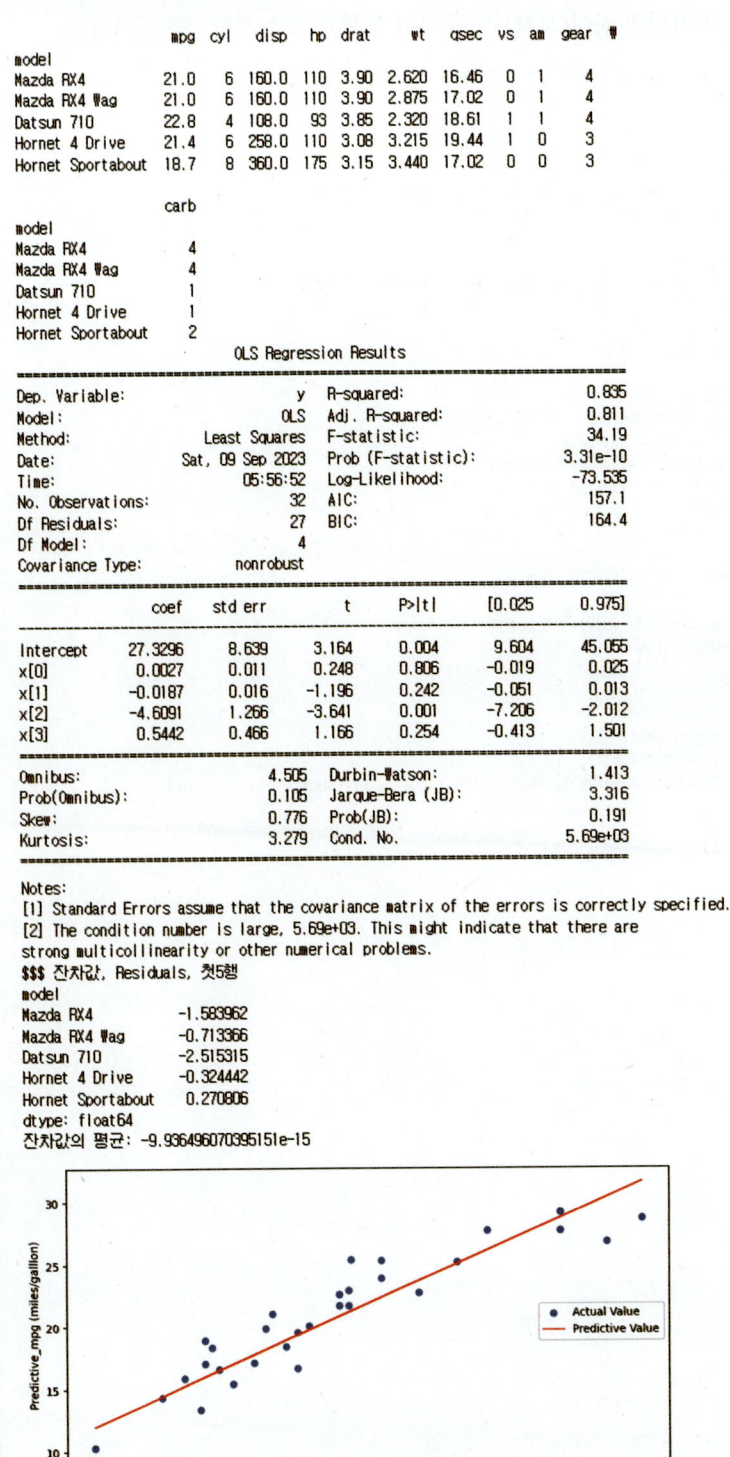

3 의사결정나무

(1) 독립변수(x)와 종속변수(y)를 정의하고, 30%의 검증데이터와 70%의 훈련데이터를 랜덤 추출한다. sklearn.tree 라이브러리의 DecisionTreeRegressor(max_depth=3, random_state=55)으로 연속형 변수를 예측하기 위한 결정트리 모형을 구축한다. max_depth=3은 생성되는 결정트리의 최대 깊이로서, 트리의 분할을 얼마나 깊게 할 것인지를 정한다. 최대 깊이를 3으로 설정하는 경우, 트리는 3단계 아래로 깊게 나눠지 않게 된다. 이 값을 이용하여 모형이 너무 복잡해지는 것을 방지하고 일반화 성능을 향상시킬 수 있다. 훈련데이터를 이용하여 모형을 적합[model.fit(trainx, trainy)]시키고, 검증데이터를 이용하여 종속변수를 예측[model.predict(testx)]한다. sklearn. metrics 라이브러리에서 제공하는 성능평가 지표(MSE, MAE)를 이용하여 예측 성능을 평가할 수 있으며, 입력 변수들에 대한 특성의 중요도를 평가(model.feature_importances_)한다. 회귀모형의 경우 model.score()의 값은 결정계수(R Squared)를 나타내며, 이 값은 0에서 1까지의 값을 가지며, 1에 가까울수록 모형이 데이터를 잘 설명한다는 것을 의미한다.

- x=data[['disp', 'hp', 'wt', 'qsec']] : 독립변수
- y=data['mpg'] : 종속변수
- trainx, testx, trainy, testy=train_test_split(x, y, test_size=0.3, random_state=55) : (훈련, 검증) 데이터 랜덤 추출(검증데이터=30%)
- model=DecisionTreeRegressor(max_depth=3, random_state=55) : 연속형 변수 예측을 위한 결정트리 모형, 최대 깊이(max_depth)=3
- results=model.fit(trainx, trainy) : 훈련데이터를 이용한 모형 적합(훈련)
- model.score(trainx, trainy) : 훈련데이터에 대한 성능(결정계수)
- model.predict(testx) : 검증데이터를 이용한 예측값
- mean_squared_error(testy, ypred) : (실제값, 예측값) MSE(Mean Squared of Errors)
- mean_absolute_error(testy, ypred) : (실제값, 예측값) MAE(Mean of Absolute Errors)
- model.score(testx, testy) : 검증데이터에 대한 성능(결정계수)
- model.feature_importances_ : 특성 중요도, 어떤 입력 특성이 얼마나 중요한지를 나타내는 지표

(2) 여기서 특성 중요도(Feature Importances)는 모형이 입력으로 받는 다양한 특성(Features)들이 결과에 미치는 영향력을 평가하는 지표로서, 특성 중요도가 높을수록 해당 특성이 모형 예측에 더 중요한 역할을 한다고 볼 수 있다. 하지만, 중요한 특성만이 중요한 것은 아니며, 모형의 복잡성과 데이터의 특성에 따라 여러 특성이 결합하여 결과에 영향을 미칠 수 있다. 따라서 중요한 특성만을 고려하는 것이 아니라 전체적인 맥락을 이해하는 것이 중요하다. 또한, 특성 중요도는 분석 모형의 종류와 사용된 평가지표에 따라 다를 수 있으며, 하나의 분석 모형에서 중요한 특성일 수 있지만, 다른 모형에서는 중요하지 않을 수 있다.

(3) DecisionTreeRegressor(max_depth=3, random_state=55)를 이용한 연속형 변수 예측을 위한 결정트리 분석 모형은 다음과 같다.

```python
from google.colab import drive    #구글 드라이브 코랩 마운트
drive.mount('/content/drive')     #구글 드라이브 연결
import pandas as pd   #판다스
from sklearn.tree import DecisionTreeRegressor   #연속형 변수 예측을 위한 결정트리 모형
from sklearn.model_selection import train_test_split  #(학습, 검증) 데이터 랜덤 추출
from sklearn.metrics import mean_squared_error   #MSE (평균 제곱 오차) 계산
from sklearn.metrics import mean_absolute_error  #MAE (평균 절대 오차) 계산
from sklearn.tree import plot_tree                #결정트리(의사결정나무) 작성
import matplotlib.pyplot as plt
data = pd.read_csv('/content/drive/MyDrive/work/mtcars.csv', header=0, index_col=0)
  #분석용 데이터 읽기(절대경로명 사용) / 데이터출처: R Datasets
  #header=0: 컬럼명이 첫 번째 행에 위치
  #index_col=0: 첫 컬럼을 인덱스 열로 사용
print(data.head())
x = data[['disp', 'hp', 'wt', 'qsec']]
    #독립변수(배기량(cc), 마력, 무게(1000lbs), 1/4마일도달시간)
y = data['mpg']   #종속변수(연비, miles/gallon)
trainx, testx, trainy, testy = train_test_split(x, y, test_size=0.3, random_state=55)
    #데이터 분할: 훈련집합(trainx, trainy), 검증집합(testx, testy)
    #random_state: 랜덤 데이터 발생시 초기seed값(동일값인 경우 수행시 마다 동일한 결과(정확도) 출력)
model = DecisionTreeRegressor(max_depth=3, random_state=55) #결정트리 모형
results = model.fit(trainx, trainy)   #훈련데이터 적합(훈련)
print(model.score(trainx, trainy))    #훈련데이터 성능
ypred = model.predict(testx)          #검증데이터 예측
print(ypred[:10])
mse = mean_squared_error(testy, ypred)
print('평균 제곱 오차(Mean Squared Error): ', end=''); print(round(mse, 4))
mae = mean_absolute_error(testy, ypred)
print('평균 절대 오차(Mean Absolute Error): ', end=''); print(round(mae, 4))
print('의사결정나무 분석모형 성능(정확도(%)/Rsquared, 훈련 데이터세트): ', end=''); print(100*model.score(trainx, trainy))
    #훈련집합에 대한 성능(정확도)
print('의사결정나무 분석모형 성능(정확도(%)/Rsquared, 검증 데이터세트): ', end=''); print('', end=''); print(100*model.score(testx, testy))
    #검증집합에 대한 성능(정확도)
print('특성 중요도: ', end=''); print(model.feature_importances_)
plt.figure(figsize=(10,5))
plot_tree(model); plt.show()
```

(4) 수행 결과로부터, 분석 모형의 예측 성능은 MSE=31.7811, MAE=4.4611이다. sklearn.tree 라이브러리의 plot_tree와 matplotlib.pyplot 라이브러리를 이용하여 의사결정나무 분석 모형 수행 결과에 대한 시각화 결과를 확인한다.

```
                  mpg  cyl  disp   hp  drat    wt   qsec  vs  am  gear  \
model
Mazda RX4        21.0    6 160.0  110  3.90 2.620 16.46   0   1     4
Mazda RX4 Wag    21.0    6 160.0  110  3.90 2.875 17.02   0   1     4
Datsun 710       22.8    4 108.0   93  3.85 2.320 18.61   1   1     4
Hornet 4 Drive   21.4    6 258.0  110  3.08 3.215 19.44   1   0     3
Hornet Sportabout 18.7   8 360.0  175  3.15 3.440 17.02   0   0     3

                  carb
model
Mazda RX4            4
Mazda RX4 Wag        4
Datsun 710           1
Hornet 4 Drive       1
Hornet Sportabout    2
0.9454044653052825
[15.68888889 15.68888889 32.4        32.4        27.9       23.6
 15.68888889 23.6        20.7        27.9       ]
평균 제곱 오차(Mean Squared Error): 31.7811
평균 절대 오차(Mean Absolute Error): 4.4611
의사결정나무 분석모형 성능(정확도(%)/Rsquared, 훈련 데이터세트): 94.54044653052826
의사결정나무 분석모형 성능(정확도(%)/Rsquared, 검증 데이터세트): 6.382855696511913
특성 중요도: [0.76645912 0.         0.19565221 0.03788866]
```

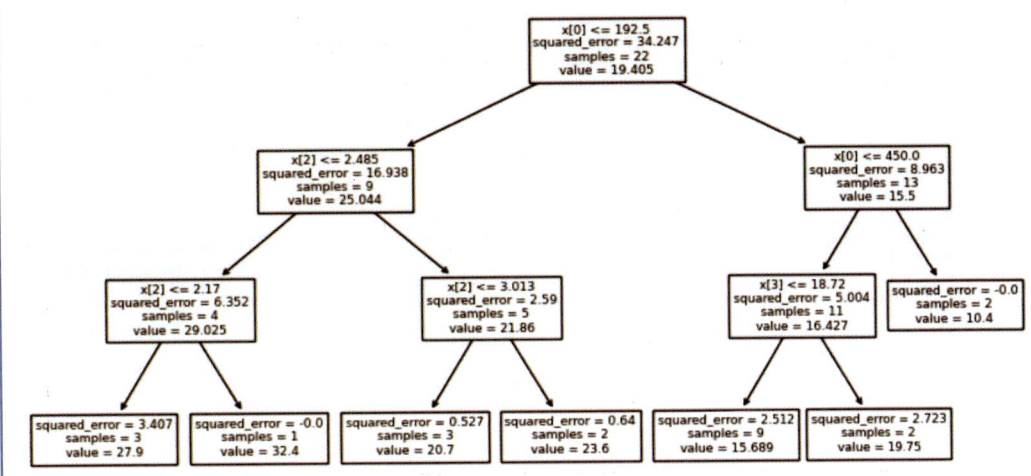

(5) 의사결정나무 분석 모형에 대한 예측 성능 결과를 시각화하여 나타내면 다음과 같다. (실제값, 예측값)으로 만들어진 선형회귀식 직선에서 데이터값(점으로 표시)들이 멀리 분포되어 있어 예측 오차가 큰 모형으로 평가된다.

```
from google.colab import drive       #라이브러리 import
drive.mount('/content/drive')        #구글 드라이브 연결
import pandas as pd
from sklearn.tree import DecisionTreeRegressor    #연속형 변수 예측을 위한 결정트리 모형
from sklearn.model_selection import train_test_split   #(학습, 검증) 데이터 랜덤 추출
from sklearn.tree import plot_tree    #결정트리(의사결정나무) 작성
from sklearn.linear_model import LinearRegression   #선형회귀 모형
import matplotlib.pyplot as plt
import warnings
warnings.filterwarnings('ignore')
data = pd.read_csv('/content/drive/MyDrive/work/mtcars.csv', header=0, index_col=0)
x = data[['disp', 'hp', 'wt', 'qsec']]
y = data['mpg']    #종속변수(연비,miles/gallon)
trainx, testx, trainy, testy = train_test_split(x, y, test_size=0.3, random_state=55)
dt = DecisionTreeRegressor(max_depth=3, random_state=55)
results = dt.fit(trainx, trainy)
ypred = dt.predict(testx)
model = LinearRegression()
model.fit(testy.to_frame(), ypred)   #모형 적합(DataFrame, Series)
y_fit = model.predict(y.to_numpy().reshape(-1,1))
plt.figure(figsize=(10,5))
plt.scatter(testy, ypred)
plt.plot(y, y_fit, color='red')
plt.xlabel('Actual_mpg (miles/gallon)')
plt.ylabel('Predictive_mpg (miles/gallon)')
plt.legend(('Actual Value', 'Predictive Value'), loc='center right'); plt.show()
```

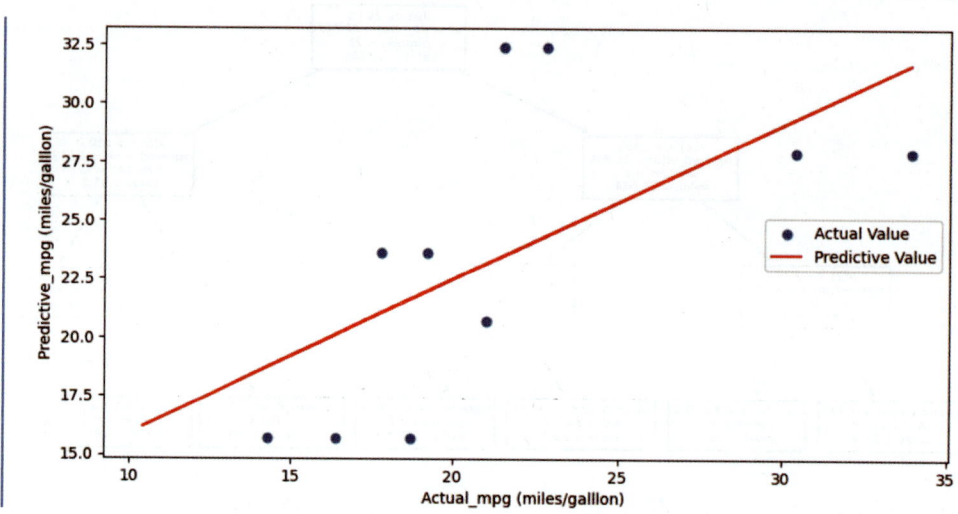

4 인공신경망

(1) 독립변수(x)와 종속변수(y)를 정의하고 데이터 전처리 작업을 수행[MinMaxScaler()]하고, (훈련, 검증) 데이터를 랜덤 추출한다. tensorflow 라이브러리의 keras()를 이용하여 인공신경망을 구축한다. 그리고 모형을 컴파일[model.compile(optimizer='adam', loss='mean_squared_error')]하고, 훈련[model.fit(trainx, trainy, epochs=100, batch_size=16, verbose=0)]시키며, 검증 데이터를 평가[model.evaluate(testx, testy)]하고 예측[model.predict(testx)]한다.

(2) 여기서 optimizer='adam'은 최적화 알고리즘으로 'adam'을 사용하며, adam은 경사하강법을 기반으로 한 알고리즘으로 모형의 가중치를 업데이트하여 손실함수를 최소화하는 방향으로 모형을 학습시킨다. loss='mean_squared_error'는 손실함수(Loss Function)를 지정하는 부분이며, 손실함수로 평균 제곱오차를 사용하고 이 손실함수 값이 최소화되도록 가중치를 조정한다. 훈련데이터를 이용한 학습 방법에서 epochs=100은 전체 학습 데이터세트를 몇 번 반복해서 학습할 것인지를 결정하는 하이퍼 파라미터이며, 100번의 epochs 동안 모형을 학습한다.

(3) batch_size=16은 Mini-Batch Gradient Descent(미니배치 경사하강법)을 사용할 때 한 번에 처리하는 데이터 샘플의 개수를 지정하며, 한 번에 16개의 데이터 샘플을 사용하여 가중치를 업데이트한다. verbose=0은 학습 과정에서 출력을 지정하지 않는 파라미터이다.

(4) (실제값, 예측값)을 result 데이터프레임에 저장하며, 예측값은 표준화되기 전의 값으로 변환하여 저장한다. 예측 분석 모형의 성능을 평가하기 위해 MAE, MSE, RMSE, MSLE, MAPE, MPE 지표를 평가한다.

- x=data[['disp', 'hp', 'wt', 'qsec']].to_numpy() : 독립변수
- y=data[['mpg']].to_numpy() : 종속변수
- scaler=MinMaxScaler() : 데이터 전처리(최소-최대 척도 변환)
- trainx, testx, trainy, testy=train_test_split(xscaled, yscaled, test_size=0.3, random_state=55) : (훈련, 검증) 데이터 랜덤 추출(검증데이터=30%)
- model=keras.Sequential([: 인공신경망 모형 정의
    keras.layers.Input(shape=(trainx.shape[1],)), : 입력 레이어 정의
    keras.layers.Dense(64, activation='relu'), : 은닉 레이어 정의
    keras.layers.Dense(1) : 출력 레이어 정의
  ])
- model.compile(optimizer='adam', loss='mean_squared_error') : 모형 컴파일
- model.fit(trainx, trainy, epochs=100, batch_size=16, verbose=0) : 모형 훈련
- loss = model.evaluate(testx, testy) : 검증데이터 평가(손실값)
- predictions_scaled=model.predict(testx) : 검증데이터 예측
- predictedValue=(y.max()− y.min())*predictions_scaled+y.min() : 표준화 전 값으로 변환
- result=pd.DataFrame(np.zeros((testx.shape[0],2)), columns=['Actual','Prediction']) : 데이터프레임 초기화(0으로 저장)
- result['Actual']=pd.DataFrame((y.max()− y.min())*testy+y.min()) : 실제값
- result['Prediction']=pd.DataFrame(predictedValue) : 예측값
- mean_absolute_error(result['Actual'], result['Prediction']) : MAE(Mean of Absolute Errors), 평균 절대오차
- mean_squared_error(result['Actual'], result['Prediction']) : MSE(Mean of Squared Errors), 평균 제곱오차
- np.sqrt(mean_squared_error(result['Actual'], result['Prediction'])) : RMSE(Root Mean of Squared Errors), 평균 제곱근오차
- mean_squared_log_error(result['Actual'], result['Prediction']) : MSLE(Mean Squared Logarithmic Error), 평균 제곱 로그오차
- np.mean(np.abs((yt−yp)/yt)*100) : MAPE(Mean of Absolute Percentage Errors), 평균 절대 백분오차 비율
- np.mean((yt−yp)/yt*100) : MPE(Mean of Percentage Errors), 평균 백분오차 비율

(5) tensorflow 라이브러리의 keras()를 이용한 인공신경망 구축 방법을 설명하면 다음과 같다.

- keras.Sequential([ ]) : Sequential 모형을 정의하는 시작 부분
- keras.layers.Input(shape=(trainx.shape[1],)) : 입력 레이어 정의, shape는 입력 데이터의 형태 지정, 입력 데이터의 열 수(trainx.shape[1])에 해당하는 형태 지정
- keras.layers.Dense(64, activation='relu') : 은닉 레이어 정의, Dense는 모든 입력 뉴런과 출력 뉴런 사이의 연결 지정(64개의 뉴런을 가진 은닉 레이어 생성), 활성화 함수로 ReLU(Rectified Linear Activation) 사용(ReLU는 주로 음수 입력을 0으로 만들어 양수 입력을 그대로 전달하는 함수)
- keras.layers.Dense(1) : 출력 레이어 정의, 하나의 출력 뉴런을 가진 출력 레이어 생성(차량의 연비값 예측)

(6) 인공신경망 구축 모형은 다음과 같다.

```python
from google.colab import drive      #구글 드라이브 코랩 마운트
drive.mount('/content/drive')       #구글 드라이브 연결
from tensorflow import keras        #케라스 라이브러리
import pandas as pd                 #판다스 라이브러리
from sklearn.preprocessing import MinMaxScaler   #데이터 전처리, 표준화(MinMax)
from sklearn.model_selection import train_test_split  #(학습, 검증) 데이터 랜덤 추출
from sklearn.metrics import mean_absolute_error  #MAE 계산 모듈
from sklearn.metrics import mean_squared_error   #MSE 계산 모듈
from sklearn.metrics import mean_squared_log_error  #MSLE 계산 모듈
import numpy as np    #넘파이 라이브러리
data = pd.read_csv('/content/drive/MyDrive/work/mtcars.csv', header=0, index_col=0)
x = data[['disp', 'hp', 'wt', 'qsec']].to_numpy()
       #독립변수(배기량(cc), 마력, 무게(1000lbs), 1/4마일도달시간) / 넘파이 배열로 변환
y = data[['mpg']].to_numpy()     #종속변수(연비,miles/gallon), 넘파이 배열로 변환
scaler = MinMaxScaler()             #최소-최대 변환
xscaled = scaler.fit_transform(x) #독립변수 데이터 변환(전처리)
yscaled = scaler.fit_transform(y) #종속변수 데이터 변환(전처리)
trainx, testx, trainy, testy = train_test_split(xscaled, yscaled, test_size=0.3, random_state=55)
   #데이터 분할: 훈련집합(trainx, trainy), 검증집합(testx, testy)
   #random_state: 랜덤 데이터 발생시 초기seed값(동일값인 경우 수행시 마다 동일한 결과(정확도) 출력)
model = keras.Sequential([
    keras.layers.Input(shape=(trainx.shape[1],)),   #입력 레이어
    keras.layers.Dense(64, activation='relu'),       #은닉 레이어
    keras.layers.Dense(1)   #출력 계층(mpg 예측)
])
model.compile(optimizer='adam', loss='mean_squared_error')   #모델 컴파일
model.fit(trainx, trainy, epochs=100, batch_size=16, verbose=0)  #모델 훈련
loss  = model.evaluate(testx, testy)   #모델 평가(손실값 계산)
print('인공신경망 예측 모형 손실(Loss)/Mean Squared Error: ', loss)
predictions_scaled = model.predict(testx)   #검증데이터세트를 이용한 예측값
predictedValue = (y.max()- y.min())*predictions_scaled + y.min()  #원래의 값으로 변환(표준화전 값)
print(predictedValue[:5])   #예측값
result = pd.DataFrame(np.zeros((testx.shape[0],2)), columns=['Actual','Prediction'])
       #(행,열)=(206,2) 데이터프레임 초기화(0으로 저장)
result['Actual'] = pd.DataFrame(y.max()- y.min())*testy + y.min())  #실제값(표준화 값으로 변환)
result['Prediction'] = pd.DataFrame(predictedValue)   #예측값
print(result.head())
print('Mean Absolute Error(MAE), 평균절대오차: ', end=''); print(mean_absolute_error(result['Actual'], result['Prediction']))
print('Mean Squared Error(MSE), 평균제곱오차: ', end=''); print(mean_squared_error(result['Actual'], result['Prediction']))
print('Root Mean Squared Error(RMSE), 평균제곱근오차: ', end=''); print(np.sqrt(mean_squared_error(result['Actual'], result['Prediction'])))
print('Mean Squared Log Error(MSLE), 평균제곱로그오차: ', end=''); print(mean_squared_log_error(result['Actual'], result['Prediction']))
def MAPE(yt, yp):
    return np.mean(np.abs((yt-yp)/yt)*100)
print('Mean Absolute Percentage Error, 평균절대백분오차비율: ', end=''); print(MAPE(result['Actual'], result['Prediction']))
def MPE(yt, yp):
    return np.mean((yt-yp)/yt*100)
print('Mean Percentage Error, 평균백분오차비율: ', end=''); print(MPE(result['Actual'], result['Prediction']))
```

(7) 수행 결과는 다음과 같다. 인공신경망 예측 모형의 경우 MSE=8.85, MAE=2.538이다.

```
1/1 [==============================] - 0s 103ms/step - loss: 0.0160
인공신경망 예측 모형 손실(Loss)/Mean Squared Error:  0.01602586731314659
1/1 [==============================] - 0s 300ms/step
[[15.434247]
 [15.847725]
 [26.389214]
 [25.363522]
 [29.10584 ]]
   Actual  Prediction
0    18.7   15.434247
1    16.4   15.847725
2    21.5   26.389214
3    22.8   25.363522
4    33.9   29.105841
Mean Absolute Error(MAE), 평균절대오차: 2.538150577545166
Mean Squared Error(MSE), 평균제곱오차: 8.850285466581543
Root Mean Squared Error(RMSE), 평균제곱근오차: 2.974942935012627
Mean Squared Log Error(MSLE), 평균제곱로그오차: 0.01545880480880477
Mean Absolute Percentage Error, 평균절대백분오차비율: 11.569034073476898
Mean Percentage Error, 평균백분오차비율: -2.518529381360517
```

(8) seaborn, matplotlib.pyplot 라이브러리를 이용한 시각화 표현 방법은 다음과 같다.

```python
from google.colab import drive   #라이브러리 import
drive.mount('/content/drive')    #구글 드라이브 연결
from tensorflow import keras
import pandas as pd    #판다스 라이브러리
import numpy as np     #넘파이 라이브러리
from sklearn.preprocessing import MinMaxScaler    #데이터 전처리, 표준화(MinMax)
from sklearn.model_selection import train_test_split   #(학습, 검증) 데이터 랜덤 추출
from sklearn.metrics import classification_report, confusion_matrix
from sklearn.metrics import accuracy_score   #정확도(accuracy) 계산 모듈
import matplotlib.pyplot as plt   #matplotlib 라이브러리
import seaborn as sns
data = pd.read_csv('/content/drive/MyDrive/work/mtcars.csv', header=0, index_col=0)
x = data[['disp', 'hp', 'wt', 'qsec']].to_numpy()
y = data[['mpg']].to_numpy()   #종속변수(연비,miles/gallon), 넘파이 배열로 변환
scaler = MinMaxScaler()        #최소-최대 변환
xscaled = scaler.fit_transform(x)  #독립변수 데이터 변환(전처리)
yscaled = scaler.fit_transform(y)  #종속변수 데이터 변환(전처리)
trainx, testx, trainy, testy = train_test_split(xscaled, yscaled, test_size=0.3, random_state=55)
model = keras.Sequential([
    keras.layers.Input(shape=(trainx.shape[1],)),   #입력 레이어
    keras.layers.Dense(64, activation='relu'),      #은닉 레이어
    keras.layers.Dense(1)   #출력 계층(세먼트 강도값 예측)
])
model.compile(optimizer='adam', loss='mean_squared_error')   #모델 컴파일
model.fit(trainx, trainy, epochs=100, batch_size=16, verbose=0)  #모델 훈련
loss  = model.evaluate(testx, testy)   #모델 평가(손실값 계산)
print('인공신경망 예측 모형 손실(Loss)/Mean Squared Error: ', loss)
predictions_scaled = model.predict(testx)   #검증데이터세트를 이용한 예측값
predictedValue = (y.max()- y.min())*predictions_scaled + y.min()   #원래의 값으로 변환(표준화전 값)
print(predictedValue[:5])   #예측값
result = pd.DataFrame(np.zeros((testx.shape[0],2), columns=['Actual','Prediction'])
result['Actual'] = pd.DataFrame((y.max()- y.min())*testy + y.min())   #실제값(표준화전 값으로 변환)
result['Prediction'] = pd.DataFrame(predictedValue)   #예측값
plt.rcParams['figure.figsize']= (5, 5)   #runtime configuration parameters (가로,세로) 길이
plt.scatter(result['Actual'], result['Prediction'])   #(실제값, 예측값) 산점도 작성
sns.regplot(x='Actual', y='Prediction', data=result)  #seaborn 모듈의 선형회귀모형식 적용
plt.text(3,63, 'Dot:(Actual, Predictions), Line: Linear Regression(Seaborn)')  #그래프내 텍스트 작성
plt.xlabel('Actual') ; plt.ylabel('Prediction')   #x, y축 이름
plt.grid(); plt.show()   #격자표시, 그래프 출력
```

(9) 인공신경망 모형을 이용한 예측 모형의 경우 (실제값, 예측값)에 대한 선형회귀 직선은 다음과 같다.

```
인공신경망 예측 모형 손실(Loss)/Mean Squared Error:  0.02373046614229679
1/1 [==============================] - 0s 124ms/step
[[16.160362]
 [16.756756]
 [25.753458]
 [24.607538]
 [26.658178]]
```

Dot:(Actual, Predictions), Line: Linear Regression(Seaborn)

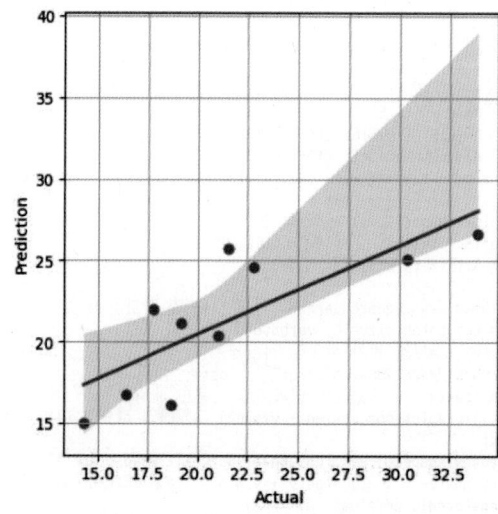

유형별 단원종합문제

작업형 제1유형
작업형 제2유형
작업형 제3유형

합격의 공식 시대에듀

많이 보고 많이 겪고 많이 공부하는 것은 배움의 세 기둥이다.

– 벤자민 디즈라엘리 –

끝까지 책임진다! 시대에듀!

빅데이터분석기사 시험과 관련된 도서 문의, 소스 코드 및 학습자료, 기타 안내사항은 저자가 운영하는 아래의 카페 가입 후 확인하실 수 있습니다.
장희선 교수 강의드림 카페(cafe.naver.com/profdream)

유형별 단원종합문제 – 작업형 제1유형

I. mtcars 데이터세트 활용 작업형 문제

mtcars 데이터세트는 1973년부터 1974년 사이 32개 자동차 모델별 성능 관련 데이터(1974년 Motor Trend US 잡지 게재)로 11개 항목에 대한 차량 정보를 나타낸다. summary(), describe() 함수를 이용하여 항목별 기술통계량의 값을 알 수 있으며, 각 항목에 대한 결측값은 없다.

- mpg : 연비(miles per gallon), cyl : 실린더의 수, disp : 배기량, hp : 마력
- drat : 후방차축 비율, wt : 무게, qsec : 1/4마일에 도달하는 데 걸린 시간
- vs : 엔진(0 : V−engine, 1 : Straight Engine), am : 변속기(0 : 자동, 1 : 수동)
- gear : (전진)기어의 개수, carb : 카뷰레터 개수

	A	B	C	D	E	F	G	H	I	J	K	L
1	model	mpg	cyl	disp	hp	drat	wt	qsec	vs	am	gear	carb
2	Mazda RX4	21	6	160	110	3.9	2.62	16.46	0	1	4	4
3	Mazda RX4 Wag	21	6	160	110	3.9	2.875	17.02	0	1	4	4
4	Datsun 710	22.8	4	108	93	3.85	2.32	18.61	1	1	4	1
5	Hornet 4 Drive	21.4	6	258	110	3.08	3.215	19.44	1	0	3	1
6	Hornet Sportabout	18.7	8	360	175	3.15	3.44	17.02	0	0	3	2
7	Valiant	18.1	6	225	105	2.76	3.46	20.22	1	0	3	1
8	Duster 360	14.3	8	360	245	3.21	3.57	15.84	0	0	3	4
9	Merc 240D	24.4	4	146.7	62	3.69	3.19	20	1	0	4	2
10	Merc 230	22.8	4	140.8	95	3.92	3.15	22.9	1	0	4	2
11	Merc 280	19.2	6	167.6	123	3.92	3.44	18.3	1	0	4	4
12	Merc 280C	17.8	6	167.6	123	3.92	3.44	18.9	1	0	4	4
13	Merc 450SE	16.4	8	275.8	180	3.07	4.07	17.4	0	0	3	3
14	Merc 450SL	17.3	8	275.8	180	3.07	3.73	17.6	0	0	3	3
15	Merc 450SLC	15.2	8	275.8	180	3.07	3.78	18	0	0	3	3
16	Cadillac Fleetwood	10.4	8	472	205	2.93	5.25	17.98	0	0	3	4
17	Lincoln Continental	10.4	8	460	215	3	5.424	17.82	0	0	3	4
18	Chrysler Imperial	14.7	8	440	230	3.23	5.345	17.42	0	0	3	4
19	Fiat 128	32.4	4	78.7	66	4.08	2.2	19.47	1	1	4	1
20	Honda Civic	30.4	4	75.7	52	4.93	1.615	18.52	1	1	4	2
21	Toyota Corolla	33.9	4	71.1	65	4.22	1.835	19.9	1	1	4	1
22	Toyota Corona	21.5	4	120.1	97	3.7	2.465	20.01	1	0	3	1
23	Dodge Challenger	15.5	8	318	150	2.76	3.52	16.87	0	0	3	2
24	AMC Javelin	15.2	8	304	150	3.15	3.435	17.3	0	0	3	2
25	Camaro Z28	13.3	8	350	245	3.73	3.84	15.41	0	0	3	4
26	Pontiac Firebird	19.2	8	400	175	3.08	3.845	17.05	0	0	3	2
27	Fiat X1-9	27.3	4	79	66	4.08	1.935	18.9	1	1	4	1
28	Porsche 914-2	26	4	120.3	91	4.43	2.14	16.7	0	1	5	2
29	Lotus Europa	30.4	4	95.1	113	3.77	1.513	16.9	1	1	5	2
30	Ford Pantera L	15.8	8	351	264	4.22	3.17	14.5	0	1	5	4
31	Ferrari Dino	19.7	6	145	175	3.62	2.77	15.5	0	1	5	6
32	Maserati Bora	15	8	301	335	3.54	3.57	14.6	0	1	5	8
33	Volvo 142E	21.4	4	121	109	4.11	2.78	18.6	1	1	4	2

> **Q-01** 연비가 높은 순서대로 데이터를 정렬한 후, 연비가 높은 상위 10개 차량에 대한 데이터를 이용한다. 카뷰레터의 수(carb)가 2개인 경우 마력의 평균값과 카뷰레터의 수가 1개인 경우 마력의 평균값의 차이를 출력하시오.

정답 5.2

해설 연비의 내림차순 정렬을 수행[df.sort_values('mpg', ascending=False)]한 데이터를 저장(dfnew)한다. 연비가 높은 상위 10개의 데이터를 확인하고, 카뷰레터 수가 2개인 경우(carb=2)의 평균 마력을 carb2_hp에 저장한다. 그리고 carb=1개인 경우의 평균 마력을 carb1_hp에 저장 후, 평균값의 차이를 구한다.

- dfnew=df.sort_values('mpg', ascending=False) : 연비(mpg) 내림차순 정렬
- df1=dfnew.iloc[0:10,] : 10개 행 데이터 추출
- cond2=df1['carb']==2 : carb=2개인 경우
- carb2_hp=df1[cond2].hp.mean() : carb=2개인 차량의 마력의 평균
- cond1=df1['carb']==1 : carb=1개인 경우
- carb1_hp=df1[cond1].hp.mean() : carb=1개인 차량의 마력의 평균
- carb2_hp−carb1_hp : 평균값의 차이
- round(carb2_hp−carb1_hp, 3) : 소수점 이하 넷째 자리에서 반올림(셋째 자리까지 출력)

```
from google.colab import drive  #구글 드라이브 코랩 마운트
drive.mount('/content/drive')   #구글 드라이브 연결
import pandas as pd   #판다스 라이브러리 import
df = pd.read_csv('/content/drive/MyDrive/work/mtcars.csv', index_col=0)
    #분석용 데이터 읽기(절대경로명 사용) / 데이터출처: 캐글(https://www.kaggle.com/)
dfnew = df.sort_values('mpg', ascending=False)  #mpg(연비) 내림차순(ascending=False) 정렬하여 dfnew에 저장
df1 = dfnew.iloc[0:10,]  #0~9(10개) 행 데이터 추출
print(df1)               #연비가 높은 상위 10개 차량 데이터 출력
cond2 = df1['carb'] == 2  #카뷰레터(carb)의 수가 2개인 경우 조건
carb2_hp = df1[cond2].hp.mean()   #carb=2개인 차량의 마력의 평균
print(carb2_hp)          #carb=2개인 차량의 마력의 평균 출력
cond1 = df1['carb'] == 1   #카뷰레터(carb)의 수가 1개인 경우 조건
carb1_hp = df1[cond1].hp.mean()   #carb=1개인 차량의 마력의 평균
print(carb1_hp)          #carb=1개인 차량의 마력의 평균 출력
print(carb2_hp-carb1_hp)  #carb가 2개인 경우와 1개인 경우 마력 평균값의 차이 출력
print(round(carb2_hp - carb1_hp, 3))  #소수점 이하 네째자리에서 반올림(세째자리까지 출력)
```

```
                mpg  cyl   disp    hp  drat     wt   qsec  vs  am  gear  carb
model
Toyota Corolla  33.9    4   71.1   65  4.22  1.835  19.90   1   1     4     1
Fiat 128        32.4    4   78.7   66  4.08  2.200  19.47   1   1     4     1
Lotus Europa    30.4    4   95.1  113  3.77  1.513  16.90   1   1     5     2
Honda Civic     30.4    4   75.7   52  4.93  1.615  18.52   1   1     4     2
Fiat X1-9       27.3    4   79.0   66  4.08  1.935  18.90   1   1     4     1
Porsche 914-2   26.0    4  120.3   91  4.43  2.140  16.70   0   1     5     2
Merc 240D       24.4    4  146.7   62  3.69  3.190  20.00   1   0     4     2
Datsun 710      22.8    4  108.0   93  3.85  2.320  18.61   1   1     4     1
Merc 230        22.8    4  140.8   95  3.92  3.150  22.90   1   0     4     2
Toyota Corona   21.5    4  120.1   97  3.70  2.465  20.01   1   0     3     1
82.6
77.4
5.199999999999989
5.2
```

Q-02
자동차 변속기가 수동(am=1)인 차량들 중에서 4기통(cyl=4)인 데이터들의 연비(mpg)의 평균값과 마력(hp)의 표준편차의 합계를 출력하시오.

정답 50.73042

해설 조건식을 이용(df[(df['am']==1) & (df['cyl']==4)])하여 (am=1, cyl=4)인 조건을 만족하는 데이터를 저장(dfnew)한다. 그리고 연비의 평균[dfnew['mpg'].mean()]과 마력의 표준편차[dfnew['hp'].std()]를 구한다.

- dfnew=df[(df['am']==1) & (df['cyl']==4)] : 변속기가 수동(am=1)이면서 4기통(cyl=4)인 데이터 추출
- m=dfnew['mpg'].mean() : 연비의 평균
- s=dfnew['hp'].std() : 마력의 표준편차
- round(m+s, 3) : 소수점 이하 셋째 자리까지 출력

```
from google.colab import drive   #구글 드라이브 코랩 마운트
drive.mount('/content/drive')    #구글 드라이브 연결
import pandas as pd              #판다스 라이브러리 import
df = pd.read_csv('/content/drive/MyDrive/work/mtcars.csv', index_col=0)   #분석용 데이터 읽기(절대경로명 사용)
dfnew = df[(df['am'] == 1) & (df['cyl'] == 4)]   #변속기가 수동(am==1)이면서 4기통(cyl==4)인 데이터 추출
print(dfnew)   #추출 데이터 출력
m = dfnew['mpg'].mean()   #연비 평균
s = dfnew['hp'].std()     #마력 표준편차
print(m)   #연비 평균 출력
print(s)   #마력 표준편차 출력
print(m+s)   #(연비 평균)+(마력 표준편차) 출력
print(round(m+s, 3))   #소수점 이하 세째자리까지 출력
```

```
                mpg  cyl  disp   hp  drat    wt  qsec  vs  am  gear  carb
model
Datsun 710     22.8    4  108.0   93  3.85  2.320 18.61   1   1     4     1
Fiat 128       32.4    4   78.7   66  4.08  2.200 19.47   1   1     4     1
Honda Civic    30.4    4   75.7   52  4.93  1.615 18.52   1   1     4     2
Toyota Corolla 33.9    4   71.1   65  4.22  1.835 19.90   1   1     4     1
Fiat X1-9      27.3    4   79.0   66  4.08  1.935 18.90   1   1     4     1
Porsche 914-2  26.0    4  120.3   91  4.43  2.140 16.70   0   1     5     2
Lotus Europa   30.4    4   95.1  113  3.77  1.513 16.90   1   1     5     2
Volvo 142E     21.4    4  121.0  109  4.11  2.780 18.60   1   1     4     2
28.075
22.65541562503008
50.730415625030076
50.73
```

Q-03 자동 변속기인 차량(am=0)에 대한 연비의 이상값을 나타내는 차량의 수와 이상값의 평균을 출력하시오. 단, 연비의 이상값은 (연비의 평균+IQR) 이상이거나 (연비의 평균-IQR) 이하인 값이다. 여기서 IQR(Interquartile Range, 사분위수 범위, 사분범위)은 (제3사분위 값)-(제1사분위 값)=(Q3-Q1)이다.

정답 이상값을 가지는 차량의 수=6개, 이상값의 평균=18.48333

해설 자동 변속기(am=0) 차량 데이터를 저장(dfnew, 총 19개)한다. np.quantile() 함수를 이용하여 사분위수를 구한다. 사분위수 범위는 iqr=q3-q1이며, 이상값의 조건식(cond)을 이용하여 이상값에 해당하는 차량의 수 [dfnew[cond].am.count()]와 평균 연비[dfnew[cond].mpg.mean()]를 구한다.

- dfnew=df[df['am']==0] : 자동변속기(am=0) 데이터 추출
- q1=np.quantile(dfnew['mpg'], 0.25) : 1사분위수(하위 25%)
- q2=np.quantile(dfnew['mpg'], 0.5) : 2사분위수(중앙값)
- q3=np.quantile(dfnew['mpg'], 0.75) : 3사분위수(하위 75%)
- iqr=q3-q1 : 사분위수 범위
- cond=(dfnew['mpg']>=(dfnew['mpg'].mean()+iqr)) | (dfnew['mpg']<=(dfnew['mpg'].mean()-iqr)) : 이상값의 조건
- dfnew[cond].am.count() : 이상값에 해당하는 차량의 수
- dfnew[cond].mpg.mean() : 이상값의 평균 연비
- round(outlier,3) : 소수점 이하 셋째 자리까지 출력

```
from google.colab import drive   #구글 드라이브 코랩 마운트
drive.mount('/content/drive')    #구글 드라이브 연결
import pandas as pd       #판다스 라이브러리
import numpy as np        #넘파이 라이브러리
df = pd.read_csv('/content/drive/MyDrive/work/mtcars.csv', index_col=0)   #분석용 데이터 읽기(절대경로명 사용)
dfnew = df[df['am'] == 0]      #자동 변속기(am=0) 차량 추출
print(dfnew.head())
print('Quantile')
q1 = np.quantile(dfnew['mpg'], 0.25); print(q1)     #1사분위 수(하위 25%)
q2 = np.quantile(dfnew['mpg'], 0.5); print(q2)      #2사분위 수(중앙값, 하위 50%)
q3 = np.quantile(dfnew['mpg'], 0.75); print(q3)     #3사분위 수(하위 75%)
print(dfnew['mpg'].mean())     #연비의 평균
iqr = q3 - q1   #사분위 범위(사분범위) = 제3사분위수 - 제1사분위수
cond = (dfnew['mpg'] >= (dfnew['mpg'].mean() + iqr)) | (dfnew['mpg'] <= (dfnew['mpg'].mean() - iqr))
       #(조건) 연비가 (평균연비+IQR)이상이거나 (평균연비-IQR)이하인 경우
cnt = dfnew[cond].am.count(); print(cnt)   #연비가 이상값의 범위에 있는 차량의 수
outlier = dfnew[cond].mpg.mean()    #이상값의 평균연비
print(outlier); print(round(outlier,3))    #소수점 이하 세째 자리까지 출력
```

```
                    mpg  cyl  disp   hp  drat    wt   qsec  vs  am  gear  \
model
Hornet 4 Drive      21.4   6  258.0  110  3.08  3.215 19.44  1   0    3
Hornet Sportabout   18.7   8  360.0  175  3.15  3.440 17.02  0   0    3
Valiant             18.1   6  225.0  105  2.76  3.460 20.22  1   0    3
Duster 360          14.3   8  360.0  245  3.21  3.570 15.84  0   0    3
Merc 240D           24.4   4  146.7   62  3.69  3.190 20.00  1   0    4

                    carb
model
Hornet 4 Drive       1
Hornet Sportabout    2
Valiant              1
Duster 360           4
Merc 240D            2
Quantile
14.95
17.3
19.2
17.147368421052633
6
18.483333333333334
18.483
```

ⅠⅠ iris 데이터세트 활용 작업형 문제

iris 데이터세트는 Ronald Fisher에 의해 작성된 것으로 붓꽃의 생육 데이터(150개 데이터=품종별 50개×3개 품종)이다. 꽃잎의 길이(Petal.Length)와 꽃잎의 너비(Petal.Width) 그리고 꽃받침의 길이(Sepal.Length)와 꽃받침의 너비(Sepal.Width)에 따라 붓꽃의 3가지 품종(setosa, versicolor, virginica)을 구분한다.

[setosa]

[versicolor]

[virginica]

- Sepal.Length : 꽃받침의 길이, Sepal.Width : 꽃받침의 너비
- Petal.Length : 꽃잎의 길이, Petal.Width : 꽃잎의 너비
- Species : 붓꽃의 품종(setosa, versicolor, virginica)

Q-01 붓꽃 꽃잎 길이(Petal.Length)의 (평균+표준편차)와 꽃잎 너비(Petal.Width)의 (평균+표준편차)를 출력하시오. 그리고 품종이 setosa인 붓꽃의 Petal.Lengh 값에 대하여 최소-최대척도(Min-Max Scale) 변환 후 평균값과 Z-score 변환((x-평균)/표준편차) 후 평균값을 각각 출력하시오.

정답
- Petal.Length의 (평균+표준편차)=5.523298
- Petal.Width의 (평균+표준편차)=1.961571
- 최소-최대 척도 변환 후 Petal.Length의 평균값=0.5133333
- Z-score 변환 후 Petal.Length의 평균값=1.282318×10^{-16}(≈0에 가까운 값)

해설 mean(), std() 함수로 Petal.Length와 Petal.Width의 (평균+표준편차)를 구하고, 조건식을 이용하여 iris data['target']==0인 50개 자료를 저장(dfnew)한다. x.min()과 x.max() 함수를 이용하여 열기준(axis=0)으로 최솟값, 최댓값을 구하고 최소-최대 척도 변환 값을 dfnew['minmax_scale']에 저장한다. 그리고 Z-score 변환의 경우 x.mean(), x.std() 함수를 이용하여 평균과 표준편차를 구하고 Z-score 변환 데이터를 dfnew['zscore_scale']에 저장한다.

- irisdata['petal length (cm)'].mean()+irisdata['petal length (cm)'].std() : petal length의 (평균+표준편차)
- irisdata['petal width (cm)'].mean()+irisdata['petal width (cm)'].std() : petal width의 (평균+표준편차)
- dfnew=irisdata[irisdata['target']==0] : 품종=setosa인 데이터
- x=dfnew['petal length (cm)'] : 열 지정
- dfnew['minmax_scale']=(x−x.min(axis=0)) / (x.max(axis=0)−x.min(axis=0)) : 최소−최대 변환(Min−Max Scale), axis=0 : 열 기준
- round(dfnew['minmax_scale'].mean(), 4) : 최소−최대 척도 변환 후 평균
- dfnew['zscore_scale']=(x−x.mean(axis=0))/x.std(axis=0) : Z−score 변환
- round(dfnew['zscore_scale'].mean(), 20) : Z−score 변환 후 평균

```python
from sklearn.datasets import load_iris
import pandas as pd
import numpy as np
iris = load_iris() #사이킷런(sklearn에 저장되어 있는 iris 데이터 읽기)
irisdata = pd.DataFrame(data=np.c_[iris['data'], iris['target']], columns=iris['feature_names']+['target'])
print(irisdata.head())   #첫 5행 출력
print('petal length의 (평균+표준편차)')
print(irisdata['petal length (cm)'].mean()+irisdata['petal length (cm)'].std())    #petal length의 (평균+표준편차)
print(irisdata.describe())
print(irisdata.describe()['petal length (cm)']['mean'] +irisdata.describe()['petal length (cm)']['std'])
      #기술통계량(describe())으로 구하기
print('petal width의 (평균+표준편차)')
print(irisdata['petal width (cm)'].mean()+irisdata['petal width (cm)'].std())  #petal width의 (평균+표준편차)
dfnew = irisdata[irisdata['target'] == 0]   #setosa(taget=0) 품종 선택
print(dfnew.head())   #첫 5행 출력
x = dfnew['petal length (cm)']   #컬럼 지정
dfnew['minmax_scale'] =(x-x.min(axis=0)) / (x.max(axis=0)-x.min(axis=0))   #최소-최대척도
print('최소-최대 척도 변환 후 petal length의 평균')
print(round(dfnew['minmax_scale'].mean(), 4))   #소수점 이하 네째자리까지 출력
print('Z-score 변환 후 petal length의 평균')
dfnew['zscore_scale'] = (x-x.mean(axis=0))/x.std(axis=0)   #Z-score 변환
print(round(dfnew['zscore_scale'].mean(), 20))  #소수점 이하 20자리까지 출력
print(dfnew.head())   #첫 5행 출력
print(dfnew.describe())   #dfnew 기술통계량
```

수행 결과는 다음과 같다.

```
   sepal length (cm)  sepal width (cm)  petal length (cm)  petal width (cm)
0                5.1               3.5                1.4               0.2
1                4.9               3.0                1.4               0.2
2                4.7               3.2                1.3               0.2
3                4.6               3.1                1.5               0.2
4                5.0               3.6                1.4               0.2
   target
0     0.0
1     0.0
2     0.0
3     0.0
4     0.0
petal length의 (평균+표준편차)
5.5232982332594664
       sepal length (cm)  sepal width (cm)  petal length (cm)
count         150.000000        150.000000         150.000000
mean            5.843333          3.057333           3.758000
std             0.828066          0.435866           1.765298
min             4.300000          2.000000           1.000000
25%             5.100000          2.800000           1.600000
50%             5.800000          3.000000           4.350000
75%             6.400000          3.300000           5.100000
max             7.900000          4.400000           6.900000

       petal width (cm)      target
count        150.000000  150.000000
mean           1.199333    1.000000
std            0.762238    0.819232
min            0.100000    0.000000
25%            0.300000    0.000000
50%            1.300000    1.000000
75%            1.800000    2.000000
max            2.500000    2.000000
5.5232982332594664
petal width의 (평균+표준편차)
1.9615710029368
   sepal length (cm)  sepal width (cm)  petal length (cm)  petal width (cm)
0                5.1               3.5                1.4               0.2
1                4.9               3.0                1.4               0.2
2                4.7               3.2                1.3               0.2
3                4.6               3.1                1.5               0.2
4                5.0               3.6                1.4               0.2
   target
0     0.0
1     0.0
2     0.0
3     0.0
4     0.0
최소-최대 척도 변환 후 petal length의 평균
0.5133
Z-score 변환 후 petal length의 평균
-1.15796e-15
   sepal length (cm)  sepal width (cm)  petal length (cm)  petal width (cm)
0                5.1               3.5                1.4               0.2
1                4.9               3.0                1.4               0.2
2                4.7               3.2                1.3               0.2
3                4.6               3.1                1.5               0.2
4                5.0               3.6                1.4               0.2
   target  minmax_scale  zscore_scale
0     0.0      0.444444     -0.357011
1     0.0      0.444444     -0.357011
2     0.0      0.333333     -0.932836
3     0.0      0.555556      0.218813
4     0.0      0.444444     -0.357011
       sepal length (cm)  sepal width (cm)  petal length (cm)
count           50.00000         50.000000          50.000000
mean             5.00600          3.428000           1.462000
std              0.35249          0.379064           0.173664
min              4.30000          2.300000           1.000000
25%              4.80000          3.200000           1.400000
50%              5.00000          3.400000           1.500000
75%              5.20000          3.675000           1.575000
max              5.80000          4.400000           1.900000

       petal width (cm)  target  minmax_scale  zscore_scale
count         50.000000    50.0     50.000000  5.000000e+01
mean           0.246000     0.0      0.513333 -1.157963e-15
std            0.105386     0.0      0.192960  1.000000e+00
min            0.100000     0.0      0.000000 -2.660310e+00
25%            0.200000     0.0      0.444444 -3.570112e-01
50%            0.200000     0.0      0.555556  2.188133e-01
75%            0.300000     0.0      0.638889  6.506818e-01
max            0.600000     0.0      1.000000  2.522112e+00
```

한편, sklearn.preprocessing 라이브러리에서 제공되는 함수[MinMaxScaler(), minmax_scale()]를 이용하여 데이터 전처리 작업(Min－Max Scale)을 수행한다. 최소－최대 척도 변환 후, petal length의 평균 =0.5133이다.

```
from sklearn.datasets import load_iris
from sklearn.preprocessing import MinMaxScaler
from sklearn.preprocessing import minmax_scale
import pandas as pd
import numpy as np
iris = load_iris() #사이킷런(sklearn에 저장되어 있는 iris 데이터 읽기)
irisdata = pd.DataFrame(data=np.c_[iris['data'], iris['target']], columns=iris['feature_names']+['target'])
dfnew = irisdata[irisdata['target'] == 0]   #setosa(taget=0) 품종 선택
minmax1 = MinMaxScaler()            #MinMaxScaler() method 이용
d1 = minmax1.fit_transform(dfnew)    #최소-최대 척도 변환 데이터프레임(d1)
dfnew['minmax_scale1'] = d1[:,2]    #minmax_scale1 컬럼에 petal length (cm) 최소-최대척도변환값 저장
d2 = minmax_scale(dfnew)    #minmax_scale() 함수 이용
dfnew['minmax_scale2'] = d2[:,2]    #minmax_scale2 컬럼에 petal length (cm) 최소-최대척도변환값 저장
print(dfnew.head())
print('최소-최대 척도 변환 후 petal length의 평균')
print(round(dfnew['minmax_scale1'].mean(), 4))    #소수점 이하 네째자리까지 출력
print(round(dfnew['minmax_scale2'].mean(), 4))    #소수점 이하 네째자리까지 출력
   sepal length (cm)  sepal width (cm)  petal length (cm)  petal width (cm)  #
0                5.1               3.5                1.4               0.2
1                4.9               3.0                1.4               0.2
2                4.7               3.2                1.3               0.2
3                4.6               3.1                1.5               0.2
4                5.0               3.6                1.4               0.2

   target  minmax_scale1  minmax_scale2
0     0.0       0.444444       0.444444
1     0.0       0.444444       0.444444
2     0.0       0.333333       0.333333
3     0.0       0.555556       0.555556
4     0.0       0.444444       0.444444
최소-최대 척도 변환 후 petal length의 평균
0.5133
0.5133
```

sklearn.preprocessing 라이브러리의 StandardScaler()을 이용하여 Z－score 변환을 수행한다. Z－score 변환 후, petal length의 평균은 0에 가까운 값($-1.17129e-15$)을 가지게 된다.

```
from sklearn.datasets import load_iris
from sklearn.preprocessing import StandardScaler
import pandas as pd
import numpy as np
iris = load_iris() #사이킷런(sklearn에 저장되어 있는 iris 데이터 읽기)
irisdata = pd.DataFrame(data=np.c_[iris['data'], iris['target']], columns=iris['feature_names']+['target'])
dfnew = irisdata[irisdata['target'] == 0]   #setosa(taget=0) 품종 선택
zscaler = StandardScaler()        #StandardScaler() 개체 생성
d = zscaler.fit(dfnew)            #데이터 fit (평균, 표준편차 계산)
print(d)
d1 = zscaler.transform(dfnew)    #데이터 변환(Z-score 변환)
print('Z-score 변환 후 petal length의 평균')
dfnew['zscore_scale'] = d1[:,2]    #Z-score 변환값 컬럼 생성
print(round(dfnew['zscore_scale'].mean(), 20))    #소수점 이하 20자리까지 출력
print(dfnew.head())    #첫 5행 출력
print(dfnew.describe())    #dfnew 기술통계량
```

```
StandardScaler()
Z-score 변환 후 petal length의 평균
-1.17129e-15
   sepal length (cm)  sepal width (cm)  petal length (cm)  petal width (cm)
0                5.1               3.5                1.4               0.2
1                4.9               3.0                1.4               0.2
2                4.7               3.2                1.3               0.2
3                4.6               3.1                1.5               0.2
4                5.0               3.6                1.4               0.2

   target  zscore_scale
0     0.0     -0.360636
1     0.0     -0.360636
2     0.0     -0.942306
3     0.0      0.221035
4     0.0     -0.360636
       sepal length (cm)  sepal width (cm)  petal length (cm)
count           50.00000          50.000000          50.000000
mean             5.00600           3.428000           1.462000
std              0.35249           0.379064           0.173664
min              4.30000           2.300000           1.000000
25%              4.80000           3.200000           1.400000
50%              5.00000           3.400000           1.500000
75%              5.20000           3.675000           1.575000
max              5.80000           4.400000           1.900000

       petal width (cm)  target  zscore_scale
count         50.000000    50.0   5.000000e+01
mean           0.246000     0.0  -1.171285e-15
std            0.105386     0.0   1.010153e+00
min            0.100000     0.0  -2.687319e+00
25%            0.200000     0.0  -3.606358e-01
50%            0.200000     0.0   2.210349e-01
75%            0.300000     0.0   6.572879e-01
max            0.600000     0.0   2.547718e+00
```

Q-02 품종(Species)이 (versicolor, virginica)인 100개의 데이터를 이용한다. 품종이 versicolor인 붓꽃에 대해 Sepal.Length의 값이 중앙값 이상인 붓꽃의 비율을 구하고 virginica 품종에 대해서는 Petal.Length의 값이 중앙값 이상인 붓꽃의 비율을 구한다. (virginica 품종 중 Petal.Length의 값이 중앙값 이상인 붓꽃의 비율)−(versicolor 품종 중 Sepal.Length의 값이 중앙값 이상인 붓꽃의 비율)의 값을 출력하시오.

정답 0.66(66%)

해설 조건식을 이용하여 붓꽃의 품종이 (versicolor, virginica)인 100개의 데이터를 저장한다. sepal length의 중앙값(m)과 petal length의 중앙값(n)을 구한 후, 품종=versicolor인 데이터를 df1에 저장하고, 품종=virginica인 데이터를 df2에 저장한다. 각 데이터프레임의 행의 크기(.shape[0])를 이용하여 조건을 만족하는 데이터의 비율을 구한다.

- dfnew=irisdata[(irisdata['target']==1) | (irisdata['target']==2)]
- m=dfnew['sepal length (cm)'].median()
- n=dfnew['petal length (cm)'].median()
- df1=dfnew[dfnew['target']==1]
- p=len(df1[df1['sepal length (cm)']>=m]) / df1.shape[0]
- df2=dfnew[dfnew['target']==2]
- q=len(df2[df2['petal length (cm)']>=n]) / df2.shape[0]
- round(q−p, 2)

```
from sklearn.datasets import load_iris
import pandas as pd
import numpy as np
iris = load_iris() #사이킷런(sklearn에 저장되어 있는 iris 데이터 읽기)
irisdata = pd.DataFrame(data=np.c_[iris['data'], iris['target']], columns=iris['feature_names']+['target'])
dfnew = irisdata[(irisdata['target'] == 1) | (irisdata['target'] == 2)]   #(versicolor, virginica) 품종 추출
print(dfnew.shape)   #데이터프레임 (행, 열)의 수
m = dfnew['sepal length (cm)'].median()   #sepal length의 중앙값(하위 50%)
print(m)
n = dfnew['petal length (cm)'].median()   #petal length의 중앙값(하위 50%)
print(n)
df1 = dfnew[dfnew['target'] == 1]          #versicolor 품종 추출
p = len(df1[df1['sepal length (cm)'] >= m]) / df1.shape[0]   #중앙값 이상 비율 (df1.shape[0]: 행의 수)
print('sepal length 중앙값 이상 비율:', end=''); print(p)
df2 = dfnew[dfnew['target'] == 2]          #virginica 품종 추출
q = len(df2[df2['petal length (cm)'] >= n]) / df2.shape[0]   #중앙값 이상 비율 (df2.shape[0]: 행의 수)
print('petal length 중앙값 이상 비율:', end=''); print(q)
print('비율의 차이:', end=''); print(round(q-p, 2))   #비율의 차이 구하기

(100, 5)
6.3
4.9
sepal length 중앙값 이상 비율:0.28
petal length 중앙값 이상 비율:0.94
비율의 차이:0.66
```

> **Q-03** setosa 품종(Species=setosa) 데이터를 이용한다. 새로운 항목으로서 꽃받침 길이 (Sepal.Length)가 꽃받침 길이의 중앙값보다 크면 1, 꽃받침 길이의 중앙값 이하이면 0의 값을 갖는 열(항목)을 추가한다. 새로운 항목이 추가된 데이터세트에 대하여 꽃받침 길이의 중앙값보다 큰 붓꽃에 대한 (꽃받침 길이의 평균)을 출력하시오.

🔒 **정답** 5.313636

📋 **해설** 조건식을 이용하여 품종이 setosa인 붓꽃 데이터를 저장(dfnew, 50개)한다. np.where() 함수를 이용하여 꽃받침 길이가 중앙값보다 큰 경우 1, 아니면 0의 값을 갖는 새로운 항목(dfnew['value'])을 추가한다. 조건을 만족하는 데이터(중앙값보다 큰 데이터)의 개수[dfnew['value'].sum()]와 평균[df1['sepal length (cm)'].mean()]을 구한다.

- dfnew=irisdata[irisdata['target']==0] : 품종=setosa 데이터 추출
- m=dfnew['sepal length (cm)'].median() : sepal length의 중앙값
- dfnew['value']=np.where(dfnew['sepal length (cm)']>m, 1, 0) : 열 추가
- dfnew['value'].sum() : 중앙값보다 큰 개수
- df1=dfnew[dfnew['value']==1] : 중앙값보다 큰 조건을 만족하는 데이터프레임
- round(df1['sepal length (cm)'].mean(), 6) : 조건을 만족하는 sepal length의 평균

```
from sklearn.datasets import load_iris
import pandas as pd
import numpy as np
iris = load_iris() #사이킷런(sklearn에 저장되어 있는 iris 데이터 읽기)
irisdata = pd.DataFrame(data=np.c_[iris['data'], iris['target']], columns=iris['feature_names']+['target'])
dfnew = irisdata[irisdata['target'] == 0]    #setosa 품종 추출
m = dfnew['sepal length (cm)'].median()    #꽃받침 길이의 중앙값
print('꽃받침 길이의 중앙값:', end=''); print(m)
dfnew['value'] = np.where(dfnew['sepal length (cm)'] > m, 1, 0) #넘파이 np.where() 사용(중앙값보다 크면 1, 이하이면 0)
print(dfnew.head())    #첫 5행 출력
print(dfnew['value'].sum())    #중앙값보다 큰 개수
df1 = dfnew[dfnew['value'] == 1]    #중앙값보다 큰 데이터프레임
print('꽃받침 길이의 평균:', end=''); print(round(df1['sepal length (cm)'].mean(), 6))    #꽃 받침의 길이 평균

꽃받침 길이의 중앙값:5.0
   sepal length (cm)  sepal width (cm)  petal length (cm)  petal width (cm)  ₩
0                5.1               3.5                1.4               0.2
1                4.9               3.0                1.4               0.2
2                4.7               3.2                1.3               0.2
3                4.6               3.1                1.5               0.2
4                5.0               3.6                1.4               0.2

   target  value
0     0.0      1
1     0.0      0
2     0.0      0
3     0.0      0
4     0.0      0
22
꽃받침 길이의 평균:5.313636
```

Ⅲ airquality 데이터세트 활용 작업형 문제

airquality 데이터세트는 1973년 5월에서 9월까지의 뉴욕 일일 대기질 관련 데이터이며, 6개의 항목에 대해 153개의 측정 데이터를 포함한다. Ozone 항목은 37개의 결측값(NA), Solar.R 항목은 7개의 결측값이 있다.

- Ozone : 평균 오존량, Solar.R : 하루 동안의 태양 복사량, Wind : 평균 풍속, Temp : 평균 온도
- Month : 측정월, Day: 측정일

Q-01 8월 26일의 오존량(Ozone)과 태양 복사량(Solar.R)을 출력하시오. 8월(Month=8) 데이터를 data에 저장하고, Ozone 값이 8월 26일 오존량 이상인 날(일)의 수와 Solar.R 값이 8월 26일 하루 동안의 태양 복사량 이상인 날의 수의 합계와 해당 조건을 만족하는 (오존량의 평균, 태양 복사량의 평균)을 출력하시오.

정답
- 8월 26일 오존량(Ozone)=73
- 8월 26일 태양 복사량(Solar.R)=215
- 8월 26일 오존량 이상인 일수=10, 평균 오존량=100.3
- 8월 26일 태양 복사량 이상인 일수=11, 평균 태양 복사량=241.0909
- (오존량 이상인 일의 수)+(태양 복사량 이상인 일의 수)=10+11=21

해설 (Month=8, Day=26) 조건을 이용하여 8월 26일의 (평균 오존량, 태양 복사량) 값을 출력한다. 8월 자료(Month=8)를 data에 저장(총 31개)하고, 해당 조건(check1, check2)을 이용하여 각각의 일수와 평균을 구한다.

- cond=(air['Month']==8) & (air['Day']==26) : 조건식(8월 26일 데이터 추출)
- data=air[air['Month']==8] : 8월 데이터 추출
- d1=air[cond].Ozone : 조건(8월 26일)에 해당되는 Ozone
- d2=air[cond]['Solar.R'] : 조건(8월 26일)에 해당되는 Solar.R
- check1=data['Ozone']>=float(d1) : 8월 26일 Ozone 이상인 데이터
- check2=data['Solar.R']>=float(d2) : 8월 26일 Solar.R 이상인 데이터
- sum(check1) : Ozone 기준값 이상인 일수
- sum(check2) : Solar.R 기준값 이상인 일수
- data[check1].Ozone.mean() : 8월 26일 Ozone 이상인 일들의 평균 Ozone
- data[check2]['Solar.R'].mean() : 8월 26일 Solar.R 이상인 일들의 평균 Solar.R

```python
from google.colab import drive   #라이브러리 import
drive.mount('/content/drive')  #구글 드라이브 연결
import pandas as pd
air = pd.read_csv('/content/drive/MyDrive/work/airquality.csv', index_col=0)
     #분석용 데이터 읽기(절대경로명 사용) / 데이터출처: R Datasets
cond = (air['Month'] == 8) & (air['Day'] == 26)    #조건(8월 26일, Month==8 and Day =26)
data = air[air['Month'] == 8]     #조건(8월, Month=8)에 해당되는 데이터프레임 추출
print(data.shape)   #8월 데이터 개수: (행, 열) = (31, 6)
d1 = air[cond].Ozone      #기준1: 8월 26일 Ozone 값
d2 = air[cond]['Solar.R']    #기준2: 8월 26일 Solar.R 값
print('8월 26일 Ozone 값: ', end=''); print(d1)        #기준값(Ozone) 출력
print('8월 26일 Solar.R 값: ', end=''); print(d2)       #기준값(Solar.R) 출력
print(type(d1))   #데이터 타입(pandas.Series) 확인
print('----------------')
check1 = data['Ozone'] >= float(d1)    #Ozone 기준값 이상인 8월 데이터 확인 조건
check2 = data['Solar.R'] >= float(d2)   #Solar.R 기준값 이상인 8월 데이터 확인 조건
print(check1)      #Ozone 기준값 조건 확인 결과
print('8월 26일 Ozone 값 이상인 날의 수(8월): ', end=''); print(sum(check1))    #Ozone 기준값 이상인 일수
print('8월 26일 Solar.R 값 이상인 날의 수(8월): ', end=''); print(sum(check2))   #Solar.R 기준값 이상인 일수
print('8월 26일 (Ozone, Solar.R)값 이상인 날의 수 합계(8월): ', end=''); print(sum(check1)+sum(check2))
     #(Ozone, Solar.R) 기준값 이상인 날의 수 합계
print('###########################')
print('8월 26일 오존량 이상인 일들의 평균 오존량: ', end=''); print(data[check1].Ozone.mean())
     #평균 오존량 출력
print('8월 26일 Solar.R 이상인 일들의 평균 Solar.R: ', end=''); print(round(data[check2]['Solar.R'].mean(), 4))
     #평균 Solar.R 출력
```

수행 결과는 다음과 같다.

```
(31, 6)
8월 26일 Ozone 값: 118    73.0
Name: Ozone, dtype: float64
8월 26일 Solar.R 값: 118    215.0
Name: Solar.R, dtype: float64
<class 'pandas.core.series.Series'>
----------------
93     False
94     False
95     False
96     True
97     False
98     False
99     True
100    True
101    True
102    False
103    False
104    False
105    False
106    False
107    False
108    False
109    False
110    False
111    False
112    False
113    False
114    False
115    False
116    False
117    True
118    True
119    False
120    True
121    True
122    True
123    True
Name: Ozone, dtype: bool
8월 26일 Ozone 값 이상인 날의 수(8월): 10
8월 26일 Solar.R 값 이상인 날의 수(8월): 11
8월 26일 (Ozone, Solar.R)값 이상인 날의 수 합계(8월): 21
###########################
8월 26일 오존량 이상인 일들의 평균 오존량: 100.3
8월 26일 Solar.R 이상인 일들의 평균 Solar.R: 241.0909
```

Q-02 태양 복사량(Solar.R)을 내림차순 정렬한 후 전체 자료들 중 80%의 자료(122개)를 저장(data)한다. data를 이용하여 Ozone 항목의 결측값을 Ozone 항목의 평균값으로 대체한 후 Ozone 항목에 대하여 (평균값 대체 전 중앙값)−(평균값 대체 후 중앙값)을 출력하시오.

정답 −9.5

해설 air.sort_values() 함수를 이용하여 Solar.R 항목을 내림차순 정렬하고 80%의 데이터를 저장한다. 평균값으로 대체하기 전 중앙값(median_before=30.5)을 구하고 평균(40)을 결측값으로 대체[fillna() 함수 이용]한 후 (평균값 대체 전 중앙값)−(평균값 대체 후 중앙값)을 구한다. 본 예제에서는 전체 데이터들 중 랜덤하게 추출되는 데이터에 따라 결과가 달라진다.

- df=air.sort_values(['Solar.R'], ascending=False) : 태양 복사량의 내림차순 정렬
- data=df.sample(frac=0.8).reset_index(drop=True) : 전체 데이터 중 80% 랜덤 추출
- median_before=data['Ozone'].median() : Ozone 중앙값(데이터 대체 전)
- meangap=data['Ozone'].mean() : Ozone 평균(데이터 대체 전)
- sum(data['Ozone'].isna()) : Ozone의 결측값 개수
- data['Ozone']=data['Ozone'].fillna(meangap) : 결측값을 평균으로 대체
- median_after=data['Ozone'].median() : 결측값 대체 후 Ozone 중앙값
- median_before−median_after : (결측값 대체 전 중앙값)−(대체 후 중앙값)

```python
from google.colab import drive    #구글 드라이브 코랩 마운트
drive.mount('/content/drive')     #구글 드라이브 연결
import pandas as pd
air = pd.read_csv('/content/drive/MyDrive/work/airquality.csv', index_col=0)
df = air.sort_values(['Solar.R'], ascending=False)    #태양복사열의 양(Solar.R) 내림차순 정렬(ascending=False)
print(df.head())    #첫 5행 출력
data = df.sample(frac=0.8).reset_index(drop=True)
     #frac=0.8(전체 행들 중 80% 데이터 랜덤 추출, fraction), reset_index(새로운 인덱싱)
print(data.head())    #첫 5행 출력(랜덤 추출한 데이터이므로 수행할 때 마다 결과가 다름)
print(data.shape)     #전체 데이터(153개)의 80% = 122개
median_before = data['Ozone'].median()    #중앙값, skipna=True(결측값 제외)
print('Ozone의 중앙값(결측값 대체전): ', end=''); print(median_before)    #Ozone의 중앙값 출력
meangap = data['Ozone'].mean()    #평균(결측값 제외)
print('Ozone의 평균(결측값 대체전): ', end=''); print(round(meangap, 5))    #Ozone의 평균값 출력
print('######@@@@@@@@@@@')
print('Ozone의 결측값 개수: ', end=''); print(sum(data['Ozone'].isna()))    #Ozone의 결측값 개수 출력
print('----------**********')
data['Ozone'] = data['Ozone'].fillna(meangap)    #결측값을 평균값(meangap)로 대체
print(data.head())    #결측값 대체후 첫 5행 출력
print('!!!!!!!!!!!!!!!!!!!!!!!!!!!')
print('결측값 대체후 Ozone 결측값 개수 확인: ', end=''); print(sum(data['Ozone'].isna()))    #Ozone의 결측값 개수 출력
median_after = data['Ozone'].median()    #결측값 대체후 중앙값
print('결측값 대체후 Ozone의 평균: ', end=''); print(median_after)    #결측값 대체후 평균
print('(결측값대체전중앙값-결측값대체후중앙값): ', end=''); print(median_before-median_after)
     #(결측값대체전중앙값-결측값대체후중앙값) 출력
```

수행 결과는 다음과 같다.

```
    Ozone  Solar.R  Wind  Temp  Month  Day
16   14.0    334.0  11.5    64      5   16
45    NaN    332.0  13.8    80      6   14
41   39.0    323.0  11.5    87      6   10
46    NaN    322.0  11.5    79      6   15
19   30.0    322.0  11.5    68      5   19
    Ozone  Solar.R  Wind  Temp  Month  Day
0    20.0     37.0   9.2    65      6   18
1    59.0     51.0   6.3    79      8   17
2    46.0    237.0   6.9    78      9   16
3     NaN    242.0  16.1    67      6    3
4    18.0    131.0   8.0    76      9   29
(122, 6)
Ozone의 중앙값(결측값 대체전): 30.5
Ozone의 평균(결측값 대체전): 40.0
########@@@@@@@@@@
Ozone의 결측값 개수: 30
-----------**********
    Ozone  Solar.R  Wind  Temp  Month  Day
0    20.0     37.0   9.2    65      6   18
1    59.0     51.0   6.3    79      8   17
2    46.0    237.0   6.9    78      9   16
3    40.0    242.0  16.1    67      6    3
4    18.0    131.0   8.0    76      9   29
!!!!!!!!!!!!!!!!!!!!!!!!
결측값 대체후 Ozone 결측값 개수 확인: 0
결측값 대체후 Ozone의 평균: 40.0
(결측값대체전중앙값-결측값대체후중앙값): -9.5
```

Q-03 결측값이 모두 제거된 데이터를 이용하여 Ozone 항목에 대해 quantile() 함수로 사분위수를 구한다. Ozone 항목에 대한 상위 25% 이상의 값과 하위 25% 이하의 값을 모두 0으로 대체하고, 대체된 데이터세트를 이용하여 Ozone 항목에 대한 (평균＋표준편차)의 값을 출력하시오.

정답 34.53803

해설 air.dropna(axis＝0)로 결측값 제거 후 quantile() 함수를 이용하여 Ozone 항목에 대한 사분위(q)를 구한다. 조건에 따른 Ozone 항목의 값을 대체하기 위해 람다식을 정의[nam＝lambda x: 0 if ((x＞＝q3) | (x＜＝q1)) else x]하고 적용[data['Ozone'].apply(nam)]한다.

- air.isnull().sum() : 결측 데이터 확인
- data＝air.dropna(axis＝0) : 결측 데이터 제거
- q1＝data['Ozone'].quantile(q＝0.25) : Ozone의 1사분위수(하위 25%)
- q2＝data['Ozone'].quantile(q＝0.5) : Ozone의 2사분위수(중앙값)
- q3＝data['Ozone'].quantile(q＝0.75) : Ozone의 3사분위수(하위 75%)
- data['Ozone'].mean() : Ozone의 평균
- nam＝lambda x: 0 if ((x＞＝q3) | (x＜＝q1)) else x : 람다식(조건에 따른 값 지정)
- data['Ozone']＝data['Ozone'].apply(nam) : apply() 함수 적용(값 대체)
- round(data['Ozone'].mean()＋data['Ozone'].std(), 5) : 데이터 대체 후 (평균＋표준편차)

```python
from google.colab import drive   #구글 드라이브 코랩 마운트
drive.mount('/content/drive')    #구글 드라이브 연결
import pandas as pd
air = pd.read_csv('/content/drive/MyDrive/work/airquality.csv', index_col=0)
                #분석용 데이터 읽기(절대경로명 사용) / 데이터출처: R Datasets
print(air.head())             #첫 5행 출력
print(air.isnull().sum())     #결측데이터 확인(Ozone:37개, Solar.R:7개)
data = air.dropna(axis=0)     #결측데이터 제거(axis=0: 결측값 포함 행 제거)
print(data.head())            #첫 5행 출력
print(data.isnull().sum())    #결측데이터=0 확인
print('++++++++++++++++++++')
q1 = data['Ozone'].quantile(q=0.25)    #Ozone의 1사분위수(하위25%)
q2 = data['Ozone'].quantile(q=0.5)     #Ozone의 2사분위수(하위50%, 중앙값, median)
q3 = data['Ozone'].quantile(q=0.75)    #Ozone의 3사분위수(하위75%)
print('Ozone의 1사분위수: ', end=''); print(q1)  #Ozone의 1사분위수 출력
print('Ozone의 2사분위수: ', end=''); print(q2)  #Ozone의 2사분위수 출력
print('Ozone의 3사분위수: ', end=''); print(q3)  #Ozone의 3사분위수 출력
print('^^^^^^^^^^^^^^^^^^^^')
print('Ozone의 평균(데이터 대처전): ', end=''); print(data['Ozone'].mean())   #Ozone의 평균(데이터 대처전)
print('!!!!!!lambda expressions!!!!!!')
nam = lambda x: 0 if ((x>=q3) | (x<=q1)) else x
data['Ozone'] = data['Ozone'].apply(nam)   #조건(Ozone>=q3 또는 <=q1)에 해당되는 Ozone=0 (apply() 함수 적용)
print('Ozone의 평균(데이터 대처후): ', end=''); print(data['Ozone'].mean())   #Ozone의 평균(데이터 대처후)
print('Ozone의 평균+표준편차(데이터 대처후): ', end=''); print(round(data['Ozone'].mean()+data['Ozone'].std(), 5))
        #Ozone의 [평균]+[표준편차] 출력(데이터 대체후)
```

수행 결과는 다음과 같다.

```
   Ozone  Solar.R  Wind  Temp  Month  Day
1   41.0    190.0   7.4    67      5    1
2   36.0    118.0   8.0    72      5    2
3   12.0    149.0  12.6    74      5    3
4   18.0    313.0  11.5    62      5    4
5    NaN      NaN  14.3    56      5    5
Ozone      37
Solar.R     7
Wind        0
Temp        0
Month       0
Day         0
dtype: int64
   Ozone  Solar.R  Wind  Temp  Month  Day
1   41.0    190.0   7.4    67      5    1
2   36.0    118.0   8.0    72      5    2
3   12.0    149.0  12.6    74      5    3
4   18.0    313.0  11.5    62      5    4
7   23.0    299.0   8.6    65      5    7
Ozone      0
Solar.R    0
Wind       0
Temp       0
Month      0
Day        0
dtype: int64
++++++++++++++++++++
Ozone의 1사분위수: 18.0
Ozone의 2사분위수: 31.0
Ozone의 3사분위수: 62.0
^^^^^^^^^^^^^^^^^^^^
Ozone의 평균(데이터 대처전): 42.0990990990991
!!!!!lambda expressions!!!!!
Ozone의 평균(데이터 대처후): 15.82882882882883
Ozone의 평균+표준편차(데이터 대처후): 34.53803
```

유형별 단원종합문제 – 작업형 제2유형

I 범주형 변수의 분류 모형 구축 및 평가

데이터세트 : Ionosphere 데이터는 대기의 이온층(전리층) 상태(good, bad)를 34가지 항목(V1~V34)을 기준으로 분류한 자료이다. (V1, V2)를 제외한 항목(V3~V34)을 이용하여 이온층의 상태(Class)를 다음 순서대로 로지스틱 회귀분석, 서포트벡터머신, 앙상블 분석 모형을 이용하여 분류·예측하시오.

	A	B	C	D	E	F	G	H	I	J	K	L
1	model	mpg	cyl	disp	hp	drat	wt	qsec	vs	am	gear	carb
2	Mazda RX4	21	6	160	110	3.9	2.62	16.46	0	1	4	4
3	Mazda RX4 Wag	21	6	160	110	3.9	2.875	17.02	0	1	4	4
4	Datsun 710	22.8	4	108	93	3.85	2.32	18.61	1	1	4	1
5	Hornet 4 Drive	21.4	6	258	110	3.08	3.215	19.44	1	0	3	1
6	Hornet Sportabout	18.7	8	360	175	3.15	3.44	17.02	0	0	3	2
7	Valiant	18.1	6	225	105	2.76	3.46	20.22	1	0	3	1
8	Duster 360	14.3	8	360	245	3.21	3.57	15.84	0	0	3	4
9	Merc 240D	24.4	4	146.7	62	3.69	3.19	20	1	0	4	2
10	Merc 230	22.8	4	140.8	95	3.92	3.15	22.9	1	0	4	2
11	Merc 280	19.2	6	167.6	123	3.92	3.44	18.3	1	0	4	4
12	Merc 280C	17.8	6	167.6	123	3.92	3.44	18.9	1	0	4	4
13	Merc 450SE	16.4	8	275.8	180	3.07	4.07	17.4	0	0	3	3
14	Merc 450SL	17.3	8	275.8	180	3.07	3.73	17.6	0	0	3	3
15	Merc 450SLC	15.2	8	275.8	180	3.07	3.78	18	0	0	3	3
16	Cadillac Fleetwood	10.4	8	472	205	2.93	5.25	17.98	0	0	3	4
17	Lincoln Continental	10.4	8	460	215	3	5.424	17.82	0	0	3	4
18	Chrysler Imperial	14.7	8	440	230	3.23	5.345	17.42	0	0	3	4
19	Fiat 128	32.4	4	78.7	66	4.08	2.2	19.47	1	1	4	1
20	Honda Civic	30.4	4	75.7	52	4.93	1.615	18.52	1	1	4	2
21	Toyota Corolla	33.9	4	71.1	65	4.22	1.835	19.9	1	1	4	1
22	Toyota Corona	21.5	4	120.1	97	3.7	2.465	20.01	1	0	3	1
23	Dodge Challenger	15.5	8	318	150	2.76	3.52	16.87	0	0	3	2
24	AMC Javelin	15.2	8	304	150	3.15	3.435	17.3	0	0	3	2
25	Camaro Z28	13.3	8	350	245	3.73	3.84	15.41	0	0	3	4
26	Pontiac Firebird	19.2	8	400	175	3.08	3.845	17.05	0	0	3	2
27	Fiat X1-9	27.3	4	79	66	4.08	1.935	18.9	1	1	4	1
28	Porsche 914-2	26	4	120.3	91	4.43	2.14	16.7	0	1	5	2
29	Lotus Europa	30.4	4	95.1	113	3.77	1.513	16.9	1	1	5	2
30	Ford Pantera L	15.8	8	351	264	4.22	3.17	14.5	0	1	5	4
31	Ferrari Dino	19.7	6	145	175	3.62	2.77	15.5	0	1	5	6
32	Maserati Bora	15	8	301	335	3.54	3.57	14.6	0	1	5	8
33	Volvo 142E	21.4	4	121	109	4.11	2.78	18.6	1	1	4	2

Q-01 로지스틱 회귀분석 : 이온층의 상태(Class)를 분류하기 위하여 데이터세트를 훈련용과 테스트용(검증용)으로 구분하고, sklearn.linear_model 라이브러리의 LogisticRegression() 함수를 이용하여 로지스틱 회귀분석을 수행하시오. 그리고 테스트용 데이터에 대한 성능분석 결과(혼동행렬, 정확도, ROC, AUC)를 출력하시오.

정답 및 해설

① 독립변수(x)와 종속변수(y)를 정의하고 (훈련, 테스트) 데이터를 랜덤 추출(테스트용=25%)한다. 표준화 모듈[StandardScaler()]을 이용하여 데이터 전처리 작업 수행 후, LogisticRegression(C=20, max_iter=1000)로 로지스틱 회귀분석 모형을 구축한다. 여기서 C는 정규화 파라미터로 모형의 복잡성을 조절하며, 높은 C값의 경우 훈련 데이터에 더 적합하게 하지만 과대적합의 가능성이 있다. 일반적으로 C값은 양수이고 기본값=1이다. max_iter은 최적화 알고리즘이 수렴하기 위한 최대 반복 횟수로 이 값에 도달하면 최적화 프로세스가 중단(기본값=100)된다.

② 구축된 로지스틱 회귀분석 모형을 학습[model.fit(trainx_scale, trainy)]시키고 테스트용 데이터에 대한 성능[model.score(testx_scale, testy)], 혼동행렬[confusion_matrix(testy, ypred)], 주요 성능평가 지표[classification_report(testy, ypred)]를 확인한다.

- x=(df.loc[:, (df.columns !='V1') & (df.columns !='V2') & (df.columns !='Class')]).to_numpy() : 독립변수
- df['Class']=df['Class'].map({'bad':0, 'good':1}) : 문자형(object)을 범주형(정수)으로 변환
- y=df['Class'].to_numpy() : 종속변수(이온층의 상태)
- trainx, testx, trainy, testy=train_test_split(x, y, random_state=55) : (훈련, 테스트) 데이터 랜덤 추출(기본값 : 테스트 데이터 25%)
- scaler=StandardScaler() : 데이터 전처리(표준화)
- model=LogisticRegression(C=20, max_iter=1000) : 로지스틱 회귀모형(C=20 : 규제값, max_iter : 최대 반복 횟수)
- results=model.fit(trainx_scale, trainy) : 학습(적합)
- model.score(testx_scale, testy) : 테스트용 데이터에 대한 성능(정확도)
- confusion_matrix(testy, ypred) : 혼동행렬
- classification_report(testy, ypred) : 성능평가 지표
- f1_score(testy, ypred) : F1-score
- accuracy_score(testy, ypred) : 정확도
- precision_score(testy, ypred) : 정밀도
- recall_score(testy, ypred) : 재현율
- fpr, tpr, thresholds=roc_curve(testy, ypred) : ROC
- auc(fpr, tpr) : AUC

③ 로지스틱 회귀분석 모형을 구축하면 다음과 같다.

```python
from google.colab import drive    #구글 드라이브 코랩 마운트
drive.mount('/content/drive')     #구글 드라이브 연결
import pandas as pd               #판다스 라이브러리
from sklearn.linear_model import LogisticRegression  #로지스틱 회귀분석
from sklearn.preprocessing import StandardScaler     #데이터 전처리, 표준화(Z-Score)
from sklearn.model_selection import train_test_split #(학습, 검증) 데이터 랜덤 추출
from sklearn.metrics import confusion_matrix         #혼동행렬 구축 모듈
from sklearn.metrics import classification_report    #분류 모형 성능평가 지표
from sklearn.metrics import roc_curve                #분류 모형 ROC 그래프 작성
from sklearn.metrics import auc                      #AUC(Area under Curce) 값 계산
from sklearn.metrics import f1_score                 #F1-Score 계산 모듈
from sklearn.metrics import accuracy_score           #accuracy 계산 모듈
from sklearn.metrics import precision_score          #precision 계산 모듈
from sklearn.metrics import recall_score             #recall 계산 모듈
import matplotlib.pyplot as plt                      #시각화(그래프 작성)
data = pd.read_csv('/content/drive/MyDrive/work/Ionosphere.csv', index_col=0)
          #분석용 데이터 읽기(절대경로명 사용) / 데이터출처: R Datasets
df = data.dropna()  #결측값 제외
x = (df.loc[:, (df.columns != 'V1') & (df.columns != 'V2') & (df.columns != 'Class')]).to_numpy()  #(V1,V2,Class) 열삭제(독립변수)
df['Class'] = df['Class'].map({'bad':0, 'good':1})  #문자형 -> 정수형 변환
y = df['Class'].to_numpy()  #넘파이 배열 변환
trainx, testx, trainy, testy = train_test_split(x, y, random_state=55)
          #데이터 분할: 훈련집합(trainx, trainy), 테스트집합(testx, testy, 또는 검증)
scaler = StandardScaler()          #데이터 표준화 모듈(Z-Score=(x-u)/s)
scaler.fit(trainx)                 #표준화 작업
trainx_scale = scaler.transform(trainx)  #표준화 값 저장(훈련 데이터)
testx_scale = scaler.transform(testx)    #표준화 값 저장(검증 데이터)
model = LogisticRegression(C=20, max_iter=1000)  #로지스틱 회귀모형,C:규제값, max_iter:반복횟수
results = model.fit(trainx_scale, trainy)  #훈련집합으로 로지스틱 회귀모형 학습
ypred = results.predict(testx_scale)
print('훈련집합에 대한 분류 성능(정확도, %): ', end=''); print(model.score(trainx_scale, trainy)*100)
print('검증집합에 대한 분류 성능(정확도, %): ', end=''); print(model.score(testx_scale, testy)*100)
print('분류 클래스: ', end=''); print(model.classes_)
print('각 속성별 계수(coefficients)'); print(model.coef_)
print('z 절편값'); print(model.intercept_)
print('$$$ Confusion Matrix, 혼동행렬 $$$')
conf = confusion_matrix(testy, ypred); print(conf)
print('*** 분류 분석 모형 성능평가 지표 ***'); print(classification_report(testy, ypred))
print('*** F1 Score 계산 모듈 이용 ***'); print('F1-Score: ', end=''); print(f1_score(testy, ypred))
print('*** Accuracy 계산 모듈 이용 ***'); print('Accuracy (정확도): ', end='');
print(accuracy_score(testy, ypred))
print('*** Precision 계산 모듈 이용 ***'); print('Precision (정밀도): ', end='');
print(precision_score(testy, ypred))
print('*** Recall (재현율) 계산 모듈 이용 ***'); print(' Recall (재현율): ', end='');
print(recall_score(testy, ypred))
print('^^^ ROC Curve ^^^')
fpr, tpr, thresholds = roc_curve(testy, ypred)
plt.plot(fpr, tpr); plt.show()
print('** AUC, Area under ROC Curve, ROC 곡선 아래부분의 면적: ', end=''); print(auc(fpr, tpr))
```

④ 수행 결과는 다음과 같다. 테스트(검증)용 데이터에 대한 정확도=75%, AUC=0.71이다.

```
훈련집합에 대한 분류 성능(정확도, %):  93.15589353612167
검증집합에 대한 분류 성능(정확도, %):  75.0
분류 클래스:  [0 1]
각 속성별 계수(coefficients)
[[ 8.92072702e-01  3.70075877e-01  1.96830627e+00  7.11637745e-01
   8.29820727e-01  2.85570247e+00  3.13521428e+00 -7.79471652e-01
  -2.05927211e-01 -5.93367053e-02 -1.81714315e+00  1.29420640e+00
   9.95065373e-01 -8.03258379e-01  9.39123350e-01  7.50817070e-01
  -2.04321922e+00  3.73524551e-01  7.18854596e-01 -2.53793989e+00
   2.53428329e+00  1.22476439e+00  9.33226543e-01  2.16219367e+00
  -2.44838244e+00 -3.87202097e-01  1.03897230e+00  1.85704124e-01
   1.29160793e+00  2.36180700e-03 -1.26785717e+00 -1.69296805e+00]]
z 절편값
[0.99810928]
$$$ Confusion Matrix, 혼동행렬 $$$
[[18 16]
 [ 6 48]]
*** 분류 분석 모형 성능평가 지표 ***
              precision    recall  f1-score   support

           0       0.75      0.53      0.62        34
           1       0.75      0.89      0.81        54

    accuracy                           0.75        88
   macro avg       0.75      0.71      0.72        88
weighted avg       0.75      0.75      0.74        88

*** F1 Score 계산 모듈 이용 ***
F1-Score:  0.8135593220338982
*** Accuracy 계산 모듈 이용 ***
Accuracy (정확도):  0.75
*** Precision 계산 모듈 이용 ***
Precision (정밀도):  0.75
*** Recall (재현율) 계산 모듈 이용 ***
Recall (재현율):  0.8888888888888888
^^^ ROC Curve ^^^
```

** AUC, Area under ROC Curve, ROC 곡선 아래부분의 면적: 0.7091503267973855

Q-02 서포트벡터머신 : sklearn.svm 라이브러리의 SVC() 함수를 이용하여 SVM 모형을 구축하시오. (C(cost), gamma)=(10, 0.1)을 이용하고 GridSearchCV() 함수를 이용하여 최적의 파라미터를 구한 후, 기존 모형과의 성능을 비교하시오. 개선된 모형의 성능분석 결과(혼동행렬, 정확도, ROC, AUC)를 출력하시오.

정답 및 해설

① 동일한 방법으로 독립변수(x), 종속변수(y), 데이터 전처리[StandardScaler()] 작업 후 SVC(kernel='rbf', C=10, gamma=0.1, random_state=42)로 서포트벡터머신 분류 분석 모형을 구축한다. 여기서 kernel='rbf'는 커널함수로 Radial Basis Function(RBF)을 이용한다. 커널함수는 데이터를 고차원 공간으로 매핑하여 분류 작업을 수행하는 데 사용되며, rbf 커널은 비선형 문제를 다루기 위해 주로 사용되며, 데이터를 고차원 공간으로 변환하여 복잡한 결정 경계를 만든다. C=10은 정규화 파라미터로서 모형의 복잡성을 조절한다. gamma=0.1은 rbf 커널의 가우시안 함수의 너비를 제어하는 매개변수로서 gamma 값이 작으면 가우시안 함수의 너비가 넓어지고, 데이터 포인트들 사이의 영향이 더 멀리 미치게 되며, gamma 값이 크면, 가우시안 함수의 너비가 좁아져 데이터 포인트 간의 영향이 더 근접한 범위로 제한된다.

② 훈련 데이터를 이용하여 모형을 훈련[model.fit(trainx_scale, trainy)]시키고, 테스트용 데이터에 대한 예측값[results.predict(testx_scale)]을 확인하여, 성능평가 지표값을 확인한다.

- x=(df.loc[:, (df.columns != 'V1') & (df.columns != 'V2') & (df.columns != 'Class')]).to_numpy() : 독립변수
- df['Class']=df['Class'].map({'bad':0, 'good':1}) : 문자형 범주형 변환
- y=df['Class'].to_numpy() : 종속변수
- trainx, testx, trainy, testy=train_test_split(x, y, random_state=55) : (훈련, 테스트) 데이터 랜덤 추출(테스트용=25%)
- scaler=StandardScaler() : 데이터 전처리(표준화)
- model=SVC(kernel='rbf', C=10, gamma=0.1, random_state=42) : SVM
- results=model.fit(trainx_scale, trainy) : 모형 훈련
- ypred=results.predict(testx_scale) : 테스트용 데이터 예측
- model.score(testx_scale, testy) : 테스트용 데이터에 대한 성능(정확도)

③ SVM 분류 분석 모형의 구축과정은 다음과 같다.

```python
from google.colab import drive   #구글 드라이브 코랩 마운트
drive.mount('/content/drive')    #구글 드라이브 연결
import pandas as pd              #판다스 라이브러리
from sklearn.linear_model import LogisticRegression   #로지스틱 회귀분석
from sklearn.preprocessing import StandardScaler      #데이터 전처리, 표준화(Z-Score)
from sklearn.model_selection import train_test_split  #(학습, 검증) 데이터 랜덤 추출
from sklearn.metrics import confusion_matrix          #혼동행렬 구축 모듈
from sklearn.metrics import classification_report     #분류 모형 성능평가 지표
from sklearn.metrics import roc_curve                 #분류 모형 ROC 그래프 작성
from sklearn.metrics import auc                       #AUC(Area under Curce) 값 계산
from sklearn.metrics import f1_score                  #F1-Score 계산 모듈
from sklearn.metrics import accuracy_score            #accuracy 계산 모듈
from sklearn.metrics import precision_score           #precision 계산 모듈
from sklearn.metrics import recall_score              #recall 계산 모듈
import matplotlib.pyplot as plt                       #시각화(그래프 작성)
from sklearn.svm import SVC      #SVM
data = pd.read_csv('/content/drive/MyDrive/work/Ionosphere.csv', index_col=0)
      #분석용 데이터 읽기(절대경로명 사용) / 데이터출처: R Datasets
df = data.dropna()   #결측값 제외
x = (df.loc[:, (df.columns != 'V1') & (df.columns != 'V2') & (df.columns != 'Class')]).to_numpy()  #(V1, V2, Class) 열 삭제(독립변수)
df['Class'] = df['Class'].map({'bad':0, 'good':1})  #문자형 -> 정수형 변환
y = df['Class'].to_numpy()   #넘파이 배열 변환
trainx, testx, trainy, testy = train_test_split(x, y, random_state=55)
   #데이터 분할: 훈련집합(trainx, trainy), 검증집합(testx, testy)
   #random_state: 랜덤 데이터 발생시 초기seed값(동일값인 경우 동일한 결과(정확도) 출력)
scaler = StandardScaler()    #데이터 표준화 모듈(Z-Score=(x-u)/s)
scaler.fit(trainx)           #표준화 작업
trainx_scale = scaler.transform(trainx)  #표준화 값 저장(훈련 데이터)
testx_scale = scaler.transform(testx)    #표준화 값 저장(검증 데이터)
model = SVC(kernel='rbf', C=10, gamma=0.1, random_state=42)   #SVM 모델 생성
   #kernel='rbf': 커널함수 형식(RBF), (C=10, gamma=0.1): 커널함수 파라미터 지정
results = model.fit(trainx_scale, trainy)   #훈련집합으로 SVC 모형 학습
ypred = results.predict(testx_scale)
print('훈련집합에 대한 분류 성능(정확도, %): ', end=''); print(model.score(trainx_scale, trainy)*100)
print('검증집합에 대한 분류 성능(정확도, %): ', end=''); print(model.score(testx_scale, testy)*100)
accuracy = accuracy_score(testy, ypred)         #정확도
print('SVM 모형의 성능(정확도): ', end=''); print(accuracy)
print('$$$ Confusion Matrix, 혼동행렬 $$$'); conf = confusion_matrix(testy, ypred); print(conf)
print('*** 분류 분석 모형 성능평가 지표 ***')
print(classification_report(testy, ypred))
print('F1-Score:  ', end=''); print(f1_score(testy, ypred))
print('Accuracy (정확도): ', end=''); print(accuracy_score(testy, ypred))
print('Precision (정밀도): ', end=''); print(precision_score(testy, ypred))
print(' Recall (재현율): ', end='');print(recall_score(testy, ypred))
print('^^^ ROC Curve ^^^')
fpr, tpr, thresholds = roc_curve(testy, ypred)
plt.plot(fpr, tpr); plt.show()
print('** AUC, Area under ROC Curve, ROC 곡선 아래부분의 면적: ', end=''); print(auc(fpr, tpr))
```

④ SVM 분류 분석 모형의 성능은 93.2%(테스트용 데이터), AUC=0.930이다.

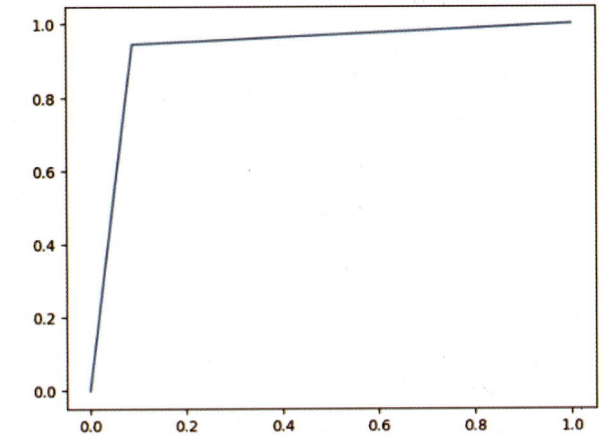

⑤ sklearn.model_selection 라이브러리의 GridSearchCV() 함수를 이용하여 SVM 모형의 성능을 개선하기 위한 최적의 파라미터[kernel, C(cost), gamma] 값을 구한다. kernel=(poly, linear, sigmoid), C=(0.1, 1, 10, 100), gamma=(0.1, 0.01, 0.001)에 대한 검토 결과, 가장 성능이 우수한 파라미터 값은 C=10, gamma=0.001, kernel='sigmoid'이다.

```python
from google.colab import drive          #구글 드라이브 코랩 마운트
drive.mount('/content/drive')            #구글 드라이브 연결
import pandas as pd
from sklearn.preprocessing import StandardScaler      #데이터 전처리, 표준화(Z-Score)
from sklearn.svm import SVC
from sklearn.model_selection import train_test_split  #(학습, 검증) 데이터 랜덤 추출
from sklearn.model_selection import GridSearchCV      #GridSearchCV 모듈(그리드 탐색)
data = pd.read_csv('/content/drive/MyDrive/work/Ionosphere.csv', index_col=0)
df = data.dropna()  #결측값 제외
x = (df.loc[:, (df.columns != 'V1') & (df.columns != 'V2') & (df.columns != 'Class')]).to_numpy()
df['Class'] = df['Class'].map({'bad':0, 'good':1})  #문자형 -> 정수형 변환
y = df['Class'].to_numpy()  #넘파이 배열 변환
trainx, testx, trainy, testy = train_test_split(x, y, random_state=55)
scaler = StandardScaler()        #데이터 표준화 모듈(Z-Score=(x-u)/s)
scaler.fit(trainx)               #표준화 작업
trainx_scale = scaler.transform(trainx)  #표준화 값 저장(훈련 데이터)
testx_scale = scaler.transform(testx)    #표준화 값 저장(검증 데이터)
model = SVC()  #SVM 모델 생성
param_grid = {
    'kernel': ['poly', 'linear', 'sigmoid'],   #kernel 함수 후보값
    'C': [0.1, 1, 10, 100],        #cost 후보 값
    'gamma': [0.1, 0.01, 0.001],   #gamma 후보값
}
grid_search = GridSearchCV(model, param_grid, cv=5, n_jobs=-1)  #그리드탐색 객체
grid_search.fit(trainx_scale, trainy)
print('가장 성능이 우수한 파라미터 값(cost, gamma)', end=''); print(grid_search.best_params_)
bestmodel = grid_search.best_estimator_
accuracy = bestmodel.score(testx_scale, testy)    #정확도
print('SVM 모형의 성능(정확도): ', end=''); print(accuracy)
```

가장 성능이 우수한 파라미터 값(cost, gamma){'C': 10, 'gamma': 0.001, 'kernel': 'sigmoid'}
SVM 모형의 성능(정확도): 0.8068181818181818

Q-03 앙상블 분석 : 아래 순서대로 랜덤 포레스트와 의사결정나무 모형을 구축하고 성능분석 결과를 비교(혼동행렬, 정확도, ROC, AUC)하시오.

🔒 정답 및 해설

① RandomForestClassifier()

  ㉠ sklearn.ensemble 라이브러리의 RandomForestClassifier() 모듈을 이용한 분류 분석 과정은 다음과 같다. 독립변수, 종속변수, (훈련용, 테스트용) 분할(테스트용=30%), 데이터 전처리 작업 후, RandomForestClassifier(n_estimators=100, random_state=42)로 랜덤 포레스트 분류 분석 모형을 구축한다. 여기서 n_estimators=100은 생성할 트리의 개수로, 랜덤 포레스트는 여러 개의 결정트리를 앙상블하여 예측을 수행하며, 이 매개변수는 생성할 트리의 개수를 조절한다. 더 많은 트리를 사용하면 모형의 안정성이 향상되고 과대적합을 줄일 수 있지만, 시간과 비용이 높아진다.

  ㉡ 모형을 훈련[model.fit(trainx_scale, trainy)]하고 테스트용 데이터에 대한 정확도[accuracy_score(testy, predictions)], 혼동행렬, 특성의 중요도 등을 확인한다. 특성의 중요도는 분류 분석에 영향을 미치는 변수들의 중요도를 나타낸다.

  - x=(df.loc[:, (df.columns !='V1') & (df.columns !='V2') & (df.columns !='Class')]).to_numpy() : 독립변수
  - y=df['Class'].to_numpy() : 종속변수
  - trainx, testx, trainy, testy=train_test_split(x, y, test_size=0.3, random_state=55) : (훈련용, 테스트용) 랜덤 추출, 테스트용=30%
  - scaler=StandardScaler() : 데이터 전처리(표준화)
  - model=RandomForestClassifier(n_estimators=100, random_state=42) : 랜덤 포레스트
  - model.fit(trainx_scale, trainy) : 모형 훈련
  - accuracy_score(testy, predictions) : 테스트용 데이터에 대한 성능(정확도)

ⓒ 랜덤 포레스트 분석 모형의 구축과정은 다음과 같다.

```python
from google.colab import drive      #구글 드라이브 코랩 마운트
drive.mount('/content/drive')        #구글 드라이브 연결
import pandas as pd                  #판다스 라이브러리
from sklearn.model_selection import train_test_split   #(학습, 검증) 데이터 랜덤 추출
from sklearn.preprocessing import StandardScaler       #데이터 전처리, 표준화(Z-Score)
from sklearn.model_selection import train_test_split   #(학습, 검증) 데이터 랜덤 추출
from sklearn.metrics import classification_report, confusion_matrix
from sklearn.metrics import accuracy_score
from sklearn.ensemble import RandomForestClassifier    #RandomForest(랜덤 포레스트)
data = pd.read_csv('/content/drive/MyDrive/work/Ionosphere.csv', index_col=0)
        #분석용 데이터 읽기(절대경로명 사용) / 데이터출처: R Datasets
df = data.dropna()   #결측값 제외
x = (df.loc[:, (df.columns != 'V1') & (df.columns != 'V2') & (df.columns != 'Class')]).to_numpy() #(V1,V2,Class)열삭제(독립변수)
df['Class'] = df['Class'].map({'bad':0, 'good':1})   #문자형 -> 정수형 변환
y = df['Class'].to_numpy()   #넘파이 배열 변환
trainx, testx, trainy, testy = train_test_split(x, y, test_size=0.3, random_state=55)
        #훈련, 검증 데이터 구분, 검증데이터세트 = 30%, 훈련데이터세트=70%
        #데이터 분할: 훈련집합(trainx, trainy), 검증집합(testx, testy)
        #random_state: 랜덤 데이터 발생시 초기seed값(동일값인 경우 동일한 결과(정확도) 출력)
scaler = StandardScaler()     #데이터 표준화 모듈(Z-Score=(x-u)/s)
scaler.fit(trainx)            #표준화 작업
trainx_scale = scaler.transform(trainx)   #표준화 값 저장(훈련 데이터)
testx_scale = scaler.transform(testx)     #표준화 값 저장(검증 데이터)
model = RandomForestClassifier(n_estimators=100, random_state=42)
        #n_estimators: 트리의 개수
model.fit(trainx_scale, trainy)
predictions = model.predict(testx_scale)
print(predictions[:10])   #분류 결과 첫 10행 출력
print('Random Forest(랜덤포레스트) 분류 모형 성능(정확도): ', end=''); print(accuracy_score(testy, predictions))
print('$$$ Confusion Matrix, 혼동행렬 $$$'); conf = confusion_matrix(testy, predictions); print(conf)
print('*** 분류 분석 모형 성능평가 지표 ***'); print(classification_report(testy, predictions))
print('!!! 특성 중요도 !!!'); print(model.feature_importances_)
```

ⓔ 수행 결과는 다음과 같다. 테스트용 데이터에 대한 분류 정확도＝90%이다.

```
[0 0 1 1 1 1 1 1 0 1]
Random Forest(랜덤포레스트) 분류 모형 성능(정확도): 0.8962264150943396
$$$ Confusion Matrix, 혼동행렬 $$$
[[28  7]
 [ 4 67]]
*** 분류 분석 모형 성능평가 지표 ***
              precision    recall  f1-score   support

           0       0.88      0.80      0.84        35
           1       0.91      0.94      0.92        71

    accuracy                           0.90       106
   macro avg       0.89      0.87      0.88       106
weighted avg       0.90      0.90      0.89       106

!!! 특성 중요도 !!!
[0.12082669 0.03968546 0.11250866 0.04774898 0.09538261 0.06198568
 0.01499966 0.01778502 0.00826812 0.02801801 0.0100553  0.02930909
 0.01747781 0.01773171 0.01291163 0.0318232  0.01536555 0.01322081
 0.02085878 0.01616311 0.01444753 0.01712973 0.00728965 0.01120415
 0.06296264 0.0233353  0.01565529 0.00992024 0.04045929 0.01355633
 0.03546267 0.0164513 ]
```

ⓜ 랜덤 포레스트 분류 분석 모형에 대한 최적의 하이퍼 파라미터를 찾기 위해 GridSearchCV() 모듈을 이용한다.

```
param_grid ={                          #파라미터 Tuning
  'n_estimators': [50, 100, 200],      #결정트리의 개수
  'max_depth': [None, 10, 20, 30],     #트리의 최대 깊이
  'min_samples_split': [2, 5, 10],     #노드분할을 위한 최소한의 샘플 데이터 수
  'min_samples_leaf': [1, 2, 4]        #리프노드가 되기 위해 필요한 최소한의 샘플 데이터 수
}
```

ⓑ 하이퍼 파라미터를 튜닝하고 최적의 파라미터에 대한 성능을 확인한다.

```python
from google.colab import drive  #구글 드라이브 코랩 마운트
drive.mount('/content/drive')   #구글 드라이브 연결
import pandas as pd             #판다스 라이브러리
from sklearn.model_selection import train_test_split   #(학습, 검증) 데이터 랜덤 추출
from sklearn.preprocessing import StandardScaler       #데이터 전처리, 표준화(Z-Score)
from sklearn.model_selection import train_test_split   #(학습, 검증) 데이터 랜덤 추출
from sklearn.metrics import classification_report, confusion_matrix
from sklearn.metrics import accuracy_score
from sklearn.model_selection import GridSearchCV       #GridSearchCV(그리드 탐색) 모듈
from sklearn.ensemble import RandomForestClassifier    #RandomForest(랜덤 포레스트)
data = pd.read_csv('/content/drive/MyDrive/work/Ionosphere.csv', index_col=0)
df = data.dropna()  #결측값 제외
x = (df.loc[:, (df.columns != 'V1') & (df.columns != 'V2') & (df.columns != 'Class')]).to_numpy()  #(V1, V2, Class) 열 삭제(독립변수)
df['Class'] = df['Class'].map({'bad':0, 'good':1})  #문자형 -> 정수형 변환
y = df['Class'].to_numpy()  #넘파이 배열 변환
trainx, testx, trainy, testy = train_test_split(x, y, test_size=0.3, random_state=55)
model = RandomForestClassifier(random_state=42)  #n_estimators: 트리의 개수
param_grid ={                          #파라미터 Tuning
  'n_estimators': [50, 100, 200],      #결정트리의 개수
  'max_depth': [None, 10, 20, 30],     #트리의 최대 깊이
  'min_samples_split': [2, 5, 10],     #노드분할을 위한 최소한의 샘플 데이터수
  'min_samples_leaf': [1, 2, 4]        #리프노드가 되기 위해 필요한 최소한의 샘플 데이터수
}
gridresult = GridSearchCV(model, param_grid, cv=5, scoring='accuracy')  #그리드 탐색
gridresult.fit(trainx, trainy)    #모형 적합
bestparam = gridresult.best_params_   #최적 파라미터 값
print('Grid 탐색을 통한 최적파라미터 값: ', end=''); print(bestparam)
bestaccuracy = gridresult.best_score_   #최적 파라미터값 적용시 정확도
print('최적 파라미터 값 적용시 RandomForest 모형의 정확도(훈련데이터세트): ', end=''); print(bestaccuracy)
bestmodel = gridresult.best_estimator_   #최적 RandomForest 모형
testaccuracy = bestmodel.score(testx, testy)  #검증데이터세트 이용한 정확도
print('검증데이터세트 이용한 정확도(최적 파라미터 적용): ', end=''); print(testaccuracy)
predictions = bestmodel.predict(testx)  #검증데이터세트 이용 출력 결과
print(predictions[:10])  #분류 결과 첫 10행 출력
print('Random Forest모형 정확도_검증데이터세트best parameters/accuracy_score(): ', end=''); print(accuracy_score(testy, predictions))
print('$$$ Confusion Matrix, 혼동행렬 $$$'); conf = confusion_matrix(testy, predictions); print(conf)
print('*** 분류 분석 모형 성능평가 지표 ***'); print(classification_report(testy, predictions))
```

ⓐ 최적의 파라미터는 {'max_depth' : None, 'min_samples_leaf' : 1, 'min_samples_split' : 2, 'n_estimators' : 100}이다. 테스트용 데이터에 대한 정확도=89.6%이다.

```
Grid 탐색을 통한 최적 파라미터 값: {'max_depth': None, 'min_samples_leaf': 1, 'min_samples_split': 2, 'n_estimators': 100}
최적 파라미터 값 적용시 RandomForest 모형의 정확도(훈련데이터세트):  0.9551020408163264
검증데이터세트 이용한 정확도(최적 파라미터 적용):  0.8962264150943396
[0 0 1 1 1 1 1 0 1]
Random Forest모형 정확도_검증데이터세트best parameters/accuracy_score():  0.8962264150943396
$$$ Confusion Matrix, 혼동행렬 $$$
[[28  7]
 [ 4 67]]
*** 분류 분석 모형 성능평가 지표 ***
              precision    recall  f1-score   support

           0       0.88      0.80      0.84        35
           1       0.91      0.94      0.92        71

    accuracy                           0.90       106
   macro avg       0.89      0.87      0.88       106
weighted avg       0.90      0.90      0.89       106
```

② DecisionTreeClassifier()

㉠ sklearn.tree 라이브러리의 DecisionTreeClassifier() 모듈을 이용한 분류 분석 모형은 다음과 같다. 독립변수, 종속변수, (훈련용, 테스트용) 분할(테스트용=30%), 데이터 전처리 작업 후, DecisionTreeClassifier(max_depth=3, random_state=42)로 결정트리 분류 분석 모형을 구축한다. 여기서 max_depth=3은 결정트리의 최대 깊이이다. 이 매개변수를 사용하여 트리의 깊이를 제한함으로써 모형의 복잡성을 조절한다. 깊이가 작을수록 모형은 단순해지고 과대적합의 위험이 감소한다.

㉡ 교차검증 기법을 이용[cross_validate()]하여 성능을 평가하고, 모형을 훈련[model.fit(x, y)]하고 실제 데이터에 대한 정확도[accuracy_score(y, predictions)], 혼동행렬, 특성의 중요도 등을 확인한다. 특성의 중요도는 분류 분석에 영향을 미치는 변수들의 중요도를 나타낸다.

> - x=(df.loc[:, (df.columns != 'V1') & (df.columns != 'V2') & (df.columns != 'Class')]).to_numpy() : 독립변수
> - y=df['Class'].to_numpy() : 종속변수
> - trainx, testx, trainy, testy=train_test_split(x, y, test_size=0.3, random_state=55) : (훈련용, 테스트용) 랜덤 추출, 테스트용=30%
> - scaler=StandardScaler() : 데이터 전처리(표준화)
> - model=DecisionTreeClassifier(max_depth=3, random_state=42) : 결정트리
> - scores=cross_validate(model, x, y, return_train_score=True) : 교차검증
> - model.fit(x, y) : 모형 훈련
> - accuracy_score(y, predictions) : 성능(정확도)

ⓒ 결정트리 분류 분석 모형의 구축과정은 다음과 같다.

```python
from google.colab import drive   #구글 드라이브 코랩 마운트
drive.mount('/content/drive')    #구글 드라이브 연결
import pandas as pd              #판다스 라이브러리
import numpy as np               #넘파이 라이브러리
from sklearn.model_selection import train_test_split   #(학습, 검증) 데이터 랜덤 추출
from sklearn.preprocessing import StandardScaler       #데이터 전처리, 표준화(Z-Score)
from sklearn.model_selection import train_test_split   #(학습, 검증) 데이터 랜덤 추출
from sklearn.metrics import classification_report, confusion_matrix
from sklearn.metrics import accuracy_score
from sklearn.model_selection import cross_validate     #교차검증
import matplotlib.pyplot as plt  #시각화
from sklearn.tree import plot_tree    #결정트리 시각화
from sklearn.tree import DecisionTreeClassifier  #사이킷런의 결정트리 알고리즘
data = pd.read_csv('/content/drive/MyDrive/work/Ionosphere.csv', index_col=0)
      #분석용 데이터 읽기(절대경로명 사용) / 데이터출처: R Datasets
df = data.dropna()   #결측값 제외
x = (df.loc[:, (df.columns != 'V1') & (df.columns != 'V2') & (df.columns != 'Class')]).to_numpy()  #(V1, V2, Class) 열 삭제(독립변수)
df['Class'] = df['Class'].map({'bad':0, 'good':1})  #문자형 -> 정수형 변환
y = df['Class'].to_numpy()   #넘파이 배열 변환
trainx, testx, trainy, testy = train_test_split(x, y, test_size=0.3, random_state=55)
      #훈련, 검증 데이터 구분, 검증데이터세트 = 30%, 훈련데이터세트=70%
      #데이터 분할: 훈련집합(trainx, trainy), 검증집합(testx, testy)
      #random_state: 랜덤 데이터 발생시 초기seed값(동일값인 경우 동일한 결과(정확도) 출력)
model = DecisionTreeClassifier(max_depth=3, random_state=42)
      #결정트리 알고리즘(max_depth=3:최대 3개의 노드까지만 성장, 가치치기, True Pruning)
scores = cross_validate(model, x, y, return_train_score=True)  #교차검증 모형에 대한 평가
print('훈련데이터세트에 대한 성능(정확도): ', end=''); print(np.mean(scores['train_score']))
print('검증데이터세트에 대한 성능(정확도): ', end=''); print(np.mean(scores['test_score']))
model.fit(x, y)       #모델 훈련(전체 데이터세트 이용하는 경우)
predictions = model.predict(x)   #훈련데이터에 대한 예측 결과
print(predictions[:10])  #분류 결과 첫 10행 출력
print('Decision Tree 분류기(결정트리 알고리즘) 정확도: ', end=''); print(accuracy_score(y, predictions))
print('$$$ Confusion Matrix, 혼동행렬 $$$'); conf = confusion_matrix(y, predictions); print(conf)
print('*** 분류 분석 모형 성능평가 지표 ***'); print(classification_report(y, predictions))
print('!!! 특성 중요도 !!!'); print(model.feature_importances_)
plt.figure(figsize=(10,8))
plot_tree(model, filled=True, feature_names=['V'+str(i) for i in range(3,35)]); plt.show()
```

ⓔ 수행 결과는 다음과 같다. 테스트용(검증용) 데이터에 대한 정확도＝87.8%이다.

```
훈련데이터세트에 대한 성능(정확도):  0.9287824097610574
검증데이터세트에 대한 성능(정확도):  0.8775855130784709
[1 0 1 0 1 0 1 0 1 0]
Decision Tree 분류기(결정트리 알고리즘) 정확도: 0.9259259259259259
$$$ Confusion Matrix, 혼동행렬 $$$
[[114  12]
 [ 14 211]]
*** 분류 분석 모형 성능평가 지표 ***
              precision    recall  f1-score   support

           0       0.89      0.90      0.90       126
           1       0.95      0.94      0.94       225

    accuracy                           0.93       351
   macro avg       0.92      0.92      0.92       351
weighted avg       0.93      0.93      0.93       351

!!! 특성 중요도 !!!
[0.02633968 0.         0.58640439 0.         0.         0.03164322
 0.         0.         0.         0.         0.         0.
 0.         0.         0.         0.         0.         0.
 0.32728788 0.         0.         0.         0.         0.
 0.02832483 0.        ]
```

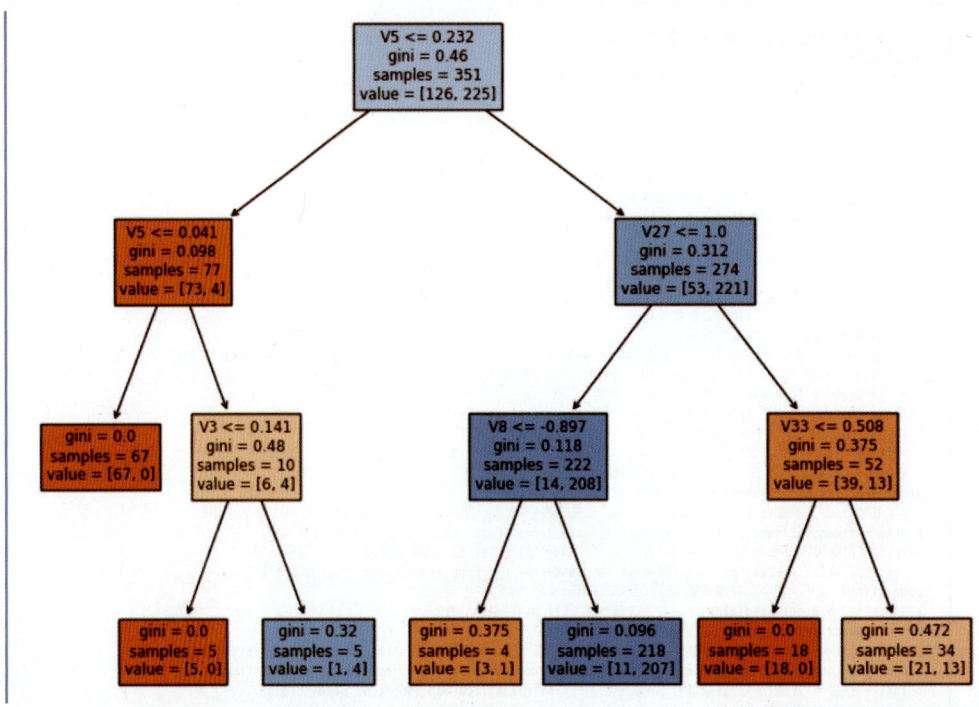

ⓓ 혼동행렬, ROC, AUC 결과는 다음과 같으며, AUC=0.89이다.

```
from google.colab import drive    #구글 드라이브 코랩 마운트
drive.mount('/content/drive')     #구글 드라이브 연결
import pandas as pd               #판다스 라이브러리
from sklearn.model_selection import train_test_split   #(학습, 검증) 데이터 랜덤 추출
from sklearn.preprocessing import StandardScaler       #데이터 전처리, 표준화(Z-Score)
from sklearn.model_selection import train_test_split   #(학습, 검증) 데이터 랜덤 추출
from sklearn.metrics import classification_report      #분류 모형 성능평가 지표
from sklearn.metrics import roc_curve                  #분류 모형 ROC 그래프 작성
from sklearn.metrics import auc                        #AUC(Area under Curve) 값 계산
from sklearn.metrics import f1_score                   #F1-Score 계산 모듈
from sklearn.metrics import accuracy_score             #accuracy 계산 모듈
from sklearn.metrics import precision_score            #precision 계산 모듈
from sklearn.metrics import recall_score               #recall 계산 모듈
from sklearn.model_selection import cross_validate     #교차검증
import matplotlib.pyplot as plt                        #시각화
from sklearn.tree import DecisionTreeClassifier        #사이킷런의 결정트리 알고리즘
data = pd.read_csv('/content/drive/MyDrive/work/Ionosphere.csv', index_col=0)
df = data.dropna()   #결측값 제외
x = (df.loc[:, (df.columns != 'V1') & (df.columns != 'V2') & (df.columns != 'Class')]).to_numpy()  #(V1, V2, Class) 열 삭제(독립변수)
df['Class'] = df['Class'].map({'bad':0, 'good':1})   #문자형 -> 정수형 변환
y = df['Class'].to_numpy()   #넘파이 배열 변환
trainx, testx, trainy, testy = train_test_split(x, y, test_size=0.3, random_state=55)
model = DecisionTreeClassifier(max_depth=3, random_state=42)
scores = cross_validate(model, x, y, return_train_score=True)   #교차검증 모형에 대한 평가
model.fit(x, y)   #모델 훈련(전체 데이터세트 이용하는 경우)
predictions = model.predict(testx)   #검증데이터에 대한 예측 결과
print('*** 분류 분석 모형 성능평가 지표 ***')
print(classification_report(testy, predictions))
print('F1-Score: ', end=''); print(f1_score(testy, predictions))
print('Accuracy (정확도): ', end=''); print(accuracy_score(testy, predictions))
print('Precision (정밀도): ', end=''); print(precision_score(testy, predictions))
print(' Recall (재현율): ', end=''); print(recall_score(testy, predictions))
print('^^^ ROC Curve ^^^')
fpr, tpr, thresholds = roc_curve(testy, predictions)
plt.plot(fpr, tpr); plt.show()
print('** AUC, Area under ROC Curve, ROC 곡선 아래부분의 면적: ', end=''); print(auc(fpr, tpr))
```

```
*** 분류 분석 모형 성능평가 지표 ***
              precision    recall  f1-score   support

           0       0.88      0.83      0.85        35
           1       0.92      0.94      0.93        71

    accuracy                           0.91       106
   macro avg       0.90      0.89      0.89       106
weighted avg       0.90      0.91      0.90       106

F1-Score:  0.9305555555555556
Accuracy (정확도):  0.9056603773584906
Precision (정밀도):  0.9178082191780822
 Recall (재현율):  0.9436619718309859
^^^ ROC Curve ^^^
```

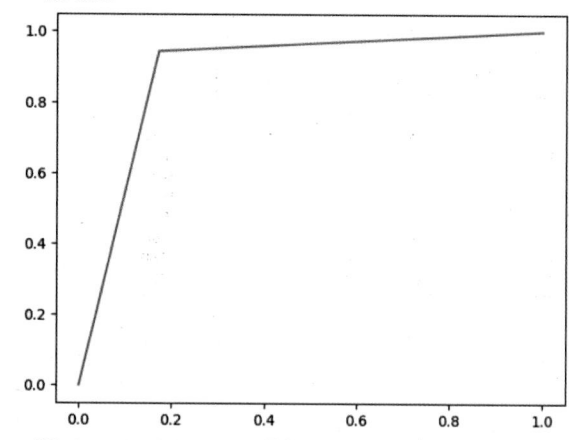

```
** AUC, Area under ROC Curve, ROC 곡선 아래부분의 면적:  0.8861167002012073
```

II. 연속형 변수의 예측 모형 구축 및 평가

데이터세트 : state.csv 데이터세트는 미국 50개 주의 (인구, 수입, 문맹률, 기대수명, 살인발생률, 고교졸업률, 서리 발생일)에 대한 데이터이다. (수입, 문맹률, 기대수명, 살인발생률, 고교졸업률, 서리 발생일)의 독립변수(Income, Illiteracy, Life.Exp, Murder, HS.Grad, Frost)를 이용하여 각 주의 인구(Population)를 예측하고, 아래 순서대로 회귀분석, 의사결정나무 모형을 이용하여 성능을 평가하시오.

	A	B	C	D	E	F	G	H	I
1		Population	Income	Illiteracy	Life.Exp	Murder	HS.Grad	Frost	Area
2	Alabama	3615	3624	2.1	69.05	15.1	41.3	20	50708
3	Alaska	365	6315	1.5	69.31	11.3	66.7	152	566432
4	Arizona	2212	4530	1.8	70.55	7.8	58.1	15	113417
5	Arkansas	2110	3378	1.9	70.66	10.1	39.9	65	51945
6	California	21198	5114	1.1	71.71	10.3	62.6	20	156361
7	Colorado	2541	4884	0.7	72.06	6.8	63.9	166	103766
8	Connecticut	3100	5348	1.1	72.48	3.1	56	139	4862
9	Delaware	579	4809	0.9	70.06	6.2	54.6	103	1982
10	Florida	8277	4815	1.3	70.66	10.7	52.6	11	54090
11	Georgia	4931	4091	2	68.54	13.9	40.6	60	58073
12	Hawaii	868	4963	1.9	73.6	6.2	61.9	0	6425
13	Idaho	813	4119	0.6	71.87	5.3	59.5	126	82677
14	Illinois	11197	5107	0.9	70.14	10.3	52.6	127	55748
15	Indiana	5313	4458	0.7	70.88	7.1	52.9	122	36097
16	Iowa	2861	4628	0.5	72.56	2.3	59	140	55941
17	Kansas	2280	4669	0.6	72.58	4.5	59.9	114	81787
18	Kentucky	3387	3712	1.6	70.1	10.6	38.5	95	39650
19	Louisiana	3806	3545	2.8	68.76	13.2	42.2	12	44930
20	Maine	1058	3694	0.7	70.39	2.7	54.7	161	30920
21	Maryland	4122	5299	0.9	70.22	8.5	52.3	101	9891
22	Massachusetts	5814	4755	1.1	71.83	3.3	58.5	103	7826
23	Michigan	9111	4751	0.9	70.63	11.1	52.8	125	56817
24	Minnesota	3921	4675	0.6	72.96	2.3	57.6	160	79289
25	Mississippi	2341	3098	2.4	68.09	12.5	41	50	47296
26	Missouri	4767	4254	0.8	70.69	9.3	48.8	108	68995
27	Montana	746	4347	0.6	70.56	5	59.2	155	145587
28	Nebraska	1544	4508	0.6	72.6	2.9	59.3	139	76483
29	Nevada	590	5149	0.5	69.03	11.5	65.2	188	109889
30	New Hampshire	812	4281	0.7	71.23	3.3	57.6	174	9027
31	New Jersey	7333	5237	1.1	70.93	5.2	52.5	115	7521
32	New Mexico	1144	3601	2.2	70.32	9.7	55.2	120	121412
33	New York	18076	4903	1.4	70.55	10.9	52.7	82	47831
34	North Carolina	5441	3875	1.8	69.21	11.1	38.5	80	48798

Q-01 회귀분석 : 다중 회귀분석 모형을 구축하고 회귀모형식을 이용하여 Population(인구)에 대한 예측값을 구하시오. 판다스와 math 라이브러리의 수학함수를 이용하여 5개의 성능평가 지표(ME, RMSE, MAE, MPE, MAPE)를 구하시오. 성능평가 지표는 ME(Mean of Errors), RMSE(Root Mean of Squared Errors), MAE(Mean of Absolute Errors), MPE(Mean of Percentage Errors), MAPE(Mean of Absolute Percentage Errors)이다.

정답 및 해설

① 다중 회귀분석을 수행하기 위하여 statsmodels.formula.api 라이브러리에서 제공되는 ols() 함수를 이용한다. 인구(Population)에 영향을 미치는 주요 항목으로 (Income, Illiteracy, Life.Exp, Murder, HS.Grad, Frost)=(수입, 문맹률, 기대수명, 살인발생율, 고교졸업율, 서리 발생일)을 선정하고 이에 대한 회귀분석 모형 구축과정은 다음과 같다.

> - x=df[['Income', 'Illiteracy', 'Life.Exp', 'Murder', 'HS.Grad', 'Frost']] : 독립변수
> - y=df['Population'] : 종속변수
> - fit=ols('y ~ x', data=df).fit() : 다중선형 회귀분석 모형
> - df['pred']=fit.fittedvalues : 예측값 저장

② 판다스와 math 라이브러리에서 제공하는 함수를 이용하여 (실제값, 예측값) 사이의 차이를 평가한다.

```
from google.colab import drive   #구글 드라이브 코랩 마운트
drive.mount('/content/drive')    #구글 드라이브 연결
import pandas as pd              #판다스 라이브러리
from statsmodels.formula.api import ols  #선형회귀분석 모형(statsmodels), Ordinary Least Squares(OLS)
import math                      #수학 함수(sqrt 등) 라이브러리
data = pd.read_csv('/content/drive/MyDrive/work/state.csv', header=0, index_col=0)
  #분석용 데이터 읽기(절대경로명 사용) / 데이터출처: R Datasets
  #header=0: 컬럼명이 첫 번째 행에 위치 / index_col=0: 첫 컬럼을 인덱스 열로 사용
df = data.copy()  #데이터프레임 복사(새로운 열 추가 사용)
x = df[['Income', 'Illiteracy', 'Life.Exp', 'Murder', 'HS.Grad', 'Frost']]
    #독립변수(수입, 문맹률, 기대수명, 살인발생율, 고교졸업률, 서리발생일)
y = df['Population']   #종속변수(인구)
fit = ols('y ~ x', data=df).fit()   #다중 선형회귀분석 모형
df['pred'] = fit.fittedvalues; print(df.head())
me = (df['Population']-df['pred']).mean()
print('평균 예측 오차(Mean of Errors)/ME: ', end=''); print(me)
mse = ((df['Population']-df['pred'])*(df['Population']-df['pred'])).mean()
print('평균 제곱 오차(Mean of Squared Errors)/MSE: ', end=''); print(mse)
rmse = math.sqrt(mse)
print('표준 오차(Root Mean of Squared Errors)/RMSE: ', end=''); print(rmse)
mae = (abs(df['Population']-df['pred'])).mean()
print('평균 절대 오차(Mean of Absolute Errors)/MAE: ', end=''); print(mae)
mpe = ((df['Population']-df['pred'])/df['Population']).mean()
print('평균 백분오차 비율(Mean of Percentage Errors)/MPE: ', end=''); print(mpe)
mape = (abs((df['Population']-df['pred'])/df['Population'])).mean()
print('평균 절대 백분오차 비율(Mean of Absolute Percentage Errors)/MAPE: ', end=''); print(mape)
```

```
            Population  Income  Illiteracy  Life.Exp  Murder  HS.Grad  Frost  \
Alabama           3615    3624         2.1     69.05    15.1     41.3     20
Alaska             365    6315         1.5     69.31    11.3     66.7    152
Arizona           2212    4530         1.8     70.55     7.8     58.1     15
Arkansas          2110    3378         1.9     70.66    10.1     39.9     65
California       21198    5114         1.1     71.71    10.3     62.6     20

              Area         pred
Alabama      50708   7992.553068
Alaska      566432   4864.493230
Arizona     113417   3458.846347
Arkansas     51945   5076.803429
California  156361   9918.772168
평균 예측 오차(Mean of Errors)/ME:  -3.154127625748515e-11
평균 제곱 오차(Mean of Squared Errors)/MSE:  12157532.511458404
표준 오차(Root Mean of Squared Errors)/RMSE:  3486.7653364484404
평균 절대 오차(Mean of Absolute Errors)/MAE:  2522.030717686435
평균 백분오차 비율(Mean of Percentage Errors)/MPE:  -0.8870339821633138
평균 절대 백분오차 비율(Mean of Absolute Percentage Errors)/MAPE:  1.3792249915546986
```

③ 예측 성능을 시각적으로 확인하기 위하여 선형회귀식[LinearRefression()]을 구하여 (실제값, 예측값)의 차이를 확인한다. (실제값, 예측값) 사이의 차이[잔차값=(실제 관측값)−(모형으로 예측한 값)]을 fit.fittedvalues로 확인한다. 그리고 외생변수로 주어진 독립변수에 대한 예측은 fir.predict(exog=dict())를 이용하여 구한다.

```python
from google.colab import drive      #구글 드라이브 코랩 마운트
drive.mount('/content/drive')       #구글 드라이브 연결
import pandas as pd                 #판다스 라이브러리
import matplotlib.pyplot as plt     #맷플롯립 라이브러리
from statsmodels.formula.api import ols  #선형회귀분석 모형(statsmodels), Ordinary Least Squares(OLS)
import math                         #수학 함수(sqrt 등) 라이브러리
from sklearn.linear_model import LinearRegression  #선형회귀 모형
import warnings
warnings.filterwarnings('ignore')
data = pd.read_csv('/content/drive/MyDrive/work/state.csv', header=0, index_col=0)
df = data.dropna()   #결측값 제외
x = df[['Income', 'Illiteracy', 'Life.Exp', 'Murder', 'HS.Grad', 'Frost']]
    #독립변수(수입, 문맹률, 기대수명, 살인발생률, 고교졸업률, 서리발생일)
y = df['Population']   #종속변수(인구)
fit = ols('y ~ x', data=df).fit()   #다중 선형회귀분석 모형 구축
print(fit.summary())   #회귀분석모형 적합 결과 요약
df['pred'] = fit.fittedvalues
print('$$$ 잔차값, Residuals, 첫5행')
print(fit.resid[:5])
print('잔차값의 평균: ', end=''); print(fit.resid.mean())
print('xxx 새로운 독립변수(x)에 인구(천명) 예측값:', end='')
print(fit.predict(exog=dict(x=[[3500, 1.5, 80, 10, 50, 100]])))
  #exog: exogeneous(외생변수값): caused by factors outside the system
print('Colorado 지역의 인구(천명) 실제값: ', end=''); print(data.iloc[5,0])
print('Colorado 지역의 인구(천명) 예측값: ', end=''); print(fit.predict(exog=dict(data.iloc[5,1:6]))[5])
print('Colorado 지역의 인구(천명) 예측값(계수, y절편 이용): ', end='');
gap = fit.params.Intercept+data.iloc[5,1]*fit.params[1]+data.iloc[5,2]*fit.params[2]+data.iloc[5,3]*fit.params[3] \
    +data.iloc[5,4]*fit.params[4]+data.iloc[5,5]*fit.params[5]+data.iloc[5,6]*fit.params[6]
print(gap)
relative_error = (data.iloc[5,0]-fit.predict(exog=dict(data.iloc[5,1:6]))[5])/data.iloc[5,0]*100  #실제값과 예측값 사이의 상대오차(%)
print('실제값과 예측값 사이의 상대오차_절대값(%): ', end=''); print(abs(relative_error))
model = LinearRegression()
model.fit(df[['Population']], df['pred'])
y_fit = model.predict(df['Population'].to_numpy().reshape(-1,1))
plt.figure(figsize=(10,5))
plt.scatter(y, df['pred'])
plt.plot(y, y_fit, color='red')
plt.xlabel('Actual_Population (x1000 people)')
plt.ylabel('Predictive_Population (x1000 people)')
plt.legend(('Actual Value', 'Predictive Value'), loc='center right'); plt.show()
```

④ 수행 결과는 다음과 같다. 직선은 (실제값, 예측값)으로 만들어진 선형회귀 그래프이며 직선에 가깝게 위치할수록 예측의 성능이 우수함을 알 수 있다.

```
                            OLS Regression Results
==============================================================================
Dep. Variable:                      y   R-squared:                       0.378
Model:                            OLS   Adj. R-squared:                  0.291
Method:                 Least Squares   F-statistic:                     4.348
Date:                Sun, 10 Sep 2023   Prob (F-statistic):            0.00163
Time:                        08:13:15   Log-Likelihood:                -478.78
No. Observations:                  50   AIC:                             971.6
Df Residuals:                      43   BIC:                             985.0
Df Model:                           6
Covariance Type:            nonrobust
==============================================================================
                 coef    std err          t      P>|t|      [0.025      0.975]
------------------------------------------------------------------------------
Intercept    -9.08e+04    5.4e+04     -1.681      0.100      -2e+05    1.81e+04
x[0]           2.5007      1.135      2.204      0.033       0.213       4.789
x[1]       -3416.3683   1665.603     -2.051      0.046   -6775.377     -57.360
x[2]        1353.6773    751.103      1.802      0.079    -161.065    2868.420
x[3]         862.0943    294.973      2.923      0.006     267.224    1456.965
x[4]        -219.6648    106.995     -2.053      0.046    -435.441      -3.889
x[5]         -25.7854     15.328     -1.682      0.100     -56.698       5.127
==============================================================================
Omnibus:                       18.976   Durbin-Watson:                   2.121
Prob(Omnibus):                  0.000   Jarque-Bera (JB):               24.565
Skew:                           1.375   Prob(JB):                     4.63e-06
Kurtosis:                       5.057   Cond. No.                     4.55e+05
==============================================================================

Notes:
[1] Standard Errors assume that the covariance matrix of the errors is correctly specified.
[2] The condition number is large, 4.55e+05. This might indicate that there are
strong multicollinearity or other numerical problems.
$$$ 잔차값, Residuals, 첫5행
Alabama     -4377.553068
Alaska      -4499.493230
Arizona     -1246.846347
Arkansas    -2966.803429
California  11279.227832
dtype: float64
잔차값의 평균: -3.154127625748515e-11

*** 새로운 독립변수(x)에 인구(천명) 예측값:0    16184.465501
dtype: float64
Colorado 지역의 인구(천명) 실제값:  2541
Colorado 지역의 인구(천명) 예측값:  4116.399015487103
Colorado 지역의 인구(천명) 예측값(계수, y절편 이용):  4116.399015487101
실제값과 예측값 사이의 상대오차_절대값(%):  61.999174163207506
```

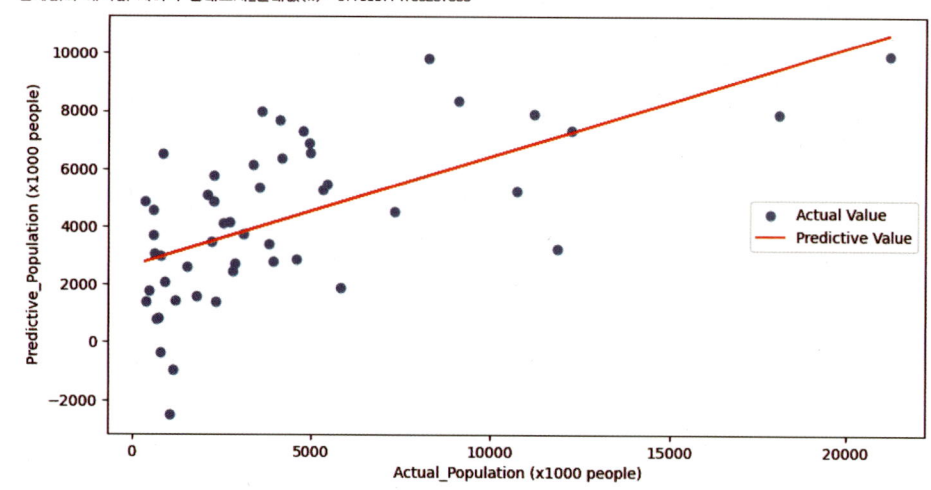

Q-02 의사결정나무 : 의사결정나무 분석 모형을 sklearn.tree 라이브러리의 DecisionTree Regressor( ) 함수를 이용하여 구하고 검증용 데이터를 이용하여 Population 값을 예측하시오.

정답 및 해설

① 연속형 변수에 대한 의사결정나무 분석 모형을 정의하기 위해 sklearn.tree 라이브러리의 DecisionTreeRegressor (max_depth=2, random_state=55) 함수를 이용한다. 여기서 max_depth=2는 결정트리의 최대 깊이를 제한하는 매개변수이다. 훈련 데이터를 이용하여 학습[model.fit(trainx, trainy)]하고 검증 데이터에 대한 예측 결과를 저장 [model.predict(testx)]한다.

- x=df[['Income', 'Illiteracy', 'Life.Exp', 'Murder', 'HS.Grad', 'Frost']] : 독립변수
- y=df['Population'] : 종속변수
- model=DecisionTreeRegressor(max_depth=2, random_state=55) : 의사결정나무 모형
- results=model.fit(trainx, trainy) : 훈련 데이터 학습
- ypred=model.predict(testx) : 검증 데이터에 대한 예측

② 결정트리 알고리즘을 이용한 예측 모형 구축과정은 다음과 같다.

```python
from google.colab import drive   #구글 드라이브 코랩 마운트
drive.mount('/content/drive')    #구글 드라이브 연결
import pandas as pd
from sklearn.tree import DecisionTreeRegressor    #연속형 변수 예측을 위한 결정트리 모형
from sklearn.model_selection import train_test_split  #(학습, 검증) 데이터 랜덤 추출
from sklearn.metrics import mean_squared_error    #MSE (평균 제곱 오차) 계산
from sklearn.metrics import mean_absolute_error   #MAE (평균 절대 오차) 계산
from sklearn.tree import plot_tree                #결정트리(의사결정나무) 작성
import numpy as np  #넘파이 모듈
import matplotlib.pyplot as plt
data = pd.read_csv('/content/drive/MyDrive/work/state.csv', header=0, index_col=0)
df = data.dropna()  #결측값 제외
x = df[['Income', 'Illiteracy', 'Life.Exp', 'Murder', 'HS.Grad', 'Frost']]
    #독립변수(수입, 문맹률, 기대수명, 살인발생률, 고교졸업률, 서리발생일)
y = df['Population']   #종속변수(인구)
trainx, testx, trainy, testy = train_test_split(x, y, test_size=0.3, random_state=55)
    #데이터 분할: 훈련집합(trainx, trainy), 검증집합(testx, testy)
    #random_state: 랜덤 데이터 발생시 초기seed값(동일값인 경우 수행시 마다 동일한 결과(정확도) 출력)
model = DecisionTreeRegressor(max_depth=2, random_state=55)
results = model.fit(trainx, trainy)
print(model.score(trainx, trainy))
ypred = model.predict(testx); print(ypred[:10])
mse = mean_squared_error(testy, ypred)
print('평균 제곱 오차(Mean Squared Error):  ', end=''); print(round(mse, 4))
mae = mean_absolute_error(testy, ypred)
print('평균 절대 오차(Mean Absolute Error):  ', end=''); print(round(mae, 4))
print('의사결정나무 분석모형 성능(정확도(%), 훈련 데이터세트): ', end=''); print(100*model.score(trainx, trainy))
print('의사결정나무 분석모형 성능(정확도(%), 검증 데이터세트): ', end=''); print('', end=''); print(100*model.score(testx, testy))
print('특성 중요도:  ', end=''); print(model.feature_importances_)
plt.figure(figsize=(10,5))
plot_tree(model); plt.show()
```

③ 수행 결과는 다음과 같다. 결정트리를 이용한 연속형 변수 예측 성능은 MAE=3,329이다.

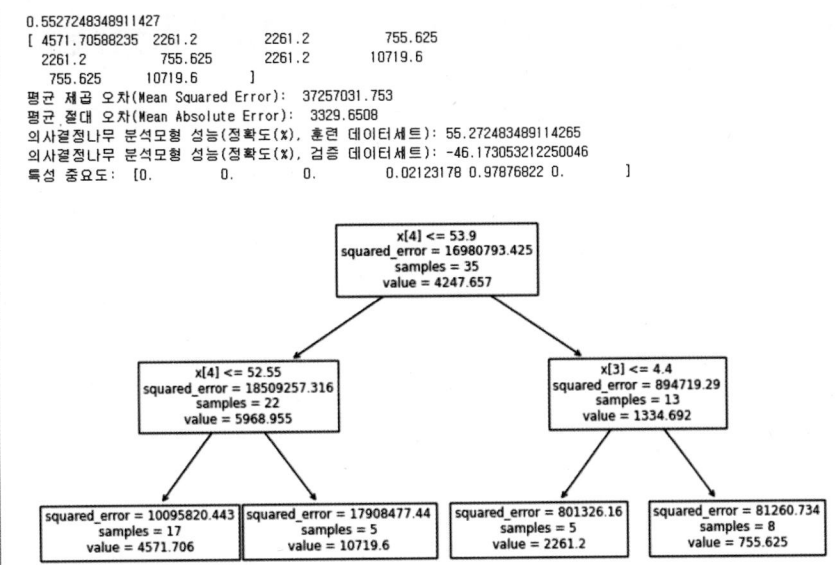

유형별 단원종합문제 - 작업형 제3유형

> **Q-01** iris는 붓꽃의 생육 데이터(150개 데이터=품종별 50개×3개 품종)이다. 꽃잎의 길이(petal length)와 너비(petal width) 그리고 꽃받침의 길이(sepal length)와 너비(sepal width)에 따라 붓꽃의 3가지 품종(setosa, versicolor, virginica)을 구분한다. 각 품종에 대한 꽃잎과 꽃받침의 평균 길이에 대한 차이가 유의한지를 검정하시오.

(1) setosa와 versicolor 품종에 대한 꽃잎의 길이의 차이가 있는지를 검정하시오.

(2) setosa 품종에 대하여 꽃잎과 꽃받침의 너비의 크기가 차이가 있는지를 검정하시오.

정답 및 해설

(1) 품종=(setosa, versicolor)에 대한 꽃잎 길이(petal length)의 차이 검정

① 붓꽃 품종 데이터를 추출하고 품종=setosa를 df1, 품종=versicolor를 df2 데이터프레임으로 저장한다. scipy 라이브러리의 stats 가설 검정 모듈을 이용하여 t-검정통계량(t)과 유의확률(pvalue)을 구한다. 가설 검정 시 equal_var=False는 두 그룹의 분산이 같지 않다는 것을 가정하고(t-검정의 등분산성 가정을 충족하지 않음) t-검정을 수행하도록 지정한다. 이는 등분산성 가정을 만족하지 않는 경우에 사용되며, 일반적으로 두 그룹의 크기가 다르거나 분산이 다른 경우에 이 옵션을 설정(기본값=True)한다.

- df['species']=pd.DataFrame(data=iris['target'], columns=['target']) : 붓꽃 품종 데이터 추출
- df['species'].replace([0,1,2], iris['target_names'], inplace=True) : 속성 이름
- df1=df[df['species']=='setosa'] : setosa 품종 추출
- df2=df[df['species']=='versicolor'] : versicolor 품종 추출
- t, pvalue=stats.ttest_ind(df1['petal length (cm)'], df2['petal length (cm)'], equal_var=False) : t-검정통계량, 유의확률(pvalue)

② 가설 검정 절차는 다음과 같다.

```python
from sklearn.datasets import load_iris   #iris (붓꽃 품종 데이터)
import pandas as pd    #판다스 라이브러리 import
from scipy import stats    #사이파이 가설검정 모듈
import numpy as np   #넘파이 라이브러리
iris = load_iris()    #사이킷런(sklearn에 저장되어 있는 iris 데이터 읽기)
df = pd.DataFrame(iris.data, columns=iris.feature_names)
df['species'] = pd.DataFrame(data=iris['target'], columns=['target'])
df['species'].replace([0,1,2], iris['target_names'], inplace=True)
print('species="setosa"인 petal length 길이(cm): ', end=''); print(np.mean(df[df['species'] == 'setosa']['petal length (cm)']))
print('species="versicolor"인 petal length 길이(cm): ', end=''); print(np.mean(df[df['species'] == 'versicolor']['petal length (cm)']))
df1 = df[df['species'] == 'setosa']
df2 = df[df['species'] == 'versicolor']
print(df1['petal length (cm)'].describe())
print(df2['petal length (cm)'].describe())
t, pvalue = stats.ttest_ind(df1['petal length (cm)'], df2['petal length (cm)'], equal_var=False)
  #독립표본 t검정, t: 검정통계량(t분포), pvalue: 유의확률
  #equal_var: 등분산(True는 두 집단의 분산이 같음(기본값), False는 다름)
  #alternative ='two-sided'(양측검정, 기본값)
print('t-검정통계량: ', end=''); print(t)
print('유의확률: ', end=''); print(pvalue)
alpha = 0.05    #유의수준:5%
if pvalue < alpha:
    print("(setosa, versicolor)별 (petal length (cm))의 차이가 유의미하게 존재합니다. (귀무가설 기각)")
else:
    print("(setosa, versicolor)별 (petal length (cm))의 차이가 유의미하지 않습니다. (귀무가설 채택)")
```

③ 수행 결과는 다음과 같다. $t-$검정통계량$=-39.4927$, 유의확률(pvalue)$=9.93e-46<0.05$이므로 유의수준 5%에서 귀무가설을 기각하게 되어 (setosa, versicolor)의 품종에 따른 petal length의 차이가 유의미하다고 본다.

```
species="setosa"인 petal length 길이(cm): 1.4620000000000002
species="versicolor"인 petal length 길이(cm):  4.26
count    50.000000
mean      1.462000
std       0.173664
min       1.000000
25%       1.400000
50%       1.500000
75%       1.575000
max       1.900000
Name: petal length (cm), dtype: float64
count    50.000000
mean      4.260000
std       0.469911
min       3.000000
25%       4.000000
50%       4.350000
75%       4.600000
max       5.100000
Name: petal length (cm), dtype: float64
t-검정통계량:  -39.492719391538095
유의확률:  9.934432957587695e-46
(setosa, versicolor)별 (petal length (cm))의 차이가 유의미하게 존재합니다. (귀무가설 기각)
```

(2) setosa 품종에 대한 (꽃잎, 꽃받침)의 너비 크기의 차이 검정

① 붓꽃 품종 데이터를 추출하고 df[df['species']=='setosa']['petal width (cm)']와 df[df['species']=='setosa']['sepal width (cm)']에 대한 너비 크기의 차이를 검정한다.

> · df['species']=pd.DataFrame(data=iris['target'], columns=['target']) : 붓꽃 품종 데이터 추출
> · df['species'].replace([0,1,2], iris['target_names'], inplace=True) : 속성 이름
> · t, pvalue=stats.ttest_ind(df[df['species']=='setosa']['petal width (cm)'], df[df['species']=='setosa']['sepal width (cm)'], equal_var=False) : t-검정

② 가설 검정 절차는 다음과 같다.

```python
from sklearn.datasets import load_iris    #iris (붓꽃 품종 데이터 다운로드)
import pandas as pd          #판다스 라이브러리 import
from scipy import stats      #사이파이 가설검정 모듈
import numpy as np           #넘파이 라이브러리
iris = load_iris()           #사이킷런(sklearn에 저장되어 있는 iris 데이터 읽기)
df = pd.DataFrame(iris.data, columns=iris.feature_names)
df['species'] = pd.DataFrame(data=iris['target'], columns=['target'])
df['species'].replace([0,1,2], iris['target_names'], inplace=True)
print('species="setosa"인 petal width 평균 길이(cm): ', end=''); print(np.mean(df[df['species']=='setosa']['petal width (cm)']))
print('species="setosa"인 sepal width 평균 길이(cm): ', end=''); print(np.mean(df[df['species']=='setosa']['sepal width (cm)']))
print(df[df['species']=='setosa']['petal width (cm)'].describe())
print(df[df['species']=='setosa']['sepal width (cm)'].describe())
t, pvalue = stats.ttest_ind(df[df['species']=='setosa']['petal width (cm)'], df[df['species']=='setosa']['sepal width (cm)'], equal_var=False)
  #독립표본 t검정, t: 검정통계량(t분포), pvalue: 유의확률
  #equal_var: 등분산(True는 두 집단의 분산이 같음(기본값), False는 다름)
  #alternative ='two-sided'(양측검정, 기본값)
print('t-검정통계량: ', end=''); print(t)
print('유의확률: ', end=''); print(pvalue)
alpha = 0.05   #유의수준:5%
if pvalue < alpha:
    print("setosa: (petal width, sepal width)의 차이가 유의미하게 존재합니다. (귀무가설 기각)")
else:
    print("setosa: (petal width, sepal width)의 차이가 유의미하지 않습니다. (귀무가설 채택)")
```

③ 수행 결과는 다음과 같다. 유의수준(pvalue)=1.012e-51<0.05이므로 유의수준 5%에서 귀무가설을 기각하여 setosa 품종의 (petal width, sepal width)의 차이가 유의미하다고 본다.

```
species="setosa"인 petal width 평균 길이(cm): 0.24599999999999997
species="setosa"인 sepal width 평균 길이(cm):  3.428
count    50.000000
mean      0.246000
std       0.105386
min       0.100000
25%       0.200000
50%       0.200000
75%       0.300000
max       0.600000
Name: petal width (cm), dtype: float64
count    50.000000
mean      3.428000
std       0.379064
min       2.300000
25%       3.200000
50%       3.400000
75%       3.675000
max       4.400000
Name: sepal width (cm), dtype: float64
t-검정통계량:  -57.18806800331009
유의확률:  1.0116032633343172e-51
setosa: (petal width, sepal width)의 차이가 유의미하게 존재합니다. (귀무가설 기각)
```

Q-02 data.csv는 (고객번호, 성별, 연령대, 직업, 주거지역, 쇼핑액, 이용만족도, 쇼핑1월, 쇼핑2월, 쇼핑3월, 쿠폰사용횟수, 쿠폰선호도, 품질, 가격, 서비스, 배송, 쇼핑만족도, 소득)에 대한 자료이다. 비율차이 분석(카이제곱 검정)을 수행하시오.

(1) 주거지역(소도시, 중도시)에 따른 쿠폰선호도의 비율차이를 분석하시오.

(2) 주거지역(소도시, 대도시)에 따른 쿠폰선호도의 비율차이를 분석하시오.

정답 및 해설

(1) 주거지역(소도시, 중도시)별 쿠폰선호도 비율차이

① 주거지역별로 데이터를 추출하고 '쿠폰선호도=예'인 사람의 수를 구한다. 카이제곱 관측값은 다음과 같이 작성한다.

구 분	소도시	중도시
쿠폰선호도=예	x1	x2
쿠폰선호도=아니오	len(df1)−x1	len(df2)−x2
합 계	len(df1)	len(df2)

- df1=df[df['주거지역']=='소도시'] : 주거지역=소도시 데이터 추출
- df2=df[df['주거지역']=='중도시'] : 주거지역=중도시 데이터 추출
- x1=len(df1[df1['쿠폰선호도']=='예']) : 소도시 지역에서 쿠폰선호도=예인 사람의 수
- x2=len(df2[df2['쿠폰선호도']=='예']) : 중도시 지역에서 쿠폰선호도=예인 사람의 수
- observed=[[[x1, x2], [len(df1)−x1, len(df2)−x2]]] : 입력 데이터 구성
- chi, pvalue, dof, expect=stats.chi2_contingency(observed) : 카이제곱 검정

② 비율차이 분석을 위한 카이제곱 가설 검정 절차는 다음과 같다.

```python
from google.colab import drive    #구글 드라이브 코랩 마운트
drive.mount('/content/drive')     #구글 드라이브 연결
import pandas as pd               #판다스 라이브러리 import
from scipy import stats           #사이파이 가설검정 모듈
df = pd.read_csv('/content/drive/MyDrive/work/data.csv', encoding='euc-kr')
            #분석용 데이터 읽기(절대경로명 사용), 한글 Encoding(euc-kr)
df1 = df[df['주거지역'] == '소도시']
df2 = df[df['주거지역'] == '중도시']
print('주거지역=소도시인 사람의 수(명): ', end=''); print(len(df1))
print('주거지역=중도시인 사람의 수(명): ', end=''); print(len(df2))
x1 = len(df1[df1['쿠폰선호도']== '예'])   #소도시 거주 사람들 중 쿠폰선호도=예인 사람의 수
x2 = len(df2[df2['쿠폰선호도']== '예'])   #중도시 거주 사람들 중 쿠폰선호도=예인 사람의 수
print('"소도시" 거주민 중 쿠폰선호도="예"인 사람의 수: ', end=''); print(x1)
print('"중도시" 거주민 중 쿠폰선호도="예"인 사람의 수: ', end=''); print(x2)
print('쿠폰선호도="예"인 소도시 거주민 비율: ', end=''); print(x1/len(df1))
print('쿠폰선호도="예"인 중도시 거주민 비율: ', end=''); print(x2/len(df2))
observed = [[[x1, x2], [len(df1)-x1, len(df2)-x2]]]
   #비율 검정 데이터 / [(소도시)쿠폰선호도예, (중도시)쿠폰선호도예], [(소도시)쿠폰선호도아니오, (중도시)쿠폰선호도아니오]
print(observed)
chi, pvalue, dof, expect = stats.chi2_contingency(observed)   #카이제곱 검정
print('카이제곱 검정 통계량: ', end='');print(round(chi, 3))
print('pvalue(유의확률): ', end=''); print(round(pvalue, 4))
print('기대 빈도수: '); print(expect)
alpha = 0.05    #유의수준:5%
if pvalue < alpha:
    print("(소도시, 중도시)에 대한 쿠폰선호도='예'의 비율의 차이가 유의미하게 존재합니다. (귀무가설 기각)")
else:
    print("(소도시, 중도시)에 대한 쿠폰선호도='예'의 비율의 차이가 유의미하지 않습니다. (귀무가설 채택)")
```

③ 수행 결과는 다음과 같다. 유의확률(pvalue)=0.3371>0.05이므로 귀무가설을 기각할 수 없어 (소도시, 중도시) 지역별로 쿠폰선호도의 차이가 유의미하지 않다고 판단(귀무가설 채택)된다.

```
주거지역=소도시인 사람의 수(명): 30
주거지역=중도시인 사람의 수(명): 24
"소도시" 거주민 중 쿠폰선호도="예"인 사람의 수: 20
"중도시" 거주민 중 쿠폰선호도="예"인 사람의 수: 12
쿠폰선호도="예"인 소도시 거주민 비율: 0.6666666666666666
쿠폰선호도="예"인 중도시 거주민 비율: 0.5
[[[20, 12], [10, 12]]]
카이제곱 검정 통계량: 0.921
pvalue(유의확률): 0.3371
기대 빈도수:
[[[17.77777778 14.22222222]
  [12.22222222  9.77777778]]]
(소도시, 중도시)에 대한 쿠폰선호도='예'의 비율의 차이가 유의미하지 않습니다. (귀무가설 채택)
```

(2) 주거지역(소도시, 대도시)별 쿠폰선호도 비율차이

① 동일한 방법으로 (소도시, 대도시)에 대한 쿠폰선호도의 비율차이 검정을 수행한다. 이를 위해 주거지역별로 데이터를 추출하고 쿠폰선호도=예인 사람의 수를 구한다. 카이제곱 관측값은 다음과 같이 작성한다.

구 분	소도시	대도시
쿠폰선호도=예	x1	x2
쿠폰선호도=아니오	len(df1)−x1	len(df2)−x2
합 계	len(df1)	len(df2)

- df1=df[df['주거지역']=='소도시'] : 주거지역=소도시 데이터 추출
- df2=df[df['주거지역']=='대도시'] : 주거지역=대도시 데이터 추출
- x1=len(df1[df1['쿠폰선호도']=='예']) : 소도시 지역에서 쿠폰선호도=예인 사람의 수
- x2=len(df2[df2['쿠폰선호도']=='예']) : 대도시 지역에서 쿠폰선호도=예인 사람의 수
- observed=[[x1, x2], [len(df1)−x1, len(df2)−x2]] : 입력 데이터 구성
- chi, pvalue, dof, expect=stats.chi2_contingency(observed) : 카이제곱 검정

② 비율차이 분석을 위한 카이제곱 가설 검정 절차는 다음과 같다.

```
from google.colab import drive    #라이브러리 import
drive.mount('/content/drive')     #구글 드라이브 연결
import pandas as pd               #판다스 라이브러리 import
from scipy import stats           #사이파이 가설검정 모듈
df = pd.read_csv('/content/drive/MyDrive/work/data.csv', encoding='euc-kr')
    #분석용 데이터 읽기(절대경로명 사용), 한글 Encoding(euc-kr)
df1 = df[df['주거지역'] == '소도시']
df2 = df[df['주거지역'] == '대도시']
print('주거지역=소도시인 사람의 수(명): ', end=''); print(len(df1))
print('주거지역=대도시인 사람의 수(명): ', end=''); print(len(df2))
x1 = len(df1[df1['쿠폰선호도']== '예'])   #소도시 거주 사람들 중 쿠폰선호도=예인 사람의 수
x2 = len(df2[df2['쿠폰선호도']== '예'])   #대도시 거주 사람들 중 쿠폰선호도=예인 사람의 수
print('"소도시" 거주민 중 쿠폰선호도="예"인 사람의 수: ', end=''); print(x1)
print('"대도시" 거주민 중 쿠폰선호도="예"인 사람의 수: ', end=''); print(x2)
print('쿠폰선호도="예"인 소도시 거주민 비율: ', end=''); print(x1/len(df1))
print('쿠폰선호도="예"인 대도시 거주민 비율: ', end=''); print(x2/len(df2))
observed = [[x1, x2], [len(df1)-x1, len(df2)-x2]]
    #비율 검정 데이터/ [(소도시)쿠폰선호도예, (대도시)쿠폰선호도예], [(소도시)쿠폰선호도아니오, (대도시)쿠폰선호도아니오]
print(observed)
chi, pvalue, dof, expect = stats.chi2_contingency(observed)  #카이제곱 검정
print('카이제곱 검정 통계량: ', end='');print(round(chi, 3))
print('pvalue(유의확률): ', end=''); print(round(pvalue, 4))
print('기대 빈도수: '); print(expect)
alpha = 0.05    #유의수준:5%
if pvalue < alpha:
    print("(소도시, 대도시)에 대한 쿠폰선호도='예'의 비율의 차이가 유의미하게 존재합니다. (귀무가설 기각)")
else:
    print("(소도시, 대도시)에 대한 쿠폰선호도='예'의 비율의 차이가 유의미하지 않습니다. (귀무가설 채택)")
```

③ 수행 결과는 다음과 같다. 유의확률(pvalue)=0.1194>0.05이므로 귀무가설을 기각할 수 없어 (소도시, 대도시) 지역별로 쿠폰선호도의 차이가 유의미하지 않다고 판단(귀무가설 채택)된다.

```
주거지역=소도시인 사람의 수(명):  30
주거지역=대도시인 사람의 수(명):  36
"소도시" 거주민 중 쿠폰선호도="예"인 사람의 수:  20
"대도시" 거주민 중 쿠폰선호도="예"인 사람의 수:  16
쿠폰선호도="예"인 소도시 거주민 비율: 0.6666666666666666
쿠폰선호도="예"인 대도시 거주민 비율: 0.4444444444444444
[[20, 16], [10, 20]]
카이제곱 검정 통계량: 2.425
pvalue(유의확률):  0.1194
기대 빈도수:
[[16.36363636 19.63636364]
 [13.63636364 16.36363636]]
(소도시, 대도시)에 대한 쿠폰선호도='예'의 비율의 차이가 유의미하지 않습니다. (귀무가설 채택)
```

Q-03 data.csv는 (고객번호, 성별, 연령대, 직업, 주거지역, 쇼핑액, 이용만족도, 쇼핑1월, 쇼핑2월, 쇼핑3월, 쿠폰사용횟수, 쿠폰선호도, 품질, 가격, 서비스, 배송, 쇼핑만족도, 소득)에 대한 자료이다. 주요 변수에 대한 분산분석을 수행하시오.

(1) 주거지역(소도시, 중도시, 대도시)에 따른 이용만족도의 차이가 있는지를 일원배치 분산분석 수행 결과로 나타내시오.

(2) 고객별로 (품질, 가격, 서비스, 배송) 만족도의 차이가 있는지를 반복측정 분산분석 수행 결과로 나타내시오.

정답 및 해설

(1) 주거지역(소도시, 중도시, 대도시)별 이용만족도의 차이(일원배치 분산분석)

① 주거지역별로 이용만족도를 데이터프레임으로 저장(df1, df2, df3)하고 넘파이 배열 구조로 변환(gropu1, group2, group3)한다. scipy 라이브러리의 stats() 모듈을 이용하여 일원배치 분산분석을 수행한다. 분산분석 결과, F-검정통계량(Fstatistics)과 유의확률(pvalue)을 확인한다.

- df1=df[df['주거지역']=='소도시'].이용만족도 : 소도시 지역 이용만족도
- df2=df[df['주거지역']=='중도시'].이용만족도 : 중도시 지역 이용만족도
- df3=df[df['주거지역']=='대도시'].이용만족도 : 대도시 지역 이용만족도
- group1=df1.to_numpy(); group2=df2.to_numpy(); group3=df3.to_numpy() : 넘파이 배열 구조로 변환
- n1=len(group1); n2=len(group2); n3=len(group3) : 데이터 행의 개수
- avg1=np.mean(group1); avg2=np.mean(group2); avg3=np.mean(group3) : 이용만족도 평균
- var1=np.var(group1, ddof=1); var2=np.var(group2, ddof=1); var3=np.var(group3, ddof=1) : 이용만족도 분산
- Fstatistics, pvalue=stats.f_oneway(group1, group2, group3) : 일원배치 분산분석

② 일원배치 분산분석 과정은 다음과 같다.

```python
from google.colab import drive    #구글 드라이브 코랩 마운트
drive.mount('/content/drive')     #구글 드라이브 연결
import pandas as pd     #판다스 라이브러리
from scipy import stats     #사이파이 가설검정 모듈
import numpy as np     #넘파이 라이브러리
df = pd.read_csv('/content/drive/MyDrive/work/data.csv', encoding='euc-kr')
     #분석용 데이터 읽기(절대경로명 사용), 한글 Encoding(euc-kr)
df1 = df[df['주거지역']=='소도시'].이용만족도     #주거지역이 소도시인 이용만족도
df2 = df[df['주거지역']=='중도시'].이용만족도     #주거지역이 중도시인 이용만족도
df3 = df[df['주거지역']=='대도시'].이용만족도     #주거지역이 대도시인 이용만족도
print(' 그룹(주거지역)별 기술통계량 ')
print(df1.describe()); print(df2.describe()); print(df3.describe())  #기술통계량 확인
group1 = df1.to_numpy(); group2=df2.to_numpy(); group3=df3.to_numpy()
     #데이터프레임 -> 넘파이 배열 구조로 변환
print('그룹별 데이터 개수')
n1 = len(group1); n2 = len(group2); n3 = len(group3)   #행의 길이
print(n1);print(n2);print(n3)
print('그룹별 이용만족도 평균(점)')
avg1 = np.mean(group1); avg2 = np.mean(group2); avg3 = np.mean(group3)   #평균
print(avg1); print(avg2); print(avg3)
print('그룹별 이용만족도 분산')
var1 = np.var(group1, ddof=1); var2 = np.var(group2, ddof=1); var3 = np.var(group3, ddof=1) #분산
print(var1); print(var2); print(var3)
Fstatistics, pvalue = stats.f_oneway(group1, group2, group3)   #일원배치 분산분석
print('F-통계량 값: ', end=''); print(Fstatistics)
print('pvalue(유의확률): ', end=''); print(pvalue)
alpha = 0.05    #유의수준 5%
if pvalue < alpha:
    print('귀무가설 기각: 그룹(주거지역)간 이용만족도 (분산)차이가 다를 가능성이 있다.')
else:
    print('귀무가설 채택: 그룹(주거지역)간 이용만족도 (분산)차이가 다를 가능성이 낮다.')
```

③ 수행 결과는 다음과 같으며, F-검정통계량=2.302, 유의확률(pvalue)=0.106>0.05이므로 유의수준 5%에서 귀무가설을 기각할 수 없어 (소도시, 중도시, 대도시)의 주거지역별 이용만족도의 차이(분산의 차이)가 있을 가능성이 낮은 것으로 판단된다.

```
   그룹(주거지역)별 기술통계량                 count    36.000000
count    30.000000                           mean      5.583333
mean      5.266667                           std       1.518928
std       1.229896                           min       2.000000
min       3.000000                           25%       5.000000
25%       4.000000                           50%       6.000000
50%       5.000000                           75%       7.000000
75%       6.000000                           max       7.000000
max       7.000000                           Name: 이용만족도, dtype: float64
Name: 이용만족도, dtype: float64                 그룹별 데이터 개수
count    24.000000                           30
mean      4.791667                           24
std       1.413573                           36
min       1.000000                           그룹별 이용만족도 평균(점)
25%       4.000000                           5.266666666666667
50%       5.000000                           4.791666666666667
75%       5.250000                           5.583333333333333
max       7.000000                           그룹별 이용만족도 분산
Name: 이용만족도, dtype: float64                 1.5126436781609196
                                             1.9981884057971016
                                             2.307142857142857
                                             F-통계량 값: 2.3015535688113733
                                             pvalue(유의확률): 0.10616798419154042
                                             귀무가설 채택: 그룹(주거지역)간 이용만족도 (분산)차이가 다를 가능성이 낮다.
```

(2) 고객별 (품질, 가격, 서비스, 배송) 만족도의 차이(반복측정 분산분석)

① 분석대상인 항목을 추출(df[['품질','가격','서비스','배송']])하고, 항목별 만족도 유형을 분류(dfnew[ ])한다. 항목별로 (이용만족도, 분류값)을 새로운 데이터프레임으로 저장한 후, 하나의 데이터프레임으로 병합[pd.DataFrame(np.concatenate())]한다. 그리고 statsmodels.formula.api 라이브러리의 ols() 함수를 이용하여 분산분석 결과를 저장한다. 분산분석 결과에 대한 ANOVA(Analysis of Variance) 테이블은 statsmodels.api 라이브러리를 이용한다.

> - dfnew=df[['품질', '가격', '서비스', '배송']] : 분석 항목 데이터 추출
> - dfnew['s1']=1; dfnew['s2']=2; dfnew['s3']=3; dfnew['s4']=4 : 만족도 유형 분류
> - d1=dfnew[['품질','s1']].to_numpy() : (품질 이용만족도, 1) 데이터프레임 작성
> - d2=dfnew[['가격','s2']].to_numpy() : (가격 이용만족도, 2) 데이터프레임 작성
> - d3=dfnew[['서비스','s3']].to_numpy() : (서비스 이용만족도, 3) 데이터프레임 작성
> - d4=dfnew[['배송','s4']].to_numpy() : (배송 이용만족도, 4) 데이터프레임 작성
> - dtotal=pd.DataFrame(np.concatenate((d1,d2,d3,d4), axis=0), columns=['value','group'])
>   : (항목별 이용만족도, 만족도 유형)=(value, group) 데이터프레임 작성
> - model=ols('value ~ C(group)', data=dtotal).fit() : 다원배치 분산분석(반복측정)
> - anova_table=sm.stats.anova_lm(model, typ=2) : 분산분석 표(ANOVA)
> - anova_table.loc['C(group)']['F'] : F−검정통계량
> - anova_table.loc['C(group)']['PR(>F)'] : 유의확률

② 반복측정 분산분석 과정은 다음과 같다.

```
from google.colab import drive   #구글 드라이브 코랩 마운트
drive.mount('/content/drive')    #구글 드라이브 연결
import pandas as pd   #판다스 라이브러리
from scipy import stats   #사이파이 가설검정 모듈
import numpy as np   #넘파이 라이브러리
import statsmodel.api as sm   #statsmodel.api 모듈
from statsmodels.formula.api import ols  #Ordinary Least Squares(ols): RSS(Residual Sum of Squares, 잔차제곱합) 최소화
import warnings
warnings.filterwarnings('ignore')
df = pd.read_csv('/content/drive/MyDrive/work/data.csv', encoding='euc-kr', index_col=0)
    #분석용 데이터 읽기(절대경로명 사용), 한글 Encoding(euc-kr), 새로운 열 지정하지 않음(index_col=0)
dfnew = df[['품질', '가격', '서비스', '배송']]
dfnew['s1']=1; dfnew['s2']=2; dfnew['s3']=3; dfnew['s4']=4; #데이터열 추가(만족도 유형 구분)
d1 = dfnew[['품질','s1']].to_numpy()
d2 = dfnew[['가격','s2']].to_numpy()
d3 = dfnew[['서비스','s3']].to_numpy()
d4 = dfnew[['배송','s4']].to_numpy()
dtotal = pd.DataFrame(np.concatenate((d1,d2,d3,d4), axis=0), columns=['value','group'])
    #행방향 연결(axis=0), 데이터프레임 변환, 컬럼이름 지정
print(dtotal.head())
model = ols('value ~ C(group)', data=dtotal).fit()
    #다원배치분산분석 모델, 독립변수:C(group)/범주형변수로 처리, 종속변수: value(유형별만족도)
anova_table = sm.stats.anova_lm(model, typ=2)
    #분석결과 저장, typ=2: anova test유형
print(' ANOVA 분석 결과 '); print(anova_table)
print('_____')
print('ANOVA 분석 F-통계량 값: ', end=''); print(anova_table.loc['C(group)']['F'])
print('ANOVA 분석 p-value: ', end=''); print(anova_table.loc['C(group)']['PR(>F)'])
alpha = 0.05   #유의수준 5%
if anova_table.loc['C(group)']['PR(>F)'] < alpha:
    print('귀무가설 기각: 고객별로 그룹(유형별 만족도 점수)간 차이가 다를 가능성이 있다.')
else:
    print('귀무가설 채택: 고객별로 그룹(유형별 만족도 점수)간 차이가 다를 가능성이 낮다.')
```

③ 수행 결과는 다음과 같으며, F-검정통계량=6.362, 유의확률(pvalue)=0.0003<0.05이므로 유의수준 5%에서 귀무가설을 기각하게 되어, 고객별로 (품질, 가격, 서비스, 배송) 만족도의 차이가 다를 가능성이 있는 것으로 판단된다.

```
   value  group
0      7      1
1      7      1
2      4      1
3      3      1
4      6      1
  ANOVA 분석 결과
             sum_sq     df         F    PR(>F)
C(group)  44.363889    3.0  6.361951  0.000328
Residual 827.500000  356.0       NaN       NaN
----------------
ANOVA 분석 F-통계량 값:  6.361951437842667
ANOVA 분석 p-value:  0.00032793511443332855
귀무가설 기각: 고객별로 그룹(유형별 만족도 점수)간 차이가 다를 가능성이 있다.
```

④ 분산의 차이를 시각적으로 확인하기 위해 seaborn과 matplotlib.pyplot 라이브러리를 이용한다. 그리고 가설 검정을 위해 여기에서는 scipy 라이브러리의 stats 모듈을 이용한다.

```python
from google.colab import drive   #구글 드라이브 코랩 마운트
drive.mount('/content/drive')    #구글 드라이브 연결
import pandas as pd    #판다스 라이브러리 import
from scipy import stats    #사이파이 가설검정 모듈
import numpy as np #넘파이 라이브러리
import matplotlib.pyplot as plt    #맷플롯립 시각화 모듈
import seaborn as sns    #seaborn 시각화 모듈
df = pd.read_csv('/content/drive/MyDrive/work/data.csv', encoding='euc-kr', index_col=0)
        #분석용 데이터 읽기(절대경로명 사용), 한글 Encoding(euc-kr), 새로운 열 지정하지 않음(index_col=0)
df1 = df['품질'].to_numpy()     #품질 만족도
df2 = df['가격'].to_numpy()     #가격 만족도
df3 = df['서비스'].to_numpy()   #서비스 만족도
df4 = df['배송'].to_numpy()     #배송 만족도
Fstatistics, pvalue = stats.f_oneway(df1, df2, df3,)
print('F-통계량 값: ', end=''); print(Fstatistics)
print('pvalue(유의확률): ', end=''); print(pvalue)
plt.rcParams['figure.figsize'] = (10,6)    #그래프 크기
sns.kdeplot(df1, label='Group1 (Quality)')
sns.kdeplot(df2, label='Group2 (Price)')
sns.kdeplot(df3, label='Group3 (Services)')
sns.kdeplot(df4, label='Group4 (Shipping)')
plt.legend(); plt.show()
sns.boxplot(data=[df1, df2, df3, df4])
plt.xlabel('Group')
plt.ylabel('Value'); plt.show()
```

⑤ 분석 결과, statsmodels 라이브러리에 포함된 함수를 이용한 결과와 F-검정통계량과 유의확률(pvalue)을 이용한 결과가 다르다(귀무가설의 기각은 동일). 일반적으로 statsmodels 라이브러리는 주로 통계적 모형과 회귀분석을 위한 라이브러리로, 가설 검정을 모형에 포함시키며, 회귀모형의 통계적 유의성을 확인하는 데 주로 사용된다. 반면, scipy.stats는 더 일반적인 통계 및 확률분포 관련 기능을 제공하는 라이브러리로, 다양한 가설 검정(단일표본 t-검정, 독립표본 t-검정, 등분산성, 카이제곱 검정 등)을 수행하는 데 이용된다. 시각화 결과를 보면, (가격, 배송) 만족도 또는 (품질, 서비스)는 비슷한 분포를 가지지만 상호 간에는 분산이 크게 다름을 알 수 있다.

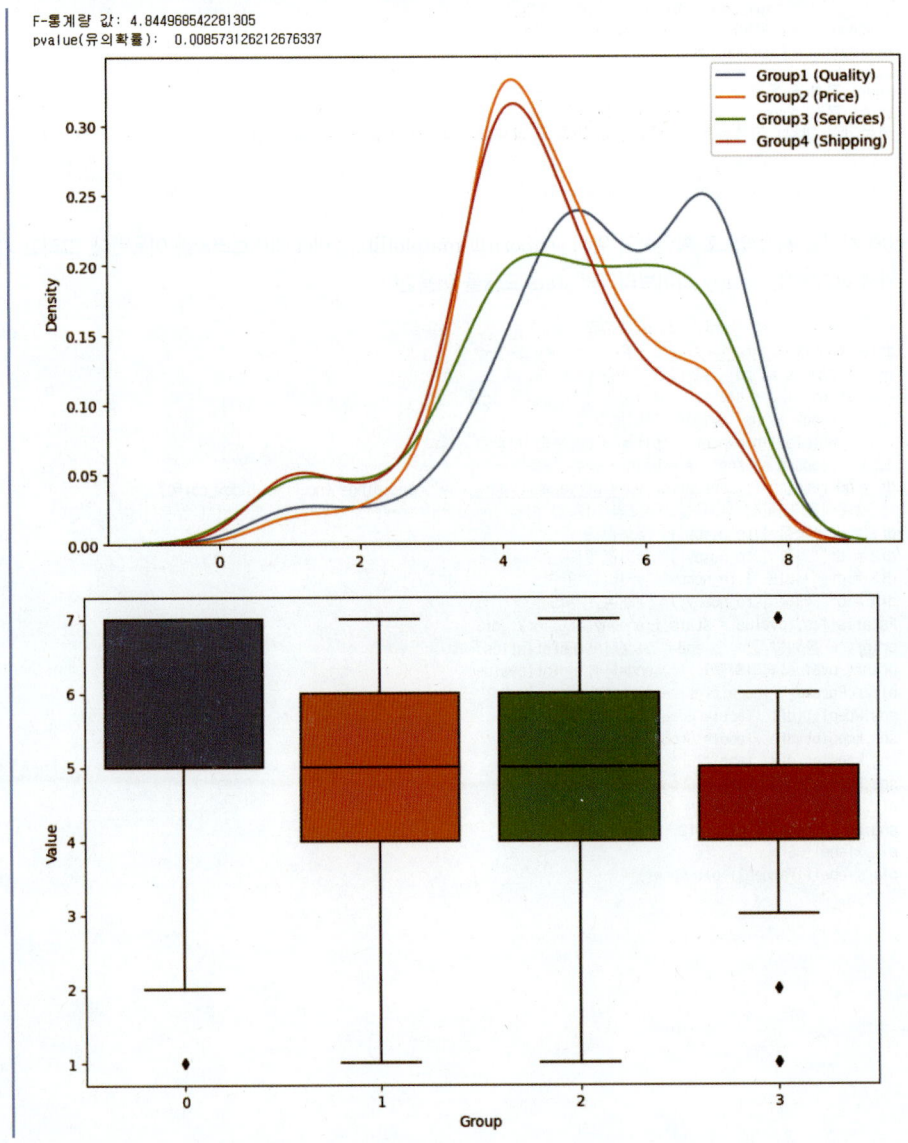

> **Q-04** mtcars 데이터는 1974년 Motor Trend US 잡지에 게재되었던 자료로 1973~1974년 사이 32개 자동차 모델에 대한 성능 데이터이다. 데이터들 중 (마력, 무게, 변속기어(0은 automatic, 1은 manual))=(hp, wt, am)를 이용하여 연비(mpg)를 예측하는 다중선형 회귀분석 모형을 구축하시오.

(1) hp(마력) 항목에 대한 회귀계수를 구하시오. 단, 출력문은 print()를 이용하고 소수점 이하 넷째 자리에서 반올림하여 소수점 이하 셋째 자리까지 출력하시오.

(2) am(변속기어) 항목에 대한 유의확률(p-value)을 소수점 이하 셋째 자리까지 출력하시오.

(3) (hp, wt, am)=(110, 3.215, 0)의 경우 mpg(연비)를 예측하고, hp(마력) 항목의 계수값에 대한 95% 신뢰구간을 출력하시오.

🔒 **정답 및 해설**

(1) hp(마력) 항목에 대한 회귀계수 : 독립변수(x)와 종속변수(y)를 정의하고 statsmodels.formula.api 라이브러리의 ols() 모듈을 이용하여 다중선형 회귀분석 모형을 구축한다. 분석 모형의 적합 결과는 fit.summary()에 저장되고, 독립변수 항목별 t-검정통계량(fit.tvalues)과 hp(마력)에 대한 회귀계수 값을 출력(fit.params[1])한다.

- x=df[['hp', 'wt', 'am']] : 독립변수
- y=df['mpg'] : 종속변수
- fit=ols('y~x', data=df).fit() : 다중선형 회귀분석 모형
- fit.summary() : 다중선형 회귀분석 모형 적합 결과 요약
- fit.tvalues : 항목별 t-검정통계량
- round(fit.params[1], 3) : hp(항목)의 계수

(2) am(변속기어) 항목에 대한 유의확률 : 세 번째 항목으로 고려한 am(변속기어) 변수에 대한 유의확률은 fit.pvalues[3]에 저장된다.

- fit.pvalues[3]

(3) mpg(연비) 예측 및 hp(마력) 항목 계수값에 대한 95% 신뢰구간 : 외생변수 값은 exog=dict(x=[[110, 3.215, 0]])로 딕셔너리 자료구조를 이용하여 종속변수 값을 예측(pred)한다. 첫 번째 변수로 고려한 hp(마력) 항목에 대한 95% 신뢰구간은 (fit.conf_int(alpha=0.05)[0][1], fit.conf_int(alpha=0.05)[1][1])에 저장되어 있다.

- pred=fit.predict(exog=dict(x=[[110, 3.215, 0]]))
- relative_error=(df.iloc[3,0]−pred.values)/df.iloc[3,0]*100
- round(fit.conf_int(alpha=0.05)[0][1], 4)
- round(fit.conf_int(alpha=0.05)[1][1], 4)

(4) statsmodels.formula.api 라이브러리의 ols() 함수를 이용한 다중선형 회귀분석 모형 구축과정은 다음과 같다.

```python
from google.colab import drive   #구글 드라이브 코랩 마운트
drive.mount('/content/drive')    #구글 드라이브 연결
import pandas as pd              #판다스 라이브러리 import
from statsmodels.formula.api import ols   #선형회귀분석모형(OLS)
import numpy as np               #넘파이 라이브러리
df = pd.read_csv('/content/drive/MyDrive/work/mtcars.csv', encoding='euc-kr', index_col=0)
    #분석용 데이터 읽기(절대경로명 사용), 한글 Encoding(euc-kr), 새로운 열 지정하지 않음(index_col=0)
print(df.head())
x = df[['hp', 'wt', 'am']]       #독립변수(마력,무게,트랜스미션유형)
y = df['mpg']                    #종속변수(연비)
fit = ols('y~x', data=df).fit()  #다중선형회귀분석 모형
print(fit.summary())             #다중 선형회귀 분석 모형 적합 결과
print('T-검정통계량: ', end=''); print(fit.tvalues)  #T-검정통계량
print('p-value: ', end=''); print(fit.pvalues)   #fitted values에 대한 p-value
print('hp/마력 항목에 대한 계수(Coefficient): ', end=''); print(round(fit.params[1], 3)) #hp항목 계수
print('am/트랜스미션 항목에 대한 p-value: ', end=''); print(round(fit.pvalues[3], 3))  #am항목에 대한 pvalue
print('@@@ 종속변수 값에 따른 실제값/연비 = 21.4 @@@')  #주어진 값에 대한 예측 정확도 분석
print(df.iloc[3])
pred = fit.predict(exog=dict(x=[[110, 3.215, 0]]))
print('종속변수에 대한 예측값(mpg): ', end=''); print(pred[0])
relative_error = (df.iloc[3,0]-pred.values)/df.iloc[3,0]*100  #실제값과 예측값 사이의 상대오차(%)
print('실제값과 예측값 사이의 상대오차_절대값(%): ', end='')
print(abs(relative_error))
print('hp항목에 대한 95% 신뢰구간(하한): ', end=''); print(round(fit.conf_int(alpha=0.05)[0][1], 4))
print('hp항목에 대한 95% 신뢰구간(상한): ', end=''); print(round(fit.conf_int(alpha=0.05)[1][1], 4))
```

(5) 수행 결과로부터 도출되는 정답은 다음과 같다.

① hp(마력) 항목에 대한 회귀계수=−0.037

② am(변속기어) 항목에 대한 유의확률(p−value)=0.141(유의수준 5%에서 귀무가설 채택, 다른 항목과 비교하여 종속변수에 유의하다고 볼 수 없다. [(hp, wt) 변수에는 유의한 것으로 판단됨])

③ (hp, wt, am)=(110, 3.215, 0)의 경우 mpg(연비) 예측값=20.63(실제값=21.4, 상대오차=3.62%), hp(마력) 항목의 계수값에 대한 95% 신뢰구간=(−0.0572, −0.0178)

```
                mpg    cyl   disp    hp   drat    wt    qsec   vs  am  gear
model
Mazda RX4       21.0    6   160.0   110   3.90   2.620  16.46   0   1    4
Mazda RX4 Wag   21.0    6   160.0   110   3.90   2.875  17.02   0   1    4
Datsun 710      22.8    4   108.0    93   3.85   2.320  18.61   1   1    4
Hornet 4 Drive  21.4    6   258.0   110   3.08   3.215  19.44   1   0    3
Hornet Sportabout 18.7  8   360.0   175   3.15   3.440  17.02   0   0    3

                carb
model
Mazda RX4         4
Mazda RX4 Wag     4
Datsun 710        1
Hornet 4 Drive    1
Hornet Sportabout 2
                         OLS Regression Results
==============================================================================
Dep. Variable:                      y   R-squared:                       0.840
Model:                            OLS   Adj. R-squared:                  0.823
Method:                 Least Squares   F-statistic:                     48.96
Date:                Mon, 11 Sep 2023   Prob (F-statistic):           2.91e-11
Time:                        05:36:13   Log-Likelihood:                -73.067
No. Observations:                  32   AIC:                             154.1
Df Residuals:                      28   BIC:                             160.0
Df Model:                           3
Covariance Type:            nonrobust
==============================================================================
                 coef    std err          t      P>|t|      [0.025      0.975]
------------------------------------------------------------------------------
Intercept     34.0029      2.643     12.867      0.000      28.590      39.416
x[0]          -0.0375      0.010     -3.902      0.001      -0.057      -0.018
x[1]          -2.8786      0.905     -3.181      0.004      -4.732      -1.025
x[2]           2.0837      1.376      1.514      0.141      -0.736       4.903
==============================================================================
Omnibus:                        2.810   Durbin-Watson:                   1.433
Prob(Omnibus):                  0.245   Jarque-Bera (JB):                2.339
Skew:                           0.654   Prob(JB):                        0.311
Kurtosis:                       2.790   Cond. No.                     1.08e+03
==============================================================================

T-검정통계량: Intercept    12.866916
x[0]         -3.901830
x[1]         -3.180850
x[2]          1.513862
dtype: float64
p-value: Intercept    2.824030e-13
x[0]         5.464023e-04
x[1]         3.574031e-03
x[2]         1.412682e-01
dtype: float64
hp/마력 항목에 대한 계수(Coefficient): -0.037
am/트랜스미션 항목에 대한 p-value: 0.141
@@@ 종속변수 값에 따른 실제값/연비 = 21.4 @@@
mpg       21.400
cyl        6.000
disp     258.000
hp       110.000
drat       3.080
wt         3.215
qsec      19.440
vs         1.000
am         0.000
gear       3.000
carb       1.000
Name: Hornet 4 Drive, dtype: float64
종속변수에 대한 예측값(mpg): 20.62559531265174
실제값과 예측값 사이의 상대오차_절대값(%): [3.61871349]
hp항목에 대한 95% 신뢰구간(하한): -0.0572
hp항목에 대한 95% 신뢰구간(상한): -0.0178
```

Q-05 제공된 데이터(Titanic.csv)는 타이타닉호의 침몰 사건에서 생존한 승객 및 사망한 승객의 정보를 포함한 자료이다. 아래 데이터를 이용하여 생존 여부(Survived)를 예측하고자 한다. 각 문항의 답을 제출형식에 맞춰 답안 작성 페이지에 입력하시오[단, 벌점화(penalty)는 부여하지 않는다].

(1) Gender와 Survived 변수 간의 독립성 검정을 실시하였을 때, 카이제곱 통계량은?(반올림하여 소수 셋째 자리까지 계산)

(2) Gender, SibSp, Parch, Fare를 독립변수로 사용하여 로지스틱 회귀모형을 실시하였을 때, Parch 변수의 계수값은?(반올림하여 소수 셋째 자리까지 계산)

(3) 위 (2)번 문제에서 추정된 로지스틱 회귀모형에서 SibSp 변수가 한 단위 증가할 때 오즈비(Odds Ratio) 값은?(반올림하여 소수 셋째 자리까지 계산)

- PassengerId : 승객 번호
- Survived : 생존 여부(0 : 사망, 1 : 생존)
- Pclass : 좌석 클래스(1 : 1등석, 2 : 2등석, 3 : 3등석)
- Name : 승객 이름
- Gender : 성별(male : 남성, female : 여성)
- Age : 연령
- SibSp : 동반한 형제/자매 및 배우자 수
- Parch : 동반한 부모 및 자녀 수
- Ticket : 티켓번호
- Fare : 티켓의 요금(달러)
- Cabin : 객실 번호
- Embarked : 탑승지 위치(C : Cherbourg, Q : Queenstown, S : Southampton)

	A	B	C	D	E	F	G	H	I	J	K	L
1	PassengerId	Survived	Pclass	Name	Gender	Age	SibSp	Parch	Ticket	Fare	Cabin	Embarked
2	1	0	3	Braund, Mr. Owen Harris	male	22	1	0	A/5 21171	7.25		S
3	2	1	1	Cumings, Mrs. John Bradley (Florence Briggs Thayer)	female	38	1	0	PC 17599	71.2833	C85	C
4	3	1	3	Heikkinen, Miss. Laina	female	26	0	0	STON/O2. 3101	7.925		S
5	4	1	1	Futrelle, Mrs. Jacques Heath (Lily May Peel)	female	35	1	0	113803	53.1	C123	S
6	5	0	3	Allen, Mr. William Henry	male	35	0	0	373450	8.05		S
7	6	0	3	Moran, Mr. James	male		0	0	330877	8.4583		Q
8	7	0	1	McCarthy, Mr. Timothy J	male	54	0	0	17463	51.8625	E46	S
9	8	0	3	Palsson, Master. Gosta Leonard	male	2	3	1	349909	21.075		S
10	9	1	3	Johnson, Mrs. Oscar W (Elisabeth Vilhelmina Berg)	female	27	0	2	347742	11.1333		S
11	10	1	2	Nasser, Mrs. Nicholas (Adele Achem)	female	14	1	0	237736	30.0708		C
12	11	1	3	Sandstrom, Miss. Marguerite Rut	female	4	1	1	PP 9549	16.7	G6	S
13	12	1	1	Bonnell, Miss. Elizabeth	female	58	0	0	113783	26.55	C103	S
14	13	0	3	Saundercock, Mr. William Henry	male	20	0	0	A/5. 2151	8.05		S
15	14	0	3	Andersson, Mr. Anders Johan	male	39	1	5	347082	31.275		S
16	15	0	3	Vestrom, Miss. Hulda Amanda Adolfina	female	14	0	0	350406	7.8542		S
17	16	1	2	Hewlett, Mrs. (Mary D Kingcome)	female	55	0	0	248706	16		S
18	17	0	3	Rice, Master. Eugene	male	2	4	1	382652	29.125		Q
19	18	1	2	Williams, Mr. Charles Eugene	male		0	0	244373	13		S
20	19	0	3	Vander Planke, Mrs. Julius (Emelia Maria Vandemoortele)	female	31	1	0	345763	18		S

정답 및 해설

(1) (Gender, Survived) 변수 간의 독립성 검정을 위해 chi2_contingency()를 이용한다. 독립변수=(Gender, SibSp, Parch, Fare), 종속변수=Survived로 지정하고 statsmodels.api에 포함된 Logit()으로 로지스틱 회귀분석 모형을 구축한다. Gender 변수는 문자열(object)로 저장되어 있어 이를 정수형 변수로 변환한다. 각 변수의 계수값은 result.params['변수명']으로 확인할 수 있으며, SibSp의 오즈비 값은 np.exp(coef_sibsp)=np.exp(result.params['SibSp'])로 구한다.

```python
from google.colab import drive      #Drive 라이브러리 import
drive.mount('/content/drive')        #드라이브 연결
import pandas as pd                  #판다스 라이브러리 import
from scipy.stats import chi2_contingency    #카이제곱검정통계량
import statsmodels.api as sm         #로지스틱 회귀분석 모형
import numpy as np                   #넘파이 라이브러리
df = pd.read_csv('/content/drive/MyDrive/work/Titanic.csv')
print(df.head()); print(df.dtypes)

cont_table = pd.crosstab(df['Gender'], df['Survived'])   #(Gender, Survived) 변수간 독립성 검정
print(cont_table)                    #Gender별 생존자 수(테이블)
chi2, p, _, _ = chi2_contingency(cont_table)    #카이제곱 검정통계량, 유의확률 계산
print(f"*** Chi-square statistics ***: {round(chi2,3)}")    #카이제곱 검정통계량 출력
print(f"p-value: {p}")               #유의확률(p-value) 출력

X = df[['Gender', 'SibSp', 'Parch', 'Fare']]    #독립변수
X['Gender'] = X['Gender'].astype('category').cat.codes   #명목형 변수(male, female)를 숫자로 변환
X = sm.add_constant(X)               #상수항 추가
y = df['Survived']                   #종속변수

model = sm.Logit(y, X)               #로지스틱 회귀분석 모형
result = model.fit()

coef_parch = result.params['Parch']  #Parch 변수의 계수
print(f"Coefficient for Parch: {coef_parch}")
print(f"### Coefficient for Parch ###: {round(coef_parch, 3)}")

coef_sibsp = result.params['SibSp']  #SibSp 변수의 계수
print(f"Coefficient for SibSp: {coef_sibsp}")
odds = np.exp(coef_sibsp)            #SibSp 변수의 오즈비(Odds Ratio)
print(f"Odds Ratio for SibSp: {odds}")
print(f"+++ Odds Ratio for SibSp +++: {round(odds, 3)}")
```

(2) 수행 결과는 다음과 같다.

① Gender와 Survived 변수 간의 독립성 검정 결과에 대한 카이제곱 통계량=260.717

② Gender, SibSp, Parch, Fare를 독립변수로 사용하여 로지스틱 회귀모형을 실시하였을 때, Parch 변수의 계수값 =-0.201

③ SibSp 변수가 한 단위 증가할 때 오즈비(Odds Ratio) 값=0.702 [1보다 작아, SibSp 변수가 한 단위 증가할 때, 즉 동반 가족(형제, 자매 및 배우자)이 증가하는 경우 Survived(생존) 확률은 감소한다.]

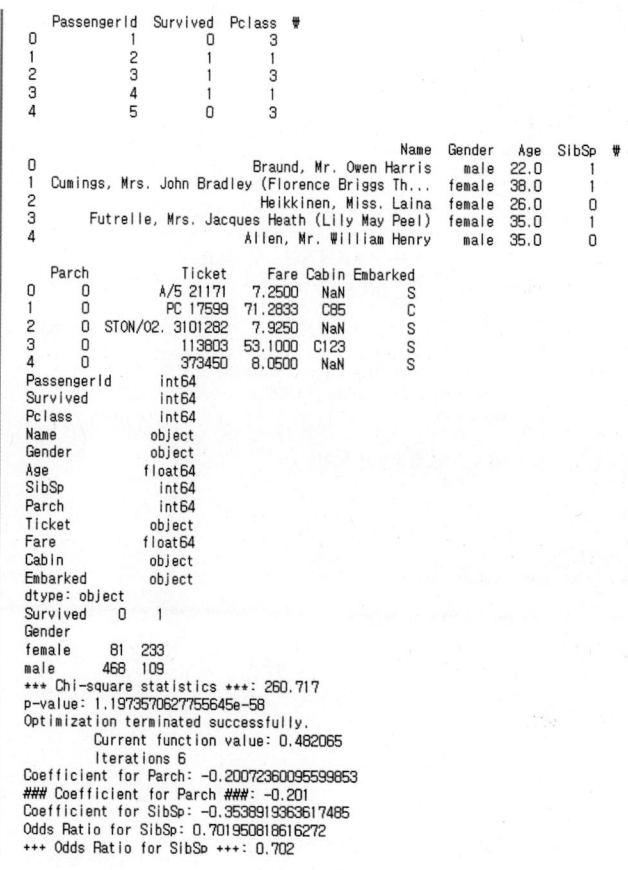

기출복원문제

제2회 기출복원문제
제3회 기출복원문제
제4회 기출복원문제
제5회 기출복원문제
제6회 기출복원문제
제7회 기출복원문제
제8회 기출복원문제
제9회 기출복원문제

인생의 실패는 성공이 얼마나 가까이 있는지도 모르고 포기했을 때 생긴다.

— 토마스 에디슨 —

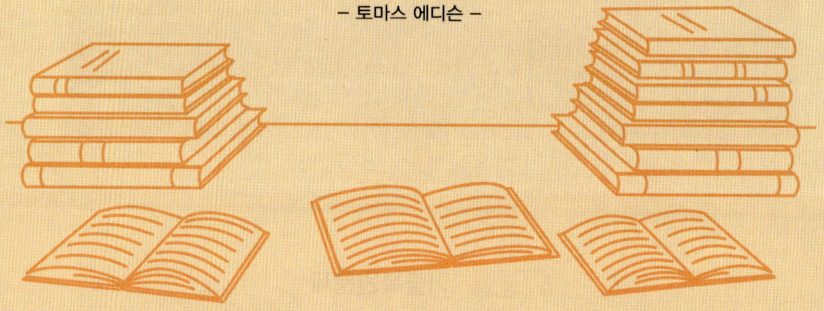

끝까지 책임진다! 시대에듀!

빅데이터분석기사 시험과 관련된 도서 문의, 소스 코드 및 학습자료, 기타 안내사항은 저자가 운영하는 아래의 카페 가입 후 확인하실 수 있습니다.
장희선 교수 강의드림 카페(cafe.naver.com/profdream)

제2회 (2021년 6월 19일) 빅데이터분석기사 실기 기출복원문제

I 작업형 제1유형

01 보스턴(Boston) 데이터(Boston.csv)는 보스턴 지역의 범죄율, 학생·교수 비율, 주택가격 등과 관련된 데이터로 총 14개 항목에 대한 506개 지역의 레코드이다. 다음 수행 결과를 출력하시오.

(1) 보스턴 지역의 범죄율(data['crim']) 항목에 대해 범죄율이 가장 높은 상위 10개 지역의 범죄율을 출력하시오.

(2) 범죄율이 가장 높은 1위 지역부터 10위 지역의 범죄율을 (10번째로 범죄율이 높은 지역의 범죄율 값)으로 모두 대체하고 그 결과를 출력하시오.

(3) 위 (2)번 데이터를 이용하여 1940년 이전 주택의 비율 항목(data['age'])이 80% 이상인 지역에 대한 평균 범죄율을 출력하시오.

- crim : 범죄율(자치시별 1인 기준)
- indus : 비소매 상업지역 면적(비율)
- nox : 일산화질소 농도
- age : 1940년 이전에 건축된 주택의 비율
- rad : 방사형 고속도로까지의 거리
- ptratio : 학생·교수 비율
- lstat : 인구 중하위 계층 비율
- zn : 25,000평방 피트 초과 거주지역 비율
- chas : 찰스강의 경계에 위치한 경우는 1, 아니면 0
- rm : 주택당 방수
- dis : 직업센터와의 거리
- tax : 재산세율
- black : 인구 중 흑인 비율
- medv : 본인 소유의 주택 가격(중앙값, $1000)

정답 1940년 이전 주택비율 항목(age)이 80% 이상인 지역에 대한 평균 범죄율(%)=5.759387%

해설
- data=boston.sort_values(['crim'], ascending=False) : 범죄율(crim) 내림차순 정렬
- data.reset_index(drop=True, inplace=True) : 정렬 데이터 새로 인덱싱
- data.crim.iloc[0:10].values : 상위 10개 지역 범죄율
- data['crim'].iloc[0:10]=gap : 상위 10개 지역 범죄율을 10번째 범죄율로 대체
- data[data['age']>=80].crim.mean() : 1940년 이전 주택비율 80% 이상인 지역 평균 범죄율

```
from google.colab import drive    #구글 드라이브 코랩 마운트
drive.mount('/content/drive')     #구글 드라이브 연결
import pandas as pd               #판다스
boston = pd.read_csv('/content/drive/MyDrive/work/Boston.csv', index_col=0)
    #분석용 데이터 읽기(절대경로명 사용) / 데이터출처: R Datasets
print(boston.head())      #첫 5행 출력
print(boston.describe())  #속성별 기술통계량
print(boston.shape)       #데이터 (행,열) = (506, 14)
print(boston.info())      #속성별 데이터 타입 요약
print(boston.dtypes)      #속성별 자료 타입

print('^^^^^^^^^^^^^^^^^^^^^^^^^^^^^^')
data = boston.sort_values(['crim'], ascending=False) #범죄율(crim) 내림차순 정렬
data.reset_index(drop=True, inplace=True)
    #정렬된 데이터를 새롭게 인덱싱(indexing), drop=True: 기존 인덱스 삭제
    #inplace=True: 기존 데이터프레임에 변경된 설정이 변환,반영됨
print('범죄율 상위 10개 지역 데이터')
print(data.iloc[0:10])    #범죄율 상위 10개 지역 데이터
print('범죄율 상위 10개 지역의 범죄율')
print(data.crim.iloc[0:10].values)    #범죄율 출력
gap = data.crim.iloc[0:10].values[9]  #상위 10번째 범죄율
print('상위 10번째 범죄율: ', end=''); print(gap)
data['crim'].iloc[0:10]= gap    #상위 10개지역 범죄율을 10번째 범죄율로 대체
print('상위 10개 지역 범죄율을 10번째 범죄율로 대체후 데이터')
print(data.iloc[0:10])

print('1940년 이전 주택비율 항목(age)이 80%이상인 지역에 대한 평균 범죄율(%): ', end='')
print(data[data['age']>=80].crim.mean())
```

수행 결과는 다음과 같다.

```
       crim    zn  indus  chas    nox     rm   age     dis  rad  tax  ptratio  ₩
1   0.00632  18.0   2.31     0  0.538  6.575  65.2  4.0900    1  296     15.3
2   0.02731   0.0   7.07     0  0.469  6.421  78.9  4.9671    2  242     17.8
3   0.02729   0.0   7.07     0  0.469  7.185  61.1  4.9671    2  242     17.8
4   0.03237   0.0   2.18     0  0.458  6.998  45.8  6.0622    3  222     18.7
5   0.06905   0.0   2.18     0  0.458  7.147  54.2  6.0622    3  222     18.7

     black  lstat  medv
1   396.90   4.98  24.0
2   396.90   9.14  21.6
3   392.83   4.03  34.7
4   394.63   2.94  33.4
5   396.90   5.33  36.2
<bound method NDFrame.describe of        crim    zn  indus  chas    nox     rm   age     dis  rad  tax  ₩
1    0.00632  18.0   2.31     0  0.538  6.575  65.2  4.0900    1  296
2    0.02731   0.0   7.07     0  0.469  6.421  78.9  4.9671    2  242
3    0.02729   0.0   7.07     0  0.469  7.185  61.1  4.9671    2  242
4    0.03237   0.0   2.18     0  0.458  6.998  45.8  6.0622    3  222
5    0.06905   0.0   2.18     0  0.458  7.147  54.2  6.0622    3  222
..       ...   ...    ...   ...    ...    ...   ...     ...  ...  ...
502  0.06263   0.0  11.93     0  0.573  6.593  69.1  2.4786    1  273
503  0.04527   0.0  11.93     0  0.573  6.120  76.7  2.2875    1  273
504  0.06076   0.0  11.93     0  0.573  6.976  91.0  2.1675    1  273
505  0.10959   0.0  11.93     0  0.573  6.794  89.3  2.3889    1  273
506  0.04741   0.0  11.93     0  0.573  6.030  80.8  2.5050    1  273

     ptratio   black  lstat  medv
1       15.3  396.90   4.98  24.0
2       17.8  396.90   9.14  21.6
3       17.8  392.83   4.03  34.7
4       18.7  394.63   2.94  33.4
5       18.7  396.90   5.33  36.2
..       ...     ...    ...   ...
502     21.0  391.99   9.67  22.4
503     21.0  396.90   9.08  20.6
504     21.0  396.90   5.64  23.9
505     21.0  393.45   6.48  22.0
506     21.0  396.90   7.88  11.9
 #   Column   Non-Null Count   Dtype
---  ------   --------------   -----
 0   crim     506 non-null     float64
 1   zn       506 non-null     float64
 2   indus    506 non-null     float64
 3   chas     506 non-null     int64
 4   nox      506 non-null     float64
 5   rm       506 non-null     float64
 6   age      506 non-null     float64
 7   dis      506 non-null     float64
 8   rad      506 non-null     int64
 9   tax      506 non-null     int64
 10  ptratio  506 non-null     float64
 11  black    506 non-null     float64
 12  lstat    506 non-null     float64
 13  medv     506 non-null     float64
dtypes: float64(11), int64(3)
memory usage: 59.3 KB
None
crim       float64
zn         float64
indus      float64
chas         int64
nox        float64
rm         float64
age        float64
dis        float64
rad          int64
tax          int64
ptratio    float64
black      float64
lstat      float64
medv       float64
dtype: object
```

```
범죄율 상위 10개 지역 데이터
      crim   zn  indus  chas   nox    rm    age    dis  rad  tax  ptratio
0  88.9762  0.0   18.1     0  0.671  6.968  91.9  1.4165   24  666    20.2
1  73.5341  0.0   18.1     0  0.679  5.957 100.0  1.8026   24  666    20.2
2  67.9208  0.0   18.1     0  0.693  5.683 100.0  1.4254   24  666    20.2
3  51.1358  0.0   18.1     0  0.597  5.757 100.0  1.4130   24  666    20.2
4  45.7461  0.0   18.1     0  0.693  4.519 100.0  1.6582   24  666    20.2
5  41.5292  0.0   18.1     0  0.693  5.531  85.4  1.6074   24  666    20.2
6  38.3518  0.0   18.1     0  0.693  5.453 100.0  1.4896   24  666    20.2
7  37.6619  0.0   18.1     0  0.679  6.202  78.7  1.8629   24  666    20.2
8  28.6558  0.0   18.1     0  0.597  5.155 100.0  1.5894   24  666    20.2
9  25.9406  0.0   18.1     0  0.679  5.304  89.1  1.6475   24  666    20.2

   black  lstat  medv
0  396.90  17.21  10.4
1   16.45  20.62   8.8
2  384.97  22.98   5.0
3    2.60  10.11  15.0
4   88.27  36.98   7.0
5  329.46  27.38   8.5
6  396.90  30.59   5.0
7   18.82  14.52  10.9
8  210.97  20.08  16.3
9  127.36  26.64  10.4
범죄율 상위 10개 지역의 범죄율
[88.9762 73.5341 67.9208 51.1358 45.7461 41.5292 38.3518 37.6619 28.6558
 25.9406]
상위 10번째 범죄율: 25.9406
상위 10개 지역 범죄율을 10번째 범죄율로 대체후 데이터
      crim   zn  indus  chas   nox    rm    age    dis  rad  tax  ptratio
0  25.9406  0.0   18.1     0  0.671  6.968  91.9  1.4165   24  666    20.2
1  25.9406  0.0   18.1     0  0.679  5.957 100.0  1.8026   24  666    20.2
2  25.9406  0.0   18.1     0  0.693  5.683 100.0  1.4254   24  666    20.2
3  25.9406  0.0   18.1     0  0.597  5.757 100.0  1.4130   24  666    20.2
4  25.9406  0.0   18.1     0  0.693  4.519 100.0  1.6582   24  666    20.2
5  25.9406  0.0   18.1     0  0.693  5.531  85.4  1.6074   24  666    20.2
6  25.9406  0.0   18.1     0  0.693  5.453 100.0  1.4896   24  666    20.2
7  25.9406  0.0   18.1     0  0.679  6.202  78.7  1.8629   24  666    20.2
8  25.9406  0.0   18.1     0  0.597  5.155 100.0  1.5894   24  666    20.2
9  25.9406  0.0   18.1     0  0.679  5.304  89.1  1.6475   24  666    20.2

   black  lstat  medv
0  396.90  17.21  10.4
1   16.45  20.62   8.8
2  384.97  22.98   5.0
3    2.60  10.11  15.0
4   88.27  36.98   7.0
5  329.46  27.38   8.5
6  396.90  30.59   5.0
7   18.82  14.52  10.9
8  210.97  20.08  16.3
9  127.36  26.64  10.4
1940년 이전 주택비율 항목(age)이 80%이상인 지역에 대한 평균 범죄율(%):  5.759386625
```

02 아래는 캘리포니아 지역의 주택 가격 관련 데이터(housing.csv)로 kaggle 사이트(https://www.kaggle.com/camnugent/introduction-to-machine-learning-in-r-tutorial)에서 다운로드할 수 있으며, 캘리포니아 20,640개 지역에 대한 10가지 항목의 조사 내용이다. 아래 작업 결과를 출력하시오.

(1) 주어진 데이터(housing.csv)를 이용하여 첫 번째 행부터 순서대로 80% 행까지의 자료(총 16,512개 자료=20,640×0.8)를 data1에 저장하시오.

(2) data1에서 total_bedrooms 항목(변수)의 결측값(NA)을 제외하여 total_bedrooms 항목의 표준편차를 출력하시오.

(3) data1에서 total_bedrooms 항목(변수)의 결측값(NA)을 total_bedrooms 항목의 중앙값(median)으로 대체하고 total_bedrooms 항목의 표준편차를 출력하시오.

	A	B	C	D	E	F	G	H	I	J
1	longitude	latitude	housing_median_age	total_rooms	total_bedrooms	population	households	median_income	median_house_value	ocean_proximity
2	-122.23	37.88	41	880	129	322	126	8.3252	452600	NEAR BAY
3	-122.22	37.86	21	7099	1106	2401	1138	8.3014	358500	NEAR BAY
4	-122.24	37.85	52	1467	190	496	177	7.2574	352100	NEAR BAY
5	-122.25	37.85	52	1274	235	558	219	5.6431	341300	NEAR BAY
6	-122.25	37.85	52	1627	280	565	259	3.8462	342200	NEAR BAY
7	-122.25	37.85	52	919	213	413	193	4.0368	269700	NEAR BAY
8	-122.25	37.84	52	2535	489	1094	514	3.6591	299200	NEAR BAY
9	-122.25	37.84	52	3104	687	1157	647	3.12	241400	NEAR BAY
10	-122.26	37.84	42	2555	665	1206	595	2.0804	226700	NEAR BAY
11	-122.25	37.84	52	3549	707	1551	714	3.6912	261100	NEAR BAY
12	-122.26	37.85	52	2202	434	910	402	3.2031	281500	NEAR BAY
13	-122.26	37.85	52	3503	752	1504	734	3.2705	241800	NEAR BAY
14	-122.26	37.85	52	2491	474	1098	468	3.075	213500	NEAR BAY
15	-122.26	37.84	52	696	191	345	174	2.6736	191300	NEAR BAY
16	-122.26	37.85	52	2643	626	1212	620	1.9167	159200	NEAR BAY
17	-122.26	37.85	50	1120	283	697	264	2.125	140000	NEAR BAY
18	-122.27	37.85	52	1966	347	793	331	2.775	152500	NEAR BAY
19	-122.27	37.85	52	1228	293	648	303	2.1202	155500	NEAR BAY
20	-122.26	37.84	50	2239	455	990	419	1.9911	158700	NEAR BAY

- longitude : 경도
- latitude : 위도
- housing_median_age : 주택 연수(나이, 중앙값)
- total_rooms : 전체 방의 수
- total_bedrooms : 전체 침대의 수
- population : 인구 수
- households : 세대 수
- median_income : 소득(중앙값)
- median_house_value : 주택 가격(중앙값)
- ocean_proximity : 바다 근접도

🔒 **정답** total_bedrooms 항목 표준편차
- 중앙값으로 대체 전의 표준편차=435.9006
- 중앙값으로 대체 후의 표준편차=433.9254

📋 **해설** 주어진 데이터(housing.csv)에서 행은 총 20,640개이며, 이 중 80%인 16,512개의 자료(n=0.8*house.shape[0]=16,512)를 data1에 저장한다. 표준편차를 구하기 위해 판다스 라이브러리(표본 표준편차, n−1로 나눔) 또는 넘파이 라이브러리(모표준편차, n으로 나눔)를 이용할 수 있다. total_bedrooms 결측값 항목의 대체 전 표준편차=435.9006이다. 해당 항목의 결측값을 중앙값=436으로 대체한 후, 새롭게 구한 표준편차=433.9254이다. 참고로 원자료의 표준편차=421.3851이다.

- data1=house.iloc[0:int(n)] : 전체 중 80%의 행(16,512개 행) 자료 저장
- data2=data1.dropna(subset=['total_bedrooms']) : 결측값이 있는 행 삭제
- data2['total_bedrooms'].std() : 표준편차(중앙값 대체 전), 판다스(표본 표준편차, n−1로 나눔)
- np.std(data2['total_bedrooms'] : 표준편차(중앙값 대체 전), 넘파이(모표준편차, n으로 나눔)
- data1['total_bedrooms']=data1['total_bedrooms'].fillna(mediangap) : 결측값을 중앙값으로 대체
- data1['total_bedrooms'].std() : 표준편차(중앙값 대체 후), 판다스(표본 표준편차, n−1로 나눔)

```python
from google.colab import drive   #구글 드라이브 코랩 마운트
drive.mount('/content/drive')    #구글 드라이브 연결
import pandas as pd
import numpy as np
import matplotlib.pyplot as plt
house = pd.read_csv('/content/drive/MyDrive/work/housing.csv', index_col=0)
      #분석용 데이터 읽기(절대경로명 사용) / 데이터출처: kaggle
print(house.head())      #첫 5행 출력
print(house.describe())  #속성별 기술통계량
print(house.shape)       #데이터 (행,열) = (20640, 10)
print(house.info())      #속성별 데이터 타입 요약
print(house.dtypes)      #속성별 자료 타입
n = 0.8 * house.shape[0] #전체 행의 80%에 해당하는 행의 개수
print('전체중 80%의 행의 개수: ', end=''); print(n)
data1 = house.iloc[0:int(n)]
print(data1.head())
print(data1.shape)
data2 = data1.dropna(subset=['total_bedrooms'])
  #total_bedrooms 항목 결측값이 있는 행(subset이용) 삭제
print('***결측값 삭제후 데이터********************')
print(data2.head())   #total_bedrooms 항목 결측값이 있는 행 삭제후 데이터프레임
print('결측값 삭제후 (행,열)의 개수: ', end=''); print(data2.shape)   #결측값 삭제후 (행, 열)의 크기
print('total_bedrooms 표준편차(pandas 함수)/중앙값 대체전: ', end=''); print(round(data2['total_bedrooms'].std(),4))
  #toal_bedrooms의 표준편차(판다스): (기본값)표본 표준편차(n-1로 나눔)
print('total_bedrooms 표준편차(numpy 함수)/중앙값 대체전: ', end=''); print(round(np.std(data2['total_bedrooms']),4))
  #total_bedrooms의 표준편차 (넘파이): (기본값)모표준편차(n으로 나눔), 따라서 판다스 표준편차가 큰 값을 가짐

mediangap = data1['total_bedrooms'].median()   #total_bedrooms 중앙값(data1)
print('total_bedrooms 중앙값(median): ', end=''); print(mediangap)

data1['total_bedrooms'] = data1['total_bedrooms'].fillna(mediangap)   #결측값을 중앙값으로 대체
print('total_bedrooms 표준편차(중앙값 대체후): ', end=''); print(round(data1['total_bedrooms'].std(),4))
```

수행 결과는 다음과 같다.

```
           latitude  housing_median_age  total_rooms  total_bedrooms
longitude
-122.23      37.88                41.0        880.0           129.0
-122.22      37.86                21.0       7099.0          1106.0
-122.24      37.85                52.0       1467.0           190.0
-122.25      37.85                52.0       1274.0           235.0
-122.25      37.85                52.0       1627.0           280.0

           population  households  median_income  median_house_value
longitude
-122.23         322.0       126.0         8.3252            452600.0
-122.22        2401.0      1138.0         8.3014            358500.0
-122.24         496.0       177.0         7.2574            352100.0
-122.25         558.0       219.0         5.6431            341300.0
-122.25         565.0       259.0         3.8462            342200.0

           ocean_proximity
longitude
-122.23           NEAR BAY
-122.22           NEAR BAY
-122.24           NEAR BAY
-122.25           NEAR BAY
-122.25           NEAR BAY

          latitude  housing_median_age  total_rooms  total_bedrooms
count  20640.000000        20640.000000  20640.000000    20433.000000
mean      35.631861           28.639486   2635.763081      537.870553
std        2.135952           12.585558   2181.615252      421.385070
min       32.540000            1.000000      2.000000        1.000000
25%       33.930000           18.000000   1447.750000      296.000000
50%       34.260000           29.000000   2127.000000      435.000000
75%       37.710000           37.000000   3148.000000      647.000000
max       41.950000           52.000000  39320.000000     6445.000000

         population    households  median_income  median_house_value
count  20640.000000  20640.000000   20640.000000        20640.000000
mean    1425.476744    499.539680       3.870671       206855.816909
std     1132.462122    382.329753       1.899822       115395.615874
min        3.000000      1.000000       0.499900        14999.000000
25%      787.000000    280.000000       2.563400       119600.000000
50%     1166.000000    409.000000       3.534800       179700.000000
75%     1725.000000    605.000000       4.743250       264725.000000
max    35682.000000   6082.000000      15.000100       500001.000000
(20640, 9)
<class 'pandas.core.frame.DataFrame'>
Float64Index: 20640 entries, -122.23 to -121.24
Data columns (total 9 columns):
 #   Column              Non-Null Count  Dtype
---  ------              --------------  -----
 0   latitude            20640 non-null  float64
 1   housing_median_age  20640 non-null  float64
 2   total_rooms         20640 non-null  float64
 3   total_bedrooms      20433 non-null  float64
 4   population          20640 non-null  float64
 5   households          20640 non-null  float64
 6   median_income       20640 non-null  float64
 7   median_house_value  20640 non-null  float64
 8   ocean_proximity     20640 non-null  object
dtypes: float64(8), object(1)
memory usage: 1.6+ MB
None
latitude              float64
housing_median_age    float64
total_rooms           float64
total_bedrooms        float64
population            float64
households            float64
median_income         float64
median_house_value    float64
ocean_proximity        object
dtype: object
전체중 80%의 행의 개수: 16512.0
           latitude  housing_median_age  total_rooms  total_bedrooms
longitude
-122.23      37.88                41.0        880.0           129.0
-122.22      37.86                21.0       7099.0          1106.0
-122.24      37.85                52.0       1467.0           190.0
-122.25      37.85                52.0       1274.0           235.0
-122.25      37.85                52.0       1627.0           280.0

           population  households  median_income  median_house_value
longitude
-122.23         322.0       126.0         8.3252            452600.0
-122.22        2401.0      1138.0         8.3014            358500.0
-122.24         496.0       177.0         7.2574            352100.0
-122.25         558.0       219.0         5.6431            341300.0
-122.25         565.0       259.0         3.8462            342200.0
```

```
        ocean_proximity
longitude
-122.23        NEAR BAY
-122.22        NEAR BAY
-122.24        NEAR BAY
-122.25        NEAR BAY
-122.25        NEAR BAY
(16512, 9)
***결측값 삭제후 데이터***********************
           latitude  housing_median_age  total_rooms  total_bedrooms  ₩
longitude
-122.23      37.88                41.0        880.0           129.0
-122.22      37.86                21.0       7099.0          1106.0
-122.24      37.85                52.0       1467.0           190.0
-122.25      37.85                52.0       1274.0           235.0
-122.25      37.85                52.0       1627.0           280.0

           population  households  median_income  median_house_value  ₩
longitude
-122.23         322.0       126.0         8.3252            452600.0
-122.22        2401.0      1138.0         8.3014            358500.0
-122.24         496.0       177.0         7.2574            352100.0
-122.25         558.0       219.0         5.6431            341300.0
-122.25         565.0       259.0         3.8462            342200.0

        ocean_proximity
longitude
-122.23        NEAR BAY
-122.22        NEAR BAY
-122.24        NEAR BAY
-122.25        NEAR BAY
-122.25        NEAR BAY
결측값 삭제후 (행,열)의 개수: (16353, 9)
total_bedrooms 표준편차(pandas 함수)/중앙값 대체전:  435.9006
total_bedrooms 표준편차(numpy 함수)/중앙값 대체전:  435.8872
total_bedrooms 중앙값(median):  436.0
total_bedrooms 표준편차(중앙값 대체후):  433.9254
```

03 아래 데이터(insurance.csv)는 (age, sex, bmi, children, smoker, region, charges) 항목에 대한 1,338명의 보험 관련 자료로 kaggle 사이트(https://www.kaggle.com/mirichoi0218/insurance/version/1)에서 다운로드한다. 아래 순서대로 수행한 작업 결과를 출력하시오.

(1) 납입 보험료(charges) 항목에 대한 평균(m)과 표준편차(n)를 출력하시오.

(2) 납입 보험료(charges) 항목에 대한 이상값(outlier)의 합을 출력하시오. 단, 이상값은 (평균+1.5×표준편차=m+1.5×n) 이상인 값이다.

	A	B	C	D	E	F	G
1	age	sex	bmi	children	smoker	region	charges
2	19	female	27.9	0	yes	southwest	16884.92
3	18	male	33.77	1	no	southeast	1725.552
4	28	male	33	3	no	southeast	4449.462
5	33	male	22.705	0	no	northwest	21984.47
6	32	male	28.88	0	no	northwest	3866.855
7	31	female	25.74	0	no	southeast	3756.622
8	46	female	33.44	1	no	southeast	8240.59
9	37	female	27.74	3	no	northwest	7281.506
10	37	male	29.83	2	no	northeast	6406.411
11	60	female	25.84	0	no	northwest	28923.14
12	25	male	26.22	0	no	northeast	2721.321
13	62	female	26.29	0	yes	southeast	27808.73
14	23	male	34.4	0	no	southwest	1826.843
15	56	female	39.82	0	no	southeast	11090.72
16	27	male	42.13	0	yes	southeast	39611.76
17	19	male	24.6	1	no	southwest	1837.237
18	52	female	30.78	1	no	northeast	10797.34
19	23	male	23.845	0	no	northeast	2395.172
20	56	male	40.3	0	no	southwest	10602.39
21	30	male	35.3	0	yes	southwest	36837.47
22	60	female	36.005	0	no	northeast	13228.85
23	30	female	32.4	1	no	southwest	4149.736
24	18	male	34.1	0	no	southeast	1137.011
25	34	female	31.92	1	yes	northeast	37701.88
26	37	male	28.025	2	no	northwest	6203.902
27	59	female	27.72	3	no	southeast	14001.13
28	63	female	23.085	0	no	northeast	14451.84

🔒 **정답** 이상값의 합=6,421,430

📋 **해설** 보험료(insurance.charges)에 대한 평균(m), 표준편차(n)를 출력하고 이상값의 경계(outlier)를 구한다. 이상값을 나타내는 항목(평균+1.5×표준편차=m+1.5×n 이상인 값)에 대한 조건을 지정(cond)하고 이를 이용하여 합계를 구한다. 참고로 전체 보험료의 합은 17,755,825이고 boxplot() 함수를 이용하여 보험료 범위를 가늠한다.

> - m=insurance.charges.mean() : 납입 보험료(charges) 평균
> - n=insurance.charges.std() : 납입 보험료(charges) 표준편차
> - upper=m+1.5*n : 이상값 상한 기준
> - cond=insurance.charges>=upper : 이상값 판별 조건
> - hap=insurance[cond].charges.sum() : 이상값 합계

```python
from google.colab import drive   #구글 드라이브 코랩 마운트
drive.mount('/content/drive')    #구글 드라이브 연결
import pandas as pd
import matplotlib.pyplot as plt
insurance = pd.read_csv('/content/drive/MyDrive/work/insurance.csv', index_col=0)
    #분석용 데이터 읽기(절대경로명 사용) / 데이터출처: Kaggle
print(insurance.head())      #첫 5행 출력
print(insurance.describe())  #속성별 기술통계량
print(insurance.shape)       #데이터 (행,열) = (1338, 7)
print(insurance.info())      #속성별 데이터 타입 요약
print(insurance.dtypes)      #속성별 자료 타입
m = insurance.charges.mean()     #charges(납입보험료) 평균(m)
n = insurance.charges.std()      #charges(납입보험료) 표준편차(n)
print('납입 보험료 평균: ', end=''); print(m)
print('납입 보험료 표준편차: ', end=''); print(n)
upper = m + 1.5 * n   #이상값 구분을 위한 상한 기준값
print('이상값 기준(상한): ', end=''); print(upper)
cond = insurance.charges >= upper   #이상값 판별 조건
hap = insurance[cond].charges.sum()  #이상값 합계
print('이상값(charges) 합계: ', end=''); print(format(round(hap, 4), ','))
    #출력 형식(',' 넣고, 소수점이하 네째자리)
print('납입 보험료 합계(원): ', end=''); print(format(round(insurance.charges.sum(), 4), ','))
    #납입 보험료 합계

print('Boxplot')
plt.figure(figsize=(10,5))   #그래프 크기
plt.boxplot(insurance.charges, notch=True)   #Boxplot 그리기
plt.show()
```

수행 결과는 다음과 같다.

```
       sex     bmi  children smoker    region      charges
age
19   female  27.900        0    yes  southwest  16884.92400
18     male  33.770        1     no  southeast   1725.55230
28     male  33.000        3     no  southeast   4449.46200
33     male  22.705        0     no  northwest  21984.47061
32     male  28.880        0     no  northwest   3866.85520
               bmi     children        charges
count  1338.000000  1338.000000    1338.000000
mean     30.663397     1.094918   13270.422265
std       6.098187     1.205493   12110.011237
min      15.960000     0.000000    1121.873900
25%      26.296250     0.000000    4740.287150
50%      30.400000     1.000000    9382.033000
75%      34.693750     2.000000   16639.912515
max      53.130000     5.000000   63770.428010
(1338, 6)
<class 'pandas.core.frame.DataFrame'>
Int64Index: 1338 entries, 19 to 61
Data columns (total 6 columns):
 #   Column    Non-Null Count  Dtype
---  ------    --------------  -----
 0   sex       1338 non-null   object
 1   bmi       1338 non-null   float64
 2   children  1338 non-null   int64
 3   smoker    1338 non-null   object
 4   region    1338 non-null   object
 5   charges   1338 non-null   float64
dtypes: float64(2), int64(1), object(3)
memory usage: 73.2+ KB
None
sex          object
bmi         float64
children      int64
smoker       object
region       object
charges     float64
dtype: object
납입 보험료 평균: 13270.422265141257
납입 보험료 표준편차: 12110.011236694001
이상값 기준(상한): 31435.43912018226
이상값(charges) 합계: 6,421,430.0207
납입 보험료 합계(원): 17,755,824.9908
Boxplot
```

Ⅱ 작업형 제2유형

아래(train_commerce.csv)는 (ID, Warehouse_block, Mode_of_Shipment, Customer_care_calls, Customer_rating, Cost_of_the_Product, Prior_purchases, Product_importance, Gender, Discount_offered, Weight_in_gms, Reached.on.Time_Y.N)의 12개 항목에 대한 10,999명의 고객 구매 자료로 kaggle 사이트(https://www.kaggle.com/prachi13/customer-analytics?select=Train.csv)에서 다운로드할 수 있다.

전체 데이터들 중 임의로 70%(7,699개)를 훈련용 데이터(train)로 저장하고, 나머지 30%(3,300개)를 검증용 데이터(test)로 이용한다. 훈련용 데이터를 이용하여 고객이 주문한 물품이 제시간에 도착하는지 여부(Reached.on.Time_Y.N의 값이 1이면 제시간에 도착, 0이면 제시간에 도착하지 않음)를 예측한다. 아래의 순서대로 작업을 수행하여 서포트벡터머신(SVM ; Support Vector Machine) 모형을 구축하고 검증용 데이터에 대한 성능분석 결과(정확도 및 오류율)를 출력하시오. 단, 데이터 분석을 위하여 sklearn.svm 라이브러리(SVC)를 이용한다.

(1) 훈련 데이터와 검증 데이터에서 첫 번째 항목(ID)을 제거하고 종속변수(Reached.on.Time_Y.N)를 요인변수[명목변수, factor, astype('category')]로 변경하시오.

(2) 서포트벡터머신 데이터 분석 모형을 구축하시오. 단, 커널 함수로 RBF(Radial Basis Function, rbf)를 이용하고 cost(C)=10, gamma=0.1, 분류 분석 유형(C-Classification)을 적용한다.

(3) 구축된 SVM 모형을 이용하여 검증용 데이터(test)에 대한 예측 결과[model.predict()]를 실제값(testy)과 함께 데이터프레임(resultsvm)으로 저장하시오.

(4) 정오 분류표를 작성하고 정확도와 에러율을 구하시오.

(5) 혼동행렬(Confusion Matrix)을 작성하고 ROC 곡선과 AUC 값을 출력하시오.

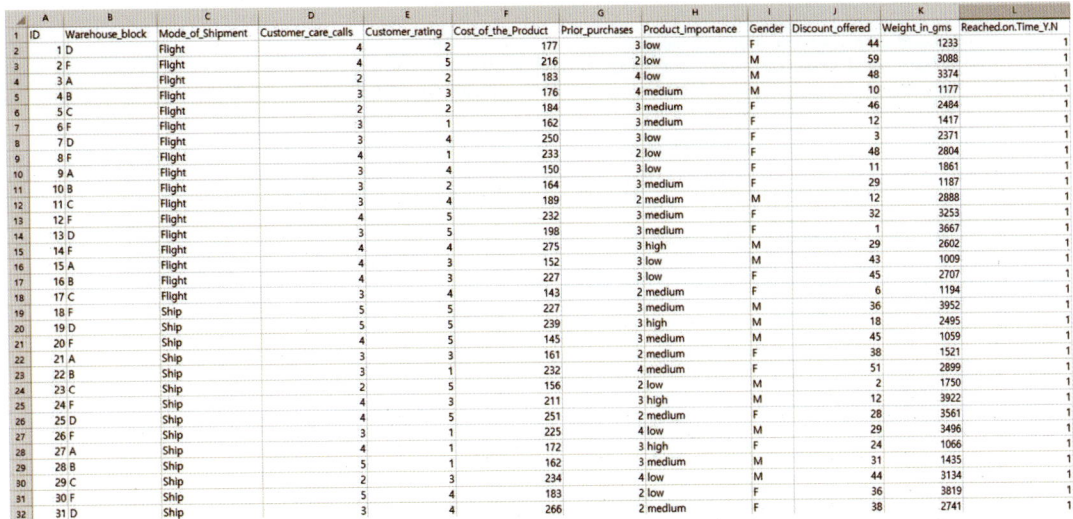

🔒 정답 및 해설

데이터 전처리(범주형 자료 변환 및 표준화) 후, 독립변수와 종속변수를 넘파이 자료 구조로 변환한다. kernel='rbf', C=10, gamma=0.1을 이용하여 SVM 모형을 구축하고, 학습 후 예측 결과를 resultsvm 데이터프레임으로 저장한다.

- df['Reached.on.Time_Y.N']=df['Reached.on.Time_Y.N'].astype('category') : 정수형을 범주형으로 변환
- df['Warehouse_block']=df['Warehouse_block'].map({'A' : 0, 'B' : 1, 'C' : 2, 'D' : 3, 'F' : 4}) : 문자열(object)을 정수형(범주형)으로 변환
- x=df.drop(['Reached.on.Time_Y.N'], axis='columns').to_numpy() : 독립변수(넘파이 자료 변환)
- y=df['Reached.on.Time_Y.N'].to_numpy() : 종속변수(넘파이 자료 변환)
- trainx, testx, trainy, testy=train_test_split(x, y, test_size=0.3, random_state=42) : (훈련, 검증) 데이터세트 랜덤 추출
- scaler=StandardScaler() : 데이터 표준화
- model=SVC(kernel='rbf', C=10, gamma=0.1, random_state=42) : SVM 모형 구축
- model.fit(xtrainscaled, trainy) : 모형 학습
- ypred=model.predict(xtestscaled) : 검증 데이터세트 예측

```python
from google.colab import drive   #구글 드라이브 코랩 마운트
drive.mount('/content/drive')    #구글 드라이브 연결
import pandas as pd              #판다스 라이브러리
import numpy as np               #넘파이 라이브러리
from sklearn.preprocessing import StandardScaler      #데이터 전처리, 표준화(Z-Score)
from sklearn.model_selection import train_test_split  #(학습, 검증) 데이터 랜덤 추출
from sklearn.metrics import classification_report, confusion_matrix #성능평가지표, 혼동행렬
from sklearn.metrics import accuracy_score            #정확도
import matplotlib.pyplot as plt  #시각화
from sklearn.svm import SVC      #서포트벡터머신 모형(Support Vector Machine)
data = pd.read_csv('/content/drive/MyDrive/work/train_commerce.csv', index_col=0)
       #분석용 데이터 읽기(절대경로명 사용) / 데이터출처: Kaggle / 인덱스열 추가하지 않음
df = data.dropna()   #결측값 제외
print(df.dtypes)     #속성별 데이터 유형 확인
df['Reached.on.Time_Y.N'] = df['Reached.on.Time_Y.N'].astype('category') #정수형 -> 범주형 변환
#문자열(object) 자료 -> 정수형(범주화)으로 변환
df['Warehouse_block'] = df['Warehouse_block'].map({'A':0, 'B':1, 'C':2, 'D':3, 'F':4})
df['Mode_of_Shipment'] = df['Mode_of_Shipment'].map({'Flight':0, 'Road':1, 'Ship':2})
df['Product_importance'] = df['Product_importance'].map({'low':0, 'medium':1, 'high':2})
df['Gender'] = df['Gender'].map({'F':0, 'M':1})
print(df.head())
x = df.drop(['Reached.on.Time_Y.N'], axis='columns').to_numpy()  #독립변수
y = df['Reached.on.Time_Y.N'].to_numpy()   #종속변수(1이면 제 시간 도착, 0이면 제 시간 도착하지 않음)
trainx, testx, trainy, testy = train_test_split(x, y, test_size=0.3, random_state=42)
      #훈련, 검증 데이터 구분, 검증데이터세트 = 30%, 훈련데이터세트=70%, random_state:랜덤seed
scaler = StandardScaler()    #데이터 표준화 모듈(Z-Score=(x-u)/s, 평균=0, 표준편차=1)
xtrainscaled = scaler.fit_transform(trainx)  #훈련데이터 스케일링
xtestscaled = scaler.fit_transform(testx)    #검증데이터 스케일링
model = SVC(kernel='rbf', C=10, gamma=0.1, random_state=42)   #SVM 모델 생성
   #kernel='RBF(Radial Basis Function)': 커널함수 형식(RBF), (C=10, gamma=0.1): 커널함수 파라미터 지정
model.fit(xtrainscaled, trainy)    #SVM 모델 학습
ypred = model.predict(xtestscaled)  #검증데이터세트로 예측
accuracy = accuracy_score(testy, ypred)   #정확도
print('SVM 모형의 성능(정확도): ', end=''); print(accuracy)
print('$$$ 혼동행렬, Confusion Matrix $$$')
print(confusion_matrix(testy, ypred))    #혼동행렬
print('** 성능평가 지표값 **')
print(classification_report(testy, ypred))  #성능평가 지표값
resultsvm = pd.DataFrame(np.zeros((3300,2)), columns=['Actual','Prediction'])
  #(행,열)=(3300,2):검증데이터세트행의수=3300(30%) 데이터프레임 초기화(0으로 저장)
resultsvm['Actual'] = pd.DataFrame(testy)   #검증데이터세트 실제값(참값)
resultsvm['Prediction'] = pd.DataFrame(ypred) #검증데이터세트 예측값
print(resultsvm.head())
from google.colab import drive  #라이브러리 import
drive.mount('/content/drive')   #구글 드라이브 연결
resultsvm.to_csv('/content/drive/MyDrive/work/resulttrain2.csv')  #csv파일로 저장(구글 드라이브내)
```

수행 결과는 다음과 같다. 검증 데이터에 대한 예측 정확도=64.9%이다.

```
Warehouse_block         object
Mode_of_Shipment        object
Customer_care_calls     int64
Customer_rating         int64
Cost_of_the_Product     int64
Prior_purchases         int64
Product_importance      object
Gender                  object
Discount_offered        int64
Weight_in_gms           int64
Reached.on.Time_Y.N     int64
dtype: object
    Warehouse_block  Mode_of_Shipment  Customer_care_calls  Customer_rating
ID
1                 3                 0                    4                2
2                 4                 0                    4                5
3                 0                 0                    2                2
4                 1                 0                    3                3
5                 2                 0                    2                2

    Cost_of_the_Product  Prior_purchases  Product_importance  Gender
ID
1                   177                3                   0       0
2                   216                2                   0       1
3                   183                4                   0       1
4                   176                4                   1       1
5                   184                3                   1       0

    Discount_offered  Weight_in_gms  Reached.on.Time_Y.N
ID
1                 44           1233                    1
2                 59           3088                    1
3                 48           3374                    1
4                 10           1177                    1
5                 46           2484                    1
SVM 모형의 성능(정확도): 0.6487878787878788
$$$ 혼동행렬, Confusion Matrix $$$
[[ 950  362]
 [ 797 1191]]
** 성능평가 지표값 **
              precision    recall  f1-score   support

           0       0.54      0.72      0.62      1312
           1       0.77      0.60      0.67      1988

    accuracy                           0.65      3300
   macro avg       0.66      0.66      0.65      3300
weighted avg       0.68      0.65      0.65      3300

   Actual  Prediction
0       1           1
1       1           0
2       0           1
3       0           0
4       1           1
```

SVM 예측 모형에 대한 성능평가 지표, 혼동행렬, ROC 곡선, AUC 지표값을 구하면 다음과 같다.

```python
from google.colab import drive   #구글 드라이브 코랩 마운트
drive.mount('/content/drive')    #구글 드라이브 연결
import pandas as pd   #판다스 라이브러리
import numpy as np    #넘파이 라이브러리
from sklearn.preprocessing import StandardScaler  #데이터 전처리, 표준화(Z-Score)
from sklearn.model_selection import train_test_split  #(학습, 검증) 데이터 랜덤 추출
from sklearn.metrics import classification_report, confusion_matrix
from sklearn.metrics import accuracy_score
from sklearn.metrics import roc_curve     #분류 모형 ROC 그래프 작성
from sklearn.metrics import auc           #AUC(Area under Curce) 값 계산
from sklearn.metrics import f1_score      #F1-Score 계산 모듈
from sklearn.metrics import accuracy_score   #accuracy 계산 모듈
from sklearn.metrics import precision_score  #precision 계산 모듈
from sklearn.metrics import recall_score     #recall 계산 모듈
import matplotlib.pyplot as plt   #시각화
from sklearn.svm import SVC       #서포트벡터머신 모형(Support Vector Machine)
data = pd.read_csv('/content/drive/MyDrive/work/train_commerce.csv', index_col=0)
df = data.dropna()   #결측값 제외
df['Reached.on.Time_Y.N'] = df['Reached.on.Time_Y.N'].astype('category')
df['Warehouse_block'] = df['Warehouse_block'].map({'A':0, 'B':1, 'C':2, 'D':3, 'F':4})
df['Mode_of_Shipment'] = df['Mode_of_Shipment'].map({'Flight':0, 'Road':1, 'Ship':2})
df['Product_importance'] = df['Product_importance'].map({'low':0, 'medium':1, 'high':2})
df['Gender'] = df['Gender'].map({'F':0, 'M':1})
x = df.drop(['Reached.on.Time_Y.N'], axis='columns').to_numpy()   #독립변수
y = df['Reached.on.Time_Y.N'].to_numpy()  #종속변수(1이면 제 시간 도착, 0이면 제 시간 도착하지 않음)
trainx, testx, trainy, testy = train_test_split(x, y, test_size=0.3, random_state=42)
scaler = StandardScaler()          #데이터 표준화 모듈(Z-Score=(x-u)/s, 평균=0, 표준편차=1)
xtrainscaled = scaler.fit_transform(trainx)  #훈련데이터 스케일링
xtestscaled = scaler.fit_transform(testx)    #검증데이터 스케일링
model = SVC(kernel='rbf', C=10, gamma=0.1, random_state=42)   #SVM 모델 생성
model.fit(xtrainscaled, trainy)    #SVM 모델 학습
ypred = model.predict(xtestscaled)       #검증데이터세트로 예측
print('*** F1 Score 계산 모듈 이용 ***')
print('F1-Score: ', end=''); print(f1_score(testy, ypred))
print('*** Accuracy 계산 모듈 이용 ***')
print('Accuracy (정확도): ', end='');
print(accuracy_score(testy, ypred))
print('*** Precision 계산 모듈 이용 ***')
print('Precision (정밀도): ', end='');
print(precision_score(testy, ypred))
print('*** Recall (재현율) 계산 모듈 이용 ***')
print(' Recall (재현율): ', end='');
print(recall_score(testy, ypred))
print('^^^ ROC Curve ^^^')
fpr, tpr, thresholds = roc_curve(testy, ypred)
plt.plot(fpr, tpr); plt.show()
print('** AUC, Area under ROC Curve, ROC 곡선 아래부분의 면적: ', end=''); print(auc(fpr, tpr))
```

수행 결과는 다음과 같다. F1-score=0.673, 정확도=64.9%, 정밀도=0.767, 재현율=0.599이고 AUC=0.662로서 다소 성능이 우수하지 않은 모형으로 평가[sklearn.model_selection 라이브러리의 GridSearchCV() 모듈을 이용한 파라미터 튜닝 과정을 거친 후, 파라미터를 수정하는 경우 모형의 성능이 개선될 수 있음]된다.

```
*** F1 Score 계산 모듈 이용 ***
F1-Score:  0.6726913301327309
*** Accuracy 계산 모듈 이용 ***
Accuracy (정확도):  0.6487878787878788
*** Precision 계산 모듈 이용 ***
Precision (정밀도):  0.7669027688345138
*** Recall (재현율) 계산 모듈 이용 ***
 Recall (재현율):  0.5990945674044266
^^^ ROC Curve ^^^
```

** AUC, Area under ROC Curve, ROC 곡선 아래부분의 면적: 0.6615899666290426

제3회 (2021년 12월 4일) 빅데이터분석기사 실기 기출복원문제

I 작업형 제1유형

01 아래 자료(country.csv)는 연도별 7개 국가들에 대한 인구 10만 명당 결핵 발생 건수(명)이다. 결측치(NaN)를 포함하는 행 제거 후, Guam 국가 자료에 대한 상위 70%의 분위 값을 구하시오.

	A	B	C	D	E	F	G	H
1	year	Ghana	Guam	Greece	Russia	China	Peru	France
2	1990	356	20	27	156	340	35	22
3	1991	400	25	45	200	250	45	35
4	1992	350	30	32	250	150	35	21
5	1993	200	20	32	100	200	20	24
6	1994	250	25	35	150	230	35	23
7	1995	300	30	27	250	200	35	
8	1996	340		30	255	400	40	23
9	1997	200	35	40	155		31	45
10	1998	140	21	42	130	230	44	
11	1999		23	43	130	250		25
12	2000	300	15	32	125	300	32	34
13	2001	300	20	35	132	200	45	23
14	2002	320	30	37	100	450	33	22
15	2003	250		33	150	300	55	
16	2004	320	23	20	150	320	34	35
17	2005	420	25	35	160	400	44	23

정답 20명

해설 결측값 제거 함수[data.dropna()]와 사분위수 함수[country[ ].quantile()]를 이용하여 Guam 국가에 대한 상위 70%(하위 30%) 자료 값(20명)을 구한다.

- country=data.dropna() : 결측값 제외
- q7=country['Guam'].quantile(0.3) : Guam 자료에 대한 상위 70%(하위 30%) 값

```python
from google.colab import drive   #구글 드라이브 코랩 마운트
drive.mount('/content/drive')    #구글 드라이브 연결
import pandas as pd
data = pd.read_csv('/content/drive/MyDrive/work/country.csv', header=0)
    #분석용 데이터 읽기(절대경로명 사용) / 데이터출처: 시대고시(빅데이터분석기사 실기(R도서))
    #header=0: 컬럼명이 첫 번째 행에 위치
country = data.dropna()          #결측값 제외
print(country.head())            #첫 5행 출력
print(country.describe())        #속성별 기술통계량
print(country.shape)             #데이터 (행,열) = (10, 8)
print(country.info())            #속성별 데이터 타입 요약
print(country.dtypes)            #속성별 자료 타입
print(country.index)             #데이터프레임 인덱스

q7 = country['Guam'].quantile(0.3)   #Guam 자료에 대한 상위 70%(하위 30%) 값
print('Guam자료에 대한 상위 70%(하위 30%) 값(결핵 환자 수(명)): ', end=''); print(q7)
```

수행 결과는 다음과 같다.

```
   year  Ghana  Guam  Greece  Russia  China   Peru  France
0  1990  356.0  20.0      27     156  340.0   35.0    22.0
1  1991  400.0  25.0      45     200  250.0   45.0    35.0
2  1992  350.0  30.0      32     250  150.0   35.0    21.0
3  1993  200.0  20.0      32     100  200.0   20.0    24.0
4  1994  250.0  25.0      35     150  230.0   35.0    23.0
              year        Ghana        Guam      Greece       Russia       China  \
count    10.000000    10.000000   10.000000   10.000000    10.000000   10.000000
mean   1997.200000   321.600000   23.300000   33.000000   152.300000  284.000000
std       5.750362    65.549303    4.715224    6.497863    45.377552   95.358971
min    1990.000000   200.000000   15.000000   20.000000   100.000000  150.000000
25%    1992.250000   300.000000   20.000000   32.000000   126.750000  207.500000
50%    1997.000000   320.000000   24.000000   33.500000   150.000000  275.000000
75%    2001.750000   354.500000   25.000000   35.000000   159.000000  335.000000
max    2005.000000   420.000000   30.000000   45.000000   250.000000  450.000000

            Peru      France
count  10.000000   10.000000
mean   35.800000   26.200000
std     7.554248    5.902918
min    20.000000   21.000000
25%    33.250000   22.250000
50%    35.000000   23.000000
75%    41.750000   31.500000
max    45.000000   35.000000
(10, 8)
<class 'pandas.core.frame.DataFrame'>
Int64Index: 10 entries, 0 to 15
Data columns (total 8 columns):
 #   Column  Non-Null Count  Dtype
---  ------  --------------  -----
 0   year    10 non-null     int64
 1   Ghana   10 non-null     float64
 2   Guam    10 non-null     float64
 3   Greece  10 non-null     int64
 4   Russia  10 non-null     int64
 5   China   10 non-null     float64
 6   Peru    10 non-null     float64
 7   France  10 non-null     float64
dtypes: float64(5), int64(3)
memory usage: 720.0 bytes
None
year        int64
Ghana     float64
Guam      float64
Greece      int64
Russia      int64
China     float64
Peru      float64
France    float64
dtype: object
Int64Index([0, 1, 2, 3, 4, 10, 11, 12, 14, 15], dtype='int64')
Guam자료에 대한 상위 70%(하위 30%) 값(결핵 환자 수(명)): 20.0
```

02 위 1번 자료(country.csv)에서 국가별 2000년도 결핵 환자 데이터를 이용한다. 2000년도 7개 국가들에 대한 평균은 119.7명이다. 7개 국가들 중 평균값보다 큰 값의 결핵 환자 수가 나타난 국가의 수를 구하시오.

정답 3

해설 dfnew.mean() 함수를 이용하여 7개 국가들에 대한 평균 결핵 환자 수를 구하고 dfnew>float() 조건문을 이용하여 평균보다 큰 값을 가지는 국가의 수(3개국)를 구한다.

- df=country[country['year']==2000] : 연도=2000인 데이터프레임
- dfnew=df.iloc[:, 1:8] : year 컬럼 제외
- meangap=dfnew.mean(axis=1) : 7개 국가들에 대한 평균 결핵 환자 수(명)
- dfnew[dfnew>float(meangap)].count().sum : 평균보다 큰 값을 갖는 국가의 수(국가)

```
from google.colab import drive    #구글 드라이브 코랩 마운트
drive.mount('/content/drive')     #구글 드라이브 연결
import pandas as pd
data = pd.read_csv('/content/drive/MyDrive/work/country.csv', header=0)
    #분석용 데이터 읽기(절대경로명 사용) / 데이터출처: 시대고시(빅데이터분석기사 실기(R도서))
    #header=0: 컬럼명이 첫 번째 행에 위치
country = data.dropna()           #결측값 제외
print(country.head())             #첫 5행 출력
print(country.describe())         #속성별 기술통계량
print(country.shape)              #데이터 (행,열) = (10, 8)
print(country.info())             #속성별 데이터 타입 요약
print(country.dtypes)             #속성별 자료 타입
print(country.index)              #데이터프레임 인덱스

print('**********************')
df = country[country['year'] == 2000]
dfnew = df.iloc[:, 1:8]  #'year' 열 제외
print('2000년도 7개 국가들에 대한 결핵환자 데이터'); print(dfnew)
print('2000년도 7개 국가들에 대한 결핵환자 데이터의 자료 구조: ', end=''); print(type(dfnew))

meangap = dfnew.mean(axis=1)   #7개 국가들에 대한 평균 결핵환자수(axis=1: 행기준)
print('7개 국가 평균 결핵 환자수(명): ', end=''); print(meangap)
print(type(meangap))   #meangap 자료구조: Series
print('^^^^^^^^^^^^^^^^^^^^^^^^')
print(dfnew>float(meangap))
    #평균보다 큰 값을 가지는 국가,float(meangap)로 자료구조 변환(또는 meangap[10], meangap.values)
print('평균보다 큰 값을 갖는 국가의 수(국가): ', end=''); print(dfnew[dfnew>float(meangap)].count().su
    #평균보다 큰 값을 가지는 국가의 수
```

수행 결과는 다음과 같다.

```
   year  Ghana  Guam  Greece  Russia  China  Peru  France
0  1990  356.0  20.0      27     156  340.0  35.0    22.0
1  1991  400.0  25.0      45     200  250.0  45.0    35.0
2  1992  350.0  30.0      32     250  150.0  35.0    21.0
3  1993  200.0  20.0      32     100  200.0  20.0    24.0
4  1994  250.0  25.0      35     150  230.0  35.0    23.0
              year       Ghana       Guam     Greece      Russia       China  ₩
count    10.000000   10.000000  10.000000  10.000000   10.000000   10.000000
mean   1997.200000  321.600000  23.300000  33.000000  152.300000  284.000000
std       5.750362   65.549303   4.715224   6.497863   45.377552   95.358971
min    1990.000000  200.000000  15.000000  20.000000  100.000000  150.000000
25%    1992.250000  300.000000  20.000000  32.000000  126.750000  207.500000
50%    1997.000000  320.000000  24.000000  33.500000  150.000000  275.000000
75%    2001.750000  354.500000  25.000000  35.000000  159.000000  335.000000
max    2005.000000  420.000000  30.000000  45.000000  250.000000  450.000000

             Peru     France
count   10.000000  10.000000
mean    35.800000  26.200000
std      7.554248   5.902918
min     20.000000  21.000000
25%     33.250000  22.250000
50%     35.000000  23.000000
75%     41.750000  31.500000
max     45.000000  35.000000
(10, 8)
<class 'pandas.core.frame.DataFrame'>
Int64Index: 10 entries, 0 to 15
Data columns (total 8 columns):
 #   Column  Non-Null Count  Dtype
---  ------  --------------  -----
 0   year    10 non-null     int64
 1   Ghana   10 non-null     float64
 2   Guam    10 non-null     float64
 3   Greece  10 non-null     int64
 4   Russia  10 non-null     int64
 5   China   10 non-null     float64
 6   Peru    10 non-null     float64
 7   France  10 non-null     float64
dtypes: float64(5), int64(3)
memory usage: 720.0 bytes
None
year        int64
Ghana     float64
Guam      float64
Greece      int64
Russia      int64
China     float64
Peru      float64
France    float64
dtype: object
Int64Index([0, 1, 2, 3, 4, 10, 11, 12, 14, 15], dtype='int64')
*********************
2000년도 7개 국가들에 대한 결핵환자 데이터
    Ghana  Guam  Greece  Russia  China  Peru  France
10  300.0  15.0      32     125  300.0  32.0    34.0
2000년도 7개 국가들에 대한 결핵환자 데이터의 자료 구조: <class 'pandas.core.frame.DataFrame'>
7개 국가 평균 결핵 환자수(명):  10    119.714286
dtype: float64
<class 'pandas.core.series.Series'>
^^^^^^^^^^^^^^^^^^^^^
    Ghana   Guam  Greece  Russia  China   Peru  France
10   True  False   False    True   True  False   False
평균보다 큰 값을 갖는 국가의 수(국가):  3
```

03 위 1번 자료(country.csv)에서 7개 국가들에 대한 자료를 확인하여 결측치(NaN)가 가장 많은 국가(항목)를 출력하시오.

정답 France[3개의 결측치(NaN)를 가짐]

해설 data.isnull().sum() 함수를 이용하여 컬럼별(국가)로 결측 데이터 개수를 저장하고 sort_values() 함수로 결측값 개수에 대한 내림차순 정렬한다. 결측값이 가장 많은 나라는 result_sort.index[0]에 저장된다.

- result=data.isnull().sum() : 컬럼별로 결측 데이터 개수 저장
- result_sort=result.sort_values(ascending=False) : 결측값 개수 내림차순 정렬
- result_sort.index[0] : 결측값이 가장 많은 나라
- result[result_sort.index[0]] : 결측값이 가장 많은 나라의 결측값 개수

```python
from google.colab import drive    #구글 드라이브 코랩 마운트
drive.mount('/content/drive')     #구글 드라이브 연결
import pandas as pd
data = pd.read_csv('/content/drive/MyDrive/work/country.csv', header=0, index_col='year')
    #분석용 데이터 읽기(절대경로명 사용) / 데이터출처: 시대고시(빅데이터분석기사 실기(R도서))
    #header=0: 컬럼명이 첫 번째 행에 위치 / index='year': 인덱스 컬럼(year) 지정
print(data.head())       #첫 5행 출력
print(data.describe())   #속성별 기술통계량
print(data.shape)        #데이터 (행,열) = (10, 8)
print(data.info())       #속성별 데이터 타입 요약
print(data.dtypes)       #속성별 자료 타입
print(data.index)        #데이터프레임 인덱스

result = data.isnull().sum()    #컬럼별 결측 데이터 개수 저장
print('******컬럼별 결측 데이터 개수******')
print(result)
print(type(result))      #컬럼별 데이터 개수 저장 파일 데이터구조 확인

print('결측 데이터 개수 내림차순 정렬')
result_sort = result.sort_values(ascending=False)     #결측값 내림차순 정렬(ascending=False)
print(result_sort)
print('결측치가 가장 많은 나라: ', end=''); print(result_sort.index[0])
print('결측치가 가장 많은 나라의 결측값 개수: ', end=''); print(result[result_sort.index[0]])
```

수행 결과는 다음과 같다.

```
       Ghana  Guam  Greece  Russia  China  Peru  France
year
1990   356.0  20.0      27     156  340.0  35.0    22.0
1991   400.0  25.0      45     200  250.0  45.0    35.0
1992   350.0  30.0      32     250  150.0  35.0    21.0
1993   200.0  20.0      32     100  200.0  20.0    24.0
1994   250.0  25.0      35     150  230.0  35.0    23.0
            Ghana       Guam      Greece      Russia       China        Peru  #
count   15.00000  14.000000   16.000000   16.000000   15.000000   15.000000
mean   296.40000  24.428571   34.062500  162.062500  281.333333   37.533333
std     76.92371   5.330814    6.516326   50.403001   87.248960    8.219026
min    140.00000  15.000000   20.000000  100.000000  150.000000   20.000000
25%    250.00000  20.250000   31.500000  130.000000  215.000000   33.500000
50%    300.00000  24.000000   34.000000  150.000000  250.000000   35.000000
75%    345.00000  28.750000   37.750000  170.000000  330.000000   44.000000
max    420.00000  35.000000   45.000000  255.000000  450.000000   55.000000

          France
count  13.000000
mean   27.307692
std     7.431741
min    21.000000
25%    23.000000
50%    23.000000
75%    34.000000
max    45.000000
(16, 7)
<class 'pandas.core.frame.DataFrame'>
Int64Index: 16 entries, 1990 to 2005
Data columns (total 7 columns):
 #   Column  Non-Null Count  Dtype
---  ------  --------------  -----
 0   Ghana   15 non-null     float64
 1   Guam    14 non-null     float64
 2   Greece  16 non-null     int64
 3   Russia  16 non-null     int64
 4   China   15 non-null     float64
 5   Peru    15 non-null     float64
 6   France  13 non-null     float64
dtypes: float64(5), int64(2)
memory usage: 1.0 KB
None
Ghana     float64
Guam      float64
Greece    int64
Russia    int64
China     float64
Peru      float64
France    float64
dtype: object
Int64Index([1990, 1991, 1992, 1993, 1994, 1995, 1996, 1997, 1998, 1999, 2000,
            2001, 2002, 2003, 2004, 2005],
           dtype='int64', name='year')
******컬럼별 결측 데이터 개수*****
Ghana     1
Guam      2
Greece    0
Russia    0
China     1
Peru      1
France    3
dtype: int64
<class 'pandas.core.series.Series'>
결측 데이터 개수 내림차순 정렬
France    3
Guam      2
Ghana     1
China     1
Peru      1
Greece    0
Russia    0
dtype: int64
결측치가 가장 많은 나라: France
결측치가 가장 많은 나라의 결측값 개수:  3
```

Ⅱ 작업형 제2유형

sklearn.datasets에 포함된 iris 데이터는 Ronald Fisher에 의해 작성된 것으로 붓꽃 생육 데이터(150개 데이터=품종별 50개×3개 품종)이다. 꽃잎의 길이(Petal.Length)와 꽃잎의 너비(Petal.Width) 그리고 꽃받침의 길이(Sepal.Length)와 꽃받침의 너비(Sepal.Width)에 따라 붓꽃의 3가지 품종(setosa, versicolor, virginica)을 구분한다.

붓꽃 품종(Species)을 예측하고자 의사결정나무 분석[sklearn.tree 라이브러리의 DecisionTree Classifier()]과 SVM(Support Vector Machine, 서포트벡터머신) 분석[sklearn.svm 라이브러리의 SVC()]을 수행하여 정확도(Accuracy)가 높은 분석 모형을 알아보고자 한다.

(1) iris 데이터들 중 70%(105개)를 훈련용(train)으로, 나머지 30%(45개)를 검증용(test) 데이터로 분류한다.

(2) rpart() 함수를 이용하여 의사결정나무 분석 모형을 구축하시오. 구축 모형을 이용하여 검증용 데이터(test)에 대한 예측 결과(new$predict)를 실제값(new$actual)과 함께 데이터프레임(new)으로 저장하시오.

(3) 의사결정나무 분석 모형에 대한 분석 결과의 정오 분류표를 작성하고 정확도와 에러율을 구하시오. 혼동행렬(Confusion Matrix)을 작성하고 ROC 곡선과 AUC 값을 출력하시오.

(4) 동일한 훈련 데이터(train)를 이용하여 SVM 데이터 분석 모형을 구축하시오. 단, 커널 함수를 이용하지 않고 선형방식의 분석 모형을 적용한다.

(5) SVM 분석 모형에 대한 분석 결과의 정오 분류표를 작성하고 정확도와 에러율을 구하시오. 혼동행렬(Confusion Matrix)을 작성하고 ROC 곡선과 AUC 값을 출력하시오.

(6) 의사결정나무와 SVM 분석 모형의 결과들 중 정확도가 높은 분석 모형에 대하여 검증용(test) 데이터에 대한 (실제값, 예측값)을 result.csv 파일로 저장하시오.

```python
import pandas as pd   #판다스
from sklearn.datasets import load_iris        #iris 데이터
from sklearn.preprocessing import StandardScaler #데이터 전처리

iris = load_iris()   #Iris 데이터 불러오기
X = iris.data
print(X[:5])                    #처음 5개 샘플 특성값
print(iris.feature_names) #특성 (sepal length, sepal width, petal length, petal width)
print(iris.target_names)  #클래스 (setosa, versicolor, virginica)

scaler = StandardScaler()       #데이터 전처리(표준화)
X_scaled = scaler.fit_transform(X)
print(X_scaled[:5])
```

```
[[5.1 3.5 1.4 0.2]
 [4.9 3.  1.4 0.2]
 [4.7 3.2 1.3 0.2]
 [4.6 3.1 1.5 0.2]
 [5.  3.6 1.4 0.2]]
['sepal length (cm)', 'sepal width (cm)', 'petal length (cm)', 'petal width (cm)']
['setosa' 'versicolor' 'virginica']
[[-0.90068117  1.01900435 -1.34022653 -1.3154443 ]
 [-1.14301691 -0.13197948 -1.34022653 -1.3154443 ]
 [-1.38535265  0.32841405 -1.39706395 -1.3154443 ]
 [-1.50652052  0.09821729 -1.2833891  -1.3154443 ]
 [-1.02184904  1.24920112 -1.34022653 -1.3154443 ]]
```

[setosa]   [versicolor]   [virginica]

- 독립변수(cm)
  꽃받침의 길이(Sepal.Length)
  꽃받침의 너비(Sepal.Width)
  꽃잎의 길이(Petal.Length)
  꽃잎의 너비(Petal.Width)
- 종속변수(붓꽃의 품종, Species)
  setosa(1), versicolor(2), virginica(3)

정답 및 해설

의사결정나무 모형을 구축하기 위해 독립변수(x)와 종속변수(y)를 정의하고 (훈련, 검증) 데이터세트를 랜덤하게 추출(검증 데이터 : 30%)한다. 독립변수에 대한 데이터 표준화 전처리 후, DecisionTreeClassifier()로 모형을 구축하고 훈련[model.fit(trainx_scale, trainy)] 과정을 수행한다. 검증 데이터세트에 대한 분류 정확도는 model.score(testx_scale, testy)를 이용한다.

- x=iris.data : 독립변수[꽃받침의 길이(Sepal.Length), 꽃받침의 너비(Sepal.Width), 꽃잎의 길이(Petal.Length), 꽃잎의 너비(Petal.Width)]
- y=iris.target : 종속변수(붓꽃의 품종)
- trainx, testx, trainy, testy=train_test_split(x, y, test_size=0.3, random_state=55) : (훈련, 검증) 데이터세트 랜덤 추출
- scaler=StandardScaler() : 데이터 표준화
- model=DecisionTreeClassifier(random_state=55) : 의사결정나무 모형 구축
- results=model.fit(trainx_scale, trainy) : 모형 적합(훈련)
- model.score(testx_scale, testy) : 검증 데이터에 대한 정확도

```python
from sklearn.datasets import load_iris        #iris (붓꽃 품종 데이터)
from sklearn.preprocessing import StandardScaler    #데이터 전처리, 표준화(Z-Score)
from sklearn.model_selection import train_test_split #(학습, 검증) 데이터 랜덤 추출
from sklearn.tree import DecisionTreeClassifier     #결정트리(의사결정나무) 모형 구축 모듈
from sklearn.tree import plot_tree                  #결정트리(의사결정나무) 작성
import matplotlib.pyplot as plt
iris = load_iris()          #사이킷런(sklearn에 저장되어 있는 iris 데이터 읽기)
x = iris.data          #독립변수
y = iris.target        #종속변수
trainx, testx, trainy, testy = train_test_split(x, y, test_size=0.3, random_state=55)
    #데이터 분할: 훈련집합(trainx, trainy), 검증집합(testx, testy)
    #random_state: 랜덤 데이터 발생시 초기seed값(동일값인 경우 수행시 마다 동일한 결과(정확도) 출력)
scaler = StandardScaler()    #데이터 표준화 모듈(Z-Score=(x-u)/s)
scaler.fit(trainx)           #표준화 작업
trainx_scale = scaler.transform(trainx)  #표준화 값 저장(훈련 데이터)
testx_scale = scaler.transform(testx)    #표준화 값 저장(검증 데이터)
model = DecisionTreeClassifier(random_state=55)    #의사결정나무 모형
results = model.fit(trainx_scale, trainy)
print('의사결정나무 분석모형 성능(정확도(%), 훈련 데이터세트): ', end=''); print(100*model.score(trainx_scale, trainy))
    #훈련집합에 대한 성능(정확도)
print('의사결정나무 분석모형 성능(정확도(%), 검증 데이터세트): ', end=''); print('', end=''); print(100*model.score(testx_scale, testy))
    #검증집합에 대한 성능(정확도)
print('특성 중요도: ', end=''); print(model.feature_importances_)
plt.figure(figsize=(10,5))
plot_tree(model); plt.show()
```

수행 결과는 다음과 같다. 의사결정나무 모형의 검증 데이터에 대한 정확도=95.6%이다.

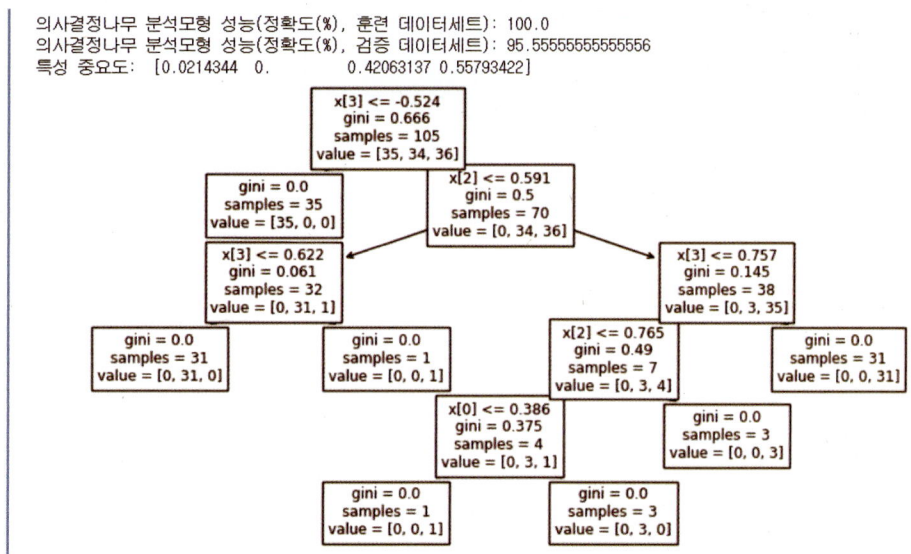

```
의사결정나무 분석모형 성능(정확도(%), 훈련 데이터세트): 100.0
의사결정나무 분석모형 성능(정확도(%), 검증 데이터세트): 95.55555555555556
특성 중요도:  [0.0214344 0.         0.42063137 0.55793422]
```

의사결정나무 분석 모형에 대한 ROC 곡선과 AUC 값을 구해 성능을 평가한다. AUC=1.0으로 성능이 매우 우수한 모형으로 평가된다.

```python
from sklearn.datasets import load_iris              #iris (붓꽃 품종 데이터)
from sklearn.tree import DecisionTreeClassifier     #결정트리(의사결정나무) 모형 구축 모듈
from sklearn.metrics import confusion_matrix        #혼동행렬 구축 모듈
from sklearn.metrics import classification_report   #분류 모형 성능평가 지표
from sklearn.metrics import roc_curve               #분류 모형 ROC 그래프 작성
from sklearn.metrics import auc                     #AUC(Area under Curce) 값 계산
import matplotlib.pyplot as plt                     #시각화(그래프 작성)
from sklearn.preprocessing import label_binarize
iris = load_iris()          #사이킷런(sklearn에 저장되어 있는 iris 데이터 읽기)
x = iris.data               #독립변수(넘파이 배열)
y = label_binarize(iris.target, classes=[0,1,2])
    #클래스 분류, setosa=[1,0,0], versicolor=[0,1,0], virginica=[0,0,1]
    #OvR(Over-vs-the-Rest): 각각의 클래스에 대해 자신을 양성 클래스로, 다른 클래스를 음성 클래스로 가정

fpr = [None]*3  #FPR(False Positive Rate) 초기화
tpr = [None]*3  #TPR(True Positive Rate) 초기화
thr = [None]*3  #임계값 초기화

for i in range(3):
    model = DecisionTreeClassifier(random_state=55).fit(x, y[:,i])       #의사결정나무 구축, 적합
    fpr[i], tpr[i], thr[i] = roc_curve(y[:,i], model.predict_proba(x)[:,1])  #fpr, tpr, thr 계산
    plt.plot(fpr[i], tpr[i], label=i)                                    #ROC 그래프

plt.xlabel('FP rate(False Positive), (1-Specificity)')   #x축 이름
plt.ylabel('TP rate(True Positive), Recall')             #y축 이름
plt.legend()  #범례 출력
plt.show()    #그래프 출력

print('Class =0 분류(setosa) 성능에 대한 AUC: ', end=''); print(auc(fpr[0], tpr[0]))
print('Class =1 분류(versicolor) 성능에 대한 AUC: ', end='');print(auc(fpr[1], tpr[1]))
print('Class =2 분류(virginica) 성능에 대한 AUC: ', end='');print(auc(fpr[2], tpr[2]))
```

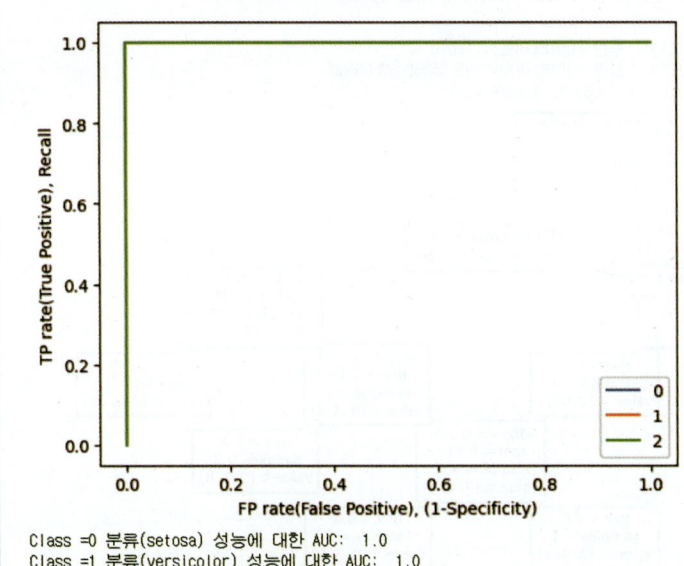

Class =0 분류(setosa) 성능에 대한 AUC: 1.0
Class =1 분류(versicolor) 성능에 대한 AUC: 1.0
Class =2 분류(virginica) 성능에 대한 AUC: 1.0

sklearn.svm 라이브러리에 포함되어 있는 SVC() 모듈을 이용한 서포트벡터머신 분석 모형 구축과정은 다음과 같다. 앞에서와 동일한 방법으로 독립 및 종속변수 정의, (훈련, 검증) 데이터 분류, 데이터 표준화 과정을 거친 후, SVC(kernel='sigmoid', C=10, gamma=0.1, random_state=42)로 모형을 정의하며, 여기서 kernel='sigmoid', C=10, gamma=10으로 지정한다. 훈련 데이터를 학습한 후[model.fit(xtrainscaled,trainy)], 검증 데이터에 대한 예측 결과를 저장[ypred=model.predict(xtestscaled)]한다. 정확도[accuracy_score()], 혼동행렬[confusion_matrix(0)] 결과를 확인하고, (실제값, 예측값)=(resultsvm['Actual'], resultsvm['Prediction']) 을 새로운 데이터프레임(resultsvm)으로 저장한다.

- model=SVC(kernel='sigmoid', C=10, gamma=0.1, random_state=42) : 서포트벡터머신 분류 모형 정의
- model.fit(xtrainscaled, trainy) : 훈련 데이터 적합(학습)
- ypred=model.predict(xtestscaled) : 검증 데이터에 대한 예측 결과 저장

```python
from sklearn.datasets import load_iris      #iris (붓꽃 품종 데이터)
import pandas as pd      #판다스 라이브러리
import numpy as np       #넘파이 라이브러리
from sklearn.preprocessing import StandardScaler    #데이터 전처리, 표준화(Z-Score)
from sklearn.svm import SVC
from sklearn.model_selection import train_test_split    #(학습, 검증) 데이터 랜덤 추출
from sklearn.metrics import classification_report, confusion_matrix
from sklearn.metrics import accuracy_score
import matplotlib.pyplot as plt
iris = load_iris()       #사이킷런(sklearn)에 저장되어 있는 iris 데이터 읽기)
x = iris.data            #독립변수(넘파이 배열)
y= iris.target           #종속변수(넘파이 배열)
trainx, testx, trainy, testy = train_test_split(x, y, test_size=0.3, random_state=42)
    #훈련, 검증 데이터 구분, 검증데이터세트 = 30%, 훈련데이터세트=70%
scaler = StandardScaler()       #데이터 표준화 모듈(Z-Score=(x-u)/s, 평균=0, 표준편차=1)
xtrainscaled = scaler.fit_transform(trainx)   #훈련데이터 스케일링
xtestscaled = scaler.fit_transform(testx)     #검증데이터 스케일링

model = SVC(kernel='sigmoid', C=10, gamma=0.1, random_state=42)    #SVM 모델 생성
    #kernel='sigmoid': 커널함수 형식(시그모이드), (C=10, gamma=0.1): 커널함수 파라미터 지정
model.fit(xtrainscaled, trainy)                #SVM 모델 학습
ypred = model.predict(xtestscaled)             #검증데이터세트로 예측

accuracy = accuracy_score(testy, ypred)        #정확도
print('SVM 모형의 성능(정확도): ', end=''); print(accuracy)

print('$$$ 혼동행렬, Confusion Matrix $$$')
print(confusion_matrix(testy, ypred))          #혼동행렬
print('** 성능평가 지표값 **')
print(classification_report(testy, ypred))     #성능평가 지표값

resultsvm = pd.DataFrame(np.zeros((45,2)), columns=['Actual','Prediction'])
    #(행,열)=(45,2) 데이터프레임 초기화(0으로 저장)
resultsvm['Actual'] = pd.DataFrame(testy)      #검증데이터세트 실제값(참값)
resultsvm['Prediction'] = pd.DataFrame(ypred)  #검증데이터세트 예측값
print(resultsvm.head())
```

수행 결과는 다음과 같다. SVM 분석 모형의 정확도=93.3%이다.

```
SVM 모형의 성능(정확도): 0.9333333333333333
$$$ 혼동행렬, Confusion Matrix $$$
[[19  0  0]
 [ 0 10  3]
 [ 0  0 13]]
** 성능평가 지표값 **
              precision    recall  f1-score   support

           0       1.00      1.00      1.00        19
           1       1.00      0.77      0.87        13
           2       0.81      1.00      0.90        13

    accuracy                           0.93        45
   macro avg       0.94      0.92      0.92        45
weighted avg       0.95      0.93      0.93        45

   Actual  Prediction
0       1           1
1       0           0
2       2           2
3       1           2
4       1           2
```

서포트벡터머신 분류 모형에 대한 분류 성능을 확인하기 위한 ROC 곡선과 AUC 지표값은 다음과 같다. 다중 클래스에 대한 분류 결과를 확인하기 위해 sklearn.preprocessing 라이브러리의 label_binarize() 모듈을 이용[해당 클래스에 속하는 경우 1, 그렇지 않으면 0으로 표시, 다중 클래스 분류 문제에서 타깃 변수(레이블)를 이진 벡터로 변환하는 데 사용]한다.

```
from sklearn.datasets import load_iris      #iris (붓꽃 품종 데이터)
from sklearn.tree import DecisionTreeClassifier    #결정트리(의사결정나무) 모형 구축 모듈
from sklearn.metrics import confusion_matrix       #혼동행렬 구축 모듈
from sklearn.metrics import classification_report  #분류 모형 성능평가 지표
from sklearn.metrics import roc_curve       #분류 모형 ROC 그래프 작성
from sklearn.metrics import auc             #AUC(Area under Curce) 값 계산
import matplotlib.pyplot as plt             #시각화(그래프 작성)
from sklearn.preprocessing import label_binarize
from sklearn.svm import SVC
iris = load_iris()       #사이킷런(sklearn에 저장되어 있는 iris 데이터 읽기)
x = iris.data            #독립변수(넘파이 배열)
y = label_binarize(iris.target, classes=[0,1,2])
      #클래스 분류, setosa=[1,0,0], versicolor=[0,1,0], virginica=[0,0,1]
      #OvR(Over-vs-the-Rest): 각각의 클래스에 대해 자신을 양성 클래스로, 다른 클래스를 음성 클래스로 가정
fpr = [None]*3   #FPR(False Positive Rate) 초기화
tpr = [None]*3   #TPR(True Positive Rate) 초기화
thr = [None]*3   #임계값 초기화

for i in range(3):
    model = SVC(probability=True, kernel='linear', C=10, gamma=0.1, random_state=42).fit(x, y[:,i])
        #서포트벡터머신 구축, 적합, probability=True지정(.predict_proba()계산)
    fpr[i], tpr[i], thr[i] = roc_curve(y[:,i], model.predict_proba(x)[:,1])  #fpr, tpr, thr 계산
    plt.plot(fpr[i], tpr[i], label=i)       #ROC 그래프

plt.xlabel('FP rate(False Positive), (1-Specificity)')  #x축 이름
plt.ylabel('TP rate(True Positive), Recall')    #y축 이름
plt.legend()    #범례 출력
plt.show()      #그래프 출력

print('Class =0 분류(setosa) 성능에 대한 AUC: ', end=''); print(auc(fpr[0], tpr[0]))
print('Class =1 분류(versicolor) 성능에 대한 AUC: ', end='');print(auc(fpr[1], tpr[1]))
print('Class =2 분류(virginica) 성능에 대한 AUC: ', end='');print(auc(fpr[2], tpr[2]))
```

Class =0 분류(setosa) 성능에 대한 AUC: 1.0
Class =1 분류(versicolor) 성능에 대한 AUC: 0.8291
Class =2 분류(virginica) 성능에 대한 AUC: 0.9984

제4회 (2022년 6월 25일) 빅데이터분석기사 실기 기출복원문제

I. 작업형 제1유형

01 women 데이터(women.csv, 30~39세 사이 미국 여성들의 평균 키와 몸무게)를 이용하여 몸무게(weight)에 대한 1, 3사분위수를 구하고 (1사분위수−3사분위수)의 절댓값을 구한 후(value 변수에 저장), 절댓값(value)을 정수(소수점 이하는 버림)로 출력하시오.

정답 23

해설 판다스 라이브러리를 이용하여 몸무게(weight)에 대한 1사분위수(q1)와 3사분위수(q3)를 구하고 차이의 절댓값을 value에 저장한다. int(value)는 실수값을 정수형으로 변환하여 소수점 이하를 절사하여 출력한다.

- q1=data.weight.quantile(0.25) : 몸무게(weight)에 대한 1사분위수(하위 25%)
- q3=data.weight.quantile(0.75) : 몸무게(weight)에 대한 3사분위수(하위 75%)
- value=abs(q1−q3) : (1사분위수−3사분위수) 차이의 절댓값
- int(value) : 정수형 변환(소수점 이하 버림)

```
from google.colab import drive    #구글 드라이브 코랩 마운트
drive.mount('/content/drive')     #구글 드라이브 연결
import pandas as pd
import math    #math 라이브러리 import

data = pd.read_csv('/content/drive/MyDrive/work/women.csv', header=0, index_col=0)
    #분석용 데이터 읽기(절대경로명 사용) / 데이터출처: 시대고시(빅데이터분석기사 실기(R도서))
    #header=0: 컬럼명이 첫 번째 행에 위치
    #index_col=0: 첫 컬럼을 인덱스 열로 사용
print(data.head())       #첫 5행 출력
print(data.describe())   #속성별 기술통계량
print(data.shape)        #데이터 (행,열) = (10, 8)
print(data.info())       #속성별 데이터 타입 요약
print(data.dtypes)       #속성별 자료 타입
print(data.index)        #데이터프레임 인덱스

q1 = data.weight.quantile(0.25)
q3 = data.weight.quantile(0.75)
print('몸무게(weight)에 대한 제1사분위수: ', end=''); print(q1)
print('몸무게(weight)에 대한 제3사분위수: ', end=''); print(q3)
value = abs(q1-q3)
print('(1사분위수-3사분위수)의 절대값: ', end=''); print(value)
print('정수형으로 변환한 값(int())/소수점이하 버림: ', end=''); print(int(value))    #정수형으로 변환한 값
print('반올림한 값(round()):   ', end=''); print(round(value))     #round(x): 반올림한 값
print('올림한 값(ceil()):      ', end=''); print(math.ceil(value)) #올림(ceil(x): x보다 큰 정수중 가장 작은 값)
print('내림한 값(floor()):     ', end=''); print(math.floor(value))#내림(floor(x): x보다 작은 정수중 가장 큰 값)
```

수행 결과는 다음과 같다.

```
   height  weight
1    58     115
2    59     117
3    60     120
4    61     123
5    62     126
         height      weight
count  15.000000   15.000000
mean   65.000000  136.733333
std     4.472136   15.498694
min    58.000000  115.000000
25%    61.500000  124.500000
50%    65.000000  135.000000
75%    68.500000  148.000000
max    72.000000  164.000000
(15, 2)
<class 'pandas.core.frame.DataFrame'>
Int64Index: 15 entries, 1 to 15
Data columns (total 2 columns):
 #   Column  Non-Null Count  Dtype
---  ------  --------------  -----
 0   height  15 non-null     int64
 1   weight  15 non-null     int64
dtypes: int64(2)
memory usage: 360.0 bytes
None
height    int64
weight    int64
dtype: object
Int64Index([1, 2, 3, 4, 5, 6, 7, 8, 9, 10, 11, 12, 13, 14, 15], dtype='int64')
몸무게(weight)에 대한 제1사분위수: 124.5
몸무게(weight)에 대한 제3사분위수: 148.0
(1사분위수-3사분위수)의 절대값: 23.5
정수형으로 변환한 값(int())/소수점이하 버림:  23
반올림한 값(round()):   24
올림한 값(ceil()):   24
내림한 값(floor()):   23
```

02
유튜브 영상 데이터(USvideos.csv)는 (video_id, trending_date, channel_title, category_id, publish_time, views, likes, dislikes)로 구성되어 있다. 각각의 영상에 대해 전체 반응의 수(views)에 대한 긍정적 반응 수(likes)의 비율을 계산한 열을 추가하시오. category_id=10인 영상들 중 긍정적 반응의 비율이 0.04보다 크고 0.05보다 작은 값을 가지는 영상의 개수를 출력하시오.

정답 97

해설 data['ratio']=data['likes']/data['views']로 긍정적 반응의 비율을 구하고 조건식(0.04<data['ratio']<0.05)을 이용하여 조건에 해당되는 영상의 개수를 구한다.

- data['ratio']=data['likes'] / data['views'] : 전체 반응들 중 긍정적 반응의 비율
- cond=(data['category_id']==10) & (data['ratio']>0.04) & (data['ratio']<0.05) : 조건식
- data[cond].count()['category_id'] : 조건에 해당되는 영상의 개수

```python
from google.colab import drive    #구글 드라이브 코랩 마운트
drive.mount('/content/drive')     #구글 드라이브 연결
import pandas as pd

data = pd.read_csv('/content/drive/MyDrive/work/USvideos.csv', header=0, index_col=0)
    #분석용 데이터 읽기(절대경로명 사용) / 데이터출처: 시대고시(빅데이터분석기사 실기(R도서))
    #header=0: 컬럼명이 첫 번째 행에 위치
    #index_col=0: 첫 컬럼을 인덱스 열로 사용
print(data.head())        #첫 5행 출력
print(data.describe())    #속성별 기술통계량
print(data.shape)         #데이터 (행,열) = (10, 8)
print(data.info())        #속성별 데이터 타입 요약
print(data.dtypes)        #속성별 자료 타입
print(data.index)         #데이터프레임 인덱스

data['ratio'] = data['likes'] / data['views']   #전체 반응중 긍정적 반응의 비율
cond = (data['category_id'] == 10) & (data['ratio'] > 0.04) & (data['ratio'] < 0.05)
    #조건식: category_id=10, 0.04 < 긍정비율 < 0.05
print('조건에 해당하는 영상의 개수:  ', end=''); print(data[cond].count()['category_id'])   #조건에 해당하는 영상의 개수
```

수행 결과는 다음과 같다.

```
         trending_date  channel_title  category_id       publish_time
video_id
1               18.29.05  BuzzFeed Celeb           22  2018-05-18T16:39:29.000Z
2               18.29.05     Brad Mondo           24  2018-05-18T17:34:22.000Z
3               18.29.05        zefrank1           22  2018-05-18T01:00:06.000Z
4               18.29.05    Call of Duty           20  2018-05-17T17:09:38.000Z
5               18.29.05            Vox            25  2018-05-18T11:00:03.000Z
            views    likes  dislikes
video_id
1         6598339   601506      3518
2          975457    45296      1009
3          931838    56564       356
4         9403494   342142    203547
5          471757     8092       655
        category_id         views         likes       dislikes
count    3281.000000  3.281000e+03  3.281000e+03    3281.000000
mean       18.553185  5.304003e+06  1.598410e+05    8086.975617
std         7.984378  1.208665e+07  3.587208e+05   24299.295232
min         1.000000  4.864800e+04  9.360000e+02       0.000000
25%        10.000000  9.900720e+05  2.420000e+04     861.000000
50%        23.000000  1.958372e+06  5.816700e+04    1896.000000
75%        24.000000  4.851066e+06  1.512740e+05    5555.000000
max        43.000000  2.252119e+08  5.613827e+06  343541.000000
(3281, 7)
<class 'pandas.core.frame.DataFrame'>
Int64Index: 3281 entries, 1 to 3281
Data columns (total 7 columns):
 #   Column         Non-Null Count  Dtype
---  ------         --------------  -----
 0   trending_date  3281 non-null   object
 1   channel_title  3281 non-null   object
 2   category_id    3281 non-null   int64
 3   publish_time   3281 non-null   object
 4   views          3281 non-null   int64
 5   likes          3281 non-null   int64
 6   dislikes       3281 non-null   int64
dtypes: int64(4), object(3)
memory usage: 205.1+ KB
None
trending_date    object
channel_title    object
category_id       int64
publish_time     object
views             int64
likes             int64
dislikes          int64
dtype: object
Int64Index([   1,    2,    3,    4,    5,    6,    7,    8,    9,   10,
            ...
            3272, 3273, 3274, 3275, 3276, 3277, 3278, 3279, 3280, 3281],
           dtype='int64', name='video_id', length=3281)
조건에 해당하는 영상의 개수:  97
```

03 Netflix 콘텐츠 데이터(netflixutf.csv)는 (show_id, type, title, director, country, date_added, release_year, rating, duration)으로 구성되어 있다. 콘텐츠 등록일(date_added)이 2021년 7월 그리고 8월인 영상들 중에서 등록 국가(country)가 United Kingdom인 콘텐츠의 수를 구하시오.

정답 44

해설 문자열 자료를 날짜형으로 변환 후, datetime() 함수를 이용하여 (연도, 월)을 추출하여 저장한다. 조건식(콘텐츠 등록일이 2021년 7월 또는 8월이면서 등록국가=영국인 경우)을 지정하고 해당 콘텐츠의 수 [data[cond].count()]를 구한다.

- data['datetime_transform']=pd.to_datetime(data['date_added']) : 문자열(object)을 날짜형으로 변환
- data['year']=data['datetime_transform'].dt.year : 연도 추출
- data['month']=data['datetime_transform'].dt.month : 월 추출
- cond=(data['year']==2021) & ((data['month']==7)|(data['month']==8)) & (data['country']=='United Kingdom') : 조건식
- data[cond].count() : 조건에 해당되는 콘텐츠의 수

```
from google.colab import drive    #구글 드라이브 코랩 마운트
drive.mount('/content/drive')     #구글 드라이브 연결
import pandas as pd
import datetime as dt    #특정 날짜의 연도, 월, 일 계산 함수

data = pd.read_csv('/content/drive/MyDrive/work/netflixutf.csv', header=0, index_col=0)
    #분석용 데이터 읽기(절대경로명 사용) / 데이터출처: Kaggle
    #header=0: 컬럼명이 첫 번째 행에 위치
    #index_col=0: 첫 컬럼을 인덱스 열로 사용
print(data.head())          #첫 5행 출력
print(data.describe())      #속성별 기술통계량
print(data.shape)           #데이터 (행,열) = (10, 8)
print(data.info())          #속성별 데이터 타입 요약
print(data.dtypes)          #속성별 자료 타입
print(data.index)           #데이터프레임 인덱스

print('*******************************************')
data['datetime_transform'] = pd.to_datetime(data['date_added'])   #object자료형을 날짜형으로 변환
print(data['datetime_transform'].dtypes)    #변환된 자료구조형식 확인
data['year'] = data['datetime_transform'].dt.year    #날짜값에서 연도 추출하여 저장
data['month'] = data['datetime_transform'].dt.month  #날짜값에서 월 추출하여 저장

print(data.head())  #첫 5행 출력
print('[year] 자료 형식(type)): ', end=''); print(data['year'].dtypes)   #year 자료구조
print('[month] 자료 형식(type)): ', end=''); print(data['month'].dtypes) #month 자료구조

cond = (data['year'] == 2021) & ((data['month'] == 7) | (data['month'] == 8)) & (data['country'] == 'United Kingdom')
    #조건식: 2021년, 7월 또는 8월, 제작국: 영국(United Kingdom)
print('@@@@@@@@조건을 만족하는 개수@@@@@@@@@@@@@@@@@@@@@@@@@@@@')
print(data[cond].count())
print('2021년 (7월, 8월)인 영상들 중 등록국가가 영국인 경우의 수(작품): ', end=''); print(data[cond].count()['title'])
```

수행 결과는 다음과 같다.

```
dtypes: int64(1), object(7)
memory usage: 376.0+ KB
None
type             object
title            object
director         object
country          object
date_added       object
release_year      int64
rating           object
duration         object
dtype: object
Index(['s1', 's2', 's3', 's4', 's5', 's6', 's7', 's8', 's9', 's10',
       ...
       's5351', 's5352', 's5353', 's5354', 's5355', 's5356', 's5357', 's5358',
       's5359', 's5360'],
      dtype='object', name='show_id', length=5347)
*****************************************
datetime64[ns]
           type              title            director         country
show_id
s1         Movie   Dick Johnson Is Dead   Kirsten Johnson   United States
s2       TV Show          Blood & Water               NaN    South Africa
s3       TV Show              Ganglands   Julien Leclercq  United Kingdom
s4       TV Show   Jailbirds New Orleans              NaN  United Kingdom
s5       TV Show            Kota Factory              NaN           India

         date_added  release_year rating  duration datetime_transform  year
show_id
s1       2021-09-25          2020  PG-13    90 min         2021-09-25  2021
s2       2021-09-24          2021  TV-MA  2 Seasons        2021-09-24  2021
s3       2021-09-24          2021  TV-MA   1 Season        2021-09-24  2021
s4       2021-09-24          2021  TV-MA   1 Season        2021-09-24  2021
s5       2021-09-24          2021  TV-MA  2 Seasons        2021-09-24  2021

         month
show_id
s1           9
s2           9
s3           9
s4           9
s5           9
[year] 자료 형식(type)): int64
[month] 자료 형식(type)): int64
@@@@@@@@조건을 만족하는 개수@@@@@@@@@@@@@@@@@@@@@@@
type                  44
title                 44
director              22
country               44
date_added            44
release_year          44
rating                44
duration              44
datetime_transform    44
year                  44
month                 44
dtype: int64
2021년 (7월, 8월)인 영상들 중 등록국가가 영국인 경우의 수(작품):  44
```

II 작업형 제2유형

보험 데이터(insurance.csv)는 (age, sex, bmi, children, smoker, region, charges)로 구성되어 있다. 앙상블 데이터 분석 모형을 이용하여 보험 가입 고객의 성별(sex)을 예측하려고 한다. sklearn.ensemble 라이브러리의 RandomForestClassifier() 모형(랜덤 포레스트), GradientBoostingClassifier() 모형(그래디언트 부스팅), 그리고 sklearn.tree 라이브러리의 DecisionTreeClassifier() 모형(결정트리)에 대한 성능을 분석하고 서로 비교하시오. 단, 데이터 분석 모형의 성능은 F1−score(F−Measure)을 이용하여 평가하시오.

🔒 정답 및 해설

데이터 전처리(성별 범주형 변환, 문자열 정수형 변환 등) 후, 독립변수(x)와 종속변수(y)를 정의(넘파이 배열 변환 · 저장)한다. model=RandomForestClassifier(n_estimators=100, random_state=42)로 랜덤 포레스트 모형을 구축(트리의 개수=100개)하고, 훈련데이터 학습[model.fit(trainx, trainy)] 후, 검증데이터에 대한 예측 결과를 저장[predictions=model.predict(testx)]한다.

- x=df[['bmi', 'children', 'smoker', 'charges']].to_numpy() : 독립변수
- y=df['sex'].to_numpy() : 종속변수
- trainx, testx, trainy, testy=train_test_split(x, y, test_size=0.2, random_state=42) : (훈련, 검증) 데이터 랜덤 추출
- model=RandomForestClassifier(n_estimators=100, random_state=42) : 랜덤 포레스트 모형 구축
- model.fit(trainx, trainy) : 모형 훈련(적합)
- predictions=model.predict(testx) : 검증데이터 예측 결과 저장

```python
from google.colab import drive  #구글 드라이브 코랩 마운트
drive.mount('/content/drive')   #구글 드라이브 연결
import pandas as pd             #판다스 라이브러리
from sklearn.model_selection import train_test_split  #(학습, 검증) 데이터 랜덤 추출
import numpy as np   #넘파이 라이브러리
from sklearn.metrics import classification_report, confusion_matrix
from sklearn.metrics import accuracy_score
from sklearn.ensemble import RandomForestClassifier  #RandomForest(랜덤 포레스트)
data = pd.read_csv('/content/drive/MyDrive/work/insurance.csv', index_col=0)
       #분석용 데이터 읽기(절대경로명 사용) / 데이터출처: 공공데이터포털
print(data.dtypes)
df = data.dropna()
df['sex'] = df['sex'].map({'female':0, 'male':1}).astype('category')
       #성별(sex) 데이터 범주형으로 변환
df['smoker'] = df['smoker'].map({'no':0,'yes':1})     #문자열->정수형으로 변환
x = df[['bmi', 'children', 'smoker','charges']].to_numpy()   #독립변수
y = df['sex'].to_numpy()                               #종속변수
trainx, testx, trainy, testy = train_test_split(x, y, test_size=0.2, random_state=42)
       #훈련, 검증 데이터 구분, 검증데이터세트 = 20%, 훈련데이터세트=80%
model = RandomForestClassifier(n_estimators=100, random_state=42)
       #n_estimators: 트리의 개수
model.fit(trainx, trainy)
predictions = model.predict(testx)
print(predictions[:10])  #분류 결과 첫 10행 출력
print('Random Forest(랜덤포레스트) 분류 모형 성능(정확도): ', end=''); print(accuracy_score(testy, predictions))
print('$$$ Confusion Matrix, 혼동행렬 $$$')
conf = confusion_matrix(testy, predictions)
print(conf)
print('*** 분류 분석 모형 성능평가 지표 ***')
print(classification_report(testy, predictions))
print('!!! 특성 중요도 !!!')
print(model.feature_importances_)
```

수행 결과는 다음과 같다. 정확도＝54.9%, F1－score＝0.55이다.

```
sex          object
bmi          float64
children     int64
smoker       object
region       object
charges      float64
dtype: object
[1 1 0 1 1 0 0 0 1 1]
Random Forest(랜덤포레스트) 분류 모형 성능(정확도): 0.5485074626865671
$$$ Confusion Matrix, 혼동행렬 $$$
[[65 75]
 [46 82]]
*** 분류 분석 모형 성능평가 지표 ***
              precision    recall  f1-score   support

           0       0.59      0.46      0.52       140
           1       0.52      0.64      0.58       128

    accuracy                           0.55       268
   macro avg       0.55      0.55      0.55       268
weighted avg       0.56      0.55      0.55       268

!!! 특성 중요도 !!!
[0.42453014 0.06495975 0.01072895 0.49978116]
```

동일한 과정[데이터 전처리, (훈련, 검증) 데이터 분류] 처리 후, sklearn.ensemble 라이브러리의 Gradient BoostingClassifier() 모듈을 사용한 결과를 요약하면 다음과 같다.

- model=GradientBoostingClassifier(n_estimators=500, learning_rate=0.2, random_state=42) : 그래디언트 부스팅 모형 정의, 트리의 개수=500, 학습률=0.2

```python
from google.colab import drive   #구글 드라이브 코랩 마운트
drive.mount('/content/drive')    #구글 드라이브 연결
import pandas as pd              #판다스 라이브러리
from sklearn.model_selection import train_test_split   #(학습, 검증) 데이터 랜덤 추출
import numpy as np               #넘파이 라이브러리
from sklearn.metrics import classification_report, confusion_matrix
from sklearn.metrics import accuracy_score
from sklearn.ensemble import GradientBoostingClassifier
    #그래디언트부스팅: 깊이가 얕은 결정 트리 사용, 이전 트리 오차 보완
    #경사하강법을 사용하여 트리를 앙상블에 추가
    #기본값: 깊이=3 결정트리를 100개 사용, 과대적합에 강하고 높은 일반화 성능을 보임
data = pd.read_csv('/content/drive/MyDrive/work/insurance.csv', index_col=0)
    #분석용 데이터 읽기(절대경로명 사용) / 데이터출처: 공공데이터포털
print(data.dtypes); df = data.dropna()
df['sex'] = df['sex'].map({'female':0, 'male':1}).astype('category')
    #성별(sex) 데이터 범주형으로 변환
df['smoker'] = df['smoker'].map({'no':0,'yes':1})    #문자열->정수형으로 변환
x = df[['bmi', 'children', 'smoker','charges']].to_numpy()   #독립변수
y = df['sex'].to_numpy()                  #종속변수
trainx, testx, trainy, testy = train_test_split(x, y, test_size=0.2, random_state=42)
    #훈련, 검증 데이터 구분, 검증데이터세트 = 20%, 훈련데이터세트=80%
model = GradientBoostingClassifier(n_estimators=500, learning_rate=0.2, random_state=42)
    #n_estimators: 트리의 개수
    #learning_rate(학습률): training되는 양(또는 단계), 한번 학습할때 얼마만큼 학습해야 하는지의 학습양
    #학습률: 매 가중치에 대해 구해진 기울기값을 얼마나 경사하강법에 적용할지를 결정하는 하이퍼파라미터
    #한 번의 학습량으로 학습한 이후에 가중치 매개변수가 갱신됨
model.fit(trainx, trainy)
predictions = model.predict(testx)
print(predictions[:10])   #분류 결과 첫 10행 출력
print('ExtraTreesClassifier 정확도(Bootstrap 샘플 미사용): ', end=''); print(accuracy_score(testy, predictions))
print('$$$ Confusion Matrix, 혼동행렬 $$$')
conf = confusion_matrix(testy, predictions); print(conf)
print('*** 분류 분석 모형 성능평가 지표 ***')
print(classification_report(testy, predictions))
print('!!! 특성 중요도 !!!')
print(model.feature_importances_)
```

수행 결과는 다음과 같다. 정확도=62.7%, F1-score=0.630이다.

```
sex          object
bmi          float64
children     int64
smoker       object
region       object
charges      float64
dtype: object
[1 0 0 1 0 0 0 0 0 1]
ExtraTreesClassifier 정확도(Bootstrap 샘플 미사용): 0.6268656716417911
$$$ Confusion Matrix, 혼동행렬 $$$
[[78 62]
 [38 90]]
*** 분류 분석 모형 성능평가 지표 ***
              precision    recall  f1-score   support

           0       0.67      0.56      0.61       140
           1       0.59      0.70      0.64       128

    accuracy                           0.63       268
   macro avg       0.63      0.63      0.63       268
weighted avg       0.63      0.63      0.63       268

!!! 특성 중요도 !!!
[0.24863927 0.03453706 0.00541448 0.71140919]
```

sklearn.tree 라이브러리의 DecisionTreeClassifier() 모듈을 이용한 결과는 다음과 같다. sklearn.model_selection 라이브러리의 cross_validate() 모듈을 이용하여 교차검증 결과를 확인할 수 있다.

- model=DecisionTreeClassifier(max_depth=2, random_state=42) : 결정트리 분류 알고리즘 분석 모형, max_depth=2 : 최대 3개의 노드까지만 성장(가지치기, Tree Pruning)
- scores=cross_validate(model, x, y, return_train_score=True) : 교차검증 성능평가

```
from google.colab import drive   #구글 드라이브 코랩 마운트
drive.mount('/content/drive')    #구글 드라이브 연결
import pandas as pd              #판다스 라이브러리
from sklearn.model_selection import train_test_split  #(학습,검증) 데이터 랜덤 추출
import numpy as np               #넘파이 라이브러리
from sklearn.metrics import classification_report, confusion_matrix
from sklearn.metrics import accuracy_score
from sklearn.model_selection import cross_validate  #교차검증
import matplotlib.pyplot as plt  #시각화
from sklearn.tree import plot_tree   #결정트리 시각화
from sklearn.tree import DecisionTreeClassifier  #사이킷런의 결정트리 알고리즘
data = pd.read_csv('/content/drive/MyDrive/work/insurance.csv', index_col=0)
        #분석용 데이터 읽기(절대경로명 사용) / 데이터출처: 공공데이터포털
print(data.dtypes); df = data.dropna()
df['sex'] = df['sex'].map({'female':0, 'male':1}).astype('category')
        #성별(sex) 데이터 범주형으로 변환
df['smoker'] = df['smoker'].map({'no':0,'yes':1})   #문자열->정수형으로 변환
x = df[['bmi', 'children', 'smoker','charges']].to_numpy()  #독립변수
y = df['sex'].to_numpy()         #종속변수
model = DecisionTreeClassifier(max_depth=2, random_state=42)
        #결정트리 알고리즘(max_depth=3:최대 3개의 노드까지만 성장, 가지치기, Tree Pruning)
scores = cross_validate(model, x, y, return_train_score=True)  #교차검증 모형에 대한 평가
model.fit(x, y)                  #모델 훈련(전체 데이터세트 이용하는 경우)
predictions = model.predict(x)   #훈련데이터에 대한 예측 결과
print('분류결과 첫 10행 출력')
print(predictions[:10])  #분류 결과 첫 10행 출력
print('Decision Tree 분류기(결정트리 알고리즘) 정확도: ', end=''); print(accuracy_score(y, predictions))
print('$$$ Confusion Matrix, 혼동행렬 $$$')
conf = confusion_matrix(y, predictions); print(conf)
print('*** 분류 분석 모형 성능평가 지표 ***')
print(classification_report(y, predictions))
print('!!! 특성 중요도 !!!')
print(model.feature_importances_)
plt.figure(figsize=(10,8))
plot_tree(model, filled=True, feature_names=['sepal length (cm)', 'sepal width (cm)', 'petal length (cm)', 'petal width (cm)'])
plt.show()
```

수행 결과는 다음과 같다. 정확도=55.8%, F1-score=0.560이다.

```
sex           object
bmi           float64
children      int64
smoker        object
region        object
charges       float64
dtype: object
분류결과 첫 10행 출력
[0 1 0 0 0 0 0 0 0 0]
Decision Tree 분류기(결정트리 알고리즘) 정확도: 0.5575485799701047
$$$ Confusion Matrix, 혼동행렬 $$$
[[599  63]
 [529 147]]
```

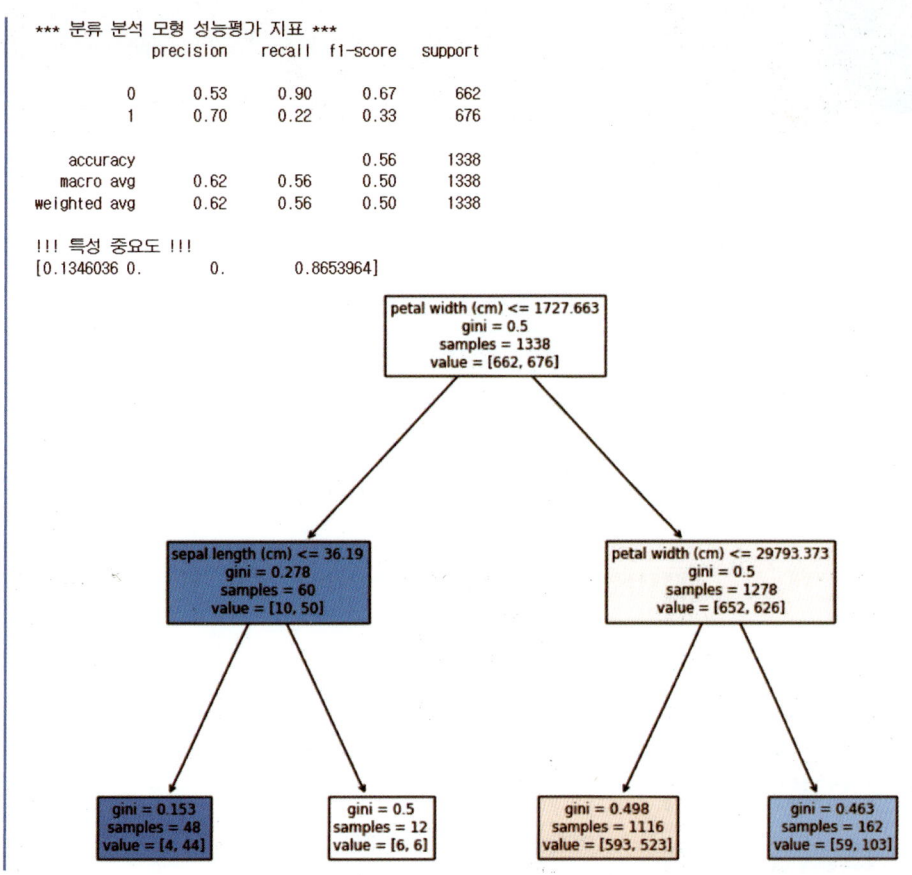

3가지 주요 앙상블 분석 모형에 대한 성능분석 결과(random_state=42로 동일한 데이터 사용)를 요약하면 다음과 같다. 본 예제의 경우 GradientBoostingClassifier() 분석 모듈의 성능이 다소 우수한 것으로 평가된다. 하지만, (훈련, 검증) 데이터 구성, 하이퍼 파라미터 설정, 교차검증 방법 등에 따라 성능이 달라질 수 있어, 다양한 고려사항을 반영하여 주어진 데이터세트에 대해 적절한 데이터 분석 모형을 선택해야 한다.

라이브러리	sklearn.ensemble	sklearn.ensemble	sklearn.tree
분석 모형	RandomForestClassifier()	GradientBoostingClassifier()	DecisionTreeClassifier() (교차검증)
정확도	54.9%	62.7%	55.8%
F1-score (macro average)	0.55	0.63	0.50
정밀도	0.55	0.63	0.62
재현율 (민감도)	0.55	0.63	0.56

제5회 (2022년 12월 3일) 빅데이터분석기사 실기 기출복원문제

I 작업형 제1유형

01 공공데이터포털에서 수집한 자료(지역별 종량제 봉투 가격, garbagebag.csv)를 이용하여 '종량제봉투처리방식'이 소각용이면서 '종량제봉투사용대상'이 가정용인 2L 종량제 봉투의 평균 가격을 출력하시오. 단, '2L가격'의 값이 0인 항목은 제외하여 평균 가격을 구한다.

	A	B	C	D	E	F	G	H	I	J	K
1	시도명	시군구명	종량제봉투종류	종량제봉투처리방식	종량제봉투용도	종량제봉투사용대상	1L가격	1.5L가격	2L가격	2.5L가격	3L가격
2	경기도	안양시	규격봉투	매립용	생활쓰레기	사업장용	0	0	0	0	0
3	경기도	안양시	규격봉투	매립용	생활쓰레기	기타	0	0	0	0	0
4	경기도	안양시	규격봉투	소각용	음식물쓰레기	가정용	0	50	0	80	0
5	경기도	안양시	규격봉투	소각용	음식물쓰레기	사업장용	0	50	0	80	0
6	경기도	안양시	규격봉투	소각용	음식물쓰레기	기타	0	50	0	80	0
7	경기도	안양시	재사용규격봉투	소각용	생활쓰레기	가정용	0	0	0	0	0
8	경기도	안양시	재사용규격봉투	소각용	생활쓰레기	사업장용	0	0	0	0	0
9	경기도	안양시	재사용규격봉투	소각용	생활쓰레기	기타	0	0	0	0	0
10	경기도	안양시	재사용규격봉투	매립용	생활쓰레기	가정용	0	0	0	0	0
11	경기도	안양시	재사용규격봉투	매립용	생활쓰레기	사업장용	0	0	0	0	0
12	경기도	안양시	재사용규격봉투	매립용	생활쓰레기	기타	0	0	0	0	0
13	경기도	안양시	특수규격마대	매립용	생활쓰레기	가정용	0	0	0	0	0
14	경기도	안양시	특수규격마대	매립용	생활쓰레기	사업장용	0	0	0	0	0
15	경기도	안양시	특수규격마대	매립용	생활쓰레기	기타	0	0	0	0	0
16	경기도	안양시	규격봉투	소각용	생활쓰레기	가정용	0	0	0	0	0
17	경기도	안양시	규격봉투	소각용	생활쓰레기	사업장용	0	0	0	0	0
18	경기도	오산시	규격봉투	소각용	생활쓰레기	가정용	0	0	0	0	100
19	경기도	오산시	규격봉투	소각용	음식물쓰레기	가정용	40	0	80	0	130
20	경기도	오산시	재사용규격봉투	소각용	생활쓰레기	가정용	0	0	0	0	0
21	경기도	오산시	특수규격마대	매립용	생활쓰레기	가정용	0	0	0	0	0
22	서울특별시	강남구	규격봉투	소각용	생활쓰레기	가정용	0	0	0	0	0
23	서울특별시	강남구	재사용규격봉투	소각용	생활쓰레기	가정용	0	0	0	0	0
24	충청북도	청주시	특수규격마대	매립용	생활쓰레기	가정용	0	0	0	0	0
25	충청남도	서산시	규격봉투	소각용	생활쓰레기	가정용	0	0	0	0	70
26	충청남도	서산시	재사용규격봉투	소각용	생활쓰레기	가정용	0	0	0	0	0
27	경기도	연천군	규격봉투	소각용	음식물쓰레기	가정용	0	0	0	0	70
28	경상북도	예천군	규격봉투	소각용	음식물쓰레기	가정용	0	0	60	0	90
29	인천광역시	계양구	규격봉투	소각용	생활쓰레기	가정용	0	0	0	0	0
30	인천광역시	계양구	규격봉투	매립용	생활쓰레기	가정용	0	0	0	0	0
31	인천광역시	계양구	재사용규격봉투	소각용	생활쓰레기	가정용	0	0	0	0	0
32	인천광역시	계양구	규격봉투	소각용	음식물쓰레기	가정용	60	0	120	0	180
33	인천광역시	계양구	규격봉투	소각용	생활쓰레기	가정용	0	0	0	0	0

정답 95.51163

해설 조건식(cond : 종량제봉투처리방식이 소각용, 사용대상이 가정용, 2L가격이 0이 아닌 경우)을 정의하고 해당 조건을 만족하는 2L 종량제봉투의 평균 가격[data[cond]['2L가격'].mean()]을 구한다.

- cond＝(data['종량제봉투처리방식']＝＝'소각용') & (data['종량제봉투사용대상']＝＝'가정용') & (data['2L가격']!=0) : 조건식
- price＝data[cond]['2L가격'].mean() : 조건식에 해당되는 2L 종량제봉투의 평균 가격

```
from google.colab import drive    #구글 드라이브 코랩 마운트
drive.mount('/content/drive')     #구글 드라이브 연결
import pandas as pd               #판다스 라이브러리 import
data = pd.read_csv('/content/drive/MyDrive/work/garbagebag.csv', encoding='euc-kr')
        #분석용 데이터 읽기(절대경로명 사용), 한글 Encoding(euc-kr), 새로운 열 지정(index 열 추가)
        #데이터 출처: 공공데이터포털(https://www.data.go.kr/)
print(data.head())           #첫 5행 출력
print(data.describe())       #속성별 기술통계량
print(data.shape)            #데이터 (행,열) = (10, 8)
print(data.info())           #속성별 데이터 타입 요약
print(data.dtypes)           #속성별 자료 타입
print(data.index)            #데이터프레임 인덱스
cond = (data['종량제봉투처리방식'] == '소각용') & (data['종량제봉투사용대상'] == '가정용') & (data['2L가격'] != 0)
        #조건식:종량제봉투처리방식이 소각용, 종량제봉투사용대상이 가정용, 2L가격이 0이 아님
price = data[cond]['2L가격'].mean()    #조건에 해당하는 2L가격의 평균
print('2L 종량제 봉투의 평균 가격(원) : ', end=''); print(round(price, 5))    #소수점이하 5자리까지 출력(반올림)
```

수행 결과는 다음과 같다.

```
   시도명  시군구명 종량제봉투종류 종량제봉투처리방식 종량제봉투용도 종량제봉투사용대상  1L가격  1.5L가격  2L가격  2.5L가격
0  경기도  안양시   규격봉투      매립용       생활쓰레기    사업장용       0      0      0      0
1  경기도  안양시   규격봉투      매립용       생활쓰레기    기타         0      0      0      0
2  경기도  안양시   규격봉투      소각용       음식물쓰레기   가정용        0     50      0     80
3  경기도  안양시   규격봉투      소각용       음식물쓰레기   사업장용       0     50      0     80
4  경기도  안양시   규격봉투      소각용       음식물쓰레기   기타         0     50      0     80

   ...  5L가격  10L가격  20L가격  30L가격  50L가격  60L가격  75L가격  100L가격  120L가격  125L가격
0  ...   150    300    550      0   1400      0   2100      0       0       0
1  ...   150    300    550      0   1400      0   2100      0       0       0
2  ...   150    300    550      0      0      0      0      0       0       0
3  ...   150    300    550      0      0      0      0      0       0       0
4  ...   150    300    550      0      0      0      0      0       0       0

[5 rows x 21 columns]
            1L가격      1.5L가격        2L가격      2.5L가격       3L가격       5L가격
count  746.000000  746.000000  746.000000  746.000000  746.000000  746.000000
mean     4.946381    0.402145   10.163539    0.455764   30.656836   92.955764
std     18.840477    4.558252   35.914403    6.243928   61.193149  102.920374
min      0.000000    0.000000    0.000000    0.000000    0.000000    0.000000
25%      0.000000    0.000000    0.000000    0.000000    0.000000    0.000000
50%      0.000000    0.000000    0.000000    0.000000    0.000000   90.000000
75%      0.000000    0.000000    0.000000    0.000000   60.000000  130.000000
max    100.000000   70.000000  200.000000   60.000000  300.000000  800.000000

             10L가격        20L가격        30L가격        50L가격        60L가격
count   746.000000   746.000000   746.000000   746.000000   746.000000
mean    226.611260   515.356568   283.096515   972.793566    59.113941
std     217.326999   482.423086   483.040631  1053.713659   466.389006
min       0.000000     0.000000     0.000000     0.000000     0.000000
25%     140.000000   319.250000     0.000000     0.000000     0.000000
50%     190.000000   400.000000     0.000000   900.000000     0.000000
75%     300.000000   600.000000   540.000000  1400.000000     0.000000
max    2500.000000  5000.000000  3600.000000  5500.000000  4700.000000

             75L가격       100L가격       120L가격       125L가격
count   746.000000   746.000000   746.000000   746.000000
mean    812.319035   431.443700    26.390697    86.300268
std    1059.704839  1102.109225   461.749268   830.232270
min       0.000000     0.000000     0.000000     0.000000
25%       0.000000     0.000000     0.000000     0.000000
50%       0.000000     0.000000     0.000000     0.000000
75%    1350.000000     0.000000     0.000000     0.000000
max    6590.000000 10400.000000 12000.000000  8790.000000
(746, 21)
<class 'pandas.core.frame.DataFrame'>
```

```
RangeIndex: 746 entries, 0 to 745
Data columns (total 21 columns):
 #   Column         Non-Null Count  Dtype
---  ------         --------------  -----
 0   시도명            746 non-null    object
 1   시군구명           746 non-null    object
 2   종량제봉투종류        746 non-null    object
 3   종량제봉투처리방식      746 non-null    object
 4   종량제봉투용도        746 non-null    object
 5   종량제봉투사용대상      746 non-null    object
 6   1L가격           746 non-null    int64
 7   1.5L가격         746 non-null    int64
 8   2L가격           746 non-null    int64
 9   2.5L가격         746 non-null    int64
 10  3L가격           746 non-null    int64
 11  5L가격           746 non-null    int64
 12  10L가격          746 non-null    int64
 13  20L가격          746 non-null    int64
 14  30L가격          746 non-null    int64
 15  50L가격          746 non-null    int64
 16  60L가격          746 non-null    int64
 17  75L가격          746 non-null    int64
 18  100L가격         746 non-null    int64
 19  120L가격         746 non-null    int64
 20  125L가격         746 non-null    int64
dtypes: int64(15), object(6)
memory usage: 122.5+ KB
None
시도명              object
시군구명             object
종량제봉투종류          object
종량제봉투처리방식        object
종량제봉투용도          object
종량제봉투사용대상        object
1L가격             int64
1.5L가격           int64
2L가격             int64
2.5L가격           int64
3L가격             int64
5L가격             int64
10L가격            int64
20L가격            int64
30L가격            int64
50L가격            int64
60L가격            int64
75L가격            int64
100L가격           int64
120L가격           int64
125L가격           int64
dtype: object
RangeIndex(start=0, stop=746, step=1)
2L 종량제 봉투의 평균 가격(원):  95.51163
```

02 체질량 지수[體質量指數, BMI(Body Mass Index), Quetelet Index]는 비만도를 나타내는 지수로, 체중(w, kg)과 키(t, m)의 관계를 이용하여 BMI=w/(t×t)로 계산된다. 세계보건기구에서는 BMI 값이 25 이상인 사람을 과체중으로 평가한다. 주어진 데이터(index.csv)를 이용하여 정상인 사람과 과체중인 사람의 차이(명)를 구하시오. 데이터는 kaggle 사이트(https://www.kaggle.com/datasets/yersever/500-person-gender-height-weight-bodymassindex)에서 다운로드하며, (Gender, Height, Weight, Index)=(성별, 키(cm), 몸무게(kg), 평가지수)이다. 주어진 데이터세트에서의 평가지수(index)에 대한 값은 다음을 의미한다. 0 : extremely weak, 1 : weak, 2 : normal, 3 : overweight, 4 : obesity(비만), 5 : extremely obesity(과도 비만)

	A	B	C	D
1	Gender	Height	Weight	Index
2	Male	174	96	4
3	Male	189	87	2
4	Female	185	110	4
5	Female	195	104	3
6	Male	149	61	3
7	Male	189	104	3
8	Male	147	92	5
9	Male	154	111	5
10	Male	174	90	3
11	Female	169	103	4
12	Female	195	81	2
13	Female	159	80	4
14	Female	192	101	3
15	Male	155	51	2
16	Male	191	79	2
17	Female	153	107	5
18	Female	157	110	5
19	Male	140	129	5
20	Male	144	145	5

정답 300

해설 BMI 계산식을 이용하여 data['bmi'] 열을 추가하고 이 값을 기준으로 과체중(BMI>=25)과 정상 체중(BMI<25)인 사람의 수를 구한다.

- data['bmi']=data['Weight'] / (data['Height']/100*data['Height']/100) : BMI 계산 (열 추가)
- overweight=(data[data['bmi']>=25]).count()['bmi'] : 과체중인 사람의 수(BMI>=25)
- normal=(data[data['bmi']<25]).count()['bmi'] : 정상 체중인 사람의 수(BMI<25)

```
from google.colab import drive   #구글 드라이브 코랩 마운트
drive.mount('/content/drive')    #구글 드라이브 연결
import pandas as pd              #판다스 라이브러리
data = pd.read_csv('/content/drive/MyDrive/work/index.csv')
#분석용 데이터 읽기(절대경로명 사용), 새로운 열 지정(index열추가)/데이터 출처: Kaggle
print(data.head())               #첫 5행 출력
print(data.describe())           #속성별 기술통계량
print(data.shape)                #데이터 (행,열) = (500, 4)
print(data.info())               #속성별 데이터 타입 요약
print(data.dtypes)               #속성별 자료 타입
print(data.index)                #데이터프레임 인덱스
data['bmi'] = data['Weight'] / (data['Height']/100*data['Height']/100)
                                 #BMI(체중kg/(키m*키m) 계산 열 추가)
print(data.head())               #첫 5행 출력
overweight = (data[data['bmi']>=25]).count()['bmi']   #과체중(BMI가 25이상인 사람의 수)
print('과체중(BMI가 25이상)인 사람의 수(명): ', end=''); print(overweight)
normal = (data[data['bmi']<25]).count()['bmi']        #정상 체중(BMI가 25미만인 사람의 수)
print('정상 체중(BMI가 25미만)인 사람의 수(명): ', end=''); print(normal)
print('과체중인 사람의 수 - 정상 체중인 사람의 수: ', end=''); print(overweight-normal)
print('----------Index 열 값으로 계산하기--------------')
print('Index=0인 사람의 수(명):     ', end=''); print((data.Index==0).sum())
print('Index=1인 사람의 수(명):     ', end=''); print((data.Index==1).sum())
print('Index=2인 사람의 수(명):     ', end=''); print((data.Index==2).sum())
print('Index=3인 사람의 수(명):     ', end=''); print((data.Index==3).sum())
print('Index=4인 사람의 수(명):     ', end=''); print((data.Index==4).sum())
print('Index=5인 사람의 수(명):     ', end=''); print((data.Index==5).sum())
print('Index=3이상인 사람의 수 - Index=2이하인 사람의 수 (명): ', end=''); print((data.Index >= 3).sum()-(data.Index<=2).sum())
```

수행 결과는 다음과 같다. BMI가 25 이상인 사람의 수는 400명, 정상 체중인 사람은 100명이므로 (정상체중-과체중)의 차이는 300명이다. 참고로, index 값이 3 이상인 사람은 292명이다.

```
   Gender  Height  Weight  Index
0    Male     174      96      4
1    Male     189      87      2
2  Female     185     110      4
3  Female     195     104      3
4    Male     149      61      3
           Height      Weight       Index
count  500.000000  500.000000  500.000000
mean   169.944000  106.000000    3.748000
std     16.375261   32.382607    1.355053
min    140.000000   50.000000    0.000000
25%    156.000000   80.000000    3.000000
50%    170.500000  106.000000    4.000000
75%    184.000000  136.000000    5.000000
max    199.000000  160.000000    5.000000
(500, 4)
<class 'pandas.core.frame.DataFrame'>
RangeIndex: 500 entries, 0 to 499
Data columns (total 4 columns):
 #   Column  Non-Null Count  Dtype
---  ------  --------------  -----
 0   Gender  500 non-null    object
 1   Height  500 non-null    int64
 2   Weight  500 non-null    int64
 3   Index   500 non-null    int64
dtypes: int64(3), object(1)
memory usage: 15.8+ KB
None
Gender    object
Height    int64
Weight    int64
Index     int64
dtype: object
RangeIndex(start=0, stop=500, step=1)
   Gender  Height  Weight  Index        bmi
0    Male     174      96      4  31.708284
1    Male     189      87      2  24.355421
2  Female     185     110      4  32.140248
3  Female     195     104      3  27.350427
4    Male     149      61      3  27.476240
과체중(BMI가 25이상)인 사람의 수(명): 400
정상 체중(BMI가 25미만)인 사람의 수(명): 100
과체중인 사람의 수 - 정상 체중인 사람의 수(명): 300
----------Index 열 값으로 계산하기--------------
Index=0인 사람의 수(명):     13
Index=1인 사람의 수(명):     22
Index=2인 사람의 수(명):     69
Index=3인 사람의 수(명):     68
Index=4인 사람의 수(명):     130
Index=5인 사람의 수(명):     198
Index=3이상인 사람의 수 - Index=2이하인 사람의 수 (명): 292
```

03 공공데이터포털에서 수집한 데이터(student.csv)를 이용하여 순전입학생수(=전입학생수합계−전출학생수합계)를 구하고, 순전입학생수가 가장 많은 학교의 '순전입학생수'와 '전체학생수'를 출력하시오. 데이터(student.csv)는 (기준연도, 시군명, 지역명, 학교명, 설립구분명, 학년별 전입학생수/전출학생수/전체학생수, 전입학생수합계, 전출학생수합계, 전체학생수합계)로 이루어져 있다.

정답 순전입학생수=1106명, 전체학생수=0명

해설 dfnew['net']=dfnew['전입학생수합계(명)']−dfnew['전출학생수합계(명)']로 순전입학생수를 계산하고, dfnew.sort_values(['net'], ascending=False)로 내림차순 정렬한다. 순전입학생수가 가장 많은 학교의 순전입학생수는 dfnew1.iloc[0]['net']에 저장된다.

> - dfnew['net']=dfnew['전입학생수합계(명)']−dfnew['전출학생수합계(명)'] : 순전입학생수 계산(열 추가)
> - dfnew1=dfnew.sort_values(['net'], ascending=False) : 순전입학생수 내림차순 정렬
> - dfnew1.iloc[0]['net'] : 순전입학생수가 가장 많은 학교의 순전입학생수(명)
> - dfnew1.iloc[0]['전체학생수합계(명)'] : 순전입학생수가 가장 많은 학교의 전체학생수(명)

```python
from google.colab import drive    #구글 드라이브 코랩 마운트
drive.mount('/content/drive')     #구글 드라이브 연결
import pandas as pd               #판다스 라이브러리
data = pd.read_csv('/content/drive/MyDrive/work/student.csv', encoding='euc-kr')
  #분석용 데이터 읽기(절대경로명 사용), 새로운 열 지정(index 열 추가)
  #데이터 출처: 공공데이터포털(https://www.data.go.kr/), encoding='euc-kr': 한글 인코딩
print('전입학생수합계(명) 결측 데이터 개수: ', end=''); print(data['전입학생수합계(명)'].isnull().sum())
df = data.dropna(subset=['전입학생수합계(명)', '전출학생수합계(명)'])   #결측값 제외
dfnew = df.copy()    #df 복사하여 dfnew로 저장, 새로운 열을 추가하기 위하여 데이터프레임 복사하여 이용
print(dfnew.head())       #첫 5행 출력
print(dfnew.describe())   #속성별 기술통계량
print(dfnew.shape)        #데이터 (행,열) = (500, 4)
print(dfnew.info())       #속성별 데이터 타입 요약
print(dfnew.dtypes)       #속성별 자료 타입
print(dfnew.index)        #데이터프레임 인덱스
dfnew['net'] = dfnew['전입학생수합계(명)']- dfnew['전출학생수합계(명)']  #순전입학생수 계산(열 추가)
print(dfnew.head())   #첫 5행 출력
dfnew1 = dfnew.sort_values(['net'], ascending=False)  #순전입학생수(net) 내림차순 정렬하여 저장(dfnew1)
print(dfnew1.head())   #첫 5행 출력

print('순전입학생수가 가장 많은 학교(내림차순 정렬 후 첫번째 행): ', end=''); print(dfnew1.iloc[0]['학교명'])
print('순전입학생수가 가장 많은 학교(내림차순 정렬 후 두번째 행): ', end=''); print(dfnew1.iloc[1]['학교명'])
print('순전입학생수가 가장 많은 학교의 순전입학생수(명): ', end=''); print(dfnew1.iloc[0]['net'])
print('순전입학생수가 가장 많은 학교의 전체학생수합계(명): ', end=''); print(dfnew1.iloc[0]['전체학생수합계(명)'])
```

수행 결과는 다음과 같다.

```
전입학생수합계(명) 결측 데이터 개수: 1161
    기준년도  시군명  지역명              학교명  설립구분명  1학년전입학생수(명)  1학년전출학생수(명)
6   2020   가평군  경기도 가평군    가평마장초등학교    공립              4.0              1.0
7   2020   가평군  경기도 가평군       가평초등학교    공립              3.0              3.0
8   2020   가평군  경기도 가평군       대성초등학교    공립              0.0              0.0
9   2020   가평군  경기도 가평군       목동초등학교    공립              0.0              1.0
10  2020   가평군  경기도 가평군  목동초등학교명지분교장  공립              0.0              0.0

    1학년전체학생수(명)  2학년전입학생수(명)  2학년전출학생수(명)  ...  4학년전체학생수(명)  5학년전입학생수(명)
6            14.0             1.0             2.0  ...           15.0             1.0
7           135.0             3.0             1.0  ...          123.0             6.0
8            11.0             1.0             2.0  ...           16.0             1.0
9            18.0             0.0             1.0  ...           15.0             0.0
10            3.0             0.0             1.0  ...            4.0             0.0

    5학년전출학생수(명)  5학년전체학생수(명)  6학년전입학생수(명)  6학년전출학생수(명)  6학년전체학생수(명)
6            0.0           16.0            0.0            0.0            9.0
7            2.0          140.0            1.0            4.0          153.0
8            4.0           11.0            0.0            0.0           15.0
9            2.0           18.0            3.0            0.0           13.0
10           0.0            2.0            0.0            1.0            1.0

    전입학생수합계(명)  전출학생수합계(명)  전체학생수합계(명)
6            7.0           3.0          80.0
7           19.0          25.0         818.0
8            3.0           7.0          85.0
9            3.0           8.0          99.0
10           2.0           0.0          14.0

[5 rows x 26 columns]
              기준년도  1학년전입학생수(명)  1학년전출학생수(명)  1학년전체학생수(명)  2학년전입학생수(명)
count  10888.000000  10888.000000  10888.000000  10888.000000  10888.000000
mean    2018.684423      5.964203      5.455915    148.396583      7.324486
std        0.676854     12.242600      5.230560    105.382990     15.010754
min     2018.000000      0.000000      0.000000      0.000000      0.000000
25%     2018.000000      1.000000      2.000000     65.000000      2.000000
50%     2019.000000      4.000000      5.000000    129.500000      4.000000
75%     2019.000000      7.000000      8.000000    220.000000      9.000000
max     2020.000000    260.000000    134.000000    535.000000    256.000000

       2학년전출학생수(명)  2학년전체학생수(명)  3학년전입학생수(명)  3학년전출학생수(명)  3학년전체학생수(명)
count  10888.000000  10888.000000  10888.000000  10888.000000  10888.000000
mean       6.732274    153.389420      5.965834      5.541514    154.835415
std        7.176850    114.613937     13.416180      6.657226    118.478966
min        0.000000      0.000000      0.000000      0.000000      0.000000
25%        2.000000     64.000000      1.000000      1.000000     64.000000
50%        5.000000    128.000000      3.000000      4.000000    128.000000
75%        9.000000    224.000000      7.000000      8.000000    223.000000
max      181.000000    582.000000    222.000000    155.000000    576.000000

       ...  4학년전체학생수(명)  5학년전입학생수(명)  5학년전출학생수(명)  5학년전체학생수(명)  6학년전입학생수(명)
count  ...  6462.000000  6462.000000  6462.000000  6462.000000  6462.000000
mean   ...    98.097803     7.028474     6.581863    97.019963     4.852522
std    ...    67.799743    13.394048     6.451253    66.651276     9.204015
min    ...     0.000000     0.000000     0.000000     0.000000     0.000000
25%    ...    42.000000     1.000000     2.000000    41.000000     1.000000
50%    ...    94.000000     4.000000     5.000000    94.000000     3.000000
75%    ...   143.000000     8.000000     9.000000   140.000000     6.000000
max    ...   417.000000   177.000000   117.000000   411.000000   158.000000

       6학년전출학생수(명)  6학년전체학생수(명)  전입학생수합계(명)  전출학생수합계(명)  전체학생수합계(명)
count  6462.000000  6462.000000  10888.000000  10888.000000  10888.000000
mean      4.838440    92.266636     31.046657     28.929096    627.183321
std       4.920594    63.314331     66.253368     30.992986    378.091167
min       0.000000     0.000000      0.000000      0.000000      0.000000
25%       1.000000    39.000000      7.000000      9.000000    337.750000
50%       4.000000    90.000000     16.000000     20.000000    626.000000
75%       7.000000   134.000000     32.000000     40.000000    899.000000
max     111.000000   405.000000   1106.000000    677.000000   2243.000000

[8 rows x 22 columns]
```

```
(10888, 26)
<class 'pandas.core.frame.DataFrame'>
Int64Index: 10888 entries, 6 to 12048
Data columns (total 26 columns):
 #   Column              Non-Null Count   Dtype
---  ------              --------------   -----
 0   기준년도                10888 non-null   int64
 1   시군명                 10888 non-null   object
 2   지역명                 10888 non-null   object
 3   학교명                 10888 non-null   object
 4   설립구분명               10888 non-null   object
 5   1학년전입학생수(명)         10888 non-null   float64
 6   1학년전출학생수(명)         10888 non-null   float64
 7   1학년전체학생수(명)         10888 non-null   float64
 8   2학년전입학생수(명)         10888 non-null   float64
 9   2학년전출학생수(명)         10888 non-null   float64
 10  2학년전체학생수(명)         10888 non-null   float64
 11  3학년전입학생수(명)         10888 non-null   float64
 12  3학년전출학생수(명)         10888 non-null   float64
 13  3학년전체학생수(명)         10888 non-null   float64
 14  4학년전입학생수(명)         6462 non-null    float64
 15  4학년전출학생수(명)         6462 non-null    float64
 16  4학년전체학생수(명)         6462 non-null    float64
 17  5학년전입학생수(명)         6462 non-null    float64
 18  5학년전출학생수(명)         6462 non-null    float64
 19  5학년전체학생수(명)         6462 non-null    float64
 20  6학년전입학생수(명)         6462 non-null    float64
 21  6학년전출학생수(명)         6462 non-null    float64
 22  6학년전체학생수(명)         6462 non-null    float64
 23  전입학생수합계(명)          10888 non-null   float64
 24  전출학생수합계(명)          10888 non-null   float64
 25  전체학생수합계(명)          10888 non-null   float64
dtypes: float64(21), int64(1), object(4)
memory usage: 2.2+ MB
None
기준년도              int64
시군명               object
지역명               object
학교명               object
설립구분명             object
1학년전입학생수(명)       float64
1학년전출학생수(명)       float64
1학년전체학생수(명)       float64
2학년전입학생수(명)       float64
2학년전출학생수(명)       float64
2학년전체학생수(명)       float64
3학년전입학생수(명)       float64
3학년전출학생수(명)       float64
3학년전체학생수(명)       float64
4학년전입학생수(명)       float64
4학년전출학생수(명)       float64
4학년전체학생수(명)       float64
5학년전입학생수(명)       float64
5학년전출학생수(명)       float64
5학년전체학생수(명)       float64
6학년전입학생수(명)       float64
6학년전출학생수(명)       float64
6학년전체학생수(명)       float64
전입학생수합계(명)        float64
전출학생수합계(명)        float64
전체학생수합계(명)        float64
dtype: object
Int64Index([    6,     7,     8,     9,    10,    11,    12,    13,    15,
               16,
            ...
            12039, 12040, 12041, 12042, 12043, 12044, 12045, 12046, 12047,
            12048],
           dtype='int64', length=10888)
```

```
      기준년도  시군명   지역명      학교명          설립구분명  1학년전입학생수(명)  1학년전출학생수(명)  ₩
6     2020    가평군   경기도  가평군  가평마장초등학교        공립         4.0                 1.0
7     2020    가평군   경기도  가평군  가평초등학교           공립         3.0                 3.0
8     2020    가평군   경기도  가평군  대성초등학교           공립         0.0                 0.0
9     2020    가평군   경기도  가평군  목동초등학교           공립         0.0                 1.0
10    2020    가평군   경기도  가평군  목동초등학교명지분교장    공립         0.0                 0.0

      1학년전체학생수(명)  2학년전입학생수(명)  2학년전출학생수(명)  ...  5학년전입학생수(명)  5학년전출학생수(명)  ₩
6           14.0              1.0              2.0        ...        0.0              0.0
7          135.0              3.0              1.0        ...        6.0              2.0
8           11.0              1.0              2.0        ...        1.0              4.0
9           18.0              0.0              1.0        ...        0.0              2.0
10           3.0              0.0              1.0        ...        0.0              0.0

      5학년전체학생수(명)  6학년전입학생수(명)  6학년전출학생수(명)  6학년전체학생수(명)  전입학생수합계(명)  ₩
6           16.0              0.0              0.0              9.0             7.0
7          140.0              1.0              4.0            153.0            19.0
8           11.0              0.0              0.0             15.0             3.0
9           18.0              3.0              0.0             13.0             3.0
10           2.0              0.0              1.0              1.0             2.0

[5 rows x 27 columns]
      기준년도  시군명   지역명      학교명           설립구분명  1학년전입학생수(명)  1학년전출학생수(명)  ₩
6413  2019   파주시   경기도  파주시   산내초등학교           공립       260.0                 0.0
6507  2019   파주시   경기도  파주시   산내초등학교           공립       260.0                 0.0
567   2020   남양주시  경기도  남양주시  다산한강초등학교         공립       240.0                 2.0
3432  2019   남양주시  경기도  남양주시  남양주다산초등학교       공립        52.0                 9.0
3495  2019   남양주시  경기도  남양주시  남양주다산초등학교       공립        52.0                 9.0

      1학년전체학생수(명)  2학년전입학생수(명)  2학년전출학생수(명)  ...  5학년전입학생수(명)  5학년전출학생수(명)  ₩
6413         0.0             206.0            0.0      ...       172.0             0.0
6507         0.0             206.0            0.0      ...       172.0             0.0
567         93.0             230.0            1.0      ...       139.0             0.0
3432       253.0             256.0            8.0      ...       176.0             4.0
3495       253.0             256.0            8.0      ...       176.0             4.0

      5학년전체학생수(명)  6학년전입학생수(명)  6학년전출학생수(명)  6학년전체학생수(명)  전입학생수합계(명)  ₩
6413         0.0             82.0             0.0             0.0         1106.0
6507         0.0             82.0             0.0             0.0         1106.0
567         35.0             65.0             1.0            38.0         1039.0
3432       126.0            133.0             0.0           103.0         1047.0
3495       126.0            133.0             0.0           103.0         1047.0

      전출학생수합계(명)  전체학생수합계(명)       net
6413        0.0            0.0      1106.0
6507        0.0            0.0      1106.0
567        12.0          303.0      1027.0
3432       36.0         1003.0      1011.0
3495       36.0         1003.0      1011.0

[5 rows x 27 columns]
순전입학생수가 가장 많은 학교(내림차순 정렬 후 첫번째 행) : 산내초등학교
순전입학생수가 가장 많은 학교(내림차순 정렬 후 두번째 행) : 산내초등학교
순전입학생수가 가장 많은 학교의 순전입학생수(명) : 1106.0
순전입학생수가 가장 많은 학교의 전체학생수합계(명) : 0.0
```

Ⅱ 작업형 제2유형

데이터(carprice.csv)는 중고차에 대한 [모델명, 연식, 변속기어, 마일리지(miles), 연료유형, tax, 연비(mpg), engineSize(litres), 차량가격(Pound, £)]이다. 데이터는 kaggle 사이트(https://www.kaggle.com/datasets/adityadesai13/used-car-dataset-ford-and-mercedes)에서 다운로드한다.

회귀분석 및 의사결정나무 모형을 이용하여 차량가격을 예측하시오. 단, 종속변수는 (year, mileage, tax, mpg, engineSize)를 고려하며, statsmodels.formula.api 라이브러리의 ols() 모형과 sklearn.tree 라이브러리의 DecisionTreeRegressor() 모형을 이용하고 그 성능을 서로 비교하시오.

	A	B	C	D	E	F	G	H	I
1	model	year	transmission	mileage	fuelType	tax	mpg	engineSize	price
2	A1	2017	Manual	15735	Petrol	150	55.4	1.4	12500
3	A6	2016	Automatic	36203	Diesel	20	64.2	2	16500
4	A1	2016	Manual	29946	Petrol	30	55.4	1.4	11000
5	A4	2017	Automatic	25952	Diesel	145	67.3	2	16800
6	A3	2019	Manual	1998	Petrol	145	49.6	1	17300
7	A1	2016	Automatic	32260	Petrol	30	58.9	1.4	13900
8	A6	2016	Automatic	76788	Diesel	30	61.4	2	13250
9	A4	2016	Manual	75185	Diesel	20	70.6	2	11750
10	A3	2015	Manual	46112	Petrol	20	60.1	1.4	10200
11	A1	2016	Manual	22451	Petrol	30	55.4	1.4	12000
12	A3	2017	Manual	28955	Petrol	145	58.9	1.4	16100
13	A6	2016	Automatic	52198	Diesel	125	57.6	2	16500
14	Q3	2016	Manual	44915	Diesel	145	52.3	2	17000
15	A3	2017	Manual	21695	Petrol	30	58.9	1.4	16400
16	A6	2015	Manual	47348	Petrol	30	61.4	2	15400
17	A3	2017	Automatic	26156	Petrol	145	58.9	1.4	14500
18	Q3	2016	Automatic	28396	Diesel	145	53.3	2	15700
19	A3	2014	Automatic	30516	Petrol	30	56.5	1.4	13900
20	Q5	2016	Automatic	37652	Diesel	200	47.1	2	19000

🔒 정답 및 해설

독립변수(x)와 종속변수(y)를 지정하고, ols('y~x')를 이용하여 다중선형 회귀분석 모형을 구축한다. (실제값, 예측값)=(y, pred) 사이의 오차는 MSE, MAE, RMSE, MAE 값으로 확인한다.

- x=data[['year', 'mileage', 'tax', 'mpg', 'engineSize']] : 독립변수 정의
- y=data['price'] : 종속변수 정의(자동차 가격)
- fit=ols('y ~ x', data=data).fit() : 다중선형 회귀분석 모형 정의
- pred=fit.predict(x) : 독립변수에 대한 예측값

```
from google.colab import drive   #구글 드라이브 코랩 마운트
drive.mount('/content/drive')    #구글 드라이브 연결
import pandas as pd      #판다스 라이브러리
import numpy as np       #넘파이 라이브러리
from sklearn.metrics import mean_squared_error    #MSE 계산
from sklearn.metrics import mean_absolute_error   #MAE 계산
from statsmodels.formula.api import ols  #선형회귀분석 모형(statsmodels), Ordinary Least Squares(OLS)
data = pd.read_csv('/content/drive/MyDrive/work/carprice.csv', header=0, index_col=0)
    #분석용 데이터 읽기(절대경로명 사용) / 데이터출처: Kaggle
    #header=0: 컬럼명이 첫 번째 행에 위치, index_col=0: 첫 컬럼을 인덱스 열로 사용
print(data.head())
x = data[['year', 'mileage', 'tax', 'mpg', 'engineSize']]
    #독립변수(연식, 마일리지, 세금, 연비, 엔진크기)
y = data['price']   #종속변수(차량 가격(pounds))
fit = ols('y ~ x', data=data).fit()   #다중 선형회귀분석 모형 구축
print(fit.summary())  #다중 선형회귀분석 모형 적합 결과 요약
pred = fit.predict(x)  #독립변수에 대한 예측값

mse = mean_squared_error(y, pred)
print('MSE(Mean Squared Error)/평균제곱오차: ', end=''); print(mse)
print('RMSE(Root Mean Squared Error)/평균제곱근오차: ', end=''); print(np.sqrt(mse))
mae = mean_absolute_error(y, pred)
print('MAE(Mean Absolute Error)/평균절대오차: ', end=''); print(mae)
```

수행 결과는 다음과 같다. 예측에 대한 RMSE(평균 제곱근오차)=5549.630이다.

```
      year transmission  mileage fuelType  tax   mpg  engineSize  price
model
A1    2017       Manual    15735   Petrol  150  55.4         1.4  12500
A6    2016    Automatic    36203   Diesel   20  64.2         2.0  16500
A1    2016       Manual    29946   Petrol   30  55.4         1.4  11000
A4    2017    Automatic    25952   Diesel  145  67.3         2.0  16800
A3    2019       Manual     1998   Petrol  145  49.6         1.0  17300
                        OLS Regression Results
==============================================================================
Dep. Variable:                      y   R-squared:                       0.776
Model:                            OLS   Adj. R-squared:                  0.775
Method:                 Least Squares   F-statistic:                     7369.
Date:                Tue, 05 Sep 2023   Prob (F-statistic):               0.00
Time:                        08:10:44   Log-Likelihood:             -1.0711e+05
No. Observations:               10668   AIC:                          2.142e+05
Df Residuals:                   10662   BIC:                          2.143e+05
Df Model:                           5
Covariance Type:            nonrobust
==============================================================================
                 coef    std err          t      P>|t|      [0.025      0.975]
------------------------------------------------------------------------------
Intercept   -4.143e+06   8.27e+04    -50.093      0.000   -4.31e+06   -3.98e+06
x[0]         2062.4059     40.943     50.372      0.000    1982.150    2142.662
x[1]           -0.0968      0.004    -24.981      0.000      -0.104      -0.089
x[2]          -14.6070      1.077    -13.559      0.000     -16.719     -12.495
x[3]         -214.2320      6.040    -35.469      0.000    -226.071    -202.392
x[4]         1.095e+04    101.106    108.262      0.000    1.07e+04    1.11e+04
==============================================================================
Omnibus:                     7976.169   Durbin-Watson:                   1.819
Prob(Omnibus):                  0.000   Jarque-Bera (JB):           300103.033
Skew:                           3.206   Prob(JB):                         0.00
Kurtosis:                      28.180   Cond. No.                      5.27e+07
==============================================================================

Notes:
[1] Standard Errors assume that the covariance matrix of the errors is correctly specified.
[2] The condition number is large, 5.27e+07. This might indicate that there are
strong multicollinearity or other numerical problems.
MSE(Mean Squared Error)/평균제곱오차: 30798444.938688356
RMSE(Root Mean Squared Error)/평균제곱근오차: 5549.63466713696
MAE(Mean Absolute Error)/평균절대오차: 3434.307583217085
```

sklearn.tree 라이브러리의 DecisionTreeRegressor() 모듈을 이용하여 연속형 변수에 대한 예측값을 구한다. (실제값, 예측값)＝(y, pred) 사이의 차이를 구하기 위해, MSE, RMSE, MAE 값을 평가한다.

- model＝DecisionTreeRegressor(random_state＝42) : 결정트리(회귀모형, 연속형 변수) 모형
- fit＝model.fit(x,y) : 모형 훈련(적합)
- pred＝fit.predict(x) : 독립변수에 대한 예측값 저장

```python
from google.colab import drive    #구글 드라이브 코랩 마운트
drive.mount('/content/drive')     #구글 드라이브 연결
import pandas as pd      #판다스 라이브러리
import numpy as np       #넘파이 라이브러리
from sklearn.metrics import mean_squared_error    #MSE 계산
from sklearn.metrics import mean_absolute_error   #MAE 계산
from sklearn.tree import DecisionTreeRegressor  #결정트리(회귀모형,연속형 변수)
data = pd.read_csv('/content/drive/MyDrive/work/carprice.csv', header=0, index_col=0)
    #분석용 데이터 읽기(절대경로명 사용) / 데이터출처: Kaggle
    #header=0: 컬럼명이 첫 번째 행에 위치, index_col=0: 첫 컬럼을 인덱스 열로 사용
print(data.head())
x = data[['year', 'mileage', 'tax', 'mpg', 'engineSize']]
    #독립변수(연식, 마일리지, 세금, 연비, 엔진크기)
y = data['price']    #종속변수(차량 가격(pounds))
model = DecisionTreeRegressor(random_state=42)
fit = model.fit(x,y)
pred = fit.predict(x)  #독립변수에 대한 예측값

print('종속변수 예측 결과값(차량 가격)/첫 10행')
print(pred[:10])

mse = mean_squared_error(y, pred)
print('MSE(Mean Squared Error)/평균제곱오차: ', end=''); print(mse)
print('RMSE(Root Mean Squared Error)/평균제곱근오차: ', end=''); print(np.sqrt(mse))
mae = mean_absolute_error(y, pred)
print('MAE(Mean Absolute Error)/평균절대오차: ', end=''); print(mae)

print('!!! 특성 중요도 !!!')
print(model.feature_importances_)
```

수행 결과는 다음과 같다. 예측 모형에 대한 RMSE(평균 제곱근오차)＝699.9로서 ols() 모듈을 이용한 결과보다 성능이 다소 우수함을 알 수 있다.

```
       year transmission  mileage fuelType  tax   mpg  engineSize  price
model
A1     2017       Manual    15735   Petrol  150  55.4         1.4  12500
A6     2016    Automatic    36203   Diesel   20  64.2         2.0  16500
A1     2016       Manual    29946   Petrol   30  55.4         1.4  11000
A4     2017    Automatic    25952   Diesel  145  67.3         2.0  16800
A3     2019       Manual     1998   Petrol  145  49.6         1.0  17300
종속변수 예측 결과값(차량 가격)/첫 10행
[12500. 16500. 11000. 16800. 17300. 13900. 13250. 11750. 10200. 12000.]
MSE(Mean Squared Error)/평균제곱오차: 489860.9063283959
RMSE(Root Mean Squared Error)/평균제곱근오차: 699.9006403257507
MAE(Mean Absolute Error)/평균절대오차: 134.598999448662
!!! 특성 중요도 !!!
[0.24244214 0.04631194 0.04988775 0.45684558 0.20451259]
```

제6회 (2023년 6월 24일) 빅데이터분석기사 실기 기출복원문제

I 작업형 제1유형

01 소방안전 빅데이터 플랫폼(https://www.bigdata-119.kr/goods/goodsInfo?goods_id=202110000001)에서 제공되는 데이터(rescue.csv)는 구조활동 현황 자료로 (no, cause, result, season, daywk, dclr_hour, dclr_min, dsp_hour, dsp_min, spt_arvl_hour, spt_arvl_min)=(보고서 번호, 사고 원인, 처리결과 구분, 계절, 요일, 신고시간, 신고분, 출동시간, 출동분, 현장도착시간, 현장도착분)를 나타낸다. 현장도착시간과 신고시간 사이의 차이 평균(분)과 가장 큰 평균값을 가지는 보고서 번호를 출력하시오.

no	cause	result	season	daywk	dclr_hour	dclr_min	dsp_hour	dsp_min	spt_arvl_hour	spt_arvl_min
20114501201S00001	위치확인	기타	겨울	토요일	0	28	0	29	0	34
20114501201S00002	위치확인	기타	겨울	토요일	2	40	2	47	2	50
20114501201S00003	화재	기타	겨울	토요일	3	26	3	26	3	28
20114501201S00004	교통	기타	겨울	토요일	5	15	5	15	5	18
20114506103S00001	산악	인명구조	겨울	토요일	8	31	8	31	8	51
20114504201S00004	동물포획	기타	겨울	토요일	10	41	10	43	10	55
20114504201S00007	기타	기타	겨울	토요일	11	16	11	17	11	43
20114504107S00004	교통	인명구조	겨울	토요일	11	49	11	52	12	1
20114510104S00002	교통	인명구조	겨울	토요일	13	24	13	26	13	40
20114507201S00002	동물포획	기타	겨울	토요일	14	41	14	42	14	47
20114504201S00006	산악	인명구조	겨울	토요일	15	16	15	22	15	37
20114504101S00001	산악	인명구조	겨울	토요일	15	16	15	22	15	38
20114506103S00002	추락	인명구조	겨울	토요일	15	54	15	56	16	25
20114504107S00002	교통	인명구조	겨울	토요일	16	36	16	38	16	47
20114508201S00001	화재	안전조치	겨울	토요일	17	2	17	3	17	10
20114508201S00002	교통	안전조치	겨울	토요일	17	10	17	11	17	20
20114505201S00001	교통	기타	겨울	토요일	17	10	17	11	17	26
20114504201S00009	화재	인명검색	겨울	토요일	17	18	17	19	17	39

정답
- 현장도착시간과 신고시간 사이의 차이 평균 : 14.22분
- 현장도착시간과 신고시간 사이의 차이가 가장 큰 값을 가지는 보고서 : 20114506103S00002

해설 현장도착시간(spt_arvl_hour, spt_arvl_min)과 신고시간(dclr_hour, dclr_min)을 이용하여 시간 차이(df['timediff'])를 구한다. df.sort_values(['timediff'], ascending=False) 함수를 이용하여 시간 차이 값을 내림차순 정렬(가장 큰 값을 첫 번째 행에 저장)하여 보고서 번호(df.iloc[0]['no']=20114506103S00002)를 출력한다. 그리고 mean() 함수를 이용하여 평균 시간 차이(14.22분)를 출력한다.

```python
from google.colab import drive      #구글 드라이브 코랩 마운트
drive.mount('/content/drive')       #구글 드라이브 연결
import pandas as pd                 #판다스 라이브러리
data = pd.read_csv('/content/drive/MyDrive/work/rescue.csv', encoding='euc-kr')
  #분석용 데이터 읽기(절대경로명 사용), 새로운 열 지정(index 열 추가)
  #데이터 출처: 소방안전 빅데이터 플랫폼(https://www.bigdata-119.kr), encoding='euc-kr': 한글 인코딩
print(data.head())                  #첫 5행 출력
print(data.describe())              #속성별 기술통계량
print(data.shape)                   #데이터 (행,열) = (18, 11)
print(data.info())                  #속성별 데이터 타입 요약
print(data.dtypes)                  #속성별 자료 타입
print(data.index)                   #데이터프레임 인덱스

df = data.copy()    #데이터프레임 복사(새로운 열 추가를 위해 복사하여 사용)
print('+++++현장도착시간과 신고시간 사이의 차이(분):timediff+++++')
df['timediff'] = (df['spt_arvl_min']+60*df['spt_arvl_hour']) - (df['dclr_min']+60*df['dclr_hour'])
  #현장도착시간과 신고시간 사이의 차이(열 추가)
print(df.head())    #첫 5행 출력

print('#####현장도착시간과 신고시간 사이의 차이 내림차순 정렬#####')
df = df.sort_values(['timediff'], ascending=False)
  #현장도착시간과 신고시간 사이의 차이 내림차순 정렬
print(df.head())    #첫 5행 출력

print('현장도착시간과 신고시간 사이의 차이가 가장 큰 보고서 번호(no): ', end=''); print(df.iloc[0]['no'])
  #현장도착시간과 신고시간 사이의 차이가 가장 큰 보고서 번호
print('현장도착시간과 신고시간 사이의 차이가 가장 값(분): ', end=''); print(df.iloc[0]['timediff'])
  #현장도착시간과 신고시간 사이의 차이가 가장 값(분)
print('현장도착시간과 신고시간 차이의 평균(분): ', end=''); print(round(df['timediff'].mean(), 5))
  #현장도착시간과 신고시간 차이의 평균(분)
```

수행 결과는 다음과 같다.

```
         no        cause  result  season  daywk  dclr_hour  dclr_min  dsp_hour
0  20114501201S00001  위치확인    기타    겨울  토요일          0        28         0
1  20114501201S00002  위치확인    기타    겨울  토요일          2        40         2
2  20114501201S00003    화재    기타    겨울  토요일          3        26         3
3  20114501201S00004    교통    기타    겨울  토요일          5        15         5
4  20114506103S00001    산악  인명구조    겨울  토요일          8        31         8

   dsp_min  spt_arvl_hour  spt_arvl_min
0       29              0            34
1       47              2            50
2       26              3            28
3       15              5            18
4       31              8            51

       dclr_hour   dclr_min   dsp_hour    dsp_min  spt_arvl_hour  spt_arvl_min
count  18.000000  18.000000  18.000000  18.000000      18.000000     18.000000
mean   11.444444  26.277778  11.444444  28.333333      11.555556     33.833333
std     5.627895  14.680141   5.627895  15.154110       5.669549     14.928260
min     0.000000   2.000000   0.000000   3.000000       0.000000      1.000000
25%     8.500000  16.000000   8.500000  17.500000       8.500000     25.250000
50%    13.500000  25.000000  13.500000  26.000000      13.500000     37.500000
75%    15.750000  39.000000  15.750000  41.000000      16.000000     46.000000
max    17.000000  54.000000  17.000000  56.000000      17.000000     55.000000

(18, 11)
<class 'pandas.core.frame.DataFrame'>
RangeIndex: 18 entries, 0 to 17
Data columns (total 11 columns):
 #   Column         Non-Null Count  Dtype
---  ------         --------------  -----
 0   no             18 non-null     object
 1   cause          18 non-null     object
 2   result         18 non-null     object
 3   season         18 non-null     object
 4   daywk          18 non-null     object
 5   dclr_hour      18 non-null     int64
 6   dclr_min       18 non-null     int64
 7   dsp_hour       18 non-null     int64
 8   dsp_min        18 non-null     int64
 9   spt_arvl_hour  18 non-null     int64
 10  spt_arvl_min   18 non-null     int64
dtypes: int64(6), object(5)
memory usage: 1.7+ KB
None
no               object
cause            object
result           object
season           object
daywk            object
dclr_hour         int64
dclr_min          int64
dsp_hour          int64
dsp_min           int64
spt_arvl_hour     int64
spt_arvl_min      int64
dtype: object
RangeIndex(start=0, stop=18, step=1)
+++++현장도착시간과 신고시간 사이의 차이(분):timediff+++++
         no        cause  result  season  daywk  dclr_hour  dclr_min  dsp_hour
0  20114501201S00001  위치확인    기타    겨울  토요일          0        28         0
1  20114501201S00002  위치확인    기타    겨울  토요일          2        40         2
2  20114501201S00003    화재    기타    겨울  토요일          3        26         3
3  20114501201S00004    교통    기타    겨울  토요일          5        15         5
4  20114506103S00001    산악  인명구조    겨울  토요일          8        31         8

   dsp_min  spt_arvl_hour  spt_arvl_min  timediff
0       29              0            34         6
1       47              2            50        10
2       26              3            28         2
3       15              5            18         3
4       31              8            51        20
#####현장도착시간과 신고시간 사이의 차이 내림차순 정렬#####
          no        cause  result  season  daywk  dclr_hour  dclr_min
12  20114506103S00002    추락  인명구조    겨울  토요일         15        54
6   20114504201S00007    기타    기타    겨울  토요일         11        16
11  20114504101S00001    산악  인명구조    겨울  토요일         15        16
17  20114504201S00009    화재  인명검색    겨울  토요일         17        18
10  20114504201S00006    산악  인명구조    겨울  토요일         15        16

    dsp_hour  dsp_min  spt_arvl_hour  spt_arvl_min  timediff
12        15       56             16            25        31
6         11       17             11            43        27
11        15       22             15            38        22
17        17       19             15            39        21
10        15       22             15            37        21
현장도착시간과 신고시간 사이의 차이가 가장 큰 보고서 번호(no):  20114506103S00002
현장도착시간과 신고시간 사이의 차이가 가장 값(분):  31
현장도착시간과 신고시간 차이의 평균(분):  14.22222
```

02 서울 열린데이터 광장(https://data.seoul.go.kr/dataList/543/S/2/datasetView.do)에서 수집한 데이터(teacher.csv)는 서울시 각 자치구별(district) 초등학교 학생 수(student)와 선생님 수(teacher)이다. 선생님 1인당 학생 수가 가장 많은 자치구와 해당 자치구에 대한 선생님의 수를 출력하시오.

	A	B	C
1	district	student	teacher
2	종로구	4961	443
3	중구	4766	381
4	용산구	6396	574
5	성동구	10408	873
6	광진구	13476	954
7	동대문구	12839	926
8	중랑구	13692	1059
9	성북구	19369	1340
10	강북구	8895	674
11	도봉구	13533	967
12	노원구	23991	1703
13	은평구	19405	1379
14	서대문구	12918	912
15	마포구	13750	1018
16	양천구	22998	1492
17	강서구	24468	1732
18	구로구	16900	1291
19	금천구	7952	664
20	영등포구	13830	1070
21	동작구	14872	1054
22	관악구	12975	1010
23	서초구	21867	1369
24	강남구	25745	1690
25	송파구	31536	2210
26	강동구	22023	1550

정답
- 1인당 학생 수가 가장 많은 자치구 : 서초구
- 1인당 학생 수가 가장 많은 자치구에 대한 선생님의 수 : 1,369명

해설 학생 수(df['student'])를 선생님 수(df['teacher'])로 나누어 선생님 1인당 학생 수(df['st_teacher'])를 구한다. df.sort_values(['st_teacher'], ascending=False) 함수를 이용하여 1인당 학생 수의 값으로 내림차순 정렬하고 df['st_teacher']가 가장 큰 값을 가지는 자치구(df.loc[indexgap, 'district']=서초구)와 선생님의 수(df.loc[indexgap, 'teacher']=1,369명)를 출력한다. 여기서 indexgap=df.index[0]은 선생님 1인당 학생 수가 가장 많은 첫 번째 행의 인덱스 값이다.

```
from google.colab import drive    #라이브러리 import
drive.mount('/content/drive')    #구글 드라이브 연결
import pandas as pd    #판다스 라이브러리 import
data = pd.read_csv('/content/drive/MyDrive/work/teacher.csv', encoding='euc-kr')
    #분석용 데이터 읽기(절대경로명 사용), 새로운 열 지정(index 열 추가)
    #데이터 출처: 서울열린데이터광장(https://data.seoul.co.kr), encoding='euc-kr': 한글 인코딩
print(data.head())        #첫 5행 출력
print(data.describe())    #속성별 기술통계량
print(data.shape)         #데이터 (행,열) = (25, 3)
print(data.info())        #속성별 데이터 타입 요약
print(data.dtypes)        #속성별 자료 타입
print(data.index)         #데이터프레임 인덱스
df = data.copy()   #데이터프레임 복사(새로운 열 추가를 위한 데이터)
df['st_teacher'] = df['student'] / df['teacher']   #선생님 1인당 학생수(명)
print('^^^^^^선생님 1인당 학생수 열("st_teacher") 추가^^^^^^')
print(df.head())    #첫 5행 출력
print('@@@@@선생님 1인당 학생수 내림차순 정렬@@@@@')
df = df.sort_values(['st_teacher'], ascending=False)    #선생님 1인당 학생수 내림차순 정렬
print(df.head())    #첫 5행 출력

indexgap = df.index[0]       #선생님 1인당 학생수가 가장 많은 첫번째 행의 인덱스 값
print('선생님 1인당 학생수가 가장 많은 자치구: ', end=''); print(df.loc[indexgap, 'district'])
print('선생님 1인당 학생수가 가장 많은 자치구에서의 선생님의 수(명): ', end=''); print(df.loc[indexgap, 'teacher'])
print('선생님 1인당 학생수가 가장 많은 자치구에서의 선생님 1인당 학생의 수(명): ', end=''); print(df.loc[indexgap, 'st_teacher'])
```

수행 결과는 다음과 같다.

```
   district  student  teacher
0    종로구     4961      443
1     중구     4766      381
2    용산구     6396      574
3    성동구    10408      873
4    광진구    13476      954
            student       teacher
count     25.000000     25.00000
mean   15742.600000   1133.40000
std     6946.080831    441.98058
min     4766.000000    381.00000
25%    12839.000000    912.00000
50%    13750.000000   1054.00000
75%    21867.000000   1379.00000
max    31536.000000   2210.00000
(25, 3)
<class 'pandas.core.frame.DataFrame'>
RangeIndex: 25 entries, 0 to 24
Data columns (total 3 columns):
 #   Column    Non-Null Count  Dtype
---  ------    --------------  -----
 0   district  25 non-null     object
 1   student   25 non-null     int64
 2   teacher   25 non-null     int64
dtypes: int64(2), object(1)
memory usage: 728.0+ bytes
None
district    object
student      int64
teacher      int64
dtype: object
RangeIndex(start=0, stop=25, step=1)
^^^^^선생님 1인당 학생수 열("st_teacher") 추가^^^^^
   district  student  teacher  st_teacher
0    종로구     4961      443   11.198646
1     중구     4766      381   12.509186
2    용산구     6396      574   11.142857
3    성동구    10408      873   11.922108
4    광진구    13476      954   14.125786
@@@@@선생님 1인당 학생수 내림차순 정렬@@@@@
    district  student  teacher  st_teacher
21    서초구    21867     1369   15.972973
14    양천구    22998     1492   15.414209
22    강남구    25745     1690   15.233728
7     성북구    19369     1340   14.454478
23    송파구    31536     2210   14.269683
선생님 1인당 학생수가 가장 많은 자치구:  서초구
선생님 1인당 학생수가 가장 많은 자치구에서의 선생님의 수(명):  1369
선생님 1인당 학생수가 가장 많은 자치구에서의 선생님 1인당 학생의 수(명):  15.972972972972974
```

03 서울 열린데이터 광장(https://data.seoul.go.kr/dataList/316/S/2/datasetView.do)에서 수집한 서울시 5대 범죄 발생 현황 자료(crime.csv)는 발생연월(ym), 범죄 유형(crime), 발생 건수(cases)를 나타낸다. 연도별로 총 범죄건수(범죄 유형별 발생 건수의 합)의 월평균 값을 구한 후 그 값이 가장 큰 연도를 찾아, 해당 연도의 총 범죄건수의 월평균 값을 출력하시오.

	A	B	C	D
1	ym	crime	cases	
2	2008. 01	살인	19	
3	2008. 01	강도	49	
4	2008. 01	강간·강제추행	191	
5	2008. 01	절도	1870	
6	2008. 01	폭력	5534	
7	2008. 02	살인	9	
8	2008. 02	강도	43	
9	2008. 02	강간·강제추행	184	
10	2008. 02	절도	1733	
11	2008. 02	폭력	4534	
12	2008. 03	살인	14	
13	2008. 03	강도	78	
14	2008. 03	강간·강제추행	262	
15	2008. 03	절도	2374	
16	2008. 03	폭력	5690	
17	2008. 04	살인	19	
18	2008. 04	강도	102	
19	2008. 04	강간·강제추행	276	
20	2008. 04	절도	2513	
21	2008. 04	폭력	6080	
22	2008. 05	살인	23	
23	2008. 05	강도	79	
24	2008. 05	강간·강제추행	297	
25	2008. 05	절도	2406	
26	2008. 05	폭력	6427	
27	2008. 06	살인	19	
28	2008. 06	강도	95	
29	2008. 06	강간·강제추행	364	
30	2008. 06	절도	2893	
31	2008. 06	폭력	6958	
32	2008. 07	살인	15	
33	2008. 07	강도	90	
34	2008. 07	강간·강제추행	331	
35	2008. 07	절도	2577	
36	2008. 07	폭력	6791	
37	2008. 08	살인	19	

🔒 **정답** 11,477.08건

📋 **해설** (날짜, 시간)을 처리하기 위해 datetime 라이브러리(dt)를 이용한다. 문자열 자료(object)를 datetime형으로 변환 후, (연도, 월)을 추출한다. 그리고 groupby() 함수를 이용하여 연도별 범죄 발생 건수의 합을 구하고 월평균 범죄건수를 구한 후, sort_values() 함수로 내림차순 정렬한다. 정렬된 데이터프레임의 df.iloc[0,1]의 데이터가 범죄 발생 건수가 가장 많은 연도의 월평균 범죄건수이다.

- df['ym_datetime']=pd.to_datetime(df['ym']) : object(문자열)형을 datetime형으로 변환
- df['year']=df['ym_datetime'].dt.strftime('%Y') : 연도 추출
- df['month']=df['ym_datetime'].dt.strftime('%m') : 월 추출
- result=df['year', 'month', 'cases'] : (연도, 월, 범죄건수) 데이터프레임
- result.group=result.groupby(by=['year'], dropna=False).sum() : 연도별 범죄발생 건수의 합
- result_group['average']=result.group['cases']/12 : 연도별 월평균 범죄건수
- dfnew=result_group.sort_values(['average'], ascending=False) : 연도별 범죄건수 내림차순 정렬
- dfnew.iloc[0,1] : 연도별 범죄 발생 건수가 가장 많은 연도의 월평균 범죄건수(건)

```
from google.colab import drive   #구글 드라이브 코랩 마운트
drive.mount('/content/drive')    #구글 드라이브 연결
import pandas as pd   #판다스 라이브러리
import datetime as dt #datetime(날짜, 시간 처리) 라이브러리
data = pd.read_csv('/content/drive/MyDrive/work/crime.csv', encoding='euc-kr')
  #분석용 데이터 읽기(절대경로명 사용), 새로운 열 지정(index 열 추가)
  #데이터 출처: 서울열린데이터광장(https://data.seoul.co.kr), encoding='euc-kr': 한글 인코딩
print(data.head())         #첫 5행 출력
print(data.describe())     #속성별 기술통계량
print(data.shape)          #데이터 (행,열) = (360, 3)
print(data.info())         #속성별 데이터 타입 요약
print(data.dtypes)         #속성별 자료 타입
print(data.index)          #데이터프레임 인덱스
print('XXXXX 연도, 월 추출 및 열 추가, year:연도, month:월 XXXXX')
df = data.copy()   #데이터프레임 복사(새로운 열 추가 작업용)
df['ym_datetime'] = pd.to_datetime(df['ym'])     #object형 -> datetime형 변환
df['year'] = df['ym_datetime'].dt.strftime('%Y') #연도 추출
df['month'] = df['ym_datetime'].dt.strftime('%m') #월 추출
print(df.head())
print(df.dtypes)
result = df[['year', 'month', 'cases']]
  #연도(year), 월(month), 범죄발생건수(cases) 추출하여 데이터프레임에 저장
print(result.head())   #첫 5행 출력
print('!!!!! 연도별 범죄 발생 건수의 합(groupby()) !!!!!')
result_group = result.groupby(by=['year'], dropna=False).sum()
  #연도(year)별 범죄 발생 건수(cases)의 합
  #연도(year)별 cases합, dropna=False: NaN(결측값) 행 삭제하지 않음
print(result_group.head())   #첫 5행 출력
result_group['average'] = result_group['cases'] / 12  #연도별 (월별)평균 범죄 발생 건수 구하기
dfnew = result_group.sort_values(['average'], ascending=False)
  #연도별 평균 범죄 발생 건수 평균값의 내림차순 정렬
print('$$$$$ 연도별 범죄 발생 건수(월평균)의 평균 내림차순 정렬')
print(dfnew.head())   #첫 5행 출력
print('연도별 범죄 발생 건수(월평균)가 가장 큰 연도의 월평균 범죄 발생 건수(건): ', end=''); print(round(dfnew.iloc[0,1],2))
```

수행 결과는 다음과 같다.

```
        ym    crime  cases
0  2008.01      살인     19
1  2008.01      강도     49
2  2008.01  강간·강제추행   191
3  2008.01      절도   1870
4  2008.01      폭력   5534
             cases
count   360.000000
mean   2087.777778
std    2525.282955
min       7.000000
25%      44.750000
50%     374.500000
75%    4732.000000
max    7459.000000
(360, 3)
<class 'pandas.core.frame.DataFrame'>
RangeIndex: 360 entries, 0 to 359
Data columns (total 3 columns):
 #   Column  Non-Null Count  Dtype
---  ------  --------------  -----
 0   ym      360 non-null    object
 1   crime   360 non-null    object
 2   cases   360 non-null    int64
dtypes: int64(1), object(2)
memory usage: 8.6+ KB
None
ym       object
crime    object
cases     int64
dtype: object
RangeIndex(start=0, stop=360, step=1)
***** 연도, 월 추출 및 열 추가, year:연도, month:월 *****
        ym    crime  cases  ym_datetime  year month
0  2008.01      살인     19   2008-01-01  2008    01
1  2008.01      강도     49   2008-01-01  2008    01
2  2008.01  강간·강제추행   191   2008-01-01  2008    01
3  2008.01      절도   1870   2008-01-01  2008    01
4  2008.01      폭력   5534   2008-01-01  2008    01
ym                   object
crime                object
cases                 int64
ym_datetime  datetime64[ns]
year                 object
month                object
dtype: object
   year month  cases
0  2008    01     19
1  2008    01     49
2  2008    01    191
3  2008    01   1870
4  2008    01   5534
!!!!! 연도별 범죄 발생 건수의 합(groupby()) !!!!!
       cases
year
2008  107771
2009  115752
2010  124447
2011  132939
2012  137725
$$$$$ 연도별 범죄 발생 건수(월평균)의 평균 내림차순 정렬
       cases      average
year
2012  137725  11477.083333
2013  132966  11080.500000
2011  132939  11078.250000
2010  124447  10370.583333
2009  115752   9646.000000
연도별 범죄 발생 건수(월평균)가 가장 큰 연도의 월평균 범죄 발생 건수(건):  11477.08
```

만약, (연도, 범죄 유형)별로 구분하여 그룹화하고 연도별로 범죄 유형(crime)별 발생 건수를 구하여 이 값이 가장 큰 경우를 구하면 (2008년, 폭력)의 발생 건수=6,190.58건으로 가장 많음(즉, 2008년에 폭력 범죄 발생 건수가 가장 많음)을 확인할 수 있다.

```python
from google.colab import drive   #구글 드라이브 코랩 마운트
drive.mount('/content/drive')    #구글 드라이브 연결
import pandas as pd              #판다스 라이브러리
import datetime as dt            #datetime(날짜, 시간 처리) 라이브러리
data = pd.read_csv('/content/drive/MyDrive/work/crime.csv', encoding='euc-kr')
     #분석용 데이터 읽기(절대경로명 사용), 새로운 열 지정(index 열 추가)
     #데이터 출처: 서울열린데이터광장(https://data.seoul.co.kr), encoding='euc-kr': 한글 인코딩
print(data.head())         #첫 5행 출력
print(data.describe())     #속성별 기술통계량
print(data.shape)          #데이터 (행,열) = (360, 3)
print(data.info())         #속성별 데이터 타입 요약
print(data.dtypes)         #속성별 자료 타입
print(data.index)          #데이터프레임 인덱스
print('xxxxx 연도, 월 추출 및 열 추가, year:연도, month:월 xxxxx')
df = data.copy()           #데이터프레임 복사(새로운 열 추가 작업용)
df['ym_datetime'] = pd.to_datetime(df['ym'])      #object형 -> datetime형 변환
df['year'] = df['ym_datetime'].dt.strftime('%Y')  #연도 추출
df['month'] = df['ym_datetime'].dt.strftime('%m') #월 추출
print(df.head())
print(df.dtypes)
result = df[['year', 'month', 'cases']]
     #연도(year), 월(month), 범죄발생건수(cases) 추출하여 데이터프레임에 저장
print(result.head())    #첫 5행 출력
print('!!!!! 연도별 범죄 발생 건수의 합(groupby()) !!!!!')
result_group = result.groupby(by=['year'], dropna=False).sum()
     #연도(year)별 범죄 발생 건수(cases)의 합
     #연도(year)별 cases합, dropna=False: NaN(결측값) 행 삭제하지 않음
print(result_group.head())   #첫 5행 출력
result_group['average'] = result_group['cases'] / 12   #연도별 (월)평균 범죄 발생 건수 구하기
dfnew = result_group.sort_values(['average'], ascending=False)
     #연도별 평균 범죄 발생 건수 평균값의 내림차순 정렬
print('$$$$$ 연도별 범죄 발생 건수(월평균)의 평균 내림차순 정렬')
print(dfnew.head())     #첫 5행 출력
print('연도별 범죄 발생 건수(월평균)가 가장 큰 연도의 월평균 범죄 발생 건수(건): ', end=''); print(round(dfnew.iloc[0,1],2))
```

```
!!!!! (연도, 범죄유형)별 범죄 발생 건수의 합(groupby(year, crime)) !!!!!
                  cases
year crime
2008 강간·강제추행    3421
     강도             948
     살인             221
     절도           28894
     폭력           74287
$$$$$ (연도(year), 유형(crime))별 범죄 발생 건수(월평균)의 평균 내림차순 정렬
             cases     average
year crime
2008 폭력     74287   6190.583333
2009 폭력     73067   6088.916667
2011 폭력     72061   6005.083333
2012 폭력     70632   5886.000000
2010 폭력     68798   5733.166667
(연도(year), 유형(crime))별 범죄 발생 건수(월평균)가 가장 큰 값의 월평균 범죄 발생 건수(건):  6190.58
```

Ⅱ 작업형 제2유형

공공데이터포털(https://www.data.go.kr)에서 수집한 석면피해진단 데이터(asbestos.csv)는 환자별로 12가지 진단 결과의 수(S1~S12)와 성별(sex), 연령대(age)로 구성되어 있다. 랜덤 포레스트와 의사결정나무 분석 모형을 이용하여 주요 다섯 가지 진단 결과(S1~S5)를 통해 환자의 연령대(age)를 예측하려고 한다. 분류 결과에 대한 정확도와 F1-score(20대 분류 결과)를 출력하시오. 단, 랜덤 포레스트 분석 모형은 sklearn.ensemble의 RandomForestClassifier()을 이용하고, 의사결정나무 분석은 sklearn.tree의 DecisionTreeClassifier()을 이용한다.

number	S1	S2	S3	S4	S5	S6	S7	S8	S9	S10	S11	S12	sex	age
1	0	0	0	0	0	0	1	0	0	0	0	0	남	10대
2	0	0	0	0	0	0	0	0	0	0	0	0	여	10대
3	5	0	0	0	0	0	1	0	0	0	0	0	남	20대
4	7	0	0	0	0	0	1	0	0	0	0	0	여	20대
5	8	0	0	1	0	0	10	0	0	0	0	0	남	30대
6	13	1	0	0	0	0	6	0	1	0	0	0	여	30대
7	19	8	1	2	9	0	41	2	0	0	0	0	여	40대
8	23	11	0	3	3	0	18	0	0	0	0	0	여	40대
9	82	59	7	37	90	0	85	13	1	0	0	0	남	50대
10	61	69	4	19	58	0	36	5	0	0	0	0	여	50대
11	136	270	56	245	365	0	125	75	6	2	3	0	남	60대
12	84	158	9	91	234	0	53	14	3	0	0	0	여	60대
13	131	259	118	457	585	2	152	115	8	6	5	0	남	70대
14	59	88	19	161	349	0	73	21	2	1	1	0	여	70대
15	34	76	78	214	242	2	44	66	0	2	5	0	남	80대
16	25	38	12	114	209	0	24	20	1	1	0	0	여	80대
17	2	4	3	6	10	0	1	5	1	0	3	0	남	90대
18	1	4	2	4	29	0	2	1	0	2	2	0	여	90대
19	0	0	0	0	0	0	1	0	0	0	0	0	남	10대
20	0	0	0	0	0	0	0	0	0	0	0	0	남	10대
21	5	0	0	0	0	0	1	0	0	0	0	0	남	20대
22	7	0	0	0	0	0	1	0	0	0	0	0	여	20대
23	8	0	0	1	0	0	10	0	0	0	0	0	남	30대
24	23	11	0	3	3	0	18	0	0	0	0	0	여	40대
25	82	59	7	37	95	0	85	13	1	0	0	0	남	20대
26	61	69	3	19	58	0	36	5	0	0	0	0	여	50대
27	136	270	56	245	365	0	125	75	6	2	3	0	남	60대
28	84	158	8	91	234	0	53	14	3	0	0	0	여	60대
29	131	259	118	457	585	2	152	115	8	6	5	0	남	70대

정답 및 해설

석면피해진단 데이터(asbestos.csv)를 읽어 data에 저장하고, 문자열로 지정된 연령대(df['age']) 데이터를 요인형 데이터로 변환하여 저장한다. 전체 데이터들 중 70%의 데이터를 훈련용(train), 30%를 검증용(test)으로 사용하며, RandomForestClassifier() 함수를 이용하여 랜덤 포레스트 모형을 구축(sklearn.ensemble 라이브러리)한다. 여기서 트리의 수(n_estimators=100) 옵션을 지정한다. 랜덤 포레스트 모형을 훈련[model.fit(trainx, trainy)]하고, 예측 결과를 predictions에 저장한다.

- x(독립변수) : 진단 결과 개수(S1, S2, S3, S4, S5)
- y(종속변수) : 연령대(age), 0~8까지의 값으로 범주화 변환(map)
- trainx, testx, trainy, testy=train_test_split(x, y, test_size=0.3, random_state=42) : 훈련데이터세트=70%, 검증데이터세트=30% 랜덤 추출
- model=RandomForestClassifier(n_estimators=100, random_state=42) : 트리의 개수=100개인 랜덤 포레스트 모형 구축
- model.fit(trainx, trainy) : 모형 훈련(학습)
- predictions=model.predict(testx) : 검증데이터에 대한 예측 결과 저장

```python
from google.colab import drive       #구글 드라이브 코랩 마운트
drive.mount('/content/drive')        #구글 드라이브 연결
import pandas as pd                   #판다스 라이브러리
import numpy as np                    #넘파이 라이브러리
from sklearn.model_selection import train_test_split   #(학습, 검증) 데이터 랜덤 추출
from sklearn.metrics import classification_report, confusion_matrix #성능평가, 혼동행렬
from sklearn.metrics import accuracy_score    #정확도
from sklearn.ensemble import RandomForestClassifier  #RandomForest(랜덤 포레스트)
data = pd.read_csv('/content/drive/MyDrive/work/asbestos.csv', encoding='euc-kr', header=0, index_col=0)
  #분석용 데이터 읽기(절대경로명 사용) / 데이터출처: 공공데이터포털(https://www.data.go.kr))
  #header=0: 컬럼명이 첫 번째 행에 위치, index_col=0: 첫 컬럼을 인덱스 열로 사용
print(data.head()); df = data.dropna()
x = df[['S1','S2','S3','S4','S5']]
y = df['age'].map({'10대':0, '20대':1, '30대':2, '40대':3, '50대':4, '60대':5, '70대':6, '80대':7, '90대':8})
trainx, testx, trainy, testy = train_test_split(x, y, test_size=0.3, random_state=42)
  #훈련, 검증 데이터 구분, 검증데이터세트 = 30%, 훈련데이터세트=70%
model = RandomForestClassifier(n_estimators=100, random_state=42)
  #n_estimators: 트리의 개수
model.fit(trainx, trainy)
predictions = model.predict(testx)
print(predictions[:10])   #분류 결과 첫 10행 출력
print('Random Forest(랜덤포레스트) 분류 모형 성능(정확도): ', end=''); print(accuracy_score(testy, predictions))
print('$$$ Confusion Matrix, 혼동행렬 $$$')
conf = confusion_matrix(testy, predictions); print(conf)
print('*** 분류 분석 모형 성능평가 지표 ***')
print(classification_report(testy, predictions))
print('!!! 특성 중요도 !!!')
print(model.feature_importances_)
```

수행 결과를 나타내면 다음과 같다. 혼동행렬과 성능평가 지표로부터 정확도=97%, F1-score=0.93이다.

```
        S1 S2 S3 S4 S5 S6 S7 S8 S9 S10 S11 S12 sex age
number
1        0  0  0  0  0  0  1  0  0  0   0   0  남  10대
2        0  0  0  0  0  0  0  0  0  0   0   0  여  10대
3        5  0  0  0  0  0  1  0  0  0   0   0  남  20대
4        7  0  0  0  0  0  1  0  0  0   0   0  여  20대
5        8  0  1  0  0  10 0  0  0  0   0   0  남  30대
[5 6 8 7 7 4 2 7 5 0]
Random Forest(랜덤포레스트) 분류 모형 성능(정확도): 0.9666666666666667
$$$ Confusion Matrix, 혼동행렬 $$$
[[2 0 0 0 0 0 0 0]
 [0 2 0 0 0 0 0 1]
 [0 0 2 0 0 0 0 0]
 [0 0 0 4 0 0 0 0]
 [0 0 0 0 6 0 0 0]
 [0 0 0 0 0 4 0 0]
 [0 0 0 0 0 0 8 0]
 [0 0 0 0 0 0 0 1]]
*** 분류 분석 모형 성능평가 지표 ***
              precision    recall  f1-score   support

           0       1.00      1.00      1.00         2
           1       1.00      0.67      0.80         3
           2       1.00      1.00      1.00         2
           4       1.00      1.00      1.00         4
           5       1.00      1.00      1.00         6
           6       1.00      1.00      1.00         4
           7       1.00      1.00      1.00         8
           8       0.50      1.00      0.67         1

    accuracy                           0.97        30
   macro avg       0.94      0.96      0.93        30
weighted avg       0.98      0.97      0.97        30

!!! 특성 중요도 !!!
[0.27846346 0.24262439 0.12005129 0.17457708 0.18428377]
```

sklearn.tree 라이브러리 내의 DecisionTreeClassifier()을 이용한 의사결정나무 분석 모형을 작성하면 다음과 같다. max_depth=3(최대 3개의 노드까지만 성장)으로 설정하고 혼동행렬과 성능평가 지표를 구하여 분석 모형의 성능을 구한다.

```python
from google.colab import drive      #구글 드라이브 코랩 마운트
drive.mount('/content/drive')       #구글 드라이브 연결
import pandas as pd                 #판다스 라이브러리
from sklearn.model_selection import train_test_split   #(학습, 검증) 데이터 랜덤 추출
from sklearn.metrics import classification_report, confusion_matrix
from sklearn.metrics import accuracy_score
import matplotlib.pyplot as plt     #시각화
from sklearn.tree import plot_tree  #결정트리 시각화
from sklearn.tree import DecisionTreeClassifier  #사이킷런의 결정트리 알고리즘
import warnings
warnings.filterwarnings('ignore')   #경고메시지 미출력
data = pd.read_csv('/content/drive/MyDrive/work/asbestos.csv', encoding='euc-kr', header=0, index_col=0)
    #분석용 데이터 읽기(절대경로명 사용) / 데이터출처: 공공데이터포털 (https://www.data.go.kr))
    #header=0: 컬럼명이 첫 번째 행에 위치, index_col=0: 첫 컬럼을 인덱스 열로 사용
print(data.head()); df = data.dropna()
x = df[['S1','S2','S3','S4','S5']]
y = df['age'].map({'10CH':0, '20CH':1, '30CH':2, '40CH':3, '50CH':4, '60CH':5, '70CH':6, '80CH':7, '90CH':8})
trainx, testx, trainy, testy = train_test_split(x, y, test_size=0.3, random_state=42)
    #훈련, 검증 데이터 구분, 검증데이터셋 = 30%, 훈련데이터셋=70%
model = DecisionTreeClassifier(max_depth=3, random_state=42)
    #결정트리 알고리즘(max_depth=3:최대 3개의 노드까지 성장, 가지치기, True Pruning)
model.fit(trainx, trainy)
predictions = model.predict(testx)
print(predictions[:10])  #분류 결과 첫 10행 출력
print('Decision Tree 분류기(결정트리 알고리즘) 정확도: ', end=''); print(accuracy_score(testy, predictions))
print('$$$ Confusion Matrix, 혼동행렬 $$$')
conf = confusion_matrix(testy, predictions)
print(conf)
print('*** 분류 분석 모형 성능평가 지표 ***')
print(classification_report(testy, predictions))
print('!!! 특성 중요도 !!!')
print(model.feature_importances_)
plt.figure(figsize=(10,8))
plot_tree(model, filled=True, feature_names=['S1', 'S2', 'S3', 'S4', 'S5']); plt.show()
```

수행 결과로부터 정확도=83%이고, F1-score=0.57이다. 그리고 sklearn.tree 라이브러리의 plot_tree()를 이용하여 의사결정나무에 대한 시각화 결과를 확인할 수 있다.

```
          S1  S2  S3  S4  S5  S6  S7  S8  S9  S10  S11  S12  sex  age
number
1          0   0   0   0   0   0   1   0   0    0    0    0   남  10CH
2          0   0   0   0   0   0   0   0   0    0    0    0   여  10CH
3          5   0   0   0   0   1   0   0   0    0    0    0   남  20CH
4          7   0   0   0   0   1   0   0   0    0    0    0   여  20CH
5          8   0   0   1   0  10   0   0   0    0    0    0   남  30CH
[5 6 1 7 7 4 1 7 5 1]
Decision Tree 분류기(결정트리 알고리즘) 정확도: 0.8333333333333334
$$$ Confusion Matrix, 혼동행렬 $$$
[[0 2 0 0 0 0 0 0]
 [0 3 0 0 0 0 0 0]
 [0 2 0 0 0 0 0 0]
 [0 0 0 4 0 0 0 0]
 [0 0 0 0 6 0 0 0]
 [0 0 0 0 0 4 0 0]
 [0 0 0 0 0 0 8 0]
 [0 1 0 0 0 0 0 0]]
```

```
*** 분류 분석 모형 성능평가 지표 ***
              precision    recall  f1-score   support

           0       0.00      0.00      0.00         2
           1       0.38      1.00      0.55         3
           2       0.00      0.00      0.00         2
           4       1.00      1.00      1.00         4
           5       1.00      1.00      1.00         6
           6       1.00      1.00      1.00         4
           7       1.00      1.00      1.00         8
           8       0.00      0.00      0.00         1

    accuracy                           0.83        30
   macro avg       0.55      0.62      0.57        30
weighted avg       0.77      0.83      0.79        30

!!! 특성 중요도 !!!
[0.47998002 0.35230078 0.1677192  0.         0.        ]
```

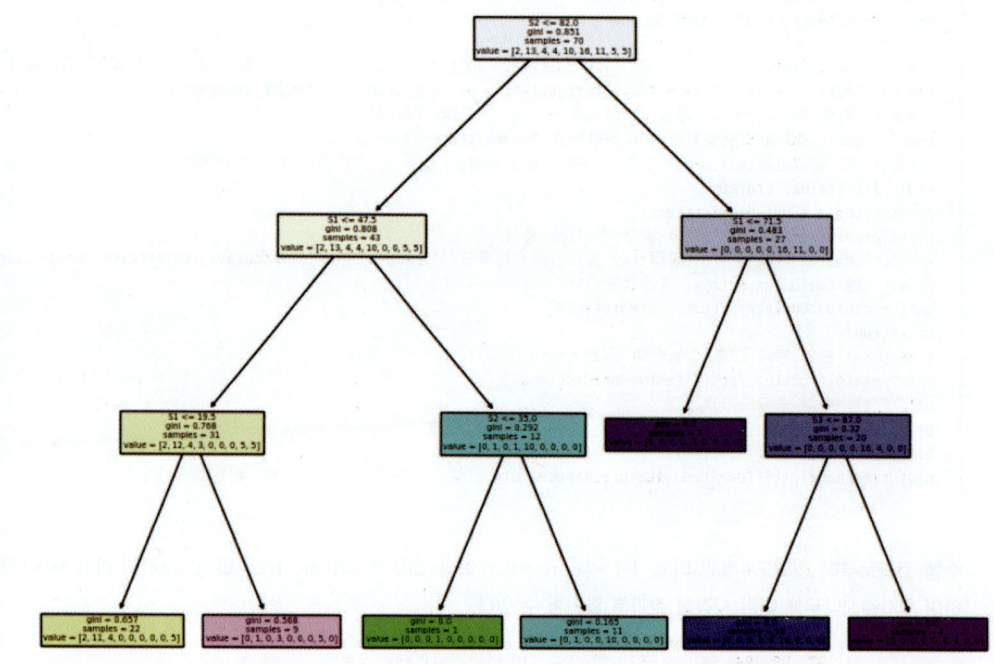

III 작업형 제3유형

01 공공데이터포털(https://www.data.go.kr/data/3034077/fileData.do)에서 제공되는 데이터(bugok.csv)는 국립부곡병원 진료 통계 자료로 (연도, 구분, 환자구분, 성별, 연령대) 항목을 포함한다. 성별(남성, 여성)에 따라 환자구분(정신)에 대한 비율의 차이가 통계적으로 유의한지를 확인하고자 한다. 다음 검정 절차를 수행하시오.

(1) 환자구분이 '정신'으로 분류된 남성과 여성의 비율을 소수점 이하 둘째 자리까지 출력하시오.

(2) 성별(남성, 여성)에 따른 환자구분(정신)의 비율에 차이가 있는지를 검정하기 위한 카이제곱 검정 통계량을 반올림하여 소수점 이하 셋째 자리까지 출력하시오.

(3) 위의 통계량에 대한 유의확률(p−value)을 출력(반올림하여 소수점 이하 넷째 자리까지 계산)하고, 유의수준 5%하에서 가설 검정의 결과를 (귀무가설 채택/기각) 중 하나를 선택하시오.

	A	B	C	D	E	F	G	H	I	J	K	L
1	년도	구분	환자구분	성별	14세이하	18세이하	29세이하	39세이하	49세이하	59세이하	69세이하	70세이상
2	2014	입원	약물	남성	0	0	1	225	830	277	208	0
3	2014	외래	약물	여성	120	236	1462	2097	4981	4448	1982	1276
4	2014	입원	정신	남성	124	1559	6171	13804	22223	28260	7525	4
5	2014	외래	약물	여성	200	363	1381	1484	2489	3760	2363	1745
6	2015	입원	정신	남성	404	1808	9221	13752	31099	28424	5927	4
7	2015	입원	약물	남성	0	15	1	675	1660	332	211	0
8	2015	외래	정신	여성	143	347	1264	2087	5458	4576	1919	1198
9	2016	입원	정신	남성	321	852	8804	15650	26381	35222	7957	454
10	2016	입원	약물	남성	0	0	1	225	830	277	208	0
11	2016	외래	약물	여성	120	236	1462	2097	4981	4448	1982	1276
12	2017	입원	정신	남성	124	1559	6171	13804	22223	28260	7525	4
13	2017	입원	약물	남성	0	0	66	204	1134	358	86	0
14	2017	외래	약물	여성	129	186	1362	1995	4108	4630	2105	1242
15	2018	입원	정신	남성	239	736	4847	11694	18558	27518	7044	14
16	2018	입원	약물	남성	0	0	56	6	938	386	106	0
17	2018	외래	정신	여성	205	275	1329	1789	3574	4470	2008	1220
18	2019	입원	정신	남성	84	343	5442	8988	19700	24936	9795	8
19	2019	입원	약물	남성	0	0	154	120	928	192	18	0
20	2019	외래	약물	여성	153	288	1340	1413	3265	4072	2126	1373
21	2020	입원	정신	여성	126	421	3258	4908	9709	16250	9907	675
22	2020	입원	약물	남성	0	0	47	127	371	115	31	0
23	2020	외래	정신	여성	130	208	1177	1313	2710	3803	2254	1397
24	2021	입원	정신	여성	539	1452	3883	6848	19722	28940	17352	1509
25	2021	입원	약물	남성	0	35	775	624	1135	1460	63	0
26	2021	외래	약물	여성	200	363	1381	1484	2489	3760	2363	1745
27	2021	외래	약물	남성	0	0	16	8	45	27	3	0
28	2022	입원	정신	여성	239	736	4847	11694	18558	27518	7044	14
29	2022	입원	약물	남성	0	0	56	6	938	386	106	0
30	2022	외래	약물	여성	205	275	1329	1789	3574	4470	2008	1220
31	2022	외래	약물	남성	124	1559	6171	13804	22223	28260	7525	4
32	2022	입원	약물	남성	84	343	5442	8988	19700	24936	9795	8
33	2022	외래	약물	여성	0	0	154	120	928	192	18	0
34	2022	외래	약물	남성	153	288	1340	1413	3265	4072	2126	1373

정답 (1) 환자구분='정신'인 남성의 비율 : 0.32, 환자구분='정신'인 여성의 비율 : 0.43
(2) 카이제곱 검정통계량 : 0.090
(3) 유의확률(p−value)=0.7645
　　귀무가설 채택[성별에 따라 환자구분(정신)의 비율의 차이가 유의하지 않음]

해설 성별이 '남성'인 경우(dfmale) '여성'인 경우(dffemale)의 데이터를 구분하여 저장하고, 남성들 중 환자구분='정신'인 경우(x1), 여성들 중 환자구분='정신'인 경우(x2)의 수를 각각 구한다. scipy 라이브러리의 stats 모듈에 입력한 데이터의 형식(observed)은 다차원 리스트 구조로([[x1,x2], [noofmale−x1, nooffemale−x2]]) 저장한다. 검정 결과, 카이제곱 검정통계량=0.09, 유의확률(pvalue)=0.7645>0.05로 유의수준 5%에서 귀무가설을 기각할 수 없어, 성별(남성, 여성)에 따른 환자구분의 비율의 차이가 유의미하지 않다.

구 분	성별 = '남성'	성별 = '여성'
환자구분 = '정신'	6 (x1)	6 (x2)
환자구분 = '약물'	13 (noofmale−x1)	8 (nooffemale−x2)
합계(명)	19	14

```
from google.colab import drive    #구글 드라이브 코랩 마운트
drive.mount('/content/drive')     #구글 드라이브 연결
import pandas as pd               #판다스 라이브러리
from scipy import stats           #사이파이 가설검정 모듈
df = pd.read_csv('/content/drive/MyDrive/work/bugok.csv', encoding='euc-kr')
    #분석용 데이터 읽기(절대경로명 사용), 한글 Encoding(euc-kr)
dfmale = df[df['성별'] == '남성']
dffemale = df[df['성별'] == '여성']
noofmale = len(dfmale)    #성별=남성의 수
nooffemale = len(dffemale) #성별=여성의 수
print('남성의 수:  ', end=''); print(noofmale)
print('여성의 수:  ', end=''); print(nooffemale)
x1 = len(dfmale[dfmale['환자구분']== '정신'])     #남성들 중 환자구분=정신인 사람의 수
x2 = len(dffemale[dffemale['환자구분']== '정신'])  #여성들 중 환자구분=정신인 사람의 수
print('남성들 중 환자구분="정신"인 사람의 수:  ', end=''); print(x1)
print('여자들 중 환자구분="정신"인 사람의 수:  ', end=''); print(x2)
print('환자구분="정신"인 남성의 비율:  ', end=''); print(x1/noofmale)
print('환자구분="정신"인 여성의 비율:  ', end=''); print(x2/nooffemale)
observed = [[x1, x2], [noofmale-x1, nooffemale-x2]]
    #비율 검정 데이터 / [남성정신, 여성정신], [남성정신아닌경우, 여성정신아닌경우]
print(observed)
chi, pvalue, dof, expect = stats.chi2_contingency(observed)   #카이제곱 검정
print('카이제곱 검정 통계량:  ', end='');print(round(chi, 3))
print('pvalue(유의확률);  ', end=''); print(round(pvalue, 4))
print('기대 빈도수:  '); print(expect)

alpha = 0.5   #유의수준:5%
if pvalue < alpha:
    print("(남성,여성)에 대한 환자구분='정신'의 비율의 차이가 유의미하게 존재합니다. (귀무가설 기각)")
else:
    print("(남성,여성)에 대한 환자구분='정신'의 비율의 차이가 유의미하지 않습니다. (귀무가설 채택)")
```

```
남성의 수: 19
여성의 수: 14
남성들 중 환자구분="정신"인 사람의 수: 6
여자들 중 환자구분="정신"인 사람의 수: 6
환자구분="정신"인 남성의 비율: 0.3157894736842105
환자구분="정신"인 여성의 비율: 0.42857142857142855
[[[6, 6], [13, 8]]]
카이제곱 검정 통계량: 0.09
pvalue(유의확률): 0.7645
기대 빈도수:
[[[ 6.90909091  5.09090909]
  [12.09090909  8.90909091]]]
(남성,여성)에 대한 환자구분='정신'의 비율의 차이가 유의미하지 않습니다. (귀무가설 채택)
```

02

airquality 데이터는 1973년 5월에서 9월 사이 뉴욕의 대기질 측정 자료이다. 총 6개 항목 [Ozone{오존의 양, ppb(parts per billion)}, Solar.R{태양복사광, Solar Radiation, langley}, Wind{바람세기, mph(miles per hour)}, Temp{온도, Fahrenheit}, Month{측정월}, Day{측정일}]에 대한 153개의 측정 자료이다. 결측치(NA)를 포함하는 모든 행을 제거한 후, (Ozone, Solar.R, Wind) 항목을 이용하여 Temp(온도)를 예측하는 다중선형 회귀 모형을 구축하고 다음 수행 결과를 출력하시오.

(1) Ozone 항목에 대한 회귀계수를 구하시오. 단, 출력문은 print()를 이용하고 소수점 이하 넷째 자리에서 반올림하여 소수점 이하 셋째 자리까지 출력하시오.

(2) Wind 항목에 대한 유의확률(p-value)을 소수점 이하 셋째 자리까지 출력하시오.

(3) (Ozone, Solar.R, Wind)=(18, 313, 11.5)의 경우 Temp(온도)를 예측하고, Ozone 항목의 계수값에 대한 95% 신뢰구간을 출력하시오.

6 정답 (1) Ozone 항목에 대한 회귀계수=0.172
(2) Wind 항목에 대한 유의확률(p-value)=0.169
(3) (Ozone, Solar.R, Wind)=(18, 313, 11.5)의 경우 Temp(온도) 예측값=74.077(F)
   Ozone (계수)예측값에 대한 95% 신뢰구간=(0.1197, 0.2243)

해설 독립변수(x=df['Ozone', 'Solar.R', 'Wind'])와 종속변수(y=df['Temp'])를 구분하고 statsmodels.formula.api 라이브러리의 ols('y~x') 모듈을 이용하여 다중선형 회귀분석 모형을 정의한다.

```python
from google.colab import drive    #구글 드라이브 코랩 마운트
drive.mount('/content/drive')     #구글 드라이브 연결
import pandas as pd               #판다스 라이브러리
from statsmodels.formula.api import ols  #선형회귀분석모형(OLS)
data = pd.read_csv('/content/drive/MyDrive/work/airquality.csv', encoding='euc-kr', index_col=0)
             #분석용 데이터 읽기(절대경로명 사용), index_col=0: 인덱스열 추가하지 않음
df =data.dropna()   #결측값 삭제
print(df.head())
x = df[['Ozone', 'Solar.R', 'Wind']]  #독립변수(오존의 양, 태양복사광, 바람세기)
y = df['Temp']   #종속변수(온도)
fit = ols('y ~ x', data=df).fit()   #다중 선형회귀 분석 모형
print(fit.summary())   #다중 선형회귀 분석 모형 적합 결과

print('T-검정통계량: ', end=''); print(fit.tvalues)  #T-검정통계량
print('p-value: ', end=''); print(fit.pvalues)   #fitted values에 대한 p-value
print('Ozone 항목에 대한 계수(Coefficient): ', end=''); print(round(fit.params[1], 3)) #Ozone항목 계수
print('Wind 항목에 대한 p-value: ', end=''); print(round(fit.pvalues[3], 3))   ##Wind항목에 대한 pvalue

print('@@@ 종속변수 값에 따른 실제값/온도 = 62F @@@')  #주어진 값에 대한 예측 정확도 분석
print(df.iloc[3])
pred = fit.predict(exog=dict(x=[[18, 313, 11.5]]))
print('종속변수에 대한 예측값(F): ', end=''); print(pred[0])

relative_error = (df.iloc[3,3]-pred.values)/df.iloc[3,3]*100  #실제값과 예측값 사이의 상대오차(%)
print('실제값과 예측값 사이의 상대오차_절대값(%): ', end='')
print(abs(relative_error))

print('Ozone항목에 대한 95% 신뢰구간(하한): ', end=''); print(round(fit.conf_int(alpha=0.05)[0][1], 4))
print('Ozone항목에 대한 95% 신뢰구간(상한): ', end=''); print(round(fit.conf_int(alpha=0.05)[1][1], 4))
```

수행 결과는 다음과 같다.

- fit.tvalues : t-검정통계량, fit.pvalues : p-value, fit.params : 독립변수별 계수
- fit.predict() : 종속변수 예측, fit.conf_int() : 신뢰구간

```
     Ozone  Solar.R  Wind  Temp  Month  Day
1    41.0   190.0    7.4   67    5      1
2    36.0   118.0    8.0   72    5      2
3    12.0   149.0    12.6  74    5      3
4    18.0   313.0    11.5  62    5      4
7    23.0   299.0    8.6   65    5      7
```

OLS Regression Results

Dep. Variable:	y	R-squared:	0.500
Model:	OLS	Adj. R-squared:	0.486
Method:	Least Squares	F-statistic:	35.65
Date:	Mon, 04 Sep 2023	Prob (F-statistic):	4.73e-16
Time:	06:12:51	Log-Likelihood:	-368.79
No. Observations:	111	AIC:	745.6
Df Residuals:	107	BIC:	756.4
Df Model:	3		
Covariance Type:	nonrobust		

	coef	std err	t	P>|t|	[0.025	0.975]
Intercept	72.4186	3.216	22.522	0.000	66.044	78.793
x[0]	0.1720	0.026	6.516	0.000	0.120	0.224
x[1]	0.0073	0.008	0.948	0.345	-0.008	0.022
x[2]	-0.3229	0.233	-1.384	0.169	-0.785	0.139

Omnibus:	6.409	Durbin-Watson:	1.170
Prob(Omnibus):	0.041	Jarque-Bera (JB):	6.615
Skew:	-0.591	Prob(JB):	0.0366
Kurtosis:	2.817	Cond. No.	1.05e+03

Notes:
[1] Standard Errors assume that the covariance matrix of the errors is correctly specified
[2] The condition number is large, 1.05e+03. This might indicate that there are strong multicollinearity or other numerical problems.

```
T-검정통계량: Intercept    22.521543
x[0]          6.516366
x[1]          0.947638
x[2]         -1.384458
dtype: float64
p-value: Intercept    2.107000e-42
x[0]          2.423506e-09
x[1]          3.454492e-01
x[2]          1.690987e-01
dtype: float64
```

Ozone 항목에 대한 계수(Coefficient): 0.172
Wind 항목에 대한 p-value: 0.169
@@@ 종속변수 값에 따른 실제값/온도 = 62F @@@
```
Ozone      18.0
Solar.R    313.0
Wind       11.5
Temp       62.0
Month      5.0
Day        4.0
Name: 4, dtype: float64
```
종속변수에 대한 예측값(F): 74.07737976456784
실제값과 예측값 사이의 상대오차_절대값(x): [19.47964478]
Ozone항목에 대한 95% 신뢰구간(하한): 0.1197
Ozone항목에 대한 95% 신뢰구간(상한): 0.2243

제7회 빅데이터분석기사 실기 기출복원문제
(2023년 12월 2일)

I. 작업형 제1유형

01 공공데이터포털(https://www.data.go.kr)에서 수집한 한국보건의료인 국가시험정보 데이터(score.csv)는 (year, type, subject, score)=(연도, 직종, 과목, 점수)로 구성된다. 점수(score) 데이터에 대해 표준화 작업[Z=(데이터－평균)/표준편차]을 수행하고 그 값이 0.8 이상인 행의 개수를 출력하시오.

	A	B	C	D
1	year	type	subject	score
2	2000	간호사	성인간호학	80
3	2000	간호사	모성간호학	40
4	2000	간호사	아동간호학	40
5	2000	간호사	지역사회간호학	40
6	2000	간호사	정신간호학	40
7	2000	간호사	간호관리학	40
8	2000	간호사	기본간호학	30
9	2000	간호사	보건의약관계 법규	20
10	2000	물리치료사	의료관계법규	20
11	2000	물리치료사	공중보건학 개론	20
12	2000	물리치료사	해부생리학 개론	35
13	2000	물리치료사	물리치료학 개요	50
14	2000	물리치료사	운동치료학 개요	50
15	2000	물리치료사	질환별 물리치료학 개요	25
16	2000	물리치료사	물리치료사 실기	100
17	2000	방사선사	의료관계법규	20
18	2000	방사선사	공중보건학 개론	20
19	2000	방사선사	해부생리학 개론	20
20	2000	방사선사	방사선이론	40
21	2000	방사선사	방사선응용	30
22	2000	방사선사	영상진단기술학	40
23	2000	방사선사	방사선치료기술학	15
24	2000	방사선사	핵의학기술학	15
25	2000	방사선사	방사선사 실기	100
26	2000	보건의료정보관리사	의료관계법규	20
27	2000	보건의료정보관리사	의학용어	60
28	2000	보건의료정보관리사	공중보건학 개론	20
29	2000	보건의료정보관리사	의무기록관리학	100
30	2000	보건의료정보관리사	의무기록사 실기	100
31	2000	안경사	의료관계법규	20
32	2000	안경사	안광학	30
33	2000	안경사	안경학	40
34	2000	안경사	안과학	30
35	2000	안경사	안경사 실기	100
36	2000	약사(4년제)	정성분석학	25
37	2000	약사(4년제)	정성분석학	25
38	2000	약사(4년제)	정량분석학	25
39	2000	약사(4년제)	정량분석학	25
40	2000	약사(4년제)	생약학	25

정답: 805개

해설

데이터(score) 표준화 작업[Z＝(데이터－평균)/표준편차]은 sklearn.preprocessing의 StandardScaler()을 이용하거나 사용자 정의함수(def standard:)를 이용한다. 표준화된 score 데이터가 0.8 이상인 경우는 sum(data[ ]＞＝0.8)으로 구한다.

```python
from google.colab import drive    #구글 드라이브 코랩 마운트
drive.mount('/content/drive')     #구글 드라이브 연결
import pandas as pd               #판다스 라이브러리
from sklearn.preprocessing import StandardScaler
data = pd.read_csv('/content/drive/MyDrive/work/score.csv', encoding='euc-kr')
print(data.head())                #첫 5행 출력
print(data.describe())            #속성별 기술통계량
print(data.shape)                 #데이터 (행, 열)의 개수
print(data.info())                #속성별 데이터타입
print(data.dtypes)                #속성별 자료 유형
print(data.index)                 #데이터프레임 인덱스

scaler = StandardScaler()
data['scaler'] = scaler.fit_transform(data[['score']])
print(sum(data['scaler']>=0.8))

def standard(x):
  return ((x-x.mean())/x.std())

data['scalerfn'] = standard(data['score'])
print(sum(data['scalerfn']>=0.8))
```

수행 결과는 다음과 같다. 데이터(score) 표준화된 점수가 0.8 이상인 행의 개수는 805개이다.

```
   year  type      subject       score
0  2000  간호사       성인간호학        80
1  2000  간호사       모성간호학        40
2  2000  간호사       아동간호학        40
3  2000  간호사       지역사회간호학      40
4  2000  간호사       정신간호학        40
              year         score
count  4248.000000   4248.000000
mean   2011.756356     36.583569
std       6.783039     23.140974
min    2000.000000      2.000000
25%    2006.000000     20.000000
50%    2012.000000     30.000000
75%    2018.000000     45.000000
max    2023.000000    100.000000
(4248, 4)
<class 'pandas.core.frame.DataFrame'>
RangeIndex: 4248 entries, 0 to 4247
Data columns (total 4 columns):
 #   Column   Non-Null Count  Dtype
---  ------   --------------  -----
 0   year     4248 non-null   int64
 1   type     4248 non-null   object
 2   subject  4248 non-null   object
 3   score    4248 non-null   int64
dtypes: int64(2), object(2)
memory usage: 132.9+ KB
None
year        int64
type        object
subject     object
score       int64
dtype: object
RangeIndex(start=0, stop=4248, step=1)
805
805
```

02 한국보건의료인 국가시험정보 데이터(score.csv)를 이용하여 다음 조건에 해당되는 상관계수를 구하고 그 값이 가장 큰 상관계수와 type를 출력하시오.

> (가) 2022년인 데이터만 사용(year=2022)한다.
> (나) (year, subject) 열을 제외하여 (type, score) 데이터를 df 데이터프레임으로 저장한다.
> (다) type=(간호사, 간호조무사, 요양보호사, 의사)인 데이터를 dfnew 데이터프레임으로 저장한다.
> (라) 각 type별로 score(점수)에 대한 상관계수를 구하여, correlation 데이터프레임으로 저장한다. 단, 각 type별 데이터의 길이가 서로 다른 경우 길이가 최소인 type에 맞춰 해당 데이터에 대한 상관계수를 구한다.
> (마) correlation 데이터프레임에서 상관계수의 값이 가장 큰 값과 큰 값을 가지는 두 개의 type을 출력한다. 단, 음의 상관계수를 가지는 값은 양의 상관계수 값으로 변환하여 크기를 서로 비교한다.

🔒 **정답** (간호사, 의사) 점수 사이의 상관계수=−0.655995

📋 **해설** 2022년 자료(ddd)로부터 (type, score) 열을 df로 저장한다. df[ ].str.strip()를 이용하여 문자열에 포함된 공백을 제거하고, (간호사, 간호조무사, 요양보호사, 의사) 유형을 dfnew에 저장한다. 사용자정의 함수[calculate()]를 이용하여 두 가지 유형별로 상관계수를 구하고 이를 Series 자료로 저장한다. 각각의 유형에 대한 상관계수를 구한 후 결측값(표준편차=0인 경우)을 제외하고 상관계수의 절댓값이 최대가 되는 유형(간호사, 의사)과 상관계수 값(−0.655995)를 출력한다.

```python
from google.colab import drive   #구글 드라이브 코랩 마운트
drive.mount('/content/drive')    #구글 드라이브 연결
import pandas as pd    #판다스 라이브러리
import numpy as np     #넘파이 라이브러리
data = pd.read_csv('/content/drive/MyDrive/work/score.csv', encoding='euc-kr')
ddd = data[data['year']==2022]   #year=2022년
df = ddd[['type','score']]       #(type, score)열 추출
#df = data.loc[:, data.columns.difference(['year', 'subject'])]
df['type'] = df['type'].str.strip()    #문자열에 포함된 공백 삭제
dfnew = df[df['type'].isin(['간호사','간호조무사','요양보호사','의사'])]  #해당 type 추출
print(dfnew.head())    #첫 5행 출력

def calculate (type1, type2, dframe):          #상관계수(사용자정의함수, Series 저장)
    subset1 = dframe[dframe['type']==type1]['score']
    subset2 = dframe[dframe['type']==type2]['score']
    min_length = min(subset1.shape[0], subset2.shape[0])
    subset1 = subset1.values[:min_length]
    subset2 = subset2.values[:min_length]
    correlation = np.corrcoef(subset1, subset2)[0,1]
    return pd.Series({'subset1': type1, 'subset2': type2, 'correlation': correlation})
corrdata = pd.concat([                         #각 type별 상관계수 구하기(열방향 연산, T로 전치)
    calculate('간호사', '간호조무사', dfnew),
    calculate('간호사', '요양보호사', dfnew),
    calculate('간호사', '의사', dfnew),
    calculate('간호조무사', '요양보호사', dfnew),
    calculate('간호조무사', '의사', dfnew),
    calculate('요양보호사', '의사', dfnew)
], axis=1).T.reset_index(drop=True)            #인덱스 재설정(reset_index)
```

```
print(corrdata)
corrdata = corrdata.dropna()    #NaN(결측값) 삭제
print(corrdata)
maxcorr = corrdata.loc[corrdata['correlation'].abs().sort_values(ascending=False).index[0]]
        #상관계수 절대값의 최대값
print('*** 상관계수 절대값의 최대값 ***')
print(maxcorr)
print(round(maxcorr['correlation'], 5))   #소수점 6째 자리에서 반올림(5째 자리까지 출력)
```

수행 결과는 다음과 같다.

```
       type  score
3963   간호사    70
3964   간호사    35
3965   간호사    35
3966   간호사    35
3967   간호사    35
   subset1  subset2  correlation
0   간호사    간호조무사   0.293927
1   간호사    요양보호사       NaN
2   간호사       의사   -0.659955
3  간호조무사   요양보호사       NaN
4  간호조무사      의사   -0.578818
5  요양보호사      의사       NaN
   subset1  subset2  correlation
0   간호사    간호조무사   0.293927
2   간호사       의사   -0.659955
4  간호조무사      의사   -0.578818
*** 상관계수 절대값의 최대값 ***
subset1              간호사
subset2               의사
correlation     -0.659955
Name: 2, dtype: object
-0.65995
```

03 한국보건의료인 국가시험정보 데이터(score.csv)를 이용하여 type='의사'인 데이터(score)를 이용한다. type='의사'인 점수(score)의 이상값의 개수를 출력하시오. 단, 이상값=(하위 75% score)+0.1×IQR이고 IQR=(하위 75%−하위 25%)이다.

정답 이상값의 개수=17개

해설 data[ ].str.strip()를 이용하여 공백 제거 후, type='의사'인 자료를 dfnew로 저장(총 203개의 행)한다. np.percentile()로 하위 25% 및 하위 75%(상위 25%)를 각각 구하고 iqr(사분위수 범위)를 구한다. result=dfnew['score']>=q75+0.1×iqr로 이상값 조건 지정 후. 조건을 만족하는 행의 개수 [np.sum(result)=17]를 구한다.

```python
from google.colab import drive   #구글 드라이브 코랩 마운트
drive.mount('/content/drive')    #구글 드라이브 연결
import pandas as pd              #판다스 라이브러리
import numpy as np               #넘파이 라이브러리
import matplotlib.pyplot as plt  #맷플롯립 시각화 라이브러리
data = pd.read_csv('/content/drive/MyDrive/work/score.csv', encoding='euc-kr')

data['type'] = data['type'].str.strip()   #문자열에 포함된 공백 삭제
dfnew = data[data['type'] == '의사' ]     #해당 type(의사) 추출
print(len(dfnew))                         #type=의사인 행의 개수

q25 = np.percentile(dfnew['score'], 25)   #하위 25% score
print('하위 25% score=', end=''); print(q25)
q75 = np.percentile(dfnew['score'], 75)   #하위 75% score
print('하위 75% score=', end=''); print(q75)
iqr = q75 - q25                           #사분위 수 범위
print('Inter-quantile range/사분위 수 범위 =', end=''); print(iqr)
result = dfnew['score'] >= q75 + 0.1*iqr  #이상치 조건 지정
print(np.sum(result))                     #이상치의 개수

plt.boxplot(dfnew['score'])               #박스 플롯 작성
plt.xlabel('Doctor')
plt.ylabel('Score')
plt.show()
```

수행 결과는 다음과 같다. matplotlib.pyplot에서 제공하는 boxplot()를 이용하여 score에 대한 박스플롯 시각화 결과를 작성하고 이로부터 데이터(type='의사'인 score) 값이 가지는 범위를 가늠한다.

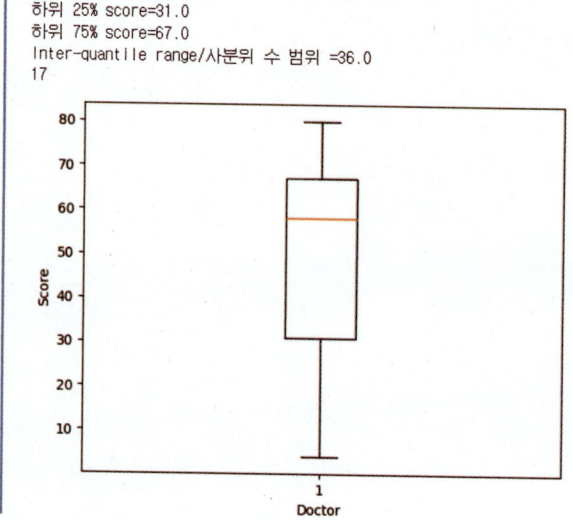

```
하위 25% score=31.0
하위 75% score=67.0
Inter-quantile range/사분위 수 범위 =36.0
17
```

Ⅱ 작업형 제2유형

kaggle 사이트(https://www.kaggle.com)에서 수집한 데이터(amount.csv)는 (age, workclass, education, education.num, marital, occupation, relationship, race, sex, capitalgain, hourweek, amount)=(나이, 분류, 교육수준, 교육수준(숫자), 결혼여부, 직업, 가족관계, 인종, 성별, 자본이익, 노동시간, 연봉)으로 구성된다. 다중 회귀분석, 랜덤 포레스트, 의사결정나무 분석 모형을 이용하여 (교육수준(숫자), 자본이익, 노동시간)에 대한 연봉(amount)을 예측하려고 한다. 각 모형의 예측 결과에 대한 RMSE(Root Mean Squared Error, 평균 제곱근오차)를 출력하시오. 단, 다중 회귀분석 모형은 LinearRegression(), 랜덤 포레스트 모형은 RandomForestRegressor(), 의사결정나무분석은 DecisionTreeRegressor()을 이용하고, 훈련:평가=70%:30%로 구분하여 분석 모형들 사이의 RMSE(평가 데이터에 대한 성능분석) 결과를 서로 비교하시오.

	A	B	C	D	E	F	G	H	I	J	K	L
1	age	workclass	education	education.num	marital	occupation	relationship	race	sex	capitalgain	hourweek	amount
2	27	Private	Preschool	1	Married-c	Farming-fishing	Other-relative	White	Male	41310	24	16000
3	63	Self-emp-	Masters	14	Married-c	Farming-fishing	Husband	White	Male	41310	50	35500
4	17	?	10th	6	Never-ma	?	Own-child	White	Female	34095	32	22300
5	18	Private	HS-grad	9	Never-ma	Protective-serv	Own-child	White	Male	34095	3	9900
6	19	Private	HS-grad	9	Never-ma	Other-service	Own-child	White	Female	34095	20	12300
7	55	Self-emp-	HS-grad	9	Divorced	Exec-manageri	Not-in-family	White	Male	34095	60	32000
8	20	?	Some-coll	10	Never-ma	?	Other-relative	Black	Male	34095	10	12500
9	46	Private	Masters	14	Divorced	Exec-manageri	Not-in-family	White	Female	27828	50	52000
10	35	Private	Bachelors	13	Divorced	Exec-manageri	Not-in-family	White	Male	27828	50	52300
11	47	Self-emp-	Prof-scho	15	Divorced	Prof-specialty	Not-in-family	White	Male	27828	50	52400
12	55	Self-emp-	HS-grad	9	Divorced	Craft-repair	Unmarried	White	Male	27828	55	54000
13	34	Private	Bachelors	13	Never-ma	Sales	Not-in-family	White	Male	27828	40	53000
14	25	Private	Assoc-voc	11	Never-ma	Sales	Not-in-family	White	Male	27828	40	52200
15	56	Self-emp-	Masters	14	Divorced	Exec-manageri	Not-in-family	White	Male	27828	60	55500
16	25	Private	Bachelors	13	Never-ma	Farming-fishing	Own-child	White	Male	27828	50	52300
17	41	Private	Masters	14	Never-ma	Prof-specialty	Not-in-family	White	Female	27828	35	51500
18	42	Private	Doctorate	16	Married-s	Other-service	Not-in-family	White	Male	27828	60	52500
19	37	Self-emp-	HS-grad	9	Divorced	Farming-fishing	Not-in-family	White	Male	27828	40	53100
20	47	Private	Masters	14	Divorced	Sales	Not-in-family	White	Male	27828	60	55500
21	36	Private	Prof-scho	15	Never-ma	Exec-manageri	Not-in-family	White	Male	27828	50	52310
22	58	Self-emp-	Prof-scho	15	Never-ma	Prof-specialty	Not-in-family	White	Male	27828	40	52310
23	45	Private	Some-coll	10	Divorced	Craft-repair	Not-in-family	White	Male	27828	56	52500
24	49	Private	Bachelors	13	Divorced	Exec-manageri	Not-in-family	Black	Female	27828	60	53500
25	37	Private	HS-grad	9	Never-ma	Craft-repair	Other-relative	Amer-Indi	Male	27828	48	53400

정답 및 해설

데이터값들 중 "?"가 포함된 데이터를 NaN으로 대체 후, 결측값을 제거하여 dfnew로 저장한다. 시드 번호 초기화 [np.random.seed(123)] 후, np.random.choice() 함수로 데이터를 랜덤 추출하고 훈련 데이터(train)와 평가 데이터(test)를 분류한다. 독립변수 정의 후(features), lmmodel.fit()으로 훈련 데이터를 이용하여 학습시키고, lmmodel.predict()로 평가 데이터에 대한 예측 결과를 new에 저장한다. sklearn.metrics에서 제공하는 MSE(Mean Squared Error)로 평균 제곱오차를 구하고 이 값을 이용하여 np.sqrt(MSE)로 평균 제곱근오차를 구한다.

- x(독립변수) : (education.num, capitalgain, hourweek)=(교육수준(숫자), 자본이익, 노동시간)
- y(종속변수) : amount(연봉)
- id=np.random.choice(dfnew.index, size=int(0.7*len(dfnew)), replace=False) : 데이터 랜덤 추출
- train=dfnew.loc[id] : 훈련 데이터
- test=dfnew.drop(id) : 평가 데이터
- lmmodel=LinearRegression() : 다중선형 회귀분석 모형
- features=['education.num', 'capitalgain', 'hourweek'] : 독립변수(특성) 정의
- lmmodel.fit(train[features], train['amount']) : 모형 훈련(학습)
- new=pd.DataFrame({'actual': test['amount']}) : 평가 데이터에 대한 실제값(연봉)
- new['predict']=lmmodel.predict(test[features]) : 평가 데이터를 이용한 예측값(연봉)
- rmse=np.sqrt(mean_squared_error(new['actual'],new['predict'])) : RMSE 계산

```python
from google.colab import drive   #구글 드라이브 코랩 마운트
drive.mount('/content/drive')    #구글 드라이브 연결
import pandas as pd    #판다스 라이브러리
import numpy as np     #넘파이 라이브러리
from sklearn.model_selection import train_test_split    #(훈련,평가) 데이터 분할
from sklearn.linear_model import LinearRegression       #다중선형회귀 분석
from sklearn.metrics import mean_squared_error          #MSE(Mean Squared Error)

data = pd.read_csv('/content/drive/MyDrive/work/amount.csv', encoding='euc-kr')
print(data.head())    #첫 5행 출력

data.replace("?", np.nan, inplace=True)    #"?" 데이터 NaN 저장
dfnew = data.dropna()                      #결측값 제외

np.random.seed(123)                        #시드번호 초기화
id = np.random.choice(dfnew.index, size=int(0.7*len(dfnew)), replace=False)    #데이터 추출
train = dfnew.loc[id]     #훈련 데이터
test = dfnew.drop(id)     #평가 데이터

lmmodel = LinearRegression()
features = ['education.num', 'capitalgain', 'hourweek']
lmmodel.fit(train[features], train['amount'])

new = pd.DataFrame({'actual': test['amount']})
new['predict'] = lmmodel.predict(test[features])

rmse = np.sqrt(mean_squared_error(new['actual'],new['predict']))
print('RMSE/Root Mean Squared Error: ', end=''); print(rmse)
print(round(rmse, 3))
```

수행 결과는 다음과 같다. 다중선형 회귀분석 모형에 대한 RMSE=7,781.132이다.

```
   age      workclass  education education.num        marital  ₩
0   27        Private  Preschool             1  Married-civ-spouse
1   63  Self-emp-not-inc   Masters            14  Married-civ-spouse
2   17              ?       10th             6       Never-married
3   18        Private    HS-grad             9       Never-married
4   19        Private    HS-grad             9       Never-married

       occupation    relationship   race     sex  capitalgain  hourweek  ₩
0  Farming-fishing  Other-relative  White    Male        41310        24
1  Farming-fishing        Husband  White    Male        41310        50
2                ?      Own-child  White  Female        34095        32
3   Protective-serv      Own-child  White    Male        34095         3
4     Other-service      Own-child  White  Female        34095        20

   amount
0   16000
1   35500
2   22300
3    9900
4   12300
RMSE/Root Mean Squared Error: 7781.131713456296
7781.132
```

sklearn.ensemble 라이브러리 내의 RandomForestRegressor()를 이용하여 랜덤 포레스트 모형을 구축한다. 앞에서와 동일하게 (훈련, 평가) 데이터 구분 후, rfmodel을 구축한다. 랜덤 포레스트 모형의 하이퍼 파라미터로 (n_estimators, max_depth, min_samples_split, min_samples_leaf)를 고려하고 GridSearchCV()로 최적의 모형을 탐색한다.

- x(독립변수) : (education.num, capitalgain, hourweek)=(교육수준(숫자), 자본이익, 노동시간)
- y(종속변수) : amount(연봉)
- rfmodel=RandomForestRegressor() : 랜덤 포레스트 모형
- kf=KFold(n_splits=5, shuffle=True, random_state=123) : 5-fold 교차검증
- grid_search=GridSearchCV(estimator=rfmodel, param_grid=param, scoring='neg_mean_squared_error', cv=kf) : 최적 하이퍼 파라미터 탐색

```
from google.colab import drive   #구글 드라이브 코랩 마운트
drive.mount('/content/drive')     #구글 드라이브 연결
import pandas as pd                #판다스 라이브러리
import numpy as np                 #넘파이 라이브러리
from sklearn.model_selection import train_test_split   #(훈련,평가) 데이터 분할
from sklearn.linear_model import LinearRegression      #다중선형회귀 분석
from sklearn.metrics import mean_squared_error         #MSE(Mean Squared Error)
from sklearn.ensemble import RandomForestRegressor     #랜덤 포레스트 회귀분석 모형
from sklearn.model_selection import GridSearchCV, KFold  #교차검증
data = pd.read_csv('/content/drive/MyDrive/work/amount.csv', encoding='euc-kr')
print(data.head())       #첫 5행 출력
data.replace("?", np.nan, inplace=True)   #"?" 데이터 NaN 저장
dfnew = data.dropna()                      #결측값 제외
np.random.seed(123)                        #시드번호 초기화
id = np.random.choice(dfnew.index, size=int(0.7*len(dfnew)), replace=False)  #데이터 추출
train = dfnew.loc[id]     #훈련 데이터
test = dfnew.drop(id)     #평가 데이터
rfmodel = RandomForestRegressor()   #랜덤 포레스트 모형
```

```
param = {
    'n_estimators': [50, 100, 200],    #트리의 개수
    'max_depth': [None, 10, 20, 30],   #트리의 최대 깊이
    'min_samples_split': [2, 5, 10],   #내부 노드 분할용 최소 샘플의 수
    'min_samples_leaf': [1, 2, 4]      #리프 노드에 필요한 최소 샘플의 수
}
features = ['education.num', 'capitalgain', 'hourweek']
kf = KFold(n_splits=5, shuffle=True, random_state=123)    #5-fold 교차검증
grid_search = GridSearchCV(estimator=rfmodel, param_grid=param, scoring='neg_mean_squared_error', cv=kf)
    #평균제곱오차의 음수값(높은 값이 더 좋은 성능을 나타내는 것을 가정)
grid_search.fit(train[features], train['amount'])
best = grid_search.best_estimator_         #최적 하이퍼파라미터 적용
print(best)
new = pd.DataFrame({'actual': test['amount']})
new['predict'] = best.predict(test[features])
print(new.head())
rmse = np.sqrt(mean_squared_error(new['actual'],new['predict']))
print('RMSE/Root Mean Squared Error: ', end=''); print(rmse)
print(round(rmse, 3))
```

수행 결과로부터 RMSE=6,950.736으로 선형회귀분석 모형에 비해 다소 감소하였다.

```
     age      workclass  education  education.num         marital  \
0    27        Private  Preschool              1  Married-civ-spouse
1    63  Self-emp-not-inc   Masters             14  Married-civ-spouse
2    17              ?      10th               6       Never-married
3    18        Private    HS-grad              9       Never-married
4    19        Private    HS-grad              9       Never-married

        occupation    relationship   race     sex  capitalgain  hourweek  \
0   Farming-fishing  Other-relative  White    Male        41310        24
1   Farming-fishing         Husband  White    Male        41310        50
2                ?       Own-child  White  Female        34095        32
3   Protective-serv       Own-child  White    Male        34095         3
4     Other-service       Own-child  White  Female        34095        20

   amount
0   16000
1   35500
2   22300
3    9900
4   12300
RandomForestRegressor(max_depth=30, min_samples_split=5)
     actual       predict
1     35500  40934.710238
3      9900  35457.617619
4     12300  40012.890238
8     52300  52359.362381
11    53000  52415.896310
RMSE/Root Mean Squared Error: 6950.736089221255
6950.736
```

동일한 방법으로 (훈련, 평가) 데이터를 구분하고, DecisionTreeRegressor()로 의사결정나무 모형을 구축(dtmodel)한다. sklearn.tree에 포함되어 있는 plot_tree()로 의사결정나무 분석 결과를 시각화하여 확인한다.

- x(독립변수) : (education.num, capitalgain, hourweek)＝(교육수준(숫자), 자본이익, 노동시간)
- y(종속변수) : amount(연봉)
- dtmodel＝DecisionTreeRegressor() 의사결정나무 분석 모형
- kf＝KFold(n_splits＝5, shuffle＝True, random_state＝123) : 5－fold 교차검증
- grid_search＝GridSearchCV(estimator＝dtmodel, param_grid＝param, scoring＝'neg_mean_squared_error', cv＝kf) : 최적 하이퍼 파라미터 탐색
- plot_tree(best, feature_names＝features, filled＝True, rounded＝True, class_names＝['amount']) : 의사결정나무 분석 결과 시각화

```python
from google.colab import drive     #구글 드라이브 코랩 마운트
drive.mount('/content/drive')      #구글 드라이브 연결
import pandas as pd                #판다스 라이브러리
import numpy as np                 #넘파이 라이브러리
from sklearn.metrics import mean_squared_error    #MSE(Mean Squared Error)
from sklearn.tree import DecisionTreeRegressor    #의사결정나무
from sklearn.model_selection import GridSearchCV, KFold    #교차검증
from sklearn.tree import plot_tree    #의사결정나무 시각화
import matplotlib.pyplot as plt       #맷플롯립 시각화
data = pd.read_csv('/content/drive/MyDrive/work/amount.csv', encoding='euc-kr')
print(data.head())       #첫 5행 출력
data.replace("?", np.nan, inplace=True)    #"?" 데이터 NaN 저장
dfnew = data.dropna()          #결측값 제외
np.random.seed(123)            #시드번호 초기화
id = np.random.choice(dfnew.index, size=int(0.7*len(dfnew)), replace=False)  #데이터 추출
train = dfnew.loc[id]          #훈련 데이터
test = dfnew.drop(id)          #평가 데이터
dtmodel = DecisionTreeRegressor()    #의사결정나무 모형
param = {
    'max_depth': [None, 10, 20, 30],     #트리의 최대 깊이
    'min_samples_split': [2, 5, 10],     #내부 노드 분할용 최소 샘플의 수
    'min_samples_leaf': [1, 2, 4]        #리프 노드에 필요한 최소 샘플의 수
}
features = ['education.num', 'capitalgain', 'hourweek']
kf = KFold(n_splits=5, shuffle=True, random_state=123)    #5-fold 교차검증
grid_search = GridSearchCV(estimator=dtmodel, param_grid=param, scoring='neg_mean_squared_error', cv=kf)
             #평균제곱오차의 음수값(높은 값이 더 좋은 성능을 나타내는 것을 가정)
grid_search.fit(train[features], train['amount'])
best = grid_search.best_estimator_         #최적 하이퍼파라미터 적용
print(best)
new = pd.DataFrame({'actual': test['amount']})
new['predict'] = best.predict(test[features])
print(new.head())
rmse = np.sqrt(mean_squared_error(new['actual'],new['predict']))
print('RMSE/Root Mean Squared Error: ', end=''); print(rmse)
print(round(rmse, 3))
plt.figure(figsize=(20,10))    #의사결정나무 시각화
plot_tree(best, feature_names=features, filled=True, rounded=True, class_names=['amount'])
plt.show()
```

수행 결과는 다음과 같다. 의사결정나무 분석 결과, 최적 하이퍼 파라미터 적용 시 RMSE=6,370.308로 랜덤 포레스트 모형과 비교하여 다소 감소하였다.

```
   age       workclass     education  education.num        marital
0   27         Private     Preschool              1  Married-civ-spouse
1   63  Self-emp-not-inc     Masters             14  Married-civ-spouse
2   17              ?        10th                6       Never-married
3   18         Private      HS-grad              9       Never-married
4   19         Private      HS-grad              9       Never-married

        occupation    relationship   race     sex  capitalgain  hourweek
0    Farming-fishing  Other-relative  White    Male        41310        24
1    Farming-fishing         Husband  White    Male        41310        50
2                  ?       Own-child  White  Female        34095        32
3    Protective-serv        Own-child  White    Male        34095         3
4      Other-service        Own-child  White  Female        34095        20

    amount
0   16000
1   35500
2   22300
3    9900
4   12300
DecisionTreeRegressor(max_depth=30, min_samples_split=5)
     actual   predict
1     35500  24000.0
3      9900  24000.0
4     12300  24000.0
8     52300  52265.0
11    53000  52610.0
RMSE/Root Mean Squared Error: 6370.3077813989585
6370.308
```

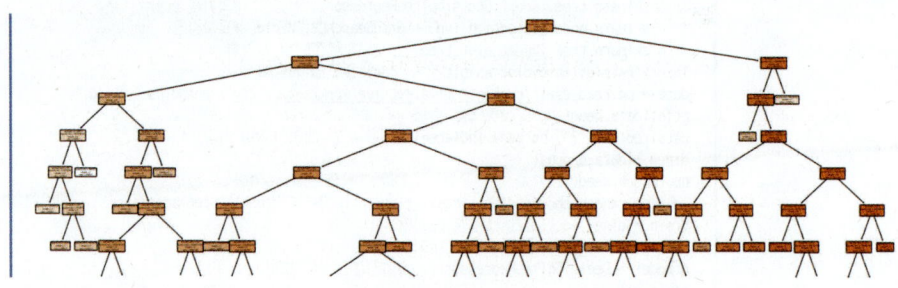

III 작업형 제3유형

01 공공데이터포털(https://www.data.go.kr/data/3034077/fileData.do)에서 제공되는 데이터 (eduhealth.csv)는 (학교ID, 학년, 건강검진일, 키, 몸무게, 성별)로 우리나라 초등학교 학생들에 대한 건강검진 결과 자료이다. (학년, 키, 몸무게)에 따른 성별을 예측하려고 한다. (학년, 키, 몸무게, 성별)에 대하여 상호 항목별로 상관계수를 구하고 상관계수의 절댓값이 가장 큰 값을 출력하시오.

	A	B	C	D	E	F
1	학교ID	학년	건강검진일	키	몸무게	성별
2	Aa01	1	2015-05-12	125.8	27.3	남
3	Aa01	1	2015-04-22	124.3	25.4	남
4	Aa01	1	2015-04-21	119.2	23.5	남
5	Aa01	1	2015-04-21	115	20	남
6	Aa01	1	2015-04-23	120	33.5	남
7	Aa01	1	2015-04-23	112.5	21	남
8	Aa01	1	2015-04-28	126.7	25.8	남
9	Aa01	1	2015-04-22	118.8	25	남
10	Aa01	1	2015-04-22	118.7	23.4	남
11	Aa01	1	2015-04-23	117.4	22	남
12	Aa01	1	2015-04-28	118.4	22	남
13	Aa01	1	2015-05-06	123.3	22	남
14	Aa01	1	2015-04-21	114.5	22.8	남
15	Aa01	1	2015-04-30	119.7	23.3	남
16	Aa01	1	2015-05-01	123.6	27.3	남
17	Aa01	1	2015-05-12	117.2	20.6	남
18	Aa01	1	2015-04-23	126.7	30.4	남
19	Aa01	1	2015-04-22	118.8	19.8	여
20	Aa01	1	2015-04-23	119.9	21.3	여
21	Aa01	1	2015-04-28	121.5	22	여
22	Aa01	1	2015-04-30	122	22.6	여
23	Aa01	1	2015-05-01	120.3	21.3	여
24	Aa01	1	2015-04-21	130	29	여
25	Aa01	1	2015-04-21	118.3	27.1	여
26	Aa01	1	2015-04-22	121.2	20.7	여
27	Aa01	1	2015-04-23	120	20.6	여
28	Aa01	1	2015-05-12	120.9	24.2	여
29	Aa01	1	2015-04-29	120.7	26.3	여
30	Aa01	1	2015-05-07	118	22.7	여

정답 상관계수 절댓값의 최댓값=0.849

해설 결측값을 제외하여 dfnew로 저장하고, 명목형 변수를 남=0, 여=1의 정수로 변환[pd.factorize() 이용]한다. 변수들 사이의 상관계수는 dfnew[ ].corr()로 구하고 상관계수 절댓값의 최댓값을 구한다. 변수들 사이의 상관계수(maxcorr) 행렬에서 하삼각 값만 이용하고 주대각선 값(자기 자신과의 상관계수 =1)은 제외하여 최댓값을 구한다. 수행 결과, (키, 몸무게) 사이 상관계수가 양의 상관계수=0.849로 가장 큰 값을 가진다.

```python
from google.colab import drive    #구글 드라이브 코랩 마운트
drive.mount('/content/drive')     #구글 드라이브 연결
import pandas as pd               #판다스 라이브러리
import numpy as np                #넘파이 라이브러리

data = pd.read_csv('/content/drive/MyDrive/work/eduhealth.csv', encoding='euc-kr')
print(data.head())                #첫 5행 출력

dfnew = data.dropna()                                  #결측값 제외
dfnew['성별'] = pd.factorize(dfnew['성별'], sort=True)[0].astype(int)
  #'남'=0, '여'=1로 변환, sort=True: 고유한 범주를 정렬하여 변환
  #factorize(): 성별 열의 고유한 범주를 정수로 매핑(튜플, [0]인덱스 배열 선택)
  #astype(int): 배열의 데이터타입을 정수로 변환
print(dfnew.head())               #첫 5행 출력
print(sum(dfnew['성별']==0))      #남학생의 수
print(sum(dfnew['성별']==1))      #여학생의 수
print(dfnew.shape)                #(행, 열)의 개수

corrmatrix = dfnew[['학년','키','몸무게','성별']].corr()
print(corrmatrix)
maxcorr = np.max(np.abs(corrmatrix.values[np.tril_indices(len(corrmatrix), k=-1)]))
  #하삼각 행렬(triangular matrix) 값 이용, tril_indices()은 주어진 배열의 하삼각 인덱스 반환
  #k=-1은 주대각선 미포함
print(maxcorr)
print('상관계수 절대값의 최대값: ',end=''); print(round(maxcorr,3))
```

```
     학교ID  학년    건강검진일      키    몸무게 성별
0    Aa01   1  2015-05-12  125.8   27.3  남
1    Aa01   1  2015-04-22  124.3   25.4  남
2    Aa01   1  2015-04-21  119.2   23.5  남
3    Aa01   1  2015-04-21  115.0   20.0  남
4    Aa01   1  2015-04-23  120.0   33.5  남
     학교ID  학년    건강검진일      키    몸무게 성별
0    Aa01   1  2015-05-12  125.8   27.3  0
1    Aa01   1  2015-04-22  124.3   25.4  0
2    Aa01   1  2015-04-21  119.2   23.5  0
3    Aa01   1  2015-04-21  115.0   20.0  0
4    Aa01   1  2015-04-23  120.0   33.5  0
4964
4718
(9682, 6)
            학년         키       몸무게        성별
학년    1.000000 -0.114997 -0.128170 -0.003338
키    -0.114997  1.000000  0.849006 -0.180885
몸무게  -0.128170  0.849006  1.000000 -0.183193
성별   -0.003338 -0.180885 -0.183193  1.000000
0.8490058387688966
상관계수 절대값의 최대값: 0.849
```

02 초등학생 건강검진 데이터(eduhealth.csv)를 이용하여 (키, 몸무게) 사이의 관계를 분석한다. 다음 수행 결과를 출력하시오.

(1) 학생의 키를 이용하여 몸무게를 예측하는 모형을 구축하시오. 단 statsmodels.api에 포함된 OLS 함수를 이용하시오.

(2) 구축된 모형에 대한 결정계수의 값을 출력하시오.

(3) 몸무게에 대한 키의 오즈비(Odds Ratio, 키의 변화가 몸무게 로그 오즈에 미치는 영향)를 출력하시오.

🔒 정답
- 결정계수=0.721
- 몸무게에 대한 키의 오즈비=2.35

📋 해설
statsmodels.api에 포함된 OLS()를 이용하여 최소제곱법 선형회귀 모형을 구축(model)한다. model의 예측 성능에 대한 결정계수는 model.rsquared에 저장되며, 결정계수=0.721이다. 키에 대한 계수(coeffcient=0.8542)를 이용하여 몸무게에 대한 키의 오즈비[exp(coeffcient)=2.35]를 구한다.

```
from google.colab import drive    #구글 드라이브 코랩 마운트
drive.mount('/content/drive')     #구글 드라이브 연결
import pandas as pd               #판다스 라이브러리
import numpy as np                #넘파이 라이브러리
import statsmodels.api as sm      #OLS(ordinary least squares, 최소제곱법)
data = pd.read_csv('/content/drive/MyDrive/work/eduhealth.csv', encoding='euc-kr')

dfnew = data.dropna()             #결측값 제외
model = sm.OLS(dfnew['몸무게'], sm.add_constant(dfnew['키'])).fit()
  #독립변수(키)에 상수항 추가(y절편), 종속변수(몸무게)
print(model.summary())
rsq = model.rsquared
print(f"R-squared: {rsq:.3f}")

coefficient = model.params['키']
print(coefficient)
odds = round(np.exp(coefficient), 3)
print(f"Odds Ratio: {odds}")
```

수행 결과는 다음과 같다. 몸무게에 대한 키의 오즈비가 1보다 커, 키가 증가하는 경우 몸무게가 증가할 확률이 커진다.

```
                            OLS Regression Results
==============================================================================
Dep. Variable:                     몸무게   R-squared:                       0.721
Model:                             OLS   Adj. R-squared:                  0.721
Method:                  Least Squares   F-statistic:                 2.499e+04
Date:                 Tue, 26 Dec 2023   Prob (F-statistic):               0.00
Time:                         07:12:03   Log-Likelihood:                -35036.
No. Observations:                 9682   AIC:                         7.008e+04
Df Residuals:                     9680   BIC:                         7.009e+04
Df Model:                            1
Covariance Type:             nonrobust
==============================================================================
                 coef    std err          t      P>|t|      [0.025      0.975]
------------------------------------------------------------------------------
const        -81.8267      0.840    -97.388      0.000     -83.474     -80.180
키             0.8542      0.005    158.088      0.000       0.844       0.865
==============================================================================
Omnibus:                     2123.133   Durbin-Watson:                   1.850
Prob(Omnibus):                  0.000   Jarque-Bera (JB):             5777.039
Skew:                           1.169   Prob(JB):                         0.00
Kurtosis:                       5.975   Cond. No.                     1.42e+03
==============================================================================

Notes:
[1] Standard Errors assume that the covariance matrix of the errors is correctly specified.
[2] The condition number is large, 1.42e+03. This might indicate that there are
strong multicollinearity or other numerical problems.
R-squared: 0.721
0.8542323795602205
Odds Ratio: 2.35
```

03 초등학생 건강검진 데이터(eduhealth.csv)를 이용하여 독립변수=(키, 몸무게)로 성별(남, 여)을 예측하고자 한다. 다음 수행 결과를 출력하시오.

(1) (키, 몸무게)를 이용하여 성별(남=0, 여=1)을 분류하는 모형을 구축하시오. 단, statsmodels. api에 포함되어 있는 Logit 함수를 이용하시오.

(2) (키, 몸무게)에 대한 유의확률을 출력하고 최대 유의확률 값을 출력하시오.

(3) 훈련:평가=70%:30%로 구분하여 평가 데이터에 대한 혼동행렬, ROC, AUC를 출력하시오.

정답 최대 유의확률(키)=4.245441e−06 (거의 0에 가까운 값)

해설 statsmodels.api의 Logit()으로 로지스틱 회귀분석 모형을 구축(model)한다. 분석 모형 수행 결과에서 result.pvalues에 (키, 몸무게)에 대한 유의확률이 저장되며, 모두 0에 가까운 값을 가지므로 (키, 몸무게)가 성별의 결정에 유의한 영향을 미치는 것으로 판단된다.

```python
from google.colab import drive   #구글 드라이브 코랩 마운트
drive.mount('/content/drive')    #구글 드라이브 연결
import pandas as pd    #판다스 라이브러리
import numpy as np     #넘파이 라이브러리
import statsmodels.api as sm     #OLS(ordinary least squares, 최소제곱법)
data = pd.read_csv('/content/drive/MyDrive/work/eduhealth.csv', encoding='euc-kr')

dfnew = data.dropna()                       #결측값 제외
dfnew['성별'] = pd.factorize(dfnew['성별'], sort=True)[0].astype(int)
 #남=0, 여=1로 변환

model = sm.Logit(dfnew['성별'], sm.add_constant(dfnew[['키', '몸무게']]))
result = model.fit()
print(result.summary())
pvalues = result.pvalues   #유의확률 저장(키, 몸무게)
print(pvalues)
maxpvalues = max(pvalues)  #유의확률 최대값
print(maxpvalues)
print(round(maxpvalues, 3))
```

```
Optimization terminated successfully.
         Current function value: 0.674640
         Iterations 4
                           Logit Regression Results
==============================================================================
Dep. Variable:                     성별   No. Observations:                 9682
Model:                          Logit   Df Residuals:                     9679
Method:                           MLE   Df Model:                            2
Date:                Tue, 26 Dec 2023   Pseudo R-squ.:                  0.02625
Time:                        07:38:42   Log-Likelihood:                -6531.9
converged:                       True   LL-Null:                       -6707.9
Covariance Type:            nonrobust   LLR p-value:                 3.451e-77
==============================================================================
                 coef    std err          z      P>|z|      [0.025      0.975]
------------------------------------------------------------------------------
const          2.2643      0.270      8.384      0.000       1.735       2.794
키             -0.0107      0.002     -4.599      0.000      -0.015      -0.006
몸무게          -0.0131      0.002     -5.577      0.000      -0.018      -0.008
==============================================================================

const    5.105976e-17
키        4.245441e-06
몸무게     2.441702e-08
dtype: float64
4.245441302186792e-06
0.0
```

훈련:평가＝70%:30%로 랜덤하게 분류[train_test_split() 이용]한 후, 평가 데이터에 대한 로지스틱 회귀분석 모형의 수행 결과는 다음과 같다. 남＝0, 여＝1로 변환하기 위해 map() 함수를 적용할 수 있으며, 혼동행렬은 (실제값, 예측값)으로 구한다. ROC 곡선은 (실제값, (로지스틱) 확률)을 이용한다.

```python
from google.colab import drive    #구글 드라이브 코랩 마운트
drive.mount('/content/drive')    #구글 드라이브 연결
import pandas as pd    #판다스 라이브러리
import numpy as np    #넘파이 라이브러리
from sklearn.model_selection import train_test_split    #(훈련,평가) 데이터 분할
from sklearn.metrics import accuracy_score, confusion_matrix, roc_curve, auc  #성능평가 지표
import matplotlib.pyplot as plt    #시각화
import statsmodels.api as sm       #OLS(ordinary least squares, 최소제곱법)
data = pd.read_csv('/content/drive/MyDrive/work/eduhealth.csv', encoding='euc-kr')
dfnew = data.dropna()              #결측값 제외
dfnew['성별'] = dfnew['성별'].map({'남':0, '여': 1})  #남=0, 여=1로 변환
X = dfnew[['키', '몸무게']]    #독립변수
y = dfnew['성별']             #종속변수
np.random.seed(123)          #랜덤 시드 번호 초기화
X = sm.add_constant(X)   #상수항 추가
X_train, X_test, y_train, y_test = train_test_split(X, y, test_size=0.3, random_state=123)
  #(훈련, 평가) 데이터 분할
model = sm.Logit(y_train, X_train)    #로지스틱 회귀분석 모형
result = model.fit()
print(result.summary)
y_pred_proba = result.predict(X_test)       #평가 데이터에 대한 (로지스틱) 확률
y_pred = (y_pred_proba >= 0.5).astype(int)   #0.5이상이면 1(여)로 예측
accuracy = accuracy_score(y_test, y_pred)    #분류 정확도
print(f'평가 데이터에 대한 정확도: {accuracy: .4f}')
confmatrix = confusion_matrix(y_test, y_pred)    #혼동행렬
print(confmatrix)
fpr, tpr, thresholds = roc_curve(y_test, y_pred_proba)   #ROC 곡선 정의
roc_auc = auc(fpr, tpr)           #AUC(Area under the ROC curve)
print(f'AUC: {roc_auc: .4f}')
plt.figure(figsize=(8,8))         #ROC 곡선 출력
plt.plot(fpr, tpr, color='darkorange', lw=2, label=f'AUC = {roc_auc:.2f}')
plt.plot([0, 1], [0, 1], color='navy', lw=2, linestyle='--')
plt.xlim([0.0, 1.0])
plt.ylim([0.0, 1.05])
plt.xlabel('False Positive Rate')
plt.ylabel('True Positive Rate')
plt.title('ROC Curve')
plt.legend(loc='lower right')
plt.show()
```

수행 결과는 다음과 같다. 평가 데이터에 대한 정확도=53.43%이고 AUC=0.6309이다.

```
평가 데이터에 대한 정확도:  0.5343
[[948 547]
 [806 604]]
AUC:  0.6309
<ipython-input-8-9feea892d6fe>:11: SettingWithCopyWarning:
A value is trying to be set on a copy of a slice from a DataFrame.
Try using .loc[row_indexer,col_indexer] = value instead
  dfnew['성별'] = dfnew['성별'].map({'남':0, '여': 1})   #남=0, 여=1로 변환
```

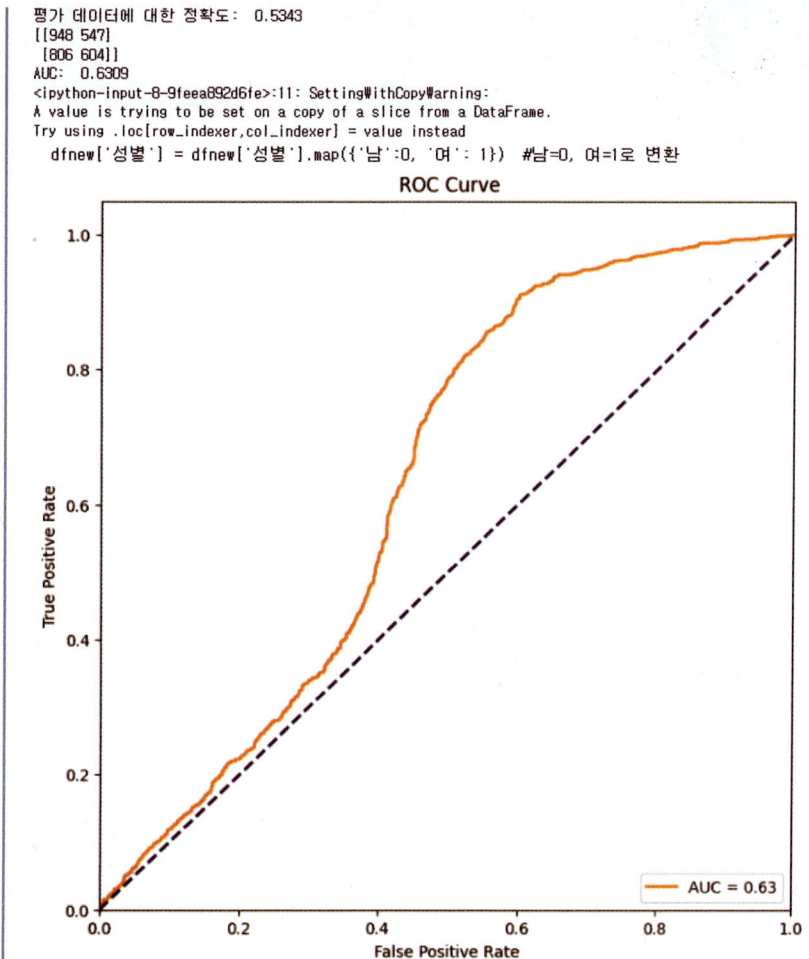

(2024년 6월 22일)
제8회 빅데이터분석기사 실기 기출복원문제

I. 작업형 제1유형

01 세계 음주 데이터(drinks.csv)는 (country, beer, spirit, wine, total, continent)=(나라, 맥주 소비량, 증류주 소비량, 와인 소비량, 총 알코올 소비량, 대륙)으로서 연간 1인당 음주 소비량(liter)을 나타낸다. 맥주 소비량이 가장 높은 대륙, 나라, 맥주 소비량을 출력하시오. 그리고 맥주 소비량이 가장 높은 대륙에 속한 나라들 중 5번째로 맥주 소비량이 많은 나라와 맥주 소비량을 출력하시오.

	A	B	C	D	E	F
1	country	beer	spirit	wine	total	continent
2	Afghanistan	0	0	0	0	AS
3	Albania	89	132	54	4.9	EU
4	Algeria	25	0	14	0.7	AF
5	Andorra	245	138	312	12.4	EU
6	Angola	217	57	45	5.9	AF
7	Antigua & Barbuda	102	128	45	4.9	NA
8	Argentina	193	25	221	8.3	SA
9	Armenia	21	179	11	3.8	EU
10	Australia	261	72	212	10.4	OC
11	Austria	279	75	191	9.7	EU
12	Azerbaijan	21	46	5	1.3	EU
13	Bahamas	122	176	51	6.3	NA
14	Bahrain	42	63	7	2	AS
15	Bangladesh	0	0	0	0	AS
16	Barbados	143	173	36	6.3	NA
17	Belarus	142	373	42	14.4	EU
18	Belgium	295	84	212	10.5	EU
19	Belize	263	114	8	6.8	NA
20	Benin	34	4	13	1.1	AF

정답
- 맥주 소비량이 가장 높은 대륙 : EU
- EU에서 맥주 소비량이 가장 높은 나라 : Czech Republic
- EU에서 맥주 소비량이 가장 높은 나라의 맥주 소비량 : 361
- EU에서 맥주 소비량이 5번째로 높은 나라 : Ireland
- EU에서 맥주 소비량이 5번째로 높은 나라의 맥주 소비량 : 313

📝 **해설** 결측값을 제외한 data에 대해 판다스 라이브러리의 groupby(), agg() 함수를 이용하여 대륙별 맥주 소비량을 구하고 내림차순 정렬(ascending=False)한다. agg() 함수로 맥주 소비량(beer)의 합계(sum)를 구해 beer_sum의 새로운 열로 저장(aggregate)한다. top_cont에는 맥주 소비량이 가장 많은 대륙(EU)이 저장(sum_cont.iloc[0]['continent'])된다. 그리고 .sort_values(), .reset_index()를 이용하여 맥주 소비량이 가장 많은 대륙(top_cont=EU)에 속하는 나라들에 대해 해당 나라들을 맥주 소비량 기준으로 내림차순 정렬하여 top_cont_data에 저장한다. 따라서 맥주 소비량이 가장 많은 대륙은 sum_cont.iloc[0]['continent']에 저장되고 맥주 소비량이 가장 많은 대륙(EU)에서 5번째로 맥주 소비량이 많은 나라와 맥주 소비량은 top_cont_data.loc[4, 'country']와 top_cont_data.loc[4, 'beer']에 각각 저장된다.

- sum_cont=data.groupby('continent').agg(beer_sum=('beer', 'sum')).reset_index() : 대륙별(continent)로 맥주 소비량의 합계를 구하고 인덱스를 새롭게 정의
- sum_cont=sum_cont.sort_values(by='beer_sum', ascending=False) : 맥주 소비량 합계를 내림차순 정렬
- top_cont=sum_cont.iloc[0]['continent'] : 맥주 소비량이 가장 많은 대륙
- top_cont_data : 맥주 소비량이 가장 높은 대륙의 나라별 맥주 소비량(내림차순 정렬)
- top_cont_data.loc[4, 'country'] : 맥주 소비량이 5번째로 높은 나라
- top_cont_data.loc[4, 'beer'] : 맥주 소비량이 5번째로 높은 나라의 맥주 소비량

```python
from google.colab import drive    #구글 드라이브 코랩 마운트
drive.mount('/content/drive')     #구글 드라이브 연결
import pandas as pd               #판다스 라이브러리
data = pd.read_csv('/content/drive/MyDrive/work/drinks.csv', encoding='euc-kr')
data = data.dropna()              #결측값 제외
print(data.head())                #첫 5행 출력

sum_cont = data.groupby('continent').agg(beer_sum=('beer', 'sum')).reset_index()
        #대륙별(continent)로 맥주소비량(beer)의 합계(beer_sum) 계산
sum_cont = sum_cont.sort_values(by='beer_sum', ascending=False)
        #beer_sum의 내림차순 정렬
print('+++++ 대륙별 맥주 소비량 합계 +++++')
print(sum_cont)

top_cont = sum_cont.iloc[0]['continent']    #맥주 소비량이 가장 많은 대륙
print('+++++ 맥주 소비량이 가장 높은 대륙 +++++')
print(top_cont)

top_cont_data = (
    data[data['continent'] == top_cont]
    .sort_values(by="beer", ascending=False)
    .reset_index(drop=True)
)
#맥주소비량이 가장 많은 대륙(EU)에 속한 나라의 맥주소비량 내림차순 정렬
#기존 인덱스 삭제하고 새로운 인덱스 설정(drop=True)

print('***** 맥주 소비량이 가장 높은 대륙의 국가별 맥주 소비량 *****')
print(top_cont_data)

print('맥주 소비량이 가장 높은 나라: ', end=''); print(top_cont_data.loc[0, 'country'])
print('맥주 소비량이 가장 높은 나라의 맥주 소비량: ', end=''); print(top_cont_data.loc[0, 'beer'])
print('맥주 소비량이 5번째로 높은 나라: ', end=''); print(top_cont_data.loc[4, 'country'])
print('맥주 소비량이 5번째로 높은 나라의 맥주 소비량: ', end=''); print(top_cont_data.loc[4, 'beer'])
```

수행 결과는 다음과 같다. 대륙별 맥주 소비량의 합계는 sum_cont에, 맥주 소비량이 가장 높은 대륙(EU)에 속한 나라들에 대한 맥주 소비량은 top_cont_data에 저장된다.

```
      country       beer  spirit  wine  total continent
0  Afghanistan         0       0     0    0.0        AS
1      Albania        89     132    54    4.9        EU
2      Algeria        25       0    14    0.7        AF
3      Andorra       245     138   312   12.4        EU
4       Angola       217      57    45    5.9        AF
+++++ 대륙별 맥주 소비량 합계 +++++
  continent  beer_sum
2        EU      8720
0        AF      3258
4        SA      2101
1        AS      1630
3        OC      1435
+++++ 맥주 소비량이 가장 높은 대륙 +++++
EU
+++++ 맥주 소비량이 가장 높은 대륙의 국가별 맥주 소비량 +++++
          country  beer  spirit  wine  total continent
0  Czech Republic   361     170   134   11.8        EU
1         Germany   346     117   175   11.3        EU
2          Poland   343     215    56   10.9        EU
3       Lithuania   343     244    56   12.9        EU
4         Ireland   313     118   165   11.4        EU
5         Romania   297     122   167   10.4        EU
6         Belgium   295      84   212   10.5        EU
7           Spain   284     157   112   10.0        EU
8          Serbia   283     131   127    9.6        EU
9          Latvia   281     216    62   10.5        EU
10        Austria   279      75   191    9.7        EU

맥주 소비량이 가장 높은 나라:  Czech Republic
맥주 소비량이 가장 높은 나라의 맥주 소비량:  361
맥주 소비량이 5번째로 높은 나라:  Ireland
맥주 소비량이 5번째로 높은 나라의 맥주 소비량:  313
```

02 우리나라에 입국한 나라별 입국 데이터(tour.csv)는 (country, people, growth)=(국가, 인원(명), 성장률(%))을 나타낸다. 전체 입국자 수에 대한 각국의 입국자 수의 비율을 구하여 새로운 열(composition)로 추가하시오. 입국자 수의 비율이 가장 높은 나라의 입국자 수 비율과 5번째로 입국자 수의 비율이 높은 나라의 입국자 수 비율의 합계를 출력하시오.

country	people	growth
일본	2,316,429	680.30%
중국	2,019,424	788.20%
대만	960,607	1217.30%
필리핀	342,819	71.50%
홍콩	403,984	560.20%
태국	379,442	111.70%
말레이시아	259,872	268.90%
싱가포르	347,814	110.40%
인도네시아	250,249	134.40%
인도	122,771	89.40%
베트남	420,688	127.30%
미얀마	56,717	-14.00%
몽골	135,216	115.80%
스리랑카	21,404	38.70%
파키스탄	12,197	28.20%
방글라데시	19,888	30.20%
중동	203,220	63.20%
우즈베키스탄	52,480	45.00%
터키	31,748	75.90%

정답
- 입국자 수의 비율이 가장 높은 나라(일본)의 입국자 수 비율 : 19.459%
- 5번째로 입국자 수의 비율이 높은 나라(구주)의 입국자 수 비율 : 7.712%
- 가장 높은 입국자 수 비율+5번째로 높은 입국자 수 비율의 합계 : 27.171%

해설 입국자 수의 합계(total)를 구하고 각 나라의 입국자 수를 전체 입국자 수로 나눈 비율을 새로운 열(data['composition'])로 추가한다. 판다스 라이브러리의 .sort_values()를 이용하여 composition 열을 기준으로 내림차순 정렬(ascending=False)하여 sorted_data에 저장한다. 입국자 수 비율이 가장 높은 값(sorted_data.iloc[0]['composition'])과 5번째의 값(sorted_data.iloc[4]['composition'])을 이용하여 비율의 합계를 출력한다.

- total=data['people'].sum : 입국자 수(people)의 합계
- data['composition']=data['people']/total : 입국자 수의 비율
- sorted_data=data.sort_values(by='composition', ascending=False) : 입국자 수 비율 내림차순 정렬
- top1=sorted_data.iloc[0]['composition'] : 입국자 수 비율이 가장 높은 나라의 비율
- top5=sorted_data.iloc[4]['composition'] : 입국자 수 비율이 5번째로 높은 나라의 비율
- comp_sum=(top1+top5)*100 : 비율의 합계(%)

```python
from google.colab import drive    #구글 드라이브 코랩 마운트
drive.mount('/content/drive')     #구글 드라이브 연결
import pandas as pd               #판다스 라이브러리
data = pd.read_csv('/content/drive/MyDrive/work/tour.csv', encoding='euc-kr')
data = data.dropna()              #결측값 제외
print(data.head())                #첫 5행 출력

total = data['people'].sum()                      #people 합계
data['composition'] = data['people'] / total      #입국자 수의 비율

sorted_data = data.sort_values(by='composition', ascending=False)
#입국자수비율(composition)의 내림차순 정렬(ascending=False)
print('+++++ 입국자수 비율 내림차순 정렬 결과  +++++')
print(sorted_data.head())

top1 = sorted_data.iloc[0]['composition']    #입국자수비율이 가장 높은 나라의 비율
top5 = sorted_data.iloc[4]['composition']    #입국자수비율이 5번째로 높은 나라의 비율
comp_sum = (top1+top5) * 100                 #비율의 합계(%)

print(f'가장 높은 비율: {round(top1*100, 3)}')
print(f'5번째 높은 비율: {round(top5*100, 3)}')
print(f'비율의 합계: {round(comp_sum, 3)}')

print('입국자 수 비율이 가장 높은 나라')
print(sorted_data.iloc[0]['country'])

print('입국자 수 비율이 5번째로 높은 나라')
print(sorted_data.iloc[4]['country'])
```

수행 결과는 다음과 같다. 입국자 수 비율이 가장 높은 나라와 5번째로 높은 나라는 sorted_data.iloc[0]['country'], sorted_data.iloc[4]['country']에 각각 저장된다.

```
   country   people   growth
0     일본  2316429   680.30%
1     중국  2019424   788.20%
2     대만   960607  1217.30%
3    필리핀   342819    71.50%
4     홍콩   403984   560.20%
+++++ 입국자수 비율 내림차순 정렬 결과  +++++
   country   people   growth  composition
0     일본  2316429   680.30%     0.194587
1     중국  2019424   788.20%     0.169638
25    미국  1086415    99.80%     0.091262
2     대만   960607  1217.30%     0.080694
36    구주   918059   126.10%     0.077120
가장 높은 비율: 19.459
5번째 높은 비율: 7.712
비율의 합계: 27.171
입국자 수 비율이 가장 높은 나라
일본
입국자 수 비율이 5번째로 높은 나라
구주
```

03 서울에서 측정한 대기오염 물질 측정량 데이터(air.csv)는 (dataTime, stationName, so2Value, coValue, o3Value, no2Value, pm10Value)=(측정일자, 측정장소, 아황산가스, 일산화탄소, 오존, 이산화질소, 미세먼지)를 나타낸다. coValue와 pm10Value 데이터에 대해 MinMax 스케일링(최대−최소 변환) 전처리 작업 후, 표준편차의 차이를 출력하시오. 단, 데이터 전처리 후 출력할 계산식=coValue의 표준편차−pm10Value의 표준편차이다.

	A	B	C	D	E	F	G	H
1		dataTime	stationName	so2Value	coValue	o3Value	no2Value	pm10Value
2	1	2022-08-03	중구	0.003	0.2	0.035	0.017	30
3	2	2022-07-01	한강대로	0.004	0.5	0.015	0.036	48
4	3	2022-06-03	종로구	0.002	0.4	0.042	0.014	28
5	4	2022-06-13	청계천로	0.004	0.5	0.034	0.024	36
6	5	2022-06-22	종로	0.003	0.2	0.027	0.016	29
7	6	2022-09-03	용산구	0.003	0.2	0.041	0.007	22
8	7	2022-10-03	광진구	0.003	0.4	0.04	0.008	28
9	9	2022-11-15	강변북로	0.002	0.5	0.029	0.026	21
10	10	2021-08-03	중랑구	0.002	0.3	0.047	0.011	32
11	11	2021-09-03	동대문구	0.003	0.3	0.032	0.012	14
12	12	2021-09-13	홍릉로	0.003	0.6	0.032	0.031	32
13	13	2021-11-03	성북구	0.002	0.3	0.045	0.012	27
14	14	2021-09-03	정릉로	0.002	0.3	0.036	0.029	31
15	15	2021-12-03	도봉구	0.001	0.3	0.045	0.005	25
16	16	2020-08-03	은평구	0.002	0.3	0.041	0.008	28
17	17	2020-11-03	서대문구	0.002	0.4	0.042	0.01	24
18	18	2020-07-03	마포구	0.002	0.1	0.039	0.012	30
19	19	2020-08-03	신촌로	0.003	0.6	0.019	0.054	47
20	20	2020-08-03	강서구	0.002	0.3	0.044	0.009	31

🔒 정답 데이터 전처리 후 출력할 계산식=coValue의 표준편차(0.233)−pm10Value의 표준편차(0.197)=0.036

📋 해설 결측값을 제거한 data에 대한 최대−최소 변환 함수식(def minmax(column))을 정의한다. coValue 열에 대한 데이터 변환 작업 처리결과는 data['co_scaled']에 저장하고 pm10Value 열에 대한 처리 결과는 data['pm_scaled']에 저장한다. 판다스 라이브러리의 .std()를 이용하여 표준편차를 구하고 그 차이(diff)를 계산한다.

- def minmax(column) : 최대−최소 변환 함수식 정의
- data['co_scaled']=minmax(data['coValue']) : coValue 데이터 최대−최소 변환
- data['pm_scaled']=minmax(data['pm10Value']) : pm10Value 데이터 최대−최소 변환
- co_sd=data['co_scaled'].std() : co_scaled 데이터 표준편차
- pm_sd=data['pm_scaled'].std() : pm_scaled 데이터 표준편차
- diff=co_sd−pm_sd : 표준편차의 차이

```python
from google.colab import drive   #구글 드라이브 코랩 마운트
drive.mount('/content/drive')    #구글 드라이브 연결
import pandas as pd              #판다스 라이브러리
data = pd.read_csv('/content/drive/MyDrive/work/air.csv', encoding='euc-kr')
data = data.dropna()             #결측값 제외
print(data.head())               #첫 5행 출력

def minmax(column):
  minval = column.min()
  maxval = column.max()
  return ((column - minval) / (maxval - minval))
#Min-Max (최대-최소 변환)

data['co_scaled'] = minmax(data['coValue'])    #coValue 열 변환
data['pm_scaled'] = minmax(data['pm10Value'])  #pm10Value 열 변환

co_sd = data['co_scaled'].std()   #표준편차 (co_scaled)
pm_sd = data['pm_scaled'].std()   #표준편차 (pm_scaled)
diff = co_sd - pm_sd              #표준편차의 차이

print(f'co_scaled의 표준편차: {round(co_sd, 3)}')
print(f'pm_scaled의 표준편차: {round(pm_sd, 3)}')
print(f'표준편차의 차이: {round(diff, 3)}')
```

수행 결과는 다음과 같다. co_scaled의 표준편차(0.233) − pm_scaled의 표준편차(0.197) = 0.036이다.

```
   Unnamed: 0    dataTime stationName  so2Value  coValue  o3Value  no2Value  ₩
0           1  2022-08-03          중구     0.003      0.2    0.035     0.017
1           2  2022-07-01        한강대로     0.004      0.5    0.015     0.036
2           3  2022-06-03         종로구     0.002      0.4    0.042     0.014
3           4  2022-06-13        청계천로     0.004      0.5    0.034     0.024
4           5  2022-06-22          종로     0.003      0.2    0.027     0.016

   pm10Value
0         30
1         48
2         28
3         36
4         29
co_scaled의 표준편차: 0.233
pm_scaled의 표준편차: 0.197
표준편차의 차이: 0.036
```

Ⅱ 작업형 제2유형

> 서울 지하철역 일일 이용자 수 데이터(train.csv)는 (date, line, station, in_people, out_people)=(사용일자, 호선명, 역명, 승차총승객수, 하차총승객수)를 나타낸다. 랜덤 포레스트 모형을 이용하여 지하철 호선(line)에 따른 승차 승객수(in_people)를 예측하려고 한다. RandomForestRegressor()와 DecisionTreeRegressor() 함수를 이용하여 예측하고 각 모형의 예측 결과에 대한 평균 절대오차(MAE; Mean of Absolute Errors)를 서로 비교하시오.

	A	B	C	D	E
1	date	line	station	in_people	out_people
2	20240624	우이신설선	4.19민주묘지	3266	3046
3	20240624	경원선	가능	6955	6836
4	20240624	8호선	가락시장	8590	9334
5	20240624	3호선	가락시장	10100	9808
6	20240624	경부선	가산디지털단지	19946	22619
7	20240624	7호선	가산디지털단지	51065	52068
8	20240624	9호선	가양	24316	23983
9	20240624	우이신설선	가오리	4814	4818
10	20240624	경의선	가좌	6571	6162
11	20240624	분당선	가천대	8765	9362
12	20240624	경춘선	가평	2201	2585
13	20240624	경인선	간석	6283	5976
14	20240624	경춘선	갈매	3268	2910
15	20240624	2호선	강남	87965	85798
16	20240624	분당선	강남구청	10609	12321
17	20240624	7호선	강남구청	17657	19413
18	20240624	5호선	강동	19675	19351
19	20240624	8호선	강동구청	11523	11987
20	20240624	경의선	강매	3659	3038

🔒 정답 및 해설

sklearn.ensemble의 RandomForestRegressor() 모듈을 이용하여 랜덤 포레스트 모형을 구축한다. 결측값이 제외된 df에 대해 70%의 훈련 데이터(train)를 이용하여 모형을 구축하고, 나머지 30%의 데이터에 대한 예측 결과를 new에 저장한다. 예측 결과에 대한 평균 절대오차는 sklearn.metrics의 mean_absolute_error() 함수를 이용하여 구하고, 평가 데이터에 대한 MAE=6072.928이다.

- label_encoder=LabelEncoder() : 문자열을 숫자로 변환하기 위한 레이블 인코딩
- df['line']=label_encoder.fit_transform(df['line']) : 지하철 호선명(line, 문자열)에 대한 숫자 변환
- train, test=train_test_split(df, test_size=0.3, random_state=123) : (훈련, 검증)데이터 분류(검증데이터 30%)
- rfmodel=RandomForestRegressor(n_estimators=100, random_state=123) : 랜덤 포레스트 모형
- test['predict']=rfmodel.predict(test[['line']]) : 검증 데이터 평가(예측)
- new=pd.DataFrame({'actual': test['in_people'], 'predict': test['predict']}) : (실제값, 예측값) 데이터프레임 저장
- mae_gap=mean_absolute_error(new['actual'], new['predict']) : MAE 계산

```python
from google.colab import drive   #구글 드라이브 코랩 마운트
drive.mount('/content/drive')    #구글 드라이브 연결
import pandas as pd              #판다스 라이브러리
import numpy as np               #넘파이 라이브러리
from sklearn.model_selection import train_test_split   #(학습, 검증) 데이터 랜덤 추출
from sklearn.metrics import mean_absolute_error  #성능평가, MAE
from sklearn.ensemble import RandomForestRegressor  #RandomForest(랜덤 포레스트)
from sklearn.preprocessing import LabelEncoder   #레이블 인코딩(문자열->숫자로 변환)
data = pd.read_csv('/content/drive/MyDrive/work/train.csv', encoding='euc-kr', header=0)
   #header=0: 컬럼명이 첫 번째 행에 위치
df = data.dropna()  #결측값 제거
print(df.head())
label_encoder = LabelEncoder()   #레이블 인코딩
df['line'] = label_encoder.fit_transform(df['line'])
print('%%%%% line 항목 레이블 인코딩 작업 후 %%%%%')
print(df.head())
np.random.seed(123)  #시드 번호 초기화

train, test = train_test_split(df, test_size=0.3, random_state=123)   #(훈련, 검증) 데이터 분류
rfmodel = RandomForestRegressor(n_estimators=100, random_state=123)
   #랜덤 포레스트 모형 구축, 트리의 개수=100
rfmodel.fit(train[['line']], train['in_people'])  #랜덤 포레스트 모형 적합(훈련)
test['predict'] = rfmodel.predict(test[['line']])  #검증 데이터 평가(예측)
new = pd.DataFrame({'actual': test['in_people'], 'predict': test['predict']})
   #실제값(actual)과 예측값(predict) 데이터프레임으로 저장
mae_gap = mean_absolute_error(new['actual'], new['predict'])   #MAE 계산
print('Mean of absolute errors (MAE) = ', end=''); print(round(mae_gap, 3))

new.to_csv('1234.csv', index=False)  #1234.csv 파일로 저장
result = pd.read_csv('1234.csv')
print(result.head())
```

수행 결과는 다음과 같다. 레이블 인코딩 결과, 우이신설선=23, 경원선=12, 8호선=7 등으로 문자열이 숫자로 변환되어 모형에 사용된다. RandomForestRegressor()의 경우 MAE=6072.928이다.

```
      date     line     station    in_people  out_people
0  20240624  우이신설선   4.19민주묘지       3266       3046
1  20240624    경원선       가능            6955       6836
2  20240624    8호선      가락시장          8590       9334
3  20240624    3호선      가락시장         10100       9808
4  20240624    경부선    가산디지털단지       19946      22619
%%%%% line 항목 레이블 인코딩 작업 후 %%%%%
      date  line     station    in_people  out_people
0  20240624    23   4.19민주묘지       3266       3046
1  20240624    12       가능            6955       6836
2  20240624     7     가락시장          8590       9334
3  20240624     2     가락시장         10100       9808
4  20240624    11   가산디지털단지       19946      22619
Mean of absolute errors (MAE) =  6072.928
   actual      predict
0    2379   9012.907549
1    6794   6461.258553
2    1471   4466.462122
3    2806   2138.790449
4    5640   3538.248179
```

의사결정나무 분석 기법 중 하나인 DecisionTreeRegressor() 함수를 이용한 결과는 다음과 같다. 동일한 (훈련, 테스트) 데이터에 대한 MAE=6,073.068이다. 한편, sklearn.model_selection 패키지의 GridSearchCV() 함수를 이용하여 교차검증 기법을 적용할 수 있으며, 구축된 모형의 성능을 향상(본 도서의 제3과목 6장 서포트벡터머신 참고)시킬 수 있다.

- dtmodel=DecisionTreeRegressor(random_state=123) : 의사결정나무 모형(연속형 변수 예측)

```
from google.colab import drive      #구글 드라이브 코랩 마운트
drive.mount('/content/drive')       #구글 드라이브 연결
import pandas as pd                 #판다스 라이브러리
import numpy as np                  #넘파이 라이브러리
from sklearn.model_selection import train_test_split    #(학습, 검증) 데이터 랜덤 추출
from sklearn.metrics import mean_absolute_error  #성능평가, MAE
from sklearn.tree import DecisionTreeRegressor   #Decision Tree Regressor(의사결정나무)
from sklearn.preprocessing import LabelEncoder   #레이블 인코딩(문자열->숫자로 변환)
data = pd.read_csv('/content/drive/MyDrive/work/train.csv', encoding='euc-kr', header=0)
        #header=0: 컬럼명이 첫 번째 행에 위치
df = data.dropna()  #결측값 제거
print(df.head())
label_encoder = LabelEncoder()   #레이블 인코딩
df['line'] = label_encoder.fit_transform(df['line'])
print('%%%%% line 항목 레이블 인코딩 작업 후 %%%%%')
print(df.head())
np.random.seed(123)   #시드 번호 초기화

train, test = train_test_split(df, test_size=0.3, random_state=123)   #(훈련, 검증) 데이터 분류
dtmodel = DecisionTreeRegressor(random_state=123)
   #의사결정나무 모형 구축
dtmodel.fit(train[['line']], train['in_people'])   #의사결정나무 모형 적합(훈련)
test['predict'] = dtmodel.predict(test[['line']])  #검증 데이터 평가(예측)
new = pd.DataFrame({'actual': test['in_people'], 'predict': test['predict']})
   #실제값(actual)과 예측값(predict) 데이터프레임으로 저장
mae_gap = mean_absolute_error(new['actual'], new['predict'])   #MAE 계산
print('Mean of absolute errors (MAE) = ', end=''); print(round(mae_gap, 3))

new.to_csv('1234.csv', index=False)   #1234.csv 파일로 저장
result = pd.read_csv('1234.csv')
print(result.head())
```

수행 결과는 다음과 같다. 동일한 검증 데이터에 대한 예측 에러는 MAE＝6073.0680이다.

```
Mounted at /content/drive
      date   line    station  in_people  out_people
0  20240624  우이신설선  4.19민주묘지       3266        3046
1  20240624   경원선       가능        6955        6836
2  20240624   8호선     가락시장        8590        9334
3  20240624   3호선     가락시장       10100        9808
4  20240624   경부선   가산디지털단지      19946       22619
%%%%% line 항목 레이블 인코딩 작업 후 %%%%%
      date  line    station  in_people  out_people
0  20240624    23  4.19민주묘지       3266        3046
1  20240624    12       가능        6955        6836
2  20240624     7     가락시장        8590        9334
3  20240624     2     가락시장       10100        9808
4  20240624    11   가산디지털단지      19946       22619
Mean of absolute errors (MAE) = 6073.068
   actual      predict
0    2379  9017.965356
1    6794  6422.475169
2    1471  4471.502618
3    2806  2142.816901
4    5640  3533.329832
```

Ⅲ 작업형 제3유형

01 Ionosphere.csv 데이터는 대기의 이온층(전리층) 상태(good, bad)를 34가지 항목(V1~V34)을 기준으로 분류한 자료이다. (V1, V2)를 제외한 항목(V3~V24)을 이용하여 이온층의 상태(Class)를 로지스틱 회귀분석을 이용하여 분류하고자 한다. 다음 수행 결과를 출력하시오.

(1) 유의확률이 유의수준＝0.01보다 작은 독립변수명과 개수를 출력하시오.

(2) 유의확률이 0.01보다 작은 유의한 독립변수만을 이용하여 로지스틱 회귀분석 모형을 다시 구축하고, 구축된 모형에서 독립변수에 대한 회귀계수의 평균값을 소수점 이하 셋째 자리까지 출력하시오.

(3) V22 항목에 대한 이온층의 상태(Class) 오즈비(Odds Ratio, V22의 변화가 이온층의 상태에 미치는 영향)를 소수점 이하 셋째 자리까지 출력하시오.

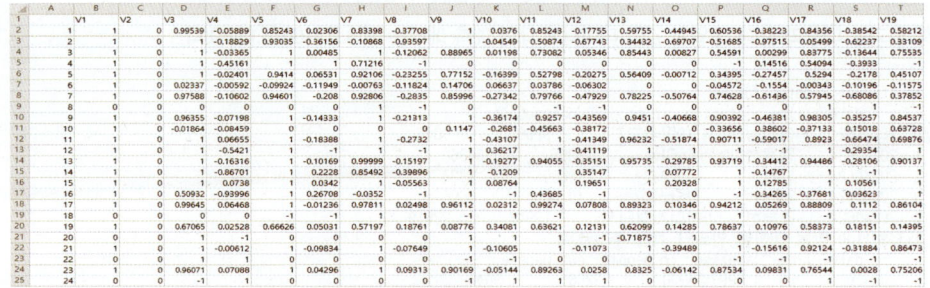

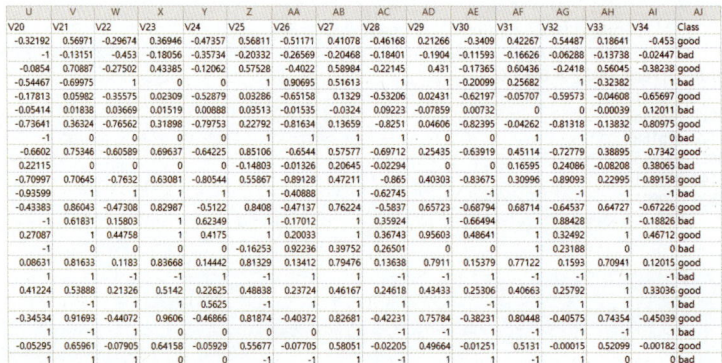

정답 (1) 유의확률이 유의수준=0.01보다 작은 독립변수명 : V3, V5, V6, V8, V9, V11, V14, V22, V24, V26, V27
개수 : 11개
(2) 유의한 독립변수에 대한 회귀계수의 평균값 : 0.591
(3) V22 항목에 대한 이온층의 상태(Class) 오즈비 : 0.055

해설 Ionosphere.csv에서 첫 번째 열을 제거한 후 결측값을 제외하고 (V1, V2)의 열항목을 제외하여 iono에 저장한다. 이온층의 상태가 good인 경우 1, bad인 경우 0으로 Class 열을 정수로 저장한다.

```
from google.colab import drive    #구글 드라이브 코랩 마운트
drive.mount('/content/drive')      #구글 드라이브 연결
import pandas as pd                 #판다스 라이브러리

data = pd.read_csv('/content/drive/MyDrive/work/Ionosphere.csv', header=0)
    #header=0: 컬럼명이 첫 번째 행에 위치
data = data.iloc[:, 1:]    #첫번째 열 제거
df = data.dropna()         #결측값 제거
print(df.head())

iono = df.drop(columns=['V1','V2'])   #(V1, V2) 열 제거

iono['Class'] = iono['Class'].apply(lambda X: 1 if X == 'good' else 0)
#Class 컬럼 변환 (이온층의 상태가 good인 경우 1, bad인 경우 0)
print(iono.head())
```

수행 결과는 다음과 같다. (V1, V2) 열이 제거되고 Class 열이 정수(good=1 또는 bad=0)로 저장된다.

```
   V1 V2       V3       V4       V5       V6       V7       V8       V9
0   1  0  0.99539 -0.05889  0.85243  0.02306  0.83398 -0.37708  1.00000
1   1  0  1.00000 -0.18829  0.93035 -0.36156 -0.10868 -0.93597  1.00000
2   1  0  1.00000 -0.03365  1.00000  0.00485  1.00000 -0.12062  0.88965
3   1  0  1.00000 -0.45161  1.00000  1.00000  0.71216 -1.00000  0.00000
4   1  0  1.00000 -0.02401  0.94140  0.06531  0.92106 -0.23255  0.77152

      V10  ...      V26      V27      V28      V29      V30      V31
0  0.03760 ... -0.51171  0.41078 -0.46168  0.21266 -0.34090  0.42267
1 -0.04549 ... -0.26569 -0.20468 -0.18401 -0.19040 -0.11593 -0.16626
2  0.01198 ... -0.40220  0.58984 -0.22145  0.43100 -0.17365  0.60436
3  0.00000 ...  0.90695  0.51613  1.00000  1.00000 -0.20099  0.25682
4 -0.16399 ... -0.65158  0.13290 -0.53206  0.02431 -0.62197 -0.05707

      V32      V33      V34  Class
0 -0.54487  0.18641 -0.45300   good
1 -0.06288 -0.13738 -0.02447    bad
2 -0.24180  0.56045 -0.38238   good
3  1.00000 -0.32382  1.00000    bad
4 -0.59573 -0.04608 -0.65697   good

[5 rows x 35 columns]
       V3       V4       V5       V6       V7       V8       V9      V10
0  0.99539 -0.05889  0.85243  0.02306  0.83398 -0.37708  1.00000  0.03760
1  1.00000 -0.18829  0.93035 -0.36156 -0.10868 -0.93597  1.00000 -0.04549
2  1.00000 -0.03365  1.00000  0.00485  1.00000 -0.12062  0.88965  0.01198
3  1.00000 -0.45161  1.00000  1.00000  0.71216 -1.00000  0.00000  0.00000
4  1.00000 -0.02401  0.94140  0.06531  0.92106 -0.23255  0.77152 -0.16399

      V11      V12  ...      V26      V27      V28      V29      V30
0  0.85243 -0.17755 ... -0.51171  0.41078 -0.46168  0.21266 -0.34090
1  0.50874 -0.67743 ... -0.26569 -0.20468 -0.18401 -0.19040 -0.11593
2  0.73082  0.05346 ... -0.40220  0.58984 -0.22145  0.43100 -0.17365
3  0.00000  0.00000 ...  0.90695  0.51613  1.00000  1.00000 -0.20099
4  0.52798 -0.20275 ... -0.65158  0.13290 -0.53206  0.02431 -0.62197

      V31      V32      V33      V34  Class
0  0.42267 -0.54487  0.18641 -0.45300      1
1 -0.16626 -0.06288 -0.13738 -0.02447      0
2  0.60436 -0.24180  0.56045 -0.38238      1
3  0.25682  1.00000 -0.32382  1.00000      0
4 -0.05707 -0.59573 -0.04608 -0.65697      1
```

statsmodels.api의 Logit() 함수를 이용하여 로지스틱 회귀분석 모형을 구축한다. 각 변수들에 대한 유의확률은 'P>|z|'에 저장된다.

- X=iono.drop(columns=['Class']) : 독립변수
- y=iono['Class'] : 종속변수(이온층의 상태)
- X=sm.add_constant(X) : 절편 항목 추가
- model=sm.Logit(y, X).fit() : 로지스틱 회귀분석 모형
- summary=model.summary2().tables[1] : 변수별(회귀계수, 표준오차, z, p−value, 95% 신뢰구간) 저장
- sig_vars=summary[summary['P>|z|']<0.01] : p−value<0.01인 변수 추출
- var_names=sig_vars.index.tolist() : 유의한 변수명 저장
- new_model=sm.Logit(y, X_new).fit() : 유의한 변수로 모형 구축
- coeff=new_model.params : 회귀계수
- mean_coeff=coeff[1:].mean() : 회귀계수의 평균(첫 번째 요소인 절편을 제외한 나머지 요소들의 평균)
- odds=np.exp(new_model.params['V22']) : V22 항목에 대한 이온층 상태 오즈비

```
from google.colab import drive    #구글 드라이브 코랩 마운트
drive.mount('/content/drive')     #구글 드라이브 연결
import pandas as pd               #판다스 라이브러리
import numpy as np                #넘파이 라이브러리
import statsmodels.api as sm      #로지스틱 회귀분석 (Logit)
data = pd.read_csv('/content/drive/MyDrive/work/Ionosphere.csv', header=0)
    #header=0: 컬럼명이 첫 번째 행에 위치
data = data.iloc[:, 1:]    #첫번째 열 제거
df = data.dropna()         #결측값 제거
iono = df.drop(columns=['V1','V2'])   #(V1, V2) 열 제거
iono['Class'] = iono['Class'].apply(lambda x: 1 if x == 'good' else 0)
#Class 컬럼 변환 (이온층의 상태가 good인 경우 1, bad인 경우 0)
X = iono.drop(columns=['Class'])     #독립변수(V)
y = iono['Class']                    #종속변수(이온층의 상태)
X = sm.add_constant(X)               #절편 추가
model = sm.Logit(y, X).fit()         #로지스틱 회귀분석 모형
summary = model.summary2().tables[1]
    #회귀계수, 표준오차, z, p-value, 95%신뢰구간 저장
print(summary)   #분석결과 출력
sig_vars = summary[summary['P>|z|'] < 0.01]  #p-value < 0.01인 유의한 변수 필터링
var_names = sig_vars.index.tolist()          #유의한 변수명
count = len(sig_vars) - 1                    #절편을 제외한 변수의 개수
print(var_names); print(count)

selected_vars = ['const','V3','V5','V6','V8','V9','V11','V14','V22','V24','V26','V27']
#유의한 변수
X_new = X[selected_vars]             #독립변수
new_model = sm.Logit(y, X_new).fit() #로지스틱 회귀분석 모형

coeff = new_model.params         #회귀계수
mean_coeff = coeff[1:].mean()    #회귀계수의 평균
print(round(mean_coeff, 3))

odds = np.exp(new_model.params['V22'])
#V22 항목에 대한 이온층 상태 오즈비(회귀계수의 지수승)
print(round(odds, 3))
```

수행 결과는 다음과 같다. 유의확률이 0.01보다 작은 변수는 11개이다. 유의한 변수만을 이용하여 로지스틱 회귀분석 모형을 다시 구축(new_model)하고 회귀계수의 평균을 구하면 mean_coeff=0.591이다. 재구축된 로지스틱 회귀분석 모형에서 V22 항목에 대한 이온층의 상태 오즈비(회귀계수의 지수승)를 구하면 odds=0.055이다. 따라서 오즈비가 1보다 작아 V22 항목의 값이 증가하는 경우, 이온층의 상태는 bad가 될 확률이 높은 것으로 해석된다.

```
Optimization terminated successfully.
        Current function value: 0.222603
        Iterations 9
          Coef.   Std.Err.        z        P>|z|       [0.025    0.975]
const  -3.565964  0.639536 -5.575864  2.463048e-08  -4.819431 -2.312497
V3      3.023799  0.871912  3.468011  5.243257e-04   1.314884  4.732714
V4      1.193290  0.895702  1.332240  1.827814e-01  -0.562254  2.948833
V5      3.833542  1.046801  3.662150  2.501069e-04   1.781850  5.885234
V6      2.660597  0.974585  2.729978  6.333848e-03   0.750445  4.570748
V7     -0.219468  0.879187 -0.249626  8.028767e-01  -1.942644  1.503708
V8      2.992257  0.818501  3.655776  2.564049e-04   1.388024  4.596490
V9      2.708380  1.010741  2.679598  7.371060e-03   0.727364  4.689397
V10    -0.368231  0.697541 -0.527899  5.975693e-01  -1.735386  0.998924
V11    -2.709690  0.939839 -2.883141  3.937312e-03  -4.551741 -0.867638
V12    -1.401684  0.817254 -1.715114  8.632433e-02  -3.003472  0.200105
V13    -1.347031  1.065175 -1.264610  2.060112e-01  -3.434735  0.740674
V14     1.934838  0.683707  2.829925  4.655898e-03   0.594798  3.274879
V15     2.638881  1.131445  2.332311  1.968433e-02   0.421290  4.856472
V16    -0.539800  0.793161 -0.680568  4.961446e-01  -2.094368  1.014767
V17     0.825277  0.813160  1.014901  3.101530e-01  -0.768488  2.419042
V18     0.960059  0.622278  1.542813  1.228762e-01  -0.259584  2.179702
V19    -1.623953  0.800264 -2.029272  4.243062e-02  -3.192442 -0.055465
V20    -0.233550  0.918975 -0.254142  7.993861e-01  -2.034707  1.567607
V21    -0.036487  1.015129 -0.035943  9.713275e-01  -2.026104  1.953130
V22    -3.916313  0.879762 -4.451561  8.524816e-06  -5.640615 -2.192012
V23     1.724059  1.042716  1.653431  9.824316e-02  -0.319627  3.767745
V24     1.855967  0.666768  2.783526  5.377156e-03   0.549125  3.162810
V25     0.618472  0.757067  0.816931  4.139680e-01  -0.865353  2.102296
V26     2.935403  0.747360  3.927695  8.576389e-05   1.470604  4.400202
V27    -4.391112  0.949254 -4.625855  3.730554e-06  -6.251615 -2.530608
V28    -1.452365  0.779009 -1.864376  6.226898e-02  -2.979193  0.074464
V29     1.379277  0.825811  1.670209  9.487809e-02  -0.239283  2.997838
V30     1.259587  0.784414  1.605767  1.083251e-01  -0.277837  2.797010
V31     1.255187  0.762768  1.645569  9.985249e-02  -0.239810  2.750184
V32    -0.869661  0.794167 -1.095061  2.734901e-01  -2.426200  0.686878
V33     0.081664  1.054836  0.077419  9.382904e-01  -1.985777  2.149105
V34    -1.904493  0.855580 -2.225967  2.601640e-02  -3.581399 -0.227587
['const', 'V3', 'V5', 'V6', 'V8', 'V9', 'V11', 'V14', 'V22', 'V24', 'V26', 'V27']
11
Optimization terminated successfully.
        Current function value: 0.313127
        Iterations 8
0.591
0.055
```

02 iqsize.csv는 (PIQ, Brain, Height, Weight)=(지능지수, 두뇌 크기, 키, 몸무게)로서 두뇌 크기, 키, 몸무게에 따른 지능지수 데이터를 나타낸다. 세 가지 독립변수(Brain, Height, Weight)를 이용하여 지능지수(PIQ)를 예측하고자 다중선형 회귀분석 모형을 이용한다. 다음 결과를 출력하시오.

(1) 세 가지 독립변수(Brain, Height, Weight)에 대한 유의확률(p-value)이 가장 작은 변수의 회귀계수를 소수점 이하 셋째 자리까지 출력하시오.

(2) 구축된 회귀분석 모형에 대한 결정계수 값을 소수점 이하 셋째 자리까지 출력하시오.

(3) Brain=90, Height=70, Weight=150일 때 PIQ 값을 예측하시오. 단, 예측값을 소수점 이하 셋째 자리까지 출력하시오.

PIQ	Brain	Height	Weight
124	81.69	64.5	118
150	103.84	73.3	143
128	96.54	68.8	172
134	95.15	65	147
110	92.88	69	146
131	99.13	64.5	138
98	85.43	66	175
84	90.49	66.3	134
147	95.55	68.8	172
124	83.39	64.5	118
128	107.95	70	151
124	92.41	69	155
147	85.65	70.5	155
90	87.89	66	146
96	86.54	68	135
120	85.22	68.5	127
102	94.51	73.5	178
84	80.8	66.3	136
86	88.91	70	180

정답
(1) 유의확률(p-value)이 가장 작은 변수의 회귀계수 : 2.06
(2) 결정계수 : 0.295
(3) Brain=90, Height=70, Weight=150일 때 PIQ 값 : PIQ=105.636

해설 ols() 함수를 이용하여 다중선형 회귀분석 모형을 구축(model)한다. model.params에는 회귀계수, model.pvalues에는 유의확률이 저장된다. pvalues[1:].idxmin()로 최소 p-value의 인덱스를 구하고 coef[min_index]를 이용하여 최소 p-value를 가지는 변수의 회귀계수 값을 저장한다. 여기서 .idxmin() 함수는 최솟값을 가지는 인덱스를 반환한다. 구축된 모형의 model.rsquared에는 모형의 결정계수 값이 저장된다.

> - model=ols(formula='PIQ ~ Brain+Height+Weight', data=data).fit() : 다중선형 회귀분석 모형 구축
> - coef=model.params : 회귀계수
> - pvalues=model.pvalues : p-value(유의확률)
> - min_index=pvalues[1:].idxmin() : 최소 p-value 인덱스(절편 제외하여 두 번째 요소부터 마지막 요소 선택)
> - min_coef=coef[min_index] : 최소 p-value를 갖는 변수의 회귀계수
> - rsq=model.rsquared : 결정계수
> - predicted=model.predict(new_data) : new_data에 대한 PIQ 예측 결과

```python
from google.colab import drive   #구글 드라이브 코랩 마운트
drive.mount('/content/drive')    #구글 드라이브 연결
import pandas as pd              #판다스 라이브러리
from statsmodels.formula.api import ols   #선형회귀분석 모형(ordinary least squares)
data = pd.read_csv('/content/drive/MyDrive/work/iqsize.csv', header=0)
    #header=0: 컬럼명이 첫 번째 행에 위치
model = ols(formula='PIQ ~ Brain + Height + Weight', data=data).fit()
#선형회귀분석 모형 구축
coef = model.params         #회귀계수
pvalues = model.pvalues     #p-value(유의확률)
print(coef); print(pvalues)

min_index = pvalues[1:].idxmin()    #최소 p-value 인덱스
print(min_index)
min_coef = coef[min_index]          #회귀계수 저장
print(round(min_coef, 3))

rsq = model.rsquared    #결정계수
print(round(rsq, 3))
summary = model.summary()   #모형 결과 요약
print(summary)

new_data = pd.DataFrame({'Brain': [90], 'Height': [70], 'Weight': [150]})
#새로운 독립변수 데이터에 대한 PIQ 예측
predicted = model.predict(new_data)
print(round(predicted, 3))
```

수행 결과는 다음과 같다. 유의확률이 가장 작은 변수(Brain)에 대한 회귀계수(min_coef)는 2.06이고 결정계수는 rsq=0.295이다. Brain=90, Height=70, Weight=150의 경우 PIQ=105.636이다.

```
Intercept    111.353608
Brain          2.060367
Height        -2.731929
Weight         0.000560
dtype: float64
Intercept      0.085979
Brain          0.000856
Height         0.033034
Weight         0.997750
dtype: float64
Brain
2.06
0.295
                            OLS Regression Results
==============================================================================
Dep. Variable:                    PIQ   R-squared:                       0.295
Model:                            OLS   Adj. R-squared:                  0.233
Method:                 Least Squares   F-statistic:                     4.741
Date:                Tue, 09 Jul 2024   Prob (F-statistic):            0.00722
Time:                        15:21:05   Log-Likelihood:                -165.25
No. Observations:                  38   AIC:                             338.5
Df Residuals:                      34   BIC:                             345.1
Df Model:                           3
Covariance Type:            nonrobust
==============================================================================
                 coef    std err          t      P>|t|      [0.025      0.975]
------------------------------------------------------------------------------
Intercept     111.3536     62.971      1.768      0.086     -16.619     239.326
Brain           2.0604      0.563      3.657      0.001       0.915       3.205
Height         -2.7319      1.229     -2.222      0.033      -5.230      -0.233
Weight          0.0006      0.197      0.003      0.998      -0.400       0.401
==============================================================================
Omnibus:                        1.379   Durbin-Watson:                   1.827
Prob(Omnibus):                  0.502   Jarque-Bera (JB):                1.088
Skew:                           0.409   Prob(JB):                        0.580
Kurtosis:                       2.859   Cond. No.                     3.73e+03
==============================================================================

Notes:
[1] Standard Errors assume that the covariance matrix of the errors is correctly specified.
[2] The condition number is large, 3.73e+03. This might indicate that there are
strong multicollinearity or other numerical problems.
0    105.636
```

제9회 (2024년 11월 30일) 빅데이터분석기사 실기 기출복원문제

I. 작업형 제1유형

01 은행 대출 데이터(loan.csv)는 (지역코드, 성별, K은행대출, W은행대출)이다. 다음 결과를 출력하시오.

(1) 성별(남자, 여자)에 따른 (K은행대출, W은행대출) 금액의 합계를 출력하시오.

(2) 성별(남자, 여자)에 따라 W은행대출 금액의 내림차순 정렬한 데이터를 각각 loan_man(남자), loan_woman(여자) 데이터프레임으로 저장한다. 내림차순 정렬된 데이터에 대해 은행별 대출금액의 절댓값 차이가 가장 큰 지역코드 값을 각각 (남자, 여자)별로 출력하시오.

지역코드	성별	K은행대출	W은행대출
190105	남자	195.6	4300
190106	남자	116.4	7500
190107	남자	183.6	2900
190108	남자	168	5300
190109	남자	169.2	4000
190110	남자	171.6	5100
190111	여자	207.6	5700
190112	남자	201.6	5900
190113	남자	111.6	5100
190114	여자	156	5700
190115	남자	225.6	5800
190116	남자	220.8	4300
190117	남자	244.8	8700
190118	남자	184.8	4100
190119	남자	194.4	6600
190120	남자	200.4	6100
190121	남자	153.6	6300
190122	남자	170.4	9200
190123	남자	184.8	7700
190124	남자	232.8	9400
190125	남자	134.4	5650
190126	남자	160.8	8600
190127	남자	230.4	3100
190128	남자	180	3800

🔓 **정답**
- 남자의 경우 대출금액의 차이가 가장 큰 지역코드 : 190168
- 여자의 경우 대출금액의 차이가 가장 큰 지역코드 : 190160

📝 **해설** groupby() 함수를 이용하여 (성별, 은행)별 대출금액의 합계를 구하여 sum_by_gender에 저장한다. 성별="남자"의 경우 loan_man, 성별="여자"의 경우 loan_woman에 저장한 후, sort_values()로 W은행대출 금액을 내림차순 정렬한다. 각 데이터에 대해 대출금액의 차이를 구하고 대출금액의 차이가 최대가 되는 지역코드를 .loc[]와 .idxmax()로 구한다.

```python
from google.colab import drive    #구글 드라이브 코랩 마운트
drive.mount('/content/drive')     #구글 드라이브 연결
import pandas as pd               #판다스 라이브러리
import numpy as np                #넘파이 라이브러리
data = pd.read_csv('/content/drive/MyDrive/work/loan.csv', encoding="EUC-KR")
#성별에 따른 (K은행대출, W은행대출) 금액의 합계 계산
sum_by_gender = data.groupby("성별").agg(
    K은행대출_합계=pd.NamedAgg(column="K은행대출", aggfunc="sum"),
    W은행대출_합계=pd.NamedAgg(column="W은행대출", aggfunc="sum")
).reset_index()

print("성별에 따른 대출 금액의 합계")
print(sum_by_gender)

#성별에 따른 데이터 분리
loan_man = data[data["성별"] == "남자"].copy()
loan_woman = data[data["성별"] == "여자"].copy()

#W은행 대출 금액 내림차순 정렬
loan_man = loan_man.sort_values(by="W은행대출", ascending=False)
loan_woman = loan_woman.sort_values(by="W은행대출", ascending=False)

#두 대출 간의 절대값 차이 계산
loan_man["대출금차이"] = (loan_man["K은행대출"] - loan_man["W은행대출"]).abs()
loan_woman["대출금차이"] = (loan_woman["K은행대출"] - loan_woman["W은행대출"]).abs()

#차이가 가장 큰 지역코드
max_diff_region_man = loan_man.loc[loan_man["대출금차이"].idxmax(), "지역코드"]
max_diff_region_woman = loan_woman.loc[loan_woman["대출금차이"].idxmax(), "지역코드"]

# 결과 출력
print(f"남자의 경우 대출금액의 차이가 가장 큰 지역코드: {max_diff_region_man}")
print(f"여자의 경우 대출금액의 차이가 가장 큰 지역코드: {max_diff_region_woman}")
```

수행 결과는 다음과 같다. 남자의 경우 190168, 여자의 경우 190160이다.

```
성별에 따른 대출 금액의 합계
    성별   K은행대출_합계  W은행대출_합계
0  남자      9742.8     283750
1  여자      5935.2     184450
남자의 경우 대출금액의 차이가 가장 큰 지역코드: 190168
여자의 경우 대출금액의 차이가 가장 큰 지역코드: 190160
```

02

arrest.csv 데이터는 (ym, crime, cases, arrest)=(연도월, 범죄유형, 범죄건수, 검거건수)이다. 검거율=검거건수/범죄건수로 새로운 열을 추가하고 (연도, 범죄유형)별로 검거율을 구한 후 연도별로 평균 검거율이 가장 높은 검거건수의 합을 출력하시오.

	A	B	C	D
1	ym	crime	cases	arrest
2	2008. 01	살인	19	10
3	2008. 01	강도	49	4
4	2008. 01	강간·강제	191	3
5	2008. 01	절도	1870	875
6	2008. 01	폭력	5534	3593
7	2008. 02	살인	9	9
8	2008. 02	강도	43	21
9	2008. 02	강간·강제	184	14
10	2008. 02	절도	1733	5
11	2008. 02	폭력	4534	2752
12	2008. 03	살인	14	7
13	2008. 03	강도	78	22
14	2008. 03	강간·강제	262	124
15	2008. 03	절도	2374	305
16	2008. 03	폭력	5690	3687
17	2008. 04	살인	19	9
18	2008. 04	강도	102	86
19	2008. 04	강간·강제	276	174
20	2008. 04	절도	2513	976
21	2008. 04	폭력	6080	1360
22	2008. 05	살인	23	15
23	2008. 05	강도	79	1
24	2008. 05	강간·강제	297	18
25	2008. 05	절도	2406	626

정답 연도별 평균 검거율이 가장 높은 범죄 검거건수의 합＝114,396

해설 .str.split()를 이용하여 (연도, 월)로 구분하여 (year, month)열로 저장한다. 검거율＝arrest/cases로 구하여 arrest_rate 열로 저장하고 (연도, 범죄유형)별로 검거율 평균과 범죄건수의 합을 구하여 arrest_summary에 저장한다. 연도별로 평균 검거율이 가장 높은 검거건수의 합을 구하여 result에 저장하고 총합＝114,396을 출력한다. 주요 함수 및 옵션을 설명하면 다음과 같다.

- .str.split() : 시리즈의 각 요소에서 지정된 구분자를 기준으로 문자열 분리
- .astype() : 데이터프레임이나 시리즈의 데이터 타입 변환
- .groupby() : 데이터를 특정 열이나 기준으로 그룹화
- .agg() : 그룹별로 여러 함수 또는 사용자 정의 함수 적용(aggregate)
- .idxmax() : 시리즈에서 최댓값의 인덱스 반환
- .reset_index() : 기존 인덱스를 초기화하고, 이를 열로 이동시키거나 제거

```python
from google.colab import drive   #구글 드라이브 코랩 마운트
drive.mount('/content/drive')    #구글 드라이브 연결
import pandas as pd              #판다스 라이브러리
import numpy as np               #넘파이 라이브러리
data = pd.read_csv('/content/drive/MyDrive/work/arrest.csv', encoding="EUC-KR")
#ym 열에서 연도(year)와 월(month) 추출
data['year'] = data['ym'].str.split('.').str[0].astype(int)
data['month'] = data['ym'].str.split('.').str[1].astype(int)
# 검거율 계산 및 새로운 열 추가
data['arrest_rate'] = data['arrest'] / data['cases']
# 연도와 범죄유형별 검거율 평균 계산
arrest_summary = data.groupby(['year', 'crime']).agg(
    avg_arrest_rate=('arrest_rate', 'mean'),
    total_arrest=('arrest', 'sum')
).reset_index()
# 연도별로 검거율이 가장 높은 검거건수의 합 계산
result = arrest_summary.loc[arrest_summary.groupby('year')['avg_arrest_rate'].idxmax()]
result = result.groupby('year').agg(
    total_arrest_highest_rate=('total_arrest', 'sum')
).reset_index()
# 결과 출력
print(result)
print(result['total_arrest_highest_rate'].sum())
```

```
Mounted at /content/drive
   year  total_arrest_highest_rate
0  2008                        147
1  2009                        952
2  2010                      36236
3  2011                        189
4  2012                      38904
5  2013                      37968
114396
```

03 years.csv 데이터는 (ID, dept, year, amount, grade, satisfy)=(사번, 부서, 근속연수, 연봉, 성과등급, 교육만족도)이다. 다음 결과를 출력하시오.

(1) 교육만족도의 결측값을 전체 교육만족도의 평균값으로 대체하시오.

(2) 근속연수의 결측값을 (부서, 성과등급)별 근속연수의 평균값으로 대체하시오. 단, 근속연수의 평균값을 정수(소수점 이하 버림)로 대체하시오.

(3) a=연봉/근속연수를 새로운 열로 추가하고, a의 값이 세 번째로 큰 사람의 근속연수를 출력하시오. 단, 근속연수는 정수(소수점 이하 버림)로 출력하시오.

(4) b=연봉/교육만족도를 새로운 열로 추가하고, b의 값이 두 번째로 큰 사람의 교육만족도를 출력하시오.

(5) a+b의 값을 출력하시오.

ID	dept	year	amount	grade	satisfy
101	Farming-fishing	31.18	16000	A	6
102	Farming-fishing	40.61	35500	S	4
103	Farming-fishing	10.26	22300	A	2
104	Protective-serv	3.54	9900	B	5
105	Other-service	6.22	12300	C	4
106	Exec-managerial	39.96	32000	A	5
107	Exec-managerial	5.55	12500	B	1
108	Exec-managerial		52000	C	2
109	Exec-managerial	15.87	52300	S	1
110	Prof-specialty	24.50	52400	A	5
111	Craft-repair	40.90	54000	A	3
112	Sales		53000	B	1
113	Sales	7.66	52200	A	2
114	Exec-managerial	29.22	55500	A	4
115	Farming-fishing	3.75	52300	C	2
116	Prof-specialty	23.57	51500	S	1
117	Other-service	13.95	52500	A	3
118	Farming-fishing	20.76	53100	S	6
119	Sales	24.55	55500	B	2
120	Exec-managerial	12.94	52310	C	4
121	Prof-specialty	36.23	52310	A	6
122	Craft-repair	32.69	52500	C	1
123	Exec-managerial	32.45	53500	A	4
124	Craft-repair	28.35	53400	S	2

정답
- 세 번째로 큰 a 값을 가진 사람의 근속연수 : 5
- 두 번째로 큰 b 값을 가진 사람의 교육만족도 : 1
- a+b=6

> **해설** 다음과 같은 함수와 옵션을 이용하여 a=5, b=1의 값을 구한다.
>
> - .skipna=True : 결측치를 계산에서 무시할지 여부를 지정(True이면 결측치 제외)
> - .transform() : 그룹별 연산 결과를 원래의 데이터프레임 크기와 동일하게 변환
> - .np.trunc() : 소수점을 제거하여 정수 부분만 반환
> - .nlargest() : 상위 n개의 큰 값을 추출
> - .int() : 숫자나 문자열을 정수로 변환

```python
from google.colab import drive    #구글 드라이브 코랩 마운트
drive.mount('/content/drive')     #구글 드라이브 연결
import pandas as pd               #판다스 라이브러리
import numpy as np                #넘파이 라이브러리
data = pd.read_csv('/content/drive/MyDrive/work/years.csv')
#NA를 제외한 만족도의 평균 계산 및 대체
mean_satisfy = data['satisfy'].mean(skipna=True)
data['satisfy'].fillna(mean_satisfy)
# 그룹화하여 평균 year 계산 및 trunc 적용
data['mean_year'] = data.groupby(['dept', 'grade'])['year'].transform(lambda x: np.trunc(x.mean(skipna=True)))

# NA year 값을 mean_year로 대체
data['year'].fillna(data['mean_year'])
data.drop(columns=['mean_year'])

#a 값 계산
data['a'] = data['amount'] / data['year']
# 세 번째로 큰 a 값을 가진 year 추출
third_largest_a = data.nlargest(3, 'a').iloc[-1]['year']
print("3번째로 큰 a 값을 가진 사람의 근속연수:", int(third_largest_a))

# b 값 계산
data['b'] = data['amount'] / data['satisfy']
# 두 번째로 큰 b 값을 가진 satisfy 추출
second_largest_b = data.nlargest(2, 'b').iloc[-1]['satisfy']
print("2번째로 큰 b 값을 가진 사람의 교육만족도:", second_largest_b)
# a + b 값 출력
print("a + b의 값:", int(third_largest_a) + second_largest_b)
```

```
Drive already mounted at /content/drive; to attempt to forcibly remount, call drive.mount("/content/drive", fo
3번째로 큰 a 값을 가진 사람의 근속연수: 5
2번째로 큰 b 값을 가진 사람의 교육만족도: 1.0
a + b의 값: 6.0
```

II. 작업형 제2유형

백화점 고객 데이터(product.csv)는 (고객번호, 직업, 주거지역, 쇼핑액1월, 쇼핑액2월, 쇼핑액3월, 대표제품이름, 소득, 성별)로 이루어진다. 랜덤 포레스트와 XGBoost 모형을 이용하여 (쇼핑액1월, 쇼핑액2월, 쇼핑액3월, 대표제품이름, 소득)에 따른 성별(남자, 여자)을 예측하려고 한다. 랜덤 포레스트 모형은 sklearn.ensemble의 RandomForestClassifier()를 이용하고 XGBoost 모형은 xgboost 모듈을 이용한다. 각 모형의 예측 결과에 대한 Macro F1 Score를 서로 비교하시오.

	A	B	C	D	E	F	G	H	I
1	고객번호	직업	주거지역	쇼핑액1월	쇼핑액2월	쇼핑액3월	대표제품이름	소득	성별
2	190105	회사원	소도시	76.8	64.8	54	4	4300	남자
3	190106	공무원	소도시	44.4	32.4	39.6	7	7500	남자
4	190107	자영업	중도시	66	66	51.6	6	2900	남자
5	190108	농어업	소도시	62.4	52.8	52.8	5	5300	남자
6	190109	공무원	중도시	63.6	54	51.6	6	4000	남자
7	190110	자영업	중도시	52.8	66	52.8	5	5100	남자
8	190111	공무원	중도시	64.8	88.8	54	5	5700	여자
9	190112	자영업	소도시	56.4	92.4	52.8	4	5900	남자
10	190113	농어업	중도시	64.8	30	16.8	5	5100	남자
11	190114	회사원	중도시	51.6	51.6	52.8	1	5700	여자
12	190115	회사원	중도시	80.4	92.4	52.8	2	5800	남자
13	190116	공무원	중도시	76.8	90	54	6	4300	남자
14	190117	회사원	대도시	76.8	88.8	79.2	7	8700	남자
15	190118	농어업	소도시	91.2	67.2	26.4	6	4100	남자
16	190119	회사원	중도시	88.8	52.8	52.8	4	6600	남자
17	190120	회사원	대도시	55.2	52.8	92.4	7	6100	남자
18	190121	농어업	소도시	44.4	56.4	52.8	4	6300	남자
19	190122	자영업	대도시	51.6	64.8	54	4	9200	남자
20	190123	농어업	소도시	52.8	52.8	79.2	5	7700	남자
21	190124	공무원	소도시	88.8	78	66	6	9400	남자
22	190125	공무원	중도시	40.8	40.8	52.8	5	5650	남자
23	190126	농어업	소도시	56.4	64.8	39.6	5	8600	남자
24	190127	전문직	대도시	88.8	64.8	76.8	7	3100	남자
25	190128	자영업	중도시	44.4	56.4	79.2	6	3800	남자

정답 및 해설

(랜덤 포레스트) sklearn.ensemble의 RandomForestClassifier() 모듈을 이용하여 랜덤 포레스트 모형을 구축한다. 성별(남자, 여자)에 따라 F1 Score를 각각 구하고(precision, recall 이용) 이들의 평균값을 출력한다.

```python
from google.colab import drive  #구글 드라이브 코랩 마운트
drive.mount('/content/drive')   #구글 드라이브 연결
import pandas as pd             #판다스 라이브러리
import numpy as np              #넘파이 라이브러리
from sklearn.ensemble import RandomForestClassifier
from sklearn.model_selection import train_test_split
from sklearn.metrics import confusion_matrix, precision_score, recall_score, f1_score
data = pd.read_csv('/content/drive/MyDrive/work/product.csv', encoding="EUC-KR")
# '성별' 컬럼을 이진 값으로 변환
data['성별'] = data['성별'].apply(lambda x: 1 if x == '남자' else 0)
# X와 y로 데이터 나누기
X = data[['쇼핑액1월', '쇼핑액2월', '쇼핑액3월', '대표제품이름', '소득']]
y = data['성별']
# 학습 데이터와 테스트 데이터로 나누기
X_train, X_test, y_train, y_test = train_test_split(X, y, test_size=0.3, random_state=1234)
rf_model = RandomForestClassifier(n_estimators=500, random_state=1234)  #랜덤포레스트
rf_model.fit(X_train, y_train)
importances = rf_model.feature_importances_  # 중요 변수 출력
print("Feature Importances:", importances)
y_pred = rf_model.predict(X_test)  # 예측
conf_matrix = confusion_matrix(y_test, y_pred) # 혼동행렬
print("Confusion Matrix:")
print(conf_matrix)
# Precision, Recall, F1 Score 계산
precision_woman = precision_score(y_test, y_pred, pos_label=0)
recall_woman = recall_score(y_test, y_pred, pos_label=0)
F1_woman = f1_score(y_test, y_pred, pos_label=0)
print(f"Precision (woman): {precision_woman}")
print(f"Recall (woman): {recall_woman}")
print(f"F1 Score (woman): {F1_woman}")

precision_man = precision_score(y_test, y_pred, pos_label=1)
recall_man = recall_score(y_test, y_pred, pos_label=1)
F1_man = f1_score(y_test, y_pred, pos_label=1)
print(f"Precision (man): {precision_man}")
print(f"Recall (man): {recall_man}")
print(f"F1 Score (man): {F1_man}")
macroF1 = np.mean([F1_woman, F1_man])  # Macro F1 Score 계산
print(f"Macro F1 Score: {round(macroF1, 3)}")
```

수행 결과는 다음과 같다. Macro F1 Score＝0.444이다.

```
Drive already mounted at /content/drive; to attempt to forcibly remount, call drive.mount("/content/drive", force_remount=True).
Feature Importances: [0.26417124 0.19874112 0.19949004 0.11788987 0.21970772]
Confusion Matrix:
[[ 3 10]
 [ 4 10]]
Precision (woman): 0.42857142857142855
Recall (woman): 0.23076923076923078
F1 Score (woman): 0.3
Precision (man): 0.5
Recall (man): 0.7142857142857143
F1 Score (man): 0.5882352941176471
Macro F1 Score: 0.444
```

(XGBoost, eXtreme Gradient Boosting) xgboost에 포함되어 있는 XGBoost 모형을 이용하여 부스팅 분석 모형을 구축한다. 입력 데이터는 .DMatrix()의 포맷으로 변환, 저장하고 (이진분류, 트리 깊이, 학습률, 로스 함수)의 매개변수를 정의(params)한다. 트리의 개수(num_boost_round=500)를 지정하고 .predict()로 확률값을 이용하여 분류한다. 각 성별에 따른 F1 Score는 calculate_f1()으로 구할 수도 있다.

```python
from google.colab import drive   #구글 드라이브 코랩 마운트
drive.mount('/content/drive')    #구글 드라이브 연결
import pandas as pd
import numpy as np
from sklearn.model_selection import train_test_split
from sklearn.metrics import confusion_matrix, precision_score, recall_score, f1_score
import xgboost as xgb
data = pd.read_csv('/content/drive/MyDrive/work/product.csv', encoding="EUC-KR")
print(data.columns)
data['성별'] = data['성별'].apply(lambda x: 1 if x == "남자" else 0)
X = data[["쇼핑액1월", "쇼핑액2월", "쇼핑액3월", "대표제품이름", "소득"]]
y = data['성별']
X_train, X_test, y_train, y_test = train_test_split(X, y, test_size=0.3, random_state=1234)
# xgboost의 입력 포맷으로 변환
train_matrix = xgb.DMatrix(X_train, label=y_train)
test_matrix = xgb.DMatrix(X_test, label=y_test)
# xgboost 모델 학습
params = {
    'objective': 'binary:logistic',  # 이진 분류
    'max_depth': 6,                   # 트리의 최대 깊이
    'eta': 0.3,                       # 학습률
    'eval_metric': 'logloss'          # 로스 함수
}
num_rounds = 500
xgb_model = xgb.train(params, train_matrix, num_boost_round=num_rounds)
pred_prob = xgb_model.predict(test_matrix)   # 확률 예측
pred = (pred_prob >= 0.5).astype(int)        # 0.5를 기준으로 이진 분류
conf = confusion_matrix(y_test, pred)
print("Confusion Matrix:\n", conf)
def calculate_f1(conf, positive_class):
    precision = precision_score(y_test, pred, pos_label=positive_class)
    recall = recall_score(y_test, pred, pos_label=positive_class)
    f1 = f1_score(y_test, pred, pos_label=positive_class)
    return precision, recall, f1
precision_men, recall_men, F1_men = calculate_f1(conf, positive_class=1)
print(f"남성 클래스 F1 Score: {F1_men}")
precision_women, recall_women, F1_women = calculate_f1(conf, positive_class=0)
print(f"여성 클래스 F1 Score: {F1_women}")
macroF1 = np.mean([F1_men, F1_women])  # Macro F1 score 계산
print(f"Macro F1 Score: {macroF1:.3f}")
```

수행 결과는 다음과 같다. 남성 클래스(F1 Score=0.6061), 여성 클래스(F1 Score=0.3809)의 결과를 이용하여 F1 Score=0.494를 구하며, 랜덤 포레스트 모형과 비교하여 F1 Score가 증가함을 알 수 있다.

```
Drive already mounted at /content/drive; to attempt to forcibly remount, call drive.mount("/content/drive", force_remount=True).
Index(['고객번호', '직업', '주거지역', '쇼핑액1월', '쇼핑액2월', '쇼핑액3월', '대표제품이름', '소득', '성별'], dtype='object')
Confusion Matrix:
 [[ 4  9]
  [ 4 10]]
남성 클래스 F1 Score: 0.6060606060606061
여성 클래스 F1 Score: 0.38095238095238093
Macro F1 Score: 0.494
```

Ⅲ 작업형 제3유형

01 airquality 데이터는 뉴욕의 대기질 측정 자료이며, 6개 항목(Ozone, Solar.R, Wind, Temp, Month, Day)으로 구성되어 있다. 결측치(NA)를 포함하는 모든 행을 제거한 후 (Ozone, Solar.R, Wind) 항목을 이용하여 Temp를 예측하는 다중선형 회귀분석 모형을 구축하고 다음 수행 결과를 출력하시오.

(1) Temp(온도)에 영향을 미치는 (Ozone, Solar.R, Wind) 항목에 대해 유의확률 값이 0.05보다 작은 유의변수의 개수를 출력하시오.

(2) (Ozone, Wind) 항목을 이용하여 다중선형 회귀분석 모형을 구축하시오. Ozone 항목이 Temp에 영향을 미치는 정도를 확인하기 위한 피어슨 상관계수 값을 출력하시오. 단, 상관계수 값을 반올림하여 소수점 셋째 자리까지 출력하시오.

(3) 훈련 : 평가=70% : 30%로 구분하여 평가 데이터에 대한 예측 결과의 RMSE(Root Mean Squared Error, 평균제곱근오차) 값을 출력하시오. 단, RMSE 값을 반올림하여 소수점 셋째 자리까지 출력하시오.

	A	B	C	D	E	F	G
1		Ozone	Solar.R	Wind	Temp	Month	Day
2	1	41	190	7.4	67	5	1
3	2	36	118	8	72	5	2
4	3	12	149	12.6	74	5	3
5	4	18	313	11.5	62	5	4
6	5	NA	NA	14.3	56	5	5
7	6	28	NA	14.9	66	5	6
8	7	23	299	8.6	65	5	7
9	8	19	99	13.8	59	5	8
10	9	8	19	20.1	61	5	9
11	10	NA	194	8.6	69	5	10
12	11	7	NA	6.9	74	5	11
13	12	16	256	9.7	69	5	12
14	13	11	290	9.2	66	5	13
15	14	14	274	10.9	68	5	14
16	15	18	65	13.2	58	5	15
17	16	14	334	11.5	64	5	16
18	17	34	307	12	66	5	17
19	18	6	78	18.4	57	5	18
20	19	30	322	11.5	68	5	19
21	20	11	44	9.7	62	5	20
22	21	1	8	9.7	59	5	21
23	22	11	320	16.6	73	5	22
24	23	4	25	9.7	61	5	23
25	24	32	92	12	61	5	24

정답
(1) 유의변수의 개수=1
(2) 피어슨 상관계수 값=0.699
(3) RMSE(Root Mean Squared Error, 평균제곱근오차) 값=17.477

해설 결측값을 제외한 데이터(data)를 이용하여 독립변수(Ozone, Solar.R, Wind)와 종속변수(Temp)를 분류한다. 종속변수가 연속형이므로 statsmodela.api의 OLS() 함수를 이용하여 회귀분석 모형을 구축한다. 상수항을 제외하여 독립변수별로 유의확률 값을 pvalues에 저장하고 유의확률 값이 0.05보다 작은 변수를 number로 구한다. (Ozone, Wind) 항목을 이용하여 모형을 다시 구축한 후 corr() 함수를 이용하여 (Ozone, Temp) 사이 피어슨 상관계수 값을 구한다. train_test_split()로 (훈련, 평가) 데이터를 분류하고 회귀분석 모형을 구축(modeltest)하고 predict() 함수를 이용하여 평가 데이터에 대한 예측 결과를 저장(predict)한다. sklearn.metrics에 포함된 mean_squared_error()로 RMSE 값을 구한다.

```python
from google.colab import drive          #구글 드라이브 코랩 마운트
drive.mount('/content/drive')           #구글 드라이브 연결
import pandas as pd                     #판다스 라이브러리
import numpy as np                      #넘파이 라이브러리
import statsmodels.api as sm            #회귀분석 라이브러리
from sklearn.model_selection import train_test_split    #데이터 분할
from sklearn.metrics import mean_squared_error          #RMSE 계산
air = pd.read_csv('/content/drive/MyDrive/work/airquality.csv')
data = air.dropna()                     #결측치 제외
X = data[["Ozone", "Solar.R", "Wind"]]  #독립변수
y = data["Temp"]                        #종속변수
X = sm.add_constant(X)                  #상수항 추가

model = sm.OLS(y, X).fit()              #다중선형 회귀분석 모형 구축 및 학습
pvalues = model.pvalues[1:]             #유의확률(상수항 제외)
number = sum(pvalues <0.05)
print(number)
X_new = data[["Ozone", "Wind"]]
X_new = sm.add_constant(X_new)
modelnew = sm.OLS(y, X_new).fit()       #다중선형 회귀분석 모형 구축 및 학습
corr = data["Temp"].corr(data["Ozone"]) #피어슨 상관계수
print(round(corr, 3))
train, test = train_test_split(data, test_size=0.3, random_state=1234)
     #훈련:평가 데이터 분류
X_train = train[["Ozone", "Wind"]]
y_train = train["Temp"]
X_test = test[["Ozone","Wind"]]
y_test = test["Temp"]
modeltest = sm.OLS(y_train, X_train).fit()
predict = modeltest.predict(X_test)
rmse = np.sqrt(mean_squared_error(y_test, predict))
print(round(rmse, 3))
```

수행 결과는 다음과 같다. Temp(온도)에 영향을 미치는 유의한 변수(유의확률<0.05)는 1개이며, (Ozone, Temp) 사이 피어슨 상관계수=0.699이다. (훈련, 평가) 데이터 분류 후 구축된 모형을 이용하는 경우 평가 데이터에 대한 RMSE=17.477이다.

```
1
0.699
17.477
```

02

customer.csv 데이터는 (ID, calls, rating, purchases, gender, status)=(고객ID, 전화건수, 고객만족도, 구매액, 성별, 고객상태)로 이루어진 데이터이다. 독립변수=(calls, rating, purchases)로 내년 고객유치를 위한 고객의 상태(status : 잔존=1, 이탈=0)를 예측하고자 한다. 다음 수행 결과를 출력하시오.

(1) (calls, rating, purchases)를 이용하여 고객상태(잔존, 이탈)를 분류하는 모형을 구축하시오. 단, statsmodels.api에 포함된 GLM() 함수를 이용하시오.

(2) (calls, rating, purchases)에 대한 유의확률을 출력하고 최대 유의확률 값을 출력하시오. 단, 최대 유의확률 값을 반올림하여 소수점 셋째 자리까지 출력하시오.

(3) rating에 대한 고객상태의 오즈비(Odds Ratio, rating의 변화가 고객상태에 미치는 영향)를 출력하시오. 단, 오즈비 값을 반올림하여 소수점 셋째 자리까지 출력하시오.

(4) 훈련 : 평가=70% : 30%로 구분하여 평가 데이터에 대한 예측 결과의 정확도와 에러율을 출력하시오.

	A	B	C	D	E	F
1	ID	calls	rating	purchases	gender	status
2	1	4	2	177	F	1
3	2	4	5	216	M	1
4	3	2	2	183	M	1
5	4	3	3	176	M	1
6	5	2	2	184	F	1
7	6	3	1	162	F	1
8	7	3	4	250	F	1
9	8	4	1	233	F	1
10	9	3	4	150	F	1
11	10	3	2	164	F	1
12	11	3	4	189	M	1
13	12	4	5	232	F	1
14	13	3	5	198	F	1
15	14	4	4	275	M	1
16	15	4	3	152	M	1
17	16	4	3	227	F	1
18	17	3	4	143	F	1
19	18	5	5	227	M	1
20	19	5	5	239	M	1

정답
- 최대 유의확률 값＝0.382
- 고객상태(status)에 대한 rating 오즈비＝1.015
- 정확도＝0.596, 에러율＝0.404

해설 statsmodels.api에 포함된 GLM() 함수를 이용하여 로지스틱 회귀분석 모형(model)을 구축한다. 유의확률은 model.pvalues에 저장되며, 오즈비는 np.exp(model.params)로 구한다. 훈련과 평가 데이터 분할 후 평가 데이터에 대한 예측 결과(predictions)를 이용하여 정확도(accuracy)와 에러율(error)을 구한다.

```python
from google.colab import drive   #구글 드라이브 코랩 마운트
drive.mount('/content/drive')    #구글 드라이브 연결
import pandas as pd              #판다스 라이브러리
import numpy as np               #넘파이 라이브러리
import statsmodels.api as sm     #로지스틱 회귀분석 (Logit)
from sklearn.model_selection import train_test_split  #데이터 분할
data = pd.read_csv('/content/drive/MyDrive/work/customer.csv')
data['status'] = data['status'].astype('category')  #범주형변수변환
np.random.seed(1234) #시드 번호 초기화
train, test = train_test_split(data, test_size=0.3, random_state=1234)
X_train = train[['calls', 'rating', 'purchases']]   #독립변수
y_train = train['status'].cat.codes  # 종속 변수(숫자 인코딩)
X_train = sm.add_constant(X_train)    # 상수항 추가
model = sm.GLM(y_train, X_train, family=sm.families.Binomial()).fit()
    #로지스틱 회귀분석 모형 구축
print(model.summary())  #모델 요약
# 유의확률
pvalues = model.pvalues
print(pvalues)
print(pvalues.max())
print(round(pvalues.max(), 3))
# 오즈비 계산
odds = np.exp(model.params)
print(round(odds['rating'], 3))
# 테스트 데이터 예측
X_test = test[['calls', 'rating', 'purchases']]
y_test = test['status'].cat.codes
X_test = sm.add_constant(X_test)
predictions = model.predict(X_test)
# 예측 결과
predict_status = (predictions > 0.5).astype(int)
# 정확도 및 오류율 계산
accuracy = (predict_status == y_test).mean()
error = 1 - accuracy
print(accuracy)
print(error)
```

수행 결과는 다음과 같다. 오즈비＝1.015로 1보다 크므로, rating(고객만족도)가 증가하는 경우 고객의 상태(잔존, 이탈)가 변할 확률이 커지는 것으로 해석된다. 평가 데이터에 대한 정확도＝59.6%, 에러율 ＝40.4%이다.

```
Mounted at /content/drive
              Generalized Linear Model Regression Results
==============================================================================
Dep. Variable:                      y   No. Observations:                 7699
Model:                            GLM   Df Residuals:                     7695
Model Family:                Binomial   Df Model:                            3
Link Function:                  Logit   Scale:                          1.0000
Method:                          IRLS   Log-Likelihood:                -5160.5
Date:                Sat, 07 Dec 2024   Deviance:                       10321.
Time:                        12:41:31   Pearson chi2:                 7.70e+03
No. Iterations:                     4   Pseudo R-squ. (CS):            0.007355
Covariance Type:            nonrobust
==============================================================================
                 coef    std err          z      P>|z|      [0.025      0.975]
------------------------------------------------------------------------------
const          1.2036      0.126      9.521      0.000       0.956       1.451
calls         -0.0864      0.022     -4.017      0.000      -0.129      -0.044
rating         0.0145      0.017      0.873      0.382      -0.018       0.047
purchases     -0.0024      0.001     -4.622      0.000      -0.003      -0.001

const        1.720222e-21
calls        5.895952e-05
rating       3.824853e-01
purchases    3.801972e-06
dtype: float64
0.3824853490472052
0.382
1.015
0.5957575757575757
0.4042424242424243
```

합격모의고사

제1회 합격모의고사
제2회 합격모의고사

합격의 공식 시대에듀

아이들이 답이 있는 질문을 하기 시작하면 그들이 성장하고 있음을 알 수 있다.

– 존 J. 플롬프 –

끝까지 책임진다! 시대에듀!
빅데이터분석기사 시험과 관련된 도서 문의, 소스 코드 및 학습자료, 기타 안내사항은 저자가 운영하는 아래의 카페 가입 후 확인하실 수 있습니다.
장희선 교수 강의드림 카페(cafe.naver.com/profdream)

제1회 합격모의고사

Ⅰ 작업형 제1유형

01 mtcars 데이터세트(mtcars.csv)의 qsec(1/4 mile time) 컬럼을 최소−최대 척도(Min−Max Scale)로 변환한 후 0.5보다 큰 값을 가지는 레코드의 개수를 구하시오.

	A	B	C	D	E	F	G	H	I	J	K	L
1	model	mpg	cyl	disp	hp	drat	wt	qsec	vs	am	gear	carb
2	Mazda RX4	21	6	160	110	3.9	2.62	16.46	0	1	4	4
3	Mazda RX4 Wag	21	6	160	110	3.9	2.875	17.02	0	1	4	4
4	Datsun 710	22.8	4	108	93	3.85	2.32	18.61	1	1	4	1
5	Hornet 4 Drive	21.4	6	258	110	3.08	3.215	19.44	1	0	3	1
6	Hornet Sportabout	18.7	8	360	175	3.15	3.44	17.02	0	0	3	2
7	Valiant	18.1	6	225	105	2.76	3.46	20.22	1	0	3	1
8	Duster 360	14.3	8	360	245	3.21	3.57	15.84	0	0	3	4
9	Merc 240D	24.4	4	146.7	62	3.69	3.19	20	1	0	4	2
10	Merc 230	22.8	4	140.8	95	3.92	3.15	22.9	1	0	4	2
11	Merc 280	19.2	6	167.6	123	3.92	3.44	18.3	1	0	4	4
12	Merc 280C	17.8	6	167.6	123	3.92	3.44	18.9	1	0	4	4
13	Merc 450SE	16.4	8	275.8	180	3.07	4.07	17.4	0	0	3	3
14	Merc 450SL	17.3	8	275.8	180	3.07	3.73	17.6	0	0	3	3
15	Merc 450SLC	15.2	8	275.8	180	3.07	3.78	18	0	0	3	3
16	Cadillac Fleetwood	10.4	8	472	205	2.93	5.25	17.98	0	0	3	4
17	Lincoln Continental	10.4	8	460	215	3	5.424	17.82	0	0	3	4
18	Chrysler Imperial	14.7	8	440	230	3.23	5.345	17.42	0	0	3	4
19	Fiat 128	32.4	4	78.7	66	4.08	2.2	19.47	1	1	4	1
20	Honda Civic	30.4	4	75.7	52	4.93	1.615	18.52	1	1	4	2
21	Toyota Corolla	33.9	4	71.1	65	4.22	1.835	19.9	1	1	4	1
22	Toyota Corona	21.5	4	120.1	97	3.7	2.465	20.01	1	0	3	1
23	Dodge Challenger	15.5	8	318	150	2.76	3.52	16.87	0	0	3	2
24	AMC Javelin	15.2	8	304	150	3.15	3.435	17.3	0	0	3	2
25	Camaro Z28	13.3	8	350	245	3.73	3.84	15.41	0	0	3	4
26	Pontiac Firebird	19.2	8	400	175	3.08	3.845	17.05	0	0	3	2
27	Fiat X1-9	27.3	4	79	66	4.08	1.935	18.9	1	1	4	1
28	Porsche 914-2	26	4	120.3	91	4.43	2.14	16.7	0	1	5	2
29	Lotus Europa	30.4	4	95.1	113	3.77	1.513	16.9	1	1	5	2
30	Ford Pantera L	15.8	8	351	264	4.22	3.17	14.5	0	1	5	4
31	Ferrari Dino	19.7	6	145	175	3.62	2.77	15.5	0	1	5	6
32	Maserati Bora	15	8	301	335	3.54	3.57	14.6	0	1	5	8
33	Volvo 142E	21.4	4	121	109	4.11	2.78	18.6	1	1	4	2

정답 9개

해설 데이터 전처리를 위해 많이 사용되는 최소−최대 척도 변환(0과 1 사이의 범위로 변환된 값 저장)을 위해 데이터값을 이용(axis=0은 열 연산)해 구하거나, sklearn.preprocessing 라이브러리에 포함되어 있는 MinMaxScaler() 또는 minmax_scale() 모듈을 이용한다.

- dfnew1['minmax_scale']=(x−x.min(axis=0)) / (x.max(axis=0)−x.min(axis=0)) : 데이터프레임 열 이용 최소−최대 척도 변환
- dfnew1[dfnew1['minmax_scale']>0.5].count()['qsec'] : 변환값>0.5인 레코드 개수
- scaler=MinMaxScaler() : sklearn.preprocessing 라이브러리 MinMaxScaler() 모듈 이용
- d2=minmax_scale(dfnew2) : sklearn.preprocessing 라이브러리 minmax_scale() 모듈 이용

```python
from google.colab import drive   #구글 드라이브 코랩 마운트
drive.mount('/content/drive')    #구글 드라이브 연결
import pandas as pd              #판다스 라이브러리
from sklearn.preprocessing import MinMaxScaler   #최소-최대 척도 변환 클래스
from sklearn.preprocessing import minmax_scale   #최소-최대 척도 변환 클래스

df = pd.read_csv('/content/drive/MyDrive/work/mtcars.csv', index_col=0)
            #분석용 데이터 읽기(절대경로명 사용) / 데이터출처: 캐글(https://www.kaggle.com)

dfnew1 = df
x = dfnew1['qsec']
dfnew1['minmax_scale'] = (x-x.min(axis=0)) / (x.max(axis=0)-x.min(axis=0))  #최소-최대 척도
print('최소-최대 척도 변환값이 0.5보다 큰 레코드의 개수: ', end='')
print(dfnew1[dfnew1['minmax_scale']>0.5].count()['qsec'])   #척도변환값>0.5보다 큰 레코드 개수

dfnew2 = df
scaler= MinMaxScaler()
d1 = scaler.fit_transform(dfnew2)
dfnew2['minmax_scale1'] = d1[:, 6]    #minmax_scale1컬럼에 qsec최소-최대척도변환값 저장

d2 = minmax_scale(dfnew2)
dfnew2['minmax_scale2'] = d2[:, 6]    #minmax_scale2컬럼에 qsec최소-최대척도변환값 저장

print(dfnew2.head())
print('최소-최대 척도 변환값이 0.5보다 큰 레코드의 개수(MinMaxScaler): ', end='')
print(dfnew2[dfnew2['minmax_scale1']>0.5].count()['qsec'])  #척도변환값>0.5보다 큰 레코드 개수
print('최소-최대 척도 변환값이 0.5보다 큰 레코드의 개수(minmax_scale): ', end='')
print(dfnew2[dfnew2['minmax_scale']>0.5].count()['qsec'])   #척도변환값>0.5보다 큰 레코드 개수
```

수행 결과는 다음과 같다.

```
최소-최대 척도 변환값이 0.5보다 큰 레코드의 개수: 9
                    mpg  cyl  disp   hp  drat    wt   qsec  vs  am  gear  \
model
Mazda RX4          21.0    6  160.0  110  3.90  2.620  16.46   0   1     4
Mazda RX4 Wag      21.0    6  160.0  110  3.90  2.875  17.02   0   1     4
Datsun 710         22.8    4  108.0   93  3.85  2.320  18.61   1   1     4
Hornet 4 Drive     21.4    6  258.0  110  3.08  3.215  19.44   1   0     3
Hornet Sportabout  18.7    8  360.0  175  3.15  3.440  17.02   0   0     3

                   carb  minmax_scale  minmax_scale1  minmax_scale2
model
Mazda RX4             4      0.233333       0.233333       0.233333
Mazda RX4 Wag         4      0.300000       0.300000       0.300000
Datsun 710            1      0.489286       0.489286       0.489286
Hornet 4 Drive        1      0.588095       0.588095       0.588095
Hornet Sportabout     2      0.300000       0.300000       0.300000
최소-최대 척도 변환값이 0.5보다 큰 레코드의 개수(MinMaxScaler): 9
최소-최대 척도 변환값이 0.5보다 큰 레코드의 개수(minmax_scale): 9
```

02
mtcars 데이터의 wt(weight, 1000 lbs) 컬럼의 이상값들을 outlier 변수에 저장하고 출력하시오. 단, 이상값은 IQR(Interquartile Range, 상위 75% 지점의 값과 하위 25% 지점의 값의 차이)를 기준으로 ① (상위 75% 지점의 값)+1.5×IQR 이상의 값 또는 ② (하위 25% 지점의 값)−1.5×IQR 이하의 값으로 정의한다.

6 정답 (5.250, 5.424, 5.345)

해설 판다스 라이브러리의 df[ ].quantile() 함수를 이용하여 사분위수(하위 25% 및 75%) 값을 구한다. 이상값 조건식(cond)을 정의하고 조건식을 만족하는 자동차의 무게(df[cond].wt)를 구한다.

- q25=df['wt'].quantile(0.25) : 자동차 무게의 하위 25% 값
- q75=df['wt'].quantile(0.75) : 자동차 무게의 하위 75% 값
- iqr=q75−q25 : 사분위수 범위
- cond=(df['wt']>=(q75+1.5*iqr)) | (df['wt']<=(q25−1.5*iqr)) : 이상값 조건식
- outlier=df[cond].wt : 이상값 조건에 해당하는 자동차 무게

```python
from google.colab import drive        #구글 드라이브 코랩 마운트
drive.mount('/content/drive')         #구글 드라이브 연결
import pandas as pd                   #판다스 라이브러리
import matplotlib.pyplot as plt

df = pd.read_csv('/content/drive/MyDrive/work/mtcars.csv', index_col=0)
      #분석용 데이터 읽기(절대경로명 사용) / 데이터출처: 캐글(https://www.kaggle.com/)

q25 = df['wt'].quantile(0.25)
print('자동차 무게의 하위 25% 값: ', end=''); print(q25)
q75 = df['wt'].quantile(0.75)
print('자동차 무게의 하위 75% 값: ', end=''); print(q75)

iqr = q75 - q25
print('Interquartile Range(사분위수 범위): ', end=''); print(iqr)

cond = (df['wt']>=(q75+1.5*iqr)) | (df['wt']<=(q25-1.5*iqr))   #이상값 조건
outlier = df[cond].wt    #이상값 조건에 해당하는 값
print(type(outlier))     #outlier(Series 구조)
print('이상값(자동차 무게)에 해당하는 자동차'); print(outlier)    #이상값 출력(Series)
print('이상값(자동차 무게)에 해당하는 자동차의 무게: ', end=''); print(outlier.values)   #이상값 출력(Array구조)
print(type(outlier.values))

plt.figure(figsize=(10,5))    #그래프 크기(가로, 세로)
plt.boxplot(df.wt)
plt.show()

plt.figure(figsize=(10,5))    #그래프 크기(가로, 세로)
plt.boxplot(df.wt, whis=2)    #whisker(수염) 크기 조정(기본값=1.5)
plt.show()
```

수행 결과는 다음과 같다. 박스플롯의 그림(whis=2 : 수염의 크기)을 이용하여 자동차 무게(df.wt)에 대한 값들의 분포를 가늠한다.

```
자동차 무게의 하위 25% 값:  2.58125
자동차 무게의 하위 75% 값:  3.61
Interquartile Range(사분위수 범위):  1.02875
<class 'pandas.core.series.Series'>
이상값(자동차 무게)에 해당하는 자동차
model
Cadillac Fleetwood    5.250
Lincoln Continental   5.424
Chrysler Imperial     5.345
Name: wt, dtype: float64
이상값(자동차 무게)에 해당하는 자동차의 무게: [5.25  5.424 5.345]
<class 'numpy.ndarray'>
```

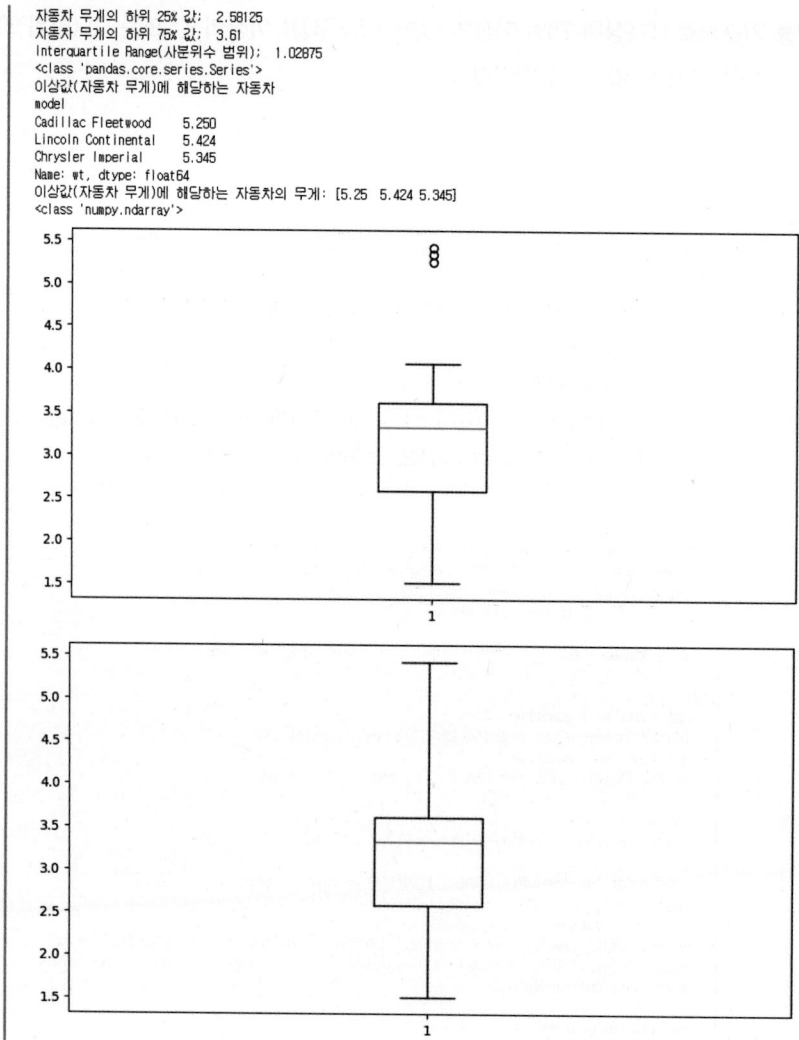

03 iris 데이터는 Ronald Fisher에 의해 작성된 것으로 붓꽃 생육 데이터(150개 데이터=품종별 50개×3개 품종)이다. 꽃잎의 길이(Petal.Length)와 꽃잎의 너비(Petal.Width) 그리고 꽃받침의 길이(Sepal.Length)와 꽃받침의 너비(Sepal.Width)에 따라 붓꽃의 3가지 품종(setosa, versicolor, virginica)을 구분한다. 다음 순서대로 수행한 처리 결과를 출력하시오.

(1) 총 150개 행 자료 중 50개의 자료(Species='setosa')를 data에 저장하시오.

(2) data에서 꽃받침의 너비(Sepal.Width) 값이 가장 큰 값부터 상위 10개까지의 너비 값을 (10번째 너비의 값)으로 모두 대체하시오.

(3) Petal.Length=1.5(cm) 이상인 붓꽃에 대하여 Sepal.Width의 평균을 출력하시오.

🔒 **정답** 3.476923(cm)

📋 **해설** 품종=setosa인 데이터를 먼저 추출하고 data.sort_values() 함수를 이용하여 내림차순 정렬한다. 인덱스 값을 초기화한 후, 상위 10번째에 해당되는 sepal width 값(gap)을 이용하여 상위 10개 sepal width를 gap으로 변경(df.iloc[0:10, 1]=gap)한다. petal length가 1.5cm 이상인 붓꽃들의 sepal width의 평균은 df[df['petal length (cm)']>=1.5]['sepal width (cm)'].mean()이다.

- data=irisdata[irisdata['target']==0] : 품종=setosa인 데이터 추출
- df=data.sort_values(['sepal width (cm)'], ascending=False) : sepal width 크기 내림차순 정렬
- df=df.reset_index(drop=True) : 인덱스 초기화(0부터 인덱스 값 저장)
- gap=df.loc[9,['sepal width (cm)']].values : 상위 10번째 값
- df.iloc[0:10, 1]=gap : 상위 10개 데이터(sepal width)를 10번째 값으로 변경
- df[df['petal length (cm)']>=1.5]['sepal width (cm)'].mean() : petal length가 1.5cm 이상인 붓꽃에 대한 sepal width의 평균

```python
from sklearn.datasets import load_iris
import pandas as pd
import numpy as np

iris = load_iris()  #사이킷런(sklearn에 저장되어 있는 iris 데이터 읽기)
irisdata = pd.DataFrame(data=np.c_[iris['data'], iris['target']], columns=iris['feature_names']+['target'])
    #데이터프레임 저장

data = irisdata[irisdata['target'] == 0]    #target=0(setosa 품종) 데이터 추출
df = data.sort_values(['sepal width (cm)'], ascending=False)  #sepal width 내림차순 정렬
df = df.reset_index(drop=True)   #index reset(초기화/0부터 다시 indexing) 설정

print('Sepal Width 상위 10개 데이터'); print(df.iloc[0:10])   #sepal width 상위 10개 데이터 출력
gap = df.loc[9,['sepal width (cm)']].values    #sepal width 10번째 값
print('sepal width (cm) 상위 10번째 값: ', end=''); print(gap)
print(type(gap))
df.iloc[0:10, 1] = gap    #상위 10개 데이터(sepal width)를 10번째 값으로 변경
print(df.iloc[0:10])                   #변경후 데이터 출력

print('(데이터 변경후)Petal.Length>=1.5 이상인 붓꽃 중 Sepal.Width 평균: ', end='')
print(df[df['petal length (cm)']>=1.5]['sepal width (cm)'].mean())
    #(데이터 변경후)Petal.Length>=1.5 이상인 붓꽃 중 Sepal.Width 평균

print('(데이터 변경전)Petal.Length>=1.5 이상인 붓꽃 중 Sepal.Width 평균: ', end='')
print(irisdata[irisdata['petal length (cm)']>=1.5]['sepal width (cm)'].mean())
    #(데이터 변경전)Petal.Length>=1.5 이상인 붓꽃 중 Sepal.Width 평균
```

수행 결과는 다음과 같다.

```
Sepal Width 상위 10개 데이터
   sepal length (cm)  sepal width (cm)  petal length (cm)  petal width (cm)
0                5.7               4.4                1.5               0.4
1                5.5               4.2                1.4               0.2
2                5.2               4.1                1.5               0.1
3                5.8               4.0                1.2               0.2
4                5.4               3.9                1.7               0.4
5                5.4               3.9                1.3               0.4
6                5.1               3.8                1.6               0.2
7                5.7               3.8                1.7               0.3
8                5.1               3.8                1.9               0.4
9                5.1               3.8                1.5               0.3

   target
0     0.0
1     0.0
2     0.0
3     0.0
4     0.0
5     0.0
6     0.0
7     0.0
8     0.0
9     0.0
sepal width (cm) 상위 10번째 값:  [3.8]
<class 'numpy.ndarray'>
   sepal length (cm)  sepal width (cm)  petal length (cm)  petal width (cm)
0                5.7               3.8                1.5               0.4
1                5.5               3.8                1.4               0.2
2                5.2               3.8                1.5               0.1
3                5.8               3.8                1.2               0.2
4                5.4               3.8                1.7               0.4
5                5.4               3.8                1.3               0.4
6                5.1               3.8                1.6               0.2
7                5.7               3.8                1.7               0.3
8                5.1               3.8                1.9               0.4
9                5.1               3.8                1.5               0.3

   target
0     0.0
1     0.0
2     0.0
3     0.0
4     0.0
5     0.0
6     0.0
7     0.0
8     0.0
9     0.0
(데이터 변경후)Petal.Length>=1.5 이상인 붓꽃 중 Sepal.Width 평균: 3.476923076923076
(데이터 변경전)Petal.Length>=1.5 이상인 붓꽃 중 Sepal.Width 평균: 3.0047619047619043
```

Ⅱ 작업형 제2유형

iris 데이터는 Ronald Fisher에 의해 작성된 것으로서 붓꽃의 생육 데이터(150개 데이터=품종별 50개×3개 품종)이다. 꽃잎의 길이(Petal.Length)와 꽃잎의 너비(Petal.Width) 그리고 꽃받침의 길이(Sepal.Length)와 꽃받침의 너비(Sepal.Width)에 따라 붓꽃의 3가지 품종(setosa, versicolor, virginica)을 구분한다.

서포트벡터머신(SVM ; Support Vector Machine) 데이터 분석 모형을 이용하여 붓꽃의 품종을 예측하고자 한다. 다음 절차대로 수행한 작업 처리 결과를 출력하시오. 단, 데이터 분석을 위하여 sklearn.svm 라이브러리의 SVC() 모듈을 이용한다.

(1) iris 데이터들 중 70%(105개)를 훈련용(train)으로 사용하고, 나머지 30%(45개)를 검증용(test) 데이터로 분류한다.

(2) SVM 데이터 분석 모형을 적용하기 위해 RBF(Radial Basis Function, kernel='rbf') 비선형 분류 방법을 적용하며, C(cost)=1, gamma=1을 적용한다.

(3) sklearn.model_selection 라이브러리의 GridSearchCV() 모듈을 이용하여 최적의 파라미터 값을 구한다. 단, kernel='rbf', C=(0.1, 1, 10, 100), gamma(0.1, 0.5, 1, 2) 값의 범위를 튜닝한다.

(4) (3)번에서 구한 최적의 파라미터 값(cost, gamma)을 이용하여 SVM 데이터 분석 모형을 구축하시오.

(5) 정오 분류표를 작성하고 정확도를 구하시오.

(6) 혼동행렬(Confusion Matrix)을 작성하고 ROC 곡선과 AUC 값을 출력하시오.

정답 및 해설

독립변수(x)와 종속변수(y)를 정의하고, 검증데이터=30%(훈련데이터=70%)를 랜덤 추출한다. 데이터 표준화 전처리 후 SVM 모형을 구축[model=SVC()]하고, param_grid 변수에 고려해야 할 파라미터 값들을 저장한다. GridSearchCV() 모듈을 이용하여 훈련데이터를 통해 최적의 파라미터 값(grid_search.best_params_)을 구한다. C=1, gamma=0.1의 경우 최적의 분류 성능(정확도=91.1%)을 보인다.

- x＝iris.data : 독립변수
- y＝iris.target : 종속변수
- trainx, testx, trainy, testy＝train_test_split(x, y, test_size=0.3, random_state=42) : (훈련, 검증) 데이터 분류(검증데이터=30%)
- scaler＝StandardScaler() : 데이터 표준화
- model＝SVC() : 서포트벡터머신 모형 정의
- param_grid={ } : 파라미터 값 지정
- grid_search＝GridSearchCV(model, param_grid, cv=5, n_jobs=－1) : 그리드 탐색
- grid_search.fit(xtrainscaled, trainy) : 훈련데이터 적합(학습)
- grid_search.best_params_ : 최적 파라미터 값

```python
from sklearn.datasets import load_iris           #iris (붓꽃 품종 데이터)
from sklearn.preprocessing import StandardScaler  #데이터 전처리, 표준화(Z-Score)
from sklearn.svm import SVC            #서포트벡터머신
from sklearn.model_selection import train_test_split  #(학습, 검증) 데이터 랜덤 추출
from sklearn.model_selection import GridSearchCV      #GridSearchCV 모듈(그리드 탐색)

iris = load_iris()     #사이킷런(sklearn에 저장되어 있는 iris 데이터 읽기)
x = iris.data          #독립변수
y = iris.target        #종속변수

trainx, testx, trainy, testy = train_test_split(x, y, test_size=0.3, random_state=42)
    #훈련, 검증 데이터 구분, 검증데이터세트 = 30%, 훈련데이터세트 =70%

scaler = StandardScaler()     #데이터 표준화 모듈(Z-Score=(x-u)/s, 평균=0, 표준편차=1)
xtrainscaled = scaler.fit_transform(trainx)   #훈련데이터 스케일링
xtestscaled = scaler.fit_transform(testx)     #검증데이터 스케일링

model = SVC()    #SVM 모델 생성
param_grid = {
    'kernel': ['rbf'],
    'C': [0.1, 1, 10, 100],       #cost 후보 값
    'gamma': [0.1, 0.5, 1, 2],    #gamma 후보값
}

grid_search = GridSearchCV(model, param_grid, cv=5, n_jobs=-1) #그리드탐색 객체
grid_search.fit(xtrainscaled, trainy)
print('가장 성능이 우수한 파라미터 값(cost, gamma)', end=''); print(grid_search.best_params_)

bestmodel = grid_search.best_estimator_
accuracy = bestmodel.score(xtestscaled, testy)          #정확도
print('SVM 모형의 성능(정확도): ', end=''); print(accuracy)

가장 성능이 우수한 파라미터 값(cost, gamma){'C': 1, 'gamma': 0.1, 'kernel': 'rbf'}
SVM 모형의 성능(정확도): 0.9111111111111111
```

최적의 파라미터를 이용(C=1, gamma=0.1)하여 서포트벡터머신 모형을 구축한다. 세 가지 품종을 분류하는 다중 클래스 분류 문제는 label_binarize() 함수를 통해 이진화(이진형 범주, 해당 클래스는 1, 다른 클래스는 0으로 구분) 문제로 구분하여 성능을 평가한다.

- x=iris.data : 독립변수
- y=label_binarize(iris.target, classes=[0,1,2]) : 종속변수(다중 클래스 분류, 이진화 범주형 변환)
- model=SVC(kernel='rbf', probability=True, C=1, gamma=0.1, random_state=42).fit(x, y[:,i]) : SVM 모형 구축 및 적합
- fpr[i], tpr[i], thr[i]=roc_curve(y[:,i], model.predict_proba(x)[:,1]) : ROC 곡선 작성을 위한 (fpr, tpr) 계산
- auc(fpr[0], tpr[0]) : ROC 곡선 아랫부분의 면적(AUC) 계산

```python
from sklearn.datasets import load_iris   #iris (붓꽃 품종 데이터)
import pandas as pd                       #판다스 라이브러리
from sklearn.metrics import confusion_matrix    #혼동행렬
from sklearn.metrics import classification_report  #성능평가 지표
from sklearn.metrics import roc_curve     #ROC 그래프 작성
from sklearn.metrics import auc           #AUC(Area under Curce)계산
import matplotlib.pyplot as plt           #시각화(그래프 작성)
from sklearn.preprocessing import label_binarize #다중클래스 이진분류
from sklearn.svm import SVC    #서포트벡터머신

iris = load_iris()  #사이킷런(sklearn에 저장되어 있는 iris 데이터 읽기)
x = iris.data       #독립변수(x)
y = label_binarize(iris.target, classes=[0,1,2])
  #클래스 분류, setosa=[1,0,0], versicolor=[0,1,0], virginica=[0,0,1]
  #OvR(Over-vs-the-Rest): 각각의 클래스에 대해 자신을 양성 클래스로, 다른 클래스를 음성 클래스로 가정
fpr = [None]*3  #FPR(False Positive Rate) 초기화
tpr = [None]*3  #TPR(True Positive Rate) 초기화
thr = [None]*3  #임계값 초기화

for i in range(3):
    model = SVC(kernel='rbf', probability=True, C=1, gamma=0.1, random_state=42).fit(x, y[:,i])   #SVM 모델 구축,적합
    fpr[i], tpr[i], thr[i] = roc_curve(y[:,i], model.predict_proba(x)[:,1])  #fpr, tpr, thr 계산
    plt.plot(fpr[i], tpr[i], label=i)                                         #ROC 그래프

plt.xlabel('FP rate(False Positive), (1-Specificity)')   #x축 이름
plt.ylabel('TP rate(True Positive), Recall')              #y축 이름
plt.legend()  #범례 출력
plt.show()    #그래프 출력

print('Class =0 분류(setosa) 성능에 대한 AUC: ', end=''); print(auc(fpr[0], tpr[0]))
print('Class =1 분류(versicolor) 성능에 대한 AUC: ', end=''); print(auc(fpr[1], tpr[1]))
print('Class =2 분류(virginica) 성능에 대한 AUC: ', end=''); print(auc(fpr[2], tpr[2]))
```

수행 결과는 다음과 같다. 모든 클래스에 대한 분류 성능(AUC)이 0.9 이상으로 최적의 파라미터를 이용하는 경우 분류 분석의 성능이 매우 우수함을 알 수 있다.

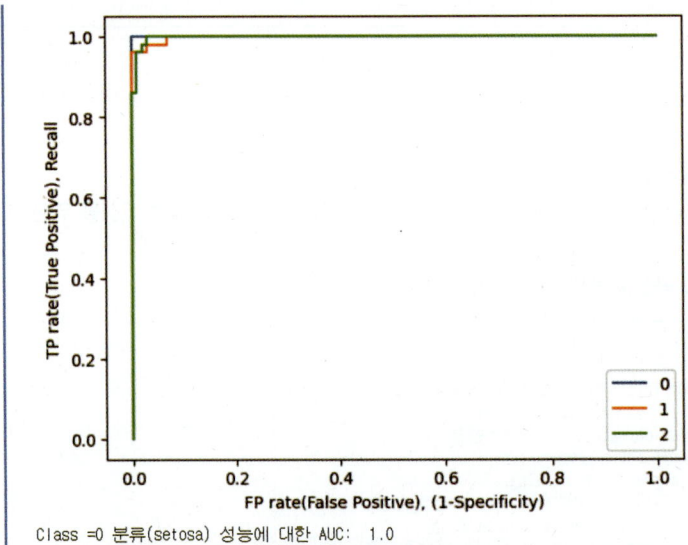

```
Class =0 분류(setosa) 성능에 대한 AUC:  1.0
Class =1 분류(versicolor) 성능에 대한 AUC:  0.998
Class =2 분류(virginica) 성능에 대한 AUC:  0.998
```

III 작업형 제3유형

01 주어진 데이터(blood_pressure.csv)에는 고혈압 환자 120명의 치료 전후의 혈압이 저장되어 있다. 해당 자료가 효과가 있는지(즉, 치료 후의 혈압이 감소했는지) 독립표본 t-검정(independent t-test)을 통해 답하고자 한다. 가설은 아래와 같으며, scipy 라이브러리의 stats() 모듈을 이용한다.

- μ_d : (치료 후 혈압-치료 전 혈압)의 평균
- H_0 : $\mu_d \geq 0$(귀무가설 : 치료 후 혈압이 높다. 즉, 치료 후의 혈압이 감소하지 않았다.)
- H_1 : $\mu_d < 0$(대립가설 : 치료 후 혈압이 낮다. 즉, 치료 후의 혈압이 감소하였다.)

데이터세트(blood_pressure.csv)는 다음 항목을 포함한다.

- patient : 환자 번호
- sex : 환자 성별
- agegrp : 연령대
- bp_before : 치료 전 혈압
- bp_after : 치료 후 혈압

(1) μ_d의 표본평균을 구하시오(반올림하여 소수 둘째 자리까지 계산).

(2) 위의 가설을 검정하기 위한 검정통계량을 구하시오(반올림하여 소수 둘째 자리까지 계산).

(3) 위의 통계량에 대한 p-값을 구하고 (반올림하여 소수 넷째 자리까지 계산), 유의수준 0.05 하에서 가설 검정의 결과를 (귀무가설 채택/기각) 중 하나를 선택하시오.

정답 및 해설

치료 전, 후의 혈압의 평균을 넘파이 라이브러리의 함수를 이용하여 구한다. scipy 라이브러리의 stats() 모듈을 이용하여 대립가설을 alternative='less'로 지정하여 검정통계량(t)과 유의확률(pvalue)을 구한다. pvalue<0.05(유의수준)인 경우 귀무가설을 기각한다.

- np.mean(data['bp_before']) : 치료 전 혈압의 평균
- np.mean(data['bp_after']) : 치료 후 혈압의 평균
- t, pvalue=stats.ttest_ind(data['bp_after'], data['bp_before'], equal_var=False, alternative='less') : 독립표본 t-검정, t : 검정통계량, pvalue : 유의확률(p-값)

```python
from google.colab import drive    #구글 드라이브 코랩 마운트
drive.mount('/content/drive')     #구글 드라이브 연결
import pandas as pd               #판다스 라이브러리
from scipy import stats           #사이파이 가설검정 모듈
import numpy as np                #넘파이 라이브러리

data = pd.read_csv('/content/drive/MyDrive/work/blood_pressure.csv', index_col=0)
  #분석용 데이터 읽기(절대경로명 사용), 한글 Encoding(euc-kr), 새로운 열 지정하지 않음(index_col=0)
print(data.head())

print('치료전 혈압의 평균(mmHg): ', end=''); print(np.mean(data['bp_before']))
print('치료후 혈압의 평균(mmHg): ', end=''); print(np.mean(data['bp_after']))
print('(치료후-치료전) 혈압의 평균 차이(mmHg):', end=''); print(round(np.mean(data['bp_after'])-np.mean(data['bp_before']), 2))

t, pvalue = stats.ttest_ind(data['bp_after'], data['bp_before'], equal_var=False, alternative='less')
  #독립표본 t검정, t: 검정통계량(t분포), pvalue: 유의확률
  #equal_var: 등분산(True는 두 집단의 분산이 같음(기본값), False는 다름)
  #alternative ='less' : 대립가설: 치료후<치료전, 치료후 혈압이 치료전 보다 혈압보다 작다(치료효과가 있다).
  #귀무가설: 치료후>=치료전, 치료후 혈압이 치료전 보다 혈압보다 크다(치료효과가 없다).
print('t-검정통계량: ', end=''); print(t)
print('유의확률: ', end=''); print(pvalue)
alpha = 0.05  #유의수준(5%)
if pvalue < alpha:
  print('(귀무가설 기각): 치료 후의 혈압이 감소하여 치료 효과가 있다.')
else:
  print('(귀무가설 채택): 치료 후의 혈압이 큰 변화가 없어 치료 효과가 없다.')
```

수행 결과는 다음과 같다.
(1) μ_d의 표본평균=-5.09
(2) 검정통계량(t)=-3.07
(3) 유의확률(pvalue)=0.0012

pvalue=0.0012<0.05이므로 귀무가설을 기각하게 되어, 치료 후의 혈압이 감소하여 치료 효과가 있는 것으로 판단된다.

```
         sex agegrp  bp_before  bp_after
patient
1       Male  30-45        143       153
2       Male  30-45        163       170
3       Male  30-45        153       168
4       Male  30-45        153       142
5       Male  30-45        146       141
치료전 혈압의 평균(mmHg): 156.45
치료후 혈압의 평균(mmHg):  151.35833333333332
(치료후-치료전) 혈압의 평균 차이(mmHg):-5.09
t-검정통계량:   -3.066983681903628
유의확률:   0.001212124659880966
(귀무가설 기각): 치료 후의 혈압이 감소하여 치료 효과가 있다.
```

02. carprice.csv 데이터는 다음 항목을 가지고 있다.

- year : 자동차 연식
- transmission : 수동(Manual), 자동(Automatic) 변속 장치
- mileage : 주행거리(km)
- fuelType : 연료 형태(Petrol, Diesel)
- tax : 세금(Pound)
- mpg : 연비
- engineSize : 엔진 크기(Litres)
- price : 차량 가격(Pound)

(mileage, mpg, engineSize)를 이용하여 차량 가격을 예측하려고 한다. statsmodels. formula.api 라이브러리의 ols() 모듈을 이용한 다중선형 회귀분석 모형을 구축하시오. 각각의 독립변수에 대한 t-검정통계량과 유의확률을 구하고 분석 모형의 성능을 평가하기 위한 결정계수(R-squared) 값을 소수점 이하 넷째 자리까지 출력하시오.

정답 및 해설

독립변수(x)와 종속변수(y)를 정의하고, ols('y~x')로 다중선형 회귀분석 모형을 구축하고 적합(.fit)한다. t-검정통계량은 fit.tvalues, p-value는 fit.pvalues 그리고 결정계수는 fit.rsquared에 저장된다.

- x=data[['mileage', 'mpg', 'engineSize']] : 독립변수[마일리지(주행거리), 연비, 엔진 크기]
- y=data['price'] : 종속변수(차량 가격)
- fit=ols('y~x', data=data).fit() : 다중선형 회귀분석 모형 구축 및 적합
- fit.tvalues : 독립변수별 t-검정통계량
- fit.pvalues : 독립변수별 p-value
- fit.rsquared : 결정계수(R-squared)

```python
from google.colab import drive   #구글 드라이브 코랩 마운트
drive.mount('/content/drive')    #구글 드라이브 연결
import pandas as pd   #판다스 라이브러리
import numpy as np    #넘파이 라이브러리
from sklearn.metrics import mean_squared_error   #MSE 계산
from sklearn.metrics import mean_absolute_error  #MAE 계산
from statsmodels.formula.api import ols  #선형회귀분석 모형(statsmodels), Ordinary Least Squares(OLS)
data = pd.read_csv('/content/drive/MyDrive/work/carprice.csv', header=0, index_col=0)
    #분석용 데이터 읽기(절대경로명 사용) / 데이터출처: Kaggle
    #header=0: 컬럼명이 첫 번째 행에 위치, index_col=0: 첫 컬럼을 인덱스 열로 사용
print(data.head())
x = data[['mileage', 'mpg', 'engineSize']]
    #독립변수(마일리지, 연비, 엔진크기)
y = data['price']   #종속변수(차량 가격(pounds))
fit = ols('y ~ x', data=data).fit()   #다중 선형회귀분석 모형 구축
print(fit.summary())   #다중 선형회귀분석 모형 적합 결과 요약

print('T-검정통계량: ', end=''); print(fit.tvalues)   #T-검정통계량
print('p-value', end=''); print(fit.pvalues) #fitted values에 대한 p-value
print('R-Squared: ', end=''); print(round(fit.rsquared, 4))  #R-Squared 값 (R^2)
```

수행 결과는 다음과 같다. 다중선형 회귀분석 모형의 R-squared(결정계수)=0.71290이다.

```
       year transmission  mileage fuelType  tax   mpg  engineSize  price
model
A1     2017       Manual    15735   Petrol  150  55.4         1.4  12500
A6     2016    Automatic    36203   Diesel   20  64.2         2.0  16500
A1     2016       Manual    29946   Petrol   30  55.4         1.4  11000
A4     2017    Automatic    25952   Diesel  145  67.3         2.0  16800
A3     2019       Manual     1998   Petrol  145  49.6         1.0  17300
                          OLS Regression Results
==============================================================================
Dep. Variable:                      y   R-squared:                       0.713
Model:                            OLS   Adj. R-squared:                  0.713
Method:                 Least Squares   F-statistic:                     8825.
Date:                Wed, 06 Sep 2023   Prob (F-statistic):               0.00
Time:                        06:26:06   Log-Likelihood:            -1.0843e+05
No. Observations:               10668   AIC:                         2.169e+05
Df Residuals:                   10664   BIC:                         2.169e+05
Df Model:                           3
Covariance Type:            nonrobust
==============================================================================
                 coef    std err          t      P>|t|      [0.025      0.975]
------------------------------------------------------------------------------
Intercept    1.765e+04    405.943     43.480      0.000    1.69e+04    1.84e+04
x[0]           -0.2462      0.003    -84.643      0.000      -0.252      -0.241
x[1]         -183.9888      5.658    -32.516      0.000    -195.081    -172.897
x[2]         1.072e+04    111.920     95.796      0.000    1.05e+04    1.09e+04
==============================================================================
Omnibus:                     6326.111   Durbin-Watson:                   1.746
Prob(Omnibus):                  0.000   Jarque-Bera (JB):           164789.290
Skew:                           2.370   Prob(JB):                         0.00
Kurtosis:                      21.662   Cond. No.                     2.34e+05
==============================================================================

Notes:
[1] Standard Errors assume that the covariance matrix of the errors is correctly specified.
[2] The condition number is large, 2.34e+05. This might indicate that there are
strong multicollinearity or other numerical problems.
T-검정통계량: Intercept    43.480175
x[0]    -84.642695
x[1]    -32.515532
x[2]     95.796215
dtype: float64
p-valueIntercept    0.000000e+00
x[0]     0.000000e+00
x[1]     3.229908e-221
x[2]     0.000000e+00
dtype: float64
R-Squared: 0.7129
```

제2회 합격모의고사

I 작업형 제1유형

01 airquality 데이터는 1973년 5월에서 9월 사이 뉴욕의 대기질 측정 자료이다. 총 6개의 항목 [Ozone(오존의 양, ppb(parts per billion))], [Solar.R(태양복사광, Solar Radiation, langley)], [Wind(바람세기, mph(miles per hour))], [Temp(온도, Fahrenheit)], [Month(측정월)], [Day(측정일)]에 대해 153개의 측정 자료를 나타낸다. 결측치(NaN)를 포함하는 모든 행을 제거한 후, Ozone 자료에 대한 상위 60%의 분위 값을 출력하시오.

	A	B	C	D	E	F	G
1		Ozone	Solar.R	Wind	Temp	Month	Day
2	1	41	190	7.4	67	5	1
3	2	36	118	8	72	5	2
4	3	12	149	12.6	74	5	3
5	4	18	313	11.5	62	5	4
6	5	NA	NA	14.3	56	5	5
7	6	28	NA	14.9	66	5	6
8	7	23	299	8.6	65	5	7
9	8	19	99	13.8	59	5	8
10	9	8	19	20.1	61	5	9
11	10	NA	194	8.6	69	5	10
12	11	7	NA	6.9	74	5	11
13	12	16	256	9.7	69	5	12
14	13	11	290	9.2	66	5	13
15	14	14	274	10.9	68	5	14
16	15	18	65	13.2	58	5	15
17	16	14	334	11.5	64	5	16
18	17	34	307	12	66	5	17
19	18	6	78	18.4	57	5	18
20	19	30	322	11.5	68	5	19
21	20	11	44	9.7	62	5	20
22	21	1	8	9.7	59	5	21
23	22	11	320	16.6	73	5	22
24	23	4	25	9.7	61	5	23
25	24	32	92	12	61	5	24
26	25	NA	66	16.6	57	5	25
27	26	NA	266	14.9	58	5	26
28	27	NA	NA	8	57	5	27
29	28	23	13	12	67	5	28
30	29	45	252	14.9	81	5	29
31	30	115	223	5.7	79	5	30
32	31	37	279	7.4	76	5	31

정답 23

해설 결측치가 포함된 모든 행을 삭제[air.dropna()] 후, dfnew[ ].quantile(0.4)로 상위 60% 분위 값을 구한다.

- dfnew=air.dropna() : 결측치 제외
- q6=dfnew['Ozone'].quantile(0.4) : Ozone 항목에 대한 상위 60%(하위 40%) 분위 수

```python
from google.colab import drive   #구글 드라이브 코랩 마운트
drive.mount('/content/drive')    #구글 드라이브 연결
import pandas as pd
air = pd.read_csv('/content/drive/MyDrive/work/airquality.csv', index_col=0)
       #분석용 데이터 읽기(절대경로명 사용) / 데이터출처: R Datasets
print(air.head())      #첫 5행 출력
print(air.describe())  #속성별 기술통계량
print(air.shape)       #데이터 (행,열) = (153, 6)
print(air.info())      #속성별 데이터 타입 요약
print(air.dtypes)      #속성별 자료 타입

dfnew = air.dropna()   #결측값을 포함하는 행을 모두 삭제
print(dfnew.head())
q6 = dfnew['Ozone'].quantile(0.4)  #상위 60%(하위 40%) 사분위값(Ozone)
print('Ozone 상위 60%(하위 40%) 사분위 값: ', end=''); print(q6)
```

수행 결과는 다음과 같다.

```
   Ozone  Solar.R  Wind  Temp  Month  Day
1   41.0    190.0   7.4    67      5    1
2   36.0    118.0   8.0    72      5    2
3   12.0    149.0  12.6    74      5    3
4   18.0    313.0  11.5    62      5    4
5    NaN      NaN  14.3    56      5    5
            Ozone     Solar.R        Wind        Temp       Month         Day
count  116.000000  146.000000  153.000000  153.000000  153.000000  153.000000
mean    42.129310  185.931507    9.957516   77.882353    6.993464   15.803922
std     32.987885   90.058422    3.523001    9.465270    1.416522    8.864520
min      1.000000    7.000000    1.700000   56.000000    5.000000    1.000000
25%     18.000000  115.750000    7.400000   72.000000    6.000000    8.000000
50%     31.500000  205.000000    9.700000   79.000000    7.000000   16.000000
75%     63.250000  258.750000   11.500000   85.000000    8.000000   23.000000
max    168.000000  334.000000   20.700000   97.000000    9.000000   31.000000
(153, 6)
<class 'pandas.core.frame.DataFrame'>
Int64Index: 153 entries, 1 to 153
Data columns (total 6 columns):
 #   Column   Non-Null Count  Dtype
---  ------   --------------  -----
 0   Ozone    116 non-null    float64
 1   Solar.R  146 non-null    float64
 2   Wind     153 non-null    float64
 3   Temp     153 non-null    int64
 4   Month    153 non-null    int64
 5   Day      153 non-null    int64
dtypes: float64(3), int64(3)
memory usage: 8.4 KB
None
Ozone      float64
Solar.R    float64
Wind       float64
Temp         int64
Month        int64
Day          int64
dtype: object
   Ozone  Solar.R  Wind  Temp  Month  Day
1   41.0    190.0   7.4    67      5    1
2   36.0    118.0   8.0    72      5    2
3   12.0    149.0  12.6    74      5    3
4   18.0    313.0  11.5    62      5    4
7   23.0    299.0   8.6    65      5    7
Ozone 상위 60%(하위 40%) 사분위 값: 23.0
```

02 위 1번 자료(airquality)에서 5월 측정 자료(Month=5)를 이용한다. 5월 Ozone의 평균량은 24.125이다. 5월 오존량 측정 데이터 24개 중 평균(24.125)보다 큰 값으로 측정된 일수를 구하시오.

정답 8일

해설 결측치 제거 후, dfnew[dfnew['Month']==5]로 5월 데이터를 저장(df)한다. df['Ozone'].mean()은 5월 Ozone의 평균이며, 5월 Ozone의 평균보다 큰 값을 가지는 일수는 조건식을 이용하여 df[df['Ozone']>m].Day.count()로 구한다.

- df=dfnew[dfnew['Month']==5] : Month=5월인 데이터 추출
- m=df['Ozone'].mean() : 5월 Ozone의 평균
- df[df['Ozone']>m].Day.count() : 5월 Ozone의 평균보다 큰 값을 가지는 일수(Day)

```python
from google.colab import drive   #구글 라이브러리 코랩 마운트
drive.mount('/content/drive')    #구글 드라이브 연결
import pandas as pd
air = pd.read_csv('/content/drive/MyDrive/work/airquality.csv', index_col=0)
    #분석용 데이터 읽기(절대경로명 사용) / 데이터출처: R Datasets

dfnew = air.dropna()    #결측값을 포함하는 행을 모두 삭제
df = dfnew[dfnew['Month']==5]   #Month=5월인 데이터 추출
print('5월 측정 자료'); print(df.head())   #첫 5행 출력
print('5월 측정 자료 개수: ', end=''); print(df.shape)   #5월 측정 자료 개수(24개)
m = df['Ozone'].mean()   #5월 Ozone의 평균
print('5월 Ozone 량 평균: ', end=''); print(m)
print('5월 Ozone의 평균보다 큰값을 가지는 일수(Day): ', end=''); print(df[df['Ozone']>m].Day.count())
    #5월 Ozone의 평균보다 큰값을 가지는 일수(Day)
```

```
5월 측정 자료
   Ozone  Solar.R  Wind  Temp  Month  Day
1   41.0    190.0   7.4    67      5    1
2   36.0    118.0   8.0    72      5    2
3   12.0    149.0  12.6    74      5    3
4   18.0    313.0  11.5    62      5    4
7   23.0    299.0   8.6    65      5    7
5월 측정 자료 개수: (24, 6)
5월 Ozone 량 평균: 24.125
5월 Ozone의 평균보다 큰값을 가지는 일수(Day):  8
```

03 위 1번 자료(airquality)에서 총 6개의 항목[Ozone(오존의 양, ppb), Solar.R(태양광, langley), Wind(바람세기, mph), Temp(온도, F), Month(측정월), Day(측정일)]에 대한 측정 자료를 확인하여 결측치(NaN)가 가장 많은 항목(변수)를 출력하시오.

정답 Ozone 항목[37개의 결측치(NaN)를 가짐]

해설 항목별 결측치 개수를 구하고, dfnan.sort_values(ascending=False)로 결측치 개수에 대해 내림차순 정렬한다. 결측치가 가장 많은 항목은 df_sort2.index[0]에 저장된다.

- dfnan＝air.isnull().sum() : 항목별 결측치 개수
- df_sort1＝dfnan.sort_values() : 결측치 개수 오름차순 정렬
- df_sort2＝dfnan.sort_values(ascending＝False) : 결측치 개수 내림차순 정렬
- df_sort2.index[0] : 결측치가 가장 많은 항목
- df_sort2[0] : 결측치가 가장 많은 항목의 결측치 개수

```python
from google.colab import drive   #구글 드라이브 코랩 마운트
drive.mount('/content/drive')    #구글 드라이브 연결
import pandas as pd
air = pd.read_csv('/content/drive/MyDrive/work/airquality.csv', index_col=0)
    #분석용 데이터 읽기(절대경로명 사용) / 데이터출처: R Datasets

print('Airquality 데이터프레임 크기: ', end=''); print(air.shape)  #air 데이터 크기 (가로, 세로)
dfnan = air.isnull().sum()
print(dfnan)
print(type(dfnan))
df_sort1 = dfnan.sort_values()    #결측값 오름차순 정렬
print('<<<결측값 오름차순 정렬>>>'); print(df_sort1)
df_sort2 = dfnan.sort_values(ascending=False)  #결측값 내림차순 정렬(ascending=False)
print('!!!결측값 내림차순 정렬!!!'); print(df_sort2)

print('결측값이 가장 많은 항목 : ', end=''); print(df_sort2.index[0])    #결측값이 가장 많은 항목
print('결측값이 가장 많은 항목의 결측값 개수: ', end=''); print(df_sort2[0])  # 결측값이 가장 많은 항목의 결측값 개수
```

수행 결과는 다음과 같다.

```
Airquality 데이터프레임 크기: (153, 6)
Ozone      37
Solar.R     7
Wind        0
Temp        0
Month       0
Day         0
dtype: int64
<class 'pandas.core.series.Series'>
<<<결측값 오름차순 정렬>>>
Wind        0
Temp        0
Month       0
Day         0
Solar.R     7
Ozone      37
dtype: int64
!!!결측값 내림차순 정렬!!!
Ozone      37
Solar.R     7
Wind        0
Temp        0
Month       0
Day         0
dtype: int64
결측값이 가장 많은 항목 : Ozone
결측값이 가장 많은 항목의 결측값 개수: 37
```

II 작업형 제2유형

다음 자료(train_commerce.csv)는 (ID, Warehouse_block, Mode_of_Shipment, Customer_care_calls, Customer_rating, Cost_of_the_Product, Prior_purchases, Product_importance, Gender, Discount_offered, Weight_in_gms, Reached.on.Time_Y.N)의 12가지 항목에 대한 10,999개의 고객 구매 자료로 kaggle 사이트(https://www.kaggle.com/prachi13/customer-analytics?select=Train.csv)에서 다운로드한다.

전체 데이터들 중 임의로 70%(7,699개)를 훈련용 데이터(train)로, 나머지 30%(3,300개)를 검증용 데이터(test)로 분류한다. 훈련용 데이터를 이용하여 고객이 주문한 물품이 제시간에 도착하는지 여부(Reached.on.Time_Y.N의 값이 1이면 제시간에 도착, 0이면 제시간에 도착하지 않음)를 예측한다.

아래의 순서대로 작업을 수행하여 랜덤 포레스트(Random Forest) 앙상블 분석 모형을 구축하고 성능분석 결과(정확도 등)를 출력하시오.

	A	B	C	D	E	F	G	H	I	J	K	L
1	ID	Warehouse_block	Mode_of_Shipment	Customer_care_calls	Customer_rating	Cost_of_the_Product	Prior_purchases	Product_importance	Gender	Discount_offered	Weight_in_gms	Reached.on.Time_Y.N
2	1	D	Flight	4	2	177	3	low	F	44	1233	1
3	2	F	Flight	4	5	216	2	low	M	59	3088	1
4	3	A	Flight	2	2	183	4	low	M	48	3374	1
5	4	B	Flight	3	3	176	4	medium	M	10	1177	1
6	5	C	Flight	2	2	184	3	medium	F	46	2484	1
7	6	F	Flight	3	1	162	3	medium	F	12	1417	1
8	7	D	Flight	3	4	250	3	low	F	3	2371	1
9	8	F	Flight	4	1	233	2	low	F	48	2804	1
10	9	A	Flight	3	4	150	3	low	F	11	1861	1
11	10	B	Flight	3	2	164	3	medium	F	29	1187	1
12	11	C	Flight	3	4	189	2	medium	M	12	2888	1
13	12	F	Flight	4	5	232	3	medium	F	32	3253	1
14	13	D	Flight	3	5	198	3	medium	F	1	3667	1
15	14	F	Flight	4	4	275	3	high	M	29	2602	1
16	15	A	Flight	4	3	152	3	low	M	43	1009	1
17	16	B	Flight	4	3	227	3	low	F	45	2707	1
18	17	C	Flight	3	4	143	2	medium	F	6	1194	1
19	18	F	Ship	5	5	227	3	medium	M	36	3952	1
20	19	D	Ship	5	5	239	3	high	M	18	2495	1

(1) 다음과 같이 독립변수와 종속변수를 정의한다.

• 독립변수 : Warehouse_block, Mode_of_Shipment, Product_importance, Gender
• 종속변수 : Reached.on.Time_Y.N, 1이면 제시간에 도착, 0이면 제시간에 도착하지 않음

(2) sklearn.ensemble 라이브러리의 RandomForestClassifier() 모듈을 이용하여 랜덤 포레스트 분류 분석 모형을 구축하시오. 여기서 트리의 개수=100개로 지정한다.

(3) 혼동행렬을 작성하고 분류 분석 모형의 성능평가 지표[sklearn.metrics 라이브러리의 classification_report() 이용]를 출력하시오.

(4) F1-score, Accuracy(정확도), Precision(정밀도), Recall(재현율)을 구하고 ROC 곡선과 AUC 값을 출력하시오.

> **정답 및 해설**
>
> 문자열을 정수형(범주형) 자료로 변환하여 변수를 저장한다. (훈련, 검증) 데이터 구분 후, RandomForestClassifier() 모듈을 이용하여 랜덤 포레스트 모형을 구축하고 적합[model.fit()]한다. 검증 데이터에 대한 예측 결과는 model.predict(testx)로 구하고 혼동행렬은 confusion_matrix(testy, predictions), 다른 성능평가 지표들은 classification_report(testy, predictions)로 구한다.
>
> - x=df.drop(['Reached.on.Time_Y.N'], axis='columns').to_numpy() : 독립변수 저장(넘파이 배열)
> - y=df['Reached.on.Time_Y.N'].to_numpy() : 종속변수 저장(넘파이 배열)
> - trainx, testx, trainy, testy=train_test_split(x, y, test_size=0.3, random_state=55) : (훈련, 검증) 데이터 랜덤 추출(검증 데이터=30%)
> - model=RandomForestClassifier(n_estimators=100, random_state=42) : 랜덤 포레스트 모형 구축[트리의 개수(n_estimators)=100]
> - model.fit(trainx, trainy) : 모형 훈련(적합)
> - predictions=model.predict(testx) : 검증 데이터를 이용한 예측
> - conf=confusion_matrix(testy, predictions) : 혼동행렬 작성
> - classification_report(testy, predictions) : 성능평가 지표 계산

```python
from google.colab import drive   #구글 드라이브 코랩 마운트
drive.mount('/content/drive')    #구글 드라이브 연결
import pandas as pd              #판다스 라이브러리
from sklearn.model_selection import train_test_split   #(학습, 검증) 데이터 랜덤 추출
from sklearn.metrics import classification_report, confusion_matrix
from sklearn.metrics import accuracy_score
from sklearn.ensemble import RandomForestClassifier   #RandomForest(랜덤 포레스트)
data = pd.read_csv('/content/drive/MyDrive/work/train_commerce.csv', index_col=0)
  #분석용 데이터 읽기(절대경로명 사용) / 데이터출처: Kaggle / 인덱스열 추가하지 않음
df = data.dropna()    #결측값 제외
df['Warehouse_block'] = df['Warehouse_block'].map({'A':0, 'B':1, 'C':2, 'D':3, 'F':4})  #문자열->mapping(숫자)
df['Mode_of_Shipment'] = df['Mode_of_Shipment'].map({'Flight':0, 'Road':1, 'Ship':2})
df['Product_importance'] = df['Product_importance'].map({'low':0,'medium':1,'high':2})
df['Gender'] = df['Gender'].map({'F':0,'M':1})
df['Reached.on.Time_Y.N'] = df['Reached.on.Time_Y.N'].astype('category')   #종속변수 범주형 변환

x = df.drop(['Reached.on.Time_Y.N'], axis='columns').to_numpy()  #독립변수
y = df['Reached.on.Time_Y.N'].to_numpy()  #종속변수(1이면 제 시간 도착, 0이면 제 시간 도착하지 않음)
trainx, testx, trainy, testy = train_test_split(x, y, test_size=0.3, random_state=55)

model = RandomForestClassifier(n_estimators=100, random_state=42)
  #n_estimators: 트리의 개수
model.fit(trainx, trainy)
predictions = model.predict(testx)
print(predictions[:10])   #분류 결과 첫 10행 출력
print('Random Forest(랜덤포레스트) 분류 모형 성능(정확도): ', end=''); print(accuracy_score(testy, predictions))
print('$$$ Confusion Matrix, 혼동행렬 $$$')
conf = confusion_matrix(testy, predictions); print(conf)
print('*** 분류 분석 모형 성능평가 지표 ***')
print(classification_report(testy, predictions))
print('!!! 특성 중요도 !!!')
print(model.feature_importances_)
```

수행 결과는 다음과 같다.

```
[0 1 0 0 1 0 0 1 1 1]
Random Forest(랜덤포레스트) 분류 모형 성능(정확도): 0.6648484848484848
$$$ Confusion Matrix, 혼동행렬 $$$
[[ 932  376]
 [ 730 1262]]
*** 분류 분석 모형 성능평가 지표 ***
              precision    recall  f1-score   support

           0       0.56      0.71      0.63      1308
           1       0.77      0.63      0.70      1992

    accuracy                           0.66      3300
   macro avg       0.67      0.67      0.66      3300
weighted avg       0.69      0.66      0.67      3300

!!! 특성 중요도 !!!
[0.05952097 0.03247961 0.05635108 0.05806859 0.17690356 0.05544496
 0.03226663 0.02450535 0.2103922  0.29406703]
```

동일한 방법으로 모형을 구축하고 (실제값, 예측값)=(result['Actual'], result['Predict'])으로 저장한다. sklearn. metrics 라이브러리 내에 포함된 함수들을 이용하여 주요 성능평가 지표들을 구한다.

- f1_score(result['Actual'], result['Predict']) : F1-score
- accuracy_score(result['Actual'], result['Predict']) : 정확도(Accuracy)
- precision_score(result['Actual'], result['Predict']) : 정밀도(Precision)
- recall_score(result['Actual'], result['Predict']) : 재현율(Recall, 민감도, Sensitivity), Hit Ratio
- roc_curve(result['Actual'], result['Predict']) : ROC 곡선(Receiver Operating Characteristic Curve)
- auc(fpr, tpr) : AUC 값(Area Under the ROC Curve)

```python
from google.colab import drive       #구글 드라이브 코랩 마운트
drive.mount('/content/drive')        #구글 드라이브 연결
import pandas as pd                  #판다스 라이브러리
import numpy as np                   #넘파이 라이브러리
from sklearn.preprocessing import StandardScaler       #데이터 전처리, 표준화(Z-Score)
from sklearn.model_selection import train_test_split   #(학습, 검증) 데이터 랜덤 추출
from sklearn.metrics import accuracy_score
from sklearn.metrics import roc_curve         #분류 모형 ROC 그래프 작성
from sklearn.metrics import auc               #AUC(Area under Curce) 값 계산
from sklearn.metrics import f1_score          #F1-Score 계산 모듈
from sklearn.metrics import accuracy_score    #accuracy 계산 모듈
from sklearn.metrics import precision_score   #precision 계산 모듈
from sklearn.metrics import recall_score      #recall 계산 모듈
import matplotlib.pyplot as plt               #시각화
from sklearn.ensemble import RandomForestClassifier  #RandomForest(랜덤 포레스트)
data = pd.read_csv('/content/drive/MyDrive/work/train_commerce.csv', index_col=0)
   #분석용 데이터 읽기(절대경로명 사용) / 데이터출처: Kaggle / 인덱스열 추가하지 않음
df = data.dropna()   #결측값 제외
df['Warehouse_block'] = df['Warehouse_block'].map({'A':0, 'B':1, 'C':2, 'D':3, 'F':4})  #문자열->mapping(숫자)
```

```
df['Mode_of_Shipment'] = df['Mode_of_Shipment'].map({'Flight':0, 'Road':1, 'Ship':2})
df['Product_importance'] = df['Product_importance'].map({'low':0,'medium':1,'high':2})
df['Gender'] = df['Gender'].map({'F':0,'M':1})
df['Reached.on.Time_Y.N'] = df['Reached.on.Time_Y.N'].astype('category')  #종속변수 범주형 변환
x = df.drop(['Reached.on.Time_Y.N'], axis='columns').to_numpy()  #독립변수
y = df['Reached.on.Time_Y.N'].to_numpy()  #종속변수(1이면 제 시간 도착, 0이면 제 시간 도착하지 않음)
trainx, testx, trainy, testy = train_test_split(x, y, test_size=0.3, random_state=55)
model = RandomForestClassifier(n_estimators=100, random_state=42)  #n_estimators: 트리의 개수
model.fit(trainx, trainy)
predictions = model.predict(testx)
result = pd.DataFrame(np.array([testy, predictions]).transpose(), columns=['Actual', 'Predict'])
    #검증집합[실제,예측]결과 배열(transpose/T:행,열변환), 데이터프레임 변환
print('*** F1 Score 계산 모듈 이용 ***')
print('F1-Score:  ', end=''); print(f1_score(result['Actual'], result['Predict']))
print('*** Accuracy 계산 모듈 이용 ***')
print('Accuracy (정확도):  ', end='');
print(accuracy_score(result['Actual'], result['Predict']))
print('*** Precision 계산 모듈 이용 ***')
print('Precision (정밀도):  ', end='');
print(precision_score(result['Actual'], result['Predict']))
print('*** Recall (재현율) 계산 모듈 이용 ***')
print(' Recall (재현율):  ', end='');
print(recall_score(result['Actual'], result['Predict']))
print('^^^ ROC Curve ^^^')
fpr, tpr, thresholds = roc_curve(result['Actual'], result['Predict'])
plt.plot(fpr, tpr); plt.show()
print('** AUC, Area under ROC Curve, ROC 곡선 아래부분의 면적:  ', end=''); print(auc(fpr, tpr))
```

수행 결과는 다음과 같다.

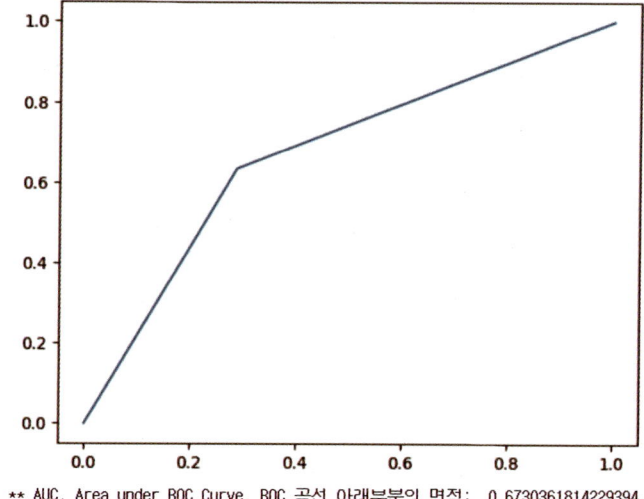

```
*** F1 Score 계산 모듈 이용 ***
F1-Score:   0.6953168044077136
*** Accuracy 계산 모듈 이용 ***
Accuracy (정확도):   0.6648484848484848
*** Precision 계산 모듈 이용 ***
Precision (정밀도):   0.7704517704517705
*** Recall (재현율) 계산 모듈 이용 ***
 Recall (재현율):   0.6335341365461847
^^^ ROC Curve ^^^
```

** AUC, Area under ROC Curve, ROC 곡선 아래부분의 면적: 0.6730361814229394

Ⅲ 작업형 제3유형

01 주어진 데이터(height.csv)에는 초등학교 입학생 22명에 대한 운동치료(체조, 수영, 조깅 등) 전후의 키(cm) 값이 저장되어 있다. 해당 자료가 효과가 있는지(즉, 운동치료 후에 키가 커졌는지) 독립표본 t-검정(independent t-test)을 통해 답하고자 한다. 가설은 아래와 같으며. scipy 라이브러리의 stats() 모듈을 이용한다.

> - μ_d : (치료 후 키 - 치료 전 키)의 평균
> - H_0 : $\mu_d \leq 0$ (귀무가설 : 치료 후 키가 크지 않았다. 즉, 운동치료 효과가 없다.)
> - H_1 : $\mu_d > 0$ (대립가설 : 치료 후 키가 커졌다. 즉, 운동치료 효과가 있다.)

데이터세트(height.csv)는 다음 항목을 포함한다.

> - student : 학생 번호
> - sex : 학생 성별
> - age : 연령
> - h_before : 운동치료 전 키
> - h_after : 운동치료 후 키

(1) μ_d의 표본평균을 구하시오(반올림하여 소수 둘째 자리까지 계산).

(2) 위의 가설을 검정하기 위한 검정통계량을 구하시오(반올림하여 소수 둘째 자리까지 계산).

(3) 위의 통계량에 대한 p-값을 구하고(반올림하여 소수 넷째 자리까지 계산), 유의수준 0.05 하에서 가설 검정의 결과로 (귀무가설 채택/기각) 중 하나를 선택하시오.

정답 및 해설

치료 전, 후의 키의 평균을 넘파이 라이브러리의 함수를 이용하여 구한다. scipy 라이브러리의 stats() 모듈을 이용하여 대립가설을 alternative='greater'로 지정하여 검정통계량(t)과 유의확률(pvalue)을 구한다. pvalue<0.05(유의수준)인 경우 귀무가설을 기각한다.

> - np.mean(data['h_before']) : 치료 전 키의 평균
> - np.mean(data['h_after']) : 치료 후 키의 평균
> - t, pvalue=stats.ttest_ind(data['h_after'], data['h_before'], equal_var=False, alternative='greater') : 독립표본 t−검정, t : 검정통계량, pvalue : 유의확률(p−값)

```python
from google.colab import drive   #구글 드라이브 코랩 마운트
drive.mount('/content/drive')    #구글 드라이브 연결
import pandas as pd              #판다스 라이브러리
from scipy import stats          #사이파이 가설검정 모듈
import numpy as np               #넘파이 라이브러리
data = pd.read_csv('/content/drive/MyDrive/work/height.csv', index_col=0)
  #분석용 데이터 읽기(절대경로명 사용), 한글 Encoding(euc-kr), 새로운 열 지정하지 않음(index_col=0)
print(data.head())
print('치료전 키의 평균(cm): ', end=''); print(np.mean(data['h_before']))
print('치료후 키의 평균(cm): ', end=''); print(np.mean(data['h_after']))
print('(치료후-치료전) 키의 평균 차이(cm):', end=''); print(round(np.mean(data['h_after'])-np.mean(data['h_before']), 2))
t, pvalue = stats.ttest_ind(data['h_after'], data['h_before'], equal_var=False, alternative='greater')
  #독립표본 t검정, t: 검정통계량(t분포), pvalue: 유의확률
  #equal_var: 등분산(True는 두 집단의 분산이 같음(기본값), False는 다름)
  #alternative = 'greater' : 대립가설: 치료후>치료전, 치료후 키가 치료전 보다 크다(치료효과가 있다).
  #귀무가설: 치료후<=치료전, 치료후 키가 치료전 보다 낮다(치료효과가 없다).
print('t-검정통계량: ', end=''); print(t)
print('유의확률: ', end=''); print(pvalue)
alpha = 0.05  #유의수준(5%)
if pvalue < alpha:
  print('(귀무가설 기각): 치료 후의 키가 커져서 치료 효과가 있다.')
else:
  print('(귀무가설 채택): 치료 후의 키가 큰 변화가 없어 치료 효과가 없다.')
```

수행 결과는 다음과 같다.

(1) μ_d의 표본평균=10.27

(2) 검정통계량(t)=2.017

(3) 유의확률(pvalue)=0.0251

pvalue=0.0251<0.05이므로 귀무가설을 기각하게 되어, 치료 후의 키가 커져서 치료 효과가 있는 것으로 판단된다.

```
         sex  age  h_before  h_after
student
1        Male    5       117      121
2        Male    5       108      109
3        Male    6       105      106
4        Male    5        89      114
5        Male    5       101      103
치료전 키의 평균(cm): 104.77272727272727
치료후 키의 평균(cm): 115.04545454545455
(치료후-치료전) 키의 평균 차이(cm):10.27
t-검정통계량: 2.016930907527647
유의확률: 0.02511512676763899
(귀무가설 기각): 치료 후의 키가 커져서 치료 효과가 있다.
```

02 recordmath.csv 데이터는 고등학생 30명에 대한 방과후 특별과외 전후의 수학과목 성적과 함께 별도로 학원을 다니는지(academy=1), 다니지 않는지(academy=0)에 대한 데이터가 저장되어 있다. 성별(Male, Female)에 따라 학원에 다니는지의 여부에 대한 비율의 차이가 통계적으로 유의한지를 확인하고자 한다. 다음 검정 절차를 수행하시오.

(1) 학원에 다니는 학생(academy=1)으로 분류된 남성과 여성의 비율을 소수점 이하 둘째 자리까지 출력하시오.

(2) 성별(Male, Female)에 따른 academy의 비율에 차이가 있는지를 검정하기 위한 카이제곱 검정통계량을 반올림하여 소수점 이하 셋째 자리까지 출력하시오.

(3) 위의 통계량에 대한 유의확률(p-value)을 출력(반올림하여 소수점 이하 넷째 자리까지 계산)하고, 유의수준 5%하에서 가설 검정의 결과로 (귀무가설 채택/기각) 중 하나를 선택하시오.

student	sex	age	r_before	r_after	academy
1	Male	16	35	67	0
2	Male	16	50	72	1
3	Male	16	90	94	1
4	Male	16	78	91	1
5	Male	16	23	41	0
6	Male	16	25	41	0
7	Male	16	36	51	0
8	Male	16	51	91	1
9	Male	16	89	67	1
10	Male	17	77	72	1
11	Male	17	25	94	1
12	Male	17	67	88	0
13	Male	17	41	35	0
14	Male	17	88	35	0
15	Male	17	25	24	0
16	Female	17	40	41	0
17	Female	17	45	91	1
18	Female	17	41	73	1
19	Female	17	67	68	1
20	Female	18	71	23	0
21	Female	18	72	44	0
22	Female	18	94	88	1
23	Female	18	91	89	1
24	Female	18	41	40	0
25	Female	18	23	22	0
26	Female	18	78	77	1
27	Female	19	90	89	1
28	Female	19	51	51	0
29	Female	19	36	36	0
30	Female	19	29	29	0

정답 및 해설

성별이 'Male'인 경우(dfmale), 'Female'인 경우(dffemale)의 데이터를 구분하여 저장하고, 남성들 중 academy=1인 경우(x1), 여성들 중 academy=1인 경우(x2)의 수를 각각 구한다. scipy 라이브러리의 stats 모듈에 입력한 데이터의 형식(observed)은 다차원 리스트 구조로([[x1,x2],[noofmale−x1,nooffemale−x2]]) 저장한다. 검정 결과, 카이제곱 검정통계량=0.1, 유의확률(pvalue)=1.0>0.05로 유의수준 5%에서 귀무가설을 기각할 수 없어, 성별(남성, 여성)에 따른 학원에 다니는 비율의 차이가 유의하지 않다.

구 분	성별='남성'(Male)	성별='여성'(Female)
학원에 다님	7(x1)	7(x2)
학원에 다니지 않음	8(noofmale−x1)	8(nooffemale−x2)
합계(명)	15	15

```
from google.colab import drive    #구글 드라이브 코랩 마운트
drive.mount('/content/drive')     #구글 드라이브 연결
import pandas as pd               #판다스 라이브러리
from scipy import stats           #사이파이 가설검정 모듈
df = pd.read_csv('/content/drive/MyDrive/work/recordmath.csv', encoding='euc-kr')
    #분석용 데이터 읽기(절대경로명 사용), 한글 Encoding(euc-kr)
dfmale = df[df['sex'] == 'Male']
dffemale = df[df['sex'] == 'Female']
noofmale = len(dfmale)       #성별=남성의 수
nooffemale = len(dffemale)   #성별=여성의 수
print('남성의 수:  ', end=''); print(noofmale)
print('여성의 수:  ', end=''); print(nooffemale)
x1 = len(dfmale[dfmale['academy']== 1])     #남성들 중 학원에 다니는 학생의 수
x2 = len(dffemale[dffemale['academy']== 1]) #여성들 중 학원에 다니는 학생의 수
print('남성들 중 학원에 다니는 학생의 수:  ', end=''); print(x1)
print('여성들 중 학원에 다니는 학생의 수:  ', end=''); print(x2)
print('학원에 다니는 학생의 비율/남성:  ', end=''); print(x1/noofmale)
print('학원에 다니는 학생의 비율/여성:  ', end=''); print(x2/nooffemale)
observed = [[x1, x2], [noofmale-x1, nooffemale-x2]]
    #비율 검정 데이터 / [남성학원, 여성학원], [남성학원안다님, 여성학원안다님]
print(observed)
chi, pvalue, dof, expect = stats.chi2_contingency(observed)   #카이제곱 검정
print('카이제곱 검정 통계량:  ', end='');print(round(chi, 3))
print('pvalue(유의확률);  ', end=''); print(round(pvalue, 4))
print('기대 빈도수:  '); print(expect)

alpha = 0.5   #유의수준:5%
if pvalue < alpha:
    print("(남성,여성)에 대한 학원에 다니는 비율의 차이가 유의미하게 존재합니다. (귀무가설 기각)")
else:
    print("(남성,여성)에 대한 학원에 다니는 비율의 차이가 유의미하지 않습니다. (귀무가설 채택)")
```

수행 결과는 다음과 같다.

(1) academy=1(학원에 다님)인 남학생의 비율=0.47
    academy=1(학원에 다님)인 여학생의 비율=0.47
(2) 카이제곱 검정통계량=0.0
(3) 유의확률(p−value)=1.0
    귀무가설 채택(성별에 따라 학원에 다니는 비율의 차이가 유의하지 않음)

수행 결과는 다음과 같다.

```
남성의 수:  15
여성의 수:  15
남성들 중 학원에 다니는 학생의 수:  7
여성들 중 학원에 다니는 학생의 수:  7
학원에 다니는 학생의 비율/남성: 0.4666666666666667
학원에 다니는 학생의 비율/여성: 0.4666666666666667
[[[7, 7], [8, 8]]]
카이제곱 검정 통계량: 0.0
pvalue(유의확률):  1.0
기대 빈도수:
[[[7. 7.]
  [8. 8.]]]
(남성,여성)에 대한 학원에 다니는 비율의 차이가 유의미하지 않습니다. (귀무가설 채택)
```

참고 문헌 및 사이트

- 국가직무능력표준(NCS), 한국산업인력공단
  한국직업능력개발원, 명지대학교 산학협력단, 교육부

빅데이터 분석 기획	통계기반 데이터 분석
빅데이터 수집	머신러닝 기반 데이터 분석
빅데이터 저장	텍스트 마이닝 기반 데이터 분석
빅데이터 처리	빅데이터 분석결과 시각화
분석용 데이터 탐색	

- 김경태, 경영 빅데이터 분석사, 시대고시기획
- 김경태, 데이터 분석 전문가/준전문가, 시대고시기획
- 김경태, 안정국, 김동현, 빅데이터 활용서 1·2, 시대인
- 김대수, 처음 만나는 인공지능, 생능출판사
- 김성수, 김현중, 정성석, 이용구, R을 이용한 다변량분석, 한국방송통신대학교출판문화원
- 김세헌, 통계학 개론, 영지문화사
- 네이버 사전, https://dict.naver.com
- 네이버 지식백과, https://terms.naver.com
- 다다 사토시, 송교석 역, 처음 배우는 인공지능, 한빛미디어
- 데이터온에어, https://dataonair.or.kr
- 데이터 품질관리 지침, 한국데이터베이스진흥센터
- 데이터 품질진단 절차 및 기법, 한국데이터베이스진흥원
- 사회조사분석사, 시대고시기획
- 윤철호, 빅데이터 분석과 R 활용, 생능출판사
- 이재원, 생생한 사례로 배우는 확률과 통계, 한빛아카데미
- 위키백과, https://ko.wikipedia.org/wiki
- 장용식, 최진호, R 데이터 분석, 생능출판사
- 장희선, 송지영, 빅데이터분석 기사 국가기술자격 개요 및 출제경향 분석, 2022, 한국컴퓨터정보학회 동계학술대회
- 장희선, 최기석, 하정미, 스마트 유통·물류 산업에서의 인공지능 서비스, 2019, 주간기술동향
- 장희선, 4차 산업혁명의 시사적 교육을 위한 e-NIE 및 Edmodo 콘텐츠 활용, 2018, 한국콘텐츠학회 춘계학술대회
- 장희선, Raptor와 가상현실 콘텐츠를 활용한 수학 알고리즘 및 코딩 교육, 2018, 한국콘텐츠학회 Contents & E-book 학술대회
- 정보통신기획평가원, 인공지능 산업 청사진 2030, 2020
- 정혜정, 장희선, 빅데이터분석기사 필기 한권으로 끝내기, 시대고시기획
- 장희선, 빅데이터분석기사 실기(R) 한권으로 끝내기, 시대고시기획
- 장희선, masteR : R을 이용한 빅데이터 분석, 시대고시기획
- 한국디지털정책학회 빅데이터전략연구회, 경영 빅데이터 분석, 광문각
- 한국소프트웨어기술인협회 빅데이터전략연구회, NCS 기반 경영 빅데이터 분석, 와우패스
- 한국정보화진흥원, 성공적인 빅데이터 활용을 위한 3대 요소 : 자원, 기술, 인력, 2012
- 한국폴리텍대학, 4차산업혁명대비 교육훈련직종 개발, 2018

찾아보기 (색인, Index)

ㄱ

강화학습(Reinforcement Learning)	Ⅲ과목/5장
결측치(Missing Value)	Ⅱ과목/1장
결정계수(Coefficient of Determination)	Ⅲ과목/2장
경사하강법	Ⅲ과목/3장
공분산(Covariance)	Ⅳ과목/2장
과대적합(Overfitting)	Ⅲ과목/3장
구조적 프로그래밍(Structured Programming)	Ⅰ과목/2장
군집분석	Ⅱ과목/9장
귀무가설	Ⅳ과목/1장
기술통계학	Ⅱ과목/2장

ㄷ

다층 퍼셉트론	Ⅲ과목/5장
단계별 선택법(Stepwise Method)	Ⅲ과목/2장
단층 퍼셉트론	Ⅲ과목/5장
대립가설	Ⅳ과목/1장
데이터세트(Dataset, 데이터셋, 데이터집합)	Ⅰ과목/2장
데이터 시각화(Data Visualization)	Ⅰ과목/2장
데이터프레임(Data Frame)	Ⅱ과목/1장
덴드로그램(Dendrogram)	Ⅲ과목/9장
독립변수	Ⅲ과목/1장

ㄹ

랜덤 포레스트(Random Forest)	Ⅲ과목/8장
로지스틱 회귀분석	Ⅲ과목/3장
리스트(List)	Ⅰ과목/2장

ㅁ

매개변수	Ⅲ과목/2장
머신러닝(Machine Learning)	Ⅲ과목/3장
모수	Ⅳ과목/1장
모집단	Ⅳ과목/1장
민감도(Sensitivity)	Ⅴ과목/1장

ㅂ

배깅(Bagging)	Ⅲ과목/8장
배열(Array)	Ⅰ과목/2장
베르누이 시행	Ⅲ과목/7장
벡터(Vector)	Ⅰ과목/2장
변동계수	Ⅲ과목/2장
변수(Variable)	Ⅲ과목/1장
베이지안 기법(Bayesian Analysis)	Ⅲ과목/7장
부스팅(Boosting)	Ⅲ과목/8장
분산분석(ANOVA)	Ⅳ과목/2장

ㅅ

사분위수	Ⅲ과목/1장
산점도	Ⅲ과목/1장
상관계수	Ⅲ과목/1장
상관관계	Ⅲ과목/1장
상관관계 분석	Ⅲ과목/1장
서포트벡터머신(Support Vector Machine)	Ⅲ과목/6장
스피어만 상관계수	Ⅲ과목/1장
시그모이드	Ⅲ과목/5장
신뢰구간	Ⅳ과목/1장
신뢰수준	Ⅳ과목/1장

ㅇ

앙상블 분석(Ensemble Analysis)	Ⅲ과목/8장
연관성 분석	Ⅲ과목 10장
연속변수	Ⅲ과목/1장

왜도(Skewness)	II과목/2장
윌콕슨 순위합 검정	IV과목/2장
유의수준	IV과목/1장
유의확률	IV과목/1장
의사결정나무	III과목/4장
이산변수	III과목/1장
이상치(Outlier)	II과목/2장
이항분포	II과목/2장
인공신경망	III과목/5장

ㅈ

자기상관	III과목/1장
전진선택법	III과목/2장
점추정	IV과목/1장
정규분포	II과목/2장
정확도(Accuracy)	V과목/1장
정밀도(Precision)	V과목/1장
제1종 오류	IV과목/1장
제2종 오류	IV과목/2장
종속변수	III과목/1장
주성분 분석	III과목/1장
중위수	II과목/2장
지수평활법	I과목/3장
지지도(Support)	V과목/1장

ㅊ

차원축소(Dimensionality Reduction)	III과목/2장
첨도(Kurtosis)	II과목/2장
최빈값	II과목/2장
최소제곱 추정법	III과목/2장
최소-최대 척도 변환	II과목/1장

추정량	IV과목/1장
추측통계학	IV과목/1장

ㅋ

카이제곱분포	II과목/2장
커널 트릭	III과목/6장
커널 함수	III과목/6장
크루스칼-왈리스 검정	IV과목/1장

ㅌ

통계량	IV과목/1장
특이도(Specificity)	V과목/1장

ㅍ

파생변수(Derived Variable)	III과목/1장
편향(Bias)	V과목/2장
포아송 분포	II과목/2장
표본집단	IV과목/1장
표본평균	IV과목/1장
표준정규분포	II과목/2장
표준편차	II과목/2장
피어슨 상관계수	III과목/1장

ㅎ

하이퍼 파라미터	III과목/3장
향상도(Lift)	III과목/10장
행렬(Matrix)	I과목/2장
혼동행렬(Confusion Matrix)	V과목/1장
확률변수(Random Variable)	II과목/2장
확률분포(Probability Distribution)	II과목/2장
활성화 함수	III과목/5장

찾아보기 (색인, Index)

| 회귀분석(Regression Analysis) | III과목/2장 |
| 후진제거법 | III과목/2장 |

A
Activation Function	III과목/5장
Adam Algorithm	III과목/5장
Apriori Algorithm	III과목/10장
Array	I과목/2장
AUC(Area Under the Curve(ROC))	V과목/1장

B
| Bayesian Network | III과목/7장 |
| Box Plot | I과목/2장 |

C
| Crawler | II과목/2장 |

D
Dataset	I과목/2장
Deep Learning	III과목/5장
Dendrogram	III과목/9장

E
EDA(Exploratory Data Analysis)	II과목/1장
ETL(Extract, Transform, Load)	II과목/1장
Euclidean Distance	III과목/9장

F
| F-Distribution | II과목/2장 |
| F-Measure | V과목/1장 |

G
| Gradient Descent Method | III과목/3장 |

H
| Histogram | II과목/2장 |
| Hold-out Cross Validation | III과목/3장 |

I
| Imbalanced Data | III과목/3장 |

J
| JSON(Javascript Object Notation) | II과목/1장 |

K
| k-fold Cross Validation | III과목/3장 |
| k-NN | III과목/9장 |

L
| List | I과목/2장 |
| Logistic Regression Analysis | III과목/3장 |

M
Matrix	I과목/2장
Mean of Absolute Errors(MAE)	V과목/2장
Mean of Absolute Percentage Errors(MAPE)	V과목/2장
Mean of Absolute Scaled Errors(MASE)	V과목/2장
Mean of Errors(ME)	V과목/2장
Mean of Percentage Errors(MPE)	V과목/2장
Meta Data	II과목/1장
Min-Max Normalization	II과목/1장

N

Naive Bayesian	Ⅲ과목/7장
Naive Bayes Classifier	Ⅲ과목/7장

O

Open API(Application Programming Interface)	Ⅱ과목/1장
Oversampling	Ⅲ과목/4장

P

Pie Chart	Ⅱ과목/2장

Q

Q–Q Plot	Ⅱ과목/2장

R

RBF(Radial Basis Function)	Ⅲ과목/6장
ReLU(Rectified Linear Unit)	Ⅲ과목/6장
Ridge Regression	Ⅲ과목/3장
RMSE(Root Mean of Squared Errors)	Ⅴ과목/2장
RMSLE	Ⅴ과목/2장
ROC(Receiver Operating Characteristic)	Ⅰ과목/1장

S

Scalar	Ⅰ과목/2장
Scatter Diagram	Ⅲ과목/1장
Sigmoid	Ⅲ과목/3장
Stem and Leaf Diagram	Ⅱ과목/2장

T

t–Distribution	Ⅱ과목/2장

U

Undersampling	Ⅲ과목/5장

V

Variable	Ⅲ과목/1장
Vector	Ⅰ과목/2장

W

Ward	Ⅲ과목/9장
Web Scraping	Ⅱ과목/1장

X

XML(eXtensible Markup Language)	Ⅱ과목/1장

Z

Z–score Normalization	Ⅱ과목/1장

좋은 책을 만드는 길, 독자님과 함께하겠습니다.

2025 시대에듀 빅데이터분석기사 실기(파이썬) 한권으로 끝내기

개정1판1쇄 발행	2025년 04월 15일 (인쇄 2025년 02월 20일)
초 판 발 행	2024년 04월 15일 (인쇄 2024년 02월 23일)
발 행 인	박영일
책 임 편 집	이해욱
저 자	장희선
편 집 진 행	윤승일 · 장다원
표지디자인	박수영
편집디자인	장성복 · 김예슬
발 행 처	(주)시대고시기획
출 판 등 록	제10-1521호
주 소	서울시 마포구 큰우물로 75 [도화동 538 성지 B/D] 9F
전 화	1600-3600
팩 스	02-701-8823
홈 페 이 지	www.sdedu.co.kr
I S B N	979-11-383-8792-7 (13000)
정 가	34,000원

※ 이 책은 저작권법의 보호를 받는 저작물이므로 동영상 제작 및 무단전재와 배포를 금합니다.
※ 잘못된 책은 구입하신 서점에서 바꾸어 드립니다.

다년간 누적된 합격의 DATA!

시대에듀
빅데이터분석기사 시리즈

빅데이터분석기사 필기 한권으로 끝내기

❶ 핵심이론 + 확인 문제 구성으로 이론 완벽 복습 가능
❷ 단원별 적중예상문제로 실전감각 UP
❸ 2021~2024년 총 8회분의 최신 기출복원문제 수록

빅데이터분석기사 실기(R) 한권으로 끝내기

빅데이터분석기사 실기(파이썬) 한권으로 끝내기

❶ 2021~2024 총 8회분의 기출복원문제 수록
❷ 유형별 단원종합문제 + 합격모의고사 2회분
❸ 시대에듀 홈페이지를 통해 예제 파일 제공
❹ 저자가 운영하는 카페(cafe.naver.com/profdream)를 통해 소스 코드 제공

※ 도서의 이미지 및 구성은 변경될 수 있습니다.

빅데이터분석기사 + 데이터분석전문가(ADP) 동시 대비

파이썬 한권으로 끝내기

❶ 기초부터 심화까지 아우르는 종합기본서
❷ 핵심이론 + 예제로 단계별 학습 가능
❸ 최신 기출동형 모의고사 5회분 수록
❹ 깃허브를 통해 예제 파일 및 코드 제공

※ 도서의 이미지 및 구성은 변경될 수 있습니다.

실무에 쓰이는 고급 데이터 분석

시대에듀
데이터 분야 심화과정

빅데이터분석기사 실기 R 심화

❶ 실기 대비 및 실무용 심화 도서
❷ 챕터별 연습문제 및 단원 종합문제
❸ 효과적인 학습을 위한 전면 컬러 구성
❹ [부록] R 데이터세트 수록

빅데이터 활용서 Ⅰ·Ⅱ

❶ R을 이용한 중·고급 데이터 분석의 바이블
❷ 샘플 데이터를 통한 실전 데이터 분석 학습 가능
❸ 빅데이터 분야 유일, 시뮬레이션 및 최적화 제시

※ 도서의 이미지 및 구성은 변경될 수 있습니다.

나는 이렇게 합격했다

자격명: 위험물산업기사
구분: 합격수기
작성자: 배*상

나는 할 수 있다
69년생 50중반 직장인 ○○○입니다. 요즘 자격증을 2개 정도는 가지고 입사하는 젊은 친구들에게 일을 시키고 지시하는 역할이지만 정작 제 자신에게 부족한 점이 많다는 것을 느꼈기 때문에 자격증을 따야겠다고 결심했습니다. 처음 시작할 때는 과연 되겠냐? 하는 의문과 걱정이 한가득이었지만 시대에듀 인강을 우연히 접하게 되었고 잘 차려진 밥상과 같은 커리큘럼은 뒤늦게 시작한 늦깎이 수험생이었던 저를 합격의 길로 인도해주었습니다. 직장생활을 하면서 취득했기에 더 욱 기뻤습니다. 감사합니다! ♥

합격은 시대에듀

당신의 합격 스토리를 들려주세요.
추첨을 통해 선물을 드립니다.

QR코드 스캔하고 ▷▷▶
이벤트 참여해 푸짐한 경품받자!

베스트 리뷰	상/하반기 추천 리뷰	인터뷰 참여
갤럭시탭/ 버즈 2	상품권/ 스벅커피	백화점 상품권